兴皖学术文库
（第六辑）

转型安徽与跨越发展

安徽省社会科学界第六届(2011)学术年会文集

安徽省社会科学界联合会　编

合肥工业大学出版社
HEFEI UNIVERSITY OF TECHNOLOGY PRESS

安徽省社会科学界第六届(2011)
学术年会组织机构名单

组织委员会

主　　任　黄传新

副 主 任　徐东平

委　　员　(按姓氏笔画为序)

卜幼凡　王正国　王先俊　王佛生　方　正

刘　毅　庆承松　祁家云　李仁群　李抗美

陈　啸　陈初升　陈忠卫　罗建国　赵良庆

洪永平　高开华　曾凡银

秘 书 长　洪永平

副秘书长　李　萍

学术委员会

主　　任　徐东平

副 主 任　赵良庆　陈　啸　陈忠卫　王正国　洪永平

委　　员　(按姓氏笔画为序)

朱士群　许卡佳　杨俊龙　宋　宏　宋思根

周翔飞　施立业　姚佐文　黄志斌　詹向红

秘 书 长　周翔飞

前　言

2006年，安徽省社科联创办了“安徽社科界学术年会”，其宗旨是：紧扣时代主题，加强学术交流，推进理论创新，推出最新成果，发现培育人才，进而更好地为我省科学发展，为繁荣社科事业服务。经过六届的精心打造，年会展现了学术交流、观点碰撞和思想交锋的多样魅力，彰显了知识创造、理论创新和培育人才的独特价值，学术凝聚力越来越强，社会影响力越来越大，学界认同度越来越高，已经成为我省社科界一年一度标志性的学术盛会、高层次的交流平台、品牌化的服务窗口。

紧紧围绕中心工作，紧密联系安徽实际确定研讨主题，是每届学术年会的成功经验。2011年是中国共产党成立90周年，也是实施“十二五”规划开局之年，深入研究我省科学发展中的重大战略问题，全面推进安徽转型创新，保障和促进“十二五”开好局、起好步，努力在更高水平上奋力推进兴皖富民大业，是全省社科界的首要任务。本届学术年会举办之时，适逢党的十七届六中全会和中共安徽省第九次党代会胜利闭幕之际，以“转型安徽与跨越发展”为主题举办本届年会，既是我省社科界认真学习贯彻十七届六中全会和省第九次党代会精神的有力举措和重要任务，也是社科工作者紧扣时代脉搏、顺应发展大势的社会责任和主动作为。围绕研讨主题，学术年会分四个专题和方向进行深入研究：1. 转型安徽中的思想引领；2. 转型安徽中的经济崛起；3. 转型安徽中的管理创新；4. 转型安徽中的文化振兴。本届学术年会的学术大会由省社科联主办，四个专场研讨会由省社科联分别与安徽农业大学、安徽财经大学、省委党校、合肥学院联合主办。

本届学术年会得到学术界的热烈响应，共收到应征论文近300篇，经各专场专家委员会和年会学术委员会两轮严格评审，评选出61篇优秀论文参加学术年会大会交流，同时将它们按学术专著范式汇编成册，由合肥工业大学出版社公开出版。本辑按照第六届学术年会的主题，分四个专题。文集编辑工作由学术年会学术委员会秘书处负责，秘书处设在省社科联学会处。

本届学术年会和本文集的编辑出版，得到了中共安徽省委宣传部的重视和关心，得到了省委党校、安徽财经大学、安徽农业大学、合肥学院等单位的支持和帮助，得到了我省广大社科工作者的热情参与。同时，合肥工业大学出版社的领导和编辑对论文集的编辑出版付出了辛勤劳动，在此表示衷心感谢！

目　录

第一专题

转型安徽中的思想引领

第二专题

转型安徽中的经济崛起

第三专题

转型安徽中的管理创新

第四专题

转型安徽中的文化振兴

第一专题

转型安徽中的思想引领

马克思主义在中国化过程中发展的若干特点*

吴家华**

摘　要:马克思主义在中国的发展本质上是不断中国化的过程,亦即是在同中国实际、时代特征和人民群众相结合中不断回答中国面临的时代课题和实践课题的过程。中国化过程中,马克思主义的发展呈现出不同于马克思、恩格斯时代的特点,出现了从高扬世界性到突出民族性、从捍卫普适性到强调时代性、从阶级性话语主导到人民性话语主导、从追求正确理解到聚焦理论创新、从注重基础理论到着眼于实践应用等方面的重心转变,突显了中国化的马克思主义的实践特色、时代特色和民族特色。

关键词:中国化;马克思主义;特点

马克思主义是"马克思的观点和学说的体系"①。马克思主义是不断发展着的学说。马克思主义在不同国家或地区的发展具有不同的特点。马克思主义在中国的发展本质上是一个不断中国化的过程,亦即是在同中国实际、时代特征和人民大众相结合中不断回答和解决中国面临的时代课题与实践课题并实现自身发展的过程,因而,也可以称作马克思主义中国化、时代化、大众化的过程。在中国化过程中,适应时代的变化、国情的特点和实践任务的改变,"马克思主义这一活的学说的各个不同方面也就不能不分别提到首要地位"②,马克思主义的发展呈现出不同于马克思、恩格斯时代的特点,出现了理论重心的一系列转移,突显了马克思主义的实践特色、时代特色和民族特色。

---

* 本文系安徽大学学术创新团队"当代中国马克思主义前沿问题研究"的阶段性成果。

** 作者简介:吴家华(1963—),安徽大学科学发展观研究中心教授,安徽大学马克思主义研究院教授、博士生导师。

① 《列宁选集》第2卷,人民出版社,1995年,第318页。

② 《列宁选集》第2卷,人民出版社,1995年,第279页。

一、从高扬世界性到突出民族性

马克思主义既具有世界性，又具有民族性，是世界性与民族性的统一。就本质和内容来说，马克思主义不是地域性的理论，而是世界性的理论，世界性是马克思主义区别于其他思想理论的显著特点。马克思主义的产生正值人类历史从“民族历史”向“世界历史”转变的时代。马克思、恩格斯敏锐地觉察到时代的新变化，准确把握世界历史时代的新特征及其对无产阶级解放事业的深刻影响，坚持“世界尺度”来观察研究不同国家、不同民族的历史发展过程，发现其共同性和规律性，创立了作为国际无产阶级及其政党的共产主义事业的理论基础和指导思想的学说——马克思主义。同时，马克思、恩格斯又认为，共产主义在表现形式和实现方式上则是民族性的，民族性的特点隐含于世界性的历史事业中。从理论看，“科学社会主义本质上就是德国的产物”①，因而必然带有德国民族的特点和风格；从实践看，“如果不就内容而就形式来说，无产阶级反对资产阶级的斗争首先是一国范围内的斗争。每一个国家的无产阶级当然首先应该打倒本国的资产阶级”②。马克思主义的民族性是其在发展过程中不断民族化的结果。马克思主义民族化，从根本上说，是马克思主义与各个民族、各个国家无产阶级实践相结合的过程，也是马克思主义与各个民族、各个国家的传统文化碰撞、磨合的过程，又是在这种结合、碰撞、磨合中创造出具有民族特点和民族风格的民族化的马克思主义的过程。民族化过程和民族性的特点使马克思主义的发展呈现丰富多彩的形式和生机勃勃的创造力。

然而，马克思、恩格斯强调的重点是马克思主义的世界性。他们始终认为，共产主义不是仅仅存在于个别国家、个别民族的地域性现象，而是伟大的世界历史性事业。共产主义事业就是无产阶级解放、人类解放、人的自由全面发展的事业。马克思、恩格斯一生以争取“无产阶级解放”和“人类解放”为己任，以促进“人的自由全面发展”为根本价值导向，以建立“自由人联合体”的共产主义社会为最终目标。在马克思、恩格斯的理论中，无产阶级解放是实现人类解放的政治形式③，人类解放是实现无产阶级解放的前提和标志④，人的自由全面发展是共产主义社会的本质特征和基本原则⑤，共产主义社会

① 《马克思恩格斯选集》第3卷，人民出版社，1995年，第691页。
② 《马克思恩格斯选集》第1卷，人民出版社，1995年，第283-284页。
③ 参见《马克思恩格斯全集》第3卷，人民出版社，2002年第二版，第278页。
④ 参见《马克思恩格斯选集》第1卷，人民出版社，1995年，第252页。
⑤ 参见《马克思恩格斯选集》第1卷，人民出版社，1995年，第294页。

是人的自由全面发展的社会形式[1]。为了实现共产主义理想，马克思、恩格斯反复强调，维护不分民族的世界无产阶级利益成为马克思主义政党的根本宗旨，各个先进国家的无产阶级同时联合发动革命是实现社会主义的根本战略。因而，国际主义是19世纪马克思主义的基本原则，“全世界无产者，联合起来！”成为19世纪国际共产主义运动的最响亮口号。

坚持马克思主义的世界性，不断推进马克思主义与中国实际相结合，使其在每一应用和表现中带有鲜明的中国特点、中国风格和中国气派，这既是中国的马克思主义者的理论使命，也是中国化过程中马克思主义发展的一个显著特点。毛泽东一生秉持马克思主义的世界性，坚持共产主义事业的国际主义原则，同时致力于反对脱离中国实际的本本主义、教条主义，大力推进马克思主义中国化。早在第二次国内革命战争时期，他就明确反对党内存在的把马克思主义教条化、把共产国际决议和苏联经验神圣化，要求加强中国国情的研究，提出了“中国革命斗争的胜利要靠中国同志了解中国情况”[2]的重要论断。在中共六届六中全会上，他更是明确提出了马克思主义中国化的重大课题，强调“共产党员是国际主义的马克思主义者，但是马克思主义必须和我国的具体特点相结合并通过一定的民族形式才能实现”；认为“离开中国特点来谈马克思主义，只是抽象的、空洞的马克思主义”；要求中国的马克思主义必须具有“中国的特点”、“中国的特性”、“中国作风”和“中国气派”[3]。在《实践论》和《矛盾论》中，毛泽东更是从哲学世界观和方法论的高度抨击党内存在的教条主义，提出“我们现在的哲学研究工作，应当以扫除教条主义思想为主要目标”[4]，要求全党牢固树立实践第一的理念，着重研究“关于矛盾特殊性的问题”[5]。他特别强调中国特殊的半殖民地半封建的社会性质对中国革命的制约性（这规定了中国革命是民族革命、民主革命和社会主义革命的交织与替换，规定了革命统一战线策略的重要性和复杂性，规定了争夺革命领导权的斗争的复杂与尖锐），特别重视代表、实现、发展占人口90%以上并成为中国革命发展强大动力的农民的利益和要求，特别重视分析近代中国高度专制的政治制度、政治经济发展的不平衡和各地方反动统治力量强弱的不平衡对于中国革命道路和形式的深刻影响，提出了争取革命胜利的“三大法宝”，开辟了不同于十月革命道路的农村包围城市、武装夺取政权的中国特色

① 参见《马克思恩格斯全集》第23卷，人民出版社，1982年，第649页。
② 《毛泽东选集》第一卷，人民出版社，1991年，第115页。
③ 《毛泽东选集》第二卷，人民出版社，1991年，第534页。
④ 《毛泽东选集》第一卷，人民出版社，1991年，第299页。
⑤ 《毛泽东选集》第一卷，人民出版社，1991年，第304页。

新民主主义革命道路，创立了毛泽东思想，实现了马克思主义中国化的第一次飞跃。

建国以后，特别是苏共“二十大”以后，毛泽东以苏为鉴，努力探索中国自己的发展道路，先后提出了对待民族资本主义的和平赎买政策、正确区分和处理人民内部矛盾与敌我矛盾的原则和方法、处理社会主义建设的十大关系的“统筹兼顾、适当安排”的原则、繁荣和发展社会主义科学和文学艺术的“百花齐放、百家争鸣”方针、正确处理执政党与参政党关系的“长期共存、互相监督”的政策和保持党的先进性与廉洁性的“整党整风”方式等，这些都是以毛泽东为代表的中国共产党人根据中国的经济、政治、文化和社会实际，创造性地探索中国特色社会主义建设道路而取得的宝贵财富，充分体现了唯物辩证法的矛盾特殊性原理和马克思主义民族化的要求，成为中国特色社会主义理论体系的重要思想来源。

在改革开放和社会主义现代化建设新时期，重视中国处于社会主义初级阶段的特殊国情，强调马克思主义与中国实际及时代特征相结合，破除对马克思主义的本本主义、教条主义态度及各种“误解”、“曲解”、“削解”，不断总结社会主义现代化的“中国经验”，坚定不移地走中国特色的社会主义的建设和发展道路，构成贯穿新时期的主线。邓小平在党的十二大上提出了“建设有中国特色社会主义”的新命题，这成为贯穿改革开放和社会主义现代化建设整个过程的理论主题和实践主题。他说：“中国搞社会主义，强调要有中国特色”；“我们坚信马克思主义，但马克思主义必须与中国实际相结合”；“只有结合中国实际的马克思主义，才是我们所需要的真正的马克思主义”。[①] 他进而将“把马克思主义的普遍真理同我国的具体实际结合起来，走自己的道路，建设有中国特色社会主义。”作为我们党“总结长期历史经验得出的基本结论。”[②]邓小平站在时代的高度，修正了对世界大战爆发可能性的过高估计，以及战争引起革命的乐观估计，清醒地认识到资本主义灭亡和社会主义胜利的长期性，放弃了通过支援世界革命而推翻资本主义的战略。他清楚地认识到中国革命和建设模式的民族特殊性，强调既不能要求外国的革命和建设“都采取俄国的模式”，也不能要求“采取中国的模式”[③]，各个国家的革命策略只能由各个国家的人民自己探索。江泽民强调世界的多样性，强调世界上不可能也不应该只有一种文明、一种社会制度、一种发展模式、一种价值观念，各

---

① 《邓小平文选》第三卷，人民出版社，1993 年，第 213 页。

② 《邓小平文选》第三卷，人民出版社，1993 年，第 3 页。

③ 《邓小平文选》第二卷，人民出版社，1994 年，第 318 页。

种不同文明彼此尊重，取长补短，在求同存异中共同发展，造就“国际和谐局面”[①]。胡锦涛从实现中国的科学发展和构建社会主义和谐社会的战略出发，提出了建设“和谐世界”的新目标和科学发展观等重大战略思想。科学发展观的第一要义是发展，紧扣了发展的时代主题；科学发展观提出的“和平发展”、“合作发展”、“和谐发展”、“全面协调可持续发展”，体现了当代世界最新发展理念，顺应了当今世界发展潮流；科学发展观坚持社会主义市场经济的改革方向不动摇，把创新性国家建设作为一项战略任务，坚持和丰富了以改革创新为核心的时代精神。新时期我们党提出的这些新理念和新命题，充分体现了马克思主义、社会主义的民族化形式和民族性特点。

总之，从共产主义是世界历史事业的论断、“全世界无产者，联合起来！”的国际主义原则以及第一国际、第二国际、共产国际的世界革命的指导中心，转变为强调民族特点和民族道路，强调各个国家的发展道路主要依靠该国人民自己的选择，强调尊重文明的多样性、发展模式和道路的多样性，进而提出和谐世界理念，这一切皆表明，为克服和避免社会主义建设的“苏联模式”的弊端，特别是适应时代主题从战争与革命向和平与发展的根本转变，中国化过程中的马克思主义的发展出现了从马克思、恩格斯时代高扬世界性到突出民族性的理论重心的转变。

二、从捍卫普适性到强调时代性

马克思主义是工人阶级的科学世界观。但马克思主义在产生时仅仅是影响工人运动的众多社会主义学说中的一种学说，没有在国际工人运动中占主导地位。马克思主义在创立之初不仅要面对资产阶级思想家和官方机构的压制和围剿，而且面临着与其他社会主义理论思潮争夺国际工人运动指导地位的历史挑战。马克思、恩格斯先后批判和战胜了德国“真正的社会主义”、蒲鲁东和杜林的小资产阶级社会主义、巴枯宁的无政府主义的社会主义、拉萨尔的国家社会主义等严重危害工人运动健康发展的非科学社会主义思潮，终于使马克思主义在19世纪七八十年代先成为国际工人协会、继而成为欧美各主要国家工人运动的理论基础和指导思想。在论战过程中，马克思、恩格斯特别强调马克思主义的科学性、统一性和普适性，强调马克思主义对各国工人运动的普遍指导意义。恩格斯把马克思称为科学家，把马克思的理论看作从经验事实出发的严格的科学。他认为，马克思的《资本论》“在科学上严格地证明了的现代资本主义社会制度的一些主要规律”[②]，特别是作为

① 《江泽民文选》第一卷，人民出版社，2006年，第480页。

② 《马克思恩格斯选集》第2卷，人民出版社，1995年，第596页。

"全部现代社会体系所围绕旋转的轴心"的资本和劳动的关系,"在这里第一次得到了科学的说明"[①]。马克思创立的唯物史观超越了费尔巴哈从"抽象的人"出发的人本主义历史观,成为"关于现实的人及其历史发展的科学"[②]。恩格斯总结了马克思一生的科学成就,认为有两个伟大发现意义最重大。其一,"正像达尔文发现有机界的发展规律一样,马克思发现了人类历史的发展规律"[③]。其二,"发现了现代资本主义生产方式和它所产生的资本主义社会的特殊的运动规律"[④]。马克思制定的历史唯物主义和剩余价值学说分别是这两大发现的理论表达形式。由于这两个伟大发现,不仅使社会主义从空想变为科学,而且"第一次把社会学放在科学的基础之上"[⑤],并使无产阶级政党的革命斗争实践第一次有了科学世界观的指导。

马克思主义是时代的产物和理论表现。随着时代特征的变化、科技的进步和实践的发展,马克思主义也必然改变自己的形式。善于从时代的高度认识问题和解决问题,及时根据时代的变化修正、补充、完善、发展马克思主义,是马克思主义创始人和无产阶级领袖鲜明的政治勇气、理论品格和科学素养。马克思、恩格斯在资本主义的早期阶段就认识到资本主义创造了"世界历史"的新时代,描述了从手工劳动的生产力到机器大工业生产力、从封建生产方式到资本主义生产方式、从自然经济到商品经济、从前现代社会到现代社会、从人的依附关系到人的独立为基础的物的依附关系五大转变过程,并通过对资本主义生产方式所包含的内在矛盾运动的分析,提出了从资本主义社会转变为共产主义社会的历史必然性。这就揭示了时代的性质和时代的主要内容:这是世界历史时代,是大工业基础上的社会化大生产与生产资料的资本主义私人占有制之间矛盾的显露、突出并不断尖锐化时代,也是无产阶级开展反对资产阶级的阶级斗争和社会革命并争取实现社会主义的时代。根据这个时代特征和要求,马克思、恩格斯创立了无产阶级争取自身解放和人类解放的科学理论——马克思主义,并根据时代、科技和实践的发展而不断加以修正、补充、完善。

既要坚持马克思主义的普遍真理和对无产阶级实践的普普遍指导作用,又要承认马克思主义的时代性和修正、补充、完善的必然性,这是马克思主义发展过程中必须遵循的两个基本要求。问题在于如何处理二者的关系?事

① 《马克思恩格斯选集》第2卷,人民出版社,1995年,第589页。
② 《马克思恩格斯选集》第4卷,人民出版社,1995年,第241页。
③ 《马克思恩格斯选集》第3卷,人民出版社,1995年,第776页。
④ 《马克思恩格斯选集》第3卷,人民出版社,1995年,第776页。
⑤ 《列宁选集》第1卷,人民出版社,1995年,第10页。

实上,围绕如何认识和处理马克思主义的普适性和时代性的关系,19 世纪末的德国社会民主党内部以考茨基、卢森堡、倍倍尔等人为代表的马克思主义“正统派”与伯恩斯坦为代表的“修正派”展开了激烈的论战。伯恩斯坦是马克思、恩格斯之后最早自觉认识和系统研究马克思主义的时代性问题。他根据理论与实践相统一的马克思主义根本原则,详细考察分析了第二次科技革命、垄断资本主义的发展、发达资本主义国家议会民主制度的普遍建立、个人劳动条件的改善和社会阶层的新变化等给马克思主义造成的挑战,系统修正马克思主义以便适应新时代的特征。但由于对时代和实践的新变化的片面解读和对马克思主义简单化理解,伯恩斯坦修正、发展马克思主义最终变成了曲解、抛弃马克思主义。在这个意义上,考茨基、卢森堡等人对伯恩斯坦主义的批判、对马克思主义基本观点真理性和普适性的捍卫,虽然存在简单化和机械化的倾向,但在捍卫马克思主义理论基础成为主要理论任务的历史条件下总体上是合理的和值得肯定的。

马克思主义是时代精神的精华,其发展必然受时代主题和特征的影响和制约。因而,推进马克思主义中国化,不仅要把马克思主义基本原理与中国的革命、建设、改革实际和历史实际结合起来,而且要与中国革命、建设、改革所在的时代的特征结合起来,根据时代特征的变化确定中国革命、建设和改革的战略与道路。民主革命时期的中国共产党人是秉持列宁、斯大林关于二十世纪的资本主义已经从自由资本主义转变为垄断资本主义、世界历史开始进入帝国主义和无产阶级社会主义革命的新时代的论断认识和处理中国革命问题的。毛泽东在强调马克思主义是观察和解决中国革命问题的工具、选择走俄国人的道路的同时,总是站在时代的高度看待中国革命问题。针对当时党内外关于中国革命性质的争论,毛泽东说,我国革命是资产阶级性质的民主主义革命,但由于它发生于第一次世界大战和十月革命以后这个无产阶级社会主义革命的时代,因而不能不受这个时代性质的制约而成为无产阶级社会主义世界革命的一个部分。因此,我国的民主革命是无产阶级领导的、建立新民主主义社会的新民主主义革命。在此基础上,毛泽东为代表的中国共产党人创立了新民主主义革命理论,开辟出新民主主义革命道路,实现了中华民族的独立和人民的解放。

在改革开放和现代化建设的新时期,我们党更加自觉地思考、研究时代的新变化及其对我国社会主义建设的深刻影响,大力推动我们党的指导思想的与时俱进。邓小平最先提出和系统阐述了“和平与发展”的新时代观。他根据 20 世纪 60 年代以来世界的新形势(核时代的来临,美国和苏联因长期冷战而力量相对削弱,第二世界力量增强,第三世界的崛起,人们对第二次世界大战的反思，联合国力量的强化，发展越来越被各个国家重视等）指出，和平的力量已经超过战争的力量，在一个相当长的时期内争取和平是可能的，世界大战是可以避免的。基于这样一个判断，邓小平提出："现在世界上真正大的问题，带全球性的战略问题，一个是和平问题，一个是经济问题或者说发展问题。和平问题是东西问题，发展问题是南北问题。概括起来，就是东西南北四个字。南北问题是核心问题。"①他强调，"1978 年我们制定一心一意搞建设的方针，就是建立在这样一个判断上的。"江泽民敏锐地观察 20 世纪 90 年代以来时代的新变化及其对党的思想理论的深刻影响，要求全党重视研究《共产党宣言》发表以来时代的变化，重视研究当代资本主义发展的新特点和社会主义发展的新形势，"正确把握时代要求"，"始终走在时代前列"②，与时俱进地发展马克思主义，用发展着的马克思主义指导新的实践。他把与时俱进规定为马克思主义的理论品质，并根据世情、党情、国情的新变化和党和国家事业的新要求，把党的思想路线从解放思想、实事求是的思想路线丰富为解放思想、实事求是、与时俱进的思想路线。新世纪新阶段，胡锦涛根据世界发展理论与实践的最新趋势和和平、合作、共赢、和谐的时代要求，提出了以人为本、全面、协调可持续的科学发展观，体现了党的指导思想的又一次与时俱进。党的十七届四中全会更是提出了"马克思主义时代化"的命题，把实现马克思主义时代化作为推进马克思主义中国化的内在要求。正是因为有了对时代主题和特征的新判断，有了对新时期以来世情、国情、党情的新变化和我国发展出现的新情况、新问题的准确把握，我们才能实现从以阶级斗争为纲到以经济建设为中心的战略重点的转移，才能实现从封闭到开放、从停滞到改革的转变，开辟和拓宽中国特色社会主义道路。

三、从阶级性话语主导到人民性话语主导

马克思主义是关于无产阶级和人类解放的理论。无产阶级和人类解放是马克思主义的理论主题，也是无产阶级的实践主题。虽然资产阶级启蒙思想家早就把解放全人类作为自己的理想目标，认为资产阶级的解放就是人类的解放，资本主义社会就是人类解放的社会形式，但因为资产阶级的阶级局限性，最终实现的仅仅是人的政治解放而不是人类解放；19 世纪空想社会主义者也把不分阶级的人类解放作为自己的奋斗目标，并把未来的共产主义社会作为人类解放的社会形式，但由于找不到实现人类解放的社会力量而陷入

---

① 《邓小平文选》第三卷，人民出版社，1993 年，第 105 页。

② 《江泽民文选》第三卷，人民出版社，2006 年，第 47 页、48 页。

乌托邦空想。在马克思、恩格斯看来，只有无产阶级才能把本阶级的解放和人类的解放统一起来，真正实现人类解放的历史任务。因为一方面，无产阶级“如果不同时使整个社会永远摆脱剥削、压迫和阶级斗争，就不再能使自己从剥削它压迫它的那个阶级（资产阶级）下解放出来”①；另一方面，“社会从私有财产等等解放出来、从奴役制解放出来，是通过工人解放这种政治形式来表现的，这并不是因为这里涉及的仅仅是工人的解放，而是因为工人的解放还包含普遍的人的解放”②。正因为马克思、恩格斯发现了无产阶级承担着解放本阶级和全人类的历史使命，因而他们把马克思主义理论的命运与无产阶级的命运紧密联系在一起。他们公开宣布自己理论的无产阶级性质，提出“哲学把无产阶级当作自己的物质武器，同样，无产阶级也把哲学当作自己的精神武器”③。马克思、恩格斯既反对把自己的理论称为超阶级的人道主义或人本主义，也反对把他们的理论理解为“价值无涉”的实证科学。他们从不离开无产阶级争取解放的阶级斗争来抽象地谈论人的解放，认为这是小资产阶级的空想；也反对用关于自由、民主、人权的抽象理论指导无产阶级革命，认为这是对他们一直强调的阶级斗争的否定。恩格斯晚年反思了自己1845年写的《英国工人阶级状况》淡化马克思主义阶级性的缺陷，认为书中关于“共产主义不是一种单纯的工人阶级的党派性学说，而是一种最终目的在于把连同资本家在内的整个社会从现存关系的狭小范围中解放出来的理论”的观点“在抽象的意义上是正确的，然而在实践中在大多数情况下不仅是无益的，甚至还要更坏。”④

突出马克思主义的无产阶级性，重视无产阶级创造历史的伟大历史使命，强调人类解放要通过无产阶级解放的政治形式，要求科学社会主义必须与工人运动相结合，相信无产阶级在争取解放的斗争实践中必然会克服资产阶级意识形态的影响、不断增强革命的阶级意识，无产阶级革命胜利后建立的国家必然是无产阶级专政。无产阶级专政是实现向无阶级社会过渡的必然的政治形式。一句话，在马克思、恩格斯的理论中，人民革命和人民解放实质上是无产阶级革命和无产阶级解放。这是马克思、恩格斯创立的马克思主义的突出特点。这种对阶级性话语的强调是与马克思、恩格斯对于欧洲已经是工业化社会、欧洲无产阶级具有代表大工业生产力的先进性和不断革命的坚决性、欧洲主要资本主义国家小农终将消失、社会阶级结构日益无产阶

① 《马克思恩格斯选集》第1卷，人民出版社，1995年，第252页。

② 《马克思恩格斯全集》第3卷，人民出版社，2002年第二版，第278页。

③ 《马克思恩格斯选集》第1卷，人民出版社，1995年，第16页。

④ 《马克思恩格斯选集》第4卷，人民出版社，1995年，第432页。

级—资产阶级两极化、欧洲资产阶级已经从革命阶级退化为反对革命的保守阶级等理论判断为基本根据的。应该说,这些判断总体上是正确的,但在某些方面也存在简单化的倾向。

近代中国是农民人口占90%的农业国,产业工人人数少,力量不强;在半殖民地半封建社会制度下的中国资产阶级分裂为买办资产阶级、民族资产阶级和众多的小资产阶级。民族资产阶级和小资产阶级具有反帝反封建的革命性。这就决定了中国新民主主义革命是以工人阶级为领导阶级、农民阶级为主要力量、民族资产阶级和小资产阶级参加的最广泛的人民民主革命。毛泽东为代表的中国共产党人,深刻认识到我国国情和我国革命的这一特点,在坚持和应用马克思主义指导中国革命、改革和建设过程中,成功地创造出适合中国特点和人民诉求的中国化的新民主主义革命理论和中国特色社会主义理论体系。仔细研读和观察就可发现,其中,既有坚持革命和建设的无产阶级性的要求,也存在着理论和实践的着力点的一系列新变化:将马克思、恩格斯的无产阶级革命理论具体化为新人民民主革命理论,将无产阶级解放的目标具体化为人民解放的目标,将无产阶级创造历史的作用的观点具体化为“人民、只有人民,再是创造历史的真正动力”的论断,从向工人阶级宣传、灌输科学社会主义具体化为教育人民群众,共产党从对无产阶级负责具体化为向人民群众负责,从无产阶级专政具体化为人民民主专政。在我们党的文献中,人民的概念比无产阶级或工人阶级的概念使用的频率要多得多。在邓小平理论中,检验党的路线、方针、政策及其效果的好坏,主要看人民答应不答应、满意不满意。在“三个代表”重要思想中,中国共产党不仅是中国工人阶级的先锋队,而且是中国人民的先锋队,这深化了党的性质的认识。在科学发展观等重大战略思想中,“以人为本”(本质上是以人民群众的根本利益为本)被规定为科学发展观的核心,“权为民所用、情为民所系、利为民所谋”成为新世纪新阶段我们党的最新执政理念。总之,从阶级性话语主导转向人民性话语主导,是中国化过程中马克思主义发展的一个显著特点。

四、从追求正确理解到聚焦理论创新

“什么是马克思主义、怎样对待马克思主义”是贯穿马克思主义发展和国际共产主义运动始终的重大课题,也是中国特色社会主义理论与实践的重大问题。“什么是马克思主义”问题的解答,取决于对马克思主义的主要内容和精神实质的正确理解;“怎样对待马克思主义”问题的解决,关键是要处理好马克思主义的坚持与发展、继承与创新的关系。就马克思主义的发展和生命力、创造力而言，正确理解是前提，理论创新是关键。从思想史看，正确理解的问题和理论创新的问题相互交织、互为条件，贯穿整个马克思主义发展的始终。不同仅仅在于，由于时代的变化，由于不同时期无产阶级及其政党面临的形势、承担的使命不同，两者的重要性、迫切性有所差异。从马克思、恩格斯时代的马克思主义到中国化的马克思主义以及中国化马克思主义本身的发展，存在一个从强调正确理解到追求理论创新的重点转变过程。

马克思、恩格斯是世界工人阶级的顾问和导师，他们为无产阶级的解放锻造了马克思主义这一“最好的工具”和“最锐利的武器”。对于19世纪各国马克思主义政党而言，正确理解并具体应用马克思主义于革命实践成为主要任务。事实表明，这是一项重要而困难的工作，其间出现过不少对马克思的思想和理论的误解和曲解。马克思本人曾针对19世纪70年代末法国工人党内不同派别打着马克思主义的旗号争权夺利的状况公开申明：“我只知道我自己不是马克思主义者”。恩格斯也多次引用马克思的这句话来讽刺那些把马克思主义教条化和宗派化的青年大学生和知识分子。马克思的申明当然不是像某些西方学者所解读的那样，所谓马克思不是马克思主义者、马克思反对马克思主义[①]；而是表明，马克思主义作为无产阶级和人类解放的科学理论，有自己的特定内涵和本质规定；同时也表明，要正确理解和把握马克思主义，的确不是一件容易的事情。恩格斯在晚年的著作和书信中对正确理解马克思主义作了原则性的提示。他反复强调，马克思主义是进行科学研究的方法，不是构造体系的工具、剪裁事实的公式、包医百病的灵丹妙药，因而不能代替具体的历史研究。他要求从整体上把握马克思主义，提醒读者不要忽略他提出的“各种见解之间的内在联系”[②]；要阅读马克思的原著，不要轻信第二手介绍性的读物；要把握马克思理论的实质，不要纠缠于个别词句[③]；仅仅掌握马克思主义主要原理是不够的，还需要把握马克思主义的非主要原理和应用于革命实践的战略和策略。

在推进马克思主义中国化过程中，中国共产党人首先面临的也是如何正确理解马克思主义的问题，并在20世纪30年代出现了毛泽东主张的中国化的“创造性的马克思主义”与王明坚守的苏联式的“教条主义的马克思主义”的分歧和争论。“延安整风”时期，毛泽东号召全党要“系统而不是零散地，完整而不是片面地”学习马克思主义，要求重点理解和把握马克思主义的立场、

① 参见约瑟夫·奥玛莱、凯兹·阿格津编：《吕贝尔论卡尔·马克思：五篇文章》，剑桥大学出版社1981年版，第17页；汤姆·洛克曼：《马克思主义之后的马克思》，东方出版社，2008年，第4页、第7页。

② 《马克思恩格斯选集》第3卷，人民出版社，1995年，第344页。

③ 《马克思恩格斯选集》第4卷，人民出版社，1995年，第697页。

观点和方法。邓小平说“马克思主义并不玄奥。马克思主义是很朴实的东西,很朴实的道理”①。他强调,“学马列要精”②,即把握其精髓。在与歪曲毛泽东思想的“两个凡是”作斗争时期,邓小平反复强调,要对毛泽东思想有一个“完整的准确的认识”③。他指出,毛泽东思想是个科学的体系,不包括毛泽东晚年的错误观点;“不能够只从个别词句来理解毛泽东思想,而必须从毛泽东思想的整个体系去获得正确理解”④;马克思主义和毛泽东思想的精髓是实事求是。

同时又不能不看到,与马克思、恩格斯创立和完善马克思主义主要以自由资本主义时期的欧美发达资本主义工业社会为背景不同,马克思主义中国化是在帝国主义和无产阶级社会主义革命时期的经济文化落后的农业国家发生和推进的,时代的重大变化和国情、党情的巨大差异决定了中国共产党人不可能照搬马克思、恩格斯的“本本”解决中国革命、建设和改革问题,必须从本国实际出发,大力推进理论创新,创造适合中国实际的中国化的马克思主义。对此,我们党的领导人有清醒的认识。坚持解放思想、实事求是,坚持反对本本主义、教条主义、“两个凡是”,大力推进正确理解基础上的理论创新,越来越成为中国共产党人的理论自觉和强烈追求,成为马克思主义中国化过程的一条鲜明的理论主线。早在《反对本本主义》一文中,毛泽东就提出了不唯书,不唯上,只唯实的思想和“没有调查就没有发言权”的著名论断,要求全党从迷信“上级”、迷信“本本”的思想束缚中解放出来,独立自主地探索中国革命的道路,矛头直指当时国际共产主义运动中和我们党内盛行的“把马克思主义教条化、把共产国际决议和苏联经验神圣化”的错误倾向,表现出极大的政治勇气、理论智慧和彻底的唯物主义精神。《实践论》和《矛盾论》从认识论和辩证法的高度总结中国革命的经验教训,阐明了解放思想、理论创新的哲学根据。延安整风是一次深刻的马克思主义思想教育运动,也是一次重大的思想解放和马克思主义理论创新运动。在社会主义建设时期,毛泽东针对三大改造完成后我国社会的主要矛盾从阶级矛盾转变为人与自然的矛盾、党和国家的主要任务由革命转变为建设的新情况,要求全党继续解放思想,转变观念,大胆探索,把握社会主义建设新规律。其矛头主要指向照搬照抄苏联社会主义建设经验的教条主义和沿用革命战争年代的工作经验和方法来解决社会主义建设问题的经验主义,并把解放思想与探索中国式的社会

---

① 《邓小平文选》第三卷,人民出版社,1993 年,第 382 页。

② 《邓小平文选》第三卷,人民出版社,1993 年,第 382 页。

③ 《邓小平文选》第二卷,人民出版社,1994 年第二版,第 42 页。

④ 《邓小平文选》第二卷,人民出版社,1994 年第二版,第 43 页。

主义建设道路结合起来。正是在确立、落实解放思想、实事求是的思想路线的基础上,毛泽东为代表的中国共产党人不拘泥于俄国的以城市为中心、以工人阶级为主要力量的十月革命模式,创造性地提出了新民主主义革命理论;不拘泥于社会主义建设的苏联模式,创造性地提出了以苏为鉴、探索中国式的社会主义建设道路的历史任务。

根据时代主题的新变化和实践的新任务,勇于解放思想、不断推进马克思主义的理论创新,更是当代中国共产党人的不懈追求。邓小平提出,搞社会主义建设不能从本本出发搞"两个凡是",要"解放思想,独立思考"。他强调,时代已经发生了深刻变化,"绝不能要求马克思为解决他去世以后上百年、几百年所产生的问题提供答案……真正的马克思主义者必须根据现在的情况,认识、继承和发展马克思列宁主义。"[①]他要求:老祖宗不能丢,又要说老祖宗没有说过的新话。特别是他提出的社会主义初级阶段理论、社会主义本质理论和社会主义与市场经济关系的思想,更是对马克思主义的大发展、大创新。在此基础上形成的邓小平理论是对马克思主义的系统性的创新(党的十五大报告用"新境界"、"新水平"、"新判断"、"新体系"说明邓小平理论对马克思主义的创新意义。),标志着"马克思主义在中国发展的新阶段"。江泽民根据20世纪末和21世纪初的世情、党情和国情的新变化,从党的事业兴衰成败的高度强调了创新特别是理论创新的重要性。他指出:"创新是一个民族的灵魂,是一个国家兴旺发达的不竭动力,也是一个政党永葆生机的源泉"。他强调,"实践基础上的理论创新是社会发展和变革的先导"[②];"注重理论创新,是党的事业前进的重要保证。什么时候我们紧密结合实践不断推进理论创新,党的事业就充满生机和活力;什么时候理论的发展落后于实际,党的事业就会受到损害,甚至发生挫折"[③]。他要求全党要"善于在解放思想中统一思想,用发展着的马克思主义指导新的实践"[④]。事实上,"三个代表"重要思想是运用马克思主义立场、观点、方法研究中国特色社会主义重大问题,创造性地发展马克思主义的典范,"三个代表"重要思想的理论创新被胡锦涛概括为十个方面的新观点[⑤]。新世纪新阶段,以胡锦涛为总书记的党中央提出了科学发展观等重大战略思想,要求大力推动国家创新体系建设,把改革创新作为时代精神的核心并纳入社会主义核心价值体系,把建设创新

① 《邓小平文选》第三卷,人民出版社,1994年,第291页。

② 《江泽民文选》第三卷,人民出版社2006年,第537页。

③ 《江泽民文选》第三卷,人民出版社2006年,第334页。

④ 《江泽民文选》第三卷,人民出版社2006年,第538页。

⑤ 参见《保持共产党员先进性教育读本》,党建读物出版社,2004年,第250页。

型国家看作“国家发展战略的核心”[①]，把提高创新思维能力作为党的高级干部必备的基本理论素养。强调围绕“建设什么样的社会主义、怎样建设社会主义，建设什么样的党、怎样建设党，实现什么样的发展、怎样发展”等重大问题[②]，不断作出新的理论概括，丰富发展中国特色社会主义理论体系。实际上，科学发展观等重大战略思想本身就是新世纪新阶段发展创新马克思主义和中国特色社会主义理论的典范[③]。总之，邓小平理论和“三个代表”重要思想、科学发展观等重大战略思想一起，构成了中国特色社会主义理论体系。中国特色社会主义理论体系及其指导下的中国特色社会主义道路的开辟、中国特色社会主义制度的建立，是改革开放和现代化建设新时期我们取得的三项重大成果，表明我们对共产党的执政规律、社会主义建设规律和人类社会发展规律的认识达到了新的水平，标志着马克思主义中国化的第二次飞跃。

五、从注重基础理论到着眼于实践应用

马克思、恩格斯既是思想家也是革命家，或者说是思想家型的革命家、革命家型的思想家。作为思想家，他们不是像黑格尔和费尔巴哈那样把理论研究看作纯学术性的事业，而是把理论研究与无产阶级革命的实践密切结合；作为革命家，他们不像列宁、毛泽东等人那样在无产阶级革命政党中担任实际领袖的职业革命家，而主要是以自己的革命理论影响、指导无产阶级及其政党的革命实践，发挥理论导师和实践顾问的作用。在这个意义上，马克思、恩格斯对无产阶级事业发挥的主要是思想家的作用。因此，他们的主要任务是为欧美工人阶级革命铸造思想武器，主要活动是理论创造，工作重心是创立、完善、系统化马克思主义，主要贡献是实现空想社会主义到科学社会主义的理论飞跃。马克思主义（广义的科学社会主义）的创立、完善和系统化经历了包括一系列理论环节的历史过程。《关于费尔巴哈的提纲》建构了马克思主义哲学理论体系的雏形，《德意志意识形态》初步系统阐述了唯物史观基本原理，《共产党宣言》标志着马克思主义的诞生，《<政治经济学批判>序言》对唯物史观基本原理作了经典概括，《资本论》标志着马克思主义政治经济学理论体系的创立和完善，《反杜林论》是包括哲学、政治经济学和科学社会主义三个基本部分的马克思主义系统化的标志，恩格斯的《家庭、私有制和国家的

---

① 《十七大以来重要文献选编》（上），中央文献出版社，2009 年，第 15 页。

② 胡锦涛：《在庆祝中国共产党成立九十周年大会上的讲话》（2011 年 7 月 1 日）。

③ 中共中央宣传部组织编写的《科学发展观学习读本》把科学发展观的理论创新概括为七个新观点。参见《科学发展观学习读本》，学习出版社，2008 年，第 8 页。

起源》、马克思的“人类学笔记”和马克思与恩格斯关于俄国农村公社发展前途的文献，初步阐述了马克思主义原始社会理论和东方社会发展道路思想。正因为马克思、恩格斯的创造性的理论研究，形成了马克思主义基本理论或基本原理，为各个国家的马克思主义者的革命、建设和改革实践提供了理论基础。

马克思主义中国化是理论与实践的相互作用、相互提升的过程。就理论方面而言，这是中国共产党人学习、理解马克思主义并不断总结实践新经验而加以发展创新的过程；就实践方面而论，这是中国共产党人应用马克思主义立场、观点、方法分析和解决中国革命、改革和建设中的实际问题，实现民族独立、人民解放、百姓富裕、国家强盛的过程。但马克思主义中国化主要是实践过程而不是理论过程。因此，中国共产党人从最初接触马克思主义开始，就始终把马克思主义的实践应用提到最高地位。青年毛泽东明确地把马克思的阶级斗争理论当作分析近代中国社会阶级结构和阶级斗争状况的工具。延安整风时期，毛泽东明确要求破除党内存在的“为了单纯地学理论而去学理论”、“抽象地无目的地去研究马克思列宁主义”[①]的主观主义方法，强调“对于马克思主义的理论，要能够精通它、应用它，精通的目的全在于应用”[②]。但“决不能主观地公式地应用它”[③]，而应“确立以研究中国革命实际问题为中心”[④]，将马克思主义理论与民族特点相结合，使其带有一定的民族形式。邓小平要求：学马列不仅要精，更是“要管用的”[⑤]，要能够“根据马克思主义的基本原则和基本方法，不断结合变化着的实际，探索解决新问题的答案”[⑥]。江泽民、胡锦涛都强调，新时期学习和研究马克思主义一定要坚持“一个中心、三个着眼于”，即“以我国改革开放和现代化建设的实际问题、以我们正在做的事情中心，着眼于马克思主义理论的实际运用，着眼于对实际问题的理论思考，着眼于新的实践和新的发展”[⑦]。他们要求“确立以实际问题为中心研究马克思主义的方法”，强调“是否真正坚持了马克思主义，关键看是否能运用它来解决中国面临的实际问题”[⑧]。

---

① 《毛泽东选集》第三卷，人民出版社 1991 年，第 799 页。

② 《毛泽东选集》第三卷，人民出版社 1991 年，第 815 页。

③ 《毛泽东选集》第二卷，人民出版社 1991 年，第 707 页。

④ 《毛泽东选集》第三卷，人民出版社 1991 年，第 802 页。

⑤ 《邓小平文选》第三卷，人民出版社，1993 年，第 122 页。

⑥ 《邓小平文选》第三卷，人民出版社，1993 年，第 146 页。

⑦ 《江泽民文选》第二卷，人民出版社，2006 年，第 12 页。

⑧ 《江泽民文选》第三卷，人民出版社，2006 年，第 339 页；胡锦涛：在纪念党的十一届三中全会召开 30 周年大会上的讲话（2008 年 12 月 18 日）。

强调马克思主义的实践应用，必然重视马克思主义方法论，从而突出辩证唯物主义和历史唯物主义的地位和作用。马克思主义哲学是世界观和方法论的统一，具有解释世界和改造世界的双重性质和功能。中国共产党人坚持马克思主义的哲学世界观基础，但更多地从方法论方面理解、把握、阐发马克思主义哲学，更加突出其应用于实践的改造世界的功能。作为马克思主义应用于中国实际的重要理论成果，毛泽东的哲学思想有两个显著特点。其一，它是中国革命和建设经验的理论总结，深深根植于中国革命和建设的实践中，具有鲜明的实践性。其二，它是关于中国革命和建设的思想方法论，往往与党的路线、纲领、方针、政策紧密相联，具有突出的方法论特征。毛泽东提出，哲学应"以研究思想方法论为主"；哲学研究应"以扫除教条主义思想为主要的目标"[①]，要用马克思主义这个好箭射中国革命之的。据此，他强调区分马克思主义的词句和实质，认为学习马克思主义，重点是学习和把握它的精神和实质。而马克思主义的实质，被毛泽东概括为马克思主义的立场、观点和方法。而马克思主义的立场、观点和方法又被毛泽东用中国传统术语概括为实事求是。在毛泽东的著作中，实事求具有世界观和认识论、思想路线、态度和作风等多方面的内涵，但主要是作为指引无产阶级政党的实践方向的思想路线而得到系统阐述的。作为思想路线的实事求是与马克思主义世界观、认识论密切相关，但又不等同。它不是马克思和恩格斯创立的理论形态的世界观和认识论，而是贯彻于我们党的实际工作中的世界观和认识论，是辩证唯物主义和历史唯物主义的世界观和认识论的中国化和具体化；它不是为解决理论问题而提出来的抽象哲学体系，也不是完成过河任务的"桥"或"船"这类工具或具体方法，而是关于过河方法的"桥论"或"船论"，亦即是解决中国革命和建设实际问题的根本思想方法、工作方法，是指导实践的总的方法论；它不是与理论形态的唯心主义、形而上学直接对立，而是与实践形态的唯心主义、形而上学——主观主义(教条主义和经验主义)直接对立。正如毛泽东所说："在人们的思想方法方面，实事求是和主观主义是对立的"[②]。邓小平也说，实事求是是"马克思主义的根本观点、根本方法"，是"最基本的思想方法、工作方法"[③]。即使是最具理论性的《矛盾论》和《实践论》，也是以实事求是为主题的。在一定意义上可以说，毛泽东的哲学就是实事求是的哲学，是关于什么是实事求是，为什么要实事求是，如何实事求是的哲学。这是

---

① 《毛泽东选集》第一卷，人民出版社，1991 年，第 299 页。

② 《毛泽东选集》第 5 卷，1977 年，第 352 页。

③ 《邓小平文选》第三卷，人民出版社，1993 年，第 114 页。

一种面向实践的具有鲜明的民族特色的方法论。

重视马克思主义哲学的方法论方面和实践应用,构成新时期中国特色社会主义理论体系创立发展的逻辑起点和鲜明特色。邓小平理论起源于新时期以批驳长期束缚人们思想的"两个凡是"、重新确立党的思想路线的真理标准问题大讨论。邓小平哲学思想的主要内容不是抽象的本体论、认识论、辩证法,而是当代中国发展和改革的实践经验的哲学总结,是关于当代中国发展和改革的方法论。邓小平关于发展和改革的方法论的具体论述内容丰富,但都围绕一个核心,这就是解放思想、实事求是。他反复强调,"实事求是是马克思主义的精髓"①,"我们改革开放的成功,不是靠本本,而是靠实践,靠实事求是。"②江泽民面对将中国特色社会主义全面推向21世纪的新任务和新实践,突出强调马克思主义的方法论方面。他在论述加强和改进学习的问题时指出:"我们学习理论,关键是要学会运用马克思主义的立场、观点、方法来观察和解决问题,提高辩证思维能力"③。他要求全党领导干部要重视学习和掌握马克思主义哲学的基本原理,增强工作的"原则性、系统性、预见性、创造性"④。胡锦涛面对新世纪新阶段全面建设小康社会的新实践,同样要求全党"牢固树立辩证唯物主义和历史唯物主义世界观和方法论"。

简言之,中国共产党人在推进马克思主义中国化的伟大事业中,既坚持马克思主义基本原理不动摇,又着重于马克思主义基本原理在中国革命、建设和改革实践中的具体应用,突出辩证唯物主义和历史唯物主义的世界观和方法论,并从理论上系统阐述了马克思主义方法论意义,为中国革命的胜利,为建设和发展中国特色社会主义,提供了科学方法论的指导。

---

① 《邓小平文选》第三卷,人民出版社,1993年,第382页。

② 《江泽民文选》第二卷,人民出版社,2006年,第286页。

③ 《江泽民文选》第二卷,人民出版社,2006年,第287页。

④ 胡锦涛:在纪念党的十一届三中全会召开30周年大会上的讲话(2008年12月18日)。

论创先争优的时代内涵

高正礼　高文娟*

摘　要:创先争优在坚持实事求是思想路线的过程中贯穿着求真务实的时代要求,内容、途径和方式方法等体现了改革创新的时代精神。其思想理论、总体要求和具体操作等层面的实践主题,以及丰富多彩的活动载体、务实有效的运行模式和手段等,既继承了历史上"创先"、"争优"的优良传统和成功经验,又坚持与时俱进,开拓创新,蕴含着新理念、新要求、新举措和新机制,呈现出鲜明的时代气息。

关键词:创先争优;时代要求;实践主题;活动载体;时代内涵

从建党之初创建"布尔什维克化"的先进党支部、培养"做革命形势中工人阶级先锋队的榜样"的优秀共产党员①,到改革开放初期"在共产党员中开展比、学、赶、帮的党内竞赛活动"②、前些年以创建"领导班子好、党员干部队伍好"等"五好"为主要内容的农村基层党组织建设"三级联创"活动等,再到当下开展的"创建先进基层党组织、争当优秀共产党员"活动,可以说"创先"、"争优"一直是中国共产党加强自身建设的有效载体和有力抓手。今天的创先争优活动既继承了历史上"创先"、"争优"的优良传统和成功经验,又坚持与时俱进,开拓创新,蕴含着丰富的时代内涵。

第一,思想精髓贯穿着求真务实的时代要求和改革创新的时代精神。

实事求是是中国共产党的思想路线,也是马克思主义中国化理论成果——毛泽东思想和中国特色社会主义理论体系的精髓。在不同历史阶段,由于党所处的环境、所要解决的课题等都不一样,因而执行实事求是思想路线的阶段性要求,即时代要求,也不尽相同。故在重新确立、发展和推行实事

* 作者简介:高正礼,安徽师范大学政法学院教授、博士、博士生导师、政治系主任;高文娟,安徽师范大学政法学院讲师、硕士。

① 《中共中央文件选集》第3册,中共中央党校出版社1989年版,第254页。

② 蔡长水等:《邓小平新时期党的建设理论研究》,安徽人民出版社1996年版,第250页。

求是思想路线的过程中，当年鉴于“两个凡是”严重束缚着党的拨乱反正工作的展开和改革开放事业的启动，邓小平特别强调解放思想；邓小平逝世后，境内外、党内外对以邓小平为核心的党中央领导中国人民开创的建设中国特色社会主义事业、概括的建设中国特色社会主义理论特别关注，为了回答各界的关注和议论，并把建设中国特色社会主义事业全面推向21世纪，江泽民特别强调与时俱进；在改革开放取得巨大成就、转变经济发展方式日益迫切的背景下，尤其是针对部分党员干部中存在的“作风漂浮、工作不实”，“好大喜功、急功近利”，“习惯于做表面文章，热衷于搞‘形象工程’、‘政绩工程’”等突出问题，胡锦涛自中共十六大以来特别强调求真务实，指出：“求真务实，是辩证唯物主义和历史唯物主义一以贯之的科学精神，是我们党的思想路线的核心内容，也是党的优良传统和共产党人应该具备的政治品格。”[①]他一再号召全党要大力弘扬求真务实精神，大兴求真务实之风。

当前，全党开展的创先争优活动，坚持实事求是思想路线，始终贯穿着求真务实的时代要求。党中央及有关部门明确指出：创先争优活动要“有计划、有节奏地推进，不能搞大呼隆、一阵风”，“防止空泛化”，“防止形式主义”；“基层创先争优重在干好事、干实事、干群众欢迎的事，不能停留在文件上、会议上、墙壁上”。[②] 活动开展以来，全国各基层党组织和广大党员，根据上述指示精神，坚持从本单位的具体实际出发创先争优，力求多做事，做实事，让群众“看得见、摸得着”，真正得实惠，努力把创先争优活动办成群众满意工程，处处蕴含着求真务实的精神和品格。

十一届三中全会以来，党领导中国人民在改革开放的伟大实践中，不断培育、积累和形成了以改革创新为核心的与时俱进、开拓进取、求真务实、奋勇争先的时代精神。[③] 这一时代精神，同以爱国主义为核心的民族精神共同构成了社会主义核心价值体系的精髓，是中国人民推动中国特色社会主义事业胜利前进、中华民族伟大复兴的精神支撑，也是中国共产党人锐意进取、顽强拼搏的精神动力。2010年4月，胡锦涛在全党深入学习实践科学发展观活动总结大会上指出：“深入贯彻落实科学发展观，必须坚持求真务实、改革创新”，要“以改革创新精神加强党的建设”，“以改革创新为动力”，通过广泛开展创先争优进一步推动学习实践科学发展观活动向深度和广度发展。[④] 中央

① 《十六大以来重要文献选编》(上)，中央文献出版社2005年版，第727、724页。

② 《深入开展创先争优活动文件选编》(一)，党建读物出版社2010年版，第42、41、48、56页。

③ 《毛泽东思想和中国特色社会主义理论体系概论》，高等教育出版社2010年修订版，第260页。

④ 《十七大以来重要文献选编》(中)，中央文献出版社2011年版，第636、639、640页。

组织部和宣传部《关于在党的基层组织和党员中深入开展创先争优活动的意见》(以下简称《意见》)也指出:深入开展创先争优活动,要"坚持从地区本部门本单位实际出发,改革创新,务求实效。"①目前,全国各地基层党组织和党员,紧紧依据自身的实际,在创先争优的组织动员、主题确定、载体设计、途径选择和方式方法改进等各方面努力改革创新;在活动的实施过程中,主动挖掘所在单位和岗位面临的新课题、新矛盾、新挑战,深入查找不适应科学发展的突出问题,群策群力、集思广益,千方百计地破解影响和制约科学发展的难题。这些都充分彰显了改革创新的时代精神。

第二,实践主题凸显着马克思主义中国化的最新成果,以及建设和发展中国特色社会主义的新理念、新要求和新趋向。

党的历次"创先""争优"活动,都有特定的主题,都围绕贯彻落实党的阶段性基本理论和路线方针、保持和发展党的先进性、提高党的领导或执政能力而展开。当下创先争优活动的多层面实践主题都具有鲜明的时代性。

首先,思想理论层面的实践主题是作为马克思主义中国化最新理论成果的科学发展观。党自成立90年来,坚持把马克思主义基本原理同中国具体实际相结合,不断推进马克思主义中国化,团结带领全国各族人民先后完成了新民主主义革命,实现了民族独立和人民解放;完成了社会主义革命,确立了社会主义基本制度;进行了改革开放新的伟大革命,开创、坚持和发展了中国特色社会主义。同时,又把中国革命、建设和改革的方针政策、实践经验和历史教训等上升为理论,不断丰富和发展着马克思主义,在实现马克思主义同中国实际相结合的两次历史性飞跃的过程中,形成了中国化的马克思主义——毛泽东思想和中国特色社会主义理论体系两大理论成果。中国特色社会主义理论体系包括邓小平理论、"三个代表"重要思想和科学发展观等重大战略思想,其中,科学发展观是2002年中共十六大以来形成并仍在继续发展的理论,是马克思主义中国化的最新理论成果。

2010年3月19日,胡锦涛在中央政治局会议上提出:要在党的基层组织和党员中开展以学习实践科学发展观为主题的创先争优活动,以巩固和拓展全党深入学习实践科学发展观集中性教育活动的成果。同年4月的《意见》也指出:"深入开展创先争优活动,要认真贯彻落实党的十七大和十七届三中、四中全会精神,以邓小平理论和'三个代表'重要思想为指导,以深入学习实践科学发展观为主题";10月,中央创先争优活动领导小组再次强调:各级党组织和广大党员要"牢牢把握深入学习实践科学发展观的主题……在推动

① 《深入开展创先争优活动文件选编》(一),党建读物出版社2010年版,第148-149页。

科学发展、加快转变经济发展方式中创先争优”。[①] 可见,创先争优活动是深入学习实践科学发展观集中教育活动的拓展和延伸,其实践主题是科学发展观。革命战争年代和建国初期,创先争优的实践主题是毛泽东思想;改革开放头20多年里,创先争优的实践主题是邓小平理论和“三个代表”重要思想。相对而言,科学发展观的实践主题具有鲜明时代性。

其次,总体要求、基本要求层面的实践主题内含着推动科学发展、促进社会和谐等全新要求和全新理念。历史上的创先争优曾根据当时革命、建设和改革的形势和任务,围绕党的中心工作规定了活动的基本要求及内容。《意见》明确指出:此次创先争优活动的“总体要求”是推动科学发展、促进社会和谐、服务人民群众和加强基层组织。“创先”和“争优”的“基本要求”分别是:学习型党组织建设成效明显,出色完成党章规定的基本任务,努力做到领导班子、党员队伍、工作机制、工作业绩和群众反映“五个好”;模范履行党章规定的义务,努力做到学习提高、争创佳绩、服务群众、遵纪守法和弘扬正气“五带头”。这其中,服务群众、遵纪守法和弘扬正气等虽然不是新范畴、新理念,但都内含着根据世情国情党情的新变化,针对建设中国特色社会主义的新课题和新任务,围绕党的执政能力和先进性建设的主线而提出的新要求,而推动科学发展、促进社会和谐、建设学习型党组织等都是近几年提出的全新理念。

再次,具体操作层面的实践主题更赋贴近实际和生活的时代气息。2010年4月,李源潮在创先争优活动动员部署会议上指出:“创先争优活动要以学习实践科学发展观为主题,但在不同地区、不同单位、不同阶段,科学发展面临的任务有所不同”,因此,各基层党组织要“贴近基层单位实际,确定具体争创主题”,只有确定了“具体的实践主题”,创先争优活动才能“目标看得见,工作能落实,党员好参加”,并且,“创先争优活动在基层开展,更要有鲜明、具体、实在的争创主题”。[②] 遵循中央求真务实、改革创新的指示精神,全国各地基层党组织和党员,纷纷结合本地区、本单位和党员岗位的实际,把“优秀”和“先进”的标准具体化、实体化为党组织能够掌握和操作、党员能够觉悟和践行、群众能够监督和评判的要求、任务和目标,从而将创先争优活动落实在具体行动上。如各地党组织和党员围绕纪念建党90周年、加快安居房和保障房建设、搞好换届选举等工作创先争优;农村党组织和党员围绕建设社会主义新农村创先争优;街道社区党组织和党员围绕构建文明和谐社区创先争优;科研、教育和卫生事业的党组织和党员围绕文化事业改革、科研攻关、学风行

① 《深入开展创先争优活动文件选编》(一),党建读物出版社2010年版,第148、239页。
② 《深入开展创先争优活动文件选编》(一),党建读物出版社2010年版,第40页。

风建设等创先争优。这些具体的实践主题,紧跟时代步伐,关注社会热点,服从改革发展稳定大局,贴近时事、贴近实际、贴近生活,使得创先争优活动既严肃认真、规范统一,又具有鲜活的时代气息和浓郁的生活韵味。

第三,活动载体不仅承载着中国共产党和党员当下的先进和优秀,而且承载着各地区、各领域事业发展的行业标准、技术水平和未来趋向。

当下的创先争优活动,既强调组织领导,统一指挥,更强调充分发挥基层党组织和党员的积极性、主动性和创造性。中央要求创先争优活动在各级党委(党组)和活动领导小组的分类指导下,“各地各单位要区别不同领域和行业基层党组织的职责任务、不同群体党员的岗位特点,精心设计活动载体……可以针对当前大家最希望党组织和党员发挥先进模范作用的问题设计活动载体”①。也就是说,各基层党组织要根据本区域、行业和党员岗位等特点,为党组织和党员参与创先争优搭建活动平台,创造活动形式,提供活动机遇,通过这些载体实现创先争优从理念、设想向行动、实践和建设成果的转化。

先进和优秀是马克思主义政党及其党员的基本特征和永恒追求。在不同国家和民族的不同历史阶段,先进和优秀的具体内涵和标准是不断变化发展的。创先争优活动自 2010 年初夏开展以来,全国各基层党组织纷纷设计、推出了各具特色的活动载体,如党群结对共建共创、党员示范岗、党员承诺践诺制、党员服务站和党员服务队等,从而推动了本单位创先争优活动稳步、有序地逐步展开和深化。经过一年多的探索和实践,全国正大量地涌现出成效显著且具有推广价值的创先争优活动载体。如:四川省武胜县党组织创立了党员创先争优“竞技台”,吸引近千个基层党组织和 2.8 万余名党员在“竞技台”上公开承诺、践诺、评诺,争创为民服务的数量和质量;浙江省众多市县在非公有制企业中开展的“党建领先、发展领先”活动,以加强非公企业党务干部队伍建设为重点,选派党员干部到非公企业担任助企党建指导员,加强了非公有制企业的党建工作;一些窗口单位和服务行业的党组织推出了“三亮三争”(亮承诺、亮职务、亮身份,比技能、比作风、比业绩)活动载体,引导基层党组织和党员坚持以人为本、服务为先,竭心尽力为群众服务。这些活动载体的方案设计特色鲜明,实行方式务实管用,为党员和群众喜闻乐见,内含着党的思想、组织、作风、制度和反腐倡廉建设等最新成果,内含着当下中国共产党及党员先进、优秀的标准和要求。此外,众多活动载体还包含着我国现代化建设各行各业最新服务理念、宗旨意识和行业标准。如工会系统创建的

① 《深入开展创先争优活动文件选编》(一),党建读物出版社 2010 年版,第 41 页。

"工人先锋号"活动载体,引导广大党员职工积极参与企业技术革新、技术协作、发明创造和创新型班组建设,从而增强了企业自主创新能力,并推动企业在产品创新、服务精良、管理科学、生产安全和节能减排等各发明不断取得新成效。所以说,创先争优的活动载体不仅承载着共产党人兑现向人民的庄严承诺、争当优先的理论与实践,而且承载着中国共产党、中国特色社会主义和中华民族的未来和希望,蕴含着新思想、新标准、新方法、新途径和新趋势,具有前沿性和前瞻性。

第四,运行模式体现了制度建设和社会管理的创新。

当下的创先争优活动在运行模式上同样继承了历史上"创先""争优"的成功经验,如紧紧围绕党的中心工作筹划活动、同马克思主义集中性教育活动相衔接、通过宣传先进典型推动活动向纵深发展等,但也有探索和创新。譬如:制度建设一直是马克思主义政党建设的薄弱环节,此次创先争优突出强调制度建设,积极探索创先争优活动的长效机制;坚持集中统一与分类指导相结合,《意见》明确指出"实施分类指导",并分别对农村、街道社区、国有企业和金融机构、机关、高等学校、科研文卫等事业单位、非公有制经济和社会组织、少数民族聚居地区党组织等创先争优活动提出了具体要求,中央组织部、宣传部和中央创先争优活动领导小组等部门,还先后分别就上述各领域党组织和党员创先争优活动制定了《指导意见》,这是以往创先争优活动少见的;探索党建带群建、党群共建的新模式,通过工会、共青团和妇联等党组织和党员的创先争优带动工青妇团体创先争优,通过党员的创先争优广泛吸引群众参与,在全社会形成了学习先进、崇尚先进、争当先进的良好风气和浓厚氛围,这从社会管理、社会动员、社会运行成本、政治制度评价等方面均体现了创新和先进,也体现了党的领导、社会主义制度的优越性。

此外,在运行手段方面,创先争优活动充分运用了现代化的技术和手段。例如,在思想动员和舆论宣传方面,各地党组织除了继续发挥传统的报刊、广播、电视等媒体作用外,还积极利用互联网、现代远程教育网络、党员电化教育、党建信息网、手机短信平台、LED 电子显示屏等宣传党的基本理论、宣传创先争优的好做法和好经验、宣传先进典型和先进事迹,取得了显著效果。这也体现了创先争优活动的时代性。

总之,创先争优活动的思想理念、精神实质、实践主题、活动载体、运行模式和手段等各方面都紧跟时代潮流,坚持改革创新,蕴含着丰富的时代内涵,具有鲜明的时代特征。

社会主义核心价值体系的微观建构与现实推进

汪时珍　代吉林　盛志鹏*

摘　要:社会主义核心价值体系是我国社会主义意识形态建设的重要理论指南,而如何有效推进社会主义核心价值体系的建设,则成为当前亟须重视的问题。社会主义核心价值体系四个组成部分的微观建构为这个问题的解决提供了理论基础。建立国家战略意识、加强经典理论教育、树立典型榜样引导以及实施制度激励保证是推进社会主义核心价值体系建设的有效方法。

关键词:社会主义核心价值体系;微观建构;现实推进

随着我国社会主义市场经济建设的深入,物质的极大丰富与精神生活主导价值观匮乏之间的巨大反差引起党和政府以及民众对国家精神文化的高度重视和深刻反思。社会主义核心价值体系的提出正是对时代脉搏及诉求的准确把握和积极回应。作为社会主义和谐社会及文化建设的本质要求,社会主义核心价值体系是马克思主义中国化的重要理论成果,是社会主义意识形态建设的重要理论指南,体现了理论建设与实践发展的耦合共进。随着社会主义核心价值体系理论研究的不断深入和实践领域的持续拓展,对社会主义核心价值体系进行微观建构就成为现实推进的动力基础。在马克思主义经典理论和现有文献的基础上,本文对社会主义核心价值体系的四个方面进行再次解构,一方面通过完善社会主义核心价值体系的微观建构来填补现有研究的不足,另一方面为社会主义核心价值体系的现实推进提供扎实的理论指导。

* 作者简介:汪时珍(1964—),男,安徽桐城人,安庆师范学院经济与管理学院,教授、副院长;代吉林(1972—),男,安徽安庆人,安庆师范学院经济与管理学院,副教授;盛志鹏(1982—),男,山东莱芜人,安庆师范学院经济与管理学院,讲师。

一、社会主义核心价值体系理论结构

2006年10月，党的十六届六中全会通过的《中共中央关于构建社会主义和谐社会若干重大问题的决定》第一次明确提出了“建设社会主义核心价值体系”这个重大命题和战略任务。十七大再次指出：“社会主义核心价值体系是社会主义意识形态的本质体现。”

社会主义核心价值体系的基本内容包括：马克思主义指导思想、中国特色社会主义共同理想、以爱国主义为核心的民族精神和以改革创新为核心的时代精神、以“八荣八耻”为主要内容的社会主义荣辱观。这四个方面相互联系、相互贯通，共同构成辩证统一的有机整体。

中国革命历史证明，只有马克思主义才能救中国。马克思主义是正确的世界观和方法论，是我们立党立国的根本指导思想。它指导着中国共产党和中国人民在纷繁复杂的世界中坚持正确的发展方向，时刻把握社会发展的客观规律，不断推进中国特色社会主义建设的伟大历程。因此，马克思主义是中国发展的导航仪和风向标，是指引社会主义核心价值体系建设的基本纲领。

中国特色社会主义是全中国人民的共同理想，是马克思主义中国化的当代体现，是凝聚中国人民的伟大力量。正如小平同志所指出：“我们过去几十年艰苦奋斗，就是靠用坚定的信念把人民团结起来，为人民自己的利益而奋斗。没有这样的信念，就没有凝聚力。没有这样的信念，就没有一切。”[①]作为中华民族的共同理想，中国特色社会主义是共产党人对社会主义道路的科学把握和现实理解，是国家目标的战略设定。它能够凝聚我国各族人民的灵魂和斗志，是在求同存异、共谋发展中引领并激励我们的精神家园。

爱国主义的民族精神和改革创新的时代精神是建设中国特色社会主义共同理想的永恒动力。爱国主义是一个民族的立命之本，不爱国就是一个公民对国家的最大背叛，也是对自身品格的最大侮辱。只有将我们的血脉和国家的命运紧紧融合，我们才有生存的价值和自尊。改革创新是一个民族发展壮大的不竭源泉。东西方发展的历史昭示，只有不断创新的民族才能自立于世界民族之林，才能笑傲于天下。

社会主义荣辱观是我国公民的基本道德和行为准则，是国民世界观、人生观、价值观的基本内容，是形成良好社会风气的重要基础，是维系人与人和谐关系的基本规则。只有将社会主义荣辱观深刻烙印在我们的脑海和日常行为中，才能真正实现家庭稳定、社会和谐、环境友好、国家安康。

---

① 《邓小平文选》第3卷，北京：人民出版社，1993，第190页。

图 1 对社会主义核心价值体系的四个组成部分的逻辑关系进行了概括。

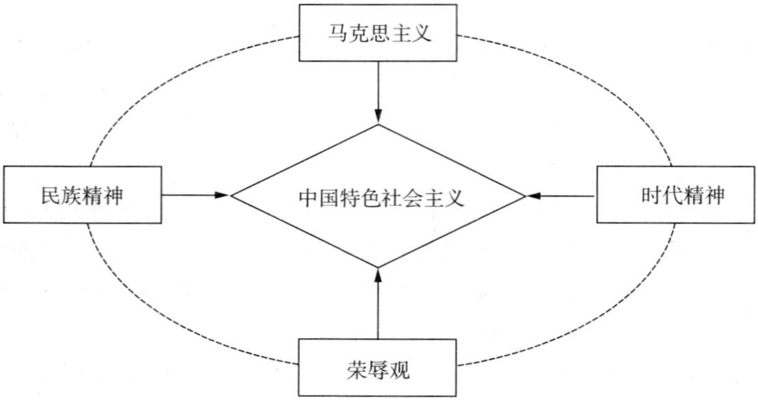

图 1　社会主义核心价值体系结构示意图

二、社会主义核心价值体系的微观建构

社会主义核心价值体系为中国发展提供了主体精神框架,但仍需对其四个方面进行微观建构,才能对国民思想和行为进行具体指导。

(一)中国特色社会主义的微观建构

中国特色社会主义是民众的共同理想和奋斗目标。江泽民指出,"忘记远大理想而只顾眼前,就会失去方向"。[①] 那么中国特色社会主义应该是一种什么状态? 只有将这个问题具体化,理想的蓝图才能在我们脑海中清晰,才能真正激起国民的兴趣和动力。党的十六大在《中共中央关于构建社会主义和谐社会若干重大问题的决定》中提出要把我国建设成为一个"富强民主文明和谐的社会主义现代化国家"。这四个目标是对中国特色社会主义的最好建构。

富强就是发展生产力。只有富强才能充分显示社会主义制度的优越性。小平同志指出社会主义的本质在于"解放生产力,发展生产力,消灭剥削,消灭两极分化,实现共同富裕"。因此,"讲社会主义,首先就要使生产力发展,这是主要的。只有这样,才能表明社会主义的优越性。"[②]改革开放三十多年来,中国生产力水平达到了前所未有的阶段,百姓生活日益改善,世界地位大幅提升。这充分证明,只有富强才能使中国立足于世界民族之林。

① 《江泽民文选》第 3 卷,北京:人民出版社,2006 年,第 293 页。
② 《邓小平文选》第 2 卷,北京:人民出版社,1994 年,第 314 页。

民主的本质是人民当家做主,这是社会主义民主政治的根本目标。马克思指出,社会主义民主就是以多数人和劳动者的民主代替少数人和剥削者的民主即资本主义民主。邓小平提出,"继续努力发扬民主,是我们全党今后一个长时期的坚定不移的目标。"[①]通过社会主义民主的建设,才能充分发挥和调动人民群众的主动性、积极性和创造性,才能更好更快地推进中国特色社会主义建设。

文明是人类生存和发展的价值追求,是社会主义文化建设的内在要求。邓小平同志早在改革开放初期就提出社会主义要物质文明和精神文明一起抓,其中"抓精神文明建设,抓党风、社会风气好转,必须狠狠地抓,一天不放松地抓,从具体事件抓起。"[②]江泽民同志指出,坚持什么样的文化方向、推动建设什么样的文化,是一个政党在思想上精神上的一面旗帜。通过社会"文明"水平的提升,才能不断培育有理想、有道德、有文化、有纪律的社会公民,并实现人的自由全面发展。

和谐是社会各方面的协调稳定状态。它是人类社会的永恒追求,是中华民族传统文化精神的精髓。中国传统文化中的天人合一、和衷共济、以和为贵、和气生财、政通人和体现了中华民族对社会和谐的衡量与期待。马克思所提出的"人类同自然的和解以及人类本身的和解"[③]是社会和谐的最高境界。只有在和谐气氛下,中国特色社会主义的宏伟目标才能得以实现。

(二)马克思主义的微观建构

哲学、政治经济学和科学社会主义是马克思主义的三大组成部分。其中,马克思主义哲学是马克思主义的核心基础,政治经济学是马克思主义哲学对政治经济生活的实践探索,科学社会主义是马克思主义哲学对于人类社会高级阶段的科学论断。

马克思主义哲学包括"辩证唯物主义"和"历史唯物主义"两个部分。前者是唯物辩证法,后者是历史观和政治观。它是我们改造世界的哲学,是指导人类探索现实世界和开展实践活动的方法论。因为"全部社会生活在本质上是实践的"。[④] 人类社会的存在一方面要不断去解释世界,但更为重要的是要去"改变世界"。[⑤] 因此,马克思主义哲学要求我们大胆探索、保持活力、与时俱进并勇于创新,最终实现"人和自然的统一"。

---

① 《邓小平文选》第2卷,北京:人民出版社,1993年,第176页。

② 《邓小平文选》第3卷,北京:人民出版社,1993年,第152页。

③ 《马克思恩格斯全集》第1卷,北京:人民出版社,1956年,第603页。

④ 《马克思恩格斯全集》第1卷,北京:人民出版社,1956年,第54页。

⑤ 《马克思恩格斯全集》第1卷,北京:人民出版社,1956年,第56页。

马克思主义政治经济学深入研究社会经济运动的一般规律，用剩余价值理论揭示资本主义的再生产过程及其内在矛盾，并科学论证了社会主义必然代替资本主义的历史趋势，从而使唯物史观成为一种科学。正如列宁所说，“自从《资本论》问世以来，唯物主义历史观已经不是假设而是科学证明了的原理。”①现如今，马克思主义政治经济学已成为指导中国政治经济建设实践的真理性工具。

科学社会主义是唯物史观和剩余价值规律在现实社会演进的必然结果。在科学社会主义阶段，人类将“全面发挥他们的才能”、“阶级必然消灭”、“城市和乡村之间的对立将消失”、生产“能够满足所有人的需要”、“所有人共同享受大家创造出来的福利”、“劳动已经不仅仅是谋生的手段，而成了生活的第一需要”。②③。中国共产党从建党伊始就以建设科学社会主义作为经济社会发展的重要指导方针，并在发展过程中不断探索和完善科学社会主义的现实形态。毛泽东思想、邓小平理论、“三个代表”以及科学发展观都是科学社会主义的实践演进。科学社会主义的革命性、科学性、真理性始终是取之不尽、用之不竭的思想宝库，具有无比强大的感召力。

（三）爱国主义民族精神和改革创新时代精神的微观建构

1. 爱国主义的民族精神

爱国主义是人们忠诚、热爱和报效祖国的社会意识，是对民族和国家根本利益的关心与维护。丧失爱国主义就等同于丧失人的自尊。小平同志曾说，“绝不允许把我们学习资本主义社会的某些技术和某些管理的经验，变成了崇拜资本主义外国，受资本主义腐蚀，丧失社会主义中国的民族自豪感和民族自信心。”④自古以来，中华民族就有着爱国主义的优秀传统。“位卑未敢忘忧国”、“先天下之忧而忧，后天下之乐而乐”、“天下兴亡，匹夫有责”均已成为中华民族铭记在心的行为准则。在微观建构上，爱国主义表现为“情感依赖、价值意识、奉献精神”三个方面。

首先，爱国主义表现为一种情感依赖，是人们对祖国价值的一种内心体验和处理个人与祖国之间关系的态度。列宁曾经说，“爱国主义是由于千百年来巩固起来的对自己祖国的一种最深厚的感情”。⑤ 由于爱国主义是长期以来人们的民族意识和对祖国深挚的爱沉淀和积累的结果，因此它不分阶

---

① 《列宁选集》第1卷，北京：人民出版社，1995年，第10页。

② 《马克思恩格斯文集》第1卷，北京：人民出版社，2009年，第689页。

③ 《马克思恩格斯文集》第3卷，北京：人民出版社，2009年，第435-436页。

④ 《邓小平文选》第2卷，北京：人民出版社，1994，第368页。

⑤ 《列宁选集》第3卷，北京：人民出版社，1972，第608页。

级、政党、政治主张和思想信仰，为社会各方面所普遍接受。

其次，爱国主义是人们进行判断的价值标准。维护祖国荣誉、尊严和利益是爱国主义行动的出发点。爱国主义者将祖国民族的荣辱和自身的荣辱高度统一，并以此作为社会行为的评价准则。小平同志指出，“中国人民有自己的民族自尊心和自豪感，以热爱祖国、贡献全部力量建设社会主义祖国为最大光荣，以损害社会主义祖国利益、尊严和荣誉为最大耻辱”。[①] 这鲜明解读了爱国主义的价值内涵。

第三，爱国主义表现为对国家的奉献精神。它意味着，当国家利益受到严重危害的时候，爱国主义系统能够激发出强烈的爱国热情，人们会放弃个人利益、甚至牺牲个人生命来维护国家的利益。“苟利国家生死以，岂因祸福避趋之”就是对这种奉献精神的最好注解。

2. 改革创新的时代精神

在生产力和生产关系的相互作用中，历史总是呈“螺旋上升的曲线”向前发展。改革创新是这种螺旋式上升的动力源。改革开放以来，党的领导集体高举改革开放的伟大旗帜，秉承马克思主义的创新传统，推动着中国特色社会主义进程不断向前发展。邓小平提倡“闯”的精神，并提出，“改革开放胆子要大一些，敢于试验。”[②]胡锦涛同志指出，“解放思想是发展中国特色社会主义的一大法宝。”[③]这都为我国社会主义建设提供了强有力的理论支撑。在微观建构上，改革创新的时代精神包括“创新精神、学习能力、包容意识”三个方面。

创新是时代精神的核心。创新是对现有状态的一种变革或改变，是赋予资源以新价值的创造性的行为和能力。它包括艰苦奋斗、变革日新、敢于质疑、百折不挠、敢冒风险、乐于奉献、求真务实等多个方面。纵观人类历史，敢于创新的民族都是强大的民族，而保守的民族常常处于落后挨打的境地。在政治经济文化技术全球化的今天，我国必须要调动和激发全体国民的创造性，不断进行理论新、制度、科技、文化等方面的创新，尽快实现中国崛起。

学习是保持时代精神生命力的有效手段。彼得·圣吉指出，只有那些具备学习能力的学习型组织才能够在竞争中立于不败之地。[④]知识经济和信息

---

① 《邓小平文选》第3卷，北京：人民出版社，1993，第3页。

② 《邓小平文选》第3卷，北京：人民出版社，1993，第368页。

③ 胡锦涛：《高举中国特色社会主义伟大旗帜——为夺取全面建设小康社会新胜利而奋斗》，北京：人民出版社，2007年，第1页。

④ Senge M P. , The Fifth Discipline: The art and practice o f the learning organization. New York: Doubleday, 1990.

化时代的到来，对国家、政党和个人的学习能力提出了更高的要求。OECD在深刻指出，“在知识经济中，学习是极为重要的，可以决定个人、企业乃至国家命运”。[①] 因此，通过学习，能够提高组织和个人对自然及社会规律的深刻认识，提高人们发现和运用新规律、创造新事物的能力。

包容意识是时代精神的优秀品质。包容意识涵盖对多元形态的去芜存菁、对成功的淡定平和，以及对失败的宽容激励。中华民族历来具有海纳百川、厚德载物的传统美德，能够兼容并蓄、和而不同。这是对人和事的一种态度及品格，也是追求和谐、注重合作、提倡谦和、宽怀大度的精神和风貌。创新本身是一种进步，但更是对各种思想文化知识以及行为的包容和吸纳。以创新为核心的时代精神只有具备包容的品格，才能不断纳百家之长、求共同发展。

（四）社会主义荣辱观的微观建构

市场经济物质极大丰富与道德弱化、失范之间的反差决定了社会主义荣辱观对中国特色社会主义建设的战略意义。胡锦涛同志提出的“八荣八耻”社会主义荣辱观具有鲜明的时代性、针对性和可操作性，是马克思主义、中国特色社会主义、民族精神和时代精神在公民道德及行为上的实际要求和具体体现。社会主义荣辱观的微观建构包括四个方面：爱国和集体主义、崇尚科学、诚实守信、尊重劳动。

“以热爱祖国为荣、以危害祖国为耻，以服务人民为荣、以背离人民为耻，以团结互助为荣、以损人利己为耻”体现了爱国主义和集体主义，是建设社会主义国家公民行为的基本要求，也是中国共产党人的根本宗旨和道德胸怀。“以崇尚科学为荣、以愚昧无知为耻”体现了马克思主义唯物论的基本原理，是指导我们探索人类社会和自然界规律的基本方法，也是指导百姓群众日常生活行为的朴素道理。“以诚实守信为荣、以见利忘义为耻，以遵纪守法为荣、以违法乱纪为耻”是普世伦理道德和社会主义市场经济公德建设的基本要求。因为市场经济倡导的是信用和法制基础上的利益共赢。只有遵守诚信和法律，才能建立家庭邻里和各种组织内部及之间的和谐关系。“以辛勤劳动为荣、以好逸恶劳为耻，以艰苦奋斗为荣、以骄奢淫逸为耻”体现的是家庭生活等社会生活中公民应遵循的最基本的准则，同时也是中国共产党创建新中国的基本法则。

在上述论述的基础上，本文对图1进行了细化，得到图2。

---

① 经济合作与发展组织（OECD）：《以知识为基础的经济》，杨宏进、薛澜等译，机械工业出版社，1997年5月，第22页。

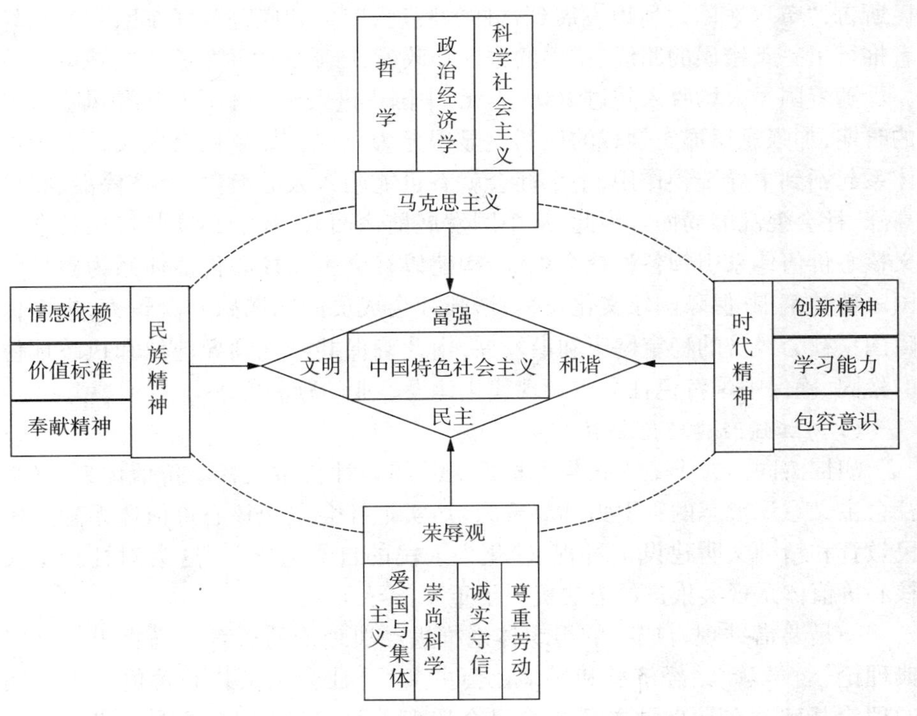

图2　社会主义核心价值体系的微观建构

三、社会主义核心价值体系的现实推进

社会主义核心价值观既是一个理论形态的命题，同时更是一个全民实践履行的准则，因此，从现阶段情况来看，关注其"实践性"就更为重要①。社会主义核心价值体系的现实推进包括四个方面的内容：建立国家战略意识、加强经典理论教育、树立典型榜样引导、实施制度激励保障。

（一）建立国家战略意识

社会主义核心价值体系建设关系到中国共产党执政稳定、社会和谐发展、百姓安居乐业，具有极为重要的现实意义，要从国家发展战略高度予以重视，要使其成为我国意识形态领域的统领。世界多极化、经济全球化、意识形态多元化增加了一个国家稳定发展的难度，也对执政党的执政水平提出了更高要求。但不论世界风云如何变化、意识形态如何纷繁复杂，但社会主义核心价值体系的统领地位不可动摇。前苏联解体就是最好的反证。正如江泽

① 钱宇波：《"社会主义核心价值体系理论研讨会"综述》，《探索与争鸣》，2010(9)：77-78。

民所言,“苏联东欧之所以发展到这样的程度,归根到底是苏联东欧党的领导者推行了一条错误的路线、错误的方针和政策,严重脱离了群众所造成的”。

随着国民人均收入超过1000美元,中国正进入一个矛盾凸显和风险多发的时期,加强意识形态领域的控制就显得尤为重要。如果社会主义核心价值体系起不到主导统领作用,整个社会就有可能陷入人心涣散、经济停滞、物价高涨、社会混乱的局面。因此,从中国发展前途而言,我们必须坚持用社会主义核心价值体系引领各种社会思潮,构建以社会主义核心价值体系为内核的国家精神氛围,保障国家文化安全,增强社会成员的归属感和凝聚力,进而保障国家社会经济的稳定健康和谐发展,由此确保共产党领导地位和执政地位的稳固,确保中国特色社会主义现代化建设事业的顺利实现。

(二)加强经典理论教育

胡锦涛同志在十七大报告中指出,要“建设社会主义核心价值体系,增强社会主义意识形态的吸引力和凝聚力,切实把社会主义核心价值体系融入国民教育和精神文明建设全过程,转化为人民的自觉追求”。这为对社会主义核心价值体系现实推进的方法提供了重要指导。

一是要借助现有成熟的组织体系推进经典理论的教育。马克思主义经典理论(哲学、政治经济学和科学社会主义)是社会主义核心价值体系坚实的理论基础。在马克思主义经典理论教育方面,我国有着优秀的传统和完善的体制。因此,在建设社会主义核心价值体系过程中,要充分发挥现有理论教育平台的作用。在政府、事业单位和国有企业层面,要充分借助党工团的组织作用,定期开展有关社会主义核心价值体系的理论学习和培训工作,并让马克思主义经典理论成为具体工作的指导;高校要在马克思主义原理、科学社会主义等课程中融入社会主义核心价值体系的有关内容,要对入党积极分子进行广泛宣讲,要用马克思主义经典理论占领高校意识形态战场;要依靠地方政府、行业协会的力量将社会主义核心价值体系灌输到民营经济实体中,以灵活多样的方式让私营企业承认、接纳社会主义核心价值体系。

二是要实现经典理论教育的大众化。在理论教育过程中,要积极创新理论样式,铺设理论与现实、群众和实践之间的桥梁,畅通连接理论与人民群众之间的渠道;要不断创新话语方式,注重语言的通俗化、形象化和简明化,将抽象的理论转化为纯朴的群众性语言,从而用平实质朴的语言和群众乐于接受的方式把深邃的理论讲清楚,真正让马克思主义经典理论和原理融入人民大众的心灵和行动。小平同志说过:“空讲社会主义不行,人们不相信”就是这个道理。习近平同志在中央党校2010年春季学期第二批入学学员开学典礼上所强调的“短、实、新”文风则为经典理论教育的大众化指明了方向。

(三)树立典型榜样引导

榜样的力量是无穷的。社会主义核心价值体系若要根植于民众内心与行动需要典型榜样的示范和引导。中国革命和社会主义建设实践中所涌现的大批典型人物和道德模范是推进社会主义核心价值体系建设最鲜活、最生动的教材。

一是要以典型事例充分宣传革命传统精神和新时期民族精神。如革命战争时期的井冈山精神、长征精神和西柏坡精神,社会主义建设时期的大庆精神、抗洪精神及载人航天精神等。通过这些精神的宣扬增强民众对国家和民族的情感依赖、对祖国的自豪感和自信心,激发民众的奉献精神并投入到伟大的中国特色社会主义建设事业之中。

二是要充分挖掘和宣扬现实生活中的行业典范和先进典型。要善于用“身边事、身边人”感动民众、激励民众,将社会主义荣辱观从身边事物抓起;要通过贴近群众、贴近实际、贴近生活来宣传身边平凡岗位上有血有肉的典型榜样,来凸显平凡人物的不平凡事迹和崇高精神,使人们能够切实感受到社会主义核心价值体系无处不在、无时不在。同时要通过反面案例的批判倡导社会主义荣辱观的鲜明导向。

三是各级领导干部和党员要身体力行、率先垂范、做好表率。党的十七大明确指出,“要加强党员、干部理想信念教育和思想道德建设,使广大党员、干部成为实践社会主义核心价值体系的模范”①。因此,广大党员和各级领导干部要加强自身对社会主义核心价值体系有关理论和内容的学习,要以身作则地遵守和践行社会主义核心价值体系的要求,从而不断提高自身修养、廉洁自律,成为能够具有执政意识、大局意识、责任意识、为民着想、为党分忧、为国尽责的优秀分子。

(四)实施制度激励保证

“建设核心价值体系,不仅要靠思想教育、实践养成,而且要用制度、机制来保障。”②社会主义核心价值体系建设是一项长期系统工程,必须建立健全相应的激励约束机制,才能确保社会主义核心价值体系的建立和执行。

一是要充分发挥法制对社会主义核心价值体系建设的支撑作用。要充

① 胡锦涛:《高举中国特色社会主义伟大旗帜,为夺取全面建设小康社会新胜利而奋斗》,北京:人民出版社,2007,第23页。

② 刘云山:《深入推进社会主义核心价值体系建设,巩固全党全国人民团结奋斗的共同思想基础》,《党建》,2008(5):11。

分发挥法律的强制性，对那些严重违反社会主义核心价值体系要求的行为（如分裂祖国、危害国家安全、危害社会稳定）要予以严厉制裁。要进一步推进法律在道德领域中的细化。从发达国家或地区的法律建设经验来看，众多在我国尚停留在道德层面的问题（如孝敬父母、关爱儿童等）已在这些国家上升到法律层面，并很好地指导并约束了民众的行为。相比之下，我国这方面的工作还处于起步阶段。因此，要逐步将社会主义核心价值体系中的内容（如八荣八耻）上升和细化为法律条文，增强民众的遵从性。

二是要建立社会主义核心价值体系奖励和补偿机制。践行社会主义核心价值体系通常要付出一定的代价，甚至牺牲一定的合法利益和现实幸福。如果不对这种正确的行为进行奖励和补偿，就会伤害当事人的利益，同时也会削弱民众的从善心理，最终形成无人行善、无人见义勇为的尴尬局面。“德行主体为履行道德义务而遭受的合法利益的牺牲，就应由社会以精神或物质的适当形式予以补偿，从而使其合法利益的完整性得以维护，并且使这种补偿以普遍有效的制度化形式明确地固定下来，成为道德建设的机制。”①

三是要将社会主义核心价值体系细化为具体的行为细则。要以通俗、易读、上口、难忘的语句在全社会建立社会主义核心价值体系的行为细则，渗透到各行各业和百姓日常生活之中，最终成为民众的自觉行为。要用朗朗上口的语句和平实的案例介绍和讲解社会主义核心价值体系各方面的微观要素，使民众知之、信之、行之。

四、结　语

社会主义核心价值体系我国社会主义建设的思想和行动纲领，是我们党在思想文化建设上的重大理论创新，对于社会主义建设具有战略意义。十七大报告明确提出，“建设社会主义核心价值体系，增强社会主义意识形态的吸引力和凝聚力，从而使社会主义思想建设达到了一个新的高度。”②

社会主义核心价值体系是中华民族伟大复兴的基石，也是我们建设社会主义的强大优势。正如邓小平所说：“有了共同的理想，也就有了铁的纪律。无论过去、现在和将来，这都是我们的真正优势。”③因此，在深刻全面理解社会主义核心价值体系内涵精神的同时，要采取有效措施推进其理论形态向实践形态的转化，使其真正成为整个社会的普遍价值准则，成为广大社会成员

① 罗会德：《构筑社会主义核心价值体系的建设机制》，《党政论坛》，2007，(11)：11。

② 胡锦涛：《在中国共产党第十七次全国代表大会上的报告》，《人民日报》，2007-11-25。

③ 《邓小平文选》第三卷，北京：人民出版社，1993：第63页。

的民族信仰和价值标准,成为统领国家精神的核心力量。

参考文献:

1. 孔扬,吴友军．从“两手抓,两手都要硬”到建设社会主义核心价值体系——社会主义思想建设达到了一个新的高度,兰州学刊,2010(6):21-23.

2. 王海．从历史维度审视社会主义核心价值体系,广西社会科学,2011(2):10-13.

3. 戴木才,黄士安．论“富强民主文明和谐”,马克思主义研究,2010(5):111-116.

4. 董德刚．略论“富强民主文明和谐”四维理想,中共中央党校,2006(6):10-11.

5. 王士卿,李喜和．从哲学观的辩证发展看马克思主义哲学的时代意义,青岛科技大学学报(社会科学版),2007(2):43-47.

6. 张宇．马克思主义政治经济学经典著作的当代意义,理论视野,2011(6):18-19.

7. 赵智奎．马克思恩格斯的科学社会主义学说及其当代启示,马克思主义研究,2011(1):38-45.

8. 罗大文．试析爱国主义的内涵、结构与功能,学术论坛,2006(6):58-61,87.

9. 谢庆．爱国主义本质内涵探析,理论界,2010(10):165-167.

10. 王岩．论时代精神的多维内涵,毛泽东邓小平理论研究,2009(3):66-70,87.

11. 冯正刚,俞葱安．中华民族创新精神内涵的思考,船山学刊,2000(4):126-128.

12. 李卫红．浅论“八荣八耻”社会主义荣辱观的时代背景、基本内涵与重大意义,聊城大学学报(社会科学版),2006(4):9-11.

13. 山东省中国特色社会主义理论体系研究中心．大力推进社会主义核心价值体系大众化,求是杂志,2011(4):18-19.

14. 赵士兵．改革开放视阈下社会主义核心价值体系的三维探析,学术交流,2010(8),27-29.

15. 姚庆武．践行社会主义核心价值体系的现实障碍及对策,湖南行政学院学报,2010(5):40-43.

16. 邱仁富．论社会主义核心价值体系认同的可行性及其建构,学术论坛,2008(3):63-67.

社区日常生活意识形态的现状分析*

吴学琴　臧如赫**

摘　要:社区是人民群众日常生活的场所,可以最真实地反映主流意识形态的大众认同状况。本文通过人们对于社会主流意识形态的关注程度、群众最常了解的党政方针、社区的宣传工作、各种社会主体在意识形态宣传工作中作用、创新宣传途径与方法等方面的调查,真实地反映了当前合肥市社区主流意识形态被理解、接受和认同的状况和存在的问题,深刻剖析原因,并提出了相应的解决方法和途径。

关键词:意识形态;日常生活;社区

加强社区建设,充分发挥社区在社会主流意识形态宣传工作中的基础性作用,加强社区公共服务和管理部门与国家相关宣传与行政执法部门间的合作联系,充分发挥社区在宣传社会主流意识形态工作中的优势方面,密切联系群众生活实际,从群众的生活需要出发,探索符合群众切身所需和群众喜闻乐见易于群众接受的宣传途径与方法,使社区在社会主流意识形态宣传,社会公共服务和国家的政策方针宣传方面起到应有的作用。

一、合肥市部分社区主流意识形态日常生活化的工作现状

随着城市化进程的快速发展,社区的自身建设和各项公共服务职能也在不断地完善发展,社区管理部门在社区的管理服务工作也在不断完善,尽量满足着社区群众的日常生活需要,社区在服务群众、配合相关部门加强社会服务管理的作用日益完善,作为社会大群体的一个重要分支,社区在丰富群众生活、加强社会精神文明建设、弘扬社会主旋律、增强群众主流意识形态教

* 本文系国家社科基金"当代中国日常生活维度的意识形态研究"(09BKS041)资助项目;安徽大学杰出青年基金资助项目。

** 作者简介:吴学琴,女,安徽大学马克思主义研究院教授、博士生导师,安徽省科学发展观研究中心研究员;臧如赫,男,安徽大学马克思主义研究院研究生。

育方面的作用也在不断凸显和加强。

就合肥市而言，作为安徽省省会，无论经济发展还是城市建设在安徽省均属于发展速度较快、公共建设和服务较为全面的地区，合肥市的社区建设在安徽省也位居前列，在安徽地区具有代表性。

为了使调查更加深入，更能反映社会现实问题，我们对合肥市部分社区进行了抽样调查，并有针对性的以个别社区为代表进行了对比分析，在走访调查中，我们选择了安徽大学老校区附近的安居苑作为城市中心地区的社区代表和坐落在安大新区附近的芙蓉社区作为城市边缘地区的社区代表，结合社区的发展和城市化进程中显现的具体问题，对两个社区的社区建设特别是在居民意识形态建设工作中的问题和现状做了具体的对比分析，在此基础上，以抽样调查的方式调查了合肥市其他社区的居民在社区日常生活意识形态建设工作中的一些具体问题，使整个调查更加完善，也更具代表性和全面性。

社区的自身建设问题，是指整个社区的全面建设，它包括社区服务、社区环境、社区秩序、社区治安、社区民主、社区法制、社区文化教育、社区体育、社区卫生和社区组织等方面的建设，具有极强的综合性；社区建设的方法和手段有经济手段、行政手段、社会手段等，也具有极强的综合性。现代社区建设，更多地侧重于社区的公共服务建设、社区管理和治安建设等几个方面的基础性建设，加强社区的公共服务与管理，完善各项公共服务职能。随着社会经济的发展，社区建设要求我们更多的发挥社区在创先争优工作中的社会职能。

(一)人们对于社会主流意识形态的关注程度调查

意识形态方面的工作关系到群众的主观认识并直接指导群众进行社会实践活动，如果一个社会在意识形态方面出了问题，必将影响整个社会的繁荣稳定，人民群众对于意识形态方面的忽视，对于整个社会的稳定和长远发展，埋下了不小的隐患。

关注社区群众的日常生活意识形态，就是要关注广大人民群众的思想认识状况，关注人们的人生观、价值观以及对于国家大政方针的认识以及看法，加强群众的意识形态教育，就是要牢固树立群众的社会主义信念，坚定社会主义方向，拥护党和国家，维护社会的安定繁荣。

加强广大人民群众的意识形态教育，首先要提高群众对于意识形态方面的认识和重视程度。只有群众重视意识形态方面的相关工作，才能自觉采取实际行动加强自身对意识形态方面的认识，才能在全社会形成良好的社会氛围和积极向上的社会风气。

从调查结果可以看到，人民群众对于意识形态的关注程度是最低的，而且远远低于其他社会问题，只有1.3%的群众，认为关注意识形态问题较为重要，可见，加强群众在意识形态方面的认识，提高群众重视程度是解决现代社会部分人意识形态缺失问题的前提。

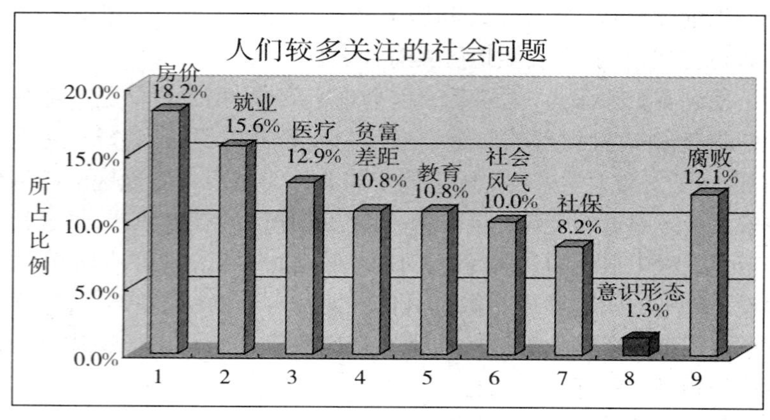

图一　群众较为关注的社会问题

上图中可以发现，人们关注与自身生活状况密切相关的问题，这是必然的。“民以食为天”。而事实上，意识形态问题也是体现在日常经济生活之中的。可以从下面两点加以说明：

1. 上层建筑受经济基础的影响，作为上层建筑的意识形态受经济基础的影响，房价、就业、医疗保障、社会保障等问题无一不牵扯到我国的经济发展的现实问题，采取有力措施解决相关问题对于加强我国居民的意识形态建设，加强社会主义精神文明建设，构建社会主义和谐社会；推动社会长远稳定发展具有重要意义。

2. 群众在自身意识形态方面的问题较容易受其他社会问题的影响，特别是在自身经历和知识构成不同的情况下，不同的社会环境和社会问题使人们形成自身不同的认识，每个人有着不同的观念认识这是必然，但是，在对于社会主流意识形态方面的认识的不同，则会造成社会观念的混乱，严重危害我国的社会稳定。

（二）对于群众最常了解的党政方针的调查

社会主流意识形态包括社会主义核心价值体系，即包括马克思主义指导思想，中国特色社会主义共同理想，以爱国主义为核心的民族精神和以改革创新为核心的时代精神，社会主义荣辱观，其中还必然包括了对于马克思主义理论的认识、科学发展观、“三个代表”、对于社会主义和谐社会的认识，对于这些国家方针政策的理解认识，暗含了人们对于社会主流意识形态的认识和看法。也从侧面真实地反映了国家的政策宣传工作是否到位，人民群众是否较多的关注党政方针的宣传以及相关政务工作的开展。

从调查的结果可以看到：

1. 人们对于国家的主要方针政策都有一定的认识了解，特别是对于近一段时间以来国家主要宣传和建设的社会主义和谐社会、科学发展观、社会主义荣辱观等国家主要方针政策都是耳熟能详的，对于更加基础性的马克思列宁主义、毛泽东思想、科学社会主义等理论的认识更是说明当代中国的马克思主义已深入人心，成为人们关注的热点。

2. 人们对于这些理论的认识往往只停留在简单的表面，具体到更加深入的重要含义和理论框架，则很少有人能够有个清楚条理的理论认识，这也在一定程度上暴露了现阶段我国在大政方针的宣传和相关政策的宣传工作中的不足，要求我党和政府相关部门进一步加强相关政策的宣传工作的同时，加强对于群众的理论解释方面的工作，使国家政策宣传与理论宣传做到实处，使广大人民群众真正理解掌握国家的各项方针政策。

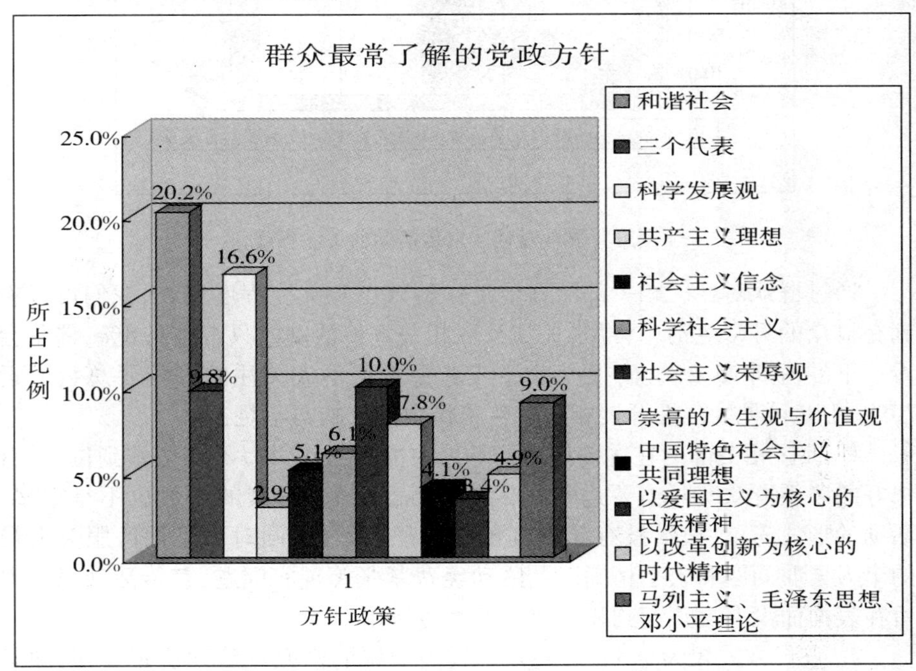

图二　人们对于国家主流意识形态和主要方针政策的认识

(三)对于社区相关宣传工作的调查

弘扬社会主流意识形态，加强主流意识形态对广大人民群众的宣传教育作用，社区作为与群众生活息息相关的重要社会主体，在密切联系群众生活、增加群众社会认同方面有着不可替代的先天优势，作为社区相关服务管理部门和有关宣传部门，更加应当发掘利用社区在加强群众社会主流意识形态宣传教育工作的优势，加强相关宣传工作的开展，宣传国家大政方针政策，配合相关部门工作，将国家的意识形态宣传教育工作做到实处，真正在群众的生活和工作中起到积极的作用与影响。

在对合肥市部分社区群众进行随机抽样问卷调查和访谈调查后，我们对部分社区开展的宣传教育活动以及这些活动在社区群众中所起到的效果进行了调查汇总：

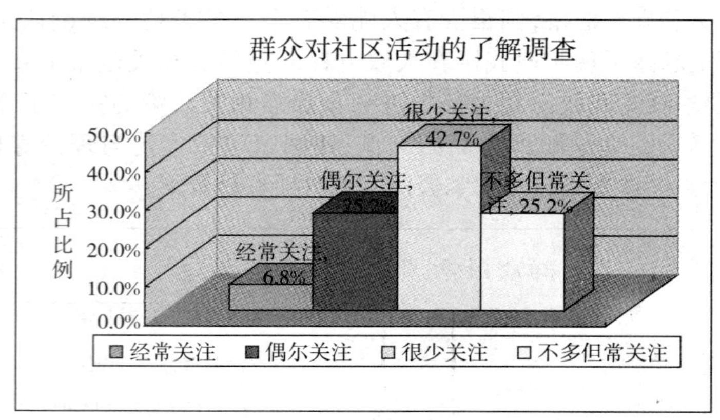

图三　群众对社区宣传活动的关注程度

通过群众对社区相关部门宣传工作的认识和关注程度调查，我们可以看到在群众的日常生活中，经常关注社区相关宣传活动的只占到6.8%，偶尔会看一下的占到25.2%，而很少关注或者根本就不太关注的占到了总数的近70%，由此可见社区在开展相关宣传工作中的欠缺与不足：

1. 社区相关部门在宣传活动的开展中准备工作做得不够细致到位，没有很好的联系群众实际需要进行宣传活动，而且活动开展的次数也不是很多，活动的形式简单，根本没有起到其预期的积极效果，同时由于社区服务人员的个人素质问题和人手精确以及活动经费紧张等现实问题，宣传活动只是停留在表面而没有真正起到积极有效的宣传作用。

2. 宣传方式较为单一，普遍采用较为传统的横幅宣传和册页宣传，缺乏灵活性和多样性，缺乏与群众的交流互动，宣传活动也没有起到较为切实有效的效果，人们往往只看到了社区在做活动，而根本不知道活动的内容所在，根本没有起到宣传的效果。对于更加抽象化的意识形态的宣传，社区组织的相关活动更是少之又少，而且活动内容更加单一，没有注重是否符合群众接收心理和接受能力，相关的宣传活动很难起到宣传教育的作用。

3. 社区相关部门的重视程度欠缺，现阶段，社区相关服务部门还只是较多地注重自身的基础设施建设和服务建设，没有太多是注重自身在加强群众精神文化建设方面的工作，即使开展了相关的文化建设，也只是停留在组织社区公共活动层面，相对的文化活动和宣传教育活动又相对较少。

4. 群众自身在这方面的意识需要加强，人们很少关注这些宣传活动，认为这些社会宣传活动与自己的生活无关，根本没有将自己视为这些宣传活动的主体对象看待，其次，对于这些活动抱着毫无意义的态度去看待，即使接收了这些活动，活动的内容对于自身的影响也是微乎其微，根本没有起到活动的效果，因此，提高群众的个人认识和参与的积极性，是加强社会宣传教育，提高宣传教育活动效果的必要前提。

5. 就整个访谈调查的结果来看，受访者反映较多的是宣传活动的单调感和无趣感，正是由于这些因素，致使群众不想去关注这些经常看到但是一直很乏味的宣传活动，探索更加有灵活有吸引力的贴近群众生活的宣传方式是加强社会主流意识形态宣传的必经之路。

（四）对于各种社会主体在意识形态宣传工作中作用的调查

社区是人们日常生活重要的场所，在群众生活中占据重要地位，对于群众的日常生活有着重要影响，在社区生活中，相关的服务部门是社区文化建设和公共服务的主体，在社区居民的主流意识形态的宣传中起着不可替代的作用，同时，各种社会团体、公益组织、国家相关部门以及学校学生在社区的宣传活动和主流意识形态的宣传教育活动中同样占据非常重要的地位，起着十分重要的作用。充分发挥这些社会主体在弘扬社会主流意识形态中的积极作用，对于提高群众认识，增强社会主义理想信念具有十分重要的意义。

在问卷调查中，我们统计了广大群众对于这些社会组织工作的认识看法和了解程度，特别是大家对于这些社会团体在国家主流意识形态的宣传工作中所起到的具体作用和群众满意度的看法，其中，对于学校学生开展的宣传教育活动的满意度为21.8%，社会公益组织为21.8%，群众自发性的活动为16.5%，其他社会团体为15.8%，社区内部的服务部门为12.8%，而国家机关只占到11.3%。由此可见，人们对于社会各主体在国家主流意识形态的宣传工作中所起的作用和满意度并不相同。

1. 学生作为一支重要的社会力量，在社会主流意识形态的宣传工作中发挥着重要的作用。由于学生自身在思想观念和社会意识方面的特点，加上学生自身的社会使命感和积极性，学生在社会主流意识形态的宣传和各种社会宣传和服务工作中占据着极其重要的地位，扮演着十分重要的角色，进一步发挥学生在社会意识形态宣传方面的积极作用，发挥学生的聪明才智，探索更加有效的宣传途径和方法，使国家在社会意识形态方面的建设真正落到实处。

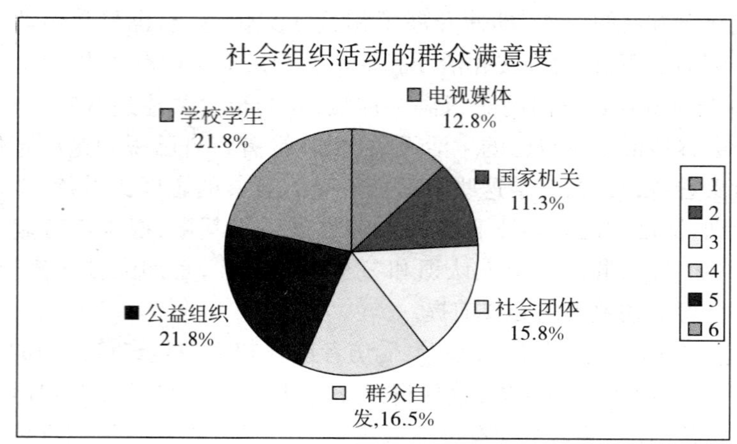

图四　社会组织活动的群众满意度

2. 由于社会组织和各种社会团体的公益性和非官方性，这些社会组织的一些宣传工作和宣传活动往往能够吸引群众的关注，宣传活动也往往能够起到较为有效的成果，在国家主流意识形态的宣传和教育中，应当充分发挥社会组织在宣传教育工作中的优势因素，尽可能地发挥其有利方面，更好地做好社会主流意识形态的宣传和教育工作。

3. 群众性的自发活动往往是群众心声的直接反映，最直接地反映群众的切身需要和群众利益所在，也更加容易被社区群众接收和认可，在国家主流意识形态的宣传工作中，发挥群众自身力量，有效地引导群众自发地进行社会公益活动，使广大人民群众在活动中接收到社会主流意识形态的熏陶教育，是进一步开展社区意识形态教育，弘扬社会主流意识形态的工作探索点。

4. 国家相关部门在社会活动的群众满意度调查中只占到了11.3%，除了由于政府部门自身的官方性之外，更多地则是开展活动的老套，缺乏对群众的吸引力，要求政府相关部门要结合新形势新特点，探索更多的丰富多彩的新形式新方法，才能在社会主流意识形态的宣传教育工作中得到进一步的提高，使政府的相关工作落实到位，政府各部门的宣传教育职能落到实处。

（五）创新宣传途径与方法的探索

群众对国家方针政策的认识是国家主要方针政策得到群众认可并切实得到贯彻落实的前提，政策的宣传途径与宣传方法是国家政府部门与人民群众进行信息交换的纽带，科学有效的宣传途径和方法是广大人民群众深化理论认识、了解党政方针政策、加强社会主义信念和认知的重要保障，调查了解各种宣传媒介在社会主流意识形态和各项方针政策中所起到的作用程度，有助于党和国家探索更加有效的宣传途径和方法，加强优势方面的宣传力度，提高弱势方面的宣传方式，使整个宣传工作起到更好的宣传教育的效果。

从调查结果来看，电视媒体的宣传占到34.6%，报纸、杂志等纸质媒体占到15.8%，网络媒体的宣传作用高达39.8%，而我们日常宣传活动常常用到的专门宣传册页的作用微乎其微，只占到3.8%，还不如平时朋友和熟人间的交流谈话的6%。

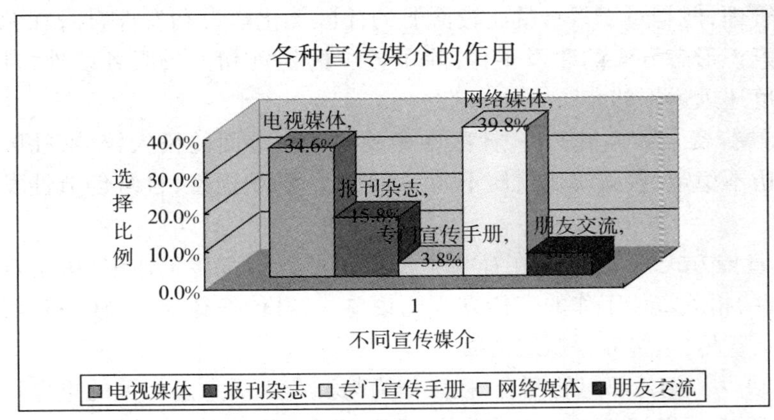

图五　各种社会宣传媒介的作用对比

由此可见：

1. 电视媒体和报纸、杂志等传统的媒体方式在人们信息的获得方面仍旧起到不可代替的作用，依然是社会主要的信息宣传途径和方式，在人们生活中占据十分重要的地位。

2. 随着我国网络化进程的进一步发展，网络已进入千家万户，成为人们胜过娱乐以及接受外界信息的重要手段和途径，根据现代网络的发展，国家应当进一步加强重视网络媒体在国家方针政策和社会主流意识形态的宣传教育工作中的重要作用，不断探索网络媒体在社会主流意识形态中宣传中的积极作用，根据时代的发展和新形势下的具体国情，发挥网络传媒在社会主流意识形态宣传工作独有的宣传优势。

3. 作为日常宣传活动的主要方式，宣传册页在人们日常见到的宣传活动中是最常见到的宣传方式，但是，宣传册页在群众手中并没有起到积极有效的效果，在调查中，仅有3.8%的人认为宣传册页是较为有效的宣传方式，绝大多数接受调查的群众都认为宣传册页太过繁冗，而且人们即使结果册页也很少回去看上面究竟宣传的内容是什么，加上宣传册页的印制又需要一定的资金支持，所以，在宣传活动中大量的发放宣传册页是既浪费了大量的社会资源，又没有起到预想的积极效果。

二、社区主流意识形态现状的成因分析

（一）社区自身建设方面

1. 社区对于相关工作的重视程度不够，社区相关部门较多的关注社区服务建设，加大投入，努力做好社区相关服务工作，完善社区基础设施建设，加强社区管理，但是对于本身就比较薄弱的社区文化建设和发挥自身在弘扬社会主流意识形态方面的建设工作，除了较少的物资和人员服务以外，自身的重视程度还远远不够。

2. 缺少资金和人员支持，社区在相关的工作方面的投入较少，社区服务人员队伍不稳定，普遍文化素质不高，缺乏工作的积极性，自身创造性发挥也不够。

3. 宣传方式单调，社区在社会主流意识形态的宣传工作中，由于自身缺乏创造性，相关宣传工作的宣传方式比较单一，宣传途径老套，往往是较为传统的册页宣传，宣传效果微之甚微。

4. 缺少与相关部门的配合，社区作为与群众生活息息相关的重要社会组成部分，要充分发挥其在社会主流意识形态的宣传工作中的积极作用，必须注重社区相关部门与政府部门和社会组织的有效联系和工作配合，现阶段，社区较多的是作为独立的主体，除了与政府相关部门存在管理与被管理的关系之外，很少与更多的社会组织进行工作上的联系。

（二）社会问题

1. 国家支持力度不够，国家重视社会的经济文化建设，也重视社会的意识形态建设，但是，国家在弘扬社会主流意识形态建设方面的投入远远不够，相关政府部门更是在资金方面捉襟见肘，即使有好的方法进行群众社会主流意识形态的建设，也愁于没有足够的资金支持，不能将工作长久地开展下去，

2. 各部门间的配合不到位，政府相关部门和社区管理部门在社区群众意识形态的宣传教育方面开展的工作相互间配合不默契，缺少相应的工作机制和工作方法，使各部门间的工作效率大打折扣。

3. 各种社会因素和社会问题影响，各种非主流的、狭隘的意识形态影响主流意识形态的宣传教育，对人们的认识和思想观念起到不良的影响，各种社会问题如弱势群体问题，社会保障问题，加上自由主义、新保守主义、拜金主义、历史虚无主义等细想意识形态此起彼伏、层出不穷，给我国的社会主流

意识形态建设增加不少难度。

(三)党的自身建设问题

党作为社会主义建设的领导者和领路人,是社会文化建设的引路人,我党始终以马克思主义为指导,加持一切从实际出发,与时俱进,不断加强理论建设和理论创新,始终保持党的先进性建设,保障社会主义到长远发展。

但是,党在自身理论建设和宣传工作中仍旧存在着些许不足,党在理论建设过程中较为注重理论的创新与结合中国实际国情,但是,由于理论的专业化和深层化,人们往往只能看懂表面文字而很少能够真正读懂理论的现实意义,让群众感觉与自身日常生活的关联度不大,而且党和国家在理论宣传的过程中,宣传方式往往也较为正规,有的则较为老套,显得古板而让人难以理解。

在问卷调查中,我们也针对这一问题对群众看法作了调查汇总分析:

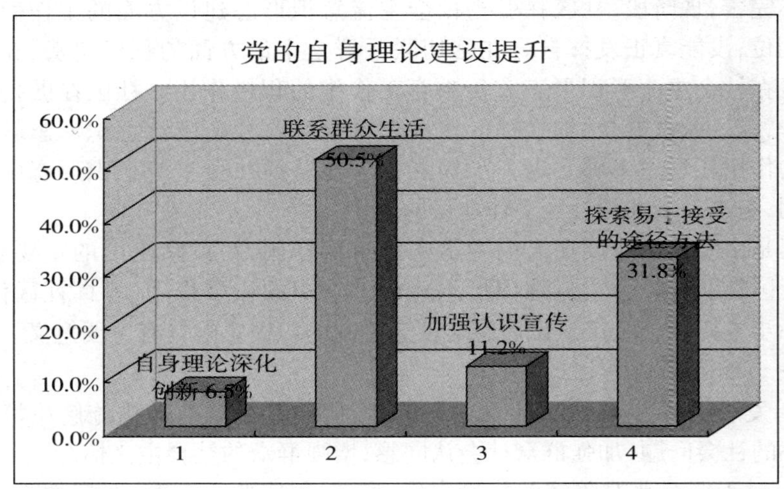

图六　理论建设

三、加强意识形态日常生活化的路径选择

社会主义主流意识形态是我国社会主义社会的本质体现。弘扬社会主流意识形态,对于坚持中国特色社会主义道路,坚定群众社会主义信念,帮助群众自觉树立科学的人生观与价值观,维护社会稳定繁荣具有重要意义。作为主流意识形态的创先争优活动要真正成为社会的价值取向,需对目前的社区群众的思想状况和生活状况进行具体分析,才能有的放矢。

随着社会主义市场经济体制的建立和发展、社会各阶层出现结构分化、利益集团化的趋势,思想文化领域也出现了意识形态多样化,主流意识形态影响削弱化的现象。市场经济主体的多元化和市场经济的趋利性，不仅导致人们价值观念的多元化，而且也使人们更多地关注自身的利益。人们思想观念日趋复杂化，主流意识形态对人们思想观念影响的削弱化已经成为我国思想文化领域不容忽视的重要问题。在主流意识形态之外，各种社会思潮如新儒学、新自由主义、新保守主义、新利己主义、后现代主义、拜金主义、历史虚无主义等此起彼伏、层出不穷。享乐主义、极端个人主义、利己主义等思潮泛滥，对于我国的主流意识形态造成巨大冲击。部分群众对于马克思主义和社会主义思想的迷茫、模糊，道德规范的困惑与失范，既是对社会主义理想信念的挑战，也是对我国社会安定和谐发展的威胁与冲击。

社区作为群众日常生活的重要场所，在群众日常生活中占据重要地位，对群众的日常生活有着重要影响。由于国家在社区公共基础建设方面的投入不足，社区自身建设的缺陷，加上国家相关政策措施、相关部门的工作配合机制不完善，现阶段，社区在弘扬社会主流意识形态建设方面的工作做的仍不够到位，没能真正发挥自身在密切联系群众生活方面的积极优势，充分发挥社区在社会主流意识形态宣传教育工作中的积极作用。社区在弘扬社会主旋律，深入联系群众，加强社区建设在群众接收社会主流意识形态教育工作中的作用还远远不够。进一步加强社区在弘扬社会主流意识形态中的积极作用，是进一步加强社区工作建设的重中之重。

正是由于社区建设在人们生活中的重要作用，对群众生活的重要影响，加强社区在弘扬社会主流意识形态建设工作中的积极作用，发挥社区优势，对进一步发挥社会主流意识形态对社会群众的积极影响具有重要意义。

（一）经济基础决定上层建筑

1. 发展经济，提高人民生活水平和生活质量，采取有效措施解决群众最为关心的社会问题，加强群众社会认同感，增强群众的社会主义信念。

2. 对于群众普遍关注的物价房价、房屋拆迁、收入分配、医疗教育、交通环保等热点问题，党和国家要出台相应政策措施，解决阻碍社会经济发展、妨碍社会稳定的消极因素，充分发挥政府的经济职能和和社会公共服务职能，做好经济服务，保障社会群众充分享有社会经济发展的有益成果，增强社会主义信念。

3. 加大社区建设投入，完善社区服务。加大社区在文化宣传和社区教育中的资金投入，保证社区在主流意识形态宣传工作中的资金充足，保障社区文化活动的有效性，完善社区在社会主流意识形态宣传工作中的职能，充分发挥社区在社会文化建设中的有效作用。

（二）加强宣传教育，完善宣传途径和方法

1. 加强社会教育，提高群众的科学文化水平和思想道德水平，增强群众认识,提高广大人民群众对社会主义主流意识形态的认识和认可,弘扬社会主旋律,加强对社会主义理论、党和国家的方针政策的学习理解,增强广大群众的社会认同感和社会归属感,形成对主流意识形态的价值认同。

2. 持续做好党和国家的政策解读工作,对人民群众普遍关心的党政方针问题和社会问题做好解疑释惑工作,对各种群体性事件和社会突发事件,党和政府要做好宣传引导工作,解除群众疑虑,增强社会认同和理解。

3. 加强理论灌输,深化群众教育,让群众深层次的理解党和国家相关政策,党和国家要加强社会主流意识形态方面的理论探索和认识,充分整合城市社区出现的纷繁复杂的多元价值观,培养形成对社会主义意识形态的价值认同,加强群众对于国家大政方针的认识理解,增强社区成员的社会认同感和归属感。

4. 完善社区教育,完善社区在宣传教育方面的社会职能,帮助社区群众共树立崇高的人生观和正确价值观,提高社会认识,加强社区在爱国主义教育、民族教育、增强社会认同方面的教育职能。

5. 完善宣传途径,探索更加有效的宣传途径,结合不断变化的新形势新特点,努力探索社区在社会主流意识形态宣传工作中的有效宣传途径与方法,丰富宣传措施和方式方法,开展生动有趣的宣传活动,提高宣传过程的趣味性,提高宣传活动吸引力,丰富宣传内容,使宣传活动深入群众内心,真正达到宣传教育的效果。

6. 发挥传统媒体在社会主流意识形态宣传中的积极作用,弘扬社会主旋律,加强社会主义精神文明建设,探索新形势下网络媒体等新兴媒体的作用。一方面,要加强对网络环境的监管,净化网络环境,另一方面,由于网络在信息收集、处理、应对和传播上具有明显优势,加强社会主流意识形态宣传,根据网络新颖、快捷、内容多样等自身特点,发挥网络在现代社会思想政治教育、加强社会主流意识形态建设、建设社会主义精神文明社会中的重要作用。

(三)加强党建和理论建设

1. 加强党的理论创新,密切联系群众生活,探索更加积极有效的宣传教育方式途径,主流意识形态只有从生活实践中吸取营养,贴近群众生活,符合群众生活实际,只有同生活保持着血肉联系,才能被广大人民群众所理解和接受,才会显示出强大的威力。不断推出有理论深度、有社会影响、有创新价值的理论成果,丰富社会主义意识形态理论体系,才能使社会主义主流意识形态具有强大的说服力、战斗力、吸引力,才能真正地为群众所知、为群众所用,真正成为社会思潮的主导力量,成为广大人民的精神力量与智力支持。

2. 加强党的政策宣传力度,加强爱国主义教育,牢固树立以马克思主义指导思想,中国特色社会主义共同理想,以爱国主义为核心的民族精神和以改革创新为核心的时代精神,社会主义荣辱观构成的社会主义核心价值体系,坚定群众社会主义信念,弘扬社会主旋律,改革创新,不断探索马克思主义理论与中国实际国情相结合,探索积极有效的工作方法与政策措施,坚定马克思主义在社会主义意识形态建设中的核心地位,用马克思主义的最新成果引领社会主义意识形态的建设和发展,加强对"三个代表"、科学发展观等社会社会主流思想的深层次宣传教育,提高群众认识,坚定群众社会主义信念。大力加强正面宣传,以社会主义核心价值观引领多元化社会思潮,坚定群众社会主义信念。

(四)加强群众工作

1. 关注民生,充分体现人文关怀。要充分利用大众传媒,广泛宣传践行核心价值体系的生动实践和先进典型,充分发挥教育示范和舆论引导的作用。由于群众自身利益利益和观点认识的相近性,往往群众最容易接受的也就是群众自身的观点看法,在做好社会主流意识形态的宣传教育工作中,结合群众自身特点、依托社区资源,通过组织与自发形式开展各种弘扬社会主流意识形态的宣传教育活动,做到活动主体的广泛性、内容上的针对性、形式上的多样性、时间上的灵活性、地点上的流动性、对象上的群众性,思想上的引导性。使群众自身优势得到充分的发挥。

2. 提高群众认识,坚定群众观念与认识,加强社会对于社会主流意识形态方面的关注程度,关心群众生活,从群众生活实际出发,根据群众生活需要,解决群众困难,维护群群攻切身利益,在思想上、精神上、文化上、心理上给予广大人民群众以最贴心的帮助,加强与群众的沟通交流,从群众最关心的实际出发,解决群众生活困难,提高群众对社会主义的理想信念,增加群众社会认同感,强化群众对社会主义理论和社会主流意识形态的认可和信仰。

3. 发挥群众自身优势,要坚持以人为本,尊重群众主体地位和首创精神,广大人民群众是社会的主体,是社会财富的创造者,尊重群众的首创精神,充分发挥群众力量,弘扬社会主流意识形态,建设社会主义和谐社会。

(五)加强文化建设

1. 发挥传统文化在社会主流意识形态建设中的作用,吸收传统文化的作用,中国传统文化中饱含着丰富的以人为本、以德治国的优良传统资源。我国的主流意识形态教育正是在吸取传统优秀资源的过程中不断发展,创新,在人们心中不断生根发芽，我们要不断探索优秀传统文化的有益成果，为我国的社会主义主流意识形态建设贡献力量。同时，我们要借鉴外来优秀文化成果，学习其有益的理论方法，结合自身实际，不断完善自身建设，弘扬主旋律。

2. 巩固党在文化建设和意识形态建设方面的主导，我们要始终牢固确立和坚持由中国共产党来掌握意识形态及其教育的领导权这一基本原则。坚持中国共产党在主流意识形态教育中的重要地位和作用，始终坚持全心全意为人民服务的宗旨，坚持贯彻落实群众路线和群众方针，一切从群众生活实际出发，不断建设发展我国的社会主义文化理论建设。

3. 努力建设好社会主义核心价值体系，加强社会主义社会意识形态建设，更好地为社会主义经济社会发展提供强有力的思想保证和强大的精神支撑，根本路径在于努力建设好社会主义核心价值体系，坚持用社会主义核心价值体系引领社会思潮，引导不同阶层不同认识水平的人们团结向上、共同前进。

（六）完善社会基础建设和社区服务建设

1. 国家应健全公共基础服务，加大社区在宣传教育方面的建设经费投入，加大社区在宣传教育和文化建设方面的经济支持，使社区在开展文化建设和社会主流意识形态教育方面的工作开展摆脱资金短缺的束缚，提高社区在弘扬社会主流意识形态教育工作中的有效作用。

2. 发挥社会团体在社会主流意识形态宣传工作中的作用，加强各社会团体间的协作，加强社会合作，完善各项工作机制，加强社会各组织在加强社会主流意识形态宣传教育中的配合，提高工作效率，完善整个宣传教育系统的工作体制。

3. 加强队伍建设，提高宣传队伍的理论水平和针对实际处理问题的能力，增强社区队伍的群众观念，在对于社区群众进行主流意识形态的宣传教育时，针对小区里怪话多、牢骚多等现象，要做到用真心，有耐心，真诚服务，使社区宣传工作深入人心宣传内容更加贴近群众，被群众接受。

参考文献：

[1] 张雷声．论社会主义社会主流意识形态[D]．马克思主义研究，2008(4)

[2] 王庆五．不断增强社会主义意识形态的吸引力——读经济全球化与我国社会主流意识形态建设研究[J]（双月刊）．2011(2)

[3] 肖应红．马克思主义意识形态理论及其对我国主流意识形态建设的指导意义[J]．思想理论教育导刊，2011(1)

[4] 于春江．略论当前我国主流意识形态建设面临的挑战[J]．南方论刊，2010(5)

[5] 赵士兵．试析我国主流意识形态教育的成功经验[C]．黑龙江高教研究,2008(8)

[6] 王永贵．推进我国主流意识形态建设的战略路径[D]

[7] 石云霞,周太山．我国主流意识形态对社会各阶层的影响力研究[J]．学术论坛,2010(3)

[8] 于春洋．我国主流意识形态建设的经验与问题[D]．中央民族大学学校,2010(6)

[9] 葛素华．增强我国主流意识形态吸引力的路径选择[J]．中共云南省委党校学报,2010(3)

问题意识与马克思主义中国化进程中的理论自觉

陈殿林*

摘　要:问题意识体现马克思主义中国化进程的鲜明特色,凸显出马克思主义中国化进程中的理论自觉。领袖人物、知识分子或者普通群众的问题意识都以社会主体的视角体现出马克思主义中国化进程的理论自觉,之所以如此,是因为:问题意识的产生展现了马克思主义中国化进程中理论自觉的目的性,其逻辑建构体现了马克思主义中国化进程中理论自觉的向度,能够成为判断马克思主义中国化进程中理论自觉与否的依据。问题意识的逻辑建构在理论形态的层理结构、方法和主体方面体现着马克思主义中国化进程中的理论自觉。

关键词:问题意识;马克思主义中国化;理论自觉;建构

一、问题意识的主体呈现与马克思主义中国化进程中理论自觉的主体要求

要明确问题意识,首先得从问题谈起。所谓问题,本质上就是实践中的矛盾,或者说是矛盾在实践中的具体表现。马克思曾指出,每个时代总有属于自己时代的问题,“问题就是公开的、无畏的,左右一切个人的时代声音。问题就是时代的口号,是它表现自己精神状态的最实际的呼声”。[1](P289-290)马克思主义中国化的进程是马克思列宁主义与中国革命、建设具体实践相结合的过程,其间,理论与实践结合并不断展开、深化、发展与创新,马克思主义正是在实践中展现其魅力,在解决实践中的矛盾而丰富自己的理论内蕴,在拓展社会实践的问题域与回答实践不断提出问题的张力结构中得以开放性地

* 作者简介:陈殿林(1969—),男,安徽省全椒县人,博士,合肥工业大学副教授,硕士生导师,中国社科院马克思主义研究院访问学者。研究方向:马克思主义发展史与党建理论。

发展。不管如何,问题"在任何时候都只能是被意识到了的存在,而人们的存在就是他们的实际生活过程。"[2](P293)问题意识必然是一定主体的意识,问题也必须是被一定主体意识到的问题,于是,马克思主义中国化进程中问题意识的主体呈现出来。

在推动马克思主义中国化的进程中,实践的主体是人民群众,那么,是否人民群众在具体的实践中都能够产生明确的问题意识?就人民群众在社会中实践的普遍性而言,他们的生活世界是为了自己的生存而必须与之交往的对象世界,他们物质的和精神的生活总是在现实世界中得以展开而同现实世界相联系,而社会生活中的人的存在是每一个个体的具体的存在,在改造社会生活中每个个体所遭遇的矛盾不可能完全一致,每个个体已有的知识工具不可能完全一样,每个个体的社会能力不可能完全等同,因此,笼统将人民群众视为马克思主义中国化进程中问题意识的主体,既显得抽象,又难以审察马克思主义中国化进程中问题意识的主体。但是否无法界定此命题的问题意识主体呢?答案是否定的。在马克思主义中国化进程中,人民群众的社会实践在具体意义上包括领袖人物、知识分子的社会实践,他们在整个社会历史进程中发挥了不同的作用。领袖人物或者说领袖群体往往是社会实践的领导者,他们以社会的组织者和领导者身份,能够调动社会资源,整合社会力量,在社会组织工作中表达自己意见,在一定的范围内使自己的思想观点在社会实践中得以体现,将思想精神层面的内容转化为直接的物质力量。知识分子与一般的普通群众不同的是,其占有一定的知识,这些知识是人类社会发展的经验总结,是人们社会实践工具理性与价值理性表达的集合,知识的占有使得个体往往比较便捷地在改造世界的社会实践中发挥作用,每一实践活动的展开又反过来丰富了人类社会的知识库,对知识分子总结经验具有促进作用,而且知识分子在社会结构中具有担当知识的生产和传播的义务。正是从这个意义上讲,领袖人物对大的社会物质运动的把握,对人民群众社会实践过程中遇到的矛盾进行敏锐地捕捉,是马克思主义中国化进程中问题意识主体确立的关键;知识分子对人民群众社会实践活动或者亲自参加到实践活动中去,对丰厚理论、发展理论起到积极的作用。

什么是马克思主义中国化进程中理论自觉?理论自觉,源于著名社会学家费孝通先生提出的"文化自觉"概念,按照杰弗里·亚历山大的解释,"所谓理论,就是脱离个别事物的一般化,脱离具体事例的抽象。"[3](P2)理论自觉就是主体运用高度的抽象和一般来"同化并控制世界,好像是在于将世界的实在加以陶铸锻炼,换言之,加以理想化,使符合自己的目的"[4](P410-411)的具体实践。马克思主义作为指导中国革命和建设的行动指南,其理论意义已经在近现代中国具体历史实践中得到了充分的展现,马克思主义中国化的进程就是中国共产党人自觉将马克思主义与中国实际相结合的过程,是马克思主义的理论形态为人民群众所掌握转变为物质力量的生动实践过程,是创造性地发展了中国化的马克思主义的过程。概言之,马克思主义中国化进程中的理论自觉就是中国共产党人以马克思主义为价值旨归,领导人民群众自觉运用马克思主义的原则方法进行革命、建设的实践活动。

大凡理论自觉必然要体现出理论的主体性,凸显人与外部世界的关系。马克思主义中国化进程中理论自觉有其独特的主体要求,主体不是观念意义上的,在1843年《黑格尔法哲学批判》中,马克思针对黑格尔的理念主体论,他做出了如下的批判:“理念变成了独立的主体,而家庭和市民社会对国家的现实关系变成了理念所具有的想象的内部活动。实际上,家庭和市民社会是国家的前提,它们才是真正的活动者;而思辨的思维却把这一切头足倒置。如果理念变为独立的主体,那末现实的主体(市民社会、家庭、情势、任性等等)在这里就会变成和它们自身不同的、非现实的、理念的客观要素。”[5](P251)即是说,马克思把家庭和市民社会解读为“现实的主体”。的确,马克思主义中国化理论自觉的主体根本不可能是主观臆想出来的,离开了中国实际空谈马克思主义理论自觉的主体是毫无意义的,无论什么经典理论,决非存在于头脑中的臆想,也绝不是头脑中的臆想状态,为此,马克思指出:“整体,当它在头脑中作为思想整体而出现时,是思维着的头脑的产物,这个头脑用它所专有的方式掌握世界,而这种方式是不同于对世界的艺术的、宗教的、实践精神的掌握的。实在主体仍然是在头脑之外保持着它的独立性,只要这个头脑还仅仅是思辨地、理论地活动着。因此,就是在理论方法上,主体,即社会,也必须始终作为前提浮现在表象面前。”[6](P39)正是在这里,马克思提出了“主体,即社会”的著名论断,在他看来,不应该像黑格尔那样,把头脑中思维活动的结果理解为主体,而应该把头脑之外的实在,即将社会理解为主体。一方面,社会不是个体人的简单组合,而是有机的整体,另一方面,人也不是单个的抽象物,而是一切社会关系总和,离开社会谈论人的个体实际上是不可能的。具体到马克思主义中国化进程中,其理论自觉主体要求必然是社会主体,谈论马克思主义中国化,不是头脑中存在的马克思主义理论图式,而是强调尊重中国国情,注重从中国社会的实际出发来提出问题、分析问题和解决问题。

突出马克思主义中国化进程中的社会主体要求并不会导致无主体,这是因为:首先,在马克思主义中国化进程中,社会主体始终是包括领袖人物、知识分子、普通群众等个体主体的基础,不论他们推进马克思主义中国化的作用如何，都不可能撇开社会主体或社会生产关系，个体内在的东西，观念的东西，只要他表现出来，就必然与社会建立联系，他的理论自觉要建立在社会的关系之中，通过社会关系才能发挥作用。其次，马克思主义中国化进程中的领袖群体或者说代表一定阶级利益的政治集团，例如政党，也受制于社会主体，受制于当时社会条件和生产力发展水平，他们对马克思主义中国化的创新与发展不是随心所欲，而是更加注重马克思主义理论与中国具体实际的结合，并且确定被实践所证明正确的理论原则和经验总结。再次，马克思主义理论品质建基于社会主体，以社会作为本位，这可从马克思主义产生的时代对现时资本主义社会的批判，从马克思主义致力于建立共产主义社会的价值诉求，从马克思主义着力于对人类社会发展基本规律的把握等方面看得出来。马克思主义不是在抽象意义上谈论人，恰恰认为理解社会主体乃是理解类主体的前提。人是有意识的类存在物，人与动物的不同，因为人的有意识性，作为“人的类特性恰恰就是自由的自觉的活动。”[7](P96) 在资产阶级社会中，由于异化劳动的存在使得类同人相异化，使人的类生活蜕变为维持个人生活的手段。类主体本质及其异化的结果也是在社会发展的特定历史阶段中产生的，抽象地谈论类主体会觉得无从着手，它必须放在它们体现的社会的规定性中去看待。自从人类社会发展以来，人类这个类主体总体上体现着理论自觉。因此，可以说，在马克思主义中国化进程中理论自觉的主体，不论是领袖人物、知识分子还是普通群众，都是从其具体的历史现实中通过社会实践的自觉活动来实现的，可能每个个体所处的地位不同，其角色担当不同而已。

二、为什么说基于问题意识的逻辑建构体现了马克思主义中国化进程中的理论自觉

第一，问题意识的产生展现了马克思主义中国化进程中理论自觉的目的性。问题意识源自一定主体实然与应然的矛盾，其中的应然带有很强的指向性。问题意识从哪里来？领袖人物、知识分子抑或人民群众，他们的问题意识都要从实践中产生，社会人的生活本质上是实践的，只有通过感性的实践活动，人才能同现实世界发生现实的交往和实际的相互作用，并不断地开拓属人的感性对象世界，在社会实践中人才能感知外部世界与自己目的性之间的差距和矛盾。马克思主义中国化进程中理论自觉就是人们自觉运用马克思主义理论解决社会问题，是目的性很强的实践活动，解决什么样的问题以及怎样解决问题，都需要一定的主体发问。领袖人物在特定社会活动中，由于其组织者的角色地位要求，或者基于其敏锐地捕捉了社会问题而成为社会

动员的组织者和领导者，往往带有强烈的问题意识，他们的发问能够成为时代的强音；知识分子利用其知识生产者、传播者的优势，及对社会问题的敏锐洞察，也可能做出对社会问题的发问；普通民众是社会实践的主体，他们所遭遇的问题在社会中有一个累积效应，当多数个体发问的时候，人们的问题意识被唤醒，社会存在的问题逐渐显现出来。马克思主义中国化就是在问题意识的不断产生中推进的，理论自觉就表现为发问、运用理论解决问题的实践、总结经验、再实践、再发问的逻辑过程，这个过程具有强烈的实践性和合目的性，表明了马克思主义中国化是在理论的导向性与中国国情的客观现实性张力结构中展开。因此，从问题意识的产生到发问，都有一个对马克思主义在中国实际运用过程中产生的矛盾把握问题，发问是问题意识的表达，所问是真问题还是假问题，这一问题是否吻合马克思主义指导中国实际与当前现实之间的矛盾，是否是以社会主体的理论自觉来发问。马克思在不少地方直接提到过有关提问与意识形态的问题，例如，在给约·巴·施韦泽的一封信中，他指出，蒲鲁东的《贫困的哲学》，“问题提得非常错误，甚至无法给它一个正确的回答。”[8](P615)马克思之所以这样说，是因为蒲鲁东并没有从历史的角度来理解真正问题所在，而只是本能地按照意识形态发问。在马克思主义中国化进程中，中国共产党也曾经犯有“左”右倾错误，这些错误的始作俑者共同点就是从马克思主义“本本”来发问，看不到或者弄不清楚中国的现实状况，只是按照马克思主义的意识形态发问，这种“理论自觉”由于脱离了社会主体，无论其怎么披着华丽的衣裳，都不可能展现出理论运用于实践的魅力，也不可能合乎理论自觉的目的性。可见，问题意识的产生本身就是运用马克思主义基本原理解决中国实际问题过程中对现实性矛盾的追问，表明了一定主体的理论自觉。

第二，问题意识的逻辑建构体现了马克思主义中国化进程中理论自觉的向度。问题总是一定时代的问题，总带有鲜明的时代性特点，列宁强调：“在分析任何一个社会问题时，马克思主义理论的绝对要求，就是要把问题提到一定的历史范围之内”。[9](P375)问题意识也总是从社会历史发展的进程中萌发，打上社会历史发展的阶段性烙印，呈现出逻辑性的结构。社会历史的发展是由一个个具体的人在社会层面上发生作用的结果，诚如恩格斯在《致约·布洛赫》的信中指出的那样：“历史是这样创造的：最终的结果总是从许多单个的意志的相互冲突中产生出来的，而其中每一个意志，又是由于许多特殊的生活条件，才成为它所成为的那样。这样就有无数互相交错的力量，有无数个力的平行四边形，由此就产生出一个合力，即历史结果。”[10](P697)因此，个体或者群体的合目的性活动总体上表现为社会运动的现实形式，个体或者群体的问题意识也就逃脱不了社会运动现实形式的羁绊，问题意识的逻辑建构表现为提出问题、解决问题、发现问题、再提出问题的层理结构，只是由于每一阶段特定的主体面对的矛盾不同，在解决问题的次序、方式、路径、方法方面都有很大的不同而已。

理论自觉是一定主体的理性自觉，可从工具理性和价值理性两个方面来理解。首先，问题意识的逻辑建构从工具理性层面体现了马克思主义中国化理论自觉。在近代中国，农民阶级、地主阶级的洋务派、资产阶级的维新派都在苦苦寻求救国救民的良方，但无一例外地都失败了，资产阶级革命派的孙中山先生从西方搬来民主主义，企图以其三民主义救中国，但刚刚得到的胜利果实也被北洋军阀的袁世凯窃取。历史在此沉思，有血性的中国人萌生了问题意识，为什么我们一直向西方学习都不能成功？毛泽东叩问道："帝国主义的侵略打破了中国人学西方的迷梦。很奇怪，为什么先生老是侵略学生呢？中国人向西方学得很不少，但是行不通，理想总是不能实现。""国家的情况一天一天坏，环境迫使人们活不下去。怀疑产生了，增长了，发展了。"[11](P1470)正当一群激进的资产阶级民主主义者试图在思想上唤醒中国人民的时候，俄国十月革命的胜利，首先给这群热血知识分子以深刻的启迪，他们转而认同指导十月革命的马克思主义，开始了自身向马克思主义者的转变。由此可以看出，从马克思主义最初传入中国到20世纪二三十年代，中国共产党人刚开始是从工具理性的层面看待马克思主义，且经过两次失败、两次成功的反复实践，证明光光搬来马克思主义还不行，才逐渐自觉将马克思主义结合中国实际，开始马克思主义中国化的历程，每一次问题意识的萌生都与马克思主义中国化如影相随，也将马克思主义中国化推进到更深的层次。其次，问题意识的逻辑建构从价值理性层面体现了马克思主义中国化理论自觉。如果说问题意识的逻辑建构单单从工具理性层面体现马克思主义中国化理论自觉，那么，马克思主义中国化理论自觉的向度便被窄化了，马克思主义中国化理论自觉除了尊重中国国情，还要展现出其先进的科学的价值取向"每个人的自由发展是一切人的自由发展的条件"，[12](P294)这一向度在具体的历史条件下区分了若干个阶段性发展目标，其未来指向则是矢志不渝的。中国共产党人从来都是最高纲领与最低纲领的统一论者，在马克思主义中国化的进程中，任何主体的发问都不可能局限于当下，其问题意识都是从未来社会的指向入手来思索当前，从政治、经济、文化、社会、人与自然等方面，建构问题意识，发当前问题之幽思，注重于从价值理性自觉的维度推进马克思主义的发展与创新。所以，马克思主义中国化进程中，"社会主义"、"中国特色社会主义"的价值指向成为人们生发问题意识的着眼点，"社会主义"

的应然性向度是问题意识的基点，也成为马克思主义中国化理论自觉的价值理性维度。

第三，问题意识的逻辑建构是判断马克思主义中国化进程中理论自觉与否的依据。问题意识的逻辑建构将马克思主义中国化进程所遇到的矛盾以问题方式一一展现，它表达了中国共产党人不是机械地看待马克思主义，为此，邓小平强调："绝不能要求马克思为解决他去世之后上百年、几百年所产生的问题提供现成答案。"[13](P291) 如果指望在马克思主义的本本里找到现成的答案，那就意味着还是马克思在场，而经历近现代中国亲身实践的人民大众不在场，那怎么可能产生问题意识呢？遑论以问题意识进行逻辑建构，充其量是唯心主义的活动而已。马克思说："从前的一切唯心主义——包括费尔巴哈的唯物主义——的主要缺点是：对事物、现实、感性，只是从客体的或者直观的形式去理解，而不是把它们当作人的感性活动，当作实践去理解，不是从主观方面去理解。所以，结果竟是这样，和唯物主义相反，能动的方面却被唯心主义发展了，但只是抽象地发展了，因为唯心主义当然不知道真正现实的、感性的活动的。"[14](P120-123) 马克思主义中国化历史进程中的理论自觉，内在的体现了马克思主义对中国社会现实的批判，反映了理论与外部世界连接的特点，外部的现实生活世界既不是传统形而上学意义上的更"本原"的本体世界，也不是现代西方哲学视域中的那些前科学的、非反思的、非主题化的日常生活世界，即自在的、自发的、私人化的活动领域，而是基于人类自觉的、有意识的对象化活动所不断生成问题显现着的人类世界，这个世界需要从社会主体的视角去把握，运用马克思主义理论来理解马克思主义中国化，诚如阿尔都塞断然强调的那样："要阅读马克思的著作，必须先具备与各种理论形态及其历史完全不同的马克思主义理论，也就是说，必须先具备一种说明认识论历史的理论，而这种理论恰恰就是马克思主义哲学。这个过程本身是个不可缺少的循环过程，我们从中可以清楚地看到，运用马克思主义哲学来研究马克思，不但对于理解马克思，同时对于建立和发展马克思主义哲学，都是绝对的前提条件。"[15](P19) 因此，我们看到马克思在自己新世界观形成时对时代状况和提问方式一直抱有深刻的敏感性，也直接决定了马克思主义的理论旨趣和理论形态。"以问题为中心"几乎成为马克思颠覆传统哲学、政治经济学及其他学科概念及其体系，实现人类思想史的伟大革命的重要路径。同样的道理，围绕问题意识的逻辑建构决定着马克思主义中国化进程中一定的主体能否准确抓住时代问题？以怎样的方式发问？是否将问题带入实践中进行实践并反馈给理论工作者加以总结？在理论的逻辑建构中有没有再次批判现实再次产生问题意识？等等问题都可以从问题意识的逻辑建构中反映马克思主义中国化进程中的理论自觉。

三、问题意识的逻辑建构如何体现着马克思主义中国化进程中的理论自觉

首先,问题意识的逻辑建构在理论形态的层理结构中体现着马克思主义中国化进程中的理论自觉。马克思主义中国化两次历史性飞跃产生了两大理论成果:毛泽东思想和中国特色社会主义理论体系。两大理论成果的层理结构逻辑井然,脉络清晰,一以贯之的是其中的问题意识推动者理论的不断创新与丰富,举例来说,毛泽东思想关于新民主主义革命理论的核心问题是其根本性质问题,其逻辑建构就是通过问题的一步步推进而展开:近代中国社会的根本性质是什么?中国革命的主要对象是什么?中国革命的动力有哪些?中国革命的任务是什么?这四个问题构成了新民主主义革命理论的层理结构,它从形成到成熟有个问题意识的不断激发过程,早在1925年毛泽东在《中国社会各阶级的分析》开篇就发问:“谁是我们的敌人?谁是我们的朋友?这个问题是革命的首要问题。”[16](P3)马克思主义的阶级分析方法首先激发了早期中国共产党人的问题意识,体现出理论自觉,也就是说,马克思主义中国化这一命题没有提出的时候,在理论上中国共产党人已经开始注意以马克思主义的阶级方法看待中国的特殊性,已经自觉地进行了理论的不断追问,那“中国社会各阶级的情况是怎样的呢?”毛泽东逐一对中国社会的阶级进行了分析。再比如,中国特色社会主义理论体系是包括邓小平理论、“三个代表”重要思想和科学发展观在内的开放的理论体系,从几个理论形态看,问题意识的逻辑建构体现的层理结构十分清晰,诚如胡锦涛总书记在中共十七届四中全会上指出的:“坚持运用马克思主义立场、观点、方法准确把握当今世界发展大势,准确把握社会主义初级阶段基本国情,准确把握改革发展实际,及时总结党领导人民创造的新鲜经验,围绕什么是马克思主义、怎样对待马克思主义,什么是社会主义、怎样建设社会主义,建设什么样的党、怎样建设党,实现什么样的发展、怎样发展等重大问题,不断作出新的理论概括,增强理论说服力和感召力,丰富发展中国特色社会主义理论体系,为进一步认识世界和改造世界、推动党和国家事业发展提供强有力的理论指导。”[17](P11)“什么是马克思主义、怎样对待马克思主义”是逻辑前提,中国共产党人如果没有这个问题意识,就不可能有后面三组问题意识的萌发,这是绝对的大前提,是实现马克思主义中国化的关键,也是理论能够做到自觉的首要条件。在经历了长期的极“左”思想影响之后,到上世纪70年代末,甚至于50年代探索的社会主义建设若干宝贵的经验也被丢弃了,如果马克思主义立场观点

和方法都不存在何谈社会主义建设问题，为此邓小平复出之后开宗明义要以马克思主义来对待当前的思想路线问题："前些日子，中央办公厅两位负责同志来看我，我对他们讲，'两个凡是'不行。按照'两个凡是'，就说不通为我平反的问题，也说不通肯定一九七六年广大群众在天安门广场的活动'合乎情理'的问题。"[18](P38) 中国共产党人正是因为端正了对待马克思主义态度，所以产生了"什么是社会主义，怎样建设社会主义"问题意识，这一对问题贯穿于邓小平理论的始终，成为邓小平为核心的党的领导集体推进马克思主义中国化的动力之源。正是如此，在中国特色社会主义理论体系的几种理论形态中，邓小平理论着力于回答"什么是社会主义、怎样建设社会主义"、"三个代表"重要思想着力于回答"建设什么样的党、怎样建设党"、科学发展观着力于回答"实现什么样的发展、怎样发展"，当然，几种理论形态之间的问题划分并非绝对，"由于客观实际的阶段性特征，使得我们在中国特色社会主义实践的过程中对三对问题的回答业已形成的中国特色社会主义理论体系呈现出明显的层次性，以三种理论形态表现出来的内容具有一定的侧亘点。"[19]

其次，问题意识的逻辑建构在方法上体现着马克思主义中国化进程中的理论自觉。一方面，问题意识的逻辑建构本身就是一种理论方法，反映一定主体的理论自觉而不是"惟实践论"和"实践的感性崇拜"。问题意识从哪里来？要从实践中来。但是实践不是无理论指导下的实践，关于理论与实践的关系，"我们很容易走两个极端：当我们从理论与实践的异质性方面出发，就很自然地把理论视为纯观念性的现象，而这一领域的最高价值就是作为知识形态的学问，可理论一旦成为纯粹的客观知识，就必然走向僵化教条；而当我们从理论与实践的同质性方面出发，也很自然把理论视为日常生活观念，以经验能否把握作为最高的取舍标准，可理论一旦被经验所左右，就必然滑入庸俗化泥潭。"[20](P99) 问题意识的逻辑建构遵循自觉运用马克思主义理论解决不断变化的客观实际原则，在解决实际问题中始终将这一过程视作动态的、变化发展的，将理论视作开放的结构，而不是狭隘的教条主义或者经验主义。有人认为，邓小平所说的"不争论，大胆地试，大胆地闯"[13](P374) 是崇尚"惟实践论"，其实这是误解，在南方谈话的前面，邓小平意在号召人们解放思想，实事求是，同时内在地揭示了中国共产党人不断地总结经验，突出问题意识的自觉，"不冒点风险，办什么事情都有百分之百的把握，万无一失，谁敢说这样的话？一开始就自以为是，认为百分之百正确，没那么回事，我从来没有那么认为。每年领导层都要总结经验，对的就坚持，不对的赶快改，新问题出来抓紧解决。"[13](P372) 也就是说，自觉运用马克思主义理论到中国实际中发现问题、解决问题、总结经验、再发现问题、解决问题、总结经验是问题意识的逻辑建构步骤和必然路径，要不然正确的问题意识从何而来？要不然实践也要停止，理论的发展也要停息。另一方面，问题意识的逻辑建构方法体现在马克思主义中国化进程中的每一个具体理论中，这些理论都是伴随着问题意识的不断萌生，先提出问题的可能性，然后提出问题的可操作性，以“什么是”和“怎么样”的句式发问，逐步深化，每一步问题的提出都将认识推进到更新的层次，体现了理论在改造世界中的自觉。比如说，社会主义市场经济理论的发展过程就是在问题意识的逻辑建构中展开的，1979 年邓小平就提问：“说市场经济只存在于资本主义社会，只有资本主义的市场经济，这肯定是不正确的。社会主义为什么不可以搞市场经济，这个不能说是资本主义。”[18](P236) 这个提问托出了社会主义市场经济理论的前提：社会主义可以与市场经济结合，随后二者怎样结合的问题意识便萌生出来。于是，社会主义市场经济理论就伴随着中国特色社会主义实践的每一步展开而日趋丰满。

再次，问题意识的逻辑建构在主体方面体现着马克思主义中国化进程中的理论自觉。只有当领袖人物、知识分子和人民群众都有强烈的问题意识，才能推动马克思主义中国化的进程，马克思主义中国化的进程不单单是马克思主义中国化的问题，同时还要时代化、大众化，这三化体现为整体性而截然不可分割。问题意识的逻辑建构通常按照这样的路径进行：领袖人物根据人民群众的实践敏锐地产生问题意识，提出问题，问题被知识分子和普通群众意识到，成为他们的问题意识，需要他们自觉带着这种问题意识加以实践，知识分子往往根据群众的实践总结经验，为领袖人物的决策提供参考，如此不断地循环往复，推动着马克思主义中国化的历史进程。所以，我们看到，中国化的马克思主义通常是以问题来开篇的，中国化的马克思主义也从来不宣称自己是封闭的发展到极致的理论体系，而总是以马克思主义的理论特质展现出其丰富性，都有其哲学基础、理论原理和行动纲领，马克思主义哲学以辩证唯物主义和历史唯物主义为基础，必然对现实生活提出深刻的批判，激发一定主体产生问题意识。以社会主义核心价值体系为例，自中共十六届六中全会提出这个命题以来，理论界围绕“什么是社会主义核心价值体系”、“怎样建设社会主义核心价值体系”进行了反反复复的研究，这些研究将成为马克思主义中国化理论成果的组成部分，知识分子的问题意识不仅仅表现为书本上的逻辑推演，而是在中央宣传、社会各方面践行社会主义核心价值体系的前提下展开，这一命题关注：社会主义核心价值体系人民群众的在实践中引发群众哪些思考，还有什么样的路径可以实践，社会主义核心价值体系如何成为广大群众的理论自觉，等等。随着问题意识在社会各方面主体中形成，随着社会各方面积极主动的参与，以问题意识为起点的逻辑建构必然表征为马克思主义中国化进程中的理论自觉。

参考文献：

[1] 马克思恩格斯全集(第40卷)[M]. 北京:人民出版社,1982.

[2] 马克思恩格斯全集(第3卷)[M]. 北京:人民出版社,1960.

[3] [美]杰弗里·亚历山大著. 贾春增、董天明等译. 社会学二十讲——二战以来的理论发展[M]. 北京:华夏出版社,2000.

[4] 黑格尔. 小逻辑[M]. 北京:商务印书馆,1980.

[5] 马克思恩格斯全集(第1卷)[M]. 北京:人民出版社,1956.

[6] 马克思恩格斯全集(第46卷上)[M]. 北京:人民出版社,1979.

[7] 马克思恩格斯全集(第42卷)[M]. 北京:人民出版社,1979.

[8] 马克思恩格斯选集(第2卷)[M]. 北京:人民出版社 1995.

[9] 列宁选集(第2卷)[M]. 北京:人民出版社,1995.

[10] 马克思恩格斯选集(第4卷)[M]. 北京:人民出版社,1972.

[11] 毛泽东选集(第4卷)[M]. 北京:人民出版社,1991.

[12] 马克思恩格斯选集(第1卷)[M]. 北京:人民出版社,1995.

[13] 邓小平文选(第3卷)[M]. 北京:人民出版社,1993.

[14] 马克思恩格斯全集(第3卷)[M]. 北京:人民出版社,1960.

[15] 阿尔都塞. 保卫马克思[M]. 顾良译. 北京:商务印书馆. 1984.

[16] 毛泽东选集(第1卷)[M],北京:人民出版社,1991.

[17] 本书编写组. 中共中央关于加强和改进新形势下党的建设若干重大问题的决定辅导读本[M]. 北京:人民出版社,2009.

[18] 邓小平文选(第2卷)[M],北京:人民出版社,1994.

[19] 陈殿林. 中国特色社会主义理论体系的几种理论形态关系[J],求实,2008,(10).

[20] 侯惠勤. 马克思的意识形态批判与当代中国[M],北京:中国社会科学出版社,2010.

思想政治理论课教育教学的现代性审视

王素玲*

摘　要：现代性是当今世界发展的主要特征和基本趋势，现代性以宏图叙事的方式渗透进思想政治理论课的各个方面，使之对社会和人的关照和反思又超越着现代性的桎梏。当前高校思想政治理论课教育教学正面临着重要性和实效性的落差困境，需要从现代性视阈重新审视思想政治理论课教育教学，凸显思想政治理论课教育教学的现代性根源诉求，剖析其内在张力的贫乏和紧缩以及走向实践领域中的无力和难为的四点原因是"社会本位"的膨胀和"主体本位"的缺失、"技术理性"的控制和"价值理性"的消解、"文化堕距黑洞"的充斥和理论的"实践"意义衰微、"理论教育方式"的主导和"事实教育方式"的游离。而解决这种困境的救赎良方——现代性超越之路，即理念维度、视野维度、实践维度的构建。

关键词：思想政治理论课教育教学；现代性；超越

高校思想政治理论课教育教学不是一种孤立的社会现象，而是一种开放性的历史过程。一方面与中国实际及其发展相互作用；另一方面与世界历史进程相互影响，而且这两方面不是独立、平行地运行，而是相互交融相互促进的过程。于世界历史进程观之，现代性是当今世界发展的主要特征和基本趋势；于中国实际发展观之，我国正处于现代社会的深刻转型和社会变革之中。巨大而深刻的新变化，以及产生的新问题迫切需要思想政治理论课教育教学作出辩证唯物主义的判断与解答。

一、思想政治理论课教育教学的现代性根源溯求

当代社会发展是一个不断"祛魅"的现代化过程，"现代性以前所未有的方式，把我们抛离了所有类型的社会秩序的轨道，从而形成了其生活形态。

* 作者简介：王素玲，安徽农业大学人文社会科学学院教师。

在外延和内涵两方面,现代性卷入的变革比过往时代的绝大多数变迁特性都更加意义深远”。[1]现代性已经引起了社会整体的全方位变化,同样,现代性以宏图叙事的方式渗透进思想政治理论课的各个方面,使之对社会和人的关照和反思又超越着现代性的桎梏。

第一,当代中国社会现代性问题的困境凸显,迫切需要思想政治理论课教育教学作出实事求是的理论分析。现代性的长波进程与我国本土社会转型的特殊脉动这两股力量的复杂结合与交叉,使得快速转型的中国社会呈现鲜明的两重性和复杂性特点,即“社会优化与社会弊病并生、社会进步与社会代价共存、社会协调与社会失衡同在、充满希望与包含痛苦相伴”,[2]现代社会转型中现代性主流价值导向的经济主义、消费主义和物质主义滥觞,人们被抛入一个传统价值崩塌和普遍物化的“病态社会”。[3]现代性的价值两重性,一方面为人们带来了解放,另一方面人们也忍受着失去方向,失去意义,以及伴随资本主义、工业化和工具理性而来的高风险造成的不安全,如意义的失落,心灵的漂泊,疏离感等等[4]。由此产生了与现代性的宏伟抱负相悖谬的现实:一方面是社会的繁荣和进步,另一方面是这种繁荣和进步所制造的贫困、难民和移民潮、“人类困境”、虚无性及对“他者”的抹杀、道德滑落、合理化的蒙蔽等等。而今,哈贝马斯对现代性的“病理学诊断”,也得出了“生活世界殖民化”的结论。由此所面临的严重冲击,源于现代性的负面影响。只要现代性存在,影响和冲击必然存在,而且在某种裂变情况下,还将进一步激化。如何认识、解决好当代中国社会的现代性问题,已经刻不容缓,成为无法回避的问题。这些“负面”的影响严厉地向“社会主义优越性”进行挑战,似乎“历史的终结”得以应验,“马克思主义也终结”了。尤其是20世纪80年代以来,发达的资本主义国家获得了历史上少有的最为繁荣的时期;而苏联等一批社会主义国家却在解体和剧变,社会主义制度遭到前所未有地收缩,相反,资本主义制度却极其张扬地把自己及其价值体系膨胀到全世界。这些问题不由得使得大学生对马克思主义的当代性心存疑虑,甚至对“两个必然”的结论产生动摇和怀疑。这些问题表明,对“两个必然、两个决不会”作出有说服力的论证,已经成为思想政治理论课教育教学的一个关键性问题。恰恰在这个重大的关键问题上,思想政治理论课教育教学做得还是很不够的,马克思主义的解释力显得减弱了。

第二,马克思主义发展形态的“多样化”,迫切需要思想政治理论课教育教学作出科学的理论辨明和梳理。19世纪70年代末,针对法国“马克思派”中存在的宗派主义和教条主义倾向,马克思曾经毅然决然地说:“我只知道我自己不是马克思主义者”。事实上,自从马克思主义产生之后,在传播和演变过程中,已经形成了多种多样的马克思主义形态。首先,众多流派产生。如:“分析马克思主义”、“解释学的马克思主义”、“解构学的马克思主义”、“实践派的马克思主义”、“西方马克思主义”等。这些流派的产生,不断冲击着人们的思想,到底如何理解“科学的马克思主义”? 其次,马克思主义理论被运用于不同国家的革命和建设进程中,产生不同的社会主义道路和模式,如现存社会主义国家中,越南的“社会主义定向市场经济”道路和越南模式、老挝的“有原则的全面革新新路线”道路和老挝模式、朝鲜坚持“主体社会主义”道路和朝鲜模式、古巴的“经济改革和经济开放,巩固社会主义阵地”道路和古巴模式、中国的“特色社会主义”道路和中国模式;亚非拉发展中国家的民族社会主义模式;社会党国际的民主社会主义模式、“第三条道路”等。马克思主义的这种深刻的分化,既体现了人类思维创造性的多样化和自我分化,也折射出马克思主义与非马克思主义严重对立。美国著名后现代主义思想家弗里德里克·詹姆逊对马克思主义的多样性有过非常精彩的论述。他认为不同的历史时代会产生不同的马克思主义的形态。詹姆逊把马克思主义的发展分为三个阶段,现代主义阶段、帝国主义阶段和晚期资本主义阶段,对晚期资本主义中的马克思主义地位作过集中论述。“产生于现存的晚期资本主义体制,即后现代时期、信息资本主义或跨国资本主义的第三阶段的马克思主义(作为各种政治运动以及各种形式的知识性和理论性反抗),必须区别于各种在现代时期、在资本主义第二个阶段,即在帝国主义阶段发展起来的马克思主义。它们将产生一种极不相同的与全球化的关系,与早先的马克思主义相比,它们也将更加具有文化上的特征,将从根本上反对迄今被视为消费主义的那些现象。”[5]另外,马克思主义还有同时存在的其他多种形式。詹姆逊说,“理论的或高度学术化的马克思主义与实践的或通俗的马克思主义的关系,既完全不同于所谓西方马克思主义与苏联马克思主义之间的对立,也不同于历史唯物主义与辩证唯物主义之间的关系。但是,所有这些对应的流派之间都必定存在着某种密切的关系。”[6]这里至少指出了马克思主义的六种互有差异的形式。那么,马克思主义发展史上是否存在一源多流或多样化发展的情形,以及怎样看待这种情形,已经成为今天正确对待马克思主义必须首先搞清的问题。这就要求思想政治理论课教育教学必须具有开放的现代性视野和开阔胸怀,正视马克思主义发展的多样化形态,通过“中、西、马结合”的探讨方式去探索真理,而不能搞“惟我独马”,垄断课堂。深刻了解国外马克思主义的基本理论,辩证分析各种马克思主义流派和学派的区别与联系;系统研究现存社会主义国家的发展模式,借鉴、丰富我国社会主义发展的“中国经验”;理性探讨“第三条道路”理论,以丰富和发展马克思主义的理论等等。恰恰在这些重大的理论问题上,思想政治理论课教育教学做得还是很不足的,马克思主义的说服力显得弱化了。

第三,马克思的某些理论与当代社会现实的些许悖谬,迫切需要思想政治理论课教育教学作出唯物辩证的理论分析。当前我国的经济体制已由计划经济转向市场经济,正走向深入发展阶段。从基本的价值取向分析,市场经济是马克思所批判和扬弃的事物。马克思的社会主义理论认为,社会主义作为资本主义的替代形态,是消灭商品和竞争的。市场经济的存在,意味着货币这一"世俗的上帝"的地位依然存在,也意味着人与物的关系颠倒起来;竞争则意味着人与人关系的利益分立与抗衡,这两者都与共产主义的价值观大相径庭。如马克思的"劳动价值论"内容,韩康教授在《用实践和科学的态度发展马克思劳动价值论》一文中指出:"马克思的劳动价值论的历史价值是深远长久的,它对资本主义生产方式的理论解释曾经产生过长时间的思想影响力。但是,在资本主义的发展已经出现重要变革的今天,不能认为马克思劳动价值论的所有理论解释都是完备、合理和适时的。""今天我们所面对的形势,是在市场经济体制下进行社会主义经济建设。马克思所考察的那种资本主义生产方式,已经发生了制度性的改变。无视这种变化,完全套用马克思劳动价值理论的概念、范畴、原理来解释和指导今天的实践,显然是不合逻辑常理的,也不符合人们的生活经验。"[7]可以发现,马克思的某些理论与当代中国的市场经济活动具有不相协调的性质。同时,市场经济条件下,我国社会一方面是繁荣和富有,另一方面是贫富分化现象相当严重,相对贫困化的趋势日益明显,这就更凸显出马克思主义在当代的适应性问题。这就要求思想政治理论课教育教学结合我国发展着的实际来阐释马克思主义的当代适应性,把握社会主义的本质规定。恰恰在这个重大的理论分析问题上,思想政治理论课教育教学做得还是很不到位的,马克思主义的吸引力显得减弱了。

从上面分析,一个客观的现象存在着:马克思主义在当代或多或少、或明或暗地受到冷漠、奚落、质疑、拒绝,马克思主义的信仰弱化了,甚至放弃了;社会主义的信念淡化了,甚至动摇了。这些现实的深层原因是什么?这正是思想政治理论课教育教学要追问的根源。

二、思想政治理论课教育教学的现代性精神审视

"现代性"的逻辑界定与话语言说总是在不同的时代背景与论述主体之间而呈现与表征出不同的蕴涵、意义与张力。[8]其中,除了将现代性解读与阐释为一种历史时期或社会制度模式之外,但是,学者们更多倾向于把"现代

性”视作为一种时代精神、价值观念、思维方式与行为方式，即“思想和感觉的方式，行为和举止的方式”(福柯语)。所以，“现代性”不仅标示着一个历史发展阶段，更代表着一种精神，一种不断地改造世界的要求。“‘现代性’永远是在向人类提问：我们‘现在’应该怎样才能做更好呢？在此意义上，‘现代性’具有‘解构’和‘重建’的双重取向。它注重的是‘当前’，对过去持批判态度，以新知识和新发现构筑更美好的未来。”[9]现代性所欲揭示的重点在于“新”，即事物应当具有的新质。“新”正是“现代性”的精神实质。就思想政治理论课教育教学来说，现代性意味着从传统的教育教学秩序中析离出来新的教育教学制度和形式，在当前社会转型的大背景下，思想政治理论课教育教学如何对自身的历史传统进行扬弃和对其实施过程的创新。以“现代性”的精神审视思想政治理论课教育教学，就会发现它的根本目的不是寻求生活世界中的教育意义和价值呈现，而是在于着力营建一个权威式、客观化、真理化的所谓“宏大叙事”，从而导致其内在张力的贫乏和紧缩而走向实践领域中的无力和难为。

一是“社会本位”的膨胀和“主体本位”的缺失。总体上说，我国的思想政治教育传统中较多地倾向于其社会方面，个体价值充其量只是居于次要地位的。[10]可以说，我们传统的思想政治教育，一直秉承“社会本位”的思想政治教育目的观。反映在思想政治理论课教育教学，其目的是为社会服务，为社会服务又归结于为政治服务，“紧紧围绕党的中心任务进行思想政治教育”[11]，这成为自其产生伊始即已确立并延续至今的一个重要传统。对这种“社会本位”的思想政治教育目的观作进一步分析，发现对于社会的发展是重要和有益的，然而，它也有使思想政治教育、乃至使人的发展走入误区的危险[12]，那就是在注重人的工具价值的同时，往往会造成对人的实质价值的忽视，注重人的全面发展的同时，忽视个体的全面发展，即事实上忽视了人的个性、个人的地位。要实现人的全面发展，不仅需要具备一定的社会历史条件，还需要有促进每个人为基础的人的全面发展的教育。因此，马克思主义“人的全面发展”理论要求我们对思想政治理论课教育教学目的的认识必须回归主体自身，完成由“社会本位”到“主体本位”与社会本位结合的转换，这也正是思想政治理论课教育教学现代性反思的必然结果。

二是“技术理性”的控制和“价值理性”的消解。思想政治理论课教育教学的目的追求与型塑从本质上反映了“技术理性”的价值观与方法论，也就使得整个教育教学领域充斥和弥漫着技术化、工具化、模塑化的程序性加工和制度化控制。“技术兴趣”亦称“技术理性”，其核心是指“控制”。[13]反映在思想政治理论课教育教学目标上，就是没有把实效性放在教学的主要地位，只是关注目标的标准化、一元性、同质性，把学生培养成为我们党实现自己伟大历史生命的接班人和社会主义建设者、共产主义远大目标的实现者；完全忽视了教育教学还承担着愉悦生命的基础功能，以脱离社会和学生的实际问题为中心进行教育教学，照办教材进课堂，实质上忽视了人的主体存在，更无从体现以人为本的理念，这种思路下无法实现把教材体系转化成教学体系，更不可能把教学体系内化成学生的信念体系。这样就造成对不同学生群体的个人爱好、成长背景、独特期望等因素的掩盖与遮蔽，企图整体划一、千人一面，从而导致“单向度”人的出现。其次，在教学实施过程中，教师的职业角色和存在价值将教学内容作为一种工具、手段和指令，机械、硬性地对学生进行行为主义式的灌输与填塞。这样，本是作为实施主体的教师和学习主体的学生，他们的主动性、能动性和创造性也就受到了结构化的抑制与压迫，其主体地位和开拓意识受到了侵蚀和扼杀，在无形之中也就构成了对师生关系的约束和控制，形成不平等的对话关系。这就必然导致对教育教学“价值”与行为的漠视、掩盖和遏制，以及对教育教学多元话语的遮蔽和教育教学“价值理性”的生成性、异质性意义与内涵的丧失。

三是“文化堕距黑洞”的充斥和理论的“实践”意义衰微。在文化学的视野下，思想政治理论课教育教学本质上是一种人类社会的文化活动现象，它在其历史发展过程中形塑着人类社会文化的独特一支——思想政治教育文化。在高校思想政治理论课改革与发展过程中，思想政治教育文化各组成部分变迁速度不一致时，必然会产生“文化堕距”效应，造成思想政治理论课教育教学实践的诸多问题。“文化堕距”是指社会变迁过程中，文化集丛中的一部分落后于其他部分而呈现呆滞的现象，亦称文化滞后或文化落后。体现在思想政治理论课教育教学中，尤以教育教学内容滞后最为显著。目前的思想政治理论课教学内容不仅脱离社会生活的实际，更是远离大学生的生活实际，而且教材和内容“一刀切”，侧重于强调对社会秩序和道德伦理的要求，对大学生在世界观、人生观、价值观方面的期望过高，以“高、大、全”为教学目标，对处于不同层次、不同阶段、不同专业的学生被“一视同仁”，属于“定型”教育，把大学生培养成一种固定模式人才。这样最终使课堂教学存在着普遍的不协调现象，使大学生深陷于“文化堕距黑洞”之中，实效性大大降低，形成“老师讲得口干，学生记得手酸，最终只掌握了考试划的重点”的现状；[14] 也没有达到使学生在教学实践中形成对思想政治理论课重要性的人文认知、价值观念、心理倾向以及艺术审美等。显然，这种教育教学仅成为一种现成知识的教育，理论的“实践”意义正日趋衰微。

四是“理论教育方式”的主导和“事实教育方式”的游离。思想政治理论课教育教学的收效有两种方式,即事实教育方式和理论教育方式。所谓事实教育方式,通过人们直接生活和直接社会实践而获得思想的认识,内化为个体品性。此时,思想政治理论课教育教学收效属于“见闻之知”。这种观点认为,“许多道德观念是通过经验知识培养起来的。例如,以前我们对环境污染认识不足,经过见闻我们现在认识到保护环境的重要性,确立起环保意识。环保意识是一种道德观念,但它显然是与经验知识有关系的。”[15]所谓理论教育方式,是通过理论知识教育使对象获得关于思想政治道德方面的知识和认识,内化为个体品性。[16]但这种方式过多忽视了师生间的交互主体性功能,往往导致大部分的高校由于种种原因,脱离事实教育,以“灌输”、“说教”为主,以教师为中心的“教室—教材—教师—粉笔—讲台—黑板”的线形教学方式占主导。教学特点决定灌输是一种重要的教育教学方法。但是,现在很多教师过于强化或突出灌输方式,不注重引导学生,[17]实际上是“事实教育方式”的游离。思想政治理论课教育教学是在实践中产生,在实践中发展,是实践需要所催生的,必须为实践服务。只有为实践提供有效的服务,在实践中获得成效,思想政治理论课的价值才能真正获得确证。

三、思想政治理论课教育教学的现代性多维超越

当前思想政治理论课教育教学面临的重要性和实效性的落差困境的救赎良方——现代性超越之路,即理念维度、视野维度、实践维度的构建。使思想政治理论课真正成为大学生“真心喜爱、终身受益、毕生难忘”的课程,让马克思主义真正在大学生心中“扎根”,最终实现马克思主义与大学生世界观人生观价值观的结合,使之成为当代大学生的基本思维方式和行为方式。

第一,“解放兴趣”的教育教学观:思想政治理论课教育教学的理念维度。“解放兴趣”又称“解放理性”,是人类对“解放”和“权力赋予”的基本兴趣,这类兴趣使人们通过对人类社会之社会结构的可靠的、批判性洞察而从事自主的行动。[18]因此,“解放兴趣”所指向的是主体的解放,它所关注的是对“谁的解放”、“以何种方式解放”等问题进行反思性的追问。根植于这种理论兴趣之下,思想政治理论课教育教学必须突破和瓦解原初教育教学范式的控制旨趣和规约性格,教师不能再囿于早已预设、规定好的教材之中,必须努力从不同的实践情境出发,结合自身与学生的实际,使师生真正成为具备批判精神、反思意识和实践能力的“学习共同体”。为此,要关注思想政治理论课主体的解放,必须树立“解放兴趣”的思想政治理论课教育教学观。那么,“首先要解决正确对待马克思主义的问题”。[19]以科学的态度对待马克思主义,是树立“解放兴趣”的思想政治理论课教育教学观的基本前提。在马克思主义的发

展史上，马克思、恩格斯、列宁、毛泽东都反复强调过：马克思主义不是教条，而是方法；不是永恒不变的绝对真理，而是发展的理论。邓小平、江泽民、胡锦涛从坚持和发展、继承和创新相统一的角度阐发对待马克思主义的科学态度：老祖宗不能丢，要说新话；经典著作要认真研读，要写出新篇章。所以，思想政治理论课教师作为现实存在的人，在教育教学中，既要坚持马克思主义不动摇，又要以反思批判的眼光对待马克思主义，要有自己的主动创造和价值选择，即在坚守马克思主义"内核"的同时放宽和调整"外围"，实现教学主体的"解放"。同时，实现学习主体的"解放"，使学生真正成为教育教学主体。必须打破刻板单一的教学模式。在现代多元文化的背景下，重构思想政治理论课教育教学内容和文化，重新审视课堂教学的常规经验和活动方式，建构一种以对话、合作和探究为基础的教育教学文化，营造一种民主、开放、对话的教育教学氛围。这样，使得思想政治理论课教育教学从抽象化、符号化、结构性的科学概念、定义、体系中解放出来，变为与人们血肉相连、息息相关的生活际遇和人生感受，使之具有生成性、创造性和鲜活性的秉性与旨趣。

第二，教材体系转化成教学体系的"多元""文本"解释：思想政治理论课教育教学的视野维度。派纳在《理解课程》一书中对课程作了各式各样的解读：把课程当做政治文本来理解；当做种族文本来理解；当做性别文本来理解；当做现象学文本来理解；当做后结构主义、解构主义和后现代主义的文本来理解；当做美学的文本来理解；当做神学的文本理解；当做国际化的文本来理解。理解意味着对话、意味着对教材文本的创造、建构和生成，同时也意味着研究者之间的心灵敞开和视界交融。基于此意义，在思想政治理论课教育教学中必须对教材进行"多元""文本"解释。

鉴于思想政治理论课的学科性质，其核心内容是思想政治教育。因此，思想政治理论课教育教学首先是政治课教学。关键在于它是大学生在校学习的所有课程的灵魂，是从根本上培养社会主义事业的建设者和接班人，是一门事关大学生政治方向性的课程，实质就是政治教育课。思想政治理论教育本质上是政治教育，这体现了社会主义大学的本质特征和这门课程明确的社会主义意识形态特性。在教育教学中必须对大学生进行系统的马克思主义理论教育，因为它是我国立党立国的指导思想，必须坚定马克思主义的"一元"指导地位。其次是思想教育课教学。思想政治理论课教学从广义上讲是科学文化教育课，但又不是一般意义上的科学文化教育课，而是一种专门的思想教育课。从根本上说，是对大学生进行系统的马克思主义理论教育，但不能把马克思主义理论知识当做一般的知识来学习，更不是为了让学生仅仅掌握一些名词概念和几个基本原理，去获得一个好成绩，而是使大学生树立正确的世界观、人生观、价值观。再次是品德教育课教学。一个重要原因,就是它对大学生进行道德教育,这是大学生教育一个更为基础的方面。因为只有具有良好道德品质的人,才能接受先进的优秀的政治思想,才会坚定正确的政治方向和政治立场。马克思主义的发展史也告诉我们,在马克思主义的科学思想体系中,道德教育的思想是一脉相承的。为此,思想政治理论课教育教学又称为品德教育课教学。最后是文化知识课教学。在文化学的视野下,马克思主义理论是人类优秀文化的结晶,有着丰富的知识内涵。但对于大学生而言,它是外在的。这就要求思想政治理论课教育教学以文化视角对马克思主义理论知识进行透彻讲解,使大学生了解、认识、认同、接受马克思主义理论,并内化为自己的世界观、人生观、价值观。

第三,"回归生活世界":思想政治理论课教育教学的实践维度。"生活世界"理论的集大成者哈贝马斯特别强调人活着、"我生"、"我在"的意义,明确了"我"与世界的关系,即人与自然事物的关系构成的"客观世界"、人与他人和社会的关系构成的"社会世界"、人与自我的关系构成的"主观世界"。[20]他特别强调生活世界中人的交互主体性,突出人的交往活动。马克思主义历史唯物主义比其他任何哲学都更关注人的社会生活,更重视人的存在、人的价值、人的生成。马克思主义唯物史观认为:"生活世界"是以实践为基础的现实生活过程,[21]即人的社会实践过程,是人类的生活实践、人的存在方式的核心范畴。从自发到自觉的"回归生活世界"的实践维度,所具有的深刻内涵已铭刻在马克思的墓志铭之上:"哲学家们只是用不同的方式解释世界,而问题在于改变世界。"[22]从某种意义上说,"回归生活世界"就是回归人本身,回归人的现实实践生活本身。正如雅斯贝尔斯所指出的那样,"人的回归才是教育改革的真正条件"。[23]基于此意义,当前思想政治理论课教育教学应"回归生活世界"。

马克思主义作为科学的世界观和方法论,从宏观意义讲,是人们认识世界和改造世界的指导思想和理论武器,是一种社会历史观;从个人生活角度讲,是一种人生观和价值观,是回答和解决人生问题、实现人生理想和追求的有效而先进的思维方式和行为方式。所以,在进行思想政治理论课教育教学时,一方面,要从宏观意义来理解、把握、宣传马克思主义,体现"社会生活本质上是实践的"主张。尤其是结合我国特色社会主义的实践把握思想政治理论课课程体系的实践性。我国高校思想政治理论课课程设置和改革,历经建国以后特别是改革开放以来的变化,已经客观地反映了这门课程体系固有的实践性维度。"85"方案的实施,是为了适应社会主义现代化建设的需要,突出"四有人才"的培养目标;"98"方案的实施,为了贯彻落实党的十五大精神,进一步解决好邓小平理论“三进”的问题，比较系统地进行马克思主义基本原理和爱国主义、集体主义、社会主义教育；“05”方案的实施，更加注重吸收和反映我们党的理论创新，尽可能地宣传我们党的创新理论。主要是围绕全面建设小康社会，加快推进社会主义现代化，开创中国特色社会主义事业新局面的奋斗目标而重新设置。这种课程体系所内蕴的实践性要求每一个时期的教育教学都必须理论联系实际，立足于大学生思想实际、立足于高校思想政治理论教育现状、立足于党和国家的思想政治工作发展需要，进行理论宣传和教育。另一方面，还要结合大学生群体生活实际的角度来理解、把握、宣传马克思主义，体现“现实的人”和“人的自由而全面发展”的主张。最重要的是实现马克思主义与大学生时代性的结合，使之在个人人生价值观的形成、校正、改造或提升过程中发挥“时代导航仪”的作用，使之成为当代大学生的基本思维方式和行为方式。因此，要求在教育教学中，关键是准确阐释马克思主义理论体系的实践性本质，从世界观、人生观和价值观角度把马克思主义中国化、大众化、时代化，彰显马克思主义的理论和实践价值；要紧密联系社会实际和大学生的生活经验，讲清讲透马克思主义的基本立场、观点、方法；注重教学过程的实践性，强调“情景”作用，要求建立在认识基础上的理解、体验、感悟、交往和实践等学习方式；重视、坚持、推进实践教学，将教学场所向教学课堂外延伸。总之，思想政治理论课教育教学要善于着眼社会实践的新变化、新发展，反映社会实践的热点、焦点，抓住难点、重点，找准突破点，运用理论分析实际问题，立足实际问题理解理论，尽力解答大学生最关心、最渴望得到解答的问题，特别是与大学生成长成才直接相关的问题，不能将理论教育止于理论本身，更不能将理论学习停留于书斋里，终结于考场中。

参考文献：

[1] 安东尼·吉登斯. 现代性的后果[M]. 田禾译. 南京：译林出版社，2000.

[2] 郑杭生. 改革开放30年：快速转型中的中国社会——从社会学视角看中国社会的几个显著特点[J]，社会科学研究，2008(4).

[3] 孙其昂. 论思想政治教育价值的历史转型与现代发展——基于社会、历史、系统视野的考察[J]. “宁沪高校”思想政治教育学科学术沙龙暨思想政治教育本质研讨会交流论文。

[4] 赵景来. 关于现代性若干问题研究综述[J]. 中国社会科学，2004(1)：27.

[5][6] 詹姆逊. 论现实存在的马克思主义[A]. 俞可平译. 俞可平主编. 全球化时代的“马克思主义”[C]. 北京：中央编译出版社，1998：85，82-83.

[7] 韩康. 用实践和科学的态度发展马克思劳动价值论[N]. 光明日报，2001-11-6(2).

[8] 王洪席．课程的现代性危机与概念重建[J]．全球教育展望,2009(9):16.

[9] 余碧平．现代性的意义与局限[M],上海三联书店,2000.

[10] 转引,戴锐．思想政治教育的现代性与现代化[J]．理论与改革,2004(2):124.

[11] 邱伟光,张耀灿．思想政治教育学原理[M],高等教育出版社,1999.

[12] 戴锐．思想政治教育的现代性与现代化[J]．理论与改革,2004(2):124.

[13] 王玉衡．美国大学教学学术运动[J]．清华大学教育研究,2006(2):84.

[14] 张思军．高校思想政治理论课教学中存在的主要问题及对策研究[J]．乐山师范学院学报,2005,20(11).

[15] 转引:孙其昂．思想政治教育的意义和建设思路[J]．江苏省哲学社会科学大会论文,2006. 张庆熊．瑞士学者耿宁谈王阳明"良知"与"见闻之知"[J]//中西文化与20世纪中国哲学．学林出版社,1998:216.

[16] 孙其昂．思想政治教育的意义和建设思路[J],江苏省哲学社会科学大会论文,2006.

[17] 王素玲:以"哲学精神"反思高校思想政治理论课教学[J],安徽广播电视大学学报,2008(2):69.

[18] 转引:Lee Shulman. From Minsk to Pinsk : Why a Scholarship of aching and Learning ? [J] . Journal of the Scholarship of aching and Learning ,2000 ,1 (1) :48 - 53.

[19] 江泽民．论党的建设[M]．北京:中央文献出版社,2001:537.

[20] 郭元祥．"回归生活世界"的教学意蕴[J],全球教育展望,2005(9).

[21] 李文阁．回归现实生活世界[M]．北京:中国社会科学出版社,2002:155-158.

[22] 马克思恩格斯选集(第1卷)[M]．北京:人民出版社．1995:57.

[23] 任钟印．世界教育名著统揽[M]．武汉:湖北教育出版社,1994:1383.

党内协商民主对完善党内选举民主的现实价值研究*

朱兆华**

摘　要:党内选举民主是党内民主的重要标志和基本环节,但在实际运行中仍存在诸多问题。党内协商民主作为党内民主的一种现实形式,其应有的价值与功能决定了它能够成为完善党内选举民主的重要补充。党内协商民主既能克服党内选举民主在功能上的一些局限,也能缓解党内选举民主的压力,并能弥补党内选举民主在实际运行中的不足。

关键词:党内民主;选举民主;协商民主;完善;补充

选举民主与协商民主相结合,是中国社会主义民主的一大特点。中国共产党承担着中国现代化建设和民主政治建设的领导者、组织者和推动者的历史重任,无论是选举民主还是协商民主,都必须在中国共产党领导下进行。为此,首先应该进一步完善中国共产党的党内民主,形成党内选举民主和协商民主机制,实现两者的良性互动,这对于提高党的建设的科学化水平具有重要的理论和现实意义。本文在现在研究成果的基础上,着重探讨发展党内协商民主对完善党内选举民主的重要作用。

一、党内协商民主的前提、内涵及定位

协商民主理论是20世纪后期西方政治学界兴起的一种新的民主理论范式,其核心是在承认并接受多元社会的现实以及不同利益主体之间存在差异和分歧的基础上,强调公民基于理性的共同协商,即讨论、审议、对话和交流,参与公共决策和政治生活。这一核心思想将政治民主化建设的工作重点从

---

* 项目基金:2009—2010年度安徽省哲学社会科学规划项目《党内民主进程中的选举民主与协商民主研究》(批准号:AHSK09-10D75)阶段性成果。

** 作者简介:朱兆华(1967—),女,安徽铜陵人,法学硕士,中共安徽省委党校副教授,主要研究方向为当代中国政党政治。

投票选举引向自由平等的讨论和协商。协商民主的提出拓展和深化了我们对民主政治的认识，为我们探讨中国特色社会主义民主政治的理论和实践提供了新视角。党内协商民主是将协商民主的理论、原则和原理运用到党内民主运作过程中形成的一个新概念。承认党内利益主体多元化及党内利益差异，是发展党内协商民主的前提和基础。我国在实现市场经济转型的过程中，由于社会转型及利益结构的调整，党内出现经济利益分化和利益主体的多元化，党员个人的利益要求、利益归属、利益动机分化为多元复杂的格局。党内利益关系再也不能同战争年代或计划经济时代类比了。多元的利益主体和利益差异要求党内民主体制和运作机制对于解决差异作出积极回应。党内民主是指全体党员有权平等地直接或间接地决定和处理党内一切事务，其本质是充分体现并维护党员的利益和诉求。发展党内民主，最基本的是要保障党员的知情权、参与权、选举权、监督权，其中每一个环节和每一项权利都离不开党员的自由讨论、发表意见和平等协商，唯有如此，才能正确处理和协调党内利益关系，增进党内和谐。协商民主论者米勒指出，当决策是通过公开讨论过程而达成，其中所有参与者都能自由发表意见，并愿意平等地听取和考虑不同意见，这个民主体制就是协商性质的。① 所谓党内协商民主，就是指党内政治生活中，党员在平等的条件下，就共同关注或关系共同利益的问题进行自由、平等地协商，以期达成共识，形成全体党员共同接受的民主的、科学的、合法的路线、方案和决策的过程。②

无论是国家层面的民主，还是党内民主，选举都是民主的核心和基石。“一个现代民族国家，如果其最强有力的决策者中多数是通过公平、诚实、定期的选举产生的，而且在这样的选举中，候选人可以自由地竞争选票，并且实际上每个成年公民都有投票权，那么，这个国家就有了民主政体。根据这一定义，选举是民主的本质。从这一本质中产生了民主制度的其他特征。”③尽管党内选举民主与一般意义上的选举民主并不完全一致，“党内”这一限定词表明“党内民主”在空间和主体上的内在规定性，但是，党内民主也是民主，无论在理论上还是在实践上，理应具备一般性民主的本质属性，完善党内选举民主是发展党内民主最具实质、也是最重要的一环。党内协商民主在目前的条件下只是党内选举民主的有益补充，它能够克服党内选举民主的一些局

---

① 【美】戴维·米勒．协商民主不利于弱势群体？【A】.【南非】登特里维斯主编．作为公共协商的民主：新的视角【C】．北京：中央编译出版社，2006：140.

② 高勇泽．协商民主是推进党内民主化进程的必然选择【J】．攀登，2008(1)：58-61.

③ 【美】塞缪尔·P·亨廷顿．第三波——20世纪后期民主化浪潮【M】．上海：上海三联书店，1998：6.

限,也能够缓解党内选举民主的压力,并能够弥补党内选举民主在实际运行中的一些不足。但是,党内协商民主在理论上与实践上存在的一些制约性因素,决定了它不能完全弥补选举民主的缺陷,而只能依存于党内现有的民主机制来发挥作用。

二、党内选举民主面临的困境

改革开放以来,发展党内选举民主、改革党内选举制度一直是执政党建设中一个引人注目、不断探索的领域。从 1980 年《关于党内政治生活的若干准则》提出"党内真正实行民主选举"的原则要求,到 2009 年党的十七届四中全会提出的"完善党内选举办法,改进和规范选举程序和投票方式,改进候选人介绍办法"的具体指向,至今,党内选举民主的发展走过了 30 多年的历程,取得了不少成就。其间,许多地方和基层单位进行了有益的尝试。从 1988 年浙江台州市椒江区实行了党代会年会制、党代表常任制、以委员制取代常委会和重大事务票决制的试点,到 2002 年四川雅安市的首先进行县级党代表直选,从 2003 年四川省平昌县进行大胆改革,在全县九个乡镇进行党委领导班子"公推直选",党委书记、副书记、委员都由投票直接选产生,到 2011 年江苏无锡、南通、宿迁三市"公推票决"市委书记,这些无疑都是党内选举民主进程中的有序而重大的突破,为党内民主的进一步发展积累了宝贵的经验和制度供给。但是,目前从总体上来看,党内选举仍存在诸多问题,这其中既有党内选举民主本身功能上的局限,也有党内选举民主实际运行中的不足。

一方面,党内选举民主不是党内民主的全部。发展党内民主,说到底,就是要改变党内事务由少数领导人决定和主宰的局面,实现党员当家做主。概括起来,党内民主无非是两个基本方面:一是对党内各级领导机关和领导人的"决定权",是由选举人授予的;二是对党内重大事项的"决定权",是属于民主决策的范畴。① 实现前一种"决定权"的基本形式和途径,就是充分体现党员或党员代表意志的选举。党内选举民主所承担的最基本的功能就是理顺党内权力的授受关系,保证党内各级领导机关和领导人权力来源的合法性。在经典理论家马克斯·韦伯看来,政权合法性的获得,很大程度上取决于选举以及选举过程是否正当合理。从理论上来说,选举既是对掌权者的选择,也是对掌权者的制约。但在现实生活中,却常常出现选举人制约不了掌权人的悖论。党内选举也是如此。原因在于,尽管党内选举也能对决策和权力行

---

① 王贵秀. 改革和完善党内选举制度发展党内民主【J】. 中央社会主义学院学报,2004(1):68-72.

使起一定的影响，但毕竟其影响是间接的、有限的。“选举不制定政策，选举只决定谁来制定政策。选举不解决争端，它只决定由谁来解决争端”，“选举只从含糊意义上说明了如何统治，它主要是确定谁将统治”。[①] 对党内重大事项的“决定权”，大量的是通过各级领导机关和领导人代表所属党员间接行使的。当民主选举的领导人不能民主地出决策和行使权力时，在其任期内可能很难让其下台。党内选举的周期性使广大党员不能连续性地行使权力，选举周期性地进行，意味着如果选举间隔周期里不存在其他形式民主生活，那么民主便是短暂的。此外，从党内选举的原则上看，民主集中制是我们党根本的组织原则，其中，个人服从组织、少数服从多数、下级服从上级是民主集中制的重要内容。发展党内民主必须重视民主集中制，放弃了该原则，就会改变党的性质。但是，如果过度强化党内权力单向式的集中统一，也会使党内少数人的、地方和基层的意志想法往往得不到重视。选举过程直接是少数服从多数的过程，这不可避免地会使少数人的合法权益无法得到体现。牺牲少数人的利益来满足多数人的要求，可以说是选举民主自身无法克服的局限。所以我们不能孤立地研究党内选举民主，要注意与党内民主其他形式的衔接与互动。

另一方面，党内选举民主在实际运行中存在着不足。党的十七大报告明确指出“改革党内选举制度，改进候选人提名制度和选举方式”。候选人提名制度和选举方式是当前党内选举中存问题的两个重点领域。在候选人的提名上，不能充分反映大多数党员的意志。候选人的提名在党内选举民主中占有十分重要的地位，它是充分体现选举人意志的一个重要环节，也是党内选举的起点。在党内选举中，候选人的推荐和提名应该实行党组织和选举人相结合、自上而下和自下而上相结合的制度。但是，长期以来在党内自上而下的组织提名候选人确实占很大比重，或者说比较突出上级党组织对下级党组织成员候选人的推荐提名，而缺乏自下而上的选举人或党代表联名推荐提名的渠道和形式，有些地方虽然已经实行了自荐的方式，但并没有得到推广。并且，组织为选举人提供的了解候选人的渠道和条件有限，缺乏一套完整的候选人介绍制度。选举人难以在全面掌握候选人情况的基础上自主地进行理性选择，广大党员的意志和意愿得不到充分表达，就会对选举缺乏应有的热情和积极性。在选举方式上，有违选举的民主本质。主要表现在：一是直接选举的范围狭小。选举包括直接选举和间接选举，都是选举的重要形式。改革和完善党内选举制度应该包括这两个方面。目前，党内直接选

① 【美】乔·萨托利．民主新论【M】．冯克利，阎克文译．上海：东方出版社，1998：122.

举的范围小,层次低,除总支和支部实行直接选举外,甚至基层党委包括各部门的机关党委,也都实行间接选举。虽然在乡镇乃至县、市一级的党内选举中,出现了一些直接选举党代表或书记的例子,但这些也仅仅局限于试点而已。二是差额选举比例过小。选举形成不了竞争,就达不到择优的目的。改革开放以来,党内在一定范围和一定程度上实行了差额选举,这是在选举制度改革方面迈出的一大步,但仍存在着差额范围有限,比例过小的问题。有的甚至在差额选举中搞"陪选",使差额实际上变成等额,"两委"书记、副书记则完全等额选举。三是选举程序不够规范。程序是为保证实体性内容得以实现而设立的。但是,在党内选举中,有些选举程序和具体办法的设定,已成为约定俗成的习惯作法或保证组织意图得以实现的工作技巧;有些地方选举办法随意性较大,每次换届选举都要制定一次选举办法,而不是用法规的形式将其固定下来,政策缺乏连续性。无程序则无实体。选举程序的不规范,必然会造成相当多的选举人去投"违心票",违背民主选举的实体性原则。如何进一步完善党内选举民主,是党内民主建设中面临的一个核心问题。

三、党内协商民主是完善党内选举民主的重要补充

西方一些政治学家在反思和批判传统选举民主模式在当代发展过程中局限性的基础上提出了协商民主理论。人民民主专政的社会主义国家性质和中国共产党的领导与执政地位,决定了中国民主政治发展的方向不可能完全走向西方协商民主模式,但协商民主所追求的一些原则和理念是值得我们学习和借鉴的。党内协商民主作为党内民主的一种现实形式,其应有的价值与功能使它能够成为完善党内选举民主的重要补充。

1. 党内协商民主能够克服党内选举民主在决策和权力行使方面合法性不足的局限

选举民主只能决定谁适合当国家或其他政治共同体的领导人,而无法关注领导人如何进行领导。换言之,选举民主侧重于民主的准入程序,而不关注准入程序之后的民主决策和权力行使。一旦党内选举结束,很难保证党员的政治话语权、参与权得到延续。而且,党员选举产生的党的领导和领导集体在行使权力的过程中,能在多大程度上代表全体党员的意志或在多大程度上对全体党员负责,这不是选举民主所能预期的。党内协商民主作为党内选举民主的有益补充,其政治合法性功能主要体现在两个方面。一是增强决策的合法性。"作为一种治理形式的协商民主,是指平等、自由的公民在公共协商过程中,提出各种相关理由,说服他人,或者转换自身的偏好,在广泛考虑

公共利益的基础上利用公开审议过程的理性指导,从而赋予立法和决策以政治合法性”。[①] 党内协商民主的核心就是要保证普通党员拥有平等有效地参与集体决策的权利。通过一定的规则和程序,在党内作出重大决策之前,发动全体党员积极参与,广开言路、集思广益,对要决策的问题,进行广泛的酝酿、磋商、讨论,开展充分的民主协商,使很多好建议被集中到党的决议中去,实现民主与集中的统一,民主协商与民主决策的结合。并且,决策只有在获得广泛的认同和支持,即获得合法性的基础上才能有效加以贯彻落实。二是保证权力行使的合法性。权力行使的合法性是指广大党员能够平等地参与党内事务,领导干部能够公开地行使权力。协商民主理论强调“真正的公开行政需要在讨论和决策中把公开性、平等性、包容性最大化”,指出“公开性具有监督官僚权力和行政制度的能力”。[②] 公开性是协商民主的一个重要原则和特征。在中国共产党党内,民主选举的领导人有时并不一定能民主地行使权力,原因就在于权力过分集中,主要表现在党委或“一把手”的权力过分集中。针对这一现象,党的十七大报告指出:“尊重党员主体地位,保障党员民主权利,推进党务公开,营造党内民主讨论环境。”[③]党的十七届四中全会也提出了“健全党内情况通报制度,及时公布党内信息,畅通党内信息上下互通渠道”[④]的新要求。这些重大举措的目的是,通过党员对党内相关议题公开、透明的讨论,鼓励广大党员关心、了解、参与党务,增强政治责任感,充分落实知情权,这必将在一定程度上起到限制党委或“一把手”权力膨胀的问题。

2. 党内协商民主能够缓解党内选举民主的压力

选举民主是在庞大而且复杂的社会中保证每个人都有同等发言权的唯一平等的方式。但是,按照多数原则,投票实际上只是简单地聚合选民的利益倾向或者说偏好,投票结果无法保证能够满足公共利益。选举民主的实践也表明,多数原则的形成,有时并不是基于对整体共同利益的肯定,而可能纯粹出于局部利益的考虑。更何况某种形式的宣传和造势、某种情绪的煽动和蔓延,也会造成一时的多数。这时,多数人的意志不一定正确,而少数人的正确意见却因为多数决定原则被否定。党内选举民主比其他领域的选举民主更加强调少数服从多数、地方服从中央的原则,由此一来,党内少数人少数地

---

① 陈家刚. 协商民主:概念、要素与价值【J】. 中共天津市委党校学报,2005(3):54-60.

② 陈家刚. 协商民主与当代中国政治【M】. 北京:中国人民大学出版社,2009:96.

③ 胡锦涛. 高举中国特色社会主义伟大旗帜,为夺取全面建设小康社会新胜利而奋斗【M】. 北京:人民出版社,2007:51.

④ 中共中央关于加强和改进新形势下党的建设若干重大问题的决定【M】. 北京:人民出版社,2009:17.

方的利益往往得不到重视和保护，所以，要注意与党内协商民主的相。“协商过程的政治合法性不仅仅出于多数的意愿，而且还基于集体的理性反思结果”。[①] 在党内推行协商民主能够缓解选举民主的压力，这是因为：一方面，党内协商民主是和党内选举民主前后衔接的一种民主形式。除了在选举之后，需要发挥党内协商民主在增强决策和权力行使方面合法性的功能之外，选举之前，一定要有某种程序的讨论和协商。周恩来很早就说过：“新民主主义的议事精神不在于最后的表决，主要地在于事前的协商和反复的讨论。”[②]讨论能使党员表达意见或建议，却未必能实现在理性基础上达成共识和一致，必要的协商却能在经过合理的政治妥协基础上实现正和博弈的结果。在此基础上进行票决，既能确认多数人的意志，又能让少数人的意愿有充分表达和尊重的机会。这就有效地避免了在选举民主实行过程中由于尊重和保护“多数”所带来的“少数”被“边缘化”，以及由于“少数”对被“边缘化”的不满与抗争所可能引发的党内不和谐。另一方面，协商民主所要求的集体理性，从本质上来说，就是一种集体责任。不像选举民主那样将参与投票看成是一种固有的、不可剥夺的权利。协商民主强调，“公共协商的结果来自于自主的、在认识上不受限制的集体理性，所以，协商过程的所有成员都有义务遵守这些结果。”[③]党内协商民主，能够培养普通党员和领导干部相互理解、相互尊重以及妥协与节制的美德与责任感，这些有助于化解党内矛盾，防止党内因选举而产生派别，以促进党内和谐。

3. 党内协商民主能够弥补党内选举民主在实际运行中存在的不足

党内协商民主不同于党内选举民主，党内选举民主强调选票和多数决定的原则，而党内协商民主则更注重投票之前相关意见的表达以及达成共识的讨论与协商过程，强调所有党员都拥有平等的表达机会和发言权，在理性讨论的基础上，通过协商达成广泛的共识。引入协商民主，有助于打破长期形成的在候选人提名和确定的方式上由领导机关和领导干部垄断提名权的格局。建立起党组织提名与党员或党代表提名相结合、自下而上和自上而下相结合的提名制度。近年来试行了党内“公推公选”、“公推直选”的试点，它通过建立民意表达和政治选择机制，改变了以往候选人名单一般由上级党委与组织部门确定的做法，上级党委和组织部门不再确定具体名单，而主要制定候选人的资格条件与提名程序，由广大党员群众通过讨论和协商酝酿提名，

① 【美】乔治·M·瓦拉得兹．协商民主【J】．马克思主义与现实，2004(3)：35-43.

② 周恩来统一战线文选【M】．北京：人民出版社，1991：134.

③ 王薇．个体理性与公共理性的互融：选举民主与协商民主互动的基础【J】．当代世界与社会主义，2010(4)：143-146.

这就改变了在党内选举中不尊重党员主体地位做法，保证了普通党员平等的参与机会，提高了他们的参与热情。引入协商民主，有助于改变为确保组织意图实现而必然导致直选范围狭小和差额选举形同虚设的局面。在改革与完善党内选举的方式上，十六届四中全会做出了具体部署：一是要逐步扩大基层党组织直接选举的范围，二是要扩大差额推荐和差额选举的范围和比例。要使这些部署落到实处，必须以协商民主的程序性和公开性克服遗留在党内选举中的“人治”痕迹。党内协商民主注重程序及程序的公开性。发展党内协商民主有助于避免私下的交易，防止出现安排性选举或确认型选举，防止过分强调领导机关和领导干部的权力，而淡化基层及广大党员的权利，防止民主成为走秀。此外，发展党内协商民主，能够不断增强广大党员和领导干部的民主意识，养成民主习惯和作风，进而在党内形成建设民主、参与民主、实践民主、落实民主的良好风气，为克服缠绕在党内选举民主中的“领导本位”意识提供坚实的思想保证和政治文化氛围。

军队马克思主义大众化的成功经验

鲁世山*

摘　要：我党在推进马克思主义大众化的过程中军队密切跟进，并为马克思主义大众化作出了重要贡献，形成了富有军队气息和特色的成功经验，主要是军队马克思主义大众化始终以马克思主义中国化最新成果为内容、军队马克思主义大众化始终以走在社会前列为己任、军队马克思主义大众化始终以学以致用为目标、军队马克思主义大众化始终以紧贴部队实际为原则。

关键词：军队；马克思主义大众化；成功经验

中国人民解放军是中国共产党领导的人民军队，党对军队绝对领导是我军永远不变的军魂。党的指导思想是我军前进的根本指引，在我党推进马克思主义大众化的过程中，军队密切跟进，为马克思主义大众化作出了重要贡献，形成了富有军队气息和特色的成功经验。概括起来，主要有以下四个方面。

一、军队马克思主义大众化始终以马克思主义中国化最新成果为内容

马克思主义中国化既是马克思主义大众化的重要前提和基础，更是马克思主义大众化的核心内容。军队马克思主义大众化，始终运用不同历史时期形成的马克思主义中国化的最新理论成果武装全军指战员。

革命战争时期和社会主义革命及建设初期，军队马克思主义大众化用马克思主义中国化的理论成果——毛泽东思想武装军队。中国共产党的主要任务就是发动和领导全国人民，推翻帝国主义、封建主义和官僚资本主义“三座大山”的黑暗统治，建立人民民主专政的国家政权，为此，在28年艰苦卓绝的革命斗争中，形成了一条农村包围城市、武装夺取政权的中国革命道路。在创立这条中国特色的革命道路的过程中，中国共产党人把马克思主义同中

* 鲁世山，男，1964年生，博士，解放军陆军军官学院大校、教授、硕士生导师。

国革命的具体情况相结合，实现了马克思主义中国化的第一次历史性飞跃，形成了马克思主义中国化的第一个历史性理论成果——毛泽东思想。军队在推进马克思主义大众化的过程中，就是以当时正在形成和已经后来形成的马克思主义大众化的理论成果——毛泽东思想特别是毛泽东军事思想来武装广大官兵的。在土地革命战争时期，特别是遵义会议之后，我军广大指战员的理论武装，除了以当时翻译的为数不多的马克思主义一些经典著作如《共产党宣言》等为依据外，主要是通过政治工作各种坚强有力的途径和形式，在战争的间隙，推进广大官兵学习、掌握和运用毛泽东用中国人喜闻乐见的语言在《中国社会各阶级的分析》、《湖南农民运动考察报告》、《中国的红色政权为什么能够存在?》、《井冈山的斗争》、《关于纠正党内的错误思想》、《星星之火可以燎原》、《反对本本主义》等光辉著作中所阐发的马克思主义与中国革命实际紧密结合的基本理论，这些著作所阐述的马克思主义立场、观点和方法，深入浅出，符合中国人的思维习惯，容易也乐意为广大红军官兵所接受，这就为军队马克思主义大众化奠定了既符合中国国情军情又科学实用的理论根基，从思想上和政治上较为广泛地武装了红军。一九三五年的"九一八"事件之后，中华民族和日本帝国主义的矛盾开始上升为我国社会的主要矛盾，中国共产党在领导中国人民进行抗日战争的过程中，马克思主义中国化第一次历史性飞跃的理论成果——毛泽东思想正式形成。这期间，军队在推进马克思主义大众化的过程中，牢牢抓住马克思主义中国化时代化的这一最新理论成果，通过办各种军事学校、强有力的政治工作，在广大指战员中广泛掀起学习毛泽东的《论反对日本帝国主义的策略》、《中国革命战争的战略问题》、《实践论》、《矛盾论》、《论持久战》等光辉著作，马克思主义的政治观、哲学观、经济观、社会观、文化观、特别是马克思主义的战争观等在战争的实践中，不仅深入广大官兵的思想，而且被八路军、新四军广大指战员自觉地加以运用，军队马克思主义大众化达到了前所未有的广度和深度，为抗日战争和后来的解放战争的胜利提供了重要的理论武装。

建国之后，军队马克思主义大众化更是自觉地以与时俱进的马克思主义中国化时代化理论成果为内容，紧密结合当时的社会和军队实际需要，在广大官兵中大力推进马克思主义理论宣传和教育活动。比如，到1960年10月，随着《毛泽东选集》第四卷的出版发行，《毛泽东选集》前四卷出版工作已经全部完成，总政治部及时发出系统学习毛泽东著作的通知，采取自学和举办短期集训班相结合的办法，在全军掀起了学习毛泽东著作的热潮，到1963年，团以上干部基本通读了《毛泽东选集》一至四卷，营以下干部和士兵通读了《毛泽东著作选读》。学习中强调理论联系实际，从毛泽东著作中学习立场、观点和方法,用毛泽东思想指导和规范自己的行动。可以说,到上世纪60年代,军队马克思主义大众化在其中国化时代化的基础上,成绩斐然,使得中国化时代化的马克思主义最新成果——毛泽东思想深入全军官兵心底。

进入改革开放新时期以来,马克思主义在与中国社会主义现代化建设伟大实践结合的过程中,实现了又一次历史性飞跃,产生了中国化马克思主义的最新理论成果——中国特色社会主义理论体系,这一理论体系包括邓小平理论、"三个代表"重要思想以及科学发展观等重大战略思想在内的科学理论体系。由此,军队马克思主义大众化以中国特色社会主义理论体系为主要内容,结合《邓小平文选》、《江泽民文选》、《科学发展观读本》等当代马克思主义中国化重要著作的出版发行,通过各种途径,运用各种传统的和现代的传播方式,在全军范围内广泛深入地开展了学习邓小平理论、"三个代表"重要思想和科学发展观,特别是学习贯彻邓小平新时期军队建设思想、江泽民国防和军队建设思想以及胡锦涛关于国防和军队建设的重要论述。

总之,在不同的历史时期,军队紧紧用马克思主义的基本理论及其中国化的最新成果,尤其是以马克思主义军事理论中国化的时代成果为内容,武装全军官兵,积极推进马克思主义大众化,军队马克思主义大众化始终奠定在与时俱进的中国化马克思主义理论之上。

二、军队马克思主义大众化始终以走在社会前列为己任

革命战争年代,军队马克思主义大众化走在中国社会前列,这是由革命的中心任务和人民军队的性质任务决定的。

首先,革命战争年代,党的中心任务及其环境状况决定了军队马克思主义大众化必须走在社会前列。革命战争年代,党的中心任务就是发动人民群众,壮大革命力量,夺取革命政权。在国统区,党的工作和马克思主义传播只能处于秘密状态,因此马克思主义大众化推进的力度和效果是非常有限的。而人民军队则是我党直接掌握和领导的武装,要永葆党的军队、人民军队的性质,党必须用自己的意志即马克思主义武装自己的军队,同时马克思主义也能够最方便、最容易、最直接、公开地在军队进行宣传和贯彻。可见,军队马克思主义大众化走在社会前列,既很必要,也具有得天独厚的条件。党可以方便直接地通过用马克思主义及其中国化的最新成果武装广大官兵,这是军队马克思主义大众化走在社会前列的重要前提条件。

其次,革命战争年代,军队所担负的宣传群众的历史重任,也要求军队马克思主义大众化必须走在社会前列。在革命战争年代,军队不仅是战斗队,还是用马克思主义宣传群众、教育群众的宣传队。也就是说,军队在自身要

推进马克思主义大众化的同时，还要担负起推进全社会马克思主义大众化的历史重任。相对于工农劳苦大众来说，人民军队是一支有文化的军队，正如毛泽东所说的“没有文化，马克思列宁主义的理论就学不进去。学好了文化，随时都可学习马克思列宁主义。”①在用马克思主义理论武装有文化的人民军队，实现军队马克思主义大众化的同时，全军官兵再用通俗、浅显的马克思主义宣传、教育和影响广大人民群众，这就是毛泽东在多次讲话和很多文章中反复要求的军队要做人民群众的宣传队的思想。1929 年 12 月毛泽东在《关于纠正党内的错误思想》一文中批判“单纯军事观点”时明确阐发了军队要用业已掌握的马克思主义宣传群众、教育群众的必要性和重要性。他指出：“以为红军的任务也和白军相仿佛，只是单纯地打仗的。不知道中国的红军是一个执行革命的政治任务的武装集团。特别是现在，红军绝不是单纯地打仗的，它除了打仗消灭敌人军事力量之外，还要负担宣传群众、组织群众、武装群众、帮助群众建立革命政权以至于建立共产党的组织等项重大的任务。红军的打仗，不是单纯地为了打仗而打仗，而是为了宣传群众、组织群众、武装群众，并帮助群众建设革命政权才去打仗的，离了对群众的宣传、组织、武装和建设革命政权等项目标，就是失去了打仗的意义，也就是失去了红军存在的意义。”②1935 年 12 月 27 日毛泽东在《论反对日本帝国主义的策略》一文中在总结长征的意义时，再次说明了我军是宣传队的思想。他指出：“讲到长征，请问有什么意义呢？我们说，长征是历史纪录上的第一次，长征是宣言书，长征是宣传队，长征是播种机。……长征又是宣传队。它向十一个省内大约两万万人民宣布，只有红军的道路，才是解放他们的道路。不因此一举，那么广大的民众怎会如此迅速地知道世界上还有红军这样一篇大道理呢？”③可见，在中国革命中军队所担任的重要角色，决定了军队马克思主义大众化必须走在社会前列。

再次，革命战争年代，军队马克思主义大众化走在社会的前列，还是由战争制胜的力量源泉所决定的。中国革命战争的力量源泉蕴藏于广大民众之中，军队只有深入动员群众，才能进行战争；只有广泛发动群众，才能夺取中国革命战争的胜利。正如毛泽东所总结的：“因为革命战争是群众的战争，只有动员群众才能进行战争，只有依靠群众才能进行战争。”④这就非常清楚地告诉我们，军队只有首先全面透彻地掌握马克思主义的科学理论，广大官兵

---

① 《毛泽东选集》第 3 卷，人民出版社 1991 年版，第 807 页。
② 《毛泽东选集》第 1 卷，人民出版社 1991 年版，第 86 页。
③ 《毛泽东选集》第 1 卷，人民出版社 1991 年版，第 145 页。
④ 《毛泽东选集》第 1 卷，人民出版社 1991 年版，第 135 页。

才能富有说服力地去动员群众；军队自身只有首先广泛地用马克思主义武装，马克思主义大众化走在社会前列，才能动员群众、武装群众。因此，军队马克思主义大众化走在社会前列，是动员和武装群众的需要，是革命的需要，是革命战争的需要，是夺取中国革命战争胜利的需要。只有用马克思主义动员人民群众、武装人民群众，启发人民群众的阶级觉悟，军队才能真正把中国革命战争胜利的巨大潜力转化为战争制胜的强大力量。

社会主义建设时期，我军始终坚持党对军队绝对领导的根本原则和人民军队的根本宗旨，大力弘扬听党指挥、服务人民、英勇善战的优良传统，不断加大军队马克思主义大众化的广度和深度，结合各个历史时期党和国家的中心工作及军队的使命任务，全军官兵在大力建设社会主义精神文明和深入开展军队历史使命、理想信念、战斗精神和社会主义荣辱观教育的过程中，马克思主义大众化始终走在社会前列。

首先，在学习、宣传和贯彻党的创新理论中军队走在全社会的前列。我军在任何时刻始终都是以党的旗帜为旗帜。社会主义建设时期，毛泽东思想在社会主义革命和建设实践中继续向前发展。20 世纪五六十年代，军队广泛开展了学习毛泽东著作活动，用毛泽东思想武装全军官兵的马克思主义大众化走在全国前列。政治工作"是构成军队战斗力的重要因素"、"是中国人民解放军的生命线"①的地位，以及"坚持党对军队的绝对领导；坚持人民军队的性质和宗旨；坚持用科学的理论武装官兵、培育当代革命军人核心价值观；坚持把思想政治建设摆在军队各项建设的首位"②等原则，决定了新的历史时期军队马克思主义的理论武装必须走在社会前列。新的历史时期，军队毫不松懈地用包括邓小平理论、"三个代表"重要思想以及科学发展观等重大战略思想在内的中国特色社会主义理论体系武装广大官兵，特别是贯彻邓小平新时期军队建设思想、江泽民国防和军队建设思想、胡锦涛关于新形势下国防和军队建设重要论述，把科学发展观作为国防和军队建设的重要指导方针。

其次，军队当代革命军队核心价值建设走在全社会社会主义核心价值体系建设的前列。建设社会主义核心价值体系是推进马克思主义大众化的重要举措，军队在这过程中同样走在社会前列。2008 年底，军委胡锦涛主席明确提出了"'忠诚于党，热爱人民，报效国家，献身使命，崇尚荣誉'的当代革命军人核心价值观"③，这一思想内涵丰富，意蕴深刻，是马克思主义价值理论的

① 《中国人民解放军政治工作条例》，军事科学出版社 2010 年版，第 3 页。
② 《中国人民解放军政治工作条例》，军事科学出版社 2010 年版，第 6 页。
③ 《中国人民解放军政治工作条例》，军事科学出版社 2010 年版，第 8 页。

新拓展，是中国特色军事文化建设伟大实践的新升华，是当代中国军人精神风貌的新概括，是社会主义核心价值体系在军队的具体化和深化。军队以此为指导和契机，在全军广泛开展了当代革命军人核心价值观的理论教育和实践培育活动，为军队马克思主义大众化提供了崭新视角和理论指导，也为全社会社会主义核心价值体系建设提供了有益借鉴。

三、军队马克思主义大众化始终以学以致用为目标

毛泽东曾深刻地指出："不应当把马克思主义的理论当成死的教条。对于马克思主义的理论，要能够精通它、应用它，精通的目的全在于应用。如果你能应用马克思列宁主义的观点，说明一个两个实际问题，那就要受到称赞，就算有了几分成绩。被你说明的东西越多，越普遍，越深刻，你的成绩就越大。"[①]军队马克思主义大众化始终遵循这一目标要求，无论是战火纷飞的革命战争年代，还是相对和平时期的军队建设，军队马克思主义的理论学习，都强调学用结合，学以致用。

一是要求官兵运用所学习的马克思主义理论分析、认识和解决中国革命战争和军队建设的实际问题。"人民解放军永远是一个战斗队。"[②]战争年代，打仗更是军队的中心任务，教育官兵用马克思主义的立场、观点和方法分析中国革命、中国革命战争的实际情况、掌握中国革命战争的战略战术，是军队马克思主义大众化学用结合目标要求的最重要体现。一方面，军队十分重视官兵的马克思主义学习与普及。通过文化扫盲，向官兵传授马克思主义；通过强有力的思想政治工作，向官兵宣传马克思主义；通过举办军校，向官兵系统讲授马克思主义；通过战略战术的制定与执行，向官兵展示马克思主义；通过整风，在官兵中端正马克思主义。总之，通过各种途径，军队马克思主义的理论水平普遍得到提高，广大官兵马克思主义理论水平普遍高于社会广大劳苦大众。但是，掌握马克思主义理论，还不是军队马克思主义大众化的目的。因此，另一方面，强调学以致用，才是军队马克思主义大众化更重要的目标要求。1942 年 2 月 1 日，毛泽东在《整顿党的作风》一文中明确指出："近来马克思列宁主义的书籍翻译的多了，读的人也多了。这是很好的事。"[③]他进一步指出："我们如果仅仅读了他们的著作，但是没有进一步地根据他们的理论来研究中国的历史实际和革命实际，没有企图在理论上来思考中国的革命实

① 《毛泽东选集》第 3 卷，人民出版社 1991 年版，第 804 页。

② 《毛泽东选集》第 4 卷，人民出版社 1991 年版，第 1415 页。

③ 《毛泽东选集》第 3 卷，人民出版社 1991 年版，第 802-803 页。

践，我们就不能妄称为马克思主义的理论家。如果我们身为中国共产党员，却对于中国问题熟视无睹，只能记诵马克思主义书本上的个别的结论和个别的原理，那末，我们在理论战线上的成绩就未免太坏了。如果一个人只知背诵马克思主义的经济学或哲学，从第一章到第十章都背得烂熟了，但是完全不能应用，这样是不是就算得一个马克思主义的理论家呢？这还是不能算理论家的。我们所要的理论家是什么样的人呢？是要这样的理论家，他们能够依据马克思列宁主义的立场、观点和方法，正确地解释历史中和革命中所发生的实际问题，能够在中国的经济、政治、军事、文化种种问题上给予科学的解释，给予理论的说明。……应用了它去深刻地、科学地分析中国的实际问题，找出它的发展规律，这样才是我们真正需要的理论家。"[①]"脱离实际的理论是空洞的理论。空洞的理论是没有用的，不正确的，应该抛弃的。……马克思列宁主义是从客观实际产生出来又在客观实际中获得了证明的最正确最科学最革命的真理；但是许多学习马克思列宁主义的人却把它看成是死的教条，这样就阻碍了理论的发展，害了自己，也害了同志。"[②]以此思想为指导，在土地革命战争时期，我党我军运用业已掌握的马克思主义立场、观点和方法，分析中国社会各阶级的实际、中国革命所处的环境、中国革命战争的国际大背景、中国共产党的实际、官兵的思想实际，等等，从而把一支主要由农民组成的武装成功地改造为无产阶级领导的人民军队，制定了一整套符合中国革命战争实际情况的战略战术，为中国革命战争的胜利提供了强大的理论武装。

二是从中国革命战争和军队建设的实际经验中总结出新的理论，丰富和发展马克思主义，特别是丰富和发展马克思主义军事理论。这是军队马克思主义大众化的另一重要目标要求。正如毛泽东所指出的："我们还没有把丰富的实际提高到应有的理论程度。我们还没有对革命实践的一切问题，或重大问题，加以考察，使之上升到理论的阶段。""我们的同志学会应用马克思列宁主义的立场、观点和方法，认真地研究中国的历史，研究中国的经济、政治、军事和文化，对每一问题要根据详细的材料加以具体的分析，然后引出理论性的结论来。这个责任是担在我们的身上。"[③]我军在完成所担负的"这个责任"的过程中，创造性地形成了毛泽东军事思想、邓小平新时期军队建设思想、江泽民国防和军队建设思想、胡锦涛关于国防和军队的重要论述，从而极

① 《毛泽东选集》第3卷，人民出版社1991年版，第802-803页。

② 《毛泽东选集》第3卷，人民出版社1991年版，第806页。

③ 《毛泽东选集》第3卷，人民出版社1991年版，第804页。

大地丰富了马克思主义军事理论宝库，也为军队马克思主义大众化提供了崭新而符合军队实际的理论。

四、军队马克思主义大众化始终以紧贴部队实际为原则

毛泽东在《反对本本主义》一文深刻中而通俗而深刻地指出："马克思主义的'本本'是要学习的，但是必须同我国的实际情况相结合。我们需要'本本'，但是一定要纠正脱离实际情况的本本主义。"[①]军队马克思主义大众化始终沿着毛泽东指引的这一正确方向不断推进。

革命战争年代，部队的客观实际情况是：长期处于战争环境中，官兵的文化水平整体不高。这一时期军队马克思主义大众化紧紧从这一客观实际情况出发，马克思主义大众化注意在通俗化、简约化、高效化、实用化上下工夫。

新中国成立以来，全军历次开展的马克思主义理论教育活动，都紧贴我国社会现实，紧贴党的创新理论成果，特别是紧贴官兵的思想实际。在1959年开始的三年经济困难时期，组织干部、战士学习毛泽东有关艰苦奋斗、自力更生的论述，教育广大官兵正确对待困难，增强信心，发奋努力把工作搞好。结合国际斗争形势和部队战备任务，组织干部、战士学习毛泽东的《中国革命战争的战略问题》、《论持久战》等文章，以及一切反动派都是纸老虎，在战略上要藐视敌人、在战术上要重视敌人的论述，使广大官兵认清帝国主义和反动派的本性，树立敢于斗争、敢于胜利的思想。结合人生观、世界观的改造，学习《为人民服务》、《纪念白求恩》、《愚公移山》等文章，使干部、战士树立和巩固为人民服务的思想。通过这次学习和理论教育活动，广大干部、战士对毛泽东关于新民主主义革命的理论，社会主义革命和建设的理论，党的建设、人民军队建设、人民战争的理论，哲学思想和改造世界观的论述等，都有了一定的了解。军队马克思主义大众化又一次取得了突破性的进展。

进入新时期特别是进入新世纪新阶段，全军上下紧密结合"为党巩固执政地位提供重要力量保证，为维护国家发展的重要战略机遇期提供坚强安全保障，为维护国家利益提供有力战略支撑，为维护世界和平与促进共同发展发挥重要作用"[②]的我军新的历史使命，紧密结合加快中国特色军事变革、加强军事斗争准备、提高以打赢信息化条件下局部战争为核心的完成多样化军事任务能力、建设一支强大的现代化正规化革命军队、完成祖国统一大业、维护世界和平与促进共同发展等重大实际，结合《邓小平文选》、《江泽民文选》、

---

① 《毛泽东选集》第1卷，人民出版社1991年版，第110-111页。

② 《中国人民解放军政治工作条例》，军事科学出版社2010年版，第2页。

《科学发展观读本》等当代中国马克思主义重要著作的出版发行，通过多种途径和方式，在全体官兵中深入持久地开展学习邓小平理论、“三个代表”重要思想和科学发展观的活动，特别是深入开展学习邓小平新时期军队建设思想、江泽民国防和军队建设思想和胡锦涛关于国防的军队建设一系列重要论述，马克思主义中国化的最新成果——中国特色社会主义理论体系在结合新世纪新阶段我军重大实际的过程中为被广大官兵所掌握，全军官兵马克思主义理论武装更加牢固，思想觉悟大大提高，战斗精神显著增强，军队当代中国马克思主义大众化取得了历史性的成就。

辛亥革命与早期中国共产党人的思想启蒙*

张正光**

摘　要：辛亥革命在中国近现代史上空前地激发了人民的爱国热情和民族觉醒。早期中国共产党人一部分曾直接参加过辛亥革命，一部分受到了辛亥革命的直接或间接影响，受到了辛亥革命的思想启蒙，并通过对辛亥革命的反思，最终实现了由民主主义者向共产主义者的转变。

关键词：辛亥革命；早期共产党人；思想启蒙

辛亥革命是近代中国先进分子为救亡图存、振兴中华而举行的一次具有里程碑意义革命，它空前地激发了人民的爱国热情和民族觉醒。早期中国共产党人一部分曾参加过辛亥革命，经受了辛亥革命的洗礼；一部分受到了辛亥革命的深刻影响，接受了资产阶级民主革命思想。正是经过辛亥革命的思想启蒙，通过对辛亥革命的反思，这批早期中国共产党人在探索中华民族新出路的历程中，实现了由民主主义者向共产主义者的转变。

一、辛亥革命对民族意识的激发

一般认为在中华民族觉醒的历程中，甲午战争是一个重要的界点，经过甲午战争的洗礼，"中国人民的民族意识开始普遍觉醒"①。但是甲午战争失败所促使的民族觉醒，还只是停留在国人对亡国灭种的切肤之痛上，还很难说是近代意义上民族意的觉醒。在中国先进分子随后的探索和抗争中，中华民族的命运并没有得到根本改变，苦难深重、任人宰割的悲辱标签仍然贴着

* 本文入选上海市社会科学界纪念辛亥革命100周年优秀论文，并由安徽师范大学博士科研资助计划项目资助。

** 作者简介：张正光（1971—），安徽南陵人，安徽师范大学政法学院教授，博士，硕士生导师。主要研究方向：马克思主义中国化研究，中共党史。

① 本书编写组：《中国近现代史纲要》，高等教育出版社2010年版，第38页。

中国人身上。中国人对于民族民主革命的认识依然如重雾锁岸。只有辛亥革命才“推翻了统治中国几千年的君主专制制度,为中国的进步打开了闸门”①。

首先,辛亥革命破天荒地把救亡与反对国内封建统治结合起来,第一次比较正确地揭示了满清王朝及本国封建主义与外国帝国主义的关系,开始触摸到20世纪中国民族民主革命的两大历史主题。自鸦片战争之后,面临亡国灭种的危险,中国的先进分子开始掀起反抗外国侵略的怒潮,从太平天国起义到洋务运动,从义和团运动到戊戌维新,在长达半个多世纪的时间里,中国人反侵略、反压迫,谋求独立解放的斗争就从未停歇过,但是所有这些斗争都没有认清和正确处理外国帝国主义和本国封建主义之间的关系。只有在辛亥革命中,民主革命派破天荒地把反清与救亡联系起来。他们指出在帝国主义的野蛮侵略下,清政府实际上已经沦为帝国主义在中国的代言人,要“驱除鞑虏”首先必须“建立民国”。民主革命宣传家陈天华曾明确地指出:“列位!你道现在的朝廷仍是满洲的吗?多久是洋人的了!”从此,清政府是“洋人的朝廷”成为爱国者的新觉悟。要摆脱帝国主义对中国的侵略和压迫,首先必须推翻清政府在中国的统治。正是因为看到了这一点,民主革命的先行者孙中山说:“照现在这样的政治论起来,就算汉人为君主,也不能不革命”。② 辛亥革命第一次把反对帝国主义侵略同反对本国反动统治结合起来,把争取民族解放同实现民主政治结合起来,把民族民主革命的理念植入中国人的思想意识中,极大地促进了近代中国民族意识的觉醒。

其次,辛亥革命冲决了“爱国=忠君”的思想藩篱,把打倒封建皇帝,建立民主共和国作为斗争目标,促进了国家制度的变革,极大地促进了人们思想的解放。中国在君主专制政体统治下经历了几千年的历史,到了清代几乎发展到登峰造极的地步,成为一个沉重的思想负担。几千年来,人们从小即被灌输“三纲五常”、“忠君爱国”等思想,“普天之下莫非王土、率土之滨莫非王臣”的观念已经成为亘古不变的精神教义。鸦片战争以后,先进的中国人不断地设计着救国方案,但是,无论什么方案都没有放下皇帝,太平天国洪秀全叫天王但实际上还是皇帝;维新变法需要一个好皇帝来成全;义和团运动更打起了“扶清灭洋”的旗号。只有孙中山领导的辛亥革命以崭新的国家观念,把国家、民族与王朝、君主区分开来,把推翻君主专制政权和建立民主共和结合起来。只有辛亥革命坚决地打倒了皇帝,并从舆论上对君权观念和皇权思

① 胡锦涛:《在纪念党的十一届三中全会召开30周年大会上的讲话》,人民日报,2008-12-19(1)。

② 《孙中山选集》(上),人民出版社1956年版,第75页。

想进行鞭挞和批判，极大地鼓舞了先进中国人的革命精神。“敢有帝制自为者，天下共击之”成为那个时代的最强音。谁再敢搞帝制复辟之类的把戏则必然遭遇“过街老鼠，人人喊打”的失败命运。革命后，“官府之文告，政党之宣言，报章之议论，街巷之谈论，道及君主，恒必恶语冠之随之。”①皇帝在人们心中至高无上的神圣地位被颠覆了，建立独立的民主共和国成了20世纪中华民族的奋斗目标。可以想象，在中国历史上，有谁的权威比皇帝高呢？而现在，作为君父的皇帝都能打倒，那还有什么禁忌呢？中国人民的思想开始逐步脱离“忠君”的传统模式。一个民族一旦觉醒，就不会再倒退，只会奋勇向前。

再次，辛亥革命促进了民众的心理变化，认识到自己就是国家的主人。辛亥革命促进了国民对自己在国家中所处地位的认识。在封建专制体制下，皇帝是“奉天承运”的真命天子，凡天下人和事都由他“乾纲独断”，老百姓则没有丝毫管理国家和社会事务的权利。辛亥革命后，《中华民国临时约法》赫然写着“中华民国之主权属于国民全体”。虽然辛亥革命和中华民国最终没有给人们带来当家做主的现实，但是，这已经足以引起民众心理上的巨大变化，自己已经是国家的主人了！因此，中华民国成立后，各种政治团体、报纸杂志犹如雨后春笋，纷纷涌现，群众活动也越来越活跃，人们开始关心国家大事，参与国家事务的热情也空前高涨。可以说，如果没有辛亥革命，没有辛亥革命所造就的社会氛围和民众心理状态，五四运动就很难发生或者是产生那么大的影响，中国人接受马克思主义的步伐就不会那么迅捷而坚定。

辛亥革命不仅空前地释放了蕴藏在民众之中的时候能量，而且空前地激发了民众民族意识的觉醒。它把中国自近代以来的旧式革命发展到最高峰，它是一次真正意义上的资产阶级民主革命。

二、辛亥革命对早期中国共产党人的影响

中国共产党的诞生，是近现代中国历史发展的必然产物，是中国人民在救亡图存斗争中顽强求索的必然产物。但是，如果检视早期共产党人的成长及思想转变轨迹，不难发现，他们在辛亥革命期间大致处于三种状况：其一是亲自参加了辛亥革命，并在革命失败后继续探索，最终选择苏俄的革命道路而成为马克思主义者的；其二是受辛亥革命的影响，在民族意识觉醒的大潮中，产生民主革命思想，由民主主义者转变为共产主义者的；其三是处于幼年或尚未出世。除第三种情况外，前两类党员都深受辛亥革命的影响。有数据

① 《饮冰室合集》（专集第9册），中华书局2009年版，第33页。

统计显示，在中国共产党创立时期的各地共产主义小组成员中，具有直接或间接参加过辛亥革命运动经历的人数约占 1/3，其中出身于同盟会会员的约占总数的 10%。湖北共产主义小组的 3 个发起人刘伯垂、董必武、张国恩都曾在日本留学，均为同盟会员。从党的一大代表看，在 12 位代表中，除去叛党的陈公博、周佛海、张国焘和当时年龄较小的刘仁静外，其余 8 人，只有李汉俊在日本求学时就接受了马克思主义，其他或参加过辛亥革命（董必武），或受过辛亥革命的感染、读过辛亥革命时期的进步书刊（李达、毛泽东、邓恩铭、王尽美），或接受过同盟会会员的启蒙（何叔衡、陈潭秋），都吮吸着辛亥革命的反抗精神和民族意识，产生了爱国思想，走上革命道路。

第一类是经历了辛亥革命的洗礼而后选择马克思主义的。如陈独秀、林伯渠、董必武、吴玉章、朱德、苏兆征、萧楚女、刘伯承、张云逸等。辛亥革命爆发时，林伯渠到各地新军巡防营中从事军运工作，进行革命宣传；董必武到军政府军务部担任秘书工作，后赴汉口参加了兵站工作；吴玉章直接领导了荣县起义，出任内江军政府的行政部长；朱德在云南参加参加辛亥革命武装起义；苏兆征协助革命党人运送军火，传递情报等，成为“广东方面的积极分子”，受到孙中山的表彰；萧楚女直接参加了武昌起义；已经 19 岁的刘伯承立即加入到推翻封建统治的斗争中，参加了学生军；张云逸则在辛亥革命中参加了攻打两广总督府的战斗；后来担任毛泽东办公室秘书长的李六如在辛亥革命一爆发就立刻归队，被任命为第 16 标的标统，与北洋军真刀真枪地干过。其他像孙炳文、熊雄、李蔚如、史可轩、耿丹等早期共产党人都曾经参加过辛亥革命的军事斗争。辛亥革命成功地推翻了帝制，赶跑了皇帝，令他们高兴，但是辛亥革命及随后几次资产阶级民主主义革命运动的失败给了他们很大的震动。他们逐渐认识到“从前的一套革命老办法非改不可，我们在从头做起”①，并开始反思辛亥革命，继续探索中华民族的解放道路。以十月革命和五四运动为契机，他们经过思想斗争后，选择了马克思主义和“走俄国人的路”，实现了自身的思想转变，辛亥革命的失败为他们的思想转变提供了前提。

第二类是虽未直接参加辛亥革命，但深受其影响，由民主主义者转变为共产主义者的。如任弼时、李大钊、毛泽东、何叔衡、瞿秋白、周恩来、挥代英、张太雷、赵世炎、李立三、彭湃、王若飞、蔡和森、贺龙、陈潭秋、陈赞贤、施洋等。李大钊在天津北洋政法专门学校读书时，他的老师白毓昆是革命党人，对李大钊的影响很大；毛泽东受革命党人的影响在 1911 年 10 月下旬参加了湖南新军，成为一名反清战士；瞿秋白、张太雷读书的江苏常州府中学的校长

① 《吴玉章回忆录》，中国青年出版社 1978 年版，第 110 页。

屠元博是同盟会员，他在学生中进行民主革命宣传，讲孙中山、章太炎的思想，讲邹容、秋瑾和黄花岗烈士的故事，还组织学生进行军事训练，并通读了《革命军》一书；瞿秋白、何叔衡在辛亥革命爆发前后就带头剪掉了辫子；赵世炎的二哥赵世珏及其地理老师王勃山都是同盟会员，向警予的大哥向仙钺是同盟会员，他们在哥哥的影响下早早就有了进步思想，进入新学堂就成了学生骨干；蔡和森敬佩孙中山，把他当成自己效法的楷模；陈潭秋的五哥陈树三是同盟会员，常给陈潭秋讲革命故事，讲同盟会的革命主张和革命志士的斗争生涯，在小的时候就播下了革命的种子；贺龙在辛亥革命的影响下，于1914年参加了孙中山领导的中华革命党，在桑植、石门、沅陵等县从事反帝反封建的武装斗争；周恩来在思想转变时受到历史教员高戈吾的影响，高是革命党人，常介绍进步书籍给周读；彭湃也正是在辛亥革命时才开始接受资产阶级民主革命思想的启迪；等等。可以说，尽管这类人的人生经历各不相同，但是，他们都是在辛亥革命的直接影响下，先后走上民主革命道路。他们在辛亥革命后以民主主义革命者的身份站在时代的潮头，随后又进一步接受了马列主义，实现思想的第二次转变。

第三类是辛亥革命时尚年幼或未出生的。如李先念、邓小平、薄一波等。他们通常是在新文化运动、五四运动的直接影响下，走上革命道路的，辛亥革命未给予他们直接的影响，但是，如前所述，如果没有辛亥革命所带来的巨大思想解放，没有建立民国所带来的相对自由、宽松的政治环境，新文化运动和五四运动就很难发生，即使发生了也很难产生那样的影响。因此，从这个层面讲，辛亥革命对他们有着间接的影响，对他们的思想进步有启蒙作用。

应该说，早期的中共党员无论是直接参加了辛亥革命，还是直接或间接受到辛亥革命的影响，他们都直接或间接受到辛亥革命所倡导的民主革命思想的启蒙。他们首先是在辛亥革命的影响下以资产阶级民主主义者的身份站在时代的潮头，然后又在对辛亥革命的反思中朝着共产主义者迅疾转变。

三、早期中国共产党人对辛亥革命的反思及思想转向

辛亥革命给中国社会的冲击以及人们思想的解放所带来的冲击是前所未有的。早期的中国共产党人几乎都经历了辛亥革命的洗礼，他们在辛亥革命所激起的思想解放大潮中转变了立场而成为激进的民主主义者和革命者。辛亥革命失败后，他们并没有消极沉沦，而是在对辛亥革命的积极反思和探索中，接受十月革命和马克思主义的影响，由民主主义者转变为共产主义者。

轰轰烈烈的辛亥革命尽管推翻了在中国绵延了两千多年的封建帝制，把皇帝拉下了马，但是，它并没有朝着革命者预期的方向前进，它的革命成果被

北洋军阀头子袁世凯所窃取。中国社会比辛亥革命前逾益倒退,人民的生活比辛亥革命前更加民不聊生。辛亥革命赶走了一个皇帝,换来的却是军阀混战和无数土皇帝的野蛮统治,难怪连孙中山自己都会感到失望,叹息"共和肇始以来,一无所成"了。而那些当年怀着对民主、共和满腔期待而加入到辛亥革命中来的先进分子对于这种结局更是倍感失望。他们对于资产阶级民主革命在中国的可行性的"怀疑产生了,增长了,发展了"[①]。

首先,早期中国共产党人认识到,帝制虽然推翻了,皇帝虽被赶跑了,民国虽也成立了,但并没有建立真正的民主制度,而要做到这一点就非得将旧思想"洗刷干净不可"。"革命以前,吾民之患在一君主专制;革命以后,吾民之患在数十专制都督。"[②]尤其是袁世凯复辟帝制后,他们更进一步认识到,"吾人于共和国体之下,备受专制政治之痛苦"[③]。那么,为什么会出现这种情况呢?李大钊、陈独秀等认为之所以会出现这种"挂羊头卖狗肉"的现象,其关键就在于辛亥革命对封建伦理道德批判的力度不够,没有从观念上彻底清除纲常名教对人们的束缚,大多数国民仍然缺乏自由民主的觉悟和国家主人翁的意识,"多数国民,口里虽然是不反对共和,脑子里实在装满了帝制时代的旧思想"。因此,"要巩固共和,非先将国民脑子里所有反对共和的旧思想——洗刷干净不可。"[④]陈独秀认为要实现国民的真正觉悟,必须经过三步。第一步是学术觉悟,即输入西洋文明。第二步是政治觉悟,即国民关心政治,弃专制政治为自由的自治的国民政治;国民居于主人的主动地位,以生命保护宪法之自由权利。第三步是伦理觉悟,即废儒家之三纲,倡自由、平等、独立之说。[⑤] 在这种思想的支配下,他们高举起民主与科学的旗帜,掀起新文化运动以"救治中国政治上、道德上、学术上、思想上一切的黑暗"[⑥]。从这个意义上看,新文化运动是一批经过辛亥革命洗礼和启蒙的爱国者在反思辛亥革命的基础上,对辛亥革命在思想文化领域的继续和深入。它巨大的思想解放作用,为马克思主义在中国的传播扫清了道路。发动这场运动的激进民主主义者,也在这一运动中进一步觉醒。

其次,既然辛亥革命所造就的中华民国在经历袁世凯称帝、张勋复辟、北洋军阀专制等之后只余下了个空招牌,民主、独立还远不能实现,那么中国革

---

① 《毛泽东选集》(第4卷),人民出版社1991年版,第1470页。
② 《李大钊文集》(上),人民出版社1981年版,第5-6页。
③ 《陈独秀文章选编》(上),三联出版社1984年版,第106页。
④ 陈独秀:《旧思想与国体问题》,《新青年》,第3卷第3号。
⑤ 《陈独秀文章选编》(上),三联出版社1984年版,第107页。
⑥ 陈独秀:《本志罪案之答辩书》,《新青年》,第6卷第1号。

命就必须“从头做起”。1918 年 5 月李大钊在《新的！旧的!》一文中写道：“中国今日的现象全是矛盾现象,举国的人都在矛盾现象中讨生活……要打破此矛盾生活,另外创造一种新生活。”[①]吴玉章在回忆录中详细地记载了他在辛亥革命后的苦闷心理:“在辛亥革命以前,我们曾经抱着一个美丽的幻想,以为革命后的中国一定是一个民主、独立、统一、富强的国家。但是现实嘲弄了我们,中国人民所碰到的不是民主,而是袁世凯的专制独裁;不是独立,而是帝国主义的侵略和欺凌、蚕食和鲸吞;不是统一、富强,而是军阀们的争权夺利、鱼肉人民……这样看来,从前的一套革命老办法非改变不可,我们要从头做起。但是我们应该依靠什么力量呢?究竟怎样才能挽救国家的危亡?这是藏在我们心中的迫切问题。”[②]既然资产阶级民主主义不能彻底改变中国的状况,就必须有新的东西来取代它。经过辛亥革命洗礼和启迪的新一代革命者,在反思辛亥革命的基础上又开始了新一轮的探索。

最后,选择马克思主义,“走俄国人的路”成为普遍的共识。中华民国的名存实亡,使曾在辛亥革命抱有强烈期望,对资产阶级共和国抱有美好幻想的人们从美梦中清醒过来,另辟蹊径,寻求新的革命道路、革命思想。林伯渠在《荏苒三十年》中写道:“辛亥革命前觉得只要把帝制推翻便可以天下太平。革命以来,经过多少挫折,自己追求的民主还是那么遥远,于是慢慢从痛苦的经验中,发现此路不通,终于走上了共产主义的道路。这不仅是一个的经验,在革命队伍里面是不缺少这样的人的。”董必武回忆道:过去我们和孙中山一起搞革命,“革命发展了,孙中山掌握不住了,结果叫别人搞去了。于是我们就开始研究俄国的方式”,开始接受马克思主义。吴玉章也在对比中选择和接受了马克思主义和俄国的革命道路。他说:“当时我的感觉是:革命有希望,中国不会亡,要改变过去革命的办法。虽然,这时候我对中国革命还不可能立即得出一个系统的完整的新见解,但是通过十月革命和五四运动的教育,必须依靠下层人民,必须走俄国人的道路,这种思想在我头脑中日益强烈、日益明确了。”正是基于这些先进分子的不懈追求和勇于创新的精神,一大批有识之士在反思辛亥革命的基础上,在新文化运动及五四运动后不久,完成了由民主主义者向共产主义者的转变,聚集到马克思主义旗帜下,并创立了中国共产党。从此,中国革命的面貌得以焕然一新。

---

① 《李大钊全集》(第 2 卷),人民出版社 2006 年版,第 196 页。

② 《吴玉章回忆录》,中国青年出版社 1978 年版,第 106-110 页。

试论农民工政治参与

刘 莉 方章东*

摘 要:社会组织管理需要调动各方积极因素。农民作为中国现代化建设的一支重要力量,调动他们参与政治的积极性,促使他们有效地进行政治参与,对于提高其自身素质、促进社会进步起着重要作用。从一定意义上说,农民工的政治参与度较低、政治话语权缺失是导致这一系列社会问题的根源。从对农民工政治参与现状及其问题的原因分析,引发对如何提高农民工政治参与程度的思考,合理有效地解决农民工政治参与中存在的问题是极其紧迫任务。

关键词:社会组织;农民工;政治参与

社会组织管理需要调动各方积极因素。农民作为中国现代化建设的一支重要力量,调动他们参与政治的积极性,促使他们有效地进行政治参与,对于提高其自身素质、促进社会进步、协调社会组织、提高社会管理效能起着重要作用。“农民工”是社会一个特殊群体的代名词,他们是城市社会中的“沉默阶层”,没有掌握与自己利益相关社会事务的发言权,因此被动的成为“无政治群体”。但不可置疑的是,农民工已经成为城市经济建设的主要生力军。根据国务院研究室《中国农民工调研报告》调查显示:“全国第二产业人员中,农民工占 57.6%,城市建筑、环保、家政、餐饮服务人员 90% 都是农民工。”①由此可见,农民工的身份地位和政治参与与他们的价值实现和社会贡献截然不同,较大的反差使农民工群体陷入尴尬的境地。

---

* 刘莉(1973—)女,汉,安徽全椒人,安徽农业大学人文社会科学学院讲师,硕士,主要研究方向:马克思主义与中国现代化;方章东(1964—),安徽安庆人,安徽农业大学人文社会科学学院副院长,教授、博士,主要研究方向:马克思主义与当代意识形态。

① 国务院研究室课题组:中国农民工调研报告[M]. 北京:中国言实出版社,2006,第7页。

一、农民工与政治参与

(一)农民工

"农民工是我国经济社会转型的特殊概念,是指户籍身份还是农民,有承包土地,但主要从事非农产业、以工资收入为主要来源的人员。"[①]这是《中国农民工调研报告》序言中对"农民工"的范畴界定。杨思远教授则认为:"农民工是指拥有农业户口但离开土地从事非农经济活动的雇佣劳动者"。[②] 第三种说法是"农民工是中国从计划体制向市场体制、从农业社会向工业社会、从农村社会向现代社会转变过程中出现的特有社会现象,在这个转变过程中,由于社会、职业、市场和体制之间的转变不同步,使农民在向城镇流动、从事非农产业的过程中,出现了职业流动和社会身份转变的不一致、不协调,从而产生了在城镇从事非农产业的农民——农民工。"[③]可见,农民工的定义应具备两个特征:一是他们的身份为农民,户口属于农村。二是他们从事的是非农业劳动。

(二)政治参与

纵观国内国外学者对政治参与的含义概括,普遍得到人们认可的是日本学者蒲岛耶夫对政治的定义,第一,政治参与是实际的活动,它不包括政治方面的知识,对政治的关心以及政治的力度等心理上的指数;第二,政治参与是普通公民的政治活动,不包括官僚、政治家和员外活动家作为职业进行的各种活动;第三,只要是对政府的决断施加影响的行为,无论其活动是否产生了效果,都列入政治参与的范畴;第四,除了依照自己的意志参加的活动外,受他人动员参加的活动也包括在政治参与之中。[④]

农民工政治参与,主要是指年满18周岁的农民工为了维护自己的合法权利和实现自己的合法利益,通过各种方式与途径来参加国家政治生活,试图影响国家或者地方政治决策的政治行为。

(三)农民工政治参与现状

农民工的出现是历史的选择,是时代发展的需要,农民工逐渐成为了中国工人阶级的主体,党和国家把农民工的社会地位定为"中国产业工人的重要组成部分。"由于农民工长期工作和生活在城市,城市社会的政治与他们的前途和自身利益密切相关,许多事情关系到自身的切实利益。因此,他们在

---

① 国务院研究室课题组:中国农民工调研报告[M]. 北京:中国言实出版社,2006,第1页。

② 杨思远:中国农民工的政治经济学考[M]. 北京:中困经济出版社,2005,第16页。

③ 杨云善,时明德:中国农民工问题分析[M]. 北京:中国经济出版社,2005,第1页。

④ [日]蒲岛耶夫. 政治参与[M]. 北京:经济日报出版社,1989,第4页。

主观上有强烈的参与诚实政治生活的愿望，他们希望能够进行有效的政治参与，介入城市的管理，更好的表达和维护自己的利益。但是，在农民工自身生活未能得到更好的保障的同时很难提起他们对政治参与的热情，虽然对政治参与具有较高的欲望，但是却受到现实的种种限制，农民工实际的政治参与行为较少，在城市政治参与中的比例较低。为了更真实地了解农民工的政治参与现状，笔者走访合肥各建筑工地以及各商业区一些个体户群体，通过问卷调查的反馈信息对农民工的政治参与现状进行了分析。第一，农民工在流入地政治参与现状：我国年满 18 周岁的公民都有选举权和被选举权，不管身份是什么，来自于哪个民族，在此居住多久，是流动人口还是常住人口，但户籍制却在选举中扮演了很大的角色。我国选举法规定所有公民都必须在户口所在的居民委员会、村民委员会、村民小组登记。而作为来到城市里工作的农民工，他们的户口显然不在城市里，所以他们必须在取得户口所在的选民资格后，然后到现居住地登记为选民。否则，他们行使自己权力的唯一途径就是回到户口所在地参加选举。然而农民工在城市打工的主要目的就是为了赚钱，而且大部分农民工的工作时间较长，因此他们无暇参与政治活动，更不用提回户口所在地取得选民资格。在笔者的调查中，79% 的农民工没有参加过城市管理，比如社会居委会选举社会一系列的管理活动。而在问及"为什么没有参加城市社区这些管理活动的时候"，更多的是因为户籍管理制度使得农民工无权参与政治活动。第二，农民工在流出地政治参与现状：正如之前所说，农民工进城的主要动机是挣钱，从农村来到城市本来就是为了获得更多的金钱和利润，当需要花费大量的时间和金钱回到家乡参与选举的时候，他们必然放弃回户籍地参加选举等政治活动留在城市里打工赚钱。在笔者对参加过家乡最近一次选举的结果调查中，参加的只占 19.2%，没有参加的占 81.8%，而对于没有参加的原因是因回家路费太高的占 38.1%，没有时间的占 43.7%，不想参加占 9.0%。第三，农民工政治参与意识：调查中，对于国家规定每个年满 18 周岁的公民都有选举权和被选举权这一宪法是否知道时，有 78% 的农民工对此比较了解，82% 的农民工知道这一宪法。而对《村民委员会组织法》和《城镇居民委员会组织法》这两部与农民工自身利益切身相关的法规，只有少于 20% 的农民工表示"了解"，38% 的农民工"不曾听说"。由此可见，农民工对政治法则的认知水平相当有限。但调查显示，农民工的政治参与欲望却相对较高，85% 的对象认为各级人大代表中需要有农民工代表，76.1% 的调查者认为农民工应该参与到所居住地的城市管理中去，对现在相对比较缺乏的农民工工会等维护民工权益的组织的建立更是有 86% 的农民工觉得是有必要的。这说明，大部分的农民工已经认识到，维护自身合法权益,需要通过合法组织和程序。

二、农民工政治参与存在问题的原因分析

(一)农民工政治参与存在问题的客观因素分析

1. 以户籍制度为核心的城乡二元社会体制的影响

城乡分割二元户籍制度,把公民划分为农民和市民这两个不同的身份集团,并在此基础上分别赋予两者不同的权力、义务和待遇。然而,在这二元体制中却没有农民工这一分工,农民工的身份被现行的户籍制度所模糊,虽然他们已经脱离农村,不再是农民的角色,不再从事农业生产工作,生活重心也转移到了城市生活方式,但只因户口保留在原籍,他们农民的身份从始至终未曾改变。农民工每到一地都要办理暂住证,这使得这个特殊的群体很难在城市中找到归属感。政治参与权力的缺失造成农民工在城市的影响力变得更是微乎其微,这无疑是对他们融入城市提升自己社会地位的阻碍。

没有同等的社会地位,就无法享受到经济上的同等待遇,造成农民工与城市本地工同工不同酬。我国城市正式职工的工资收入是由政府劳动人事部门的各种文件、政策决定的,农民工长期以来被视为体制外的无人监管全体。2008 年新的《劳动合同法》出台之前,没有文件规定应该给进程农民工怎样的工资级别,应该按照什么标准来累计晋升,工资一般是由企业老板自行规定,所以大量用人单位才更喜欢招农民工来做一些纯体力工作。

农民工与正式工不同酬、不同时、不同利,更别谈同权了。中国农民工当前所就业的部门往往不是正规部门,即使是正规部门也非正式编制,很多人甚至无具体单位。[①] 在现行的户籍管理制度中,我国对户籍保障制度的管理办法一般是采取与单位相对应的管理,只要你是单位的编内工或是正式工,所相对应的医疗养老保险、住房公积金都会得到相应的福利保障,同时参与政治活动也是由单位同意组织。这种户籍与福利挂钩的管理制度相应的造成了农民工对城市参与的关注度降低。

除了在流入地农民工群体的生活严重受到户籍二元制的影响,在流出地同样也受到影响。我国宪法明确规定凡年满 18 周岁的公民都有选举权和被选举权,但对选民的划分有时跟户籍制度紧密联系在一起,登记选民资格的时候是与户口相一致,对于人与户口不在一地的,要回到户口所在地登记为选民,然后再到现居住地登记再参与城市中的选举制度。而现阶段我国农民工现状是,他们来到城市工作时间较长,已经渐渐脱离与家乡的密切联系,对

---

① 李强:《农民工与中国社会分层》,社会科学文献出版,2004 年版。

家乡的变化了解会越来越少，与家乡的利益关系逐渐淡薄，回乡参选的动力不足，加上金钱和时间上的付出，他们往往选择放弃，这就造成了农民工政治参与权成了一种摆设。

2. 政治参与渠道不畅通，没有有效的组织

农民工由农村转移到城市中，城市已经成为农民工工作和生活的重心，城市的各项措施法规与农民工的利益戚戚相关，由于现行制度的限制，使得农民工很难融入当地的政治生活，农民工的制度化政治参与严重缺失。在这种情况下，当农民工面临权益问题、社会保障缺失、城市归属感弱等一系列问题时，由于自身法律意识相对薄弱，他们往往就会诉诸非理性行为。除此，农民工的档案管理目前也未能统一，有些地方挂靠在用人单位，有的地方挂在当地居委会，有的在当地派出所，有的甚至根本说不清楚，几乎都没有专门管理农民工的部门和人员，当真正发生事情以后，农民工就不知道去哪维护自身合法权益，以至经常发生无人管理或没权管理互相推诿的现象。政府职能的长期缺位更加剧农民工政治参与权的旁落，使得农民工本来就少的政治参与渠道更为狭窄，加剧了农民工与主体社会的分离，也间接切断了农民工的政治参与渠道。

另外，导致农民工政治参与度低的原因是由于没有有效的组织载体。在任何国家，政治参与一般都需要借助一定的组织渠道，这样可以把各个利益主体在公共问题上的分散的、模糊不清的个别意志和行为转化为明确的、共同的组织意志和集体行动，从而影响政府决策或其他公共管理活动。但是，我国长期实行限制性民间组织的管理政策，各种非政府组织发展迟缓，导致社会利益结构组织化水平低下，社团组织的发展严重失衡，尤其是社会弱势群体缺少应有的组织支持，从而影响了农民工的政治参与。对于农民工来说，它们既没有现有组织资源可以利用，也无法建立起代表自己利益要求的自治组织，因此其政治参与要求很难得到有效的组织支持。

（二）农民工政治参与的问题主观因素分析

1. 农民工政治参与能力不强

实践证明，农民下的文化素质在政治参与过程中起着很大的作用。虽然新一代农民下的整体文化素质有所提高，但总的来说，在农民这个庞大的阶层中仍然存在一个庞大的文盲和半文盲群体。文化水平的落后使得农民在掌握政治信息、利用参政渠道时遇到很多难以克服的技术问题，从而制约了农民的参政能力和参政质量。而且由于历史原因的影响，农民的政治素质普遍不高。列宁曾说：文盲是站在政治之外的。农民工大多受自身素质的限制，权力意识低下，很多农民工在合法权益受到侵害时，很少通过法律手段保护自己，更极少通

过政治参与以提高其政治地位，进而维护其合法的政治权益。

2. 农民工个人心理因素

农民工的政治参与也受到其自身心理因素的制约。农民工对城里人的生活充满了向往，渴望被城里人承认和接纳，但作为农民的这种身份又使得他们面对城里人时非常自卑，甚至会自觉不自觉地回避与城里人交往，形成自我隔离的状态。由于没有城市户口，农民工在就业、医疗、教育等方面得不到与城里人同等的待遇，农民工形成自卑的心理和孤独的情绪。这种自卑心理造成了农民工在内心里对参与城市管理的渴望但在实际行动中却又不容乐观。农民工进城多年，但他们不能真正融入城市居民的生活中，与城市居民相比他们有种权利被剥夺的感觉。政治参与的边缘化，居住地域的边缘化，大多数农民工对城市没有归属感和认同感，他们交往的是老乡，靠的也是老乡。受到在城市生活中的排斥，农民工与城里人交往很少，由此他们形成了两个格格不入的各自圈子。而无法享有与城市人的同等待遇，觉得自己是被排除在社会之外的社会群体，农民工逐渐产生的压抑心理和怨恨情绪等这些都不利于积极有序的政治参与行为。

三、提高中国农民工政治参与程度的对策思考

(一)农民工政治参与中的客体建设

1. 加强农民工政治参与的体制建设

(1)逐步消除城乡二元分割体制

当前中国农民工的特殊性以及他们边缘化的状态，正是由于城乡二元结构所致。传统的二元体制形成我国两个具有不同利益的城市人和农村人群体。农民工这个特殊的名称，其根源还是因为户籍制度，现行户籍制度和城乡二元结构是限制农民工政治参与的根本原因。只有坚持以人为本，冲破二元体制的壁垒，做到城乡制度公平，才能让农民、市民拥有相同的待遇、平等的权利和义务。突破户籍制度的民主政治权力属地原则，剥离户籍制度所附加的诸多经济功能，是消除对农民工身份的歧视，使之有效进入国家政治生活的根本所在。

中国城市户籍制度在中西部地区，尤其在县域经济中已经逐步取消。这也就是说，在农民工主要流出地，劳动力市场更开放，户籍壁垒已不再森严，很多县市相继出台政策取消户口限制。而在经济发达地区及大中城市，作为劳动力的主要输入地区，仍存在着对外劳动力的限制。国家应进一步放宽进城落户的门槛，让在城市务工3年以上、有固定收入的农民自愿选择等级城市户口，在政治权利及其他各项权利方面与城市居民一视同仁。即使不能在短时期内改革

完成户籍制度及附加在其上的利益机制,但是可以实行居住证制度,告别暂住证制度。城乡二元制度的改革势在必行,是发展的必然,突破出身带来的身份等级,使每一位公民享受平等的权利是社会主义民主的本质要求。

(2)保证农民工的选举权和被选举权

完善原来的选举制度,使农民工的选举与被选举权利在事实上更易于实现。改变过去主要与户口相关的选举制度,增加以居住年限为条件的参选制度,实行属地化管理。只要有固定居所、有职业、有收入来源,在一个地方工作或居住达到一定期限,就可以参加当地选举。在城乡户籍制度改革没有完全实现的情况下,农民工选举权的改革可以先行一步,允许农民工依照一定规则,参加工作地民主选举活动,逐步将农民工政治参与纳入制度化轨道。改变过去以户籍为基准的选民等级制度,充分利用现代化信息技术,建立以居民身份管理为基础的选民登记系统。选举单位可以凭身份证号码获悉选民基本信息,做好农民工选民登记工作。

除此,农民工还应该充分享有被选举权。在国家权力机关中,应该增加农民工代表的比例,让更多的农民工能直接参与国家政治生活,表达利益要求,真正体现国家一切权力属于人民。国家对此高度重视,已有了解决的实际进展,例如规定人民代表大会、统一战线组织、政治协商会议、城市党组织等应主动吸收农民工中先进分子,发挥其利益代表与聚合作用。农民工到城市,就应该被视为城市的主人,应该拥有一些同等的权利。农民工参与社会自治,可以提高自我管理、自我教育的能力,增强农民工的自治意识。

对于一部分农民工,因处于双向流动的过程中,更愿意参加流出地政治活动,可仍在户籍地行使选举权,但可以适当调整选举时间。春节是中华民族额传统节日,大多数农民工受乡土人情的影响,在春节期间返乡。村委会选举的时间可以抓住农民工返乡的特点,以确保更多的农民工能够参与当地选举,提高农村选举的质量。

(3)完善听证会制度

听证制度是行政主体在作出影响行政相对人合法权益的决定前,由行政主体告知决定理由和听证权利,行政相对人随之向行政主体表达意见,提供证据,以及行政主体听取意见、接纳其证据的程序所构成的一种法律制度。农民工可借助听证制度,表达自己的心声,维护自己的权利。尤其是关系农民工权益的决策行为,要充分听取农民工的呼声,保障农民政治参与的实现。

2. 拓宽农民工政治参与的渠道

(1)合理利用各项资源让农民工参与政治

农民工乡村制度化参与的程度与其获得信息的程度相关,对选举时间及候选人缺乏了解是农民工没能参加选举的一个重要原因。由于信息不畅,农民工不愿参与乡村的政治生活,或对村务的知情权、重大事务的决策权、对干部的监督权等丧失了参与的积极性。农民工关于村庄公共生活信息的获取、利益的表达大都通过其家庭来实现,因此要充分发挥农民工家庭与亲戚关系网络在信息传递中的作用。流出地政府流入地有关部门建立联系,传递家乡信息,掌握流动农民工流动信息,充分保障农民工知情权。

完善信访制度,这也是农民工政治参与的一项途径。针对我国社会转型期农民工的特殊性,在农民工集中的地方,建立农民工信访专门委员会,专门处理农民工信访工作。信访虽不能解决所有问题,但作为信息通道,将救济与监督功能,传递给国家公检法部门。当农民工在合法权益受到侵害时,选择以书信、走访等形式反映事实,表达意愿,寻求补救。接受来信来访的机关直接或间接予以协调、督促和帮助,这在一定程度上可以降低农民工非制度化参与的频率。

除了信访制度,还应广泛运用互联网、媒体的作用,适当专设反映农民工愿望和心声的栏目,使农民工的声音得到迅速充分地传播,使他们的正当权益或合理诉求得到尊重和满足。

(2)加强专门保护农民工权益的组织建设

在农民工集中的地方,通过当地政府与农民工协商,建立农民工组织,既有利于农民工管理,又有利于农民工意愿的表达。由于我国长期实行限制性民间组织管理政策,各种非政府组织发展迟缓。农民工由于没有城市居民的身份,也就没有资格在城市组建组织。国家规定民间组织要挂靠正式单位,否则得不到批准,而农民工自发流入城市,也只建立一些同乡会等组织获得生存,很难采取集体行动。当农民工利益受到侵犯时,缺乏代表农民工利益的社团组织,部分农民工容易采取极端的个人措施。因此应建立政府与农民工之间桥梁作用的社会组织,代表农民工这一庞大群体,使农民工既受到保护,又受到约束。城市政府应帮助农民工规范地成立自己的合法组织,使他们的权益表达渠道合法化,尽量减少非制度性政治参与的发生。

发挥工会组织的作用,定期召开职代会,让更多的农民工能够参与到企业重大决策的讨论中,同时发展社会中介组织,增进农民工群体的组织能力,在处理劳资纠纷的过程中,中介组织作为劳资双方实现一种比较平等协商和利益较量的力量,有效分担政府部门职责,使许多矛盾和纠纷通过中介协会得到及时的化解,节约了管理成本,也减少了非制度化参与的可能性。

(3)健全农民工社会保障制度,加强农民工城市归属感

由于体制性原因,户口的限制,农民工进城后面临的是一个分割的劳动

力市场，他们只能在“非正式的劳动力市场”中寻求“城市剩余工作”。同工不同酬，经济上处于弱势地位，生存权与发展权得不到保障，因而政治权益也得不到保障。成千上万的农民离开常年生活的农村，忍受着城市里他人的漠视，并非由于他们是农村“剩余劳动力”，赚钱养家糊口是外出的唯一动机。2008 年 1 月 1 日，新的《劳动合同法》颁布实施，一是提高了劳动者的自由择业权。二是对用人单位随意指定违约金作了限制。三是对劳动者的各项权益有了一定的法律保障，改变了过去很多企业钻制度空子，不与农民工签订劳动合同，损害农民工利益的行为。四是对拖欠工资等企业恶习加大了法律处罚力度，对改善农民工生存工作的环境，改变农民工经济地位有着重要的制度保障作用。

除了相应的法律制度的指定，应进一步健全农民工医疗保险、工伤保险、养老保险等保障制度，并更好的解决农二代的入学读书问题，只有稳定了这些政策保障了农民工权益，才能调动农民工政治参与的积极性，增强农民工政治参与的动力。

（二）政治参与中农民工主体建设

1. 增加农民工政治参与的意识

（1）培养农民工法律意识及维权意识

农民工对法律的知识及接受能力相对较差，法律知识贫乏，遇到有损害他们的合法权益的现象时，缺乏依法维护自身合法权益的能力，农民工缺乏应有的现代政治观念，更没有自觉行使当家做主的权利意识。因此，要逐步提高农民工法律知识水平，以提高其政治参与能力。

邓小平同志指出：“为了保障人民民主，必须加强法制，必须使民主制度化，法律化。”①但只有良好的制度，没有农民工自身法律意识和观念的培养和提高，维护农民工合法权益的效果也会不尽如人意，因为规则、制度也需要人来遵守。在这方面，我们可以组织讲座、发放宣传册、利用广播电视报纸等一些通俗易懂的方式宣传国家的法律法规，组织农民工学习《宪法》《劳动法》，让农民工充分认识自己的权利、义务和自由，树立现代法制观念，依照法律的规定参与国家的政治生活，行使自己的基本权利。

（2）增强农民工民主观念

增强农民工民主观念首先要加大力度、多元化的宣传民主知识，其次要主动推动和引导农民工大量地、有效地和经常地参与到民主选举中来，只有通过扎扎实实、生动具体的民主实践活动，才能使群众认识到自己是村里乃

① 《邓小平文选》第 3 卷，人民出版社 1993 年版，第 136 页。

是国家的主人，干部的权力来源于人民，自己的权利和利益神圣不可侵犯。总之，要进一步加强农民工的民主选举意识，在实践中，关键就是要完善已有的村民自治制度。当然，政府的正确引导、动员和组织农民合法、有序、有效地参与政治、社会事务，对农民工政治意识的发展至为关键。要让农民工的民主选举得到保障，对农民工的意见给予重视，保证他们的意见都能落到实处，让农民工感到自己的参与起了作用，这样农民工的民主意识就会不断增强。

2. 提高农民工政治参与的能力

（1）重视农民工思想道德教育

思想教育主要是对农民工的思想认识问题和政治立场问题，用无产阶级的科学世界观和先进的科学文化知识来武装头脑，提高农民工认识世界和改造世界的能力，克服农民工落后的、保守的小农意识，破除封闭保守、自由散漫、小富即安的小农思想，使农民工逐步形成适应城市生活的思想观念、思维方式和道德水准。政府要通过多种形式，对进城农民工进行法制观念、城市意识、现代文明观念等意识教育，同时加强对农民工社会公德、职业道德、家庭美德的教育，使农民工思想道德水平跟上城市发展的步伐。

（2）重视农民工文化教育培训

政治参与与教育密切相关，受教育程度较高的人，更可能把参与政治看做是公民的责任，而具有这种责任感的公民会更加踊跃地参与政治。列宁曾说："文盲是站在政治之外，首先必须教育他们识字。"农民工政治参与状况，很大程度上与他们自身教育程度高低有关。在当前，由于流动人口文化素质不高，必然影响到其参政意识和参政能力。文化水平的落后使农民工在掌握政治信息、利用参政渠道时遇到许多难以克服的技术上的问题，这也在某种程度上制约了农民工的参政能力和参政质量。因此，需要政府部门和相关用人单位建立一套完整的培训机制，提高农民工的文化素养。

在我国，农民工是个特殊而又庞大的群体，农民工城市城市政治参与的状况直接关系着城市社会的稳定与发展，关系着农民工在城市的权益保障。因此，引导农民工进行社会主义民主法治建设，提高农民工政治素质及政治参与的法制化水平，提高农民工民主意识，权利与义务意识，主动参政议政意识及政治判断分析能力与参与能力显得尤为重要。当今，在社会主义转型的大背景下，更应该通过多元化的方式使农民工的政治参与从动员型、被迫型、冷漠型向自主型转变，使农民工这个特殊的群体不再特殊。

当代大学生核心价值观形成教育问题研究

徐 俊*

摘 要:大学生核心价值观的形成,对于大学生自身健康人格的塑造、和谐身心的修养以及成人成才具有重要的指引和支撑作用。大学生核心价值观形成的教育工作是一项需要长期塑造灵魂和人格的系统工程,它并非高校一家或思想政治教育工作者一己之力所能奏效。文章围绕大学生成才的标准、社会主义核心价值观在大学生成才素质中的位置、如何帮助大学生形成社会主义核心价值观、能否用人格教育取代核心价值观教育等一系列问题展开探讨,以期引发更多的理论和实务工作者讨论、为后续的教育实践工作提供一些思路和借鉴。

关键词:大学生核心价值观;人格;系统工程;教育合力

一、问题的提出及相关背景

2011 年 4 至 5 月,笔者在由中共安徽省委宣传部和省委教育工委等部门组织的、中共安徽省委党校承办的 2011 年安徽省第 17、18 期哲学社会科学教学科研骨干研修班学习期间,与来自省内部分高校、科研院所长期从事哲学社会科学教学科研工作的同仁们就“我国高校思想政治理论教学与科研”话题进行了广泛深入的交流。在交谈中,针对目前我国部分大学生价值观导向不明、理想信念淡薄的现状,笔者遂产生一想法,即大学生核心价值观形成的教育工作是一项需要长期塑造灵魂和人格的系统工程,它并非高校一家或思想政治教育工作者一己之力所能奏效的。提出这一观点或问题,不仅是出于笔者的职业敏感,感到大学生核心价值观形成的极端重要性,更是觉得单靠

* 作者简介:徐俊(1973—),男,安徽合肥人,安徽农业大学人文社会科学学院副教授,南京大学社会学院博士生。

高校思想政治教育工作者一方的努力确实势单力薄，收效不佳，必须同时发挥大学生个体、家庭、社会、国家等多种力量，形成一股教育合力，才能达到最佳的教育效果。

核心价值观对于个体适应社会、在服务社会中实现自身价值具有重要的人生导向作用。大学生核心价值观的形成，对于大学生自身健康人格的塑造、和谐身心的修养以及成人成才同样具有重要的指引和支撑作用。传统意义上的教育实践认为，严师出高徒、棍棒底下出孝子，忽视了受教育者自身的特点和一些基本的教育、心理规律；而现代教育理论则高举民主、科学大旗，以尊重受教育者为基本前提，试图在遵循现代教育、心理规律的基础上，在教育者与受教育者的互动中达到教育的目的。然而，新的教育理念在市场经济大潮的冲击下却难以有效实施。在市场经济等价交换原则支配下，劳动力已经成为特殊的商品，不管这种劳动力是普通还是高级的。能否被市场所认可和使用成为衡量一切人力资源是否有用和具备某一合适价值的唯一标准，思想道德素质等非智力性因素一度被用人单位抛之脑后。市场化单一的终极用人标准以及教育主管部门（包括教育者）自身的急功近利大大淡化了人才的综合素质中必不可少的思想道德因子。面对高校人才培养的市场化和功利主义倾向，当代大学生成才的标准是什么？我们的国家和社会需要什么样的人才？核心价值观在大学生成才素质中占据何等位置？如何帮助大学生形成社会主义核心价值观？能否用人格教育取代核心价值观教育等这一系列问题，都需要作出积极的回应，以便正本清源，进而促进我国高校人才培养的可持续发展，为中国社会主义现代化事业提供真正需要的优秀高素质人才。以下是笔者就这些问题的一点管见和陋思，以求教于专家同仁，并提请各位批评指正。

二、环境加教育是否可以成才

环境加教育是否可以成才是一个老调重弹的话题，但是良好的家庭环境、学校环境乃至社会环境对于个体健康成长确实起到十分重要的促进作用。其实，教育本身也可视为环境系统中一个重要的子系统。环境包括教育只是个体成人、成才的一个重要外因，个体自身的内化也不可忽视，这里有个内因与外因相互作用的问题。改革开放30多年来，中国社会发生了史无前例的巨变，在物质走向较大丰富的同时，人们的道德水准、精神家园开始衰败，主流价值共识似乎沦为历史，个人功利主义、拜金主义、自由主义、消费主义、享乐主义等价值观念甚嚣尘上。然而，这一切并不能完全归咎于改革开放或市场化因素，作为市场化的主体——人及其组成的群体，即个人、家庭、社会、国家以及各种承担教育角色的缺位等因素也难辞其咎。

社会学理论认为,所谓社会化,就是一个人获得自己的人格和学会参与社会或群体的方法的社会互动过程。[1]具体而言,社会化实际上是两个过程的有机结合:一是个人通过与社会的互动,获得独特的个性和人格,学会适应并参与社会生活的过程;二是社会成员、社会结构和社会文化一起行动,共同支持和维护社会生存与运行的过程。从第一个过程来看,社会化不仅是一个从"生物人"向"社会人"转变的过程,而且是一个内化社会价值标准、学习角色技能、适应社会生活的过程。这一过程是终其一生的,贯穿于个体的出生、婴幼儿、青少年、成年、老年直至死亡各个生命阶段。从第二个过程来看,社会化不仅对个人的生存、发展至关重要,而且对社会的生存与有效运作也是如此。因此,社会成员的行为、社会结构的运行、社会文化的期待等,都共同塑造着个人社会化的过程,共同维持着社会的正常运转和持续发展。[2]从上述定义可以看出,个体的社会化是通过社会教化和个体内化实现的。社会教化,即广义的教育,它是指社会通过社会化的机构及其执行者实施社会化的过程。社会教化具有共同的内容,具体包括:传授社会知识、灌输行为规范,学习职业技能,培养价值观念,确立生活目标,获得社会角色。个体内化是指社会化的主体——人经过一定方式的社会学习,接受社会教化,将社会目标、价值观、规范和行为方式等转化为其自身稳定的人格特质和行为反应模式的过程。从社会心理学的观点来看,个体内化是在个体的活动中实现的,它是个体的内部心理结构同外部社会文化环境相互作用、并对后者加以选择和适应的过程。个体内化充分体现了个人社会化的主动性。[3]因此,社会教化和个体内化是相辅相成的。没有外在的社会教化,就没有个体的内化;而没有个体内化,社会教化将毫无意义。个体社会化的最终结果——合适地按照社会规范行事的个体,是外部环境教化和个体内化相互作用的产物,很难说清楚孰重孰轻。不过,外在的社会教化尤其正规的教育机构和教育者对个体的早期影响不容忽视,特别像某些行为习惯和价值观念的形成,离不开教育者在遵循个体成长规律的基础上从外部灌输、引导和强化的工作。

当下,我们在考虑一切问题的前因后果时都必须意识到我们的时代背景和中国特色,那就是我们正处于并将长期处于从农耕文明向工商文明转轨的过程中。改革的市场化取向最终俘获了全体民众,每个人都被自由主义和个人主义所裹挟,眼睛不由得不向前(钱)看。这是一个分工的有机的高依赖社会,同时又是一个个人主义、自由主义意识特别强烈的社会。[4]面对这样一个颇具悖论的社会,即便深谙社会的成人也需小心翼翼的对待,更何况一个尚未真正步入社会的准成人——青年大学生,对于他们而言,社会中数不清的困惑让他们难以适从。这就要求我们加强外部教育环境的净化,包括家庭、学校、大众传媒、社区的共同努力,为青年大学生的健康成长营造一个积极健康、和谐融洽、互助友爱的良好氛围。

成才是否意味着成人?这似乎不是一个问题,答案是明确的。可眼下社会和用人单位唯“才”是用,只看重所用之人是否懂技术、有能力,至于有无良好的思想道德素质并不是其关心的,用人单位所关心的是来者能否为其创造经济价值,能否为其生财赚钱。在这样一种人才衡量标准的指挥棒下,成才似乎更加重要,成才就意味着成人。这种急功近利的短视行为从长远来看无疑将祸国殃民。这样的人才观和人才标准势必会左右人才的输出单位——各类大中院校。扩招、教育产业化等招数屡见不鲜,美其名曰教育从精英模式转向大众模式。当教育被市场牵着鼻子走的时候,教育自身的发展也就迷失了应有的方向。德才兼备的人才标准古已有之。但是,现代社会和用人单位对能力的过分倚重削弱了人们对思想道德素质的重视。社会主义教育方针是要求塑造德智体美劳全面发展的社会主义新型人才,而我国现行的教育体制和考试制度却引导着家长和孩子们唯“分”是图、能力至上,长期忽视对孩子的行为习惯、思想道德教育。青少年进入大学之后,面对严峻的就业和生活压力,只能将更多的时间投入专业技能和社会实践,渐渐忘却个人的操守和修行。网络、电视等媒体所宣扬的消费主义无形中助长了大学生的消费欲望和享乐倾向,整个社会营造的氛围扭曲了当代大学生的价值观。因此,重提人才的“德才兼备”、加强个体道德修养、形成正确的“三观”(即世界观、人生观和价值观),在新时期社会主义市场经济条件下具有重要的现实意义。

三、大学生如何形成核心价值观

积极健康的价值观是个体综合素质的重要组成部分。大学生核心价值观的形成,对于大学生自身健康人格的塑造、和谐身心的修养以及成人成才具有重要的指引和支撑作用。所谓价值观,是指人们在实践中形成的对于价值、价值关系的一般看法和根本观点,它是处理各种价值问题时所持有的比较稳定的立场观点和态度的总和。核心价值观是一个社会中居统治地位、起支配作用的核心理念,也是一个社会必须长期普遍遵循的基本价值准则,具有相对稳定的特点。[5]已有的研究中大多直接借用社会主义核心价值体系作为大学生核心价值观构建的基础。有研究者认为,所谓大学生社会主义核心价值观,就是处于中华民族伟大复兴战略发展机遇期的大学生在社会主义核心价值体系指导下所形成的关于价值、价值关系、价值信念、价值追求、价值目标的总的看法和根本观点,是以科学的理论性为指导、以深厚的传统性为支撑、以现代的先进性为主体、以自觉的群体性为保证的绝大多数成员所认同和实践的价值共识。这种价值共识可以具体表述为:顺应时代,崇尚科学,追求真理;振兴民族,建设祖国,服务社会;尊师贵友,守法诚信,开拓创新;俭以养德,勤以重行,谦以修能。这四个方面,既体现了社会主义核心价值体系的本质规定,又表现了当今的时代特征,同时也展现了大学生的群体特点和个体差异,是时代性、民族性、群体性和个体性的统一。[6]

大学生核心价值观的形成离不开社会主义核心价值体系的指导,不过要想使大学生在大学期间真正形成核心价值观,需要包括大学生在内的各方共同努力。有研究者认为,可以通过下列途径促进大学生核心价值观的形成:首先,需要坚持执政党的马克思主义的“文化领导权”,实现多样并存中的一元指导。其次,尊重大学生的身心发展规律,构建核心价值观教育的实践化教育模式和生活化教育模式。第三,创新教育活动载体,推进核心价值观培育的“三进”工程(进网络、进社团、进公寓)。第四,贴近大学生的精神诉求,打造核心价值观教育渗透机制、价值商谈机制、评价奖惩机制和管理监控机制。[7]

有关大学生核心价值观的培育路径,研究者可以提出许多种方案和思路。但是,大学生核心价值观的形成是一项塑造灵魂的系统工程,它不仅仅是高校或思想政治工作者单方面努力所能奏效的,当然,也绝不是仅在大学阶段就能毕其功于一役的。社会上很多人包括很多大学生家长误认为,大学生进入大学就完全可以独立了,特别是有些农村的父母亲,他们自身的文化程度较低,孩子考上大学,一方面天高皇帝远,只能靠孩子自觉自律,另一方面他们认为自己在文化知识和技能、适应社会方面已越来越不及孩子,孩子在很多方面超越了自己,反过头来教会自己很多东西,即出现了所谓的文化反哺现象,他们就认为孩子在大学读书可以放手了。而我们的教育管理者和从事理论教学的工作人员,也本着让学生自己管理自己的思路,通过学生会和相关团队来组织管理大学生。但在实际操作中,过于放松对大学生的帮助和指导。其实,像价值观这种影响人生发展方向的观念的东西,并非一朝一夕形成的。它的形成是一种潜移默化的过程。大学之前的很长一段时间,对于大学生的思想道德素质的积累提升同样十分重要。试想,假使某个大学生在早期的家庭教育和学校教育中因缺乏正确的价值观引导而形成错误的价值观念导向,纵使大学教育工作者怎样努力,恐怕也难以纠正过来。因此,从娃娃抓起或者说早期教育具有极端重要性。家长和社会过分依赖学校教育工作者对学生施加影响,这种想法或许是受这样的教育理念左右:即随着孩子年龄的增长,外在环境对其社会化的影响日益增大,家庭教育因此开始让位于学校教育,老师和同胞群体对孩子的影响逐渐超过父母双亲。或许总体的趋势是这样的,但并不是说父母和家庭对子女的教育功能荡然无存,也不是说家庭和父母对子女的教育责任不复存在。相反,在当今多元价值导向背景下,家庭和父母对其子女的教育显得更加重要。家长必须在子女很小的时候就制定教育规划,运用科学的教育方法和手段正确引导子女形成良好的行为习惯和思想道德观念。否则,错过关键教育年龄,仅凭后期的亡羊补牢也收效甚微。总之,大学生核心价值观的形成非一日之功,关键是个体、家庭、社会、政府等形成合力,以构建良好的外部教育环境促进个体内在的转化和提高。

四、余论:人格教育可否取代价值观教育

人格是成才之路的基石。人格素质是当代大学生综合素质的重要组成部分,综合素质的发展和提高包含着人格素质的发展和提高,而人格素质的发展和提高对综合素质的发展、提高有着重要的促进作用。在心理学中人格也称个性,是指构成一个人的思想、情感及行为的特有统合模式,这个独特模式包含了一个人区别于他人的稳定而统一的心理品质。人格不是天赋的,是在先天生理结构的基础上,在后天环境教育影响下形成的。人格一经形成,就具有稳定的特点,但人格也并不是不可改变,它是随着现实的多样性和多变性或多或少地变化着的。[8]

人格标志着一个人的整体精神面貌,是衡量一个人适应社会和自我和谐度的标尺。价值观教育对于一个人健全人格的形成具有重要的推动作用。价值观只能属于人格系统中个性倾向性的范畴,以健全人格为目标的教育要比单纯价值观教育丰富得多、也复杂得多。二者侧重点不同,目标不同,但是可以起到相互促进的作用。当一个人拥有了健全的人格,其人生观、价值观必然符合主流社会所期望的要求。反之,则很难具备积极向上的人生观、价值观。反过来,一个人形成了积极向上的人生观、价值观,对其健康人格的塑造必然起到灵魂导向作用。由此可见,人格教育与价值观教育相互促进,但不可替代。

以上就笔者所关心的话题——当代大学生核心价值观形成教育问题,围绕教育环境对个体成长的影响、大学生成才标准、包括正确价值观在内的思想道德修养的重要性、大学生核心价值观的形成等问题作了简要探讨,更多是提出问题,很多命题并非简单论述能够解释清楚。一言以蔽之,大学生核心价值观对于大学生思想道德素质的形成意义重大,大学生核心价值观的培育是一个系统工程,它需要包括大学生自身、家庭、高校、社会(包括社区、用

人单位等)、政府等多种力量共同努力,形成教育合力,促成大学生形成正确的人生观、价值观,成为社会主义需要的优秀人才。

参考文献:

[1] 戴维·波普诺. 社会学(第十版)[M]. 北京:中国人民大学出版社,1999:142.

[2] 孙立平等. 社会学导论[M]. 北京:首都经济贸易大学出版社.2004:86.

[3] 周晓虹. 现代社会心理学[M]. 上海:上海人民出版社,1997:124-125.

[4] 曹锦清. 如何研究中国[M]. 上海:上海人民出版社,2010:23.

[5] 罗爱军. 论大学生社会主义核心价值观的树立[J]. 辽宁大学学报(哲学社会科学版),2007(3).

[6][7] 李春梅等. 当代大学生社会主义核心价值观的培育路径[J]. 湖北社会科学,2010(9).

[8] 张翼等. 当代大学生人格培养的思考[J]. 中国成人教育,2007(3).

学习型党组织的传统与当代之维

张传文*

摘　要:用中国传统哲学的术语说,学习型党组织是体,而创先争优是用。有什么样的学习型党组织就有什么程度的创先争优。强调学习是中华民族的优良传统,更是中国共产党的优良传统。学习型党组织的当代内涵是党必须应对现实的挑战,应当贯穿创新、平等、自由、民主等现代精神。

关键词:学习型党组织;创先争优;传统;当代

创先争优与学习型党组织建设是中共中央提出的关于党的自身建设的两项有着密切联系的重大战略任务。本文从学习型党组织的视角切入,分析学习型党组织与创先争优的内在关系,以及从传统的维度与当代的维度对学习型党组织建设作一些历史的追溯与现实的思考。

一、学习型党组织建设与创先争优的内在关系

1. 对于学习型党组织的把握须从政党的属性把握入手。政党是代表一定阶级或社会集团之利益的社会组织,其存在的目的在于参与政治生活,争取国家权力或保持已取得的国家权力,影响国家对社会的管理活动。政党存在的必要性在于国家政权存在的必然性。

从某种意义上说,国家统治权的存在是一种恶,是社会的负担:一则国家机构中的各级官吏需要人民以纳税的方式加以供养,二则国家统治权可能蜕化为残害人民的暴力。但是国家统治权又是一种必要的恶。对此西方学者惯常以契约论的方式加以解释。譬如,霍布斯说,在没有国家统治权的情况下,人民相互伤害而得不到制止,社会成了一切人对一切人的战场,为了结束这种不幸,人民相互约定,组织政府,共同把权力让渡给政府,从而得到和

* 作者简介:张传文,安徽农业大学人文社会科学学院教师。

平[1]。中国古人没有发明社会契约论,但是先秦诸子却各自以不同的方式论证了国家存在的必要性。其中以荀子的说法最有代表性:"人生而有欲,欲而不得,则不能无求,求而无度量分界,则不能不争。争则乱,乱则穷。先王恶其乱也,故制礼义以分之。"(《荀子·礼论》)商鞅也曾以清晰的语言说明了国家存在的目的:"古者,民藂生而群处,乱,故求有上也。然则天下之乐有上也,将以为治也。"(《商君书·开塞》)

2. 国家对社会的管理是通过一个个具体的官吏来实行的。问题在于什么人可以成为官吏。中国古人的主张是明确的:让优秀的人作官吏。孔子弟子子夏说:"学而优则仕。"(《论语·子张》)墨子说得更具体:"里长者,里之仁人也。……乡长者,乡之仁人也。……国君者,国之仁人也。"(《墨子·尚同上》)荀子说:"论德而定次,量能而授官……上贤使之为三公,次贤使之为诸侯,下贤使之为大夫。"(《荀子·君道》)至于最大的官吏,也就是帝王由谁来担任,中国古人的主张是圣人。老子言必称圣人之治。墨子说:"选天下之贤可者,立以为天子。"(《墨子·尚同上》)荀子说:"天下者,至重也……至大也……故非圣人莫之能王。"(《荀子·至论》)

让优秀的人作为管理社会的官吏,需要由制度来加以保障。古代中国由察举制而渐次演变为科举制,从各阶层选拔优秀的人作官吏。这在古代社会是一种有效的制度设计。黑格尔说:古代中国的"国家公职都由最有才智和学问的人充当。所以他国每每把中国当作一种理想的标准。"[2]密尔说:中国"有一套极其精良的工具……保证凡是最能称此智慧的人将得到有荣誉有权力的职位。毫无疑义,做到这个地步的人民已经发现发人类前进的奥秘。"[3]至于帝王的选任,古人认为理想的做法莫过于禅让,有德但年老的人或无德无能的人让位于才能卓越的人。远古时的尧、舜、禹之间的帝位传承是禅让。秦以后最重要的一次禅让实践是王莽代汉,可惜以失败而收场。钱穆说:"王莽失败后,变法禅贤的政治理论,从此消失……这不是王莽个人的失败,是中国史演进过程中的一个大失败。"[4]此后王朝政权就成了稳定的家天下制,只能以一次次暴力革命或宫廷政变来中断旧王朝,建立新王朝。

3. 政党制度是由西方输入的。党之类的社会组织是在人类社会交往活动中自发产生的。《论语》中即有《乡党篇》,以及"吾党"、"达巷党"等词语。中国历史上有著名的"党锢之祸"、"牛李党争"、"东林党"等事件。但中国古代不允

① [英]霍布斯. 利维坦[M]. 黎思复,黎廷弼译. 北京:商务印书馆,1997:94-98.
② [德]黑格尔. 历史哲学[M]. 王造时译. 上海:上海书店出版社,2006:117.
③ [英]密尔. 论自由[M]. 许宝骙译. 北京:商务印书馆,2005:85.
④ 钱穆. 国史大纲[M]. 北京:商务印书馆,2009:153.

许政党类社会组织的合法存在。汉代就由“阿党”、“附益”等罪名严禁结党。顾准说：“我国古代和任何东方国家……不许可社会的各个阶层组成为政治上的各个阶级……讳言阶级，严禁结党，阶级斗争就只好采取骚乱、暴动、农民战争和皇朝更迭的形态。”①而在欧洲的文化传统中，自古希腊始政党类组织的存在就是合法的，各阶级、阶层间的政治斗争可以在法律的框架内以简洁明快的方式进行。这与欧洲的民主制传统是互为因果的。近代以来世界各国的政治一般都是政党政治，各政党以获取人民支持的方式取得国家统治权。

近代中国民族危亡的现实打破了对政党的禁锢。孙中山领导资产阶级民主革命的过程中创建了同盟会以及后来的国民党，并以辛亥革命推翻了清王朝的腐朽统治。但辛亥革命的成就有限，中国的民族危机与社会性质没有得到根本的改变。为救国救民，中国产生了为数众多的政党。中国共产党就是在这样的历史际遇中应运而生的。

4. 中国共产党在这些为数众多的政党中脱颖而出，历经二十多年的奋斗，结束了中国的半殖民地半封建历史，迎来了民族独立与人民解放，根本原因就在于它的优秀性与先进性。中国共产党以马克思主义这一科学的理论作为指导思想，提出了一整套明晰的、切实可行的救国救民的路线方针政策，以列宁所开创的高效的组织原则保证了党的战斗力，并拥有毛泽东、周恩来、刘少奇等一大批杰出的革命家，所有这些都是其他党派难以望其项背的。胡锦涛说：“事实说明，不触动封建根基的自强运动和改良主义……照搬西方资本主义的其他种种方案，都不能完成中华民族救亡图存的民族使命和反帝反封建的历史任务。……历史和人民选择了中国共产党。”②

中国共产党取得巨大成就在于它的优秀性，而它要领导中国人民继续前进，就必须保持它的优秀性与先进性。刘少奇说：“我们打倒蒋介石、打倒旧政权后，要领导全国人民组织国家，如果搞得不好，别人也能推翻我们的。”③2004年《中共中央关于加强党的执政能力建设的决定》中说：“党的执政地位不是与生俱来的，也不是一劳永逸的。”胡锦涛就腐败问题说道：“如果腐败得不到有效惩治，党就会丧失人民信任和支持。”④

5. 中国共产党保持它的优秀性与先进性有赖于学习型政党及各级学习型党组织的建设。关于学习的必要性及其内容容后分析。现仅就创先争优与学习型党组织的内在机理从两个角度加以分析：其一，创先争优与学习型

① 顾准．希腊城邦制度——读希腊史笔记[M]．北京：中国社会科学出版社，1982：142.
② 胡锦涛．在庆祝中国共产党成立90周年大会上的讲话[N]．人民日报，2011-7-2(02-03).
③ 刘少奇．刘少奇选集(上卷)[M]．北京：人民出版社，1981：413.
④ 胡锦涛．在庆祝中国共产党成立90周年大会上的讲话[N]．人民日报，2011-7-2(02-03).

党组织建设二者是目的与手段的关系。手段保证目的。没有切实可行的手段,目的不可能达到。毛泽东曾打比方说:“我们不但要提出任务,而且要解决完成任务的方法问题。我们的任务是过河,但是没有桥或没有船就不能过。不解决桥或船的问题,过河就是一句空话。”①另一方面,手段的性质必须与目的性质相一致,否则手段是盲目的,甚至手段会异化变质,反过来损害目的。失去创先争优目的的制约性,为学习而学习,片面地以追求读了多少本书,开了多少次会,写了多少份学习心得、总结报告等等,这些形式主义的做法只会离创先争优的目的越来越远。如果学习的内容是谋求“背离了人民根本利益的所谓党的利益”,特别是“腐败分子和腐败群体……不择手段地追求特殊利益的最大化”②,则从根本上否定了党的创先争优工程。

其二,借用中国传统哲学的概念,学习型党组织与创先争优二者是体与用的关系。古人常把相关的两个事物区分为体与用。朱熹举例说:“假如耳便是体,听便是用;目是体,见是用。”(《朱子语类·卷一》)中国古人所说的体与用是涵盖极广的概念,仅就结构与功能二者来说,古人大概把结构性的实体理解为体,把功能性的实体理解为用。中国古人常说体用一源,有什么样的体,就有什么样的用。就党组织来说,党组织的性质、状况决定了它的功用。譬如,根据是否学习的标准,可以把党组织区分为注重学习的党组织与不注重学习的党组织。不注重学习的党组织既不了解党的路线、方针、政策,也不研究基层党组织自身所面临的问题与挑战,认识上模糊行动上就会盲目,这样的党组织必然是软弱涣散,甚至是名存实亡的党组织。根据学习内容的差异,可以把党组织区分为学习内容正确的党组织与学习内容错误的党组织。后者如“文革”期间,毛泽东要求全党学习马列主义关于“无产阶级专政下继续革命”的理论,这样的学习只能使各级党组织在“左”的歧途上越走越远。根据学习方法的不同,可以把党组织区分为学习方法高效的党组织与学习方法落后的党组织。片面强调灌输,领导对群众我讲你听,我打你通式的学习,也可能做到党组织步调一致,令行禁止,便毕竟与当代学习型组织所要求的创新精神相去甚远。总之,学习型党组织建设到什么程度,党组织创先争优就会达到什么程度。说清楚前者,后者可以不言自明。所以下面专门讲学习型党组织的建设问题。

二、注重学习是中华民族的优良传统与中国共产党的优良传统

6. 学习的必要性在于掌握真理、把握规律的必要性。在人类的生产生

---

① 毛泽东选集:第一卷[M]. 北京:人民出版社,1991:139.

② 石仲泉. 党的历史发展与马克思主义学习型政党建设[M]. 毛泽东思想研究,2011(01):1-12.

活，特别是重大社会实践中是否存在不以人的主观意志为转移的客观规律，对此的不同回答决定了学习的必要与否。在中国传统文化中，儒家对此的回答是坚定不移的。儒家经典《中庸》说："诚者，天之道也。诚之者，人之道也。"此处所说的"诚"并不限于日常语言中的诚实无欺之意，而是指存在于宇宙万物中的客观规律、客观真理。朱子《四书集注》中说"诚者，真实无妄之谓，天理之本然也"。而这个自在的"诚"，又需要人类去探索、去认识，所以说"诚之者，人之道也"。《中庸》又说："天命之谓性，率性之谓道，修道之谓教。"此处所说的"天命"与"道"虽然包含宗教的因素，但主要是强调规律、真理的客观性，而对人来说则需要"修"与"教"。但并非所有的社会主体与思想流派都承认规律的客观存在及对之加以认识与学习的必要性的。

其一，有的思想家，如庄子，以事物的相对性与变化性否认规律的客观性。庄子说："民湿寝则腰疾偏死，鳅然乎哉？……毛嫱丽姬，人之所美也；鱼见之深入，鸟见之高飞……自我观之，仁义之端，是非之涂，樊然淆乱，吾恶能知其辨！"（《庄子·齐物论》）"昔者尧、舜让而帝，之、哙让而绝；汤、武争而王，白公争而灭。由此观之，争让之礼，尧、桀之行，贵贱有时，未可以为常也。"（《庄子·秋水》）道家常常以虚无来概括世界的本质，如此就否定了认识真理与学习的必要性。同样在中国传统文化中，佛家把万事万物一概指为幻象，把世界的本质概括为空，也否定了规律存在及认识与学习的必要性。就此来说，宋明理学家坚决与道家特别是佛家展开斗争是有意义的。

其二，有的社会主体以社会与自然的差别否认规律的客观性。人类社会与自然界存在很大的不同。很少有人否认自然规律的客观存在，但社会生活有无客观规律则分歧很大。如康德所说，自然界只服从因果律，而人类生活还存在自由律。人类社会的许多事物，如法律、制度等，带有浓厚的人为制造的色彩。人与人之间是无止境的博弈，人们很难准确预见其他社会主体的未来行动。许多重大历史事件都伴随英雄人物强烈的主观色彩。而某些权势极大的社会主体，认为自己可以随心所欲地命令与支配他人，进而可以随心所欲地创造历史，因而是不相信社会规律的存在的。黑格尔多次提到罗马总督彼拉多审判耶稣时，"当他从耶稣口里听到真理这名词时，他反问道：真理是什么东西？他的意思是说，他已经看透了真理是什么东西，他已经不愿再理会这名词了，并且知道天地间并没有关于真理的知识。"①如同当时的犹太人是愿意赦免强盗还是赦免耶稣完全是主观随意的。中国古代的众多暴君认为自己口含天宪，言出法随，实质上也是不相信客观规律及真理的存在的。

---

① ［德］黑格尔．小逻辑［M］．贺麟译．北京：商务印书馆，2005：34，65 等．

其三,有的社会主体片面强调事物的特殊性,进而否认事物的普遍性,实际上是否定了客观规律的存在。这在目前的中国是一种影响广泛的社会思潮。确实,事物的存在都是特殊的,“世界上没有两片相同的树叶”,甲国的情况不同于乙国的情况,甲省的情况不同于乙省的情况,某甲的情况不同于某乙的情况。把甲处所得到的特殊经验推崇为普遍真理,生搬硬套于乙处、丙处,很少有不失败的。但是特殊性离不开普遍性。而我们说发现规律认识真理,一般就是指透过事物的特殊性把握事物的普遍性。黑格尔说:“反思作用总是去寻求那固定的、长住的、自身规定的、统摄特殊的普遍原则。这种普遍原则就是事物的本质和真理。”①比如甲、乙、丙等人都患有胃病,他们的病况显然是各自不同的,但是医学研究胃病总是在寻找胃病共同的发病机理与普遍的诊疗措施,这就是把握规律。当然医生在具体的诊疗过程中,应考虑到病人的具体病况以便对症下药与施治,但他首先应当基于普遍的医学知识,否则就会让人怀疑他是否是受过良好医学教育的合格医生,而可能是专事坑蒙拐骗的江湖术士。

7. 中国共产党人强调学习的根据在于对于人类社会普遍发展规律及中国革命与建设规律把握的必要性。马克思的一大贡献是对人类社会发展规律的提示,这就是他所创立的唯物史观。恩格斯说:“正像达尔文发现有机界的发展规律一样,马克思发现了人类历史的发展规律……直接的物质的生活资料的生产,从而一个民族或一个时代的一定的经济发展阶段,便构成基础,人们的国家设施、法的观点、艺术以至宗教观念,就是从这个基础发展起来的,因而,也必须由这个基础解释,而不是像过去那样做得相反。”②马克思发现的这个规律是他自己以及所有相信他的学说的人(当然包括中国共产党人)研究社会的强大武器。

中国共产党除了学习马克思、列宁等思想家所揭示的人类社会的一般规律,还要致力于研究所把握中国革命与建设的特殊规律。毛泽东曾就革命战争说:“我们的革命战争是在中国这个半殖民地的半封建的国度里进行的。因此,我们不但在研究一般战争的规律,还要研究特殊的革命战争的规律,还要研究更加特殊的中国革命战争的规律。”③邓小平等提出党在新的历史时期的重大使命是把握中国社会主义现代化的特殊规律,建设“中国特色社会主义”。

① [德]黑格尔. 小逻辑[M]. 贺麟译. 北京:商务印书馆,2005:76.

② 马克思恩格斯选集:第三卷[M]. 北京:人民出版社,1995:776.

③ 毛泽东选集:第一卷[M]. 北京:人民出版社,1991:171.

8. 强调学习是中华民族的优良传统。儒学是影响中国两千余年的主流学说。儒学的创立者孔子以好学著称。记载其语录的著作《论语》,首篇是“学而”,第一句是“学而时习之不亦说乎”,学习的重要性不言而喻。他认为他优于别人的地方在于好学,“十室之邑,必有忠信如丘者焉,不如丘之好学也”(《论语·公冶长》)。他不认为自己是生而知之的天才,他的知识都是学习得来的,“我非生而知之者,好古,敏以求之者也”(《论语·述而》)。他认为人的所有的优良的德性都不能离开学习,否则就发生偏差,“好仁不好学,其蔽也愚;好知不好学,其蔽也荡;好信不好学,其蔽也贼;好直不好学,其蔽也绞;好勇不好学,其蔽也乱;好刚不好学,其蔽也狂”(《论语·阳货》)。孔子认为想当官首先的前提是学习好,“学而优则仕”。孔子是中国创办私学的第一人,弟子达三千余人,其办学也就是指导与帮助年轻人学习。亚圣孟子同样广收门徒,以至游历列国时还“后车数十乘,从者数百人”(《孟子·滕文公下》)。他认为人生有三大乐事,而其中之一即“得天下英才而教育之”(《孟子·尽心上》)。先秦儒学集大成者荀子,一准乎孔子,其著作《荀子》的首篇是“劝学”,第一句是“学不可以已”,全篇反复申述学习的重要性及学习的方法、教育的方法等。荀子在当时最重要的学术机构齐国“稷下学宫”中,“最为老师”(《史记·孟子荀卿列传》)。秦以后,汉武帝“罢黜百家,独尊儒术”,儒学从此成为国家学说,以后历朝历代莫不如此,儒学及其好学传统也随之延续下来。被喻为孔子以后中国第二大教育家与思想家的朱熹,著作浩繁,仅《朱子语类》即达150卷之多,而其中卷7~卷13即是专门谈学习的重要性及各种学习方法的。朱熹的著作是元、明、清三代科举的法定教科书,其学习思想的影响是可想而知的。

9. 强调学习是中国共产党的优良传统。中国共产党是以马克思主义这一外来学说为指导思想的。所以它首先面临的任务是学习马克思主义理论。为了寻求真理指导革命,早期共产党人如饥似渴地学习马克思主义。而当时掌握马克思主义较多的党员如李大钊、李达、瞿秋白、李立三、王明等,也就成为中国共产党的领导者甚至总负责人。虽然瞿秋白、李立三、王明等人在学习马克思主义的过程中犯了生搬硬套的错误,给党的革命事业带来严重的危害。但历史地看,这也是共产党人掌握马克思主义的重要环节。毛泽东一开始并不是掌握马克思主义知识较多的领导者,这也是他的领导地位一度被王明所取代的客观原因。有鉴于此,“到延安后,毛泽东进行‘恶补’,凡是能找到或买到的马列著作都认真研读,作大量批注”①。毛泽东并且把马克思主义

① 石仲泉. 党的历史发展与马克思主义学习型政党建设[M]. 毛泽东思想研究,2011(01):1-12.

基本原理,与中国革命过程中获得的具体经验结合起来,探索中国革命的规律,撰写了一系列指导中国革命的重要著作。毛泽东不仅自己学习马克思主义,还号召全党学习马克思主义,并亲自去延安中央党校、抗日军政大学等授课。在延安整风运动中,强调学习及端正学习方法是整风的重要内容,毛泽东为此作《改造我们的学习》的重要报告。毛泽东等第一代领导集体的努力学习,为中国共产党的成熟,及取得抗日战争、解放战争的胜利,以及新民主主义革命的胜利,起到了无可否认的作用。

新中国成立后,结合社会主义革命与社会主义建设的历史任务,毛泽东多次带领全党掀起学习的热潮。著名的读书运动如:建国初期于七届二中全会上,毛泽东要求全党干部学习《共产党宣言》等十二本书。"从 1959 年冬始,党中央号召全党干部学习苏联《政治经济学教科书》……毛泽东……组织读书小组,集中整整两个月……逐章逐节地深入研讨。""1974 年 12 月,毛泽东……要求'多看点马列主义的书'……在全国掀起'学习无产阶级专政理论'运动。"①

以邓小平为核心的第二代中央领导集体,以江泽民为核心的第三代中央领导集体,以及以胡锦涛为总书记的新一届中央领导集体一以贯之地强调全党学习的重要性。邓小平结合改革开放的新形势提出:"当前大多数干部还要着重抓紧三个方面的学习:一个是学经济学,一个是学科学技术,一个是学管理。学习好,才可能领导好高速度、高水平的社会主义现代化建设。从实践中学,从书本上学,从自己和人家的经验教训中学。"②江泽民于 1994 年提出"学习学习再学习"的著名口号,1995 年提出"讲学习、讲政治、讲正气"的"三讲","讲学习"是首要的一条。胡锦涛则先后提出建设学习型社会、学习型政党与学习型党组织等重大战略思想。

10. 无论是中国古人所说的学习,还是中国共产党人所说的学习,都不是简单地学习书本知识,而是要结合实践,指导实践,化理论为实践。孔子所说的学习,本来就不是简单学习书本知识,"弟子入则孝,出则弟,谨而信,泛爱众,而亲仁。行有余力,则以学文"(《论语·学而》),书本知识的学习只是德行修养践履之后的余事。荀子提出"知之不若行之,学至于行之而止矣"(《荀子·儒效》)。封建时代的科举制度使儒家学说很大程度上成为应试做官的敲门砖。对此,程子、朱子等儒学宗师一方面无奈地承认科举的现实,认为即使孔子生于后世也得参加科举;另一方面又极力呼吁学以致用,知行结合。

---

① 石仲泉. 党的历史发展与马克思主义学习型政党建设[M]. 毛泽东思想研究,2011(01):1-12.

② 邓小平文选:第二卷[M]. 北京:人民出版社,1994:153.

程颐提出:“须是将圣人言语玩味,入心记着,然后力去行之。自有所得。”“将圣人之言语切己,不可只作一场话说。”(《二程遗书·卷二十二上》)儒学传统所培养出来的众多民族英雄如岳飞、文天祥、史可法等,他们所表现出来的杰出才干与伟大气节,都不是简单地背诵书本知识所能做到的。

中国共产党人对马克思主义理论学习的直接目的就是指导中国革命,其实践指向不言自明。由于盲崇马列词句的教条主义曾给中国革命带来巨大危害,毛泽东特别强调实践对于理论的形成作用、检验作用等,并以《实践论》加以系统论述。改革开放之初,鉴于“两个凡是”禁锢思想的危害,邓小平领导了“实践是检验真理的唯一标准”的思想大讨论,作为推动中国改革开放的重大举措。在新的历史时期,胡锦涛说:“实践发展永无止境,认识真理永无止境,理论创新永无止境。……关键是要及时回答实践提出的新课题,为实践提供科学指导。”①

三、学习型党组织的当代内涵

11. 与民族传统及党传统意义上的学习相比,中国共产党人在现时代的学习面临着新的形势、新的任务与新的要求。中国共产党是目前中国唯一的执政党,中国在发展中所遇到的一切问题都是党必须面对与加以解决的。从经济方面来说,经过三十多年计划经济向市场经济的转型,中国的社会主义市场经济基本形成,但远未成熟。党和政府对计划经济的管理与调控相对简单,而对市场经济的调控则复杂而困难。特别是三十多年来中国的经济虽然高速发展,但是高成本、低效率的粗放式发展方式未能得到根本改变。经济发展方式得不到根本改变,则中国的快速发展是不可持续的,中国也不可能成为真正意义的经济大国。市场经济发展过程中产生的严重的贫富分化所引起的公平正义问题,也是党必须面对的重大社会问题。从政治方面来说,随着市场经济的发展,广大国民参与政治的需要与参与政治的能力正不断提高,而现行的制度设计尚不能适应这一变化。特别是中国共产党是唯一的执政党,掌握着国家权力。孟德斯鸠说:“一切有权力的人都容易滥用权力,这是万古不易的一条经验。有权力的人们使用权力一直到有界限的地方才休止。”②严重的腐败现象是无可否认的事实。腐败问题不能有效解决,则会丧失群众的信任,危及党的执政地位。从文化方面来说,一种社会形态的成熟与稳定,最终依赖于其文化方面的成熟与稳定。而文化的发展又是建立在经

① 胡锦涛. 在庆祝中国共产党成立90周年大会上的讲话[N]. 人民日报,2011-7-2(02-03).

② [法]孟德斯鸠. 论法的精神(上册)[M]. 北京:商务印书馆,1961:154.

济政治发展的基础上的，以经济政治体制的成熟稳定为前提。就此来说，目前我国文化建设的滞后及任务艰巨是不言自明的。从国际形势来说，中国已经全面介入了全球的经济、政治、文化、社会秩序中，国内问题与国际问题已没有清晰的界限。中国必须承担更多的国际义务，遵循更多的国际标准，承受更多其他国家与民族的批评与指责。所有上述问题的研究与解决都是学习型党组织建设的实际内容。胡锦涛说："在世情、国情、党情发生深刻变化的新形势下……执政考验、改革开放考验、市场经济考验、外部环境考验是长期的、复杂的、严峻的。精神懈怠的危险，能力不足的危险，脱离群众的危险，消极腐败的危险，更加尖锐地摆在全党面前，落实党要管党、从严治党的任务比以往任何时候都更为繁重、更为紧迫。"①

12. 学习型党组织的概念是从学习型组织的概念借鉴过来的。学习型组织的概念是从西方传来的，其代表性著作是彼得·圣吉的《第五项修炼——学习型组织的艺术与实务》。彼得·圣吉等人提出的学习型组织是针对企业管理而言的，他提出作为学习型组织的企业应培育（修炼）五个要素：自我超越，改善心智模式，建立共同愿景，团队学习，系统思考等。其实在笔者看来，透过彼得·圣吉的论述，学习型组织的基本信条只有两个：其一，创新的理念与学习的理念。创新是人类永恒的主题，一切文明成果都是创新的产物。但是在知识经济时代，创新显得更重要。如果说工业文明时代最重要的生产资料是机器设备、能源与资金，而后工业时代最重要的生产资料则是知识资本（产品）。知识产品只能是创新的成果。创新型国家的标志之一，就是科技进步对经济发展的贡献率应达到70%以上。而创新是离不开学习的。中国古人说"温故而知新"，"温故"才能"知新"，而"温故"的目的在于"知新"。所以学习型组织强调学习，而且是不间断的终身学习。其二，民主、平等、自由的理念。学习型组织所强调的创新不是个别领导者的创新，而是所有成员的集体创新。这就必须调动所有成员的创新与学习的积极性。由此必须废止领导与下属间的简单的隶属、钳制、命令关系，而代之以平等、自由与民主关系。废止权力型的垂直管理模式，而代之以非权力型的扁平管理模式，着力营造所有成员，包括领导与下属间的伙伴关系，而非简单的命令与服从关系②。

13. 学习型党组织的建设必须贯注创新、平等、自由、民主等当代理念，并以制度机制加以保障。关于创新易于达成共识，国人争议不大。而对于自

① 胡锦涛. 在庆祝中国共产党成立90周年大会上的讲话[N]. 人民日报，2011-7-2(02-03).

② 刘红凛. 借鉴性、差异性与创造性论——马克思主义学习型政党与学习型组织理论的关系. 探索，2011(02)：25-30.

由、平等、民主等理念则分歧较大。彼得·圣吉等人鉴于知识经济时代的现实需要突出强调自由、平等、民主等的重要性,其实这些观念是西方近代以来一直在弘扬的精神。自由、平等、民主等理念是欧洲资本主义发展过程中,日渐强大的资产阶级带领劳动人民反对欧洲中世纪普遍存在的人身等级依附与封建君主专制而提出的口号与高举的旗帜。伴随文艺复兴、宗教改革、荷兰与英国的资产阶级革命,特别是法国大革命,资产阶级对封建贵族的斗争不断取得胜利,并最终完全取得了国家统治权,上述理念则不断深入人心,并由资本主义国家在宪法与法律中加以体现。资产主义国家由于存在生产资料私有制,资产阶级废除了封建特权,但又建立起金钱特权,他们对自由、平等、民主的实现是相当有限的。但是不容否认的是,自由、平等、民主等理念代表人类前进的方向,是人类文明进步的标尺。马克思在《共产党宣言》中对共产主义的描绘是:"代替那存在着阶级和阶级对立的资产阶级旧社会的,将是这样一个联合体,在那里,每个人的自由发展是一切人的自由发展的条件。"①对于当代来说,实现充分而真实的自由、平等、民主是发达国家与发展中国家的共同目标,而对于发展中国家来说这一任务更为艰巨。

对于中国人来说,自由、平等、民主等理念还是相当欠缺的,需要着意加以培育。中国古代社会是宗法等级社会,强调上下尊卑格局;中国古代社会也是专制集权的社会,强调命令与服从。中国古代社会的等级制与(家长式)集权制与古印度、古代欧洲相比,显得相对温和。这使得许多观察家认为中国自古以来就是平等自由的。黑格尔说:"除掉皇帝的尊严以外,中国臣民中可以说没有特殊阶级……其余都是人人平等。"②钱穆曾有"中国人自由太多,不是太少"的说法。其实他们所观察到的中国古代的平等与自由,充其量是因为小农社会居住分散、互不交往、互不干涉的平等自由,也就是孙中山所感慨的一盘散沙式的平等自由,其作用是消极的。现代意义上的平等自由,建立于市场经济的基石之上,是人们普遍交往、密切合作与斗争中的平等与自由。这样的平等、自由古代中国不存在,在计划经济时期也不好说是存在的。计划经济体制消灭了地主、资本家等剥削阶级,这当然是一个伟大的进步,但又把人群区分为农业户口与非农业户口,非农业户口中有集体与全民之分,集体又有小集体与大集体之分,全民有大中小企业的区分,中央企业与地方企业的区分等等,每一种身份都意味着不同的等级。由农业人口变为非农业

---

① 马克思恩格斯选集:第一卷[M]. 北京:人民出版社,1995:294.

② [德]黑格尔. 历史哲学[M]. 王造时译. 上海:上海书店出版社,2006:117.

人口,由集体单位人变为全民单位人,难度几乎都相当于“鲤鱼跳龙门”[1]。计划经济年代的自由也是相当匮乏的,企业生产一概听命于政府计划,连农民养几只鸡几只鸭都得经政府允许,否则就作为资本主义尾巴加以消灭。改革开放后,中国由计划经济体制向市场经济体制转型,中国人才逐步真切地感受到自由与平等的含义。

现代意义上的平等自由必然导致社会管理活动中的民主制。民主制的要义在于尊重每个人的意愿,虽然以少数服从多数作为不得已的决定机制。由于每个人的意愿都受到尊重,也就调动了每个人的积极性与创造性。如果只是服从领导者的意见,大众的意见不起作用,久而久之,大众就会怠于思索。密尔说:“一个人当他的思想不会有什么实际效果而仍要不怕麻烦地去思想……这个人对智力活动本身一定具有极不平常的爱好。对智力活动的唯一充分的诱因,是智力活动的结果有被实际采用的希望。”[2]广大民众怠于思索,大众的集体创新也就成了空话。学习型政党的建设必须贯注自由、平等、民主等现代理念,并且以制度革新加以保障。就人的美德与法律制度二者相比较,前者是主观的、偶然的、任意的,后者是客观的、必然的、稳定的。有价值的理论与主张只有转化为法律制度,才能具备可操作性而不至于流为口号,才能取得客观效准性而被人民广泛遵守。邓小平说:“不是说个人没有责任,而是说领导制度、组织制度问题更带有根本性、全局性、稳定性和长期性。”[3]没有制度的保障,只依赖个别领导人的兴趣与威望,就会出现“人存政举,人亡政息”的后果,再好的做法都是偶然的存在物,是持续不下去的。由此观之,学习型党组织的建设必须由有利于学习的制度加以保障,才能落实与常态化。

总之,学习型党组织的建设既有传统的根基,又有现时代的内涵,是创先争优的根本途径与根本手段。学习型党组织的建设成功,党的创先争优则是其自然的硕果。

① 高兆明,等. 现代化进程中的伦理秩序研究[M]. 北京:人民出版社,2007:144.

② [英]密尔. 代议制政府[M]. 汪瑄译. 北京:商务印书馆,2007:38.

③ 邓小平文选:第二卷[M]. 北京:人民出版社,1994:333.

关于进一步推进马克思主义中国化的几点思考*

王兆良**

摘　要:在新时期推进马克思主义中国化必须准确把握马克思主义中国化的科学内涵及理论成果,找准马克思主义与当代中国实际相结合的现实路径,让富有时代精神的马克思主义成为中国人民认识世界、改造世界的思想武器。

关键词:马克思主义中国化;现实路径;思想武器

随着我国科学技术和经济社会各方面的迅速发展,改革开放的不断深入,新情况新问题的不断涌现,对如何在新时期进一步推进马克思主义的中国化提出了新的思考。

一、全面、准确地把握马克思主义中国化的科学内涵及理论成果

马克思主义是我们立党立国的根本指导思想,是社会主义意识形态的旗帜和灵魂。这是理性的认识,也是被实践证明了的历史结论。中国共产党人把马克思主义基本原理同中国具体实际相结合,不断创生新的理论成果,形成了中国化的马克思主义,成为指导中国革命、建设和改革的科学理论。因而,如何全面、准确地把握马克思主义中国化的科学内涵及理论成果,构成我们新时期进一步推进马克思主义中国化的基本前提。

众所周知,毛泽东最早提出“马克思主义中国化”的概念,指出了“马克思主义基本原理与中国具体实际相结合”这一评价是否坚持马克思主义、反对教条主义(本本主义)的标准、从而使之成为指导中国革命、建设、改革的基本

* 本文系安徽省哲学社会科学规划项目(AHSK09-10D107)、安徽省教育厅人文社科重点课题(2010sk144zd)的阶段性成果。

** 作者简介:王兆良,安徽医科大学马克思主义与医学人文研究中心教授。

问题。1939年10月,毛泽东在《〈共产党人〉发刊词》中首次提出了“将马克思主义列宁主义的理论和中国革命的实践相结合”的命题[①]。1941年,毛泽东在《改造我们的学习》

中指出:“中国共产党的二十年,就是马克思列宁主义的普遍真理和中国革命的具体实践日益结合的二十年”。[②] 1956年,毛泽东在中国共产党第八次全国代表大会开幕词中总结道:“把马克思列宁主义的理论和中国革命的实践密切地联系起来,这是我们党的一贯的思想原则。”[③]

马克思主义中国化,就是将马克思主义的基本原理同中国具体实际相结合。具体来说,它主要涵盖三个层面:一是运用马克思主义解决中国革命、建设和改革的实际问题;二是把中国革命、建设和改革的实践经验和历史经验提升为理论;三是把马克思主义根植于中国的优秀文化之中,使之成为具有中国风格、中国特色、中国气派的马克思主义。关于中国马克思主义的理论成果,党的十七大报告中作出了科学的概括:“在党的八十多年历史中,中国共产党人实现了马克思主义同中国实际相结合的两次历史性飞跃,形成了两大理论成果。第一次历史性飞跃的理论成果是毛泽东思想。第二次历史性飞跃的理论成果是中国特色社会主义理论体系。”中国特色社会主义理论体系,就是包括邓小平理论、‘三个代表’重要思想以及科学发展观等重大战略思想在内的科学理论体系。简言之,马克思主义中国化的理论成果就是毛泽东思想和中国特色社会主义理论体系。

毛泽东思想是马克思主义中国化的第一个重大理论成果。它是马克思列宁主义在中国的运用和发展,是被实践证明了的关于中国革命和建设的正确的理论原则和经验总结,是中国共产党集体智慧的结晶。党的十七提出了“中国特色社会主义理论体系”的科学命题,这一理论体系主要包括邓小平理论、“三个代表”重要思想以及科学发展观等三大理论成果。

二、科学、准确地分析马克思主义与当代中国实际相结合的现实路径

马克思主义是否与中国的具体实际相结合,这既是辨别马克思主义中国化的实质问题,也是衡量是否进一步推进马克思主义中国化的标准。要做到这一点,需要我们对中国的具体实际做到准确把握,发现新情况,研究新问题,从而找准马克思主义与当代中国实际相结合的现实路径。马克思主义与

① 《毛泽东选集》第2卷,人民出版社1991年版,第611页。
② 《毛泽东选集》第3卷,人民出版社1991年版,第795页。
③ 《毛泽东文集》第7卷,人民出版社1999年版,第116页。

当代中国实际的结合点,需要从以下几个方面来把握。

第一,观世情。世情,就是时代风气,它既包括当今时代经济、政治、科技、生态等发展的态势,同时也涵盖了人们的社会价值观。认识和掌握世情是我们认识世界发展大势,借鉴先进地区经验,找准在发展水平、思想观念、创新精神上的差距,定位适合自己发展目标和趋势的制高点。马克思主义作为一种先进的、开放的思想体系,总是与时代同步、与世界最新科技成果相联系,并通过回答时代课题的过程中获得新认识,通过吸收人类优秀文明成果的过程中得到新发展。因而,准确把握时代主题,积极回应时代挑战,创造马克思主义理论的新范畴、新论断,必须关注、了解世界文明的发展趋势,着眼于从世界与中国的双重维度去观察、思考和解决问题;必须进一步解放思想,更新观念,开阔视野,以更加包容的胸怀、更加清晰的思路,走出一条富有改革特色、时代特征、中国特点的科学发展之路;必须运用最新的科学思想和科技素材拓宽马克思主义的视野、丰富马克思主义的内涵。

第二,察国情。国情是指一个国家的社会性质、政治、经济、文化等方面的基本情况和特点。党的十七大报告提出:当前我国发展的阶段性特征是社会主义初级阶段基本国情在新世纪新阶段的具体表现。这就要求我们必须把社会主义初级阶段基本国情作为推进改革、谋划发展的根本依据,立足我国目前的环境和资源、科技教育、经济发展、政治、社会、文化传统、国际环境等方面的条件,研究解决我国社会主义现代化建设和改革中的实际问题,不断为推动党和国家事业发展提供强有力的理论指导。正确认识中国国情,是实现马克思主义中国化、推进中国特色社会主义革命和建设事业不断前进的基本前提。随着经济体制深刻变革、社会结构深刻变动、利益格局深刻调整、思想观念深刻变化,我国的发展既蕴涵着巨大的发展潜力和发展空间,也承受着来自人口资源环境等方面约束的巨大压力;我国的发展既面临着前所未有的宝贵机遇,也面临着各种严峻挑战。要适应我国发展的阶段性特征,奋力开拓中国特色社会主义更为广阔的发展前景,就必须继续解放思想,坚持改革开放,推动科学发展,促进社会和谐,更加自觉地走科学发展道路。

第三,明党情。党情主要是指党组织和党员队伍的基本情况,以及党所处的历史方位、性质、宗旨、目标、纲领、路线和自身建设的状况,是一个政党历史和现实状况的集中体现。正确认识党情既是践行党的建设目标、探索执政党建设规律、寻找治党新途径、加强党建学科建设的要求。同时也是进一步推进马克思主义中国化的重要的现实路径。党情是社会主义初级阶段中国国情的集中体现,与世情、国情既紧密联系,又相互影响。它是中国共产党具有执政地位和保持先进性的根本原因,也是我们进一步加强和改进党的建设的基本依据，关系和影响着党的理论、路线、方针、政策的制定，关系和影响着党的思想、组织、作风、制度、反腐倡廉建设的要求，关系和影响着党的工作模式和方法，关系和影响着党的形象，关系和影响着党的未来发展，为我们进一步加强和改进党的建设提供了基本依据和现实条件。党的十七大通过的新《党章》把"推进马克思主义中国化"写入党章，就是要求全党进一步增强推进马克思主义中国化的自觉性和坚定性，不断总结中国特色社会主义建设的新鲜经验，不断总结人民群众丰富而伟大的实践经验，不断总结世界发展的最新经验，不断把实践经验提升为理性认识，不断赋予当代中国马克思主义鲜明的实践特色、民族特色、时代特色。

第四，体民情。民情，就是人民的生产活动、风俗习惯以及民众的心情、愿望等。人民群众是我们党的力量源泉和胜利之本，只有始终保持党同人民群众的血肉联系，关心群众疾苦，全心全意为人民服务，我们党才能无往而不胜。胡锦涛总书记在庆祝建党 90 周年的讲话中要求："各级党政机关和干部要坚持工作重心下移，经常深入实际、深入基层、深入群众，做到知民情、解民忧、暖民心。"体察民情，就是通过各种形式，到生产实践的第一线进行调查研究，倾听群众之声音，了解群众之所想，考虑群众之所急，满足群众之所愿，一切从群众的利益出发，着力解决人民群众的困难和问题，积极为人民群众排忧解难，把"权为民所用、情为民所系、利为民所谋"真正落到实处。毛泽东曾说过"没有调查就没有发言权"，只有通过"听民声、察民意"，真正地为老百姓"发言"，才能制定出"一切为人民"的方针政策，避免制定的政策和实际情况相差甚远或是与制定政策的初衷背道而驰。因而，"知民情、解民忧、暖民心"不仅有利于推进改革开放和经济建设顺利进行，从长远来说，也是关系到社会安定稳定，关系到国家长治久安，关系到我们党立于不败之地的根本保证的问题。

三、让富有时代精神的马克思主义成为中国人民的思想武器

马克思主义是一种发展的科学。进一步推进马克思主义中国化，既要保持马克思主义的科学性和生命力，使马克思主义富有时代精神。又要让不断发展的马克思主义理论变为中国人民真学、真信、真懂、真用的理论武器，成为人民大众认识世界、改造世界的物质力量。

其一，不断在实践中丰富和发展马克思主义，使马克思主义具有鲜活的生命力。马克思主义之所以成为世界社会主义的指导思想，就在于它能根据不断变化的客观实际不断完善和发展自己。《共产党宣言》发表 24 年后，马克思、恩格斯在为《宣言》德文版作序时说：由于时代的变迁和实践的发展，

《宣言》中的一些观点、一些论述“是不完全的”,有的“已经过时了”;如果可以重写,“许多方面都会有不同写法”。列宁曾强调说:“我们决不把马克思的理论看作某种一成不变的和神圣不可侵犯的东西”[①];“现在必须弄清一个不容置辩的真理,这就是马克思主义者必须考虑生动的实际生活,必须考虑现实的确切事实,而不应当抱住昨天的理论不放,因为这种理论和任何理论一样,至多只能指出基本的和一般的东西,只能大体上概括实际生活中的复杂情况。”[②]从这种态度出发,列宁领导布尔什维克党和苏维埃政府实现了从“战时共产主义政策”向“新经济政策”的关键性转变,实现了科学社会主义的理论创新。这就给我们以深刻启示:建设中国特色社会主义必须既要坚持以马克思主义为指导去开辟前进道路,同时又要在实践中丰富和发展马克思主义,使马克思主义与时俱进。正因为如此,江泽民同志曾强调:“如果不顾历史条件和现实情况的变化,拘泥于马克思主义经典作家在特定历史条件下、针对具体情况作出的某些个别论断和具体行动纲领,我们就会因为思想脱离实际而不能顺利前进,甚至发生失误。这就是我们为什么必须始终反对以教条主义的态度对待马克思主义理论的道理所在。”[③]

其二,让马克思主义,尤其是中国化的马克思主义成为人民大众的思想武器。

马克思主义是我们认识世界、改造世界的强大思想武器,是指导中国革命、建设和改革的行动指南。建党 90 年来,中国共产党在把马克思主义基本原理同中国具体实际相结合的过程中,创立了毛泽东思想和中国特色社会主义理论体系,带领全国各族人民用发展着的马克思主义指导实践,不断从精神的力量转化为物质的力量,取得了革命、建设和改革的辉煌成就。马克思主义之所以能够放射出如此强大的真理光芒,展现出强大的力量,关键在于它始终同广大人民群众相结合,同我国深厚的社会实践相结合,在大众化的过程中实现人民性、普及性、科学性的统一,真正成为人民大众争取幸福生活、实现中华民族复兴的强大精神武器。

推进马克思主义中国化,必须让广大人民群众深刻理解和准确掌握当代中国马克思主义的科学内涵和精神实质,并转化为指导实践,推动工作的强大思想武器。简言之,马克思主义必须大众化。马克思主义大众化就是把马克思主义科学理论同人民群众的实践活动结合起来,通过多种形式进行宣

---

① 《列宁选集》第 1 卷,人民出版社 1995 年版,第 274 页。

② 《列宁选集》第 3 卷,人民出版社 1995 年版,第 26-27 页

③ 《江泽民文选》第三卷,2006 年人民出版社,第 282-283 页。

传、普及和推广，把深邃的理论用简单质朴的语言讲清楚，把深刻的道理用群众喜闻乐见的方式说明白，使抽象的理论逻辑转变为形象的生活逻辑，让科学理论从书斋走向生动的社会实践，成为广大党员普遍信仰、人民大众普遍认同的强大思想武器。马克思主义大众化的根本要求是关注大众需求、回应大众关切、解答大众困惑，不断推进马克思主义与人民大众的有机结合。在当代中国，推进马克思主义大众化，最基本的就是推进中国特色社会主义理论体系大众化，坚持用中国特色社会主义理论体系武装全党，深入实施马克思主义理论研究和建设工程，建设充分反映马克思主义中国化最新成果的学科体系和教材体系，推动中国特色社会主义理论体系进教材、进课堂、进头脑，增强科学理论教育引导群众作用。马克思主义大众化，首先是用马克思主义来“化”大众，也就是用马克思主义来指导大众的实践。换句话说，让马克思主义理论掌握群众，变为中国人民建设社会主义现代化的精神力量；同时马克思主义大众化，又是大众“化”马克思主义，即用大众的实践经验以及被升华的新理论来丰富和发展马克思主义，使马克思主义富有时代精神。

论中国共产党的历史发展与马克思主义学习型政党建设

刘继峰*

摘　要:中国共产党在推进中国革命、建设和改革的历史进程中高度重视自身建设,开创了马克思主义学习型政党建设的理论与实践。回顾我们党建设马克思主义学习型政党的历程,总结建设马克思主义学习型政党的基本特色及其对新形势下学习型政党建设的经验启示,对于中国共产党党建思想的历史传承和当代创新意义重大。

关键词:中国共产党;党建;学习型

重视学习、善于学习是中国共产党的优良传统和政治优势,中国共产党领导中国革命、建设和改革的历史就是一部创造性学习的历史。党的十七届四中全会提出的"建设马克思主义学习型政党"这一重大战略任务,不仅凝聚着党对自身历史的科学判断和深刻总结,也体现了党对时代发展脉搏和所肩负历史使命的高度自觉与清醒把握。因此,回顾我们党推进马克思主义学习型政党建设的历史进程,总结建设马克思主义学习型政党的基本特色及其对新形势下学习型政党建设的经验启示,对于中国共产党党建思想的历史传承和当代创新具有重要的理论意义和现实价值。

一、马克思主义学习型政党建设的历史进程

我们党一贯坚持"学习立党、学习兴党",尤其在党和国家处于重要历史关头,我们党更加注重用科学理论武装党员、教育干部,起到了统一全党思想、凝聚全党力量、攻坚克难、推动事业发展的关键作用,体现着党既一脉相承又与时俱进的学习思想。

---

* 作者简介:刘继峰(1980—),男,安徽蚌埠人,安徽财经大学讲师,硕士。

（一）以毛泽东为核心的第一代中央领导集体对学习型政党建设的开拓

我们党对全党学习马克思主义的大力引领，始自1938年9月在延安召开的六届六中全会。在经受了大革命时期以及土地革命战争时期的严峻考验和抗战初期的艰苦磨砺后，以毛泽东为代表的党的主要领导者深刻地认识到，由于党的理论准备不足，党在把马克思主义的基本原理与中国革命的具体实际相结合方面，还存在着明显的、较大的差距，在主观上给以往的革命造成重大挫折。为此，毛泽东强调指出："普遍地深入地研究马克思列宁主义的理论的任务，对于我们，是一个亟待解决并须着重地致力才能解决的大问题"，[1]P533 他号召"全党变成一个大学校"、"来一个全党的学习竞赛"。于是，我们党由中央自上而下地发起了全党干部学习运动，在党内有计划地进行了马克思主义的学习与教育运动。随后的1942年，我们党便开展了著名的整风运动。延安整风确实达到了毛泽东所预期的"如果我们党有一百个至二百个系统地而不是零碎地、实际地而不是空洞地学会了马克思列宁主义的同志，就会大大地提高我们党的战斗力量"[1]P533的目标。我们党胜利地完成了党的建设的伟大工程，成为一个以马克思主义为指导的、成熟的中国共产党，为党在民主革命时期路线的成功提供了保证。

新中国成立前后，随着党的工作重心的转移，党的历史方位面临着由革命党向执政党的重大转换，毛泽东高瞻远瞩地指出："严重的经济建设任务摆在我们面前。……我们必须向一切内行的人们（不管什么人）学经济工作。拜他们做老师，恭恭敬敬地学，老老实实地学。"[2]P1480-1481 我们党现在已经是执政党了，不再是单纯地闹革命了，执政党面临的任务更多更繁重，这就对我们党的执政能力提出了新的考验，因此必须更加善于学习。正是在这种思想指导下，我们党在执政初期就较快地实现了经济的及时复苏和全面好转。邓小平同志后来对这次进城学习给予了充分肯定和高度评价，他指出："全国胜利前夕，毛泽东同志号召全党重新学习。那一次我们学得不坏，进城以后，很快恢复了经济，成功地完成了社会主义改造。"[3]P153

（二）以邓小平为核心的第二代中央领导集体对学习型政党建设的探索

改革开放前后，邓小平同志在如何克服当前困难、赶超世界先进，实现党和国家工作中心转移问题上，就党的学习现状痛定思痛地指出："这些年来，应当承认学得不好。主要的精力放到政治运动上去了，建设的本领没有学好，建设没有上去，政治也发生了严重的曲折。现在要搞现代化建设，就更加不懂了。所以全党必须再重新进行一次学习。"[3]P153 因为长期以来我们在什么是社会主义、怎样建设社会主义问题上，对马克思主义经典作家的有关结论作了教条式的理解，甚至把不是马克思主义的东西也当做了马克思主义，需要通过重新学习,使思想认识回到马克思主义的正确轨道上来。邓小平同志语重心长地指出:“马克思主义理论从来不是教条,而是行动的指南。它要求人们根据它的基本原则和基本方法,不断结合变化着的实际,探索解决新问题的答案,从而也发展马克思主义理论本身。”[4]P146 在改革开放的伟大探索中,邓小平同志也谆谆告诫:“在不断出现的新问题面前,我们党总是要学,我们共产党人总是要学,我们中国人民总是要学。”[3]P270 因为改革开放、建设中国特色社会主义没有现成的经验可搬,社会主义现代化建设的许多领域的知识过去没有接触过,需要通过重新学习去获得经验和新的知识。

为了加强学习的针对性和有效性,小平同志特别强调要把学习搞好,认真建立学习制度。这就实现了学习的制度化和规范化,极大提高了我们党学习的成效。通过学习,党重新恢复了解放思想、实事求是的思想路线,确立了以经济建设为中心的政治路线,开辟了有中国特色的社会主义建设道路。

(三)以江泽民为核心的第三代中央领导集体对学习型政党建设的发展

党的十三届四中全会以来,知识经济和信息社会的时代特征越来越明显,以江泽民为核心的第三代中央领导集体围绕“建设一个什么样的党、怎样建设党”这一重大历史课题,提出了“三个代表”重要思想,深入开展“三讲”教育,并吸收国外关于学习型组织的先进理念,提出要“形成全民学习、终身学习的学习型社会”,对党的学习思想实现了与时俱进。

江泽民同志始终强调“学习问题,关系到广大干部自身的进步,关系到国家、民族的兴衰和社会主义现代化事业的成败。”[5]P145 他要求全党要“学习、学习、再学习,实践、实践、再实践”;要进一步端正学风,把全党的学习提高到一个新的水平;并且创造性地开展了以“讲学习,讲政治,讲正气”为主要内容的党性党风教育,并把讲学习作为首要的任务来抓。他指出:“形势、任务和干部队伍的状况,都要求全党同志必须进一步加强学习。我们党历来是一个重视学习、善于学习的党。在每一个重大历史关头,面对新形势和新任务,中央都要号召全党同志加强学习。而每次这样的学习热潮,都会推动我们的事业出现大变化、大发展。”[6]P304 他郑重告诫全党:“在人类即将进入21世纪的历史时刻,我们党作为世界上最大的社会主义发展中国家的执政党,必须正确地分析和把握形势,继续坚持把马克思主义的基本原理同中国的具体实际紧密结合起来,全面加强和改进全党的学习。这是我们党永葆生机与活力的一个重要保证。如果我们不能通过新的学习和实践不断提高自己,就会落后于时代,就有失去人民的信任和拥护的危险。”[6]P304 认为“当今时代,是要求人们必须终生学习的时代”,所以必须“构筑终身教育体系,创建学习型社会。”于是,党的十六大报告提出“形成全民学习、终身学习的学习型社会,促进人的全面发展”。

（四）以胡锦涛为核心的新一届中央领导集体对学习型政党建设的推进

以胡锦涛同志为总书记的党中央执政伊始，就致力于推进中央政治局集体学习的制度化。2002 年 12 月 26 日，中央政治局进行了首次集体学习。胡锦涛总书记强调“我们党历来高度重视学习问题，始终把学习作为一项关系党的事业兴旺发达的战略任务来抓”，“不学习、不坚持学习、不刻苦学习，势必会落伍，势必难以胜任我们所肩负的重大职责”。他还强调必须把集体学习作为一项制度长期坚持下来。迄今为止，在胡锦涛总书记的主持下，中央政治局共进行了 60 余次集体学习，学习频率之高，领域之宽广，为国内外所罕见，这充分体现出党中央重视学习善于学习的高度历史责任感。

继十六届四中全会提出“重点抓好领导干部的理论学习和业务学习，带动全党的学习，努力建立学习型政党”之后，2005 年 1 月至 2006 年 6 月，全党开展了以学习“三个代表”重要思想为主要内容的保持共产党员先进性教育活动。党的十七大强调：“以改革创新精神全面推进党的建设新的伟大工程”，建设学习型政党命题与任务提出的本身就是对党的建设的创新，是“以改革创新精神全面推进党的建设新的伟大工程”的重要举措与生动体现。2008 年 9 月，中共中央发出“关于在全党开展深入学习实践科学发展观活动的意见”，部署在全党分批开展深入学习实践科学发展观活动。党的十七届四中全会再一次指出“世界在变化，形势在发展，中国特色社会主义实践在深入，不断学习、善于学习，努力掌握和运用一切科学的新思想、新知识、新经验，是党始终走在时代前列引领中国发展进步的决定性因素”，并着重强调了要把建设马克思主义学习型政党作为“重大而紧迫的战略任务抓紧抓好”。这对于我们从新的历史起点出发，全面加强和改进党的建设，深入贯彻落实科学发展观，推进中国特色社会主义事业健康发展具有重要的指导意义。

二、马克思主义学习型政党建设的基本特色

（一）始终注意保持与强化党的性质和根本宗旨

在党的学习实践历程中，中国共产党不断探索和努力深化着对共产党执政规律、社会主义建设规律和人类社会发展规律的认识，进而始终保持并不断强化提升马克思主义无产阶级政党的党性和根本宗旨，这是我们建设马克思主义学习型政党的根本方向。只有明确并始终坚持这一方向，党才能永葆先进性和不断提升强大执政能力，才能不断巩固和发展执政地位，才能在发展中国特色社会主义的历史进程中始终成为坚强的领导核心。

以毛泽东同志为代表的第一代中央领导集体确立了“全心全意为人民服

务”的根本宗旨；以邓小平同志为代表的第二代中央领导集体探索回答了“解放生产力，发展生产力，消灭剥削，消除两极分化，最终达到共同富裕”的社会主义本质；以江泽民同志为代表的第三代中央领导集体丰富发展了党性内涵，即“中国共产党是中国工人阶级的先锋队，同时是中国人民和中华民族的先锋队，是中国特色社会主义事业的领导核心，代表中国先进生产力的发展要求，代表中国先进文化的前进方向，代表中国最广大人民的根本利益。”以胡锦涛同志为总书记的新一届中央领导集体提出了科学发展观，并进一步强调了“立党为公、执政为民”的政党属性和根本宗旨。

（二）始终立足回答时代课题，推进马克思主义中国化、时代化

中国共产党不仅重视学习，而且善于学习，最根本的是善于把马克思主义理论与中国发展实际结合起来，立足不同发展阶段的中国国情，研究中国问题，回答中国时代核心课题，指导中国实践，继而推动马克思主义中国化、时代化。

以毛泽东为代表的中国共产党人紧紧抓住了“民族独立和人民当家做主”，以解放思想、群众路线、独立自主为指导，党肩负起了独立领导中国革命的历史任务，取得了新民主主义革命的胜利，解决了中国自立自强的时代课题。新中国成立后，面对“什么是社会主义、怎样建设社会主义”的时代课题，我们党在特定阶段上对马克思主义、毛泽东思想学习运用得不好，机械地用无产阶级专政下继续革命理论来指导中国实践，走了十年弯路；十一届三中全会以后，以邓小平为核心的第二代中央领导集体引领全党在学习实践中回答了社会主义的本质，走上了中国特色社会主义道路。20 世纪 80 年代末 90 年代初中国国内外发展环境发生重大变化。在此背景下，中国共产党必须适应时代发展要求回答一个核心问题：“建设什么样的党、怎样建设党。”于是，历史地产生了“三个代表”重要思想。随着“三个代表”重要思想的贯彻落实，党的执政基础不断稳固，执政能力不断提升，时代核心课题演变为“实现什么样的发展、怎样发展”。因此，历史地产生了科学发展观。

（三）始终注重以当代中国马克思主义理论创新武装全党

中国共产党在推进马克思主义中国化的进程中，历来注重思想理论体系的建设。面对国内外错综复杂的形势和风云变幻的国际局势，及时排除“左”和右的错误倾向和社会思潮的干扰，坚持和捍卫马克思列宁主义、毛泽东思想、中国特色社会主义理论体系的科学性和严肃性。这是党推进马克思主义中国化理论创新的重要经验和显著优势。

而党的理论创新的根本目的是指导实践，是要用科学的理论武装全党。因此，我们党在每一次理论创新之后都会开展全党范围内的学习教育活动。

延安整风运动实际上是在毛泽东思想逐步成熟过程中的一次全党范围内的马克思主义、毛泽东思想的教育活动。它为七大的胜利召开、为夺取抗日战争和人民解放战争在全国的胜利奠定了思想基础。党的十五大把邓小平理论确立为党的指导思想以后,进一步坚定了建设中国特色社会主义信念。党的十六大把"三个代表"重要思想同马列主义、毛泽东思想、邓小平理论一道确立为党的指导思想,并要求在全党开展以实践"三个代表"重要思想为主要内容的保持共产党员先进性教育活动。在党的十七大确立了中国特色社会主义理论体系之后,中央部署了深入学习实践科学发展观活动。十七届四中全会又把"用中国特色社会主义理论武装全党"作为建设马克思主主义学习型政党的战略要求提了出来,并明确指出"党员领导干部要作真学真懂真信真用的表率",着力提高理论素养和解决实际问题能力。可见,党的历次学习教育活动,都把用不断创新的马克思主义理论成果武装全党作为建设马克思主义学习型政党的关键抓手。

(四)始终注重加强学习制度建设

在我们党的历史上,每一项重大学习任务的实施,总是以建立、健全和完善学习制度作保障的,总是根据不同历史时期的任务和党的队伍状况制定关于学习的意见、规定和决定,在学习制度化方面探索、积累了宝贵的经验。

早在1939年2月,中央就成立了干部教育部来统一领导学习运动。1940年,中央规定以每年的5月5日(马克思生日)为干部学习节。1941年5月1日,《陕甘宁边区施政纲领》规定:实施公务人员的两小时学习制。1942年中央又颁布了《关于延安在职干部学习的规定》。1955年中央颁布《关于党的高级干部自修马克思列宁主义办法的规定》。1980年中组部、中宣部出台了《关于加强干部教育工作的意见》。1989年中央下发了《关于建立健全省部级在职领导干部学习制度的通知》。为了加强对干部教育培训工作的指导,中央还连续制定了全国干部教育培训规划。党的十四大提出用邓小平建设有中国特色社会主义理论武装全党的战略任务后,逐步形成了党委中心组学习制度,等等。这些学习规定和制度,对推动全党的学习起到了十分重要的作用。此外,中央一向在学习制度建设方面作出表率。早在1986年的时候,中央政治局就曾举办法制讲座,集体学法。1994年中央举办法制讲座开始形成制度。1994年到2002年,中央领导共组织了12次法制讲座。党的十六大以后,以胡锦涛为总书记的党中央在举办法制讲座的基础上,大力推进中央政治局集体学习的制度化。2002年12月26日,中央政治局进行了首次集体学习,自此,集体学习作为一项制度正式确立下来。这些年来的实践充分证明,我们党的学习制度体系建设有效地保证了历次学习效果。因此,按照提高党的建设科学化水平的要求，推进学习制度体系的科学化和完善化，是建设马克思主义学习型政党的根本保证。

三、建设马克思主义学习型政党的经验启示

建设学习型政党是马克思主义执政党建设的要求，是中国共产党的优良传统在新形势下的发展与弘扬，是新的历史条件下党建创新的有效途径。而党的学习实践历程无疑为党深入推进马克思主义学习型政党建设积累了丰富经验。在经济全球化、世界一体化、社会思潮纷杂的今天，世情、国情、党情发生了重大变化，要建设好马克思主义学习型政党，必须着眼于以下方面：

（一）要重视和抓好党员理想信念建设

党员理想信念建设是建设马克思主义学习型政党的基础，一个政党及其成员对其理想信念的忠诚程度决定了这一政党的生命力。在探索构建马克思主义学习型政党方面，中国共产党始终坚持把理想信念教育放在首要地位，引导和教育广大党员干部正确认识党的纲领，使党员既懂得什么是共产主义，什么是社会主义，坚定社会主义和共产主义的信念，坚定走中国特色社会主义道路的信心。正如邓小平同志指出的那样："为什么我们过去能在非常困难的情况下奋斗出来，战胜千难万险使革命胜利呢？就是因为我们有理想，有马克思主义信仰，我们干的是社会主义事业，最终目的是实现共产主义。"[4]P110，新时期建设马克思主义学习型政党，党员理想信念建设仍然是基础。只有广大党员政治上的坚定、行动上的坚决，由被动学习转为主动和自觉地学习，由"要我学"变为"我要学"，在真正信仰的基础上进行马克思主义理论学习，才能谈得上学习型政党的构建。

（二）要重视和抓好党内优良学风的养成

学风问题是关系着党的兴衰和事业成败的重大政治问题，毛泽东曾明确指出："所谓学风，不是学校的学风，而是全党的学风。学风问题是领导机关、全体干部、全体党员的思想方法问题，是我们对待马克思列宁主义的态度问题，是全党同志的工作态度问题。既然是这样，学风问题就是一个非常重要的问题，就是第一个重要问题。"[7]P813我们党的历代领导集体核心一贯重视学风问题，他们都是优良学风的杰出倡导者、组织者和身体力行者，都始终把树立并坚持科学的马克思主义学风，作为党的作风建设、组织建设和理论建设的头等大事来抓。我们要建设马克思主义学习型政党，就要牢固树立马克思主义的学风，坚持以研究中国的实际问题为中心，在研究中国特点的基础上借鉴外国的有益知识和经验；坚持在改造客观世界的同时努力改造我们的主

观世界;坚持理论联系实际,坚持在继承中创新。扎实地搞好马克思主义理论尤其是中国特色社会主义理论体系的学习,进一步推动马克思主义中国化、时代化、大众化,不搞形式主义,做到学以致用。

(三)要重视和抓好党内学习型干部的培养

“政治路线确定之后,干部就是决定因素”。[1]P256 毛泽东还指出:“我们要建设大党,我们的干部非学习不可。学习是我们注重的工作,特别是干部同志,学习的需要更加迫切。如果不学习就不能领导工作,不能改善工作与建设大党。”[8]P179 这就说明,学习型干部的生成和培养是建设马克思主义学习型政党的根本。有什么样的党员干部,就会造就什么样的政党。因此,培养起一支爱好学习、善于学习党员干部队伍,建设学习型政党就能“水到渠成”。

(四)要重视和加强学习型理论研究

“指导一个伟大的革命运动的政党,如果没有革命理论,没有历史知识,没有对于实际运动的深刻的了解,要取得胜利是不可能的。”[[illegible]]P533 只有加强理论探讨和研究,才能为建设学习型政党提供理论支持。在实践中,我们党通过一系列干部学校和各种形式的干部教育,有组织、有系统地开展对马克思主义理论的教育与研究,通过各种形式积极研究宣传党的方针政策,与时俱进地学习,带动和形成了全党研究和学习马克思主义理论的浓厚氛围,通过马克思主义理论学科建设和人才培养,形成了一批研究马克思主义理论的骨干队伍,他们积极响应中央的号召,依托各种平台,广泛开展了马克思主义的研究和宣传工作,有力地促进了马克思主义中国化、大众化、时代化运动的深入和发展。新时期建设马克思主义学习型政党,加强理论研究的方法仍然有效,我们必须注重对马克思主义中国化的一切成果尤其是最新成果进行深入学习研究和宣传。

参考文献:

[1] 毛泽东选集:第 2 卷[M]. 北京:人民出版社,1991.

[2] 毛泽东选集:第 4 卷[M]. 北京:人民出版社,1991.

[3] 邓小平文选:第 2 卷[M]. 北京:人民出版社,1994.

[4] 邓小平文选:第 3 卷[M]. 北京:人民出版社,1993.

[5] 江泽民:《论党的建设》[M]北京:中央文献出版社,2001.

[6]江泽民文选:第 2 卷[M]. 北京:人民出版社,2006.

[7]毛泽东选集:第 3 卷[M]. 北京:人民出版社,1991.

[8]毛泽东文集:第 2 卷[M]. 北京:人民出版社,1993.

培育大学生科学的马克思主义观

郝文清*

摘　要:大学生树立科学的马克思主义观既是坚持和发展马克思主义的客观需要,也是大学生健康成长、全面发展的需要。高校思想政治理论系列课程在对大学生进行系统的马克思主义理论教育的同时,要紧紧围绕马克思主义观的基本问题即"什么是马克思主义,如何对待马克思主义、如何创造性地运用马克思主义",从世界观、历史观、立场与观点、理论继承发展与创新等方面帮助大学生完整准确地认识与把握马克思主义的本质与历史使命;从价值判断、历史经验、自我反思以及理论与实践相结合的方面培养大学生对待马克思主义的科学态度,从解决自身问题入手,以对社会历史发展规律的认知、辩证思维的训练以及观察、分析、解决当代中国改革开放与社会主义现代化进程中的新问题为目标等方面培养大学生运用马克思主义的能力,从而使大学生树立科学的马克思主义观。

关键词:大学生;思想政治理论课;科学的马克思主义观;培育

马克思主义观是关于马克思主义的观点体系。[1] 马克思主义自诞生以来,它在理论上和实践上所取得的巨大成就以及资产阶级理论家对马克思主义的攻击、诋毁使其逐渐成为人们认识和研究的对象,人们对马克思主义的认识和态度就逐渐形成了马克思主义观。人们对马克思主义的认识既包括马克思主义者的认识与态度,也包括非马克思主义者的认识与态度。同人们所拥有的其他各种"观"一样,马克思主义观也正确和错误、科学与非科学之分。马克思主义观是人们对马克思主义自觉的、理性的认识,不是一般的素朴的认识。因此,科学马克思主义观的形成是人们在学习、接受、运用马克思主义时自觉形成的关于马克思主义的根本看法和根本态度。

---

* 作者简介:郝文清(1971—),男,山西大同人,淮北师范大学政法学院副教授,河海大学公共管理学院马克思主义基本原理专业博士生,主要从事马克思主义基本理论研究。

高校思想政治理论系列课程在对大学生进行系统的马克思主义理论教育的同时,还要有意识地培育大学生科学的马克思主义观。思想政治理论课要从不同的方面,不同的角度帮助大学生完整、准确地去认识马克思主义、理解马克思主义,从而使大学生自觉、主动地学习马克思主义,自觉以马克思主义为人生发展的理论指导。培养大学生科学的马克思主义观,要紧紧围绕马克思主义观的基本问题——即完整准确地认识和理解马克思主义、科学地对待马克思主义和创造性地运用马克思主义——开展马克思主义观教育,使大学生在形成马克思主义世界观的同时,形成科学的马克思主义观。

一、大学生树立科学的马克思主义观的重要意义

首先,树立科学的马克思主义观是坚持和发展马克思主义的需要

弘扬社会主义核心价值体系,坚持马克思主义在意识形态领域的指导地位,必须要树立科学的马克思主义观。马克思主义观包括三个既各自独立又相互关联的基本问题,即“什么是马克思主义,如何对待马克思主义,如何创造性地运用马克思主义”,前两个问题属于认识论的范畴,后一个属于实践的范畴,是理论向实践的转化和具体运用。作为科学的马克思主义观,就是科学地回答和解决这三个问题。大学生是社会主义现代化建设和中华民族实现伟大复兴的主力军,必须掌握马克思主义这个先进的理论武器,划清真假马克思主义的界限,才能够在实践中创造性地运用马克思主义基本理论回答和解决社会主义现代化进程中所面临的一系列问题,战胜各种困难、风险的挑战和考验。大学生树立科学的马克思主义观主要具体表现为:在回答“什么是马克思主义”方面体现为完整准确地把握马克思主义的精髓,正确地认识马克思主义的本质特征与革命性品质;在“如何对待马克思主义”方面体现为以科学的、实事求是的态度来对待马克思主义——即以马克思主义的态度对待马克思主义;在“如何运用马克思主义”方面体现为能够运用马克思主义的立场、观点和方法去创造性地解决现实中存在的问题,促进自身的成长与发展。

其次,树立科学的马克思主义观是大学生健康成长、顺利成才、全面发展的需要

大学是人生发展新的起跑线,是人生发展的决定性阶段:大学生要在这一阶段,不仅要学习到专业知识,掌握一定的职业技能,还要对自己未来的人生发展进行规划,确立未来人生追求和发展的价值目标,更重要的是他们将在这一阶段树立正确的世界观、人生观和价值观,培育适应现代社会发展需要的思想观念,培养能够影响其一生的科学思维方式。大学生在大学时代这一切目标和任务的实现必须要有科学的理论指导。只有树立科学的马克思

主义观，才能够认真学习马克思主义基本理论，完整准确地掌握马克思主义的实质和精髓；只有完整准确地掌握马克思主义的精髓，才能树立马克思主义的世界观、人生观和价值观，自觉践行社会主义核心价值体系；才能回答和解决人生发展过程中所遇到的各种各样的人生课题，能够从容不迫对应对人生道路上遭遇的种种挫折，乐观地面对人生；才能自觉服务祖国、无私奉献社会，在实现社会主义现代化和中华民族伟大复兴的历史进程中创造和实现人生价值，成长为德智体美全面发展的社会主义合格建设者和可靠接班人。

二、思想政治理论课要帮助大学生完整准确地认识和理解马克思主义

完整准确地认识和理解马克思主义的理论实质、功能与作用，这是自觉以马克思主义为理论指导、坚持和发展马克思主义、科学地对待马克思主义的基础。没有对马克思主义完整准确的把握，谈不上自觉以马克思主义为理论指导，更谈不上坚持和发展马克思主义。

“什么是马克思主义”，这是一个马克思主义自诞生以来人们一直争论的问题。[2] 马克思本人生前并不承认自己是马克思主义者，恩格斯曾经 5 次转述马克思本人的话说，马克思本人并不认为他是马克思主义者。[3] 马克思本人不承认自己是马克思主义者，其本意是否定那些对自己的思想和理论进行任意歪曲和标榜，而不是否定自己所创造的理论。这一方面说明了人们在对马克思主义的认识和理解上存在分歧和差异，有的认识和理解甚至是相反的；另一方面也说明了马克思主义理论的博大精深，人们要掌握马克思主义理论的精髓并不是一件容易的事情。尽管人们在对马克思主义的认识和理解上存在分歧，但是作为确定的理论，完全可以准确地认识和把握。只要抱着实事求是的科学态度，我们就能够完整准确地理解马克思主义，就能够更好地坚持和发展马克思主义。

高校思想政治理论课是对大学生进行系统的马克思主义理论和思想政治教育的课程依托，虽然各门课程虽然教学内容不同、教学任务和教学目标不同，但是每一门课程在帮助大学生科学地认识马克思主义都有各自不可替代的作用。各门课程不仅要告诉大学生马克思主义是什么，而且更重要的是告诉大学生认识马克思主义的方法。

1.“思想道德修养与法律基础”（以下简称“基础”）要侧重于通过马克思主义的具体运用方面——对正确的世界观、人生观、价值观的塑造的意义与价值——展示马克思主义的理论魅力，帮助大学生准确认识和把握马克思主义的世界观功能。“基础”课程虽然不直接进行马克思主义基本原理的教育

教学，但是这门课程通过对马克思主义基本理论的具体运用，分析一个人在成长过程中，特别是在大学阶段如何处理理想与现实、个人与集体、权利与义务、友谊与爱情、自由与纪律等关系，科学而有效地回答怎么做人（做事）、做什么样的人，怎么样的生活才有意义，怎么样的人生追求才有价值，如何选择正确的人生道路等一系列涉及人生发展和价值创造的重大人生问题，不仅能够帮助大学生正确认识和处理在成长过程中的人生课题，而且还可以充分展示马克思主义的理论魅力，使他们认识到马克思主义的科学性、真理性、崇高性和持久性，从而确立马克思主义的科学信仰。

2.“中国近现代史纲要”（以下简称“纲要”）要侧重于从社会历史观方面——历史与社会发展的规律——展现马克思主义对社会历史发展规律的深刻揭示，特别是中国共产党人运用马克思主义对中国社会性质和中国革命道路的剖析，帮助大学生认识马克思主义的唯物史观，深刻领悟马克思主义理论的生命力和对实践的能动作用。在近现代历史上，中国人民之所以选择了马克思主义作为自己的指导理论就在于马克思主义有效地解决中国革命的实际问题，马克思主义不仅科学地回答了中国社会向何处去的历史迷思，而且成功地指导了中国革命，挽救了中华民族。通过马克思主义在中国传播与发展前后中国革命面貌的对比，确证只有掌握了真正的马克思主义的理论武器，才能更好地服务于祖国和人民，才能在实现中华民族伟大复兴的历史进程中，创造和实现自己的人生价值。

3.“马克思主义基本原理”（以下简称“原理”）要侧重于从整体性、系统性方面帮助大学生全面准确地认识马克思主义。“原理”是系统地讲授马克思主义基本原理的主干课程、是大学生能够系统地、完整地认识马克思主义的课程。“原理”课程在教学过程中，一是要注重全面揭示马克思主义的科学性和真理性——马克思主义运用历史唯物主义的新世界观，以实践观点为视点，以生产力和生产关系、经济基础和上层建筑的矛盾运动解释社会历史的发展变化，深刻地揭示了社会历史发展的客观规律，为人类社会的走向自由和自觉提供发展的方向；二是要深刻地揭示马克思主义的功能与历史使命——马克思主义以改造世界为己任，以无产阶级和全人类的解放、以人的全面自由的发展为价值目标，从而代表了广大人民的根本利益，它的全部理论都立足于实现和维护广大人民的根本利益，并为价值目标和根本利益的实现提供了方法论。三是要从方法论的角度，帮助大学生掌握认识马克思主义的科学方法——没有科学的认识方法，就无法完整准确地把握马克思主义的理论本质。只有掌握了科学的认识方法，才能够准确地认识马克思主义，掌握马克思主义。

4.“毛泽东思想和中国特色社会主义理论体系概论”（以下简称“概论”）要侧重于从理论的继承、发展与创新方面——马克思主义的普遍真理与中国社会革命与社会主义建设的结合——科学认识当代中国化马克思主义对马克思主义的继承、发展与创新，深刻理解与把握毛泽东思想和中国特色社会主义理论体系与马克思主义理论之间一脉相承的渊源。毛泽东思想和中国特色社会主义理论体系是马克思主义中国化的两大成果，是马克思主义在当代中国的具体表达。“概论”要从当代中国社会主义现代化的实际出发，从理论与实践的结合的视角充分展示中国化马克思主义——毛泽东思想和中国特色社会主义理论体系——对当代中国社会发展特别是改革开放的巨大指导意义。要通过中国革命和建设，特别是改革开放以来中国特色社会主义事业的伟大发展，证明马克思主义理论特别是中国化马克思主义对中国革命和社会主义建设所起的巨大的指导作用，揭示毛泽东思想和中国特色社会主义理论体系与马克思主义之间一脉相承的关系，充分展示中国化马克思主义对马克思主义的继承、发展与创新，更加深刻明确马克思主义的本质与历史使命，从而坚定马克思主义的信仰。

三、思想政治理论课要培养大学生对待马克思主义的科学态度

如何对待马克思主义，是马克思主义观的又一基本问题，也是辨别真马克思主义与假马克思主义的试金石。马克思主义是真理，不是教条，必须以科学的态度对待马克思主义。在马克思主义的发展史上，主要有五种错误对待马克思主义表现：误解、肢解、曲解、未解、消解。这五种表现严重损害了马克思主义的理论形象和理论威信，给社会主义实践带来挫折。[4] 作为马克思主义者，既不能把马克思主义神圣化，无限夸大它的作用与功能；也不能把马克思主义庸俗化，贬低它的革命性力量，更不能把马克思主义教条化、僵化。无论是神圣化、庸俗化还是教条化其实质都是从根本上扼杀马克思主义的理论活力，把马克思主义变成毫无生命力的陈词滥调，最终结果都是扼杀了马克思主义的生命力。当前各种社会思潮应时而生、复杂多样，从社会思想的性质上说，既有占主导地位的马克思主义，也有各种非马克思主义思想意识，还有一些反马克思主义的错误思想；既有社会主义的主流思想，也有资本主义的错误思想和腐朽观念，还有封建主义思想的残余等。特别是新自由主义、历史虚无主义、民主社会主义、拜金主义、极端个人主义、享乐主义等一些形形色色的反马克思主义思潮，对社会生活产生了消极影响。[5] 因此思想政治理论课要帮助大学生科学地对待马克思主义，抵制各种错误思潮的浸染，帮助大学生确立对待马克思主义的科学态度。

1."基础"课要侧重于从价值判断的视角帮助大学生树立对待马克思主义的科学态度。态度是人在一定情感体验的基础上对事物所持有的反应、评价和行为倾向。作为一种先入为主的东西,态度直接影响着人们对一个事物的认识。偏见作为一种常见的态度,是人们正确认识事物的大敌。[6]"基础"课作为培养大学生正确的思想观念的课程,要通过培养大学生正确的态度来确立他们对马克思主义的科学态度,以实事求是的态度来对待马克思主义,破除已存在的对马克思主义先入为主的偏见。以正确的态度对待马克思主义,必须以实事求是的态度、科学的态度来认识和理解马克思主义,这样才能够真正把握马克思主义理论的实质和精髓;否则,没有实事求是的科学态度,带着偏见甚至是敌视的态度去学习马克思主义,只能是在误解、曲解马克思主义的道路上越走越远。

2."纲要"课要从历史经验教训的视角帮助大学生树立对待马克思主义的科学态度。英国思想家培根曾经指出,读史可以使人明智。历史的经验和教训往往能够给后来的人们以极大的启示,能够擦亮人们的眼睛,汲取前人的经验与教训。中国革命和建设过程中的成败得失的历史经验和教训告诉人们,只要坚持实事求是的科学态度,正确对待马克思主义,不曲解不肢解不一知半解地对待马克思主义,革命和建设就能取得成功;只要是以"教条主义"、"机械主义"、"本本主义"等错误的态度来对待马克思主义,革命和建设就会遭遇失败,就会给革命和建设带来极大的损害。"纲要"要通过中国革命和建设历程中成功与失败正反两面经验教训的总结,深刻揭示以不同的态度对待马克思主义所带来的不同结果,使大学生从历史的经验教训中汲取科学地对待马克思主义的态度,从而确立科学的实事求是的对待马克思主义的态度。

3."原理"课要从理论思维的视角帮助大学生树立对待马克思主义的科学态度。马克思主义观是马克思主义者对马克思主义的自我(理性)认识,是马克思主义的自我的理论反思。马克思主义要以马克思主义的态度对待自身。"原理"课要通过马克思主义基本原理的教学,不仅要帮助大学生掌握科学认识马克思主义的方法和态度,而且还要让大学生了解马克思主义经典作家们对自身理论的科学态度。马克思、恩格斯、列宁、斯大林、毛泽东等都对待马克思主义发表了看法,表明了态度。恩格斯指出:"马克思的整个世界观不是教义,而是方法。它提供的不是现成的教条,而是进一步研究的处处出发点和供这种研究使用的方法"。[7]恩格斯的这一论述充分表明了对待马克思主义的科学的态度,列宁、毛泽东正是遵循这一指针,才创造性地继承、发展和创新了马克思主义。经典作家们对待马克思主义的态度是大学生对待马克思主义的典范,“原理”在教学中要特别注意突出这一点。

4.“概论”课要从理论与实践相结合的现实典范——中国化马克思主义——帮助大学生树立对待马克思主义的科学态度。毛泽东思想和中国特色社会主义理论体系是马克思主义基本理论在当代中国的理论表达,既是中国共产党人继承、发展马克思主义的理论成果,又是中国共产党人实事求是地科学地对待马克思主义的具体表现。中国的改革开放之所以取得举世瞩目的历史性伟大成就,就在于中国共产党人坚持实事求是的科学态度,创造性地运用和发展了马克思主义,科学地回答了什么是社会主义、如何建设社会主义等一系列理论与实践的课题,把马克思主义推到了一个新的历史高度,开创了马克思主义理论的新境界。科学地对待马克思主义不仅仅是坚持马克思主义的立场、观点和方法,更重要的是要在伟大实践的基础上进一步推进马克思主义理论的发展与创新,丰富马克思主义的理论宝库,使马克思主义与时俱进的理论品质更加突出地展示在世人面前,使马克思主义焕发出更加旺盛的生命力,使马克思主义的理论魅力永葆青春。“概论”课要以当代中国化马克思主义的一系列伟大的理论成果——毛泽东思想、邓小平理论、“三个代表”重要思想以及科学发展观——揭示中国共产党人如何以巨大的理论勇气通过对马克思主义的继承、发展与创新,完美地诠释了如何科学地对待马克思主义。帮助大学生领会只有把继承、发展和创新有机地统一起来,才能够把马克思主义的生命力更加旺盛,才能够肩负起实现中国特色社会主义共同理想和实现中华民族伟大复兴的历史重任。

四、思想政治理论课要培养大学生创造性地运用马克思主义的能力

理论存在的合法性就在于解决实际问题。如果一种理论不能够解决实际问题,它的生命力是短暂的。马克思主义之所以具有强大的生命力就在于马克思主义能够解决现实生活中的问题。掌握马克思主义的立场、观点和方法,并能够熟练地运用马克思主义的立场、观点和方法分析现实问题、解决现实问题是思想政治理论课程的教学目标之一。简单地接受马克思主义所作出的现成的结论,并不等于掌握了其中的真理;掌握马克思主义理论知识,并不必然等于会运用马克思主义理论。正如黑格尔所说:真理不是铸就的货币,可以现成地拿过来就用的[8]。由于理论与实践之间的差异,知道理论与运用理论还存在着一定的差距。了解理论并不是最终的目的,最终的目的是要能够运用所掌握的理论创造性地解决现实问题,并检验理论的真理性,通过实践的检验进一步把理论推向新的高度。培养大学生科学的马克思主义

观最根本的目的就在于以大学生能够以科学的马克思主义观为指导，掌握马克思主义的基本理论和和创造性地运用马克思主义的能力。

运用理论创造性地解决现实问题，是一个人运用理论指导社会实践能力的具体体现。这种能力并不是先天就有的，是在理论学习与社会实践中不断磨炼出来的。大学生作为社会主义现代化建设的主力军，必须要具备运用理论创造性地解决社会实践中遇到各种问题的能力。所以高校思想政治理论课还要培养大学生创造性地运用马克思主义理论解决实际问题的能力。

“纸上得来终觉浅，绝知此事要躬行。”思想政治理论教育教学中所讲授的基本理论只有经过实践，把理论与实际相结合起来，才能够切身感受和体会到理论的课堂教学所讲授的基本理论的对于生活实践巨大的指导作用，才能由对思想政治理论课的理论观点的认知转化为认同、接受和信服，由认同升华为信仰，再由信仰外化为行动，实现知、信、行的有机统一。思想政治理论课的各门课程要通过实践教学活动使大学生能够更好地认识社会、理解社会，更好地理解、掌握和运用课堂理论教学所学到的基本原理和基础理论，实现由理性认识到社会实践的飞跃，使大学生在认识社会、理解社会、服务社会的过程中提高自身的思想政治素质和观察、分析社会现象和解决自己和他人问题的能力。

1.“基础”课要侧重于培养大学生运用马克思主义解决自身成长和发展过程中一系列人生问题的能力。“基础”课作为大学一年级开设的一门思想政治理论课，对于大学生的健康成长具有十分重要的导向性作用。大学是人生的转折点，也是大学生人生新的起跑线。对于刚刚进入大学的新生来说，他们面临着诸多的新问题，诸如环境适应、学习、人际关系、社会活动等等多方面的问题，解决这些问题不仅是当务之急，而且对今后走出校园也同样具有重要的方法论意义。“基础”课不仅要作为大学新生的良师益友，为大学生解决上述问题提供服务，而且更为重要的是帮助大学生通过解决上述问题而获得运用马克思主义解决自身成长和发展过程中所遇到的一系列人生问题的方法和能力。

2.“纲要”课要侧重于培养大学生运用马克思主义认识社会历史发展规律的能力。“纲要”不同于历史学科的专业课。这门课程不仅要使学生了解中国近现代的历史知识，并且要通过该课的讲授，使学生正确地了解国史、国情，深刻领会中国人民选择马克思主义、选择中国共产党、选择社会主义道路的历史必然性；而且要培养学生学会运用马克思主义的立场、观点和方法，正确认识历史进程和分析历史事件，总结历史发展的经验，提高运用马克思主义认识社会历史发展的规律的能力，特别是学习中国共产党创造性地运用马克思主义分析和解决中国革命所遇到的一系列问题，把马克思主义推向新的历史形态的理论勇气和理论创新精神，从而更加坚定对马克思主义的科学信仰，更加坚定对中国共产党的信任、更加坚定走有中国特色社会主义道路的信念，更加坚定实现中华民族伟大复兴的信心。

3.“原理”课要侧重于培养大学生马克思主义辩证思维能力。所谓辩证思维能力就是指对客观事物进行分析、归纳、抽象、概括的能力，即把握事物内部矛盾的能力。学习马克思主义最根本的是要掌握创造性地运用马克思主义的能力，特别是马克思主义理论所提供的辩证思维能力和批判能力。列宁指出：“马克思和恩格斯的学说不是我们死背硬记的教条。应该把它当作行动的指南。我们一直这样说，而且我认为，我们的行动是适当的，我们从来没有陷入机会主义，而只是改变策略。这绝不是背弃学说，绝不能叫作机会主义。我以前说过，现在还要再三地说，这个学说不是教条，而是行动的指南。”[9] 因此，在“原理”课要通过基本原理的教学，使大学生的理论思维能力特别是辩证思维能力得到训练，使他们能够比较熟练地运用马克思主义的立场、观点去分析、解决所遇到的社会现象和社会问题。

4.“概论”课要侧重于培养大学生运用马克思主义分析和解决当代中国改革开放进程中出现的新情况新问题的能力。当代中国化马克思主义是马克思主义与中国社会主义建设相结合的理论成果，是我国社会主义现代化建设的指导思想，更是中国共产党人创造性地运用马克思主义、发展马克思主义的典范。“概论”课要着眼于中国特色社会主义的伟大实践，通过理论教学与实践教学的结合，培养大学生全面准确地认识当代中国国情，认识改革开放进程中所面临的困难与挑战，识别困难与挑战中所孕育的机遇，分析新情况，创造性地解决新问题，在推进中国特色社会主义的建设中，把马克思主义理论推向新的高度，开创马克思主义理论的新境界。

培育大学生科学的马克思主义观任重道远。在高等学校，把大学生科学的马克思主义观培育融入高校思想政治理论系列课程中，通过思想政治理论系列课程的理论教学与实践教学使大学生树立科学的马克思主义观还是一个全新的课题，需要从事高校思想政治理论课教学的教师自觉承担起培育大学生科学马克思主义观的社会责任，在自己所从事的课程教学努力探究培育大学生科学的马克思主义观的可操作性路径，形成合力，为培育大学生科学的马克思主义观的目标而共同努力。

参考文献：

[1] 梁树发．谈谈马克思主义观[J]．马克思主义研究，1999，06：27-31.

[2] 梁树发．关于“什么是马克思主义”的提问[J]．中国人民大学学报，2000(4)：

69-74.

[3] 张功耀. 马克思说,我不是马克思主义者[EB/OL]. http:// zhgybk. blog. hexun. com/11129902_d. html.

[4] 韩庆祥、张艳涛. 科学对待马克思主义[N]. 光明日报,2010-05-04(09).

[5] 李孝纯. 划清马克思主义与反马克思主义的界限[J]. 红旗文稿,2010,01.

[6] 菲利普·津巴多,迈克尔·利佩. 态度改变与社会影响[M]. 北京:人民邮电出版社,2007:210.

[7] 马克思,恩格斯. 马克思恩格斯选集:第4卷[M]. 中文2版,北京:人民出版社,1995:742-743.

[8] 全增嘏. 西方哲学史:上卷[M]. 上海:上海人民出版社,1983:305.

[9] 列宁. 列宁全集:第38卷[M]. 中文2版,北京:人民出版社,1986:219.

当前反腐倡廉制度执行力的现状、成因及对策

杨根乔*

摘　要:当前,由于多种因素的综合作用,反腐倡廉制度执行不力的问题比较突出。在严格执行制度方面,"紧箍咒"与"纸老虎"现象并存;在贯彻落实制度方面,"形式主义"与"实用主义"同在;在按照规章制度办事方面,"显规则"常被"潜规则"替代;在一些制度实施过程中,"中层梗阻"与"基层板结"问题互现。深入推进反腐倡廉建设,迫切需要以改革的思路和创新的办法,切实提高反腐倡廉制度执行力,不断提高反腐倡廉建设科学化水平。

关键词:反腐倡廉制度;执行力;反腐倡廉建设科学化

胡锦涛总书记在十七届中央纪委第五次全会上指出,制度的效用取决于制度执行力,抓好反腐倡廉制度建设,必须不断提高制度执行力。这就要求我们加强反腐倡廉制度建设,在完善和创新制度的同时,还要在增强制度的执行力上下工夫。解决好这一问题,需要对当前反腐倡廉制度贯彻落实总体情况做出梳理,找准影响执行力的主要问题,分析这些问题存在的根本原因,研究增强执行力的有效对策,保证反腐倡廉各项制度真正落到实处,不断提高反腐倡廉建设科学化水平。

一、当前反腐倡廉制度执行力的现状

党中央、国务院和中央纪委、监察部一直高度重视反腐倡廉制度建设,反腐倡廉法规制度不断健全和完善。在反腐倡廉法规制度制定取得长足进步的同时,我们在增强执行力方面所做的工作也取得了显著成效①。但我们也要看到,一些地方、部门和单位不同程度地存在着制度执行不力的问题,在实际工作中"不认真执行制度、不贯彻落实制度、不按照规章制度办事",有令不

---

* 作者简介:杨根乔,女,48 岁,安徽省社会科学院马克思主义研究所副所长、研究员。

① 孟文琪:《增强反腐倡廉制度执行力的思考》,《中国监察》2008(17)。

行、有禁不止的现象屡见不鲜。主要表现在以下几方面：

在严格执行制度方面，“紧箍咒”与“纸老虎”现象并存。从实际执行情况看，各地参差不齐，执行力强的效果好一些，执行力弱的效果差一些，反腐倡廉制度对自觉者是一个“紧箍咒”，而对不自觉者则是“纸老虎”。从一些地方、部门和单位看，有的在执行规章制度时缺乏一抓到底的精神，往往是先紧后松，或者只讲不做，使制度失去了约束力。如改革开放30多年来，关于禁止公款吃喝的规章制度一批接一批，每隔几年都有新规定，事实上却是制度一大堆仍是管不了一张嘴，越吃越会吃，越吃越大，越吃越高档。有的在实际执行过程中，存在着执行制度不严甚至违反制度的情况。一些党员、干部和职工对反腐倡廉规章制度没有做到内化于心，外化于行，说在嘴上、写在纸上、挂在墙上，就是不落实到行动上。

在贯彻落实制度方面，“形式主义”与“实用主义”同在。一是搞形式主义。有的地方、部门和单位在制定反腐倡廉制度具体实施办法时，照抄照搬上级的意见和规定，没有很好地结合本地本单位的实际，工作缺乏针对性；有的落实制度和规定时重形式、轻实效，看似大张旗鼓、轰轰烈烈，满足于叫喊嘴皮子和编成小册子，相互应付、敷衍了事，工作缺乏实效性；有的虽然建立了一些制度，但没有真正落到实处，存在着“讲起来重要、做起来次要、忙起来不要”的现象。有的甚至以制度贯彻制度、以文件执行文件，以开会落实制度。二是搞实用主义。对待制度，置若罔闻、我行我素者有之，搞上有政策、下有对策者有之，对合口味的就贯彻，不合口味的放置一边者有之。有些问题，中央三令五申，但仍然屡禁屡犯，如公款吃喝、公车私用、公款出国、超标准修建楼堂馆所和办公楼等。

在按照规章制度办事方面，“显规则”常被“潜规则”替代。反腐倡廉制度确定的各项要求都很明确，但有些部门和单位在执行过程中，却为本部门本单位或个人利益，借口特殊情况要特殊处理，想方设法“灵活变通”进行规避，甚至以“约定俗成”或“潜规则”替代“显规则”。如规定建立收支两条线制度，取消单位“小金库”，一些有“收款权”的单位就变“体内开支”为“体外开支”，将应收款项扣除开支后再入账；为规避用车标准，低价购车后再进行豪华改装；为规避高档吃喝接待，变少数人为多数人、一餐为多餐开票报销。此外，当前在工程建设招投标、政府采购、经营性土地使用权出让、产权交易等制度执行过程中，不同程度地存在着“围标”、“串标”现象，也是显规则被“潜规则”替代的一种表现。

在一些制度实施过程中，“中层梗阻”与“基层板结”问题互现。在一些制度实施过程中，常常会出现执行力递减的现象。其一，在一项制度刚刚出台时，由于各方面都很重视，制度执行的就比较好，但随着时间的推移，执行者执行制度的思想意识逐渐松懈，随之制度的执行力也逐渐减弱。其二，制度的制定者与执行者行政层级相距越远，中间层次越多，对制度执行的过程控制就越难。这种现象的存在，致使制度的执行力随着行政层级逐级下移而递减，从而出现"中层梗阻"和"基层板结"问题。

二、反腐倡廉制度执行不力的原因分析

导致反腐倡廉制度执行不力的原因是多方面的，既有执行者主观方面的缘故，也有客观方面的原因，既有体制机制方面的缘由，也有制度自身缺陷的因素。

其一，先天因素——一些制度本身的缺陷。

主要是一些制度本身缺乏科学性、合理性、适用性、程序性和前瞻性，妨碍了制度执行的实效。一是一些制度的设置缺乏科学性。在制定制度的实际工作中，一些制定者缺乏科学的态度、审慎的作风和务实的精神，使制度的设置出现空当和漏洞，存在着原则规定多，具体细则少；应急措施多，长效配套少；口号要求多，操作规程少；下不为例多，严厉惩治少；针对下面多，严于律己少的"五多五少"现象。二是一些制度规定的内容不够合理。如随着经济发展，党员领导干部经济违纪的数额不断提高，以前规定的"贪污5000元开除党籍"的党纪规定很难在实践中严格执行。三是一些制度在执行时适用性不强。主要是过于笼统和含糊，缺乏可操作性。不少规定都提出若干条"不准"或若干项"禁止"，然而却缺少执行标准、检查或考核措施、不落实的惩戒要求等，最终成为一纸空文。四是一些制度程序性规范不足。如领导干部财产申报制度，虽然规定了申报的内容，但对申报的整体程序以及不如实申报如何处理等缺乏程序性规定，一些领导干部没有如实申报，也从未有人因财产申报不实而受到惩处。[①] 五是一些新出台的制度缺乏前瞻性。目前一些新出台的制度，不仅在观念上缺乏前瞻意识和预见意识，而且在制度设计上也缺少预见性和弹性，没有融进解决预期问题的内涵。例如，政府部门廉政情况的评估标准、腐败行为危害性的判定和党风状况的评价，以及如何防范领导干部选拔任用腐败等，在具体的标准和程序上，未能依据我国经济迅速发展、人民生活水平不断提高、民主政治建设步伐加快的发展趋势，不断加以改进和完善。[②]

---

① 赵逸路：《加强制度建设要避免"四种缺失"》，《领导科学》2009，4月下。

② 刘研政：《刍议反腐倡廉制度设计的前瞻性》，《中国监察》2009(18)。

其二，关键因素——制度执行保障运行机制的缺失。

主要是没有建立起度制度执行的监督、评价和责任追究机制，这是导致制度执行不力的关键所在。从监督机制看，一是监督主体缺位。从理论上说，虽然对反腐倡廉制度的监督体系包括组织监督、班子监督、群众监督、舆论监督、法律监督等，但实际上目前主要是各级纪委在唱独角戏，其他的监督不是太远、太软，就是太难、太晚，不能获得最佳社会效应。二是内容缺位。如针对"一把手"的监督管理制度不少，但主要集中在经济方面，侧重防范其在"钱"的方面出问题，而对其他方面比如事权、人权、品德修养方面的规定或是没有，或是有了也较原则，粗线条，弹性空间大，不利于操作。三是时间、空间缺位。针对工作时间、工作场所的纪律规定多，对八小时以外的监督制度基本空白。四是执行缺位。制度执行不到位，有规不依。[①] 从评价和责任追究机制看，一些地方、部门和单位执行制度仅依靠当事人的思想觉悟，没有形成奖优罚劣的评价和责任追究机制，不可能取得好的执行效果。如一些单位出台了"中午禁酒令"，由于没有明确责任主体、惩戒措施，对于谁去检查、怎么检查、查出来怎么处理等没有明确的规定，多数未达到预期的执行效果。

其三，主观因素——相关制度主体责任的缺位。

主要是制度主体在制度的设置、执行和落实环节上的责任缺位，这是导致制度执行不力的主观原因。从制度设置看，主体缺位。制度设置作为一门科学，其主体不仅仅是制度的执行者，还包括制度的制定者、监督者和评价者，他们对制度的设计和执行都应负起相应的责任。目前，只有制度的执行者成为制度建设的唯一责任者，而其他各方都不能很好地担负起自己应有的责任。从制度执行看，执行意识薄弱。一是"无所谓"意识。有的人把反腐倡廉制度当成是"软件"和摆设，认为只要自己不严重违法乱纪，执不执行无所谓。二是"吃亏"意识。有的人认为，执行法规制度太认真到头来只能是自己吃亏，得不偿失。三是"对立"意识。有的认为"水至清则无鱼"，反腐倡廉制度执行过严会影响环境，不利于工作的开展。从制度落实看，制度建设的个别环节存在着"重立制、轻宣传，重运用、轻教育"的现象。主要表现为对反腐倡廉制度宣传教育重视不够，机制不健全，制度教育内容不到位，教育形式单一，缺少新思路新办法。[②]

其四，决定因素——有些领导干部言行的失范。

主要是少数领导干部，甚至个别高级领导干部带头违反制度，这是制度

① 杨根乔：《县（区）"一把手"权力监督问题调查与思考》，《当代世界与社会主义》2009(3)。

② 翔宇：《应进一步重视法规制度的宣传教育》，《中国监察》2008(6)。

执行不力的决定因素。从一些领导干部实际执行情况看，一是言行不统一。一方面一些领导干部自己也反感“权大于法”的做法，另一方面自己却干着“权大于法”的事情。他们可以对别人的行贿受贿表现出“深恶痛绝”之状，在小会大会等各种场合大讲特讲反腐败，好像很廉政的样子，而在背地里却做了许多违法乱纪的事情，甚至贪得无厌地侵吞国家钱财。① 二是言行被扭曲。在制度执行中往往存在着一种悖反现象：一些领导人对执行某些制度采取敷衍塞责的态度和行为，却能从中“受益”；不遵守这一“潜规则”的领导人，可能陷入孤立无助、进而影响班子团结的尴尬境地。于是，出于现实的考虑，一些领导干部无奈地睁一只眼，闭一只眼，使廉政制度的执行打了水漂。三是言行严重错位。一些领导干部甚至是“一把手”，认为本地区、部门和单位出台的制度“只管别人、不管自己”，不仅没有当好执行制度的表率，而且成为破坏制度的带头人。这些都使制度的权威性和威慑力大大下降，导致制度的制定与执行脱轨，形成两张皮。

其五，根本因素——经济利益的驱动。

主要是严格执行和落实制度会使一些既得利益者的经济利益受损，这是制度执行不力的一个根本诱因。当前，随着我国社会主义市场经济的深入发展，利益分配方式也发生了很大的变化，原有的利益平衡结构发生了重大转变，形成了不同的利益群体，甚至出现了强势利益集团和弱势群体。如果在深化改革过程中实行制度管束使一些人让出部分利益，甚至放弃一些本来就不当的既得利益，这些人就会以种种借口和理由阻挠制度的执行。② 这种情况在反腐倡廉制度执行过程中也同样存在，一些党员干部甚至领导干部或是通过不合理、不正当、不合法的手段和途径获取物质财富，或是为了求得新的利益平衡，利用手中掌握的公共权力借助于市场这个中介，进行权钱交易等腐败活动。如，在干部任用方面，越是公平、公正、公开，一些领导干部搞“暗箱操作”的余地就会越小，因此就会对“公开选拔”“全委会投票选举”等改革措施态度不积极，从而采取种种变通手法，使干部选任的严格程序变为走形式。

三、强化反腐倡廉制度执行力的对策建议

深入推进反腐倡廉建设，必须以改革的思路和创新的办法，切实提高反腐倡廉制度执行力，保证反腐倡廉各项制度落到实处，不断提高反腐倡廉建

---

① 王雅娟：《关于反腐倡廉制度建设的几点思考》，《中共乌鲁木齐市委党校学报》第1期，2008年3月。

② 杨桃源：《共担改革成本　共享改革成果》，《瞭望》，2010(11)。

设科学化水平。为此,必须针对影响制度执行的"软肋"和薄弱环节,坚持多措并举,切实提高制度的执行力,强化制度的约束力。

1. 提高反腐倡廉制度设置的科学性。在推进反腐倡廉制度创新中,按照系统性、前瞻性、针对性和可操作性要求加强制度设计。一是建立健全反腐倡廉的教育、监督、预防、惩治等各项制度,同时,还要注意抓好法规制度的系统配套,既重视基本法规制度建设,又重视具体实施细则完善;既重视实体性制度建设,又重视程序性制度配套;既重视党内法规制度建设,又注意与国家法律法规的协调配合;既重视中央立法,又重视地方立法,做到系统推进制度创新。二是必须坚持解放思想、与时俱进,以改革创新精神加强反腐倡廉制度建设理论研究,积极借鉴国外防治腐败有益经验,认真总结实践中的有效做法,在推进反腐倡廉制度创新中,不断增强前瞻意识和预见意识,在制度设计中提高预见性和强化弹性,从而使反腐倡廉制度保持动态适应社会发展的前瞻性和预见性。三是增强针对性,一套适用的制度体系,从实施的角度看,应该紧紧围绕党和国家党风廉政建设的大政方针来制定;从服务的角度看,应该紧紧围绕政治、经济、社会各领域和各行业改革发展的需要来制定;从实践的角度看,应该紧紧围绕建立健全腐败现象易发多发的重点领域和关键环节来制定;从具体操作的角度看,应该紧紧围绕人民群众呼声最高、最为关切的问题来制定。四是对那些过于原则化的制度,要制定实施细则,细化具体操作;对那些过于复杂繁琐的制度,删繁就简,着力简明易行,对照条款就能执行;对已有制度制订和完善配套的奖惩措施,重在考核落实上下工夫。

2. 落实相关制度主体所履行的职责。各级党委是反腐倡廉制度建设的责任主体,必须坚持对强化反腐倡廉制度执行力的统一领导,各地方、部门和单位要紧密联系实际,研究确定强化反腐倡廉制度执行力的总体思路、目标任务、重点领域、关键环节和方法步骤,做到层次清晰、各有侧重、相互衔接。要发挥纪委在协助党委组织协调反腐倡廉制度执行力方面的职能作用,坚决纠正以文件代替贯彻、以会议代替落实、把制度停留在纸上嘴上的形式主义,严肃查处执行制度不力的行为。要通过加强制度宣传教育,切实增强广大党员干部制度意识,自觉用制度约束自己的言行,把制度转化为行为准则与自觉行动,提高用制度管权、按制度办事、靠制度管人的自觉性,毫不妥协地同一切违反制度的现象作斗争。要切实解决群众反映强烈的突出问题,提高执行制度的透明度和公信力,充分调动广大人民群众作为制度的监督者和评价者参与反腐败斗争的积极性、主动性,营造以遵守制度为荣、以违反制度为耻的浓厚社会氛围。

3. 完善反腐倡廉制度执行力的保障机制。这是遏制制度执行"运行递减”现象漫延的关键。一是建立责任机制。明确各级公务人员特别是领导干部在落实反腐倡廉制度中的责任，综合运用通报批评、纪律处分、组织处理等手段，对违反制度规定的行为实施严格的责任追究，做到检查有记录、查处有依据、结果有通报，切实增强反腐倡廉制度的执行力。上级“一把手”严格管好下级“一把手”反腐倡廉制度的执行，单位和下属违反制度或者执行制度不力，应追究领导班子成员特别是“一把手”的责任。二是建立奖惩机制。建议把能否维护、落实反腐倡廉制度，作为国家工作人员评优、晋级、升职的重要依据，把是否注重制度、是否按制度办事、是否善于制度创新，作为评价干部的一项标准，与干部的提拔任用挂钩。结合我省惩防体系建设，设立具体考核奖项，实行奖优罚劣。三是建立监督检查机制。定期或不定期对反腐倡廉制度执行情况进行监督检查，尤其要加强对各级“一把手”贯彻执行制度情况的监督检查，在其签订的党风廉政建设责任书中，明确制度建设和制度执行方面的重点内容，作为年度考评依据。四是建立反馈评价机制。通过多种渠道定期对制度执行情况开展调查研究，了解掌握制度设计的优劣和执行中出现的问题，不断实现制度的优胜劣汰。

4. 发挥领导机关和领导干部在提升制度执行力中的表率作用。对于领导机关和领导干部来说，提升制度执行力必须“两手抓”：一手抓制度执行的组织领导，一手抓领导干部表率作用的发挥。对于前者，主要是领导机关主动抓，就是要强化执行制度情况的监督检查，健全执行制度成效的责任制和问责制，确保制度行得通、管得住、用得好。对于后者，主要是领导干部带头做，在制度执行上做到有资格教育别人、有底气监督别人、有胆量处罚别人、有能力带好队伍。首先，领导干部要有“制度面前人人平等”的信念。“制度面前没有特权，制度约束没有例外”，领导干部要以“先于”、“高于”、“严于”一般干部的标准要求自己，带头学习、严格执行、自觉维护、率先垂范。其次，要有“敬畏制度”的心理。制度执行效果，在一定程度上取决于执行者的内在素质。必须以党性党风党纪教育为重点，大力弘扬党的优良传统，继续引导领导干部讲党性、重品行、作表率，打牢领导干部遵纪守法的思想基础。再者，要坚决查处“有令不行、有禁不止”的行为。杜绝“制度千万条，不如领导的批条；制度原则的话，不如领导的半句话”的现象，领导干部必须认认真真、规规矩矩“从我做起”。要对“我行我素，随意变通，恶意规避”的行为，发现一起查处一起，决不姑息迁就。

5. 加快推进与经济社会发展相适应的政治体制改革。一是加快经济体制改革的步伐。要积极推进行政审批制度、财政管理制度、投资体制、国有资产经营管理体制、金融体制等改革，切实转变政府职能，减少行政权力对微观经济活动的直接干预;建立健全建设项目招标投标,经营性土地、工业用地和探矿权、采矿权出让,以及产权交易、政府采购等制度,最大限度地发挥市场在资源配置中的基础性作用,减少腐败行为滋生的机会和空间。二是按照政治体制改革的总体部署深化干部人事制度改革。要坚持"德才兼备、以德为先",用严格的标准选人用人。要坚持五湖四海,用宽阔的视野选人用人。要坚持群众公认,用科学的办法选人用人。要坚持严格规范,用管用的制度选人用人,真正把那些政治靠得住、工作有本事、作风过得硬、群众信得过的干部选拔出来,为提高制度执行力提供坚强组织保证。三是加强党内民主制度建设。当前,要从我省实际出发,以落实和保障党员选举权、知情权、参与权和监督权"四权"为重点,大力推进党内民主制度建设,从而充分发挥各级党组织和广大党员的积极性、主动性和创造性,为强化反腐倡廉制度执行力提供强大的内在动力。此外,要继续认真落实惩防体系工作规划,巩固我省"反腐倡廉制度建设推进年"活动的成果,以党风廉政建设和反腐败斗争的新成效取信于民,提升制度执行力。

6. 筑牢反腐倡廉制度建设的文化基础。加强廉政文化建设,是开展党风廉政建设和反腐败斗争的思想保障和文化支撑,也是推进反腐倡廉制度建设、强化制度执行力的文化基础。进一步发挥制度在反腐倡廉建设中的作用,需要采取有效举措加强廉政文化建设,尤其需要全社会的广泛参与,调动社会各界共同参与的积极性和主动性。要强化领导干部秉公用权、廉洁从政的价值理念,培育公民廉荣贪耻、诚实守信的道德观念,增强全社会大力支持、有序参与反腐倡廉建设的责任意识。通过生动活泼的形式,使廉政文化渗透于社会各个领域。结合群众性精神文明创建活动,推动廉政文化进机关、社区、学校、农村、企业、家庭,引导广大干部群众在参与中自觉增强廉洁意识,从而在广大党员干部以及全体公民中营造起一种崇尚廉政、褒扬廉政、以廉为荣、以贪为耻的社会氛围。

第二专题

转型安徽中的经济崛起

芜湖跨江发展的区域经济学分析*

胡　艳　张　玉　闫化强**

摘　要：本文认为皖江示范区"合—芜双核模式"的形成有其必然性，是安徽经济发展的最佳选择。但目前芜湖经济实力与合肥相比，尚有不小的差距，作为皖江城市带的"双核"，两市发展不均衡，实力不对称。芜湖只有通过跨江发展建设大芜湖，才能成长为与合肥经济体量相当的、与合肥齐头并进的双核增长极，拉动全省经济在"十二五"时期的快速发展。不仅如此，安徽其他沿江城市也应统筹规划，联动开发，协调发展，推进长江大动脉皖江段进入发展的快车道，成为区域成长的"领头羊"。

关键词：皖江示范区；增长极；双核模式；跨江发展

一、皖江东段城市圈的崛起是区域经济发展的必然

1. 皖江东段城市圈以其天时地利和发展实力成为安徽第一增长极

2010年1月12日，"皖江城市带承接产业转移示范区"正式获得国务院批准，示范区将涵括合肥、马鞍山、芜湖、铜陵、安庆、池州、宣城、滁州、巢湖9市全境和六安市金安区、舒城县，总面积5.6万平方公里，占安徽总面积的40.3%，2008年规划区总人口3058万人，经济总量(GDP)5818亿元，分别占全省的45%和66%。

在皖江城市带示范区中，以合肥、芜湖、马鞍山、铜陵四市组成的皖江东段城市圈，较之于区内其他城市，无论是人均收入还是工业化城市化水平明显要高。其中合肥—芜湖作为皖江示范区的"双核"，发展尤其突飞猛进。皖江东段城市圈以其天时地利和发展实力成为安徽第一增长极。

所谓天时地利就是发展机遇和区位优势的叠加。当前，皖江东段城市圈

* 本文为荣兆梓教授主持的《区域增长极视角的芜湖跨江发展研究报告》的子课题内容。

** 胡艳，安徽大学经济学院教授；张玉、闫化强为区域经济学研究生。

面临的机遇，既有国际产业转移浪潮带来的，也有国家实施“中部崛起”的政策机遇。《皖江城市带承接产业转移示范区规划》是安徽省迄今为止第一个进入国家层面的规划，皖江示范区也是国家第一个专门承接产业转移的示范区。根据《规划》，安徽省将选择一批区位、交通和产业基础较好的开发区先行先试；培育一批功能明确、特色鲜明的承接产业转移园区。加快皖江两岸城镇和北岸交通设施建设，推进开发区和工业园区基础设施建设。加强与长三角地区产业园区的对接，建立合作发展的有效机制。显然，皖江东段城市圈将担当先行先试的重任。再从区位优势看，沿江的马鞍山、芜湖、铜陵、池州、安庆等市，通过长江“黄金水道”推进融入长三角，特别是马、芜、铜等城市，实际上已成为“长三角”城市经济圈的延伸区，而合肥、马鞍山在2010年正式成为长三角城市协调会的成员，这也就意味着两市跨入世界第六大城市群的行列，有更多的机会参与国际竞争和区域经济合作。

皖江东段城市圈通过积极承接长三角产业转移，接受长三角经济辐射，经济实力显著提升，其工业已经全面融入长三角经济体系，后发优势明显。在承接的产业中，主要有能源、汽车零部件及装备制造、农副产品深加工、建材及新材料、医药化工、电子元器件等，其中85%以上都与我省重点发展的八大产业基本相符。在合芜滁家电工业走廊，围绕美菱、美的、荣事达、海尔、三洋、长虹、日立等品牌家电生产企业，承接国际国内家电生产及配套企业的转移；沿合芜滁马汽车工业走廊和安庆等汽车零部件产业集聚地，建设汽车及零部件生产基地，承接汽车产业链企业的转移，壮大我省汽车产业集群。

根据《安徽省汽车产业调整和振兴规划》，到2011年，我省汽车产业实现工业增加值250亿元，产量达到100万辆，在全国的位次上升1至2位；汽车出口占总产销量的20%左右，1.5升以下排量乘用车占总产销量的50%以上。到2020年，实现工业增加值1000亿元，产量达300万辆，确保自主品牌车全国第1的位次，力争进入世界前10位；力争中高档乘用车占总产量的三分之一以上；通过联合重组和调整，培育1个具有100万辆产销规模的大型汽车整车制造企业集团，2至4个具有国内先进水平的汽车零部件生产企业集团，5至7个汽车产业集群。目前全省汽车整车制造业已经形成江淮、安凯、昌河、奇瑞、长丰扬子五大生产集中地，均在皖江东段城市圈内。

2. 皖江东段城市圈的率先崛起符合区域经济开发规律

皖江示范区的确立，皖江东段城市圈的崛起既是区域经济发展的迫切需要，也是区域经济发展的必然。

按照点轴开发模式,点、线、面是构成区域的要素,因此,从区域经济开发模式看,若按点、线、面等要素来划分,就形成区域由低到高在不同发展阶段的开发模式。相应的演进时序为:增长极开发模式(壮大中心城镇经济,进行"点辐射");线——沿轴线开发模式,又称发展轴模式(发展交通通道经济和江河流域经济,进行"线辐射"),发展轴理论与增长极理论融合而成点轴开发模式(增长极与交通干线结合而成"点轴");面——发达区域若干点轴交织而成的网络开发模式(形成高密度开发的区域板块,进行"面辐射",消除"核心—外围"的区域二元结构,最终实现城乡一体化和区域均衡发展)。

点轴开发模式作为一种区域非均衡发展理论,适用于欠发达的区域开发。点轴开发模式的基本内容就是在全国或地区范围内,确定生产、位置、资源好的重要干线作为重点开发轴;在发展轴上,确定重点发展的中心城市作为增长极;确定中心城镇和发展轴上的等级体系,以便为未来区域发展到较高阶段的网络开发奠定基础。安徽按照这一模式走非均衡发展道路,首先要确定安徽境内的发展轴和增长极。无疑,从区位条件、资源禀赋和发展基础来看,与长三角无缝对接、同时又在国家重点开发的"T"字形(长江与沿海交叉)布局上的皖江城市带应是安徽的重点发展地区。

因此,将皖江城市带承接产业转移示范区上升到国家战略层面,既是顺应区域经济发展规律和安徽跨越式发展的需要,也是实现国家中部崛起战略和区域协调发展的必要途径,更是积极参与国际竞争、应对全球化挑战的迫切要求。皖江地区成为承接长三角产业转移的示范区和中部与东部对接的"桥头堡"。而皖江东段城市圈则以其独特的区位优势和发展基础,率先发展,成为安徽经济第一增长极。皖江开发将"点线结合,双核联动,带动全面",即通过"点辐射—线辐射—面辐射"连线连片发展,最终形成以皖江为轴线,以各城市为节点的网络开发格局,带动长江中游地区协调发展,促进中部崛起。

二、皖江东段城市圈第一增长极地位的实证研究

皖江示范区成为安徽省的先发地区和增长极,但示范区内各市发展也呈现梯度差异。合马芜铜作为皖江东段城市群的主体部分,各项经济指标遥遥领先,已然成为皖江城市带的"领头雁"和第一增长极,其中合肥—芜湖是增长极核。我们通过对安徽 17 个地级市地区生产总值、人均生产总值、地均生产总值等静态指标以及增长速度这一动态指标的测算,验证了这一经验判断。

1. 静态指标分析

表 1　2009 年安徽 17 个地级市 GDP、人均 GDP、地均 GDP

地级市	GDP(亿元)	人均 GDP(元)	地均 GDP（万元/平方公里）
合肥	2102. 13	42775. 83	2893. 10
淮北	371. 87	17078. 30	1364. 66
亳州	431. 91	7235. 52	506. 78
宿州	514. 7	8103. 12	525. 90
蚌埠	532. 09	14753. 92	899. 26
阜阳	607. 81	6075. 08	621. 80
淮南	508. 77	20978. 80	1959. 52
滁州	576. 18	12796. 82	411. 94
六安	563. 72	7985. 93	313. 60
马鞍山	666. 49	51822. 04	3953. 08
巢湖	529. 59	11547. 98	562. 02
芜湖	888. 42	38610. 56	2678. 38
宣城	432. 76	15579. 65	350. 70
铜陵	343. 66	46445. 56	3087. 69
池州	245. 59	15361. 14	296. 90
安庆	796. 13	12926. 64	517. 03
黄山	266. 97	17965. 28	272. 22

（数据来源:通过 2010 年安徽统计年鉴计算所得）

表 2　2009 年安徽 17 个地级市 GDP 按降序分组

GDP 分组	城市
第一组(600 亿元以上)	合肥、阜阳、马鞍山、芜湖、安庆
第二组(500 亿～600 亿元)	宿州、蚌埠、淮南、滁州、六安、巢湖
第三组(400 亿～500 亿元)	亳州、宣城、
第四组(400 亿元以下)	淮北、铜陵、池州、黄山

表 3　2009 年安徽 17 个地级市人均 GDP 按降序分组

人均 GDP 分组	城市
第一组(20000 元以上)	合肥、淮南、马鞍山、芜湖、铜陵
第二组(15000～20000 元)	淮北、宣城、池州、黄山
第三组(10000～15000 元)	蚌埠、滁州、巢湖、安庆
第四组(10000 元以下)	亳州、宿州、阜阳、六安

2009年阜阳、安庆GDP总量超过600亿元,位列第一梯队,但人均GDP阜阳倒数第一,只有6075元,安庆为12926元,与该梯队其他城市相比,差距甚大,阜阳只有合肥的1/7,不到马鞍山的1/8。安庆也只不过是合肥的1/4多点。

表4　2009年安徽17个地级市地均GDP按降序分组

地均GDP分组	城市
第一组(2000万元/平方公里以上)	合肥、马鞍山、芜湖、铜陵
第二组(1000~2000万元/平方公里)	淮北、淮南
第三组(500~1000万元/平方公里)	亳州、宿州、蚌埠、阜阳、巢湖、安庆
第四组(500万元/平方公里以下)	滁州、六安、宣城、池州、黄山

从表4和下面地均GDP图可以看出,作为第一梯队的合肥、马鞍山、芜湖、铜陵地均GDP是第四组滁州、六安、宣城、池州、黄山的4倍。经济集中度和聚集力明显高于其他地方。

2. 动态指标分析

表5　安徽17个地级市近五年GDP增长速度

地区	2005年	2006年	2007年	2008年	2009年	2004—2009年平均速度
合肥市	44.75%	25.81%	24.24%	24.78%	26.27%	28.95%
淮北市	23.59%	7.53%	15.34%	34.69%	6.52%	17.07%
亳州市	17.97%	12.73%	14.91%	17.76%	6.85%	13.97%
宿州市	12.13%	14.71%	18.36%	20.28%	0.70%	13.02%
蚌埠市	18.08%	15.32%	14.78%	18.03%	9.40%	15.08%
阜阳市	23.28%	16.56%	22.22%	17.05%	12.29%	18.21%
淮南市	22.90%	14.56%	18.79%	26.46%	12.16%	18.86%
滁州市	-7.75%	13.48%	19.24%	17.16%	10.78%	10.13%
六安市	23.60%	13.92%	23.43%	21.40%	5.58%	17.37%
马鞍山市	40.08%	15.49%	24.07%	19.58%	4.74%	20.25%
巢湖市	2.46%	14.08%	17.50%	18.46%	10.49%	12.44%
芜湖市	16.11%	19.74%	21.35%	28.78%	18.51%	20.82%
宣城市	6.73%	14.45%	16.97%	22.24%	5.14%	12.93%
铜陵市	33.15%	33.78%	17.77%	13.42%	5.64%	20.24%
池州市	19.20%	18.07%	20.36%	22.88%	27.65%	21.58%

（续表）

地区	2005 年	2006 年	2007 年	2008 年	2009 年	2004—2009 年平均速度
安庆市	9.60%	15.07%	20.05%	18.74%	12.97%	15.22%
黄山市	21.22%	17.20%	14.75%	16.15%	6.83%	15.13%

（数据来源：通过 2005—2010 年安徽统计年鉴计算所得）

表 6　2004—2009 年安徽 17 个地级市平均增长速度按降序分组

平均速度分组	城市
第一组（20% 以上）	合肥、马鞍山、芜湖、铜陵、池州
第二组（17%～20%）	淮北、阜阳、淮南、六安
第三组（14%～17%）	蚌埠、安庆、黄山
第四组（14% 以下）	亳州、宿州、滁州、巢湖、宣城

可见，合肥、马鞍山、芜湖、铜陵、池州沿江城市因其区位优势，明显受到苏浙沪地区产业转移加速的经济辐射影响，近 5 年经济增长速度显著提升，承接产业转移效果显现。

3. 合马芜铜四项指标综合分析

表 7　合马芜铜四市指标综合

指标	合肥	马鞍山	芜湖	铜陵
GDP 等级	第一组	第一组	第一组	第四组
人均 GDP 等级	第一组	第一组	第一组	第一组
地均 GDP 等级	第一组	第一组	第一组	第一组
分组速度等级	第一组	第一组	第一组	第一组

除了铜陵由于人口少，城市规模偏小，因而 GDP 总量指标位于第四组外，在人均 GDP 等级、地均 GDP 等级、各市经济平均增长速度等级的分组中，合马芜铜均位列第一组。

再从全省平均指标看，2009 年安徽人均 GDP 为 14810.18 元，合马芜铜加巢湖的人均 GDP 为 32763.37 元[①]（如果把巢湖排除在外，合马芜铜人均 GDP 更高）。

① 数据来源：2010 年安徽统计年鉴。

综上,以合马芜铜四市为代表的皖江东段城市群,在17个地级市中的发展处于领先地位,具有先发优势。作为安徽经济发展的先发区域,"十二五"时期安徽的第一增长极非此莫属。

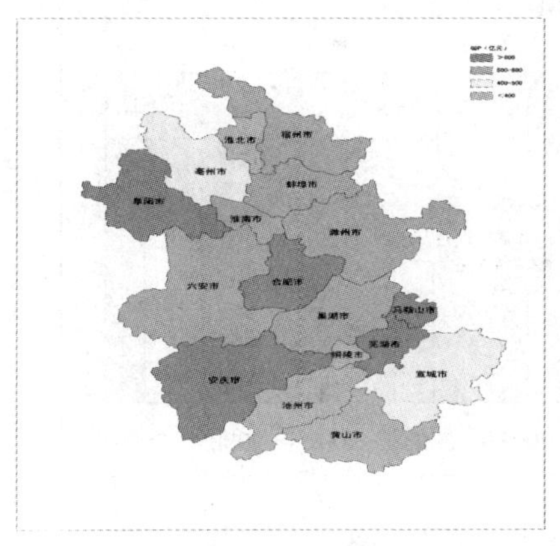

地区生产总值(2009年)

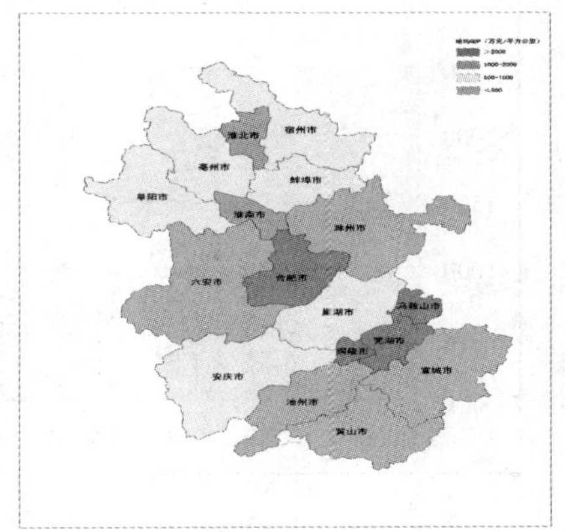

地均生产总值(2009年)

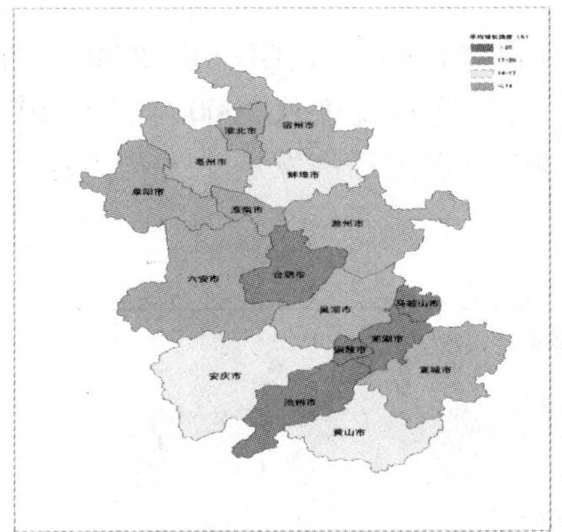

平均增长速度(2009年)

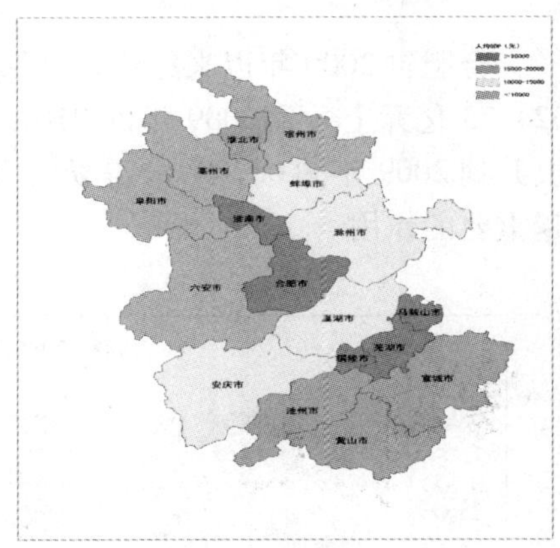

人均生产总值(2009年)

图1　合马芜铜四市指标综合

三、"合肥—芜湖双核模式"选择的必然

安徽"双核模式"的形成有其必要性和紧迫性:

1. 合肥"单核模式"难担重任

(1)纵向比较进步不小:合肥自身的发展比较

合肥作为安徽省会,有着其他城市无法企及的发展优势,进入21世纪以来,合肥的经济增长更加强劲,经济首位度不断提升。经济首位度代表一个

城市在所属区域的实力和地位,在一个省域范围内通常用第一大城市经济指标占全省的比重来表示经济首位度。本文主要采用 GDP 指标。

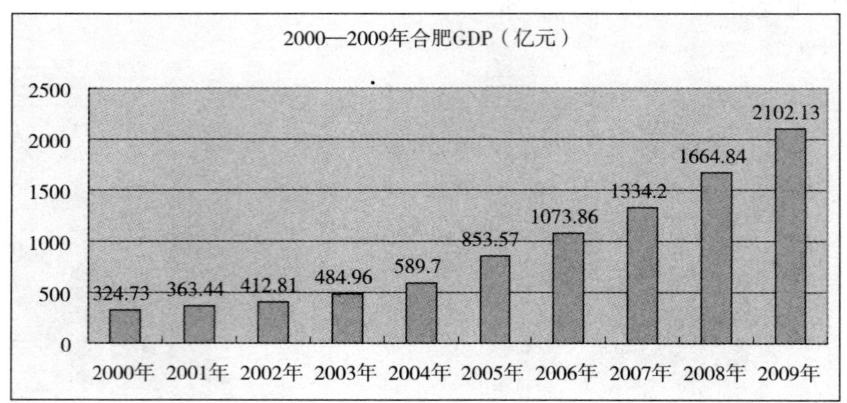

图 2　2000—2009 年合肥 GDP 变化图
（数据来源:2001—2010 年安徽统计年鉴）

合肥自 2000 年以来经济一直保持着高速增长的态势,GDP 由 2000 年的 324. 73 亿元上升到 2009 年的 2102. 13 亿元,经济首位度从 2000 年的 0. 107 上升到 2009 年的 0. 209,取得了巨大的成就,在安徽经济发展中发挥着越来越重要的作用。

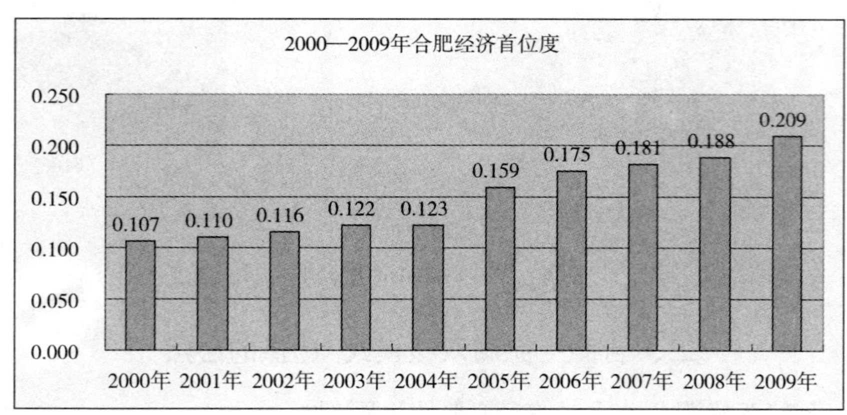

图 3　2000—2009 年合肥经济首位度变化图
（数据来源:2001—2010 年安徽统计年鉴）

(2)横向比较差距不少:合肥与其他省会城市比较

表8　2009 年全国省会城市 GDP

城市	GDP(亿元)	城市	GDP(亿元)
石家庄	3001	长沙	3745
太原	1545	广州	9138
呼和浩特	1644	南宁	1525
沈阳	4269	海口	490
长春	2849	成都	4503
哈尔滨	3175	贵阳	972
南京	4230	昆明	1809
杭州	5088	拉萨	163
合肥	2102	西安	2724
福州	2604	兰州	926
南昌	1838	西宁	501
济南	3351	银川	578
郑州	3308	乌鲁木齐	1095
武汉	4621		

(数据来源:2010 年中国安徽统计年鉴)

除直辖市、特别行政区和台湾外的全国 27 个省会城市 2009 年 GDP 的平均值为 2659.037 亿元,而合肥只有 2102 亿元,不到全国平均水平的 80%,与南京、杭州、广州、武汉、长沙、成都等大城市的差距仍然很大。

表9　2009 年全国省会城市经济首位度

城市	经济首位度	城市	经济首位度
石家庄	0.174	长沙	0.287
太原	0.210	广州	0.231
呼和浩特	0.169	南宁	0.197
沈阳	0.281	海口	0.296
长春	0.391	成都	0.318
哈尔滨	0.370	贵阳	0.248
南京	0.123	昆明	0.293

（续表）

城市	经济首位度	城市	经济首位度
杭州	0. 221	拉萨	0. 369
合肥	0. 209	西安	0. 333
福州	0. 213	兰州	0. 273
南昌	0. 240	西宁	0. 463
济南	0. 099	银川	0. 427
郑州	0. 170	乌鲁木齐	0. 256
武汉	0. 357		

（数据来源：通过2010年中国安徽统计年鉴计算所得）

以合肥的经济首位度为界限，将其他26个省会城市首位度分成两组：

第一组（首位度高于合肥）：太原、沈阳、长春、哈尔滨、杭州、福州、南昌、武汉、长沙、广州、海口、成都、贵阳、昆明、拉萨、西安、兰州、西宁、银川、乌鲁木齐

第二组（首位度低于合肥）：石家庄、呼和浩特、南京、济南、郑州、南宁

从中我们可以发现，经济首位度高于合肥的只有7个城市位于东部（沈阳、长春、哈尔滨、杭州、福州、广州、海口），并且与合肥的差距不是很大。其余13个城市都是中西部地区。首位度低于合肥的只有呼和浩特位于中西部地区，其余5个城市都是东部地区。从历史经验和实际情形来看，东部地区采用双核甚至多核模式居多，而广大的中西部地区采用单核模式居多，这其中很大一部分原因在于东部地区城镇化水平高，城镇密集，基本形成城市化地区，而西部地区城市密度低，城市数量有限，人口大多集中于少数大城市。

倘若安徽采用单核模式，由于合肥的首位度不高，其经济实力和城市规模远远不及武汉、长沙、成都等城市，甚至都低于沈阳、杭州、福州等双核模式省份的城市。较小的经济体量，决定了合肥有限的带动力，难以在全省区域范围内发挥增长极的扩散效应和辐射效应。

结论：作为首位城市，合肥的经济体量无论是在全国还是在中部，都是相对较小的，如果只把合肥作为单核增长极加以扶持，其对全省的支撑力显然不足，难以担当“领头雁”的重任。安徽只有实行双核发展模式才能有效聚集能量，发挥增长极的引领和带动作用。

2. 芜湖成为“双核”之一理所应当

皖江东段城市圈是安徽省“十二五”时期经济发展的第一增长极，芜湖作

为极核之一理所应当。

芜湖北与马鞍山市接壤,南与铜陵市毗邻,三市相距距离较小,文化、经济、社会相似,三市一直有构建统一都市圈域的设想,芜湖地处三市地理中心,又是经济规模和人口规模相对较大的城市,城市功能也比较综合,更有利构建为都市圈核心城市。毗邻长江三角洲的区域优势使其更易接受中心城市的辐射,利用区域资源,享受区域设施。

2010 年芜湖全市实现地区生产总值 1080 亿元(预计数,下同),比上年增长 17.5%;人均地区生产总值突破 7000 美元。全部工业销售收入达 2200 亿元,增长 35%。实现财政收入 200.7 亿元,增长 35.8%,其中地方财政收入 94.8 亿元,增长 36.6%。

表 10　马芜铜三市 2009 年经济数据比较

主要指标	马鞍山	芜湖	铜陵
GDP 总量(亿元)	665.9	902	343.7
土地面积(平方公里)	1686	3317	1113
固定资产投资(亿元)	546.1	900.7	282.9
人口(万)	128.6	230.1	74
财政收入(亿元)	122.31	147.78	70.06
GDP 增长速度	4.74%	18.51%	5.64%

(数据来源:2010 年芜湖统计年鉴)

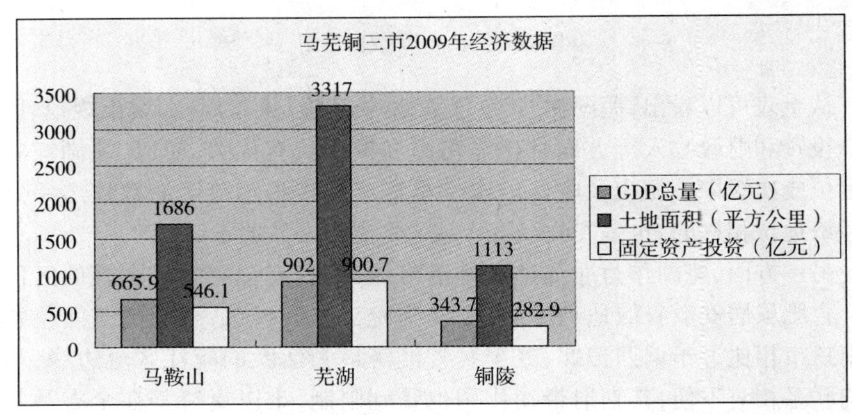

图 4　根据表 10 数据绘制

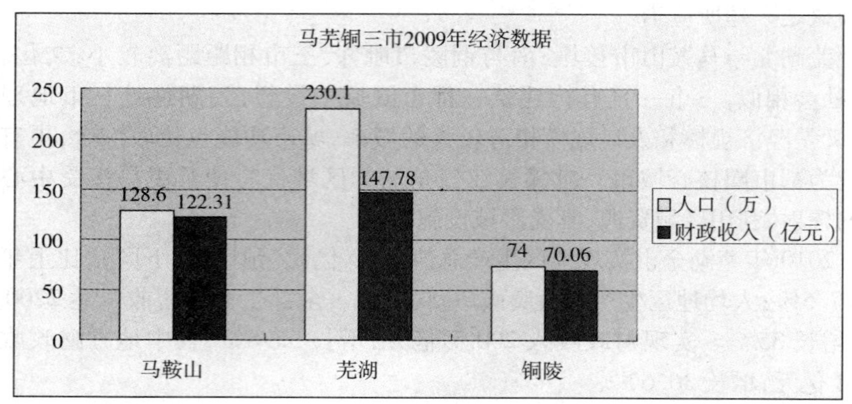

图5　根据表10数据绘制

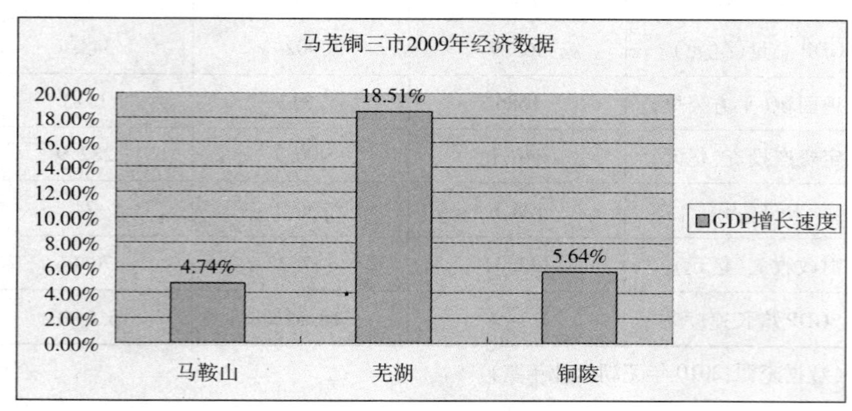

图6　根据表10数据绘制

从上表可以看出，芜湖在GDP总量、增长速度、人口规模、城市规模、固定资产投资和财政收入等方面都比马鞍山和铜陵具有优势，所以，芜湖被安徽省定位成次级中心城市及皖江城市带承接产业转移示范区的双核之一是与其经济地位相称的，也是安徽经济跨越式发展的必然要求。

另一方面，芜湖作为通江达海的港口城市，具有合肥难以企及的区位优势。合肥虽居安徽省域地理中心，但作为皖江东段城市，合肥的空间位置与江南三市相比过于偏西偏北，处于我省经济最为活跃的皖江区域边缘，与外界的联系相对不便，其辐射带动作用也受到限制，难以支持其在全省乃至更大区域中承担更多的功能，发挥更广阔的区域影响力。于是，建设环湖临江的现代化大城市，向巢湖发展、向长江拓展“出江口”成为合肥区域拓展的策略之一。而芜湖市具有良好的沿江港口条件,再加上芜湖长江大桥和合芜高速公路的建成,合肥与芜湖的空间距离变小。如果合肥与芜湖市构成港城关系,则合肥市的发展就可以部分依托芜湖市的发展,实现通江达海的目标。因此,芜湖与合肥的联动发展将成为“双核”扩张,进一步影响和带动全省发展。

结论:“合—芜双核模式”的形成有其必然性,是安徽经济发展的最佳选择。通过合肥—芜湖的双核驱动能够更好地发挥皖江东段城市群的辐射作用,形成南北呼应格局,从而拉动全省经济在“十二五”黄金期的快速发展。

四、合肥—芜湖双核实力的不对称需要芜湖超常规发展

1. 合肥—芜湖双核主要经济指标对比

芜湖近几年发展速度很快,基本能赶上合肥的发展步伐,特别是 2008 年增长速度竟然超过合肥 4 个百分点(见图 7)。但是总的看,芜湖与合肥相比,在很多主要经济指标上还是有较大差距(见表 11),特别是固定资产投资,合肥几乎是芜湖的 3 倍,说明投资驱动是合肥的第一推动力。而投资是需要有接纳空间的,就这点而言,芜湖城市发展的腹地空间远远不如合肥。合肥市辖 3 个县,分别为长丰县、肥东县、肥西县,3 个县共有人口 2828520 人,占地 6275 平方公里,2009 年 GDP 达到了 404.9 亿元。而芜湖市虽然也辖有 3 个县,分别为芜湖县、繁昌县、南陵县,但 3 县人口只有 1251738 人,土地面积 2597 平方公里,不足合肥 3 县一半,2009 年的 GDP 为 250.07 亿元。

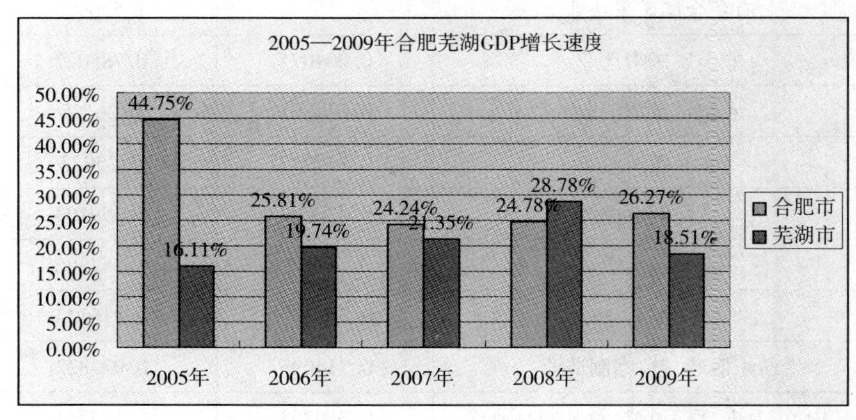

图 7

(数据来源:2005—2010 年安徽统计年鉴)

表 11　2009 年合肥、芜湖人口与主要经济指标比较

主要指标	合肥	芜湖
GDP 总量(亿元)	2102.1	902
GDP 增长速度	26.27%	18.51%
三次产业构成	5.17 : 52.57 : 42.26	4.6 : 62.7 : 32.7
人口(万)	491.4	230.1
固定资产投资(亿元)	2392.5	900.7
财政收入(亿元)	341.9	147.78

(数据来源:2010 年芜湖统计年鉴)

2. 合肥与芜湖两市的比较优势产业

通常用区位商表示产业或行业的专业化程度,区位商大小也可以反映一个区域的产业相对比较优势。区位商大于 1,一般而言,该产业在该地区具有较高的专业化水平和地区比较优势;大于 2,则说明该产业具备成为区域主导产业的潜在优势。

表 12　2009 年合肥、芜湖主要行业专业化程度(区位商)

行业	合肥	芜湖
煤炭开采和洗选业		
黑色金属矿采选业	0.001937	1.879448
有色金属矿采选业		1.590986
非金属矿采选业	0.004091	0.785027
农副食品加工业	0.644861	0.26145
食品制造业	0.845932	0.35977
饮料制造业	0.426642	0.159103
烟草制品业	1.13553	2.152396
纺织业	0.397269	0.816124
纺织服装、鞋、帽制造业	0.714096	0.923822
皮革、毛皮、羽毛(绒)及其制品业	0.360204	0.123781
木材加工及木、竹、藤、棕、草制品业	0.081361	0.776095
家具制造业	2.237694	0.305007

（续表）

行业	合肥	芜湖
造纸及纸制品业	0.818575	0.422393
印刷业和记录媒介的复制	1.938279	0.107056
文教体育用品制造业	0.632721	0.527117
石油加工、炼焦及核燃料加工业	0.120337	0.153884
化学原料及化学制品制造业	0.897077	0.311118
医药制造业	0.512888	0.651424
化学纤维制造业		
橡胶制品业	2.118382	0.333718
塑料制品业	1.54559	1.719029
非金属矿物制品业	0.636121	1.230525
黑色金属冶炼及压延加工业	0.559431	1.302547
有色金属冶炼及压延加工业	0.009816	1.018479
金属制品业	1.835848	0.63007
通用设备制造业	1.310152	1.300124
专用设备制造业	2.937665	0.254683
交通运输设备制造业	1.58264	3.282849
电气机械及器材制造业	2.182792	1.170473
通信设备、计算机及其他电子设备制造业	2.498661	0.324887
仪器仪表及文化、办公用机械制造业	1.028777	3.23662
工艺品及其他制造业	0.580757	0.076599
废弃资源和废旧材料回收加工业	0.000263	0.457114
电力、热力的生产和供应业	0.597191	0.450965
燃气生产和供应业	0.885485	1.583493
水的生产和供应业	1.681979	0.661742

（数据来源：2010 年安徽省、合肥市、芜湖市统计年鉴）

从上表得出芜湖的区位商大于1,具有比较优势的产业有:黑色金属矿采选业,有色金属矿采选业,烟草制品业,塑料制品业,非金属矿物制品业,黑色金属冶炼及压延加工业,有色金属冶炼及压延加工业,通用设备制造业,交通运输设备制造业,电气机械及器材制造业,仪器仪表及文化、办公用机械制造业,燃气生产和供应业12个。

芜湖区位商大于2,有可能成为主导产业的行业有:交通运输设备制造业,烟草制品业,仪器仪表及文化办公用机械制造业。

合肥市的区位商大于1,具有比较优势的产业有:烟草制品业,家具制造业,印刷业和记录媒介的复制,橡胶制品业,塑料制品业,金属制品业,通用设备制造业,专用设备制造业,交通运输设备制造业,电气机械及器材制造业,通信设备、计算机及其他电子设备制造业,仪器仪表及文化、办公用机械制造业,水的生产和供应业12个。

合肥区位商大于2,有可能成为主导产业的行业有:家具制造业、橡胶制品业、专用设备制造业、电气机械及器材制造业、通信设备、计算机及其他电子设备制造业。此项与芜湖没有重合的产业,说明两地主导产业各具特点,各有优势,并且能够实现很大程度上的产业互补。

合肥芜湖区位商都大于1的产业有:烟草制品业,塑料制品业,通用设备制造业,交通运输设备制造业,电气机械及器材制造业,仪器仪表及文化、办公用机械制造业6个。对于合肥与芜湖都具有优势的同类产业可以进行水平分工合作,避免产业同构与过度的竞争压力,从而真正实现合肥—芜湖双核的产业互动。

3. 合肥与芜湖两市的"十二五"规划目标对比

芜湖"十二五"规划:努力实现"12861"发展目标,即"十二五"期间,累计完成社会固定资产投资1万亿元;到2015年,地区生产总值达到2800亿元;工业销售收入突破6000亿元;人均地区生产总值超过10万元。努力打造汽车、材料、光电、家电4个销售收入千亿元产业,奇瑞、海螺2个千亿元企业,新兴铸管、美的集团、三安光电等一批过百亿元企业。

合肥"十二五"规划:固定资产投资5年累计达到2.5万亿元,地区生产总值突破6000亿元、人均GDP达到15000美元并进入全国省会城市前十,规模以上工业总产值突破12000亿元。努力打造新型平板显示、新能源、家电等3个两千亿级产业,汽车、装备制造、食品和农产品加工等3个千亿级产业,两至三家产值超500亿和30家产值超百亿的企业集团。

由此可以看出:目前芜湖经济实力与合肥相比,尚有不小的差距,作为皖江城市带的"双核",两市发展不均衡,实力不对称。如果按照现有规划常规发展,芜湖要想改变目前与合肥"一大一小"不对称的两核格局具有很大难度。只有通过超常规发展,才能成长为与合肥经济体量相当的、与合肥齐头并进的双核增长极。

五、芜湖超常规发展的困境与突破

1. 芜湖超常规发展的困境

(1)要素制约

——土地制约。在经济学理论中,土地一直是基本生产要素之一,对社会经济的发展起着重要的作用。芜湖市土地总面积为3317平方公里,在全省17个地级市中排名13位;在有限的土地上,有一半被丘陵和水面覆盖,素有"半城山半城水"之说,土地资源相当紧张。芜湖要想超常规发展,土地供给问题日益突出,必须得到有效的解决,否则会直接影响芜湖的发展进程。

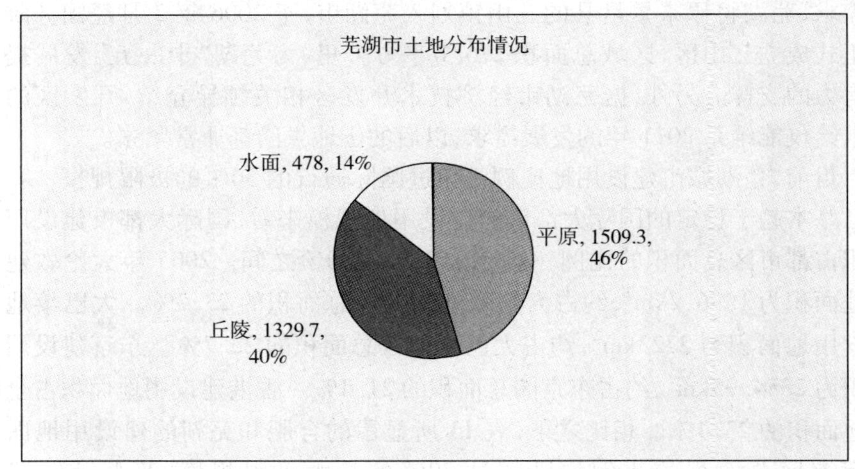

图8 芜湖市土地资源分布 单位:平方公里

(数据来源:根据2010年芜湖统计年鉴计算所得)

芜湖市区面积763.7平方公里,其中城市建设用地198.03平方公里,居住用地、绿地和工业用地占比分列前三(见图9)。芜湖市向来注重生态芜湖建设,正着力将芜湖打造成为宜业宜游宜居的现代化城市,提高人居环境质量。到"十二五"末,全市森林覆盖率提高到23%,城市绿化覆盖率提高到41%。因此,必须要有相当面积的城市绿化用地。此外,休闲娱乐用地,文化和教育设施用地、交通用地、停车场等需求用地也日益增长。这些都会挤压工业用地,使得土地资源更加紧张。

"十一五"初期,制约芜湖发展的土地问题就已显现,为满足城市发展用

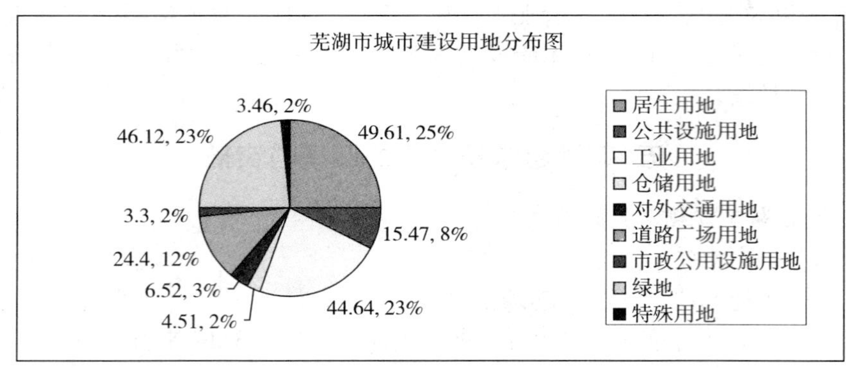

图 9　芜湖市城市建设用地分布　单位:平方公里

(数据来源:根据 2010 年芜湖统计年鉴计算所得)

地需求,芜湖将原来繁昌县的三山镇划入芜湖市,于 2006 年 2 月经国务院批准正式成立三山区,区域总面积 276.1 平方公里,为芜湖"十一五"发展提供了有力的支撑。另外,据芜湖市经济技术开发区相关领导介绍,开发区的土地供给仅能维系 2011 年的发展需求,以后的土地供给都非常紧张。

目前,芜湖城市建设用地比例已超过国际通行的 30% 的极限规模。我们从已基本趋于稳定的国际大都市的建设用地规模来看,国际大都市建设用地面积占都市区总面积的比例一般介于 20% ~30% 之间。2005 年大伦敦建设用地面积为 1596.2km^2,约占大伦敦规划区域总面积的 23.7%。大巴黎地区建设用地面积为 2723km^2,约占大巴黎地区总面积的 22.7%。东京建设用地面积为 2854.95km^2,约占东京圈总面积的 21.4%。香港建设用地面积占全港土地面积的 23.4%。相比之下,表 13 所显示的合肥和芜湖的建设用地面积占都市区总面积的比例均已超过 30% 的最大极限规模,芜湖已经接近 40% 了。

表 13　合肥、芜湖建设用地比例

地区	城市面积(平方公里)	城市建设用地(平方公里)	比重
合肥	838.52	305.03	0.363772
芜湖	497.61	198.03	0.397962

(数据来源:2010 年合肥、芜湖统计年鉴)

由于工业化和人口城市化是影响建设用地规模变动的基础因素,因此,建设用地规模的变化过程与工业化和城市化进程基本一致。伴随芜湖日益快速的工业化和城市化进程,土地问题将成为芜湖发展的最大制约因素。

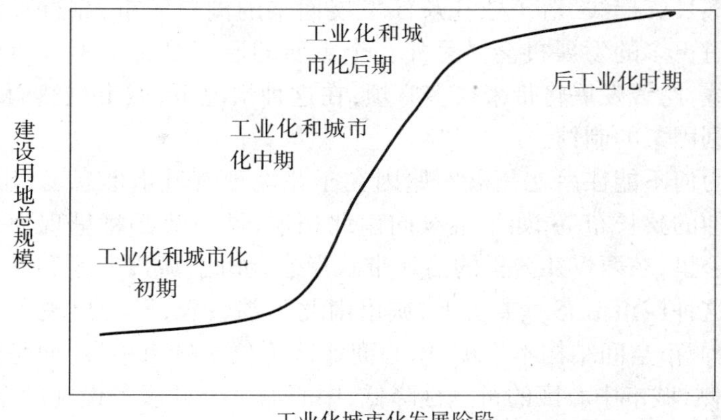

图 10 工业化和城市化发展阶段与城市用地总规模变化

——劳动力制约。芜湖市传统产业在产业结构中仍然占有较大比重,船舶制造业和纺织服装业等劳动密集型产业对劳动力的需求量大。据三山区有关领导介绍,三山区目前上项目的最大制约瓶颈就是劳动力,整个三山区的用工需求高达 8 万人,光靠芜湖本地来解决庞大的用工需求根本不现实。三山区的劳动力需求情况是整个芜湖市的一个缩影,2009 年芜湖市人口为 230,0977 人,其中劳动力资源人数为 169,8585,但当年新增加的劳动力只有 29088 人,很难满足芜湖的劳动力需求。此外,芜湖市 2009 全年迁出 37485 人,而迁入只有 28124 人,净迁出 9361 人。

——人力资本制约。"十二五"期间,芜湖着力培育节能环保产业、装备制造产业、电子信息产业和生物药业产业等新兴产业,需要大量的高新技术人才,如:工业设计人才、企业管理人才、技术研发人才等等。因此,芜湖也迫切需要提高城市功能,实现城市产业结构和服务功能的转型升级,将工业城市转变为以第三产业为主,拥有研发、管理、信息、生产型服务和商务中心的现代化宜居宜业城市,以吸引高层次人才和研究机构入驻。

(2)空间掣肘

芜湖超常规发展面临的另一个难以化解的现实问题就是发展空间的掣肘。作为承接产业转移示范区的"双核"之一,同时又是南京城市圈的一员,毗邻长三角的区位优势使芜湖更易接受其辐射,成为首当其冲承接产业转移的"桥头堡"。但由于芜湖现有土地供给不足,大规模承接产业转移缺乏足够的空间,而芜湖的城市形态又限制了其空间向东向南向北拓展。理由如下:

——为何不能往东拓展?照说芜湖市东面用地充足,依托腹地广阔,可以向东延伸，但因为东部是上风口，不宜建工厂，又有铁路、飞机场分割，且往东发展偏离长江岸线，对于依托长江发展而来的港口城市，靠近长江岸线将意味着拥有更多的发展机会。另外一个重要的原因是东面不远为市辖三县的行政界线，跨线发展将带来很多麻烦，在这种情况下，城市自然而理智的选择避开不利因素的制约。

——为何不能往南北拓展？原因在于芜湖现有城市形态已经是一个沿江南北延伸的狭长布局，如果继续向南北拓展，城市势必将呈现为一个南北长达数十公里，东西仅几公里的沿江带状形态，如此，城市交通和基础设施将难以适应这种城市形态。事实上，城市南北延绵较长，已经出现了一些城市问题：一是城市空间结构不平衡，中心商业区不位于城市中段，而是偏于南部（主城）一侧，城市中心区的可达性降低，中心城区公共服务设施的享用率低，没有充分发挥作用。二是带状城市布局存在的交通问题也比较严重，上班时间城市主要人流、车流方向主要向北，下班时间主要向南，城市单向交通严重，职工通勤时间过长。此外，南部有大量农田、水乡，是规划的生态湿地和旅游区，不适合作为工业用地；北部则已经接近马鞍山地界，拓展的空间有限。

——理想的发展空间在西面，但受长江天堑与行政区划的双重阻隔，跨越行政界线向北发展难度很大，除非突破市域界线，城市才有希望跨江发展。

综上可见，当前芜湖城市空间架构亟待拓展，在现有空间格局中谋求发展回旋余地有限，唯有跨江发展才是突破超常规发展困境的可行之策。

（3）南京、合肥的回波效应

所谓的“回波效应”是指经济活动正在扩张的地点和地区将会从其他地区吸引净人口流入、资本流入和贸易活动，从而加快自身发展，并使其周边地区发展速度降低。当前的芜湖正受到来自南京与合肥的回波效应的影响。

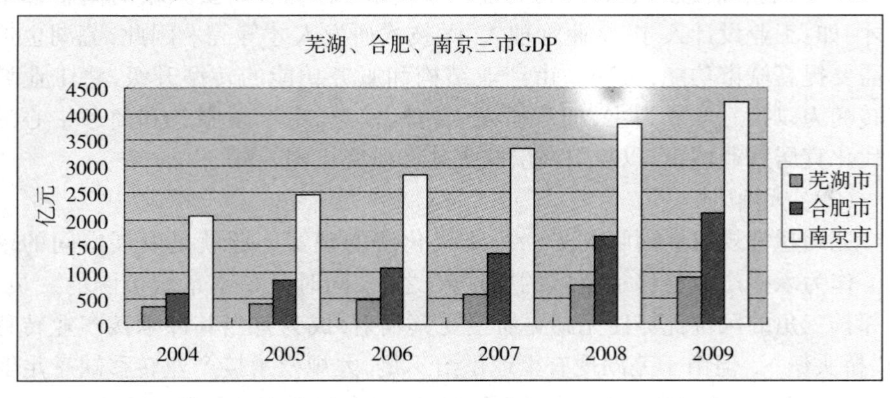

图11

（数据来源：2005—2010芜湖、合肥、南京统计年鉴）

芜湖到南京120多公里,距南京禄口国际机场83公里,属于南京都市圈城市。芜湖到合肥的直线距离:122.3公里(以市中心计算);公路距离是150.0公里(经合肥绕城高速,上合巢芜高速);铁路距离141公里,距合肥骆岗机场120公里。由于距离合肥经济圈和南京都市圈的两大核心城市太近,芜湖周边地区受合肥与南京的辐射大于受芜湖的辐射,不利芜湖城市的发展。比如,芜湖一直强调芜马同城化,但芜湖和马鞍山都在南京都市圈内,马鞍山日益明显地感受到南京的辐射,与南京的"同城效应"甚至强于芜湖。

2. 突破:跨江发展,互利共赢

显而易见,安徽的跨越式发展需要大芜湖带动,而大芜湖的大发展需要大空间、大平台支撑芜湖的大转型、大跨越。

合肥能不惜"血本"建设滨湖新城区,斥巨资在巢湖边修建合肥港,扩建巢湖与长江之间的水道,使合肥由一个内陆城市转变为一个通江达海的港口城市。临江的芜湖,具有天然的港口等区位优势,为什么不可以跨江发展而困守江南一隅呢?

沿江城市跨江发展能做大做强沿江城市,是国内外这种类型城市发展的普遍模式。长江作为中国第一命脉,意味着资源、机遇和广阔的发展空间。跨江发展无论对于芜湖还是对江无为以及正在建设的江北集中区都有很多好处:

第一,芜湖作为安徽的双核之一,需要拓展发展空间,需要广阔的腹地支撑其发展。芜湖经过十多年的发展,已具有一定的经济拉动作用和辐射能力。另一方面,芜湖城市往北已经拓展至江边,紧贴长江,实施跨江发展的成本相对较低。

第二,对江地区具备成为芜湖腹地的天然条件,长江通道的建设更是拉近了沿江两岸百姓空间和心理距离。巢湖市无为县与经济发展相对较快的芜湖、铜陵两市隔江相望,具有独特的合作区位优势。为加强与两地的合作,实现两岸联动发展,该县提出了"沿江联动、跨江合作"的思路,全面加强与两地在农业、工业、仓储运输、商贸服务等方面的合作与发展。

第三,便于统筹规划,整合岸线资源,充分发挥两岸资源优势。只要妥善解决两岸交通及其他方面的沟通问题,那么老城区许多市政设施和服务性企业的功能可以更充分发挥和延伸到对岸新城区,从而提高这些设施和企业的效益。同时也有利于在对岸规划建设新的城市功能区,以此合理调整并优化配置城市的产业布局和各类设施,迅速增大城市容量,实现"以江兴市"、"以港兴市"目标。

第四,实施跨江发展,有利于消除行政区界限,缩小芜湖与对江发展差距和城乡差异，迎来相互融合、共同发展的历史性新机遇，便于建设美丽的滨江城市，提升城市品位，提高人民的生活质量。这也是落实科学发展观的鲜明体现和应对激烈城市竞争的需要。

第五，江北集中区需要一个大芜湖的支撑。孤立的产业集中区短时间内难以建成较为完善的生产、生活服务配套设施，以及人才培训基地等，这不可避免地会成为集中区快速发展的瓶颈。如果芜湖能实现跨江发展，与江北集中区统一规划、配套建设，实现产城同构，资源共享，相互支撑，必将节约各种社会管理成本，提高资源利用效率，吸引各种企业和人才来此创业，落地生根。这既有利于芜湖大发展，更有利于江北集中区加快建设步伐，早日见成效。

因此，芜湖跨江发展建设大芜湖，百利而无一弊。未来，不仅芜湖，包括沿江城市安庆、铜陵、马鞍山等都应该尽快实施跨江发展战略，统筹规划，联动开发，协调发展，让沿江一带未开发地区，主动接受对江城市发展的带动。如此，长江大动脉皖江段就能进入发展的快车道，长江中游作为巨龙的“龙身”才能连接“首尾”，实现巨龙腾飞。

皖北地区实现跨越式发展的路径研究*

任志安 余苏苏**

摘 要:本文通过建立安徽省北部地区与中原城市群、徐州城市群共22个市的地区经济差异的空间计量模型,对空间相关系数进行估计,分析各地区经济间的空间依存程度,并结合皖北地区的现实情况,探寻皖北地区经济实现跨越式发展的可行路径。

关键词:皖北地区;空间计量;跨越式发展

一、引 言

安徽是个幅员辽阔的欠发达省份,经济不平衡态势日益显现,南北、东西、各市县间的差异越来越大。而安徽北部地区,俗称皖北(包括蚌埠、淮南、宿州、淮北、阜阳、亳州6个市和六安市的霍邱县、寿县),在区域发展格局中的地位日益被剥削,逐步处于边缘化,是名副其实的欠发达地区。在经济如此低洼的皖北,如何选择发展策略实现跨越式发展,是安徽省区域经济发展的头等大事。近年来,安徽省政府非常重视皖北的经济发展,出台了一系列支持政策。皖北地区的经济发展越来越受到学者们的关注,有不少学者已开始对皖北地区的经济发展进行研究。

本文的目的是通过实证研究,找出皖北地区实现跨越式发展的路径。为了得出切实可行的路径,本文把皖北地区和周边地区的发展联系起来,建立安徽省北部地区与中原城市群、徐州城市群共22个市的地区经济差异的空间计量模型,试图通过对空间相关系数的估计,分析各地区经济间的空间依存程度,并结合皖北地区的现实情况,探寻皖北经济实现跨越式发展的可行路

---

* 基金项目:安徽省教育厅人文社会科学研究重大项目(编号:2010sk206zd)。

** 作者简介:任志安,男,安徽财经大学经济学院副院长,教授,博士,主要研究方向:区域经济理论与实践、安徽经济发展;余苏苏,女,安徽财经大学政治经济学硕士研究生,主要研究方向:区域经济发展。

径。本文在研究方法上创新地使用空间计量经济方法。空间计量经济学是近年来兴起的一门边缘学科,是计量经济学的一个分支,已成为了正统计量经济学理论的一个亮点。从检索的文献看,现有的文献大多是利用各种统计的方法,分析不同区域差异的大小及变动趋势,以探求其演变的一般规律性,缺乏区域经济差异的空间特征的测度和分析。

本文余下部分内容安排如下:第二节介绍空间计量模型的设定、估计及检验;第三节介绍变量选取、数据来源和模型设置;第四节进行空间相关性分析;第五节是实证检验及结果分析;最后是对策建议。

二、空间计量模型介绍

空间计量经济学是以空间经济理论和地理空间数据为基础,以建立、检验和运用经济计量模型为核心,运用数学、统计学方法与计算机技术对经济活动的空间相互作用(空间自相关)和空间结构(空间不均匀性)问题进行定量分析,研究空间经济活动或经济关系数量规律的一门经济学科。

(一)空间计量经济学的模型设定

空间计量经济模型主要有空间滞后模型(SLM)和空间误差模型(SEM)模型。空间滞后模型通过引入变量的空间滞后形式,将一个空间位置上的变化与周边邻居位置上的变量联系在一起,这在一定程度上解释了由于空间扩散、空间溢出等相互作用造成的空间依赖。空间滞后模型又被称为混合模型或自回归模型,其表达式为:

$$y=\rho Wy+X\beta+\varepsilon$$

其中 y 是被解释变量;X 是 $n\times k$ 阶的外生解释变量矩阵;ρ 是空间自回归系数,反映了样本观测值中的空间依赖作用,即相邻区域的观察值 Wy 对本地区观测值 y 的影响方向和程度(吴玉鸣,2009);W 是 $n\times n$ 阶空间权重矩阵;ε 是随机误差项向量;参数 β 反映了解释变量 X 对被解释变量 y 的影响。此时,可以将表达式转化为:$y=(I-\rho W)^{-1}X\beta+(I-\rho W)^{-1}\varepsilon$,这样就可以将空间滞后项作为内生变量处理(Anselin,1999)。(OLS 估计有偏,不一致性导致同时偏差)

空间误差模型通过将误差项设定为某种空间过程(如空间自回归)的形式,能够将由于测量误差等原因造成的冗余空间依赖加以显示表达,其表达式为:

$$y=X\beta+\varepsilon$$

$$\varepsilon=\lambda W\varepsilon+\mu$$

其中，ε 为随机误差项向量；λ 为 $n\times1$ 阶的截面被解释变量向量的空间误差系数；μ 为随机误差向量且服从正态分布；参数 β 反映了解释变量 X 对被解释变量 Y 的影响；参数 λ 衡量了随机误差项的空间依赖作用，即相邻地区被解释的误差冲击对本地区的影响方向和程度（吴玉鸣，2009）。如果有 $\varepsilon=(I-\lambda W)^{-1}\mu$，那么 $y=X\beta+(I-\lambda W)^{-1}\mu$，也就等价于 $y=\lambda Wy+X\beta-\lambda WX\beta+\varepsilon$，此式相当于在空间滞后模型中附加一组空间滞后内生变量（WX）和一组受约束的非线性系数 k。

（二）空间计量经济学的模型估计

上述两种模型的估计如果仍采用最小二乘法（OLS），对于空间滞后模型存在异方差，而空间误差模型存在自相关，都会导致系数估计有偏或者无效。因此，20 世纪 60 年代到 80 年代，计量经济学对空间计量经济学研究的焦点是模型估计，Besag（1974）、Ord（1975）和 Mardia（1984）分别讨论不同空间自回归模型的估计问题。80 年代以后，最大似然估计（LM）成为文献中主流估计方法。最近几年，理论界比较重视的方法是用工具变量法（IV）、极大似然法或广义最小二乘估计等其他方法替代 OLS 来估计。Anselin（1988）建议采用极大似然法估计空间滞后模型和空间误差模型的参数。

（三）空间计量经济学模型的检验

采用空间计量方法来估计模型时，我们首先要检验模型是否具有空间自相关性。判断地区间的空间相关存在与否，一般通过包括 Morans'I 检验、最大似然 LM_{err} 检验及最大似然 LM_{lag} 检验等一系列空间效应检验进行。

（1）检验回归模型空间自相关的 Moran'I 检验由 Moran（1950）最早提出，该检验到目前为止依然是使用最广泛的检验。据空间计量经济学的原理方法，首先对被解释变量进行 Moran'I 检验，检验其是否存在空间自相关，如果存在则可以建立空间计量经济模型进行估计和检验，自相关指数 Moran'I 检验的定义为：

$$\text{Moran'I}=\sum_{i=1}^{n}\sum_{j=1}^{n}W_{ij}(Y_i-\bar{Y})(Y_j-\bar{Y})/S^2\sum_{i=1}^{n}\sum_{j=1}^{n}W_{ij}$$

其中，$S^2=\frac{1}{n}\sum_{i=1}^{n}(Y_i-\bar{Y})$，$\bar{Y}=\frac{1}{n}\sum_{i=1}^{n}Y_i$，$Y_i$ 表示第 i 个地区的观测值，n 为地区总数，W_{ij} 为二进制的邻近空间权值矩阵，表示其中的任一元素，采用邻近标准或距离标准，其目的是定义空间对象的相互邻近关系。

（2）LM_{err} 检验及 LM_{lag} 检验的表达式分别为：

$$LM_{err}=[e'We/(e'e/N)]^2/[tr(W^2+W'W)]$$

$LM_{lag}=[e'Wy/(e'e/N)]^2/D$,其中 tr 是矩阵求迹,e 是 OLS 估计的残差向量,$W=I_T\otimes W_{ij}$,$D=[(WX\beta)'(I-X(X'X)^{-1}X')(WX\beta)/\sigma^2]+tr(W^2+W'W)$,$LM_{err}$ 和 LM_{lag} 检验都渐进服从自由度为 1 的卡方分布。这两个检验是针对不同形式的空间计量模型方程做出的,并不存在互相矛盾性,实际检验时需要同时进行这两种检验。同时,这些统计检验方法也可以用于诊断所估计的空间计量模型结果。对于空间计量模型的估计如果仍采用最小二乘法,系数估计值会有偏或者无效,需要通过工具变量法、最大似然法或广义最小二乘估计等其他方法进行。

(3)选择 SLM 或 SEM 模型的判别准则是:如果 Moran' I 检验显著的情况下,最大似然 LM_{lag} 检验较 LM_{err} 检验更加显著并且稳健估计 R-LMLAG 显著而 R-LMERR 不显著则选择空间滞后模型;反之,则选用空间误差构成模型。其次,在诊断模型总体显著性方面,除了拟合优度 R 检验以外,一般使用自然对数似然函数值(Log Likelihood)进行判断(Anselin,1998),自然对数似然函数值越大则拟合的效果越好。

三、变量选取、数据来源和模型设置

(一)变量选取

本文分析的是皖北地区和中原城市群、徐州城市群共 22 个市的区域经济差异,建立的模型是经济增长模型,所以以所研究地区 22 个市的人均 GDP(RJGDP)为被解释变量,作为衡量地区经济水平的指标。如何选择解释变量是当前研究经济增长问题的热点和重点,国内学者们多从地理资源环境、外商直接投、人力资本差异、固定资产投资、技术进步等角度对我国地区经济增长的原因进行分析。本文主要是研究中原城市群和徐州城市群的经济发展对皖北地区经济增长的作用,在考虑各方面因素之后,选择了财政收入、财政支出、工业化水平、城镇化水平、外商直接投资、固定资产投资、从业人员、产业关联和区域合作等 9 个变量作为解释变量。

财政收入(FI)是政府在一定时期内所取得的各种收入的总和,是政府财力的重要衡量指标;财政支出(FO)则是对财政收入进行分配和使用的过程。它们对经济增长具有重要作用,不仅能够衡量地方政府对经济发展作用力,而且能够反映政府对经济发展的投入水平。

工业化水平(IL)是用第二产业增加值占 GDP 的比重来衡量。特别是在经济不发达的地区,工业对经济增长的贡献是非常重要的。

城镇化水平(UL)在经济增长中也起着重要的作用,衡量的标准也有多种,本文选择采用的是非农业人口占总人口的比重这一标准来定义城镇化水平。

外商直接投资(FDI)在弥补国内建设资金不足,拉动经济增长方面起着重要的作用。鉴于统计年鉴中提供的FDI是以美元为单位,而GDP以人民币为单位,所以本文选取的指标是FDI绝对量值。

固定资产投资(FAL)是影响经济增长的重要因素之一,也是拉动经济增长的重要途径之一。因此,本文也把固定资产投资作为解释变量,用以分析固定资产投资对研究区域22个市经济增长的影响。

从业者人数(EN)作为劳动总量的替代指标,是经济增长模型中的一个重要的构成因素。本文采用的是统计年鉴中提供的年末从业人员来替代。

产业关联(PR)的测度问题是国民经济核算的重要问题之一。产业关联的测度通常是结合投入产出表进行分析的。本文参照杨灿(2005)的方法建立投入产出表与产业关联指数。

区域合作(RC),本文参照武占云(2010)的方法,以工业化水平作为数据基础,进行格兰杰检验,得出城市间经济发展水平之间的相互冲击网络,以虚拟变量表示各城市经济联系。

(二)数据来源

本文空间计量模型所使用的数据均来自《安徽省统计年鉴2000—2010》、《河南省统计年鉴2000—2010》,江苏统计局网站、山东统计局网站和2000—2010年《中国县市社会经济统计年鉴》,部分指标由于各省统计口径不统一而略有差别。

(三)模型设置

本文设置的空间计量模型包括空间滞后模型(SLM)和空间误差模型(SEM)。SLM模型构建如下:

$$y_t=\rho wy_t+x_t\beta+\varepsilon$$

其中,y_t是皖北地区、中原城市群和徐州城市群22个市的人均GDP值取对数,即lnRJGDP,w是空间权重矩阵,ρ是空间自回归参数,β是$k\times1$阶回归系数向量,ε是误差项。自变量矩阵是以上所选的9个变量的值取对数,x_t=(lnFI,lnFO,lnIL,lnUL,lnFDI,lnFAL,lnEN,lnPR,lnRC),RJGDP表示被解释变量人均GDP,FI表示财政收入,FO表示财政支出,IL表示工业化水平即第二产业增加值占GDP的比重,UL表示城镇化率即非农业人口占总人口的比重,FDI表示外商直接投资,FAL表示固定资产投资,EN表示从业者人数,PR表示产业关联,RC表示虚拟变量区域合作。

SEM模型的构建和SLM模型类似,具体如下显示:

$$y_t = x_t\beta + \lambda w\psi + \varepsilon$$

其中,ψ 是溢出成分误差,λ 是空间自相关系数,其他字母与 SLM 模型相同。

四、空间相关性分析

(一)人均 GDP 的四分位图

空间分布四分位图是测量数据分布差异趋势的一个基础指标,能够直观简明地显示出各地经济发展的差异。按照 2009 年人均 GDP 的大小,将 22 个市平均分成 4 组,以颜色的深浅代表相应市的人均 GDP 的大小,颜色越深,代表人均 GDP 发展水平越高。如下图所示,本文所研究的 22 个市的人均 GDP 发展水平呈现东西两极的分布格局,并且临近区域的经济指标水平基本相近,具有较明显的集聚特特征。其中,处于第四位值的有河南的洛阳、郑州、焦作、济源和山东的济宁和枣庄,这些地区位于经济发展水平的第一梯队;人均 GDP 值处于第三分位的城市包括平顶山、漯河、许昌、徐州、连云港和淮北;处于第二分位的城市包括新乡、开封、蚌埠、淮南、宿迁;而六安、商丘、宿州、阜阳、亳州这 5 个市的人均 GDP 处于最低水平。纵观皖北地区 7 个市,人均 GDP 水平除淮北外在 22 个城市中均处于较低水平。为了揭示皖北地区的经济发展水平及中原城市群、徐州城市群对皖北经济发展的影响,有必要考察人均 GDP 值的历时性变化。

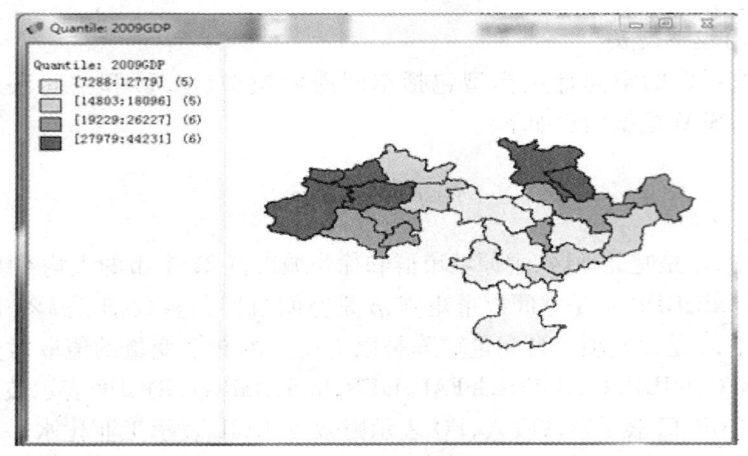

图 1

(二)全局空间自相关分析

考察了人均 GDP 的四分位图之后,本文通过对原始数据进行 Moran'I 检验，考察人均 GDP 的空间相关性。文章选取 2000—2009 年皖北地区、中原城市群和徐州城市群 22 个市的人均 GDP 数据，利用 GeoDa 软件包（Anselin，2003）计算 Moran'I 指数，其中选用的空间权重采用的是最简单的地理权重，即利用各市所处的地理位置，根据相邻与否构造出空间加权矩阵，如果地理上相邻对应权重取 1，否则是 0。

Moran'I 指数的取值一般在-1 ~ 1 之间，大于 0 表示正相关，值越接近 1 时表明具有相似的属性集聚在一起，空间分布相关性越强；小于 0 表示负相关，值越接近-1 时表明具有相异的属性聚集在一起。如果 Moran'I 指数接近于 0，则表示属性是随机分布的，或者是不存在空间自相关性。

根据 Moran'I 指数计算公式，计算得出 2000 年到 2009 年研究区域 22 个市的人均 GDP 的全域 Moran'I 指数，各年的计算结果如表 1 所示，其折线图如图 2 所示。

从图 2 可以看出，22 个市的经济发展水平在整体上的全局空间自相关系数呈现上升趋势，虽然局部年份稍有下降，但是幅度不大。在整个研究期内，Moran'I 估计值全部为正，且总体趋势在不断增加，这表明经济发展水平较高（或较低）的地区在空间上趋于集聚，随着时间的推移，这种趋势还在不断加强。Moran'I 值从 2000 年的 0.3121 发展到 2009 年的 0.5041，表明地区间人均 GDP 的空间依赖程度越来越高，地区间经济增长的影响程度不断提高。特别是在 2005 年之后，Moran'I 值一直处于较高水平，都大于 C.5，其间虽有波动，但长远来看，该区域内部的空间集聚效应逐渐增强则是必然趋势。空间聚集效应的增强也意味着区域内部各地的经济差距不断扩大，空间的极化效应和集聚效应是区域经济发展的双面。一方面，区域内东西两极的人均 GDP 水平不断提高，而皖北地区的人均 GDP 水平虽有提高，但总体比重依然处于下降水平。同时，皖北区域人均 GDP 的提高，与周边经济的发展是紧密联系的，如蚌埠等地的经济发展与苏北鲁南的发展紧密相关。

表 1　2000—2009 年 22 个市人均 GDP 的 Moran'I 值

年份	2000	2001	2002	2003	2004
Moran'I 值	0.3121	0.3375	0.3465	0.4099	0.447
年份	2005	2006	2007	2008	2009
Moran'I 值	0.474	0.5588	0.5611	0.5555	0.5041

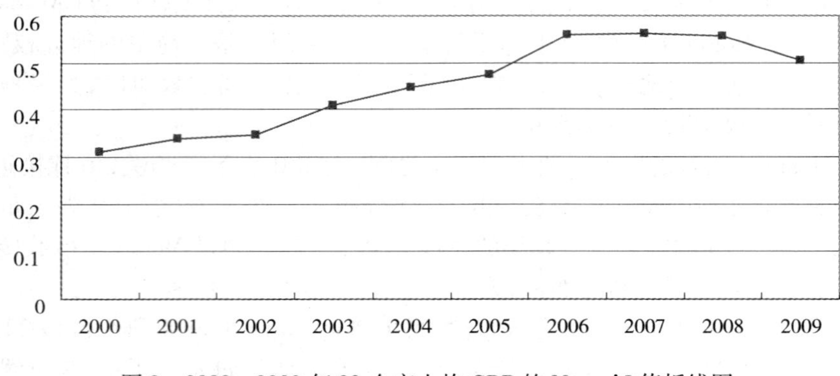

图 2　2000—2009 年 22 个市人均 GDP 的 Moran'I 值折线图

Geary 指数 C，也被称为 G 系数（Getis-general G）也是全局聚类检验的一个指数。为了证实四分位图的直观分析，采用 G 系数来衡量研究对象的空间全局相关性。G 系数与 Moran'I 指数呈负相关。G 系数的取值范围介于 0 到 2 之间，大于 1 表示负相关，小于 1 表示正相关。如图 3 所示，图中河南东部城市 G 系数接近 0，因此呈现较强的空间正相关，相比之下，鲁南苏北各城市的经济发展水平则依然表现为正相关，且这种空间正相关要高于皖北各市。这再次说明皖北地区的经济发展有待提高集聚水平，整合区域经济资源，从整体上提高本区域的经济发展水平。

表 2　各市 G 系数列表

城市	徐州	连云港	宿迁	枣庄	济宁	蚌埠	淮南	淮北	阜阳	宿州	亳州
Z 值	-2. 1788	-1. 2389	-0. 0507	-1. 266	-0. 9152	-2. 3042	0. 5688	1. 3073	-0. 5034	0. 1786	1. 307
G 系数	0. 029	0. 215	0. 959	0. 2054	0. 0129	0. 36	0. 021	0. 569	0. 191	0. 614	0. 852
城市	六安	郑州	洛阳	开封	平顶山	新乡	焦作	许昌	漯河	济源	商丘
Z 值	-0. 5001	-1. 72	1. 6163	0. 9546	0. 7667	1. 8262	1. 5841	2. 5699	1. 3082	1. 5829	2. 1059
G 系数	0. 616	0. 085	0. 106	0. 339	0. 443	0. 067	0. 113	0. 101	0. 1908	0. 113	0. 035

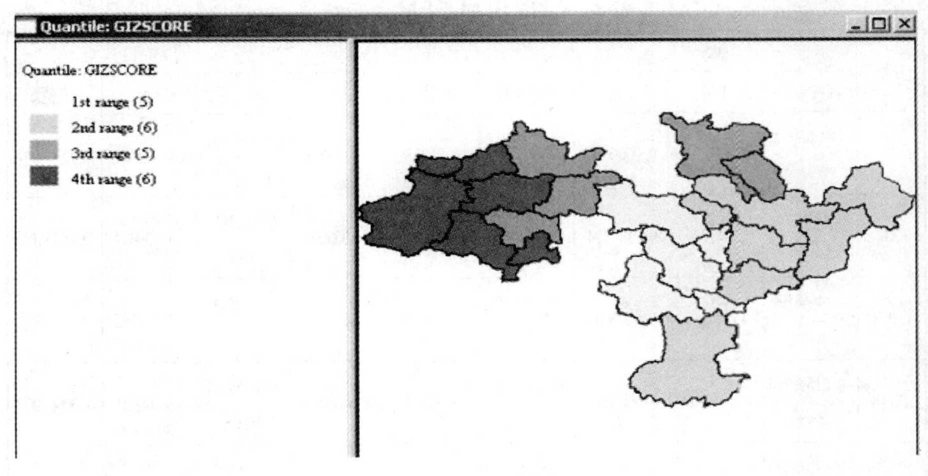

图 3　各地 G 系数图

五、实证检验与结果分析

由上述空间相关性的分析，定量地证明了皖北地区和徐州城市群、中原城市群 22 个市的人均 GDP 存在空间上的自相关性，需要采用空间空间计量经济模型进行估计。为了更好地进行比较，本文对空间自回归模型和空间误差模型所包含的 4 种形式都进行了估计，估计结果显示，两种模型都选择了结果较好的空间固定效应形式，表中用 SLM(1) 和 SEM(1) 表示，结果见表 3。

从表 3 可知，在使用空间计量模型，特别是空间滞后模型之后，仅有财政支出一个变量没能通过 10% 水平下的显著性检验，其余 8 个变量均通过了显著性检验，模型的拟合优度达到 96.95%，高于 OLS 估计的 93.03%，所以，从整体效果上看，空间计量模型较 OLS 模型好。从表 4 中的 P 值可见，空间相关性 Moran'I、LM_{lag}、LM_{err} 等空间相关性检验的小概率 P 值都小于 5%，表明模型的空间相关性非常显著。依据 Anselin 和 Rey(1991) 利用蒙特卡罗实验方法证明结果，如果 Moran'I 检验显著的情况下，最大似然 LM_{lag} 检验较 LM_{err} 检验更加显著则选择空间滞后模型；反之，则选用空间误差构成模型。从表 3 的结果看，LM_{lag} 和 LM_{err} 统计量都通过 5% 水平下的显著性检验，但是通过比较空间滞后模型和空间误差模型的结果，不难发现空间滞后模型更为显著。因此，本文最终选择的是空间滞后模型，以下的分析也主要是围绕这个模型的结果进行。

表 3 OLS、SLM、SEM 回归结果

变量	OLS			SLM(1)			SEM(1)		
	回归系数	T 值	P 值	回归系数	z 值	P 值	回归系数	z 值	P 值
C	10.6303 ***	8.843221	0.0000004	7.686312 ***	6.31253	0.00000001	9.916074 ***	14.3526	0.00000001
LNIL	0.3140836 **	2.347289	0.0341394	0.1309359 ***	-3.109612	0.0000001	0.182341 ***	-3.136374	0.0017106
LNEN	-0.4666599 ***	14.03769	0.0000001	-0.4286851 **	-17.6174	0.0497135	-0.4694249 ***	-2.598183	0.0093719
LNFDI	-0.01540754 ***	-7.902851	0.0000016	0.0209714 ***	-9.933051	0.0000001	-0.0150247 ***	-9.74829	0.00000001
LNUL	-0.02811433 ***	-4.251709	0.0008055	0.1236074 ***	-5.36684	0.0000001	0.08411881 ***	-5.07616	0.0000004
LNFI	-1.004736 ***	-7.116085	0.0000052	-1.018858 ***	-8.96795	0.0000001	-0.9906875 ***	-9.105473	0.0000004
LNFO	-0.4201323	-0.8246024	0.4234247	-0.2420605	-0.7126432	0.2889163	-0.2642137	-1.060502	0.4760664
LNFAL	0.4129475 ***	3.941986	0.0014748	0.4133557 ***	4.992609	0.0000006	0.4192224 ***	5.138315	0.0000003
PR	0.560215 ***	2.841352	0.0251383	0.5782 ***	5.1225	0.0000001	0.62341 **	6.2545	0.0000002
RC	0.62341 ***	1.32192	0.0051383	0.63847 **	5.6645	0.0000001	0.60254 **	13.556	0.0000001
R^2	0.930315	0.969510	0.952795						
LogL	13.9726	17.9276	19.657233						

注:"*"表示在 1% 的水平下显著,"**"表示在 5% 的水平下显著,"***"表示在 10% 水平下显著。

表 4 检验结果

TEST	MI/DF	VALUE	PROB
Moran's I(error)	0.489493	2.2888617	0.0058060
LM(lag)	1	3.9429531	0.0160334
Robust LM(lag)	1	2.7585460	0.1303055
LM(error)	1	5.7992118	0.0470681
Robust LM(error)	1	0.4326030	0.5107145
LM(SARMA)	2	6.2318148	0.0443383

从表3空间滞后模型SLM(1)的结果可以看到,只有从业者人数(EN)、财政收入(FI)和财政支出(FO)三个变量的系数为负数,且财政支出(FO)没有通过10%水平下的显著性检验,因此本文不对其进行分析。

工业化水平(IL)、外商直接投资(FDI)、城镇化水平(UL)、固定资产投资(FAL)、产业关联(PR)、区域合作(RC)等六个变量的系数都为正数,且区域合作(RC)在5%水平下显著,其余五个变量都能通过10%水平下的显著性检验,这表明它们都与22个市的经济增长呈现正相关关系,这也符合一般的预期。工业化水平即第二产业增加值占GDP比重(IL)系数是正值,说明工业化水平的高低对皖北地区及徐州城市群、中原城市群的经济发展有直接的影响,而且工业化水平越高对经济发展越有利。因此加快工业化进程是缩小经济发展差异的重要途径之一。外商直接投资(FDI)系数是正值,说明它对区域经济的发展起促进作用,所以对皖北地区来说,增加外商直接投资是改善经济状况的一个有效途径,也是缩小经济差异的一个有效途径。城镇化水平(UL)是一个国家工业化、现代化的重要标志,也是带动区域协调发展的重要途径。城镇化水平系数为正,说明它能有效地带动研究区域的迅速发展。固定资产投资(FAL)系数是为正,说明固定资产投资的多少对研究区域的经济发展有直接的影响,而且固定资产投资越多对经济发展越有利。产业关联(PR)和区域合作(RC)系数为正,说明这两个变量在地区经济发展中起重要推进作用。因此,对皖北地区来说,增加与周边地区的区域合作是缩小它与周边地区经济差异的重要途径。

综上所述,通过空间探索性分析可知,研究区域存在显著的空间集聚效应,出现东西两极格局的发展。空间滞后模型表明皖北诸市的发展受到周边城市经济发展水平的影响,一方面皖北的经济发展受自身在工业化和城镇化水平的发展进程、固定资产投资的影响,另一方面会受到周边城市经济发展的溢出效应影响。结合模型分析的结果可知,首先,产业关联和区域合作在解释皖北地区城市经济发展中具有重要地位,两者的系数最大,且分别通过10%、5%水平下的显著性检验,说明他们是影响皖北地区经济发展的最主要因素。产业关联用以衡量地区经济中各行业的关联程度,行业的关联需要皖北各地从行业发展上加强与处于行业上、中和下游的城市合作。产业关联从产业自身的发展要求直接影响到皖北经济发展水平的空间相关性。较之产业关联度较强的河南东部城市和鲁南苏北地区,皖北各城市因资源整合度不高,导致产业分工不明确,使之经济发展水平始终处于较低水平。同时,区域合作则从城市经济的内在关联性和资源分配的网络影响到区域内部的资源分配,较好地解释了皖北城市经济发展水平较低的内在原因。其次,周边城市的固定投资水平的高低对皖北城市的经济发展起着最较为显著的作用，工业化水平的作用则略低于固定投资水平的作用。这充分说明要拉动皖北地区经济的发展，首先需要加强基础设施建设，引入外部对该地区工业建设的投资，从而迅速地推动皖北地区的经济发展。同时，皖北地区的经济发展同样会受到周边城市从业人员、财政收入、城镇化水平及外商直接投资的影响。皖北受历史影响，相比河南东部和苏北、鲁南地区，工业基础相对薄弱，经济发展水平相对落后，要加快皖北城市的经济发展水平，就有必要吸收临近地区的工业发展资源，加快皖北的工业实力，在工业基础设施发展的同时，积极与周边相对发达地区合作，积极开拓市场，同时注意自身在该区域的产业分工，最终达到提高本地区经济发展水平的目标。

六、皖北实现跨越式发展的路径

（一）加强区域间的产业联系

产业联系是影响皖北地区经济差异的非常重要的因素，皖北地区实现跨越式发展，加强皖北地区和中原城市群、徐州城市群的产业联系是一个有效的途径。

中原城市群和徐州城市群在各自的产业上具有优势。在产业结构上，皖北地区和中原城市群、徐州城市群应充分发挥其共生单元之间的互补性，加强产业联系，最终形成一个高效、完善的产业分工体系。即中原城市群及徐州城市群在高新技术、工程机械、电子技术产品、交通设备制造、有色冶金和化工方面发挥其原有优势；皖北地区则在积极开发和利用生态、人文、旅游资源、自然资源的基础上，可以根据自身优势建成重石化工业基地、能源原材料基地、生物医药生产基地、建材产业基地、新型能源生产基地以及形成较为完整体系的先进制造业基地，为实现跨越式发展提供强大的推动力。

（二）跳出皖北，发展皖北

皖北地区与中原城市群、徐州城市群毗邻，皖北地区的优势产业——加工制造业、能源、优质原材料、农副产品、旅游业等的发展与中原城市群、徐州城市群的经济发展有着很强的互补性，具有联动协调发展的良好基础。因此，皖北地区要实现跨越式发展，就要跳出皖北，与中原城市群、徐州城市群开展区域合作，创造良好的发展前景，吸引更多的国内资本，还能够利用中原城市群、徐州城市群这个平台，更多地吸引境外的资金流、技术流、人才流、信息流，促进产业结构升级，增强经济发展的基础和能力，打造经济发展的平台；而且可以在更大的范围内、更高的层次上参与国际国内经济交流与合作，拓展经济发展的空间；此外，皖北地区还可以通过与中原城市群、徐州城市群的经济运行机制、交通设施、市场体系、产业发展等方面的对接，改善经济发展的内外环境。因此进一步加强与中原城市群、徐州城市群的区域合作，努力实现与中原城市群、徐州城市群的优势互补、联动发展，是皖北地区实现跨越式发展的现实选择。

参考文献：

[1] 吴玉鸣．中国省域经济增长趋同的空间计量经济分析[J]．数量经济技术经济研究,2006(12):101-108.

[2] 吴玉鸣．县域经济增长集聚与差异:空间计量经济实证分析[J]．世界经济文汇,2007(2):37-57.

[3] 宋洁华．空间自相关在区域经济统计分析中的应用[J]．绘测信息与工程,2006(06):11-13.

[4] 杨灿．产业关联测度方法及其应用问题探析[J]．统计研究,2005(09):72-75.

[5] 刘宇．产业的关联性分析及其产业选择[J]．中国经济问题,2011(3):52-61.

[6] 陈娜．安徽省经济发展水平的区域差异评价[J]．统计观察,2004(11):37-38.

[7] 吴殿廷．中国三大地带经济增长差异的系统分析[J]．地域研究与开发,2001,20(2):10-15.

[8] 杨明洪．中国地区差距时空演变特征的实证分析:1978—2003[J]．复旦学报,2006(01):84-89.

[9] 文余源．顾及空间效应的县域收入分布时空演进研究——以广西为例[J]．安徽农业科学,2008(13):46-48.

[10] 宋洁华．空间自相关在区域经济统计分析中的应用[J]．绘测信息与工程,2006(06):11-13.

[11] 林光平,龙志和,吴梅．中国地区经济 σ-收敛的空间计量实证分析[J]．数量经济技术经济研究,2006(04):14-21.

皖江经济带承接产业转移中政府行为研究

魏　遥*

摘　要：本文通过分析产业转移方面的研究文献，发现并归纳皖江经济带承接产业转移中面临的问题；利用引力动力模型、博弈模型分析承接转移中政府的作用和影响，突显政府行为的重要作用；通过对皖江地区产业分布状况的概括，进一步提出政府介入方式的选择、转移和承接效率的提升、良好政策制度环境的构建、合理产业布局的打造、政府考核制度的改革等五个方面的措施和方法。最终达到激励政府良性竞争和地区间分工合作、促进经济长久可持续发展的目的。

关键词：承接产业转移；皖江经济带；政府行为

一、引　言

改革开放的推进和深入及中国融入世界进程的加快，我国一些地区产业面临升级以带动经济持续发展，与此同时，沿海开放地区还面临着资源承载力下降、人口过度密集、劳动力和土地优势逐步丧失等问题，各种压力导致沿海许多加工类或制造类产业开始向内地转移。安徽毗邻长江三角洲，拥有良好的自然资源、区位优势、生产要素价格低廉、产业基础和不断改善的配套设施以及巨大的市场空间，具备承接产业转移的优势条件。并且近年来中央不断出台提倡中部崛起的政策，安徽在区域分工合作中中央政策支持下突出更明显的作用，已有合肥、安庆、芜湖 3 个城市被商务部认定为全国加工贸易梯度转移重点承接地，皖江经济带承接产业转移示范区通过国家发改委批准，将安徽承接产业转移推向高潮，在这种大趋势下政府主导的经济发展再次显现，政府行为对经济的发展再次引起关注。

根据皖江城市带各市县产业现状、资源状况和未来发展趋势考虑，在“十

* 魏遥，1973 年 8 月生，安徽阜阳人，管理学博士，阜阳师范学院副教授，硕士生导师，区域物流规划与现代物流工程安徽省重点实验室副主任。

二五”规划中《示范区规划》提出了构建“一轴双核两翼”的产业布局:“一轴”包括安庆、池州、铜陵、巢湖、芜湖、马鞍山 6 个沿江城市,构筑沿江产业“发展轴”;以合肥和芜湖为“双核”,充分发挥区域中心城市的作用,提升产业集聚和创新能力;“两翼”包括滁州和宣城,充分发挥两市毗邻长三角地区等优势,形成承接产业转移的前沿。改革开放以来,我国经济发展逐渐从计划经济向市场经转化,但是政府对经济的干涉还是比较明显,在改革初期沿海地区承接国外产业转移中政府发挥的巨大作用,也积累了充分的经验,在新一轮承接产业转移的浪潮中,政府行为仍会对承接转移产生深刻影响。基于此本文在梳理现有产业转移文献的基础上利用产业引动力模型、效率机制以及各地方政府竞争博弈模型等方法探讨皖江经济带地方政府在产业经济中的作用,并提出了在承接产业转移中的政府行为方式。

二、文献综述

(一)国内外产业转移研究现状

产业转移是指由于市场需求或资源供给条件发生变化后,引起相关生产部门在国家之间或一国内部的转移活动,国外理论对产业转移的研究起步较早、成果较多。其代表性的理论研究有:赤松要的“雁行形态理论”、小岛清的“边际产业扩张论”、刘易斯的劳动部门转移理论、弗农的“产品生命周期理论”、邓宁的“国际生产折中理论”。这些理论分别从产品、企业、产业的角度考察了产业转移的原因,但都是宏观层面对产业转移发生机制进行探究,而对某一地区针对性相对较弱。

近年来,在政策和经济发展内在要求下,我国沿海开放地区部分产业开始逐步向中西部地区转移,国内有关产业转移的研究也在不断增多,涌现许多成果:卢根鑫(1997)以产业分化引起重合产业论;石东平、夏华(1998),穆岩(2007),方齐(2009)等人通过对国际产业转移的趋势与中国产业转移结构调整的关系进行研究,探究中国产业转移和产业升级的未来发展趋势;陈建(2002),赵伟(2005),李卫东(2009)从企业的战略布局角度解释产业转移,探究产业转移与企业扩张的问题;郭元晞、常晓鸣(2010)通过对产业转移类型与中西部地区产业承接方式转变方面进行理论研究;苏炜、高方方(2010)利用引力模型分析以江苏地区产业转移为例探究了区际资源禀赋情况对产业转移的影响;邓涛、刘江(2010)从经济增长和就业与产业转移关系方面入手进行研究等等,这些研究多是集中于我国某一地区的情况进行研究,具有很强的针对性,涉及我国产业转移的方方面面。

(二)产业转移的政府行为研究现状

长期以来,中国家经济的高速发展,政府扮演了一个重要的角色,关于政府的介入和发挥的职能作用方面的研究多集中在其他问题的研究之中，如白小明(2007)强调了产业转移中政府行为，指出我国中西部地区政府在产业转移中存在诸如盲目引入企业实施优惠政策、非理性竞争、滥用行政资源等在一定程度上扭曲了经济发展的动因，阻碍了产业转移的步伐。中外学术在对此研究的基础上将政府行为划分了若干理论概念，把政府、公司、企业之间相互交叉影响的关系作了更形象的阐述，如杨玲丽(2010)从效率机制与合法性机制的博弈方面入手对政府在产业转移中的行为作了深入研究。这些研究都突出了政府"公司化"的特征，并表现出一个区域范围内政府行为与经济增长存在的关系，但是研究的政策与行政平台多是集中在一个省内地区间的产业转移，而对省际的产业转移中政府行为鲜有研究。

现有文献表明，在实际承接过程中也存在相当多的问题和政府行为失当的情况，主要表现在以下几个方面：一是部分地区只求引进的高效和经济数据的提升直接或间接的引入了高消耗、高污染、高能耗的企业使该地区的生态资源等方面存在重大隐患；二是企业转移过程中重新塑造适应的政策环境和社会关系网等方面要花费更多的成本，同时交通运输等基础设施建设也需要及时完善，还有部分政府机构也会出现寻租行为，这些方面等在一定程度上影响企业是否能更好地适应和生存；三是产业转移和承接往往是建立在企业或政府追求利益最大化的基础上的。政府为追求政绩取得了积极引资的合法地位，而企业要获得更好的发展机会、更多是我廉价资源、更多的财政和政策支持就必须听从地方政府安排，以获得发展企业的合法地位和更多的经济利益，这种情形一直循环构成一个包括法律、文化、观念、社会期待等制度环境，如何改善值得考虑；四是各地区也出现只重视招商引资而忽略以本土产业的嫁接，只重视效率而忽略破坏的承接现象，地方政府只关注产业投资额和生产能力，而对技术及与本地区产业对接融合方面缺乏引导和规范，同时承接产业形式多为劳动密集型的低端产业，如果政府不能做好引导，会导致地区经济一直处于生产的低端位置，拉大与沿海地区经济差距。

造成以上问题根本原因在于政府在经济发展中的影响很大，特别是政府所面对的政绩考核机制，迫使政府必须有所作为，同时承接产业转移的地区对承接、升级和自身优化方面的联系存在误区，对产业在地区的发展缺乏前瞻性和判断力。基于此笔者从皖江经济带承接产业转移实证研究出发利用引力动力模型、效率机制、博弈机制等方法探究政府的行为进而避免以上方面的问题，并提出一些建议。

(三)皖江经济带承接产业转移的理论研究

美国经济危机后在产业调整过程中东部加速转移，据省商务厅数据显示,2011 年 1—2 月,皖江城市带承接产业转移示范区实际利用外资 81356 万美元,增长 9.2%,占全省的 76.8%。2010 年,皖江经济带实际利用外资 43.6 亿美元,占全省的 70%以上;皖江地区承接产业转移呈现三业并举现象。

资料显示,向我省转移产业范围逐步扩大包括农业、能源及原材料、旅游、金融、制造业等等,我省已做好各方面的部署,合理利用此次机会,政府也纷纷出台各种政策,划拨各类经济开发区,增建和完善公共设施,当然其中也会出现一些问题亟待解决。下面从皖江地区产业转移的分布现状方面入手,通过分析引力动力模型、博弈模型展开对政府行为的研究。

1. 产业转移的分布研究

尽管我省产业发展起步较晚,但由于濒临长三角,在各方面的影响和推动下,产业也纷纷发展起来,特别是近几年国家不断出台关于促进中西部的一系列政策,使我省产业得到了深远发展,同时各市县由于地理位置和政策导向作用,也开始呈现出明显的产业聚集现象,如表 1。

表 1　安徽各地区产业分布

各地区	主要产业
合肥	汽车、工工程机械、家电、生物技术、电子信息及软件业、新材料
芜湖	汽车制造业、纺织业、建筑材料
马鞍山	机械制造、模具制造业、磁性材料
黄山	茶叶、旅游业、包装材料、环氧树脂
滁州	电缆、电子、家电
阜阳	装饰材料、中药材、柳编、山粉加工、脱水蔬菜
池州	旅游业、化工、非金属矿
安庆	塑料业、印刷业、电子、汽车配件、伞业、旅游业、茶叶、石化工业、纺织业、建材、日用品、船舶制造
铜陵	铜加工、化工、建材、电子、服装
巢湖	电缆、铸造、锚链、渔网
六安	羽绒、粮油加工、汽车零部件、柳编、草席
宿州	水果业、木业、纺织业、马戏
蚌埠	化工业、纺织业、建材业、汽车零部件业、滤清器、煤电化工
亳州	中药材、肉食加工、白酒业、棉花、粮食加工
宣城	耐磨材料、茶叶、小型电机、箱包、橡胶密封件、电容器
淮南	煤化工、豆腐、机械制造、农产品深加工
淮北	陶瓷业、煤化工、矿山设备制造

(资料来源:徐家洪,项贵娥. 安徽产业转移集群式发展的钻石要素分析[J]. 池州学院学报. 2008. 2(1):23)

从上表可以清楚地看出在皖江城市带已形成汽车及零部件、家电、建材业、冶金制造、化工等产业集群，具有良好的产业基础和完善的配套产业设施。特别是皖江地区十个城市已经发展了齐全的产业体系，对迎接产业转移做好了充分准备。

据资料显示，皖江城市带是国家级汽车生产和出口基地、国内重要的铜基材料精深加工基地和优质铸管生产基地、国内重要的内河船舶及家电等装备制造业基地、世界级水泥生产基地和国内重要的非金属矿及制品生产基地。皖江城市带与长三角已经形成"产业发展共生圈"，皖江城市带加工产品的50%以上为长三角配套，汽车、家电等产业所需零部件70%左右来自长三角，是东中西协调发展的重要纽带。

根据我省各地区产业分布情况以及整体发展规划的，可以将皖江经济带城市产业简略分布情况如表2。

表2　皖江地区重点承接产业转移简略分布

承接地区	重点承接产业	承接地区	重点承接产业
合肥市	装备制造、电子信息、家电、现代服务业等	芜湖市	汽车、新型材料、电子电器、现代服务业等
巢湖市	化工、机械、农产品加工、旅游等	马鞍山市	钢铁、机械、食品、物流等
安庆市	石化、轻纺、汽车零部件、船用设备、文化旅游等	滁州市	金属化工、机械、家电、非金属材料、农产品加工等
宣城市	汽车零部件、机械设备、农产品加工、旅游等	池州市	有色精细加工、非金属材料、旅游等
铜陵市	有色化工、电子信息等	六安市	轻纺、机械、旅游等

2. 产业转移的动力研究

一般而言，产业转移是特定形式的产业空间位置上的移动，即产业中生产组织或企业等主体将生产形式整体或部分从原产地迁移到其他区位进行生产活动，在分析产业转移上，学者们提出很多模型进行实效性的分析，基于在有关文献研究的基础上笔者从产业转移力学和动力方面分析政府行为在产业转移中的作用和影响。并分析在这两种转移模型下的因素要求。

(1)产业转移力学分析

随着力学知识在区域经济学上的应用，有众多学者利用其进行产业转移研究，提出产业转移的驱动力包括两个方面：市场动力和政策动力，安徽与长三角地区在各方面都存在差异和互补融合性，并且有中央及地方出台的各项政策，使对产业转移的影响更加显著，在测量安徽特别是皖江地区对东部地区产业转移的引力时可以利用引力模型公式，也更加能够突出政府行为在产业转移和承接中的作用。

根据苏炜、高彦彦（2010）提出的引力模型公式 $T_{ij}=K_iK_j\Big/\dfrac{1}{I_{ij}}=K_iK_jI_{ij}$

其中，K_i、K_j 表示产业竞争力，I_{ij}表示产业融合度，即距离的倒数。

从模型中产业竞争力和产业融合度是影响产业转移引力的两个方面：第一，产业竞争力主要体现在特定区域的特定产业在市场上所具有的提供有效产品和服务的能力；第二，产业融合可以理解为地区之间产业转移和承接时硬件设施和软件条件的匹配程度。

依据上文提到的皖江地区产业分布情况可以看出，皖江地区已经具备了相当齐全的产业基础，随着政府主导的基础设施建设的不断加强，承接转移东部沿海地区的地区已具备了产业体系的硬条件；各地方政府不断向沿海地区学习经验，纷纷划拨经济园区，制定各项优惠政策，积极吸引转移产业，营造了良好的社会氛围，承接转移的软条件也日趋完善。

（2）产业转移动力分析

产业转移发生在地域之间，承接地区只有提高自身的各项优势资源的利用率，调动各项影响因素，才能强化转移动力，利用有效的动力机制可以更明白的阐述影响因素在推动动力方面的作用。一个地区要获得承接产业的成功，必须要该地产生地缘引力来推动运行。郭元晞、常晓鸣（2010）将产业相关的劳动力 L、土地资源 R、技术设备 I_T、原材料 C_0、能源 C_M、税费 T、交通成本 C_T、产业制造环境 ME、市场化程度 I 等作为独立的内生变量因子进行研究，提出"内生性发展"动力模型，进而推出产业转移 IT 动力机制

$$IT=f(L,R,I_T,C_0,C_M,T,C_T,ME,I)$$

即有

$$dIT=\frac{\partial IT}{\partial L}dL+\frac{\partial IT}{\partial R}dR+\frac{\partial IT}{\partial I_T}dI_T+\cdots+\frac{\partial IT}{\partial I}dI$$

这一产业转移机制将众多因素作为独立的内生性因子展开对产业转移动力的影响，这些内生性因子决定和制约着企业的生产成本和交易成本，各因子的作用的突出程度又和政府对这些方面所作出的底线规定和实际工作中的行为影响，要获得最大的动力必须使各因素达到最优状态进而形成合力。在利用动力模型分析皖江经济带承接产业转移时可以清楚地看到这些内生性因子在一定程度上受到政府行为的制约和限制，当地经济发展需要提供众多就业岗位和改善企业福利待遇以留住大量劳动力，只有良好的土地、资源管理利用政策、优厚的税费政策才能够吸引企业进行转移。

根据两个模型的分析比较，对研究皖江地区承接产业转移的引力和动力有积极的作用，产业在皖江地区的分布和相关政策的出台，使产业转移的引力和动力模型作用更突出，根据对相关数据的计算和测量皖江地区的产业竞争力和对转移产业融合的程度都很高。在微观层次方面，劳动力、资源能源、税费、各种环境情况制约着产业的动力 IT，但是在这些皖江具有的承接优势情况下，要使承接保持高效，政府行为发挥着不可忽视的作用。皖江经济示范区在承接产业转移时要从政策入手统一协调产业相关的企业、资源、成本、环境等方面相互关系，做好承接和发展的各项措施，让地区协调和持续发展：大力引进有潜力、低消耗、轻污染的产业，促进本地区产业利用对接实现升级；加大交通运输投入和完善基础设施建设促使转移产业更好地适应，降低发展成本；努力构建行政、福利、医疗和保健服务体系，确保工作效率的高效，也使地区留住企业、留住人才，多管齐下才能让产业转移的动力保持强劲，推动地区的快速崛起。

3. 承接产业转移的博弈分析

（1）政府间博弈分析

通过对现有文献的梳理和研究，笔者发现在我国产业转移中，地方政府的行为是非常重要的变量因子，政府特别重视在经济增长导向下的绩效考核机制，因为在本地区经济发展和增长方面政府负有组织与推动的一定职责，政府也就对经济又内在的冲动和偏好，所以会按照自己的价值取向进行直接和间接干预，在承接产业转移的进程中各级政府也就展开博弈，以取得本地区更高的经济增长。

首先，产业转出地和承接地政府之间的博弈。尽管沿海发达地区面临着能源资源的缺乏和产业升级的趋势，但是为了保持经济发展大多地区还是纷纷出台一些政策留住企业，特别是那些核心高端产业，或者只在本省范围内转移，保证在 GDP 的比拼中处于领先地位；例如广东在产业转移的浪潮下先后提出的“产业转移”和“双转移”战略。而在皖江经济带承接产业转移示范区获得国家批准以后，我省在承接沿海发达地区的产业转移的步伐不断加快，所开出的优惠政策在“十二五”《示范区规划》中有突出的体现，这样就形成了产业转出地和承接地政府之间的博弈。

其次，承接地内部政府之间博弈。《示范区规划》提出了构建“一轴双核两翼”的产业布局和构建“十字形”产业发展轴，涉及了皖江经济带各地区的主要产业分布，但是各地政府在实际操作承接时为提升本地的经济发展也往往出现博弈竞争现象，打出承接的旗子，开出诱惑的优惠条件向转移企业伸出橄榄枝。这种博弈的出现，很容易造成承接的撞车，影响整体产业的布局和放松对企业的审查监督，进而会形成“内耗”式的发展，例如根据表2中机械制造产业方面在合肥、芜湖、巢湖、宣城、滁州、六安等地都是具有优势的，在承接该类企业转移时是必会展开这些地区的政策博弈，造成争相竞争的现象。

(2)政府企业间博弈分析

现在的政府和企业存在相互依存的关系，在政府方面，政府要依靠企业来带动本地区的经济发展，解决本地区的就业问题，提高人民生活水平，所以会提供良好的服务；但同时政府又要监督和控制企业在发展过程出现的资源消耗、环境破坏等方面的问题，又会制定一些限制性的政策，继而会形成一种政府主导的强合法性机制。在企业方面，企业会从成本、制度环境、社会环境等方面考虑是否转移到该地区，转移企业要在本地区良好长久的发展，必须要取得一定的合法地位，同时企业发展需要合适健全的基础设施、配套设施、人文社会环境及宽松的管理机制，充实的资源供给和最大的环境破坏限度，继而也形成了弱的合法性机制。政府和企业间的博弈也是这种政府的强合法性机制和企业的弱合法性机制之间的博弈。

首先，发达地区产业会由于能源、劳动力、原材料、政策约束等各种压力会主动寻求区域性转移，所形成的效率机制推动了企业自身的转移；其次，政府面对转移的趋势和承接产业的需求，会制定一些政策积极引导企业转移进来，以促进本地区的发展。进而形成政府体系的强合法性机制，推动和加快产业的转移；再次，企业在政府强合法性机制之下也获得了自身利益的较弱的合法性机制；利用政府提供的各种优惠条件和充足的能源资本积极的发展，配合政府需求的基础上谋求自身利益的增长。最后，这种相互配合又会产生新的效率机制。

机制交替让政府更具强制的合法性，也使博弈更加的复杂，地方政府的政策影响企业的行为越加明显，也使企业依附在政策环境之下，众多企业也会在转移中产生模仿行为，最终政府和企业到达到了趋同性。

三、皖江经济带承接产业转移政府行为

中国经济的经济发展依托政府的强大作用，当然在承接产业转移中，根据沿海地区的经验和模式强政府的作用也非常突出，进而根据已有经验和皖江经济示范区的现实情况可以思考：政府应该怎样介入到产业转移和承接中？应该扮演什么角色？如何依托政府行为良性发展促进承接产业进程？政府如何作为才能达到良好的效果？下面从：强化和提升政府政策导向、引导和完善产业合理布局、提升转移和承接引力和动力、建立健全政府介入方

式、改革创新政府考核制度等五个方面进行概述：

（一）强化和提升政府政策导向

皖江经济示范区作为安徽省第一个国家级改革规划项目得到高度重视，2010年出台了发展皖江经济示范区实施方案，政策主要涉及承接基础设施建设、产业升级创新、产业用地供给、税费价格优惠政策、金融服务支持、环境承载限度、人才供给保障、内外贸经济发展、社会就业服务、政务服务制度环境等方面。并又在“十二五”规划中对皖江经济带做了产业布局和规划。所以在实际工作中必须加强和提升政府政策导向。

首先，各市县要以整体规划为基础上制定适合于各地区的微观政策，积极利用政策的导向作用引导产业进行有效转移，建立特色承接产业转移园区，发展优势产业、品牌产业，形成一种新型的区域分工。确保政策的成熟稳定，能够产生长远科学的效果。其次，有效引导本地区产业在承接产业过程中实现产业升级，以“承”带“升”，避免盲目承接和忽略性发展。政策要兼顾本土企业、转移企业、当地情况等方面，体现公平、有序。再次，加强交流合作，政策在兼顾本地实情的同时积极与沿海发达城市挂钩，只有不断与之交流学习才能构建更合理完善的制度环境，确保企业良性发展，同时要不断创新承接产业和发展经济新模式。最后，政策要很好的引导各类人才投身到经济建设中来，用政策吸引人才、留住人才，才能保证产业的提升。

（二）引导和完善产业合理布局

“十二五”《示范区规划》提出了构建“一轴双核两翼”的产业布局和构建“十字形”产业发展轴对装备制造、汽车、家电、高技术产业等先进制造业及冶金、化工、机械等重化工业做了合理的布局规划。同时也提出对非示范区的发展政府可以规划适当产业并同样享受优惠政策。尽管如此还是会出现产业布局的不合理现象，所以必须要引导和完善产业的合理布局。

首先，皖江地区政府要根据产业分布和整体规划，制定合理的产业布局，认真贯彻执行有关规定和经济发展要求，构建健康生态的产业结构和发展环境，避免盲目承接和不正当竞争承接。造成政府运作成本的提高和承接中政府行为、企业行为的趋同。其次，带动周边地区，注重区域经济平衡发展，在积极推动皖江经济示范区建设的同时，也要加强周边市县的平衡发展，皖江地区承接产业转移示范基地的建立不光是皖江地区的机遇还是周边各市县的机遇，非皖江地区市县也要积极做好承接转移的各项规划工作，加强政府职能作用，推动本地区产业良好布局，同时避免各地区间的经济失衡。再次，完善制度，加强区域合作。构建地方政府间的合作机制，加强政府间的信息交流和合作，对区域内产业分工和产业结构升级优化、政策环境无差异等方面进行协调，推动产业布局合理。

(三)提升承接转移引力和动力

尽管东部发达地区的产业面临各种压力纷纷发生转移现象，但是产业转移的动力还是不够强劲，并且转移的方向还是不够明确，要把握这次承接产业转移的机遇必须切实提升产业转移和承接的引力和动力。根据我省特别是皖江各地区制定的各种政策和规划，结合各地区的实际情况，提升引力和动力主要从以下几个方面着手：

首先，要完善和加强我省机制体制建设，能更好地与沿海地区的机制体制接轨，营造良好的企业生存和发展的空间环境，并且有效的调节我省在皖江地区配套产业的布局和建设，增加皖江产业竞争力 K_j、产业融合度 I_{ij} 和产业制造环境 ME；其次，要积极改善皖江地区基础设施建设减少交通成本 C_T，稳步增加居民收入、刺激和引导居民消费，积极营造良好的社会环境；再次，引导产业结构升级，运用政策激励企业积极参与创新，提升产业竞争力 K_i、K_j，有效的嫁接产业带动本地区经济发展；最后，推动财政税费改革和机制创新，积极创建良好的合理的税收机制、开出合理的税费条件和优惠，税费 T 的降低使企业竞争力增强，也是转移企业更快地适应环境进入快速增长的状态。

(四)建立健全政府介入方式

在承接产业转移和经济发展的过程中，政府介入方式在不断发生这变化，要使皖江经济城市带承接产业转移示范区能够成功运作，必须要建立健全政府介入方式。

首先，政府面对良好的机遇会可以形成一个强合法者得角色，主动积极的引导承接区建设，依据本地的情况积极的制定一些极其优惠的政策，推动承接工作的迅速展开，吸引投资和企业转移；其次，政府在承接过程中在赋予企业发展合法性的同时，又要有效合理的为企业提供各种服务和企业发展的必要条件，并且政府还要有效的关注产业间发展平衡、环境保护及产业结构的转变和升级等方面的问题；再次，在承接的后期政府要从强合法性机制中的地位转变出来，应当逐步放松在产业转移的直接干预权，逐步转向经济规则的维护者的角色转变，积极构建完善的服务机制、监督机制，促进产业的融合和经济的可持续发展。最后，在承接产业和发展产业的整个环节，良性的政府行为介入方式选择决定着企业与当地的结合情况，利用灵活的政府服务机制、高效的引导效率，打开思路，创新行政与管理方法。

(五)改革创新政府考核制度

各市县政府在这个过程中获得了招商引资的合法地位，并且由于与政绩挂钩，相关组织更加注重引进企业，并且只注重经济的短期增长，而缺乏长远发展眼光,所以在承接产业转移中还要改革创新政府考核制度。

首先,要将对地方政府官员的政绩评价和考核制度从唯GDP上转移出来,可以采取淡化数字GDP指标,强调绿色GDP概念的方法,注重运用科学发展的考核机制;其次,传统政府考核机制只看短期内经济增长的数字,而忽略多能源的消耗率、环境的破坏率方面的测评,所以要转变到强化经济发展与能源环境的挂钩,制定一个比例警戒线;再次,改革政府考核制度可以有效转变政府官员的思想观念,能够使政府行政人员更加理智地去规划去发展,确保经济的可持续发展;最后,用新的考核制度来丰富政府机构的行政方法,利用逐级考核、公众企业投票的方法监督和制约政府行为,同时强化政府官员的相关法律法规的学习。

四、结论及展望

面对前所未有的机遇,皖江地区已经对产业转移和承接做好了充分准备,但是在不断的发展中还要根据新情况制定一揽子新措施,确保发展的方向不发生偏离,提供良好的投资环境、完善的基础设施条件、有利产业发展社会文化环境等等。确保企业有个稳定的发展空间;加强和完善经济制度,发挥制度的规范和监督机制作用,约束地方政府行为和企业的行为,避免地方政府仅顾自身利益争相承接转移,进而降低引资标准,牺牲当地的环境和生态;同时让企业在更高的要求下实现产业结构转化和升级,长久带动经济发展。政府应该始终明确在这个机制循环过程中始终应当发挥监督者和服务者的角色,只要从这角度出发地区经济一定会有更好的效率。

皖江经济示范区还处于起步阶段,所要面对的情况还没有凸显出来,政府需要在发展中不断总结纠正。只要良好的把握好这次发展的机遇、运用好我省丰富的资源环境,皖江会带动安徽走在经济发展前列。本文试图利用更合适的方法和模型来分析皖江经济带承接产业转移中的政府行为,但鉴于学识有限,不能很透彻的分析论述,不免存在很多漏洞和不足,希望在以后研究中逐渐完善。

参考文献:

[1] 陆列嘉. 安徽前两月实际利用外资逾10亿美元,同比增12.3%. 安徽日报,2011-3-20.

[2] KIYOSHI K. Capital accumulation and the course of industriation, with special reference to Japan[J]. 1960,70(280):757-768.

[3] Tinbergen J. Shaping the world economy, suggestion for an intemational economic policy [M]. New Yerk The twentieth century fund,1962.

[4] 王敬勇. 地方政府竞争、产业转移与制度安排[J]. 经济论坛:2011:3-6.

[5] 杨玲丽. 区域产业转移中的地方政府行为:效率机制与合法性机制的博弈[J]. 科技管理研究,2010:83-90.

[6] 苏炜,高彦彦. 江苏区际产业转移引力模型分析[J]. 山东经济,2010:139-146.

[7] 郭元晞,常晓鸣. 产业转移类型与中西部地区产业承接方式转变[J]. 社会科学研究,2010:33-37.

[8] 邓涛,刘红. 我国产业转移对经济增长与就业的影响分析[J]. 贵州商业高等学院报,2010:2-27.

[9] 杨玉寅. 关于安徽省承接长三角产业转移的几点思考[J]. 黑龙江对外经贸,2009:74-76.

[10] 欧阳朝旭. 基于产业聚集下的安徽承接产业转移与开发区建设[D]. 2010.

[11] 方劲松. 承接长江三角产业转移与安徽实现跨越式发展[J]. 江淮论坛,2010:27-30.

[12] 周五七. 中部承接沿海产业转移的产业选择——以安徽为例[J]. 技术经济,2010:33-37.

[13] 徐家洪,项贵娥. 安徽产业转移集群式发展的钻石要素分析[J]. 池州学院学报. 2008:22-26.

安徽产业结构和竞争力分析
——基于动态偏离-份额传统模型与空间模型

吴　琦*

摘　要:本研究运用动态偏离-份额分析法,结合传统模型和空间模型,从时间、空间、国家、邻近省份等多个维度对安徽2001—2009年期间产业结构的调整和竞争力的强弱进行分析。研究结果表明,安徽整体产业结构水平偏低,产业竞争力不足;三次产业内部优势和劣势并存;邻近区域的影响不可忽视。据此,本文认为,"十二五"时期安徽应制定符合产业结构演变规律的引导政策,加大产业结构调整力度,推动区域联动协调发展。

关键词:安徽;产业结构和竞争力;动态偏离份额分析;传统模型;空间模型

一、引　言

区域产业结构是指区域内各类产业经济活动之间的相互联系与比例关系①。在经济发展中,经济总量的增长在很大程度上取决于产业结构的状态,产业结构是影响经济增长质量和效益的关键因素之一。在国内外诸多测度产业结构优化的理论方法中,偏离-份额分析法以其在综合性和动态性方面的独特优势,成为近年来国外分析区域产业结构与经济发展常用的数理方法。

偏离-份额分析法(Shift-share Method,缩写SSM)又称增长因素分析法,最初由美国经济学家Daniel(1942)和Creamer(1943)相继提出,后经E. S. 邓恩和埃德加·M. 胡佛等学者总结并逐步完善。该方法是以研究区域所在区域或者整个国家的经济发展作为标准区,通过研究区域的增长与标准区的增长的比较,将研究区域自身经济总量在某一时期的变动分解为3个因素:份额分量(N)、结构偏离分量(P)和竞争偏离分量(D),以此来说明区域经济发展

* 作者简介:吴琦(1980—),女,中共安徽省委党校管理学教研部,讲师,中国人民大学区域经济学博士研究生,研究方向为区域经济学。

① 陈秀山,张可云. 区域经济理论[M]. 北京:商务印书馆,2003:104.

和衰退的原因,评价区域产业结构优劣和自身竞争力的强弱,找出区域具有相对竞争优势的产业部门,从而可以确定区域未来经济发展的合理方向和产业结构调整的原则。

随着偏离-份额分析方法在区域经济学和地理学的广泛应用,其分析模型也得到了不断的修正和扩展。Thirlwall(1967)将动态分析思想引入到传统静态模型中,从而减少对变量激烈变化信息的忽略。Nazara 和 Hewings(2004)将区域与邻近区域之间的空间相互作用引入到传统动态偏离-份额分析模型中,推演出 20 种含空间结构和不含空间结构的区域增长分解公式。可以这样说,动态偏离-份额传统模型(强调国家影响区域,但不考虑区域之间的相互影响)和空间模型在进行区域经济分析的应用上各有所长,前者能够分析地区的产业结构和竞争力状况,后者可以用来分析基于空间依赖性的地区相互作用的结果,二者在一定程度上是互相补充的。

目前,国内对于偏离-份额分析方法的应用主要局限在将传统模型应用于一个特定区域、特定产业或部门中。虽然也有史春云等(2007)对于空间模型的介绍,袁晓玲等(2008)对陕西省 1998—2004 年工业行业增长进行动态偏离-份额分析,王品慧等(2008)对 2000—2005 年间安徽省的 35 个工业部门的行业优势进行实证分析等等,但结合两种模型对安徽产业结构和竞争力进行分析的文献却鲜有出现。因此,本文将动态偏离-份额传统模型与空间模型结合起来对 2001—2009 年间的安徽产业结构和竞争力进行分析,以期为安徽经济发展提供更为准确的决策参考。

二、动态偏离-份额传统模型和空间模型的构建

(一)动态偏离-份额传统模型的构建

传统的动态偏离-份额分析法将研究期限分成若干时段,一般以一年为一个时段,分析每个时段的偏离状况。假定总研究期限为 T 期,t 代表一个细分段,$t=0,1,2,\cdots,T-1$。用 g 和 G 分别表示安徽地区生产总值和全国国内生产总值(GDP),相应地,g_i 和 G_i 则分别代表安徽和全国第 i 产业的生产总值($i=1,2,3$),Δg_i^{t+1} 表示安徽第 i 产业第 $t+1$ 期相对于第 t 期的生产总值的变化值,也就是 $\Delta g_i^{t+1}=g_i^{t+1}-g_i^t$,在动态偏离-份额分析传统模型中 Δg_i^{t+1} 一般表示为①:

$$\Delta g_i^{t+1}=g_i^t\cdot R^{t+1}+g_i^t\cdot(R_i^{t+1}-R^{t+1})+g_i^t\cdot(r_i^{t+1}-R_i^{t+1})\tag{1}$$

① Benjamin H Stevens, Craig L Moore. A Critical Review of the Literature on Shift-share as a Forecasting Technique [J]. Journal of Regional Science, 1980, 20(4): 419-435.

其中，$R^{t+1}=\frac{G^{t+11}-G^{t}}{G^{t}}$；$R_i^{t+1}=\frac{G_i^{t+1}-G_i^{t}}{G_i^{t}}$；$r_i^{t+1}=\frac{g_i^{t+1}-g_i^{t}}{g_i^{t}}$

式(1)中，全国分量 $N_i=g_i^t\cdot R^{t+1}$，指安徽第 i 产业按照全国所有产业平均增长率增长时所应达到的增长量；结构偏离分量（又称结构分量）$P_i=g_i^t\cdot(R_i^{t+1}-R^{t+1})$，是指由全国第 i 产业的实际增长率与全国所有产业平均增长率的差异所引起的安徽第 i 产业增长相对于全国标准而产生的偏离，如果全国第 i 产业的增长率超过全国所有产业的增长率，该分量就为正，表示具有产业结构优势，相反，为负表示结构劣势；竞争偏离分量（又称竞争分量）$D_i=g_i^t\cdot(r_i^{t+1}-R_i^{t+1})$，指由于安徽第 i 产业增长速度与全国该产业增长速度差异而引起的偏离，它反映了一个区域某产业在该时段的相对竞争力强弱，其值为正表明研究区域某一产业超过国家该产业的发展，具有产业竞争力，其值为负则表示竞争上处于弱势地位。

将式(1)中等式右边的第一项移到等式左边，则变换为下式：

$$\Delta g_i^{t+1}-g_i^t\cdot R^{t+1}=g_i^t\cdot(R_i^{t+1}-R^{t+1})+g_i^t\cdot(r_i^{t+1}-R_i^{t+1}) \tag{2}$$

式(2)等号左边是实际增长与国家增长分量的差，称之为总偏离(gross shift)，等于右边的结构偏离分量与竞争偏离分量两项之和。偏离-份额分析可根据结构偏离分量和竞争偏离分量对总偏离的贡献大小，判断是什么力量对总偏离起着主导作用。

（二）动态偏离-份额空间模型的构建

与传统模型不同在于，空间模型涉及邻近区域的确定以及邻近区域与研究区域的空间作用强度。以 w_{jk} 代表研究区域 j 和邻近区域 k 之间的相互作用强度，将邻近区域第 i 产业的 GDP 增长率记为 $\vec{r}_i$，也称作第 i 产业的空间增长率，其计算公式如下：

$$\vec{r}_i^{\,t+1}=\frac{\sum_{k=1}^{n}w_{jk}g_{ik}^{t+1}-\sum_{k=1}^{n}w_{jk}g_{ik}^{t}}{\sum_{k=1}^{n}w_{jk}g_{ik}^{t}} \tag{3}$$

其中 $0\leqslant w_{jk}\leqslant 1$，且 $\sum_{k=1}^{n}w_{jk}=1$，n 是邻近区域 k 的个数；g_{ik}^t 和 g_{ik}^{t+1} 分别是在第 t 期和第 $t+1$ 期邻近区域 k 的第 i 产业的生产总值，式(3)中的其他变量的定义和前述一致。

将空间增长率 $\vec{r}_i^{\,t+1}$ 替换传统的动态偏离-份额分析公式(1)中的全国增长率，可得出动态偏离-份额分析空间模型的一般公式：

$$\Delta g_i^{t+1} = g_i^t \cdot R^{t+1} + g_i^t \cdot (\vec{r}_i^{t+1} - R^{t+1}) + g_i^t \cdot (r_i^{t+1} - \vec{r}_i^{t+1}) \quad (4)$$

式(4)表明,安徽某产业的经济增长可分解为等式右边的三个分量,三个分量的动态时间意义与传统模型一致,在内涵上,第一个全国分量与传统模型的全国分量一样,第二和第三分量与传统模型有区别。第二分量描述邻近区域第 i 产业 GDP 的增长率与全国所有产业 GDP 增长率的差,可称为空间结构分量,当邻近区域第 i 产业的 GDP 增长率超过全国所有产业的 GDP 增长率,其值为正,反之为负。这一分量表示邻近区域带给研究区域的平行影响,也就是说,邻近区域相对高速(低速)增长将给研究区域带来正(负)的影响①。第三分量代表研究区域与邻近区域在第 i 产业 GDP 增长率上的差,称之为空间竞争分量,当研究区域第 i 产业的 GDP 增长率超过邻近区域第 i 产业的 GDP 增长率,其值为正,说明研究区域第 i 产业的增长超过了其邻近区域,也就是能够有效利用邻近区域的积极影响;反之,如果该分量为负,说明研究区域不能有效利用邻近区域增长的积极影响。

1. 邻近区域的确定

根据地理距离来确定邻近区域范围。安徽位处中国中部,北接山东省,东连江苏省,东南和南邻浙江、江西两省,西靠湖北,西北与河南省为邻,所以选择与安徽省在地理上有公共边界的这 6 个地区为具有空间作用的邻近区域。

2. 空间强度系数

本文通过经济变量来衡量邻近区域对研究区域的空间作用强度,采用 Boarnet(1998)定义的经济权重,具体为:区域之间经济相似度越高则作用强度越大,公式如下:

$$w_{jk} = \frac{\frac{1}{|X_j - X_k|}}{\sum_{k=1}^{n} \frac{1}{|X_j - X_k|}} \quad (5)$$

其中,X_j 和 X_k 分别为研究区域 j 和邻近区域 k 的经济变量。将 2000 年安徽和 6 个邻近区域的人均国内生产总值代入式(5),根据空间经济学假定,权重在研究时期内不变,计算结果见表 1。

① 洪世键. 空间依赖性与地区工业发展:基于空间偏离-份额分析模型[J]. 西南民族大学学报(人文社科版),2009,(9):59-64

表 1　安徽与邻近六省份的空间强度系数

	研究区域 j	邻近区域 k					
	安徽	山东	江苏	浙江	河南	湖北	江西
人均 GDP(元/人)	4779	9326	11765	13416	5450	6293	4851
空间强度系数 w_{jk}	——	0.0133	0.0087	0.007	0.0902	0.0399	0.841

从强度系数(权重)看出,邻近区域对安徽的影响有 84.1% 是来自江西省,说明邻近区域中江西对安徽影响最大。权重大小顺序,与区域之间的产业结构相似系数大小一致①,这也说明“产业结构越相似的区域,影响越大”。

三、基于动态偏离-份额传统模型和空间模型的安徽产业结构和竞争力分析

(一)数据来源和处理

本文选取了 2000—2009 年安徽与全国及山东、江苏、浙江、河南、湖北、江西的国内生产总值(GDP)、第一产业、第二产业、第三产业产值等数据,所有数据均来源于 2001—2010 年的中国统计年鉴、安徽及 6 个邻近省的统计年鉴,各产值均为当年价格。根据公式(1)和(4),分别计算出基于传统模型和空间模型的安徽 2001—2009 年 GDP 和三次产业的动态偏离-份额分析结果,见表 2、表 3 和表 4。

表 2　基于传统模型和空间模型的 2001—2009 年安徽经济增长的动态偏离-份额分析结果　单位:亿元

年份	总增量 Δg	份额分量 N	传统模型		空间模型		总偏离 P+D
			结构分量 P	竞争分量 D	结构分量 P	竞争分量 D	
2001	344.62	305.40	-11.11	50.33	-48.64	87.86	39.23
2002	273.01	316.14	-14.92	-28.21	61.346	-104.48	-43.13

① 2000 年,安徽与山东、江苏、浙江、河南、湖北、江西的产业结构相似系数分别为 0.96132、0.94817、0.93559、0.98191、0.99043 和 0.99836。产业相似系数计算公式为:$S_{jk} = \dfrac{\sum_{i=1}^{3} P_{ij}P_{ik}}{\sqrt{\sum_{i=1}^{3} P_{ij}^2 \sum_{i=1}^{3} P_{ik}^2}}$ $(0 \leqslant S_{jk} \leqslant 1)$,其中 P_{ij} 和 g_i 分别表示产业 i 在区域 j 和区域 k 产业结构中所占比重。

（续表）

年份	总增量 Δg	份额分量 N	传统模型		空间模型		总偏离 P+D
			结构分量 P	竞争分量 D	结构分量 P	竞争分量 D	
2003	403.39	453.08	-30.02	-19.67	34.162	-83.86	-49.69
2004	836.19	694.82	11.29	130.08	194.83	-53.46	141.37
2005	590.87	745.96	-44.33	-110.77	117.43	-272.53	-155.10
2006	762.33	907.73	-35.48	-109.92	29.439	-174.84	-145.40
2007	1248.42	1398.63	-12.38	-137.83	-161.7	11.53	-150.21
2008	1490.74	1335.75	-1.43	156.43	139.67	15.33	155.00
2009	1211.16	745.84	-36.88	502.20	113.67	351.65	465.32
平均	795.64	767.04	-19.47	48.07	53.35	-24.75	28.60

（二）结果分析

从总体经济增长情况来看（见表2）。2001—2009年间，安徽国内生产总值快于全国，平均总偏离量为28.60亿元。其中，在传统模型中，产业结构劣势导致理论上的经济损失是19.47亿元，竞争优势引起的增长量为48.07亿元，说明与全国相比，安徽的产业结构不优，但竞争力较强，竞争力因素比产业结构因素更能推动安徽经济增长。具体来说，竞争力对安徽经济增长的贡献达到6.04%，而全国经济增长对安徽经济增长的贡献达到96.41%，因此，安徽经济增长受全国经济环境的影响很大。在空间模型中，结构分量为正值，而竞争分量为负值，说明安徽邻近省份的产业结构优于全国的产业结构，会给安徽经济增长带来积极影响，但安徽的竞争力弱于邻近省份。综合来看，邻近省份产业结构的优化对安徽产业结构的调整起到了一定的促进作用，从而部分地熨平了安徽产业结构调整过程中的波动。同时，邻近省份的产业竞争力强于安徽，而安徽又强于全国平均水平，这从某种程度上为安徽优化产业结构，提升竞争力而承接周边先进产业，转移落后产业提供了注脚。

从趋势来看。无论是传统模型和空间模型，其结构分量和竞争分量都围绕在平均值附近上下波动（见图1），其中两个模型的结构分量和竞争分量的波峰基本保持一致，分别于2004年达到结构分量的最大值，2009年达到竞争分量的最大值；而两个模型在结构分量和竞争分量波谷方面是不一致的，比如，传统模型2005年结构分量和2007年竞争分量达到最小值，空间模型2007年结构分量和2005年竞争分量达到最小值。

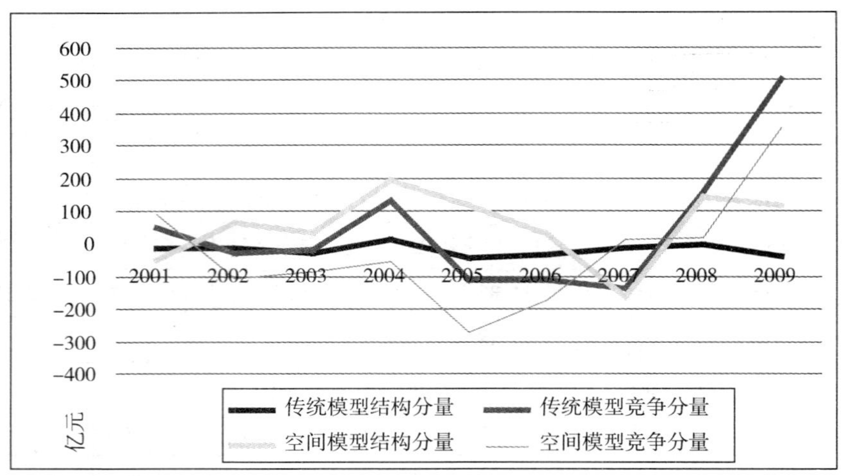

图1　2001—2009年安徽经济增长的动态偏离-份额分析图

从第一产业来看(见表3和表4)。2001—2009年期间,安徽第一产业生产总值年均增长83.74亿元,低于全国平均水平,总偏离为-57.07亿元。从平均水平来看,两个模型的结构偏离分量和竞争偏离分量均为负值,其中,结构偏离分量为-43.47亿元(传统模型)和-45.62亿元(空间模型),说明安徽第一产业的增长速度低于全国平均水平,邻近区域第一产业的增长速度也低于全国平均水平,造成安徽第一产业发展的内在动力和外在助力都不足。竞争偏离分量为-13.61亿元(传统模型)和-11.45亿元(空间模型),说明安徽第一产业的竞争力既弱于邻近省份,又弱于全国平均水平。结构劣势造成理论上的经济损失要大于竞争劣势所带来的损失,因此,结构不优是安徽第一产业发展首先需要解决的问题。

2004年安徽第一产业结构分量和竞争分量都为正值,而且第一产业总偏离量要大于第二产业和第三产业总偏离量,对经济增长贡献率达到48.37%,这说明,2004年安徽经济的增长更多地依靠第一产业的拉动。

从第二产业来看(见表3和表4)。2001—2009年期间,安徽第二产业生产总值年均增长427.60亿元,高于全国平均水平,总偏离量为101.66亿元。在传统模型中,安徽第二产业结构劣势导致理论上的经济损失为4.39亿元,竞争优势所产生的经济增长为106.05亿元,说明与全国相比,安徽第二产业的结构不够优化,但竞争力较强,且竞争力整体上呈现上升趋势。因此,竞争力因素比产业结构因素更能推动安徽第二产业的增长,这一点也与前面所分析的总体情况是一致的,说明在安徽三次产业结构中,第二产业居于主导地位(这也可以从三次产业中唯有第二产业的总偏离量为正可以看出)。在空间模型中,邻近省份的第二产业的结构优势带动安徽第二产业增长 94.69 亿元,同时安徽与邻近省份相比的竞争优势带来 6.97 亿元。这说明邻近省份第二产业的发展对安徽第二产业的发展产生积极的影响。综合两种模型发现,在三次产业中,竞争力最强的是第二产业。

从第三产业来看(见表 3 和表 4)。2001—2009 年期间,安徽第三产业生产总值年均增长 284.29 亿元,低于全国平均水平,总偏离为-15.99 亿元。在两种模型中,从平均水平来看,第三产业的结构偏离分量均为正值,但竞争偏离分量都为负值,这说明安徽第三产业与全国相比具有结构优势,而且邻近省份第三产业的结构优势也能对安徽第三产业的发展产生积极的作用;但是安徽第三产业的竞争力弱于全国平均水平,也弱于邻近省份。因此,结构因素在安徽第三产业总偏离中起着主导作用,相比较而言,安徽第三产业的结构也是三次产业中最优的。从趋势来看,安徽第三产业总偏离量 2001—2004 年为正值,2005—2008 年为负值,2009 年为正值,这表明安徽第三产业的发展相对于全国平均水平来说,经历了先高后低再高的一个发展过程。

表 3　基于传统模型的 2001—2009 年安徽三次产业的动态偏离-份额分析结果

单位:亿元

产业	SSM	2001	2002	2003	2004	2005	2006	2007	2008	2009	平均
第一产业	Δg	19	22.89	-34.26	201.1	16	44.53	189.15	217.91	77.36	83.74
	N	78.06	74.08	100.88	132.73	148.98	163.98	231.34	217.79	119.49	140.81
	P	-36.54	-37.65	-60.85	41.07	-104.27	-94.14	-38.43	-5.02	-55.36	-43.47
	D	-22.52	-13.54	-74.29	27.31	-28.71	-25.31	-3.76	5.14	13.23	-13.61
	P+D	-59.06	-51.19	-135.14	68.37	-132.98	-119.45	-42.19	0.12	-42.13	-57.07
第二产业	Δg	198.1	82.16	198.25	309.61	401	465.28	659.78	827.97	706.29	427.60
	N	111.21	122.19	172.11	271.92	289.17	381.05	620.36	611.71	353.80	325.95
	P	-19.43	-11.07	39.73	10.08	52.68	32.29	-42.37	9.06	-110.46	-4.39
	D	106.32	-28.96	-13.59	27.62	59.16	51.95	81.79	207.20	462.95	106.05
	P+D	86.89	-40.03	26.14	37.69	111.83	84.23	39.42	216.26	352.49	101.66
第三产业	Δg	127.52	167.96	239.4	325.48	173.87	252.52	399.49	444.86	427.51	284.29
	N	116.13	119.87	180.09	290.18	307.82	362.70	546.93	506.25	272.55	300.28
	P	44.86	33.79	-8.90	-39.86	7.26	26.38	68.41	-5.471	128.94	28.38
	D	-33.47	14.30	68.21	75.16	-141.21	-136.56	-215.85	-55.91	26.02	-44.37
	P+D	11.39	48.09	59.31	35.30	-133.95	-110.18	-147.44	-61.39	154.96	-15.99

表 4　基于空间模型的 2001—2009 年安徽三次产业的动态偏离-份额分析结果

单位:亿元

产业	SSM	2001	2002	2003	2004	2005	2006	2007	2008	2009	平均
第一产业	Δg	19	22.89	-34.26	201.10	16	44.53	189.15	217.91	77.36	83.74
	N	78.06	74.08	100.88	132.73	148.98	163.98	231.34	217.79	119.49	140.81
	P	-42.75	-34.05	-87.45	44.03	-51.38	-100.41	-73.41	1.11	-66.25	-45.62
	D	-16.31	-17.14	-47.69	24.34	-81.60	-19.04	31.22	-0.99	24.12	-11.45
	P+D	-59.06	-51.19	-135.1	68.37	-132.98	-119.45	-42.19	0.12	-42.13	-57.07
第二产业	Δg	198.1	82.16	198.25	309.61	401	465.28	659.78	827.97	706.29	427.60
	N	111.21	122.19	172.11	271.92	289.17	381.05	620.36	611.71	353.80	325.95
	P	6.57	84.47	162.13	164.73	156.96	161.09	-12.52	73.47	55.32	94.69
	D	80.32	-124.50	-136	-127.04	-45.13	-76.85	51.95	142.79	297.17	6.97
	P+D	86.89	-40.03	26.14	37.69	111.83	84.23	39.42	216.26	352.49	101.66
第三产业	Δg	127.52	167.96	239.40	325.48	173.87	252.52	399.49	444.86	427.51	284.29
	N	116.13	119.87	180.09	290.18	307.82	362.70	546.93	506.25	272.55	300.28
	P	-12.46	10.93	-40.52	-13.93	11.86	-31.24	-75.81	65.08	124.59	4.28
	D	23.85	37.16	99.83	49.23	-145.81	-78.95	-71.63	-126.47	30.37	-20.27
	P+D	11.39	48.09	59.31	35.30	-133.95	-110.18	-147.44	-61.39	154.96	-15.99

四、结论和建议

(一)结论

本研究运用动态偏离-份额分析法,结合传统模型和空间模型,从时间、空间、国家、邻近省份等多个维度对安徽产业结构的调整和竞争力强弱的变化进行分析,得出以下结论:

1. 安徽整体产业结构水平偏低,产业竞争力不足。2001—2009 年间,只有 2004 年一年产业结构分量为正值,相对于全国和相对邻近省份都具有竞争优势的只有 2004、2008 和 2009 三个年度。

2. 从三次产业内部来看,优势和劣势并存。第一产业发展相对滞后,2001—2009 年期间,只有 2004 年一年产业结构分量为正值,有三年的竞争分量为正值,结构问题非常突出;第二产业在三次产业中居于主导地位,其竞争力在三次产业中最强,但结构分量有四年为负值;第三产业具有一定的结构优势,总体来看优于全国平均水平和邻近省份,但竞争优势有待提高。

3. 邻近区域的影响不可忽视。从整体看,邻近省份产业结构的优化对安徽产业结构的调整起到了一定的促进作用,从而部分地熨平了安徽产业结构调整过程中的波动,这主要体现在第二产业上。

(二)建议

"十二五"时期我国将进入经济社会发展全面转型期,安徽必须制定切实可行的产业发展方略,加强政策引导,促进区域合作,以实现安徽快速崛起。

1. 加大产业结构调整力度。着力优化第一产业的产业结构,加快农村综合配套改革,推进农业产业化,发展现代农业。促进科技创新成果的转化,提升工业产业科技含量,降低对资源环境的依赖,发展高新技术产业,促进产业转型升级。抓住高铁时代带来的重大机遇,顺应消费升级的要求,促进第三产业快速发展。

2. 推动区域联动协调发展。加强承东启西联中的区域合作,有效利用邻近区域产业优化的积极影响来推动安徽产业结构的调整。在"十二五"期间,应加速非均衡发展向均衡发展的转变,构建各大经济区域的联动发展机制,拆除市场壁垒,搭建合作平台,发挥区域协调效应,寻找产业结构和区位优势因素之外促进经济增长的新动力。

3. 制定科学的产业引导政策。"十二五"期间,安徽应进一步深化改革、扩大开放,顺应产业结构演进规律,制定有突破性的产业政策,引导产业结构升级。要重点制定促进农业结构调整的倾向性产业政策,制定加快先进制造业、高新技术产业和现代服务业发展的引导政策。

参考文献:

[1] Daniel, C. K. Shift of Manufacturing Industries, in Indus trial Location and National Resources [J]. Washington D. C ,U. S. National Resource Planning Board, 1942.

[2] Creamer, D. B. Industrial Location and Natural Resources . Washington, D. C. : U. S. Natural Resources PlanningBoard, U. S. Government Printing Office, 1943.

[3] Dunn E S. A Statistical and Analytical Technique for Regional Analysis [J]. Papers of the Regional Science Association, 1960, 06 : 97-112.

[4] Thirlwall, A. P. A Measure of the Proper Distribution of Industry[J]. Oxford Economic Papers, 1967, (19): 46-58.

[5] Nazara S ,Hewings G. J. D. Spatial Structure and Taxonomy of Decomposition in Shift-share Analysis [J]. Growth and Change , 2004 , (35) :476-490.

[6] 史春云,张捷,高薇等. 国外偏离-份额分析及其拓展模型研究述评[J]. 经济问题探索,2007(3):133-136.

[7] 袁晓玲,张宝山,杨万平等. 动态偏离-份额分析法在区域经济中的应用[J]. 经济经纬,2008(1):55-58.

[8] 吴继英,赵喜仓. 偏离-份额分析法空间模型及其应用[J]. 统计研究,2009(4):73-79.

[9] 王品慧,潘若愚. 基于偏离份额分析法的安徽省工业结构实证分析[J]. 华东经济管理,2008(1):19-23.

安徽省自主创新的类型、路径与能力提升研究

冯德连[*]

摘　要：自主创新是安徽科技发展的灵魂，是支撑安徽崛起的筋骨。自主创新能力是区域竞争力的核心，是安徽省应对未来挑战的重大选择。提升安徽省自主创新能力不仅是战略机遇期的需要，更是经济转型的迫切要求。而提升安徽省技术创新能力的措施有完善区域创新体系，培育创新环境，培育行业领先企业，培育战略性产业高地，鼓励专业镇技术创新，以及高度重视创新人才的培养。

关键词：自主创新；产业转移；安徽省

安徽省“十二五”规划指出，要积极参与泛长三角区域发展分工，启动建设皖江城市带承接产业转移示范区、合芜蚌自主创新综合试验区和国家技术创新工程试点省。自主创新与皖江城市带承接产业转移示范区是对立统一的。产业转移是大势所趋，但如果一味地承接而缺乏自主创新，必然落入经济贫困化增长的结局。单纯依靠承接产业转移来实现产业升级既无先例，亦十分幼稚。而要提升安徽省自主创新能力，必须明确安徽省自主创新的类型与路径、自主创新的迫切性，以及提升自主创新能力的对策建议。

一、自主创新的类型和路径

（一）自主创新的类型

自主创新，就是从增强区域创新能力出发，加强原始创新、集成创新和在引进先进技术基础上的消化吸收再创新，可以分为两种类型：

一是奇瑞模式，即以自主研发为基础的一次创新。在基础或应用研究的基础上进行自主研究开发，形成自主知识产权，实现新的科技成果的商品化。

---

[*] 作者简介：冯德连（1962—），男，安徽明光人，铜陵学院教授、副院长，安徽财经大学国际贸易学硕士生导师，经济学博士，安徽省学术与技术带头人，研究方向：中小企业、国际贸易、产业经济。

一次创新往往具有先发优势。奇瑞坚持自主创新，从创立之初就努力成为一个技术型企业。目前，奇瑞建成了以汽车工程研究总院、中央研究院、规划设计院、试验技术中心为依托，与奇瑞协作的关键零部件企业和供应商协同，和国内大专院校、科研所等进行产、学、研联合开发的研发体系，并拥有一支6000余人的研发团队，掌握了一批整车开发和关键零部件的核心技术。截至2009年底，公司共获得国家授权专利2624件，在国内汽车企业中名列前茅。奇瑞公司逐步掌握汽车研发制造的核心技术，拥有发动机、变速箱和整车设计等100多项专利。在技术革命的推动下，先发优势具有温特制（Wintelism）的特点。微软和英特尔共同构筑了温特制平台，以微软公司的视窗系统和英特尔公司的微处理器互相咬合搭配，凭借实力和快速的创新不断抛开对手，在自己成长的同时也赚取了大量利润，并引导整个产业不断升级，而掌握标准和引导升级的企业则成为行业的金字塔顶端企业[1]。

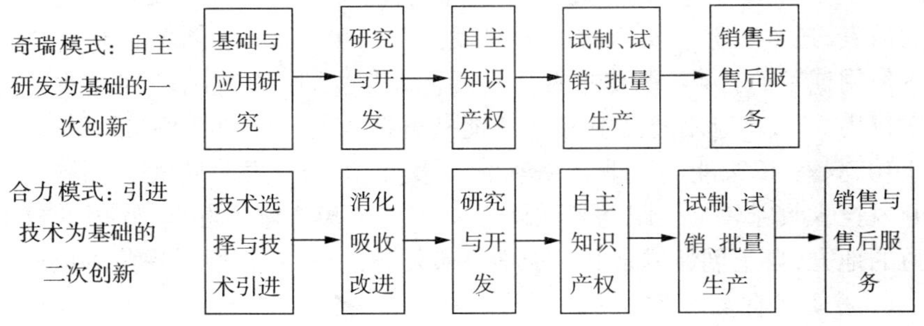

图1　企业自主创新的两种形式

江淮汽车集团、马钢集团、铜陵有色公司、淮南矿业集团、安庆石化等的某些技术创新属于奇瑞模式。江淮汽车集团依托完全自主产权轻卡、客车专用底盘和二次创新的瑞风商务车，连续14年保持50%以上高速增长。马钢集团率先建成我国第一条火车车轮轮箍生产线、第一条高速线材轧机生产线、第一条H型钢生产线。铜陵有色公司先后开发出高新技术产品51项，主产品阴极铜产量连续5年位居全国铜行业首位。淮南矿业集团攻克煤与瓦斯共采关键技术。安庆石化突破“油改煤”技术瓶颈，建成全球最大的煤气化工程。

二是合力模式，即以引进技术为基础的二次创新。在引进技术基础上的消化吸收与改进，也形成自主知识产权。这种自主创新是后进国家，尤其是发展中国家，形成后发优势进而赶上发达国家的关键和必由之路。第二次世界大战后，韩国、日本等国家通过对引进技术的自主创新，发挥了后发优势，在较短的时间内实现了工业化。安徽合力1985年底，引进日本TCM叉车技术，消化吸收并自主创新，同时安徽叉车集团建立了国家级技术中心，瞄准国际潮流攻关，先后开发出大型、节能、环保等高端、高附加值叉车。合力叉车已被列为“中国叉车市场自主创新第一品牌”。

美菱的自主创新属于合力模式。1987 年 10 月，美菱从意大利梅罗尼引进的 10 万台电冰箱生产线正式建成投产。美菱冰箱一直坚持“自主创新，中国创造”，专注于冰箱的研发与制造。其中雅典娜、节能和深冷三个方面产品的研发美菱在行业里拥有比较领先于同行的核心技术。

通过自主创新模式，技术创新主体可以获取技术上的领先地位，并通过技术壁垒形成垄断地位，建立原料供应网络和牢固的销售渠道，获得产品成本和质量控制方面的经验，在一定时期内掌握和控制某项产品或工艺的核心技术。如美国杜邦公司通过在人造橡胶、化学纤维、塑料三大合成材料领域的自主创新，牢牢控制了世界化工原料市场。

自主创新也有一定的不足。第一，自主创新企业不仅要投入巨资进行技术的研发，还必须拥有实力雄厚的研发队伍。第二，自主创新具有高风险性和创新周期长的特点，研发的成功率偏低。据统计，在美国基础性研究的成功率仅为 5%，在应用研究中有 50% 能获得技术上的成功，30% 能获得商业上的成功，只有 12% 能给企业带来利润。第三，市场开发难度大、时滞性强，市场开发投入收益较易被跟随者无偿占有。在一些法律不健全、知识产权保护不力的地方，自主创新成果有可能面临被侵犯的危险，搭便车现象难以避免。

（二）实现自主创新的路径

有六条，见图 2。

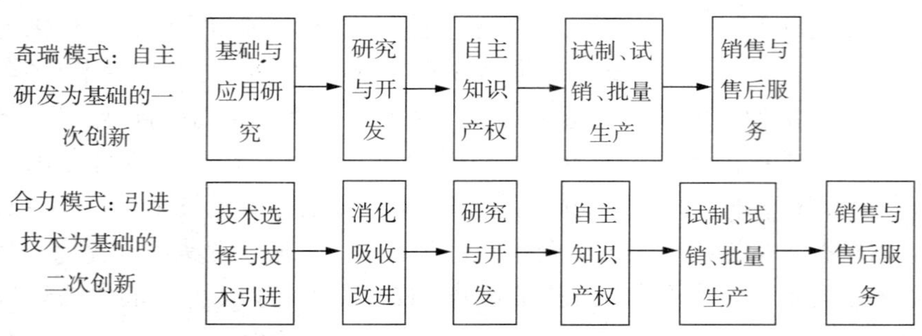

图 2　企业自主创新的六条路径

二、安徽自主创新的现状与迫切性

（一）安徽省自主创新的现状

安徽省自主创新发展迅速。全省高新技术产业增加值从 2005 年的 339

亿元,增加到2009年的1094亿元,年均增速34%,是同一时期GDP增速的2.5倍。高新技术产业占GDP的比重,从五年前的6.3%提升到现在的10.9%。特别令人惊喜的是,全省自主创新呈现“5个70%以上”态势:70.6%的科研机构设在企业,73%的科技活动人员在企业,71.9%的研发经费来源于企业,75.3%的省级攻关项目由企业为主体承担,72%的省级科技成果出自企业[2]。

目前,安徽省拥有国家级创新型企业7家,试点企业11家,省级创新型企业和试点企业190家,高新技术企业1125家。量子通信、语音合成、全超导核聚变等高端研发居于世界领先水平。

中国科技发展战略研究小组著的《中国区域创新能力报告(2009)》(科学出版社2010年版)研究显示,安徽区域创新能力居全国第11位,居中部六省第2位,仅次于湖北。其中,知识创造能力、知识获取能力、企业创新能力、创新环境和创新绩效5个指标的排名分别为第20位、16位、9位、8位和10位。2009年安徽省创新实力、创新效率和创新潜力的排名分别为第14位、9位和3位[3]。

安徽省自主创新能力需要在知识创造能力、知识获取能力、创新绩效、创新实力等方面加以改善。新兴产业总体上存在产业规模偏小,领军企业少,企业成长性不足、自主创新能力不强,低附加值产品比重高等问题。

(二)提升安徽自主创新能力的迫切性

1. 战略机遇期的迫切需要

从发达国家经验看,当一个国家人均GDP跨入1000美元的门槛后,可能出现两种结果:跃起腾飞或者停滞不前。东亚一些国家和地区在这一时期较好地处理了各方面的关系,实现了持续多年的快速增长,创造了“东亚奇迹”。到目前为止,实现工业化最快的韩国和新加坡不仅顺利地迈过了1000~3000美元的阶段,而且在此台阶上又继续保持快速增长。分析这些国家的成功经验,主要有以下几点:一是政府和企业加快推进生产和生活方式的变革,使社会经济结构出现全面、协调性升级,最终完成了经济增长方式的转变;二是在结构调整过程中,一批具有国内和国际竞争力的新兴产业得以形成,特别是一批具有较强国际竞争力的大企业在经济增长中发挥核心作用,经济增长的微观基础强大。

与此相反的是,拉美一些国家在人均GDP达到1000~3000美元之后,发展动力减退,经济开始出现停滞和下滑,社会变得相当脆弱和不稳定。在关键时期的举措失当,使这些国家陷入了动荡和停滞的泥淖,掉进了“拉美陷阱”。1990年,巴西的人均GDP就已经达到3122美元,到2002年,巴西人均

GDP 不仅没增长,反而下降为 2593 美元,其城市化率虽然达到了 82.2%,但贫困人口却占到总人口的 34%。分析拉美国家经济出现滑坡的教训,主要有以下几点:一是在产业发展上没有形成自主生产能力,在产业上高度依附于发达国家;二是由于经济结构上的缺陷和新的增长方式无法形成;三是政府的过度干预。

2010 年安徽省 GDP 为 12263.4 亿元,首次跻身 GDP"万亿俱乐部",人均 GDP 20002 元(按 2009 年常住人口计算),折合 2943 美元,接近 3000 美元,正处于经济发展的战略机遇期。眼下,安徽省必须高举自主创新的大旗,牢牢抓住战略机遇期,提升企业自主创新能力。

2. 经济转型的迫切需要

"一流企业卖标准,二流企业卖品牌,三流企业卖产品,四流企业卖苦力。"国际上流行的这一新的经营理念。加强自主创新已成为转变经济增长方式的关键措施。要变安徽制造为安徽创造,走向微笑曲线的两端,实现从 OEM 向 ODM、OBM 的转变。可喜的是,安徽省科技厅、发改委、经信委、财政厅、国资委五部门 2010 年 7 月 27 日联合出台《关于推进皖江城市带承接产业转移示范区自主创新的若干政策措施》,提出 21 条针对性措施,旨在促进产业承接与自主创新相融合,发挥自主创新在承接产业转移中的引领作用。

三、提升安徽自主创新能力的对策建议

(一)完善区域创新体系

要在培育自主创新能力的基础上健全安徽省的区域创新体系。

1. 建立以企业为主体的技术创新体系。要使企业成为研究开发投入的主体、技术创新活动的主体和创新成果应用的主体。以建立企业为主体、市场为导向、产学研结合的技术创新体系为突破口。

2. 大力发展中介服务机构。市场经济条件下,各类信息服务机构、企业孵化器、知识产权机构、资产评估机构、投融资机构、共性技术服务机构等科技中介服务机构,是促进科技与经济的结合,将企业和大学、研发机构联系起来的桥梁和纽带。

3. 充分发挥大学与科研机构的作用。两者都具有人才培养与科技创新的双重功能,但大学的中心任务则是培养人才,而国家科研机构的中心任务是科技创新。在科研上,大学更适宜于从事自由的科学前沿探索,面向应用研究与学科建设。国家科研机构要从国家战略需求出发,开展定向基础研究、战略高技术创新、系统集成、重大公益性创新。

(二)培育创新环境

创新创业文化是创新创业的文化氛围、精神追求和价值取向。创新创业

主体是人,创新创业文化是魂。要在全社会培育创新意识,倡导创新精神,完善创新机制,大力发扬敢闯敢干、富于创造、敢为人先的精神,大力倡导敢于创新、勇于竞争、勇于冒险和宽容失败的精神。要通过系统的创业培训教育引发创业者的创业兴趣。打造与推广创新文化,弘扬勇于承担风险的冒险精神。

(三)培育行业领先企业

行业领先企业资金雄厚、人才聚集、经营稳健,抗风险能力比较强,是提高行业科技创新能力的中坚力量;往往掌握具有自主知识产权的核心技术,在行业标准和规则的制订上拥有话语权;一般具有突出的品牌带动效应,增强所在地区的知名度与美誉度。此外,行业领先企业的发展,还有利于引导消费、创造市场,催生新产业。安徽省行业领先企业不少,科大讯飞、亚美光电是其中的代表。

科大讯飞基于拥有自主知识产权的世界领先智能语音技术,科大讯飞已推出从大型电信级应用到小型嵌入式应用,从电信、金融等行业到企业和家庭用户,从 PC 到手机到 MP3/MP4/PMP 和玩具,能够满足不同应用环境的多种产品。科大讯飞占有中文语音技术市场 60% 以上市场份额,语音合成产品市场份额达到 70% 以上,在电信、金融、电力、社保等主流行业的份额更达 80% 以上,开发伙伴超过 1000 家,以讯飞为核心的中文语音产业链已初具规模。合肥美亚光电在新一代色选机上采用当今世界上最先进的网络技术、数字信号处理技术,不仅能对食品中的蛋白质、糖分、淀粉、水分等成分进行在线无损分析,还可进一步对农药残留进行快速检测,产品占国内市场 60% 以上,成为当之无愧的龙头企业。可喜的是,2010 年 9 月 20 日,省经济和信息化委、省发展改革委、省财政厅、省商务厅、省工商局、省质监局颁发了《关于开展安徽省自主创新品牌示范企业建设的意见》[皖经信科技(2010)219 号],立足于安徽省优势传统产业、高新技术产业和战略性新兴产业的发展,每年优选 20 ~ 30 家优秀企业进行重点培育、创建和扶持,到"十二五"末,全省创建 100 家左右产业发展影响力大、地区经济发展带动力强、市场扩张能力强、自主创新能力强、产品质量诚信度高的"安徽省自主创新品牌示范企业"。

(四)培育战略性产业高地

充分发挥高新技术产业开发区的集聚、辐射和带动作用,构建自主创新和发展战略性新兴产业的战略高地。安徽省 2009 年一次性安排战略性新兴产业发展资金 25 亿元,用于支持建立战略性新兴产业发展引导资金和风险投资引导基金,旨在支持和帮助各市增强资金筹集和运用能力。

在培育战略性产业高地方面,武汉光谷和无锡的感知中国中心的经验值得借鉴。

2000年3月,许其贞等13位全国政协委员在京提交了一份《大力发展光电子产业,建议在武汉建立“中国光谷”》提案。湖北省委和武汉市委敏锐地觉察到,此举对改变武汉经济结构、实现光电子行业一个新的跃升,具有重要意义。当年5月,湖北省和武汉市一致确定:举全省之力,建好中国光谷。2001年7月,原国家计委正式发文批复,同意在武汉东湖国家高新区建立国家光电子产业基地,也就是“中国光谷”。目前已成为中国最大的光纤光缆制造基地、中国光通信领域最强的科研开发基地、中国最大的IC卡网络产品生产基地、中国最大的激光设备生产基地,还有正在建设中的汽车电子产业基地和逐步壮大的手机产业群。7000多家企业的聚集、20家世界500强企业的抢滩入驻和15家上市公司的领衔开拓,武汉·中国光谷的产业实力不断增强。2008年,高新区企业完成总收入1750亿元,完成工业总产值1565亿元,完成财政收入44.50亿元。

2008年11月19日,无锡新区和上海微系统所签约,携手进军传感网产业,刘海涛正式担任无锡物联网产业研究院院长。2009年8月7日,国务院总理温家宝在视察无锡时,来到无锡传感网工程中心视察,并作出重要指示:“我们要在激烈的竞争中,或者是逼人的形势下,迅速地建立中国的传感信息中心(园区),或者叫‘感知中国’的中心(园区)。就如同当年柳传志搞信息处理是在北京中关村,也如同华为、中兴、TCL搞信息传输定在深圳,那么我们这次信息传感,感知中国,我们就定在无锡!”这是无锡建设国家创新型城市、推动科技创新创业的一个重大战略契机。

(五)鼓励专业镇技术创新

2000年广东省在全国率先开展“专业镇技术创新试点”工作,2004年广东省委、省政府在《关于加快建设科技强省的决定》中,又作出“实施专业镇技术创新示范工程。推动专业镇建立工程技术研发中心等”的决定;在《关于推动高新技术产业快速持续健康发展的意见》中,明确提出了推动专业镇建设的政策措施;广东省委工作会议及省政府工作报告中,都对专业镇技术创新工作提出了要求。截至2010年底,广东省专业镇达到309个,覆盖了20%以上的建制镇,GDP总量超1.2万亿元,占全省28%。2010年,GDP超过20亿元的专业镇预计将超过130个,特色经济企业达6万余家,直接带动就业超过500万人。专业镇对地市经济的贡献率达到30%以上,部分地市甚至超过50%。目前,广东省委、省政府发布了《广东省人民政府关于进一步促进专业镇转型升级的意见(征求意见稿)》。该意见明确提出要加快推动专业镇产业结构向高附加值转变,产业组织形态向现代产业集群转变,经济发展方式向创新驱动转变,发展格局向全面协调可持续转变,实现创新型、效益型、集约型、生态型的专业镇发展模式。

安徽省2007年才高度重视专业镇工作,认定了57个产业集群专业镇。2009年8月安徽省经信委等六个部门颁布了《关于加快发展产业集群专业镇发展的若干政策意见》;2010年11月,认定了43个产业集群专业镇。可以说安徽省的专业镇技术创新工作比广东省晚了7年。

(六)高度重视创新人才的培养

以培养和凝聚高层次创新型人才为重点,实施创新人才挂进计划和海外高层次人才引进计划,依托重大项目、重点产业、重点基地,培养科技领军人才,建设创新团队。优化科技人才发展环境,健全和完善有利于科技创新的评价制度,激励科技人员潜心研究、创新创业。要努力营造鼓励人才干事业、支持人才干成事业、帮助人才干好事业的社会环境,形成有利于优秀人才脱颖而出的体制机制。真正做到尊重人、关心人、爱护人、理解人、信赖人,营造"拴心留人"的宽松环境。加强科研一线和基层科技力量,制订促进创新人才向企业集聚的有效措施,推动科研机构、高等院校的科技人员深入基层、服务企业。

参考文献:

[1] 黄卫平,朱文晖. 温特制:美国新经济与全球产业重组的微观基础[J]. 美国研究,2004,(2).

[2] 自主创新助发展　龙头翘首舞江淮——访安徽省科学技术厅厅长徐根应[J]. 安徽科技,2010(1).

[3] 潘勇. 安徽区域创新能力现状分析与提升策略[J]. 安徽科技,2010(4).

“转型交易”的道德根源：ZGC电子市场的实地研究*

张 军**

摘 要：市场中的经济交易和道德原则的关系，一直被认为是重要的理论问题。文献考察表明，成熟的市场经济离不开道德原则的支撑。对ZGC电子市场的准民族志考察发现：本应以理性化、契约化为特征的市场经济，在这里却呈现出欺诈的面孔——在陌生人之间频繁发生“转型交易”，并有愈演愈烈的趋势。造成这种交易模式广泛盛行的道德根源是：熟人社会中基于儒家伦理的亲情原则、“差序格局”思维等传统道德因素的在场与倡导理性、平等的普遍主义道德原则的缺席。针对“转型交易”现象的市场道德重建，不是简单否定传统道德原则，而应该是使其在新条件下更好地发挥约束作用：“陌生关系熟悉化”就是这种道德重构的尝试。

关键词：“转型交易”；熟人社会；道德原则

随着市场经济引入中国，这种以理性化、契约化和法制化为特征的经济运行制度与中国的传统道德观念存在着较大的张力。根植于西方现代价值与理性行为的市场经济，引入中国以后，将面对中国的传统价值和儒家伦理，在陌生的土壤和发展环境中，能否产生像西方一样的交易模式与市场秩序呢？

为了回答这一问题，笔者首先对市场运行与道德原则的关系开展了文献考察，以厘清市场与道德的复杂关联。为确切了解中国市场运行的真实状况，从具体的微观市场入手展开调查，比传统经济学采用的抽象理论概括更为真实有效。为此，笔者从全国代表性的IT市场——ZGC电子市场入手，用实地调查的方法探寻中国市场运行的实际情况。

---

* 本文为国家社科基金重点项目“和谐社会建设背景下完善市场交易秩序的本土化研究”（10ASH005）中期阶段性成果；受安徽大学青年科学研究基金和博士科研启动经费资助。

** 作者简介：张军，1980年生，安徽大学社会与政治学院讲师，博士。

一、市场经济呼唤道德原则

市场中的经济交易和道德原则的关系，一直是学者所关注重要议题。著名社会学家涂尔干就对之展开了较为深入的论述，其论述的重点是道德同情感对经济交易的约制。他认为，交换价值无论是高于真实价格，或低于真实价格，这种交换都是不公平的；无论是买方遭受损失还是卖方遭受损失，这种损失都是一种不应有的损失，都会伤害我们的同情感。[①] 这和同情感实际上就是一种道德原则。在市场交易中，经营者以高价将产品卖给顾客，使顾客遭受不应该的损失，不仅违背了公平交易的原则，而且丧失了道德同情心，违背了基本的道德原则。

通过对道德哲学家冯特的解读，涂尔干认为，整个道德生活是通过两大趋势发生转变的，一是上述所说的同情感倾向，一是遵从感倾向，同情感倾向来自社会生活，遵从感倾向来自宗教信仰。但二者并不是分离的，它们逐渐以成千上万种方式结合起来，而道德观念的整个复合体就是从这些组合中产生。[②] 也就是说，遵从感倾向也是道德观念的重要来源之一；这种遵从感倾向从宗教信仰中产生，由此可以推出，宗教信仰与道德观念有着密切的关联。

与涂尔干强调同情感对经济交易的强制作用不同，韦伯从道德观念的另一种来源——遵从感——出发，探究遵从感在经济运行尤其是资本主义的起源与发展的作用。由于遵从感主要从宗教信仰中产生，韦伯从宗教因素出发，寻求其对经济运行的影响，并以此回答资本主义的起源问题。韦伯认为，资本主义的产生，不是历史上的偶然事件，而是经历了长期的酝酿过程。韦伯从深层的道德原则中阐述了资本主义精神的发展历程，他认为："以此，将'资本主义精神'的发展看做是理性主义整体发展的部分现象，似乎是最好理解的，而且此种精神应该是从理性主义对于终极人生问题的原则态度衍生出来的。"[③]在这里，韦伯认为，资本主义精神是从理性主义对道德的态度衍生而来的，由此可见，道德原则在资本主义精神产生过程中发挥着重要的作用，理性主义对道德的态度直接催生了资本主义精神的产生。

总之，韦伯从宗教的因素出发，论述了新教伦理与资本主义精神之间具

---

① 涂尔干：《职业伦理与公民道德》，渠东、付德根译，上海：世纪出版集团、上海人民出版社，2006，第168页。

② 涂尔干：《职业伦理与公民道德》，渠东、付德根译，上海：世纪出版集团、上海人民出版社，2006，第168页。

③ 韦伯：《韦伯作品集 XII 新教伦理与资本主义精神》，桂林：广西师范大学出版社，2007，第50页。

有亲和性，是现代资本主义兴起的重要原因。为此，韦伯将他的研究拓展到了东方社会，认为在中国、印度等国之所以没有产生资本主义，是因为缺少新教伦理这种宗教因素。他论述到："在中国、印度、巴比伦，在古代与中世纪，都曾有过'资本主义'。然而，如我们将看到的，它们全都欠缺那种独特的风格。"[①]韦伯认为，诸如儒教、道教等东方宗教缺少资本主义得以产生的宗教因素和道德因素。

韦伯的观点在学术界受到了很大的关注，到今天仍是如此，充分体现了其巨大的学术贡献。但这一观点受到的赞誉和获得的非议几乎一样多。比如帕森斯就对韦伯进行了批判，他认为，"韦伯通过对资本概念的一个普遍而抽象的界定而将资本主义视为一个历史时期的概念是混乱的"。[②]

森则对韦伯庞大的分类和概括提出了批判，尤其是韦伯关于"儒家伦理对比新教伦理"的观点。他认为，我们所居住的世界是多元的，我们的情操、原则、激情、非理性也呈现出多种形状与形式。[③] 他十分强调多样性的存在，认为对多样性的欣赏是准确理解变化中生意原则的本质与道德情操多元理解的关键。这种多样性是地方性的变化，而不是宏大区域特征的抽象概括。他认为，由于地方性变量是非常重要的，集中于庞大的分类进行简化对比有其真正的危险性，比如"亚洲价值对比西方价值"，或者"儒家伦理对比新教伦理"。[④]

森认为，文化差异对商业行为和交易模式都会产生重要的影响，但我们既不能将文化参数视为静止的和永恒不变的，也不能将之视为在较大区域存在的纪念碑式的或显著性的对比。[⑤] 从森的论述可以看出，文化因素对商业行为的影响，不仅不能用跨越地区的抽象概括进行总结，也不能从静态的角度描述这种影响。我国正处在经济转轨、社会转型，文化和道德因素正经历深刻变化，认识它们对经济的影响，必须对它们进行动态分析而非静态描述。

标准经济学模型集中关注交换，但往往主要集中关注商品交换，反对语

---

① 韦伯：《韦伯作品集 XII 新教伦理与资本主义精神》，桂林：广西师范大学出版社，2007，第 28 页。黑体为原书所加。

② Talcott Parsons. 1928. "*Capitalism*" *In Recent German Literature*: *Sombart and Weber*. The Journal of Political Economy, Vol. 36, No. 6, pp. 641–661.

③ Amartya Sen. 1997. *Economics*, *Business Principles and Moral Sentiments*. Business Ethics Quarterly, Vol. 7, No. 3, pp. 5–15.

④ Amartya Sen. 1997. *Economics*, *Business Principles and Moral Sentiments*. Business Ethics Quarterly, Vol. 7, No. 3, pp. 5–15.

⑤ Amartya Sen. 1997. *Economics*, *Business Principles and Moral Sentiments*. Business Ethics Quarterly, Vol. 7, No. 3, pp. 5–15.

言、要求、提议与方案交换。森对此提出了强烈的批评，他认为，从斯密开始，这个问题就一直存在，因为在斯密关于交换的论述中，交易的双方都是一个“寂寞的交易者”(silent traders)。随后的经济学家更是强调商业交换的经济逻辑，鲜有关注经济交换的商业原则与道德情操，经济学反道德主义的趋势越来越明显。我国的不少经济学家对阿玛蒂亚·森痛斥经济学中日益强烈的反道德主义深有同感，对于当前市场经济人文精神的缺失、道德的失范深为忧虑，都力图使经济走上符合人性和具有伦理精神之路。[①] 森将道德情操、文化参数带回经济分析的中心，不仅增强了其理论解释力，而且能够让我们看到经济运行与市场交易中道德因素的作用，为分析我国市场运行状况和交易模式提供了很好的借鉴。

与森相似的是，著名学者哈耶克也对经济运行中的道德因素进行了作了大量的阐释。在哈耶克看来，经济交换是一种交易行为，指导经济交换行为规则，是道德规则的构成部分，它直接引导着经济运行和交易行为的实施。为了更深入地论述道德对经济运行的影响，哈耶克剖析了道德的一些可能的来源，并且强调了两个重要的来源：首先是我们说过的内在道德，即我们本能的道德(休戚与共、利他主义、集体决策，等等)，由此产生的行为方式不足以维持我们目前的扩展秩序及其人口；其次是维持着扩展秩序的、演化出来的道德(节俭、分立的财产、诚信，等等)。[②] 在哈耶克那里，交易的规则实际上就是道德规则的组成部分。这些规则是在漫长的时期经过不断地演化形成的，是介于本能与理性之间的规则，不能由开明的头脑进行理性设计。作为道德重要组成部分的交易规则，直接指导着经济交易的实施。

总之，韦伯对宗教价值因素尤其是他关于资本主义精神如何和传统价值争斗并取得优势地位的论述，直接为笔者思考中国市场运行的道德原则提供了研究线索；但在解释一个微观的电子市场交易，韦伯抽象而宏大的概括略显不足。森强调从道德情操的地方性特征入手，在变动中考察道德因素在市场交易中的作用给了笔者很好的启发。哈耶克交易规则即道德的构成部分的观点为思考道德力量在中国市场运行中的作用提供了直接的支持。

二、“转型交易”的现实呈现

文献考察表明：市场运行离不开道德原则。从西方舶来的市场经济制度如何在中国社会土壤中运行呢？现实情况显示，中国市场运行不仅受到地方

① 章海山：《一种新的经济张力》，《思想战线》，2006，第6期。

② 哈耶克：《致命的自负》，冯克利、胡晋华等译，北京：中国社会科学出版社，2000，第78页。

性环境的影响,呈现出多元性特征,而且在同一市场也会因交易对象不同而产生多种交易模式,形成独特的市场秩序。打算从事中国市场研究的学者大多望而却步,这是因为中国的市场如此复杂,无论在微观上还是在宏观上,获取可信的、精确的和及时的关于中国市场的信息往往是很困难的。这些障碍主要包括中国市场的地理位置、规模以及多元性。[①] 不仅如此,由于中国人"心理二重区域"[②]的存在,当面对包含等级量表的测量工具时,中国人回答常常倾向于回答中间位置的数值,[③]问卷调查很难测量到中国市场真实情况。

在 ZGC 进行深入的市场调查同样如此。走进 ZGC,无论你是在人潮拥挤的海龙电子大厦,还是在路对面人山人海的科贸电子城,都会听到嘈杂的叫卖声。当你向电子城走去时,总会有导购上来搭讪,对你盘问纠缠。许多来此购物的人都会被这种纠缠搞得身心皆惫,这种恶劣的购物环境让人望而却步,实施调查更是困难。在 ZGC 进行实地调查,不仅要摆脱导购无休止的纠缠和销售人员嘈杂的叫卖声,还要想方设法让市场经营者谈论他们的日常交易行为。由于问卷调查在此研究中的缺陷,笔者没有采用问卷调查法,而是采用一种市场民族志的研究方法,深入实地,与市场经营者进行深度访谈。

民族志(ethnography)研究是实地调查一个极其重要的研究方法,因为民族志观察产生了经济学缺乏的丰富的描述,民族志也是对市场进行深刻洞见的真正财富。[④] "市场导向的民族志"这一术语是指构成一个产品市场或服务市场的人们行为的民族志聚焦。[⑤] 这些对市场进行民族志研究的方法给笔者的实地调查提供了很好的借鉴。由于时间等因素的限制,严格来说,笔者的方法只能称为一种准民族志的研究方法。

选择了基本的研究方法以后,剩下的问题就是如何进入调查现场。按照曹锦清的观点,进入实地的方式有两种:正式的"入场"方式只有一途,那就是通过官方的许可和支持、自上而下的逐级深入。另一条非正式的"入场"途径是:启用亲友关系网络。[⑥] 在 ZGC,正式的"入场"途径不仅显得困难,而且难以取得预期的效果。笔者决定采用非正式的"入场"途径,运用一切亲友关系

---

① Peter G. P. Walters and Saeed Samiee. 2003. *Marketing Strategy in Emerging Markets: The Case of China*. Journal of International Marketing, Vol. 11, No. 1, pp. 97–106.

② 参阅李强:《"心理二重区域"与中国的问卷调查》,《社会学研究》2000,第 2 期。

③ Peter G. P. Walters and Saeed Samiee. 2003. *Marketing Strategy in Emerging Markets: The Case of China*. Journal of International Marketing, Vol. 11, No. 1, pp. 97–106.

④ John Lie. 1997. *Sociology of Markets*. Annual Review of Sociology, Vol. 23, pp. 341–360.

⑤ Eric J. Arnould and Melanie Wallendorf. 1994. *Market – Oriented Ethnography: Interpretation Building and Marketing Strategy Formulation*: Journal of Marketing Research, Vol. 31, No. 4, pp. 484–504.

⑥ 曹锦清:《黄河边的中国》,上海:上海文艺出版社,2000,第 3 页。

网络,进入 ZGC 电子市场进行准民族志调查。

通过这种调查方式,笔者发现,在没有熟人关系存在的情况下,每一个到 ZGC 电子市场购买电脑的人,都会经历一个复杂的交易过程。进入卖场时,顾客不仅要穿越拥挤的人潮,还要受到导购的“死缠烂打”;即使摆脱大厦门口导购的纠缠,进入卖场后,顾客不仅会被嘈杂的叫卖声困扰,还会受到市场内导购和展厅销售人员的热烈“招待”;选定交易场所后,顾客一般会受到真正的“优待”,有个座位,一杯水,还有一个专门的工作人员耐心地倾听与介绍;当顾客说出自己购买的产品品牌、型号、愿意购买的价格等信息时,导购或销售人员有时会以一种专家的口吻,向顾客介绍产品的优点和缺点,尤其是强调所购买产品的缺点,并极力推荐相关品牌,最终的结果是,许多顾客很难买到自己打算购买的电脑型号。

在 ZGC,这种陌生人之间的交易模式不仅存在于电脑、数码等价格昂贵的高端产品,而且存在于小的电脑零配件市场,成为一种广为流行的交易模式,植根于电子市场每一个角落。

顾客 A[①] 到 ESJ 准备买一款惠普 P4 电脑。在网上查好价后到一个店,经过讨价还价后,最后确定价格为 5900 元。到交款后,销售人员将顾客领到一个僻静的仓库,却告诉顾客,这款电脑只能安装 VISTA 系统,不适合学生使用,因为必须配套安装 WORD2007,而在使用半年后 WORD2007 必须每月更新,更新费 80 元。然后向顾客推荐另一款,并称这一款性价比不比上一款差,而且不存在这个问题。当时该顾客就买了这一款。回家后,到网上一查报价,才 4000 元,而且还能讲价,顾客在交易过程中遭受较大的经济损失。(顾客 A 访谈记录)

上述这种在陌生人之间广为流行的交易模式被称为“转型交易”[②],它普遍存在于 ZGC 各个电子城,集中体现在销售电脑与数码等贵重 IT 产品的过程中,也存在于其他电脑配件上。当顾客来 ZGC 购买电脑时,一般在网上已经查过所买产品的价格等相关信息,但到中关村时,导购会主动向其套近乎,报一个很低的价格,甚至是低于成本的负价。顾客如果觉得价格便宜,导购

① 为了保护访谈对象的隐秘,笔者对这些人姓名都作了技术化处理。

② 在实地调查中,访谈对象都将这种欺诈性的交易模式称为“转型交易”。事实上,这里的“转型”是转换产品的型号,是一种产品的转换,与社会学中常说的社会结构“转型”意思不同。为了不违背访谈对象的原话,笔者仍将这一交易称为“转型交易”。

就带他到销售电脑的地方,自己或者展厅[1]销售人员、柜台销售人员开始向其销售电脑。当顾客付钱后,销售人员和导购就突然说这个产品没货,然后转向其他型号产品,并利用信息的不对称性,以高于市场报价很多进行销售。

"转型交易"主要表现为由销售那些顾客熟知的利润不大的产品转向利润较大的产品,其"转型"过程不断变化,"转型"形式也千变万化,最终导致的结果:顾客吃亏上当却得不到合理的补偿。有一定的实力和规模,更容易受到电子城的保护的大的公司倾向于"转型交易",并获取更大利润。诸如柜台等小店害怕顾客闹事,很少采取"转型交易",但这样往往赚不到太多的钱。由于激烈竞争,为了更好地生存,柜台经营者有时也会进行"转型交易"。

"转型交易"主要参与的市场主体包括导购、展厅与柜台销售人员、展厅与柜台管理人员等,他们在与顾客的交易过程中完成了"转型交易"。这种交易过程导购作用非常明显。当走进 ZGC 时,顾客经常会厌烦导购的纠缠不休与形影不离。在访谈时,ZGC 的 ESJ 电子商城四层的柜台主 WCQ 告诉笔者,导购甚至向他兜售产品。导购之所以对顾客纠缠不休,除了为了获取更多的利益之外,更多的是为了生存,因为他们的底薪很低,有的甚至没有底薪。

由于生存的需要和利益的诱惑,导购都想在顾客身上狠赚一笔,尤其是很多天拉不到顾客的时候。在拉到顾客后,导购直接将顾客带到销售电脑的地方,一些导购的工作已经完成,如果顾客最终没有购买电脑,公司可能会给这个导购较少的钱,甚至不给钱,如果最终促使交易达成,公司可能会给导购较多的钱。有些导购还从事着销售工作:当把顾客拉到销售地点,他往往会以"转型交易"方式向其销售电脑,并从中提取总利润的 60% 左右。

"转型交易"的完成还需要展厅销售人员的介入。他们是专门的销售人员,负责接待导购拉来的顾客和主动到展厅购买产品的消费者。他们一般熟知各种电脑信息,拥有较好的口才,并且掌握营销技巧。依据以往的经验、良好的口才以及销售技巧,展厅销售人员能很好地劝说顾客放弃打算购买的型号,并购买那些信息不明确的电脑,成功的"转型交易"就这样完成了。

电脑卖出去后,"转型交易"并没有完全结束:一旦顾客发现自己吃亏上当,有的顾客可能自认倒霉,但有些顾客常常回头找商家理论,但处理结果往往是不能令他们满意的。一般的处理程序是,展厅有时不认账,这时顾客可能会找卖场管理部门来解决问题。市场部或市场物业等管理部门出面后,往往以协调为主,这种协调的结果虽然不能让顾客感到满意,但许多顾客也只有忍气吞声地接受协调结果。

---

① 展厅常分布在每个电子城的一层和二层,它规模较大,主要销售笔记本、数码等高端产品。柜台一般规模较小,主要销售电脑零配件等。

在论述习俗在经济运行中的作用时，学者施里特说过这样一段话："习俗确实并不为制度的形成提供一个牢固的基础，因为它自身是可塑的。它是由赖以建立在它之上的特殊过程而形成的。如果这里存在着欺骗的理由，那么，欺骗将会蔓延，习惯性的诚实将会遭到破坏，并且那些建立在诚实基础上的制度也将会被破坏。"[①]正如施里特所描述，"转型"手段是ZGC电子市场的一个交易习俗，由于其存在欺骗性，不断在交易实践中被复制和拓展，并对诚实制度进行无情破坏。实地调查发现，"转型交易"不仅普遍存在，而且不断在时空中延展。它不仅存在于HL大厦老牌电子城，还出现在ESJ新兴电子城，不仅存在于展厅等大型销售店面，而且存在于柜台等小型销售单位。由于交易的欺诈性，它严重破坏着ZGC的长远发展和电子市场的声誉。为什么这种破坏性的"转型交易"在ZGC屡禁不止，其存在的深刻原因究竟是什么呢？

三、"转型交易"的道德缺位及其重建

理性化、契约化为特征的市场经济，在ZGC电子市场却呈现了另一幅完全不同的面孔：在陌生人之间频繁发生"转型交易"，并有愈演愈烈的趋势。究其实质，"转型交易"是一种不公平的交易，因为在交易的过程中，经营者不能公平地对待顾客，而是利用"转型"的手段欺诈顾客。作为一种欺诈性交易，其产生与盛行具有深刻的道德根源。

"转型交易"不仅违背了涂尔干所说的人们之间道德上的同情感，造成某些人利益的损失和心理上的折磨，而且也是传统价值与现代商业价值相互争斗的结果。市场经济的引入，在我国只有几十年的时间；市场经济的引入，更多的是一种市场运行基本制度的引入，市场运行所需要的道德支持却不能短时间内引入，也不能在一个陌生的土壤中短时期内形成，也就是说，市场运行需要的道德规则在我国存在一种缺席或不成熟的状态。

资本主义发展至今，市场交易运行已形成稳固的道德支持，尽管如此，仍有学者质疑市场运行的道德基础。有学者指出："在西方世界的自由民主社会，道德秩序常常成问题。我们倾向于使我们的道德秩序保持灵活性和工具性，强调个人自由和有助于社会交换。"[②]这种灵活的定义使西方社会的道德秩序很难有一个完好而稳定的界定，为社会及法律制度的实施带来一定的障

① 埃克哈特·施里特：《习俗与经济》，秦海等译，长春：长春出版社，2005，第3页。

② Richard D. Schwartz. 1978. *Moral Order and Sociology of Law: Trends, Problems, and Prospects.* Annual Review of Sociology, Vol. 4, pp. 577-601.

碍。但总体来说,西方社会的市场运行拥有一个相对成熟的道德秩序。

在西方社会的市场交易中,成熟的道德规范能够约制交易中的欺诈行为,这是因为,它拥有一个道德市场所需要的一些条件。这些条件主要包括:第一,必须有一个拥有结盟和结社自由的开放社会的存在,给合作性企业战略带来良好的赢利前景;第二,必须存在中立化的权力关系,使强势群体和企业不能压迫弱势成员;第三,需要一个正式或非正式的社会控制机制的存在,大大提高采取隐蔽违背规范行为的风险水平。① 鲍曼认为,现代市场经济和普遍主义的道德不是相互对立的,而是相互联系的,市场经济的某些特征是培养道德的基本条件:"事实上恰恰是被共同体神话所唾弃的诸如陌生感、流动性和动态等现代市场经济社会的特征是培养具有普遍主义意义的道德的必不可少的前提。"②

在现代市场经济社会中,陌生感、流动性和动态变化将使社会中的稳固联系减少,市场交易伙伴也在不断发生变化,市场交易频繁发生于匿名性的大型社会中,人们在寻找交易伙伴时不会寻找那些只对特定人群遵循道德的人。人们将寻找那些采取普遍道德立场、其道德兼顾其行为涉及的所有人的利益,而非特定类型的群体利益的人。③ 由此可见,匿名性的大型社会是市场经济运行的基础,是道德市场运行的重要条件。

这种针对所有人利益而非特殊群体利益的普遍主义道德原则在当前中国却处于缺席或半缺席状态。这种完善的市场道德规则在中国并没有形成,传统的道德原则与价值观念仍然在发挥着重要的作用。陌生人之间的"转型交易"正是由于缺乏普遍主义的市场道德基础,才在 ZGC 电子市场不断上演。从深层来看,刘少杰教授对 ZGC"转型交易"的道德原则进行了准确的阐释,他认为,ZGC 的一些经营者通过熟悉关系陌生化,不仅造成了同消费者的信息不对称,而且,也逃避了传统道德观念的约束,在不公平的交易关系中获取高额利润,这也是"转型交易"在 ZGC 广为泛滥的原因;而另一些经营者通过陌生关系熟悉化,既坚持了注重诚信的传统道德观念,又建立了稳定的交易关系,形成了协调的交易秩序。④ 这一观点为笔者考查"转型交易"阐释的道德根源提供了较好的研究借鉴。

本研究不是在抽象层次上探讨儒家伦理或新教伦理在经济发展中的作用,而是在二者相互博弈的动态变化中,考察 ZGC 电子市场这一微观市场情

---

① 米歇尔·鲍曼:《道德的市场》,肖君、黄承业译,北京:中国社会科学出版社,2003,第 507 页。

② 米歇尔·鲍曼:《道德的市场》,肖君、黄承业译,北京:中国社会科学出版社,2003,第 600 页。

③ 米歇尔·鲍曼:《道德的市场》,肖君、黄承业译,北京:中国社会科学出版社,2003,第 601 页。

④ 刘少杰:《陌生关系熟悉化的市场意义》,《天津社会科学》2010,第 4 期。

境中"转型交易"的道德基础。传统的儒家伦理在我国社会生活中仍然发挥重要作用,熟人社会、圈子社会的运作逻辑和道德规则使人们之间很难用普遍主义原则与别人进行互动,市场交易也是如此。面对熟人,经营者可以遵循熟人社会的道德规则进行交易,在交易中重诚守信,整个交易欢快的氛围中达成。然而,当面对陌生人时,普遍主义道德原则处在缺席与半缺席状态,熟人社会的道德原则仍在交易中发挥着重要作用,"差序格局"的思维使经营者很难将陌生人当做熟人看待,这种特殊主义价值取向在交易中尽显无遗,为追求利润不择手段的投机性交易在这时就会出现。投机性交易类别较多且表现各异,在 ZGC 电子市场,它主要表现为"转型交易"。

植根于中国土壤的市场经济,势必受到传统道德的作用,尤其是在适合其运行的现代化的普遍主义道德原则没有形成的时候。普遍化道德市场的建立,不仅需要其运行的条件和规则,还需要其与社会中传统道德原则进行复杂的博弈,是一个长期的过程。正如新教伦理与其他教派进行长期的斗争才逐渐催生资本主义精神的产生一样,中国市场运行所需的现代道德原则也只有不断和中国社会的儒家传统道德不断竞争才能取得优势地位,并最终减少中国市场运行中投机性交易的产生。因此,在当前中国市场运行的现实场景中,"转型交易"的道德重建之路不仅不在于简单否定传统道德规则,而且还应利用其在市场交易中的规制作用,减少欺骗的产生。为了减少 ZGC 的"转型交易",笔者尝试提出"陌生关系熟悉化"①的解决路径,其主要内容包括人际陌生关系熟悉化与人物陌生关系熟悉化。人际陌生关系熟悉化是指通过多次交易等方式建立起经营者与消费者之间的信任关系;人物陌生关系熟悉化是指使商品信息更加透明化,使市场交易无法轻易"转型"。

具体来说,人际陌生关系熟悉化主要是经营者与顾客关系熟悉化。从经营者角度,人对人的熟悉过程可能意味着在一次交易中赚取较少的利润,但从长远看,经营者将赢得顾客的信赖,不仅能够稳固业已存在的交易关系,并有可能发展潜在顾客关系,有助于其在市场中的生存与发展。但是许多经营者往往并不打算与陌生人进行诚信交易,多数情况下为追求短期的较高利润而进行投机性交易。要想让经营者诚信交易,除了进行市场宣传以外,还要形成成熟的规避投机性交易各种制度,形成陌生人之间诚信交易制度保障。任何顾客都期望购买到货真价实的产品,都愿意到重诚守信的经营者那里购物。如果在某个经营者那里上当受骗,顾客将通过各种手段维护自身利益,并告诉身边的人自己的购物经历,这将使经营者损失潜在顾客。如果在某个

① "陌生关系熟悉化"的尝试,最初由刘少杰老师提出,笔者的这一想法得益于与他的多次交流。

经营者那里买到物美价廉的产品,有着愉悦的购物经历,顾客一般都会再次去那里购物,并且可能介绍身边的人去购物,稳定的交易关系就会形成,顾客关系网络也能得以拓展。顾客对经营者的熟悉是建立在经营者进行诚信交易的基础之上的,因此经营者进行诚信交易是陌生关系熟悉化的关键。

人对物的熟悉是陌生关系熟悉化、减少"转型交易"产生的重要方式,无论从经营者还是从顾客的角度来看都是如此。从经营者的角度来看,详细展示产品的信息,明码标价,能够很好地与陌生顾客建立信任关系。在一个市场中,如果商家经营的是专门的品牌,信任这一品牌的顾客往往倾向于到此购物,并且往往信任经营者,交易一般能够顺利地进行。各大品牌专卖店的经营者也是常常通过顾客对产品的熟悉和信任进行成功的交易,以求在市场中生存与发展。当然,这种专卖店的经营不同于 ZGC 电子市场的专卖经营,因为在 ZGC,许多某些品牌专卖的经营者不仅很少能够做到明码标价,而且常常利用电子产品的复杂性对顾客进行"转型交易",其交易目的不是增强顾客对产品的熟悉,而是利用其对产品的陌生性获取高额利润。

从顾客的角度来看,如果对产品较为熟悉,他们未必到熟人那里购物,只有对产品较为陌生、所购产品型号较为复杂时,才打算到熟人那里购物。因此,加深顾客对产品的熟悉程度,不仅可以推进陌生人交易发生的可能,提高市场经济的效率,而且能够减少欺诈的产生,有助于健康稳定市场秩序的形成。为了避免遭受欺骗,在没有熟人关系存在的情况下,顾客往往选择正规专卖店、"老字号"店面等进行购物,因为在这里不仅能够买到货真价实的产品,而且不需要漫长的讨价还价过程。网络的发展、信息的通达为顾客增强对产品的熟悉提供了很好的手段,但如何更好地加深人对物的熟悉、减少交易中欺诈的产生仍是需要深入思考的问题。

为了减少陌生人之间投机性交易的产生的可能性,发展经营者与消费者之间的协作组织也是一种新的尝试。协作组织的建立,不仅是为了规制商家的欺诈行为,还是为了建立经营者与消费者之间相互联系,增强彼此的信任,鼓励诚信交易的产生。当前中国市场经营者与消费者之间协作组织并不是很多。业已存在的协作组织很难发挥其应有作用,不能有效遏制陌生人之间欺诈性交易产生。因此,我们不仅需要发展新的协作组织,而且还要更好地发挥现存组织的作用,以促进诚信交易的产生和健康稳定市场秩序的形成。

"陌生关系熟悉化"的提出,不是反对普遍性道德原则的构建,这是因为普遍性道德原则的构建过程不是仅仅通过简单的政策制定、相关法律完善得以完成,还需要扭转人们思想观念,培植适合其生长土壤才能完成;这是一个长期的过程,需要社会各界共同努力才能使其在中国市场交易中发挥作用。

关于承接产业转移示范区建设金融支持问题研究

刘慧宇*

摘　要:产业转移是地区经济发展和产业结构升级的有效途径,皖江城市带承接产业转移示范区作为我国唯一以产业转移为内容的示范区,为安徽省实现经济腾飞创造了难得的契机,也对示范区金融支持提出了更高要求。本文从产业转移的界定及动因分析入手,收集相关数据,并运用产业梯度系数模型进行实证分析,研究了皖江城市带的产业转移特点,进而探讨示范区金融支持的相应措施,并结合农业银行实际提出了若干建议。

关键词:产业转移;产业梯度系数;金融支持

2010年1月12日,国务院正式批复《皖江城市带承接产业转移示范区规划》,这是迄今为止我国唯一以"产业转移"为主题的区域发展规划。皖江城市带承接产业转移示范区(以下简称"示范区")范围包括合肥、芜湖、马鞍山、铜陵、安庆、池州、巢湖、滁州、宣城九市全境和六安市的舒城县、金安区,共59个县(市、区),辐射安徽全省,确立了以长江一线为"发展轴"、合肥和芜湖为"双核"、滁州和宣城为"两翼"的"一轴双核两翼"产业布局,不仅标志着皖江城市带承接产业转移示范区建设正式上升为国家战略层面,而且为推进安徽参与泛长三角区域发展分工、探索中西部地区承接产业转移新模式迈出了重要一步。

一、产业转移的概念与动因

产业转移,是一种市场经济条件下的企业自发的行为,是在资源供给或产品需求条件发生变化后,某些产业从某一国家或地区转移到另一国家或地区的经济行为和过程。产业转移是解决区域结构矛盾冲突,实现区域经济协调发展,推动转移国或地区与转移对象国和地区产业结构调整和产业升级的

* 作者简介:刘慧宇,女,1985年10月生,安徽霍邱人,毕业于北京大学法学院,法律硕士商法专业。现供职于农行安徽省分行公司业务部,助理经济师。

重要途径。一个地区的产业是否会向外转移,哪些产业会向外转移,遵循一定的经济学规律。国内外学者多年来对此做了一些理论研究,从不同角度分析了产业转移的动因。其中影响最大、最经典、应用最广泛的有“雁行模式”理论、产品生命周期理论和梯度理论。

“雁行模式”最早是日本学者赤松要(Kaname Akanmatsu)在《我国经济发展的综合原理》一文中提出。赤松要认为,日本的产业一般都经历了“进口—当地生产—开拓出口—出口增长”四个阶段并且呈现出周期性的循环发展。这四个阶段在图表上呈倒“V”形,似大雁展翅飞翔,故得此名。赤松要认为,一国的产业结构升级依次分为劳动和资源密集型、资本密集型和技术密集型三个梯度。随着外资的进入及工业化的发展,某一产业会逐渐衰落,并将转移到低一个梯度的国家和地区,出现产业替代,导致产业结构升级。这一理论后来经小岛清的发展,即“边际产业扩张论”,成为20世纪70年代日本向亚洲新兴工业国和地区以及东盟国家和地区进行产业转移,推动日本经济发展的重要理论根据。

20世纪60年代,美国哈佛大学商学院教授雷蒙德·弗农(R·Vernon)在《产品周期中的国际投资与国际贸易》一文中提出了“产品生命周期理论”,该理论认为,产品的生命周期分为新产品、成熟产品和标准化产品时期,产品特性在不同时期内存在巨大的差异。弗农认为,随着产品由新产品时期向成熟产品时期和标准化产品时期转换,产品的特性也会相应的发生变化,将由知识和技术密集型向资本密集型或劳动密集型转换,相应地,在产品生产的不同时期,对生产要素要求的重点将会发生变化,这导致了产品的生产地点将从生产要素缺乏的国家或地区转移到生产要素丰富的国家或地区。因此,发达国家或地区将根据产业所处的不同生命周期阶段进行相关产业的转移。

梯度转移理论是在弗农的产品生命周期理论基础上形成的。该理论被引入我国后,成为一种应用最为广泛的理论。梯度转移理论认为,区域经济的发展有不平衡性,这种不平衡是产品生命周期的空间表现形式。区域间客观上存在一种经济和技术梯度,有梯度就有可能产生空间推移。由于经济基础,生产要素禀赋等方面的不同,各国或区域间在产业结构上存在明显的阶梯差异,在空间上可被分为低梯度地区和高梯度地区。工业生产生命循环阶段中处于成熟阶段的当高梯度地区的产业,在利润最大化的驱使下各种生产要素会流动到梯度较低的区域。同时,高梯度地区产业自身进一步发展将受到诸如劳动力、交通运输、水、电等成本的提高以及环境承载能力饱和等各种限制,此时高梯度地区产业产生迫切向外转出的需求;而低梯度区域便在受内外双重因素的制约条件下,水到渠成地承接部分高梯度地区的产业,从而使得高梯度地区产业结构不断调整升级,低梯度地区也利用产业转移的机遇提升和推进自身产业结构。

二、示范区产业转移实证分析

依据上述理论,本文采用产业梯度系数模型,对皖江城市带承接产业转移示范区进行实证分析。

产业梯度系数模型最早是由戴宏伟提出的。他以产业梯度系数表示某地区的产业处于产业梯度的位置,该系数主要受两个因子的影响:一个是创新因子,用比较劳动生产率来综合表示,它取决于该地区该行业劳动者的技能、技术创新水平和转化为生产的能力等因素与全国平均水平的比较。另一个是产业集中因子,即专业化生产程度,用区位商(Location Quotient)来表示。它取决于该地区该行业对自然资源利用程度、专用设备和专业技术人员的多少等因素与全国同行业的比较。创新因素表达的是内在原因,市场因素则表达外在原因。产业梯度是产业创新程度和市场占有水平的函数。从产业发展和转移的进程来看,创新和市场占有彼此存在都起乘数关系,因此可以将该模型表述为:

产业梯度系数=区位商×比较劳动生产率

其中:区位商 $LQ_{ij}=\dfrac{L_{ij}/\sum\limits_{j}L_{ij}}{\sum\limits_{i}L_{ij}/\sum\limits_{i}\sum\limits_{j}L_{ij}}$

$$比较劳动生产率=\frac{地区该行业产值/地区该行业从业人员}{全国该行业产值/全国该行业从业人员}$$

区位商是指地区特定部门的产值在本地区总产出中的比重与全国该部门产值占整个国民经济产出的比重之间的比值。区位商公式中,i 为第 i 个地区,j 为第 j 个产业;L_{ij}为第 i 个地区、第 j 个产业的产出指标;LQ_{ij}为 i 地区 j 产业的区位商。当 $LQ_{ij}>1$ 时,表示 i 地区的 j 产业的攻击能力能够满足本区的需求而有余,可对外提供产品(大于 1 的部分意味着对区外市场的占领部分);当 $LQ_{ij}<1$ 时,表示 i 地区 j 产业供给能力不能满足本区的需求,需要由区外调入;当 $LQ_{ij}=1$ 时,表示 i 地区 j 产业供给能力恰好能够满足本区的需求。通过区位商指标可以排除由于地区面积大小不同造成的影响,衡量出各地区真正具有优势的行业。比较劳动生产率是反映某个区域某行业相对优势度的综合指标,表示该行业技术创新的水平,反映该行业的竞争能力,表达其技术、劳动者素质高低。这个指标反映的是各个不同的地区之间的技术水平的差异。一般来说,地区某一产业的梯度系数大于 1,说明该地区的产业在全国

处于高梯度,小于1则说明处于低梯度。高梯度地区的产业处于工业生产生命循环阶段中的成熟阶段,各种生产要素在扩展效应影响下,及在高梯度地区受到劳动力、交通运输、资源、环境承载能力等各方面因素的限制,受利润的驱使会转移到第二梯度地区。因皖江城市带承接产业转移主要移出地区为长三角地区,故本文分析了江浙沪及皖江城市带各城市的产业转移梯度系数,列表如下:

表1　江浙沪制造业产业转移梯度系数表

行　业	江苏	浙江	上海
煤炭开采和洗选业	0.11	0.00	
石油和天然气开采业	0.02		0.28
黑色金融矿采选业	0.14	0.03	
有色金属矿采选业	0.01	0.11	
非金属矿采选业	0.41	0.76	
其他矿采选业			
农副食品加工业	0.91	0.32	0.20
食品制造业	0.30	0.45	0.99
饮料制造业	0.74	0.85	0.98
烟草加工业	0.99	2.10	7.22
纺织业	2.32	3.21	0.23
纺织服装、鞋、帽制造业	2.58	1.77	0.95
皮革、毛皮、羽毛(绒)及其制品业	0.70	2.49	0.42
木材加工及木、竹、藤、棕、草制造业	1.41	1.07	0.24
家具制造业	0.40	1.64	1.47
造纸及纸制品业	1.68	1.51	0.52
印刷业和记录媒介的复制	0.79	1.39	1.57
文教体育用品制造业	2.24	2.70	1.62
石油加工、炼焦及核燃料加工业	0.78	2.53	1.77
化学原料及化学制品制造业	2.80	1.44	1.79
医药制造业	1.51	1.03	0.97
化学纤维制造业	3.76	8.71	0.16
橡胶制品业	1.32	1.03	0.63
塑料制品业	1.10	2.34	1.04
非金属矿物制品业	0.88	0.80	0.54

（续表）

行　业	江苏	浙江	上海
黑色金属冶炼及压延加工业	2.32	0.58	1.72
有色金属冶炼及压延加工业	1.57	1.18	0.33
金属制品业	2.02	1.32	0.87
通用设备制造业	1.78	1.06	2.45
专用设备制造业	1.44	0.67	1.23
交通运输设备制造业	1.13	0.71	2.67
电气机械及器材制造业	2.57	1.21	1.12
通信设备、计算机及其他电子设备制造业	2.27	0.35	4.99
仪器仪表及文化办公用机械制造业	3.96	1.21	1.48
工艺品及其他制造业	0.83	1.87	1.85
废弃资源和废旧材料回收加工业	1.70	2.88	0.40
电力、热力的生产和供应业	1.75	3.09	4.59
燃气生气和供应	1.29	1.43	2.11
水的生产和供应业	0.80	2.51	1.38

（数据来源：中国统计年鉴2010，浙江省统计年鉴2010，江苏省统计年鉴2010，上海市统计年鉴2010）

表2　皖江城市带各市制造业产业梯度系数表

行　业	示范区	合肥	芜湖	马鞍山	铜陵	滁州	巢湖	安庆	池州	宣城
农副食品加工业	0.74	0.66	0.37	0.04	0.00	1.90	1.25	1.90	0.55	1.94
食品制造业	0.50	0.58	0.02	2.20		0.41	0.13	0.48	0.14	0.23
饮料制造业	0.33	0.72	0.04	0.15	0.00	0.46	0.40	0.51	1.13	0.53
烟草制品业	1.20	2.94	4.21			1.44				
纺织业	0.41	0.29	0.23	0.05	0.13	0.70	0.66	1.84	0.91	0.33
纺织服装、鞋、帽制造业	0.27	0.19	0.58	0.07	0.15	0.23	0.04	1.12	0.47	0.28
皮革、毛皮羽毛（绒）及其制品业	0.78	0.25	0.01		0.08	1.05	2.35	4.32	0.09	2.29
木材加工及木、竹、藤、棕、草制品业	0.70	0.08	2.39	0.01	0.01	1.49	0.31	2.14	0.95	2.01
家具制造业	0.49	1.29	0.03			0.04	0.22	0.55		1.62
造纸及纸制品业	0.44	0.55	0.19	1.22	0.03	0.07	0.27	0.95	0.01	0.40

（续表）

行　业	示范区	合肥	芜湖	马鞍山	铜陵	滁州	巢湖	安庆	池州	宣城
印刷业和记录媒介的复制	0.66	1.80	0.14	0.02		0.14	0.63	2.09	0.13	0.18
文教体育用品制造业	0.46	1.77	0.14	0.13	0.26	2.08	0.25	0.27	2.36	0.82
石油加工、炼焦及核燃料加工业	0.46	0.28	0.77		0.02		0.00	4.22	0.86	0.69
化学原料及化学制品制造业	0.72	0.98	0.51	0.22	1.29	0.85	0.42	0.72	0.96	1.10
医学制造业	0.20	0.26	0.41	0.50	0.02	0.05	0.21	0.27	0.17	0.21
化学纤维制造业	0.52	0.03				0.05	5.53			
橡胶制品业	2.44	9.81	0.16	0.02	0.01	0.53		0.95	0.63	10.27
塑料制品业	2.97	9.72	1.74	0.00	0.02	1.03	0.32	6.13	0.07	2.21
非金属矿物制品业	1.43	0.89	2.81	0.26	4.40	0.85	1.01	2.58	13.26	1.96
黑色金属冶炼及压延加工业	2.05	0.23	1.10	11.70	0.12	0.47	0.02	0.03	0.22	0.32
有色金属冶炼及压延加工业	2.19	0.01	2.81	0.36	15.36	0.32	0.40	0.56	1.20	4.74
金属制品业	1.11	2.78	1.12	0.97	0.01	0.74	0.39	0.64	0.49	0.57
通用设备制造业	1.03	1.91	1.28	0.49	0.05	1.87	0.24	1.26	0.59	1.29
专用设备制造业	1.45	6.83	0.37	0.10	0.27	0.48	0.20	0.45	0.14	0.09
交通运输设备制造业	1.68	2.70	5.19	2.33	0.06	0.26	0.06	1.20	0.02	0.08
电气机械及器材制造业	5.14	8.86	5.52	0.11	9.23	5.22	18.66	0.22	0.34	1.18
通信设备、计算机及其他电子设备制造业	0.29	1.31	0.03	0.03	0.18	0.49	0.02	0.01		0.00
仪器仪表及文化、办公用机械制造业	1.26	1.87	6.24	0.03	0.07	0.74	0.01		9.83	
工艺品及其他制造业	0.25	1.58	0.00	0.00	0.01	0.02	0.62	1.15	0.05	0.03
废弃资源和废旧材料回收加工业	0.15	0.03	0.64	0.35	0.54	1.28		0.52		

（数据来源：安徽省统计年鉴2009、各市统计年鉴2009）

一般来说一个地区某产业的梯度系数大于1说明该产业发展的较好，否则说明该产业在该地区的发展落后于其他地区，但是江浙沪地区的产业梯度系数小于1，一般说明该产业在江浙沪已经处于繁荣过后的衰退时期，若是经济落后地区的某产业的梯度系数小于1说明该产业在该地区还没有得到很好的发展，还有巨大的发展潜力。

根据表1可以看出江浙沪地区在全国范围的竞争中处于劣势，需要转移出的业分别是石油加工、炼焦及核燃料加工业，黑色金属矿采选业，有色金属矿采选业，非金属矿采选业，农副食品加工业，食品制造业，饮料制造业，皮革、毛皮、羽毛(绒)及其制品业，木材加工及木、竹、藤、棕、草制品业，家具制造业，造纸及纸制品业，印刷业和记录媒介的复制，医药制造业，橡胶制品业，塑料制品业，非金属矿物制品业，黑色金属冶炼及压延加工业，有色金属冶炼及压延加工业，金属制品业，专用设备制造业，交通运输设备制造业，仪器仪表及文化、办公用机械制造业，工艺品及其他制造业，电力、热力的生产和供应业，煤气生产和供应业，水的生产和供应业。但是并不是所有产业梯度系数小于1的产业都符合以上情况。在上述产业中，有色金属矿采选业、非金属矿采选业、非金属矿物制品业、有色金属冶炼及压延加工业、黑色金属冶炼及压延加工业这些产业对资源的依赖性比较大，江浙沪地区缺乏这些资源，而皖江城市带正是这些资源的主产区，所以这些产业在江浙沪地区的产业梯度系数小于1不代表它们是有转移趋势的产业。排除此类资源限制类产业，江浙沪地区有转移趋势的产业及皖江城市带承接转移中优势企业列表如下：

表3　江浙沪有产业转移趋势的行业(以★标识)：

行业	江苏	浙江	上海
农副食品加工业	★	★	★
食品制造业	★	★	★
饮料制造业	★	★	★
烟草加工业	★		
纺织业			★
纺织服装、鞋、帽制造业			★
皮革、毛皮、羽毛(绒)及其制品业	★		★
木材加工及木、竹、藤、棕、草制造业			★
家具制造业	★		
造纸及纸制品业			★
印刷业和记录媒介的复制	★		

（续表）

行业	江苏	浙江	上海
文教体育用品制造业			
石油加工、炼焦及核燃料加工业	★		
化学原料及化学制品制造业			
医药制造业			★
化学纤维制造业			★
橡胶制品业			★
塑料制品业			
非金属矿物制品业	★	★	★
黑色金属冶炼及压延加工业		★	
有色金属冶炼及压延加工业			★
金属制品业			★
通用设备制造业			
专用设备制造业		★	
交通运输设备制造业		★	
电气机械及器材制造业			
通信设备、计算机及其他电子设备制造业		★	
仪器仪表及文化办公用机械制造业			
工艺品及其他制造业	★		
废弃资源和废旧材料回收加工业			★
电力、热力的生产和供应业			
燃气生气和供应			
水的生产和供应业	★		

表 4　皖江城市带在带承接产业转移中的优势产业(以★标识)

产业	合肥	芜湖	马鞍山	铜陵	滁州	巢湖	安庆	池州	宣城
农副食品加工业					★	★	★		★
食品制造业			★						
饮料制造业								★	
烟草制品业	★	★			★				
纺织业							★		

（续表）

产业	合肥	芜湖	马鞍山	铜陵	滁州	巢湖	安庆	池州	宣城
纺织服装、鞋、帽制造业							★		
皮革、毛皮羽毛(绒)及其制品业					★	★	★		★
木材加工及木、竹、藤、棕、草制品业		★			★		★		★
家具制造业	★								★
造纸及纸制品业			★						
印刷业和记录媒介的复制	★						★		
文教体育用品制造业	★				★			★	
石油加工、炼焦及核燃料加工业							★		
化学原料及化学制品制造业				★					★
医学制造业									
化学纤维制造业						★			
橡胶制品业	★								★
塑料制品业	★	★					★		★
非金属矿物制品业		★		★		★	★	★	
黑色金属冶炼及压延加工业		★	★						
有色金属冶炼及压延加工业		★		★				★	★
金属制品业	★	★							
通用设备制造业	★	★			★		★		★
专用设备制造业	★								
交通运输设备制造业	★	★	★				★		
电气机械及器材制造业	★	★		★	★	★			★
通信设备、计算机及其他电子设备制造业	★								
仪器仪表及文化、办公用机械制造业	★	★						★	
工艺品及其他制造业	★						★		
废弃资源和废旧材料回收加工业					★				

由表3、表4可以看出，皖江城市带每个城市都有优势产业，其中合肥、芜湖、安庆三市有10个以上承接产业转移优势产业，具有巨大的承接产业转移

空间与发展潜力。

三、示范区承接产业转移金融支持对策研究

(一)金融服务与产业转移的相互作用

产业转移的实质是资本要素在不同区域间的流动和优化配置,金融作为一种有效的资本融通工具,在促进产业转移中具有不可替代作用。金融支持力度的大小决定着产业转入方承接能力的高低,同时,产业转移与金融支持之间又存在着相当密切互动关系。金融支持产业转移集中体现在以下方面:

1. 通过提供资本支持为产业转移的企业筹措资金,为企业投资和周转提供支持,使产业转移顺畅进行,使企业经营有效循环发展。

2. 通过资金注入能促进技术创新,推动产业结构优化升级,从而推动产业转移和承接产业转移的发展进程。

3. 通过完善的中介服务为产业结构调整和承接产业转移提供信息支持。

4. 健全的金融监管可以使进行产业转移的企业提高资金使用效率,降低交易成本,减少产业转移的风险,确保产业转移和承接产业转移的资金运转安全。

产业转移是一个多层次和梯度发展的过程,在金融服务对产业转移提供支持的同时,产业转移也对金融资源配置的优化、金融组织体系的完善以及金融服务的延伸提出了新的需求。一是产业转移会带来大规模的项目融资和技术更新等新的金融需求。产业转移给承接地带来大量的项目和技术,随着产业和企业的不断发展壮大,也相应地对金融服务提出了新的需求,过去单一的银行信贷模式已经难以适应这种需求的变化。二是企业行为模式的改变产生了新的金融需求。皖江示范区在承接产业转移中,母子公司、集团性企业等新的企业组织模式日渐增多,随着企业组织形式的改变,其经营方式、销售链条、跟其他经济主体的业务交往也将出现新的变化,这些变化对资金往来结算、信贷支持模式、金融服务效率都将提出新的需求。三是大规模产业升级、产业转移会带动众多中小产业群向转移地区集聚并迅速发展,为大企业提供配套服务,这些中小企业的集聚和发展也会使金融服务需求迅速扩大。四是产业转移带来生产性服务业规模扩大和层次的提升,提出了新的金融需求。生产性服务业是产业转移过程中的基础性行业,特别是通讯、信息、仓储、物流等基础服务业设施随着产业转移加速,有一个快速发展的过程,将产生大量新的金融需求。因此,在产业转移的背景下,金融业应积极创新体制和机制,借鉴、引进和开发适销对路的金融产品,并根据市场需求的发展变化不断改进和完善现有的业务操作流程,通过个性化、差异化的产品创

新战略来满足不同层次的金融需求。

（二）产业转移示范区的金融支持

示范区成立以来，对安徽经济增长的拉动作用日益明显。2010年，皖江城市带九市共完成规模以上工业增加值3717.04亿元，占全省比重为66.4%。其中合肥、芜湖两市的工业均超过600亿元。与此同时，金融资源也进一步向示范区集聚，2010年末，皖江示范区人民币各项贷款余额8435.9亿元，同比增长25.1%，增速高于全省1.8个百分点，增速位居全省三大区域之首。具体考察示范区各市金融发展时，采用金融相关率（FIR）来反映地区金融发展水平，该经济指标反映的是某一时点上金融机构存贷款余额之和与GDP的比率。在承接产业转移的皖江九市中，合肥、芜湖、池州的金融相关率相对较高，分别为3.24%、2.03%、2.04%，但其他六市的金融相关率均未超过2%，其中巢湖市的金融相关率只有1.63%（见表5）。这反映了皖江城市带金融业在蓬勃发展的同时，存在发展不平衡现象。

表5　2010年皖江九市与安徽省金融相关率比较

项　目	GDP（亿元）	年末存款余额（亿元）	年末贷款余额（亿元）	金融相关率（%）	与全省金融相关率的差额（%）
合肥	2702.5	4541.78	4214.08	3.24	0.97
芜湖	1108.6	1213.17	1033.45	2.03	-0.24
安庆	988.1	1156.0	555.94	1.73	-0.54
马鞍山	811.0	808.16	554.53	1.68	-0.59
滁州	695.7	776.44	475.06	1.80	-0.47
巢湖	625.0	690.9	363.7	1.69	-0.58
宣城	525.7	577.11	385.56	1.83	-0.44
铜陵	466.6	406.51	388.49	1.70	-0.56
池州	300.8	365.7	247.7	2.04	-0.23
安徽省	12263.4	16366.1	11452.3	2.27	0.00

（数据来源：安徽省2010年国民经济和社会发展统计公报，皖江九市2010年国民经济和社会发展统计公报）

以金融发展水平较高的芜湖市为例，2010年芜湖先后引进、成立6家金融机构，现全市现有4大类别金融业机构共53家，其中，19家银行业金融机构，1家非银行业金融机构，证券期货机构8家，保险机构25家。3大类别新型融资类机构共74家,其中,小额贷款公司29家,注册资本19亿元,注册资本亿元以上的担保机构33家,注册资本45.4亿元,典当机构12家,注册资本3.6亿元,逐步形成了多层次、多元化的具有地方特色的金融发展格局。2011年7月末,安徽省首家金融租赁公司皖江金融租赁有限公司在芜湖获批筹建,势必为示范区金融服务体系加入新兴力量。

为提高金融服务水平,芜湖市各银行纷纷加快金融业务创新步伐,为示范区产业转移企业提供差异化的金融服务。一方面,为提高信贷审批效率,示范区内各银行业各金融机构先后设立了小企业专营机构,配备了专业力量。如中国银行引进"信贷工厂"模式,审批时间从过去60天左右缩短至7个工作日内;建行在优化贷款流程的基础上新推出了小企业组合贷款、组合担保开立银行承兑汇票和联贷联保新业务;徽商银行开发了影像传输网上审批系统,实现了异地小企业特色支行业务网上审批。另一方面,各银行积极推进贸易融资创新、"供应链金融"创新和担保方式创新,如浦发银行在年保理系统上线后,大力发展卖方保理业务;徽商银行加强对核心企业上下游企业经营状况的动态跟踪,对奇瑞汽车上下游企业至各供应商和经销商总计授信20余亿元;交行为供应链体系中小企业推出"蕴通供应链"融资方案等;芜湖扬子银行推出收费权质押贷款、商标权质押贷款、集体流转土地抵押贷款、应收账款质押贷款、投权质押贷款以及政府协议回购资产为担保的"三方协议"贷款等信贷新品种。

(三)农行产业转移金融服务措施

1. 多渠道、丰富的融资平台。除传统信贷业务产品外,农行还为示范区产业转移企业提供多样化融资产品,满足企业多方需求。如为出口企业提供出口退税账户托管贷款,满足示范区出口企业由于出口退税款未能及时到账导致的短期资金需求;为再生资源企业提供再生资源增值税退税账户托管贷款业务,在对企业增值税退税账户进行托管的前提下,为再生资源企业提供短期流动资金贷款,促进再生资源回收利用,推广绿色信贷;通过农行子公司农银金融租赁有限公司为企业提供融资租赁与经营性租赁等金融租赁服务,使企业降低资金成本,获取设备使用权;为行业龙头企业生产商、销售商提供保兑仓业务,为企业扩大融资渠道,增加销售数额;为开立国内信用证的供货企业提供国内信用证项下打包贷款,为供货企业的备料、生产和装运等履约活动提供短期融资;提供应收账款融资业务,以买卖方之间因销售货物或提供服务而签订有效合同产生应收账款为基础,与卖方签订应收账款融资协议,满足卖方企业因应收账款占用造成短期流动资金不足的融资需求,并为卖方提供账款催收、应收账款账户管理及买方信用调查于一体综合性金融服务。

2. 全方位、专业的金融顾问服务。为提升对产业转移企业的服务水平，农行可凭借专业知识、行业经验、人力及金融资源，为企业提供全方位、专业的金融顾问服务：通过常年财务顾问服务为企业提供的标准化、日常化的财务顾问服务，主要服务内容包括政策分析及金融产品信息发布、日常金融/财务咨询、财务分析、金融/财务专题培训、顾问支持；针对企业个性化的金融需求，深入分析企业需要，为企业量身定做金融服务方案；提供专业化的并购财务顾问业务，对企业未来可能发生的并购需求，农行除提供并购贷款外，还可提供专业化的并购财务顾问业务，在企业并购过程中审慎调查、估值、进行结构设计和谈判，协助其成功并购；当示范区企业产生上市需求时，为企业提供上市财务顾问服务，提供上市政策咨询、管理咨询，改制重组方案设计，融资策划，推荐上市保荐人、承销商，协助企业选择会计师事务所、律师事务所等其他中介机构的顾问咨询服务。

3. 灵活、便捷的担保方式。为给示范区产业转移企业提供更便捷的融资服务，降低融资门槛，农行实行丰富、灵活的担保方式：对具备应收账款质押担保条件的企业可采取应收账款质押担保方式；对持有非标准仓单具有经营质押仓单项下仓储物资格和资质的借款人可采用非标准仓单质押担保方式；对企业所有原材料、库存商品可采用存货质押担保方式；对出口退税款未能及时到账的出口企业可采取企业出口退税账户托管担保方式；对符合农行信用贷款条件的可采取信用方式。

四、结　语

皖江城市带承接产业转移示范区的建立，是加速安徽崛起的重大战略机遇，对安徽经济发展具有重要的里程碑意义。农行应抓住产业转移示范区建设的契机，进一步发展绿色信贷、创新金融服务产品、丰富融资平台，为产业转移发展提供持续的资金动力和更具针对性、灵活性、层次性的融资安排，为示范区提供更加健全、完善、便捷的金融服务，力争在示范区现代金融体系中发挥中流砥柱的作用。

参考文献：

[1] 张杰，刘志彪．金融结构对技术创新与产业结构影响研究评述[J]．经济学动态，2007(4)．

[2] 范方志，张立军．中国地区金融结构转变与产业升级研究[J]．金融研究，2003(11)．

[3] 周建春．充分发挥协调服务功能，力促金融与经济良性互动[J]．安徽金融，2010(5)．

[4] 张谋贵．皖江城市带承接产业转移示范区建设研究[J]．中国城市经济,2010(3).

[5] 王恕立,张云．产业转移实证研究述评[J]．中国集体经济,2011(2).

[6] 冯海华,张为付．基于空间经济学视角下 FDI 区位投资的实证研究[J]．西南民族大学学报,2010(1).

[7] 沈同．数据看皖江——皖江城市带承接产业转移示范区发展潜力扫描[J]．江淮,2010(2).

[8] 傅德汉,操基平,张平．金融支持皖江城市带承接产业转移的途径和模式[J]．中国金融,2010(7).

[9] 罗世乐,唐羽,李文政．金融支持中部地区承接产业转移的思路研究——以湖南省为例[J]．经济与金融,2008(9).

[10] 郑兰祥,吴瑶．金融支持产业转移对策研究——以皖江城市带为例[J]．中国集体经济．2010(12).

[11] 刘强．产业地区转移中的金融支持状况调查[J]．南方金融,2007(11).

近代安徽农村封建生产关系变迁及其对安徽社会转型不利影响

沈世培*

摘　要:在近代农村社会,封建生产关系普遍存在,土地进一步集中,而土地经营规模缩小,强化了封建小农经济,农民在贫困化和无地化的过程中,封建人身依附关系加强。近代乡村社会封建性很强,经济结构和社会结构缺乏近代化的动力,极不利于近代化的发展。小农经济下的封建生产方式,严重地阻碍了资本主义生产方式的产生和发展。我们从近代安徽地区可以看出这些问题。

关键词:近代;农村社会;封建性;安徽

从鸦片战争以后,中国逐步沦为半殖民地半封建社会,也开始了从传统封建农业社会向近代资本主义工业社会转化的近代化历程。但是,这一社会转型过程却十分艰难,其原因,一方面与外国资本主义入侵有关,另一方面与近代中国农村社会封建性关系密切。近代资本主义生产力有了一定的发展,但是农村封建生产关系却普遍存在,并且在许多地方,其封建性有加深的趋势,严重地阻碍了近代资本主义的发展,极不利于近代社会的转型。这一点学术界讨论不够。为了避免研究的大而化之,我们以处于华东腹地、具有农业社会典型性的安徽农村社会为例,来考察近代农村社会封建性的问题。

一、土地的集中

在近代半殖民地半封建社会,社会变动性较大,一方面资本主义有了一定的发展,另一方面在乡村社会封建生产关系普遍存在,封建土地制度却在延续和发展,有些地方出现了大土地所有制,严重地制约了社会的进步。例如在近代安徽,官僚、地主、豪绅利用权力和经济优势,肆意兼并土地,大量地占有土地。

(一)晚清时期的土地集中

晚清时期,由于经历了太平天国起义和捻军起义,安徽土地关系变动较

* 作者简介:沈世培,男,1964 年生,安徽定远人,历史学博士,安徽师范大学社会学院教授。

大,战后出现了新一轮土地兼并,土地进一步集中。

首先,军功地主大量地占有土地。在镇压太平天国和捻军起义过程中成长起来的淮军,在晚清政治和国防中地位显赫,其将领随着淮军影响的扩大,地位也不断上升,形成了以李鸿章为首的淮系军阀集团。这些军阀成员有权有钱以后,就转而在家乡安徽地区大肆兼并土地,成为军功地主。他们占地主要集中在江淮地区,淮北和江南地区也有分布。

在江淮地区,淮系军阀成员占地最多。其中,合肥县东乡李鸿章六兄弟占地最多,“李鸿章家,从安徽芜湖到河南信阳方面,占有着不能测知的大片土地”[①]。仅在合肥县就有60万亩[②]。据《肥东县志》载,李鸿章及其兄弟李翰章、李鹤章等,于同治、光绪年间,在合肥(含今合肥市郊、肥东、肥西全部和长丰一部)、巢县、舒城、含山、芜湖等地兼并土地250多万亩,其在肥东土地遍及各地,仅众兴、永安、磨店3个乡集中连片的土地就有4000亩左右。李翰章在永安乡小刘河的庄园,占地方圆1.5公里。李鸿章、李鹤章在长乐乡南圩建的李家楼,占地300多亩,原来居住此地的36户温姓农民全部被赶走[③]。其次是合肥县西乡淮军将领占地较多。如周盛传(提督)、刘铭传(巡抚)、唐殿奎(提督)、唐殿奎(提督)、张树声(总督)每年收租额2万~5万石,卫汝贵(总兵)每年收租额1200石,占地应该说是很多的[④]。这些大地主的田地大抵在本乡及六安、舒城各邻县。所有面积较东乡李鸿章兄弟占地略小。再次,一般淮军将领占地也不少。参加淮军的官僚地主刘子务在六安占有大量土地,每年收租约在1.8万石左右,按当时六安张店石重计算,一石稻子(收租都是稻子),是170斤,折合现在市秤为202斤。1.8万石,就在360万斤以上,可以想象其占地之多[⑤]。六安州的徐宗瀛(总督)占地1000亩[⑥]。

在淮北地区,淮军将领徐善登(提督)在凤台县占地3000亩,周田畴在宿州占地4187亩。在江南地区,淮军周馥(总督)在建德县占地4000亩,芜湖县宋某(霆营将领)占地2000亩,郎溪县方某(统领)占地2000亩。[⑦]

其次,除了军功地主大量占地以外,还有许多一般地主大量占地。安徽由于受到战争的冲击,不少地主逃亡,出现了大量荒地,战后有的地主直接霸

---

① 章有义:《中国近代农业史资料》第2辑,第15页。

② 许知为:《淮系军阀在安徽的经济掠夺》,《工商史迹》,安徽人民出版社,1987年,第38页。

③ 肥东县地方志编纂委员会:《肥东县志·生产关系演变》,安徽人民出版社,1990年。

④ 许知为:《淮系军阀在安徽的经济掠夺》,《工商史迹》,安徽人民出版社,1987年,第38页。

⑤ 胡苏明:《典型的封建堡垒——六安刘子务圩子》,安徽省协商文史资料委员会编:《旧时黑幕》,安徽人民出版社,1987年,第177页。

⑥ 许知为:《淮系军阀在安徽的经济掠夺》,《工商史迹》,安徽人民出版社,1987年,第38页。

⑦ 许知为:《淮系军阀在安徽的经济掠夺》,《工商史迹》,安徽人民出版社,1987年,第38页。

占荒地,“手指口讲,将山岗野地掠为己有”[①],成为大地主。像上万亩土地的大地主在安徽为数还不少,如“安徽霍邱有25000~80000亩的地主13户,蒙城有10万亩的地主4户”[②]。据1935年一份实地调查资料,阜阳占地千亩以上的大地主有20户以上,数百亩的也不少[③]。

当然,安徽各地土地集中的程度不一,皖南土地集中的程度不如皖北,皖南徽州山多地少,所谓的大地主通常仅有田百亩,南陵县则大地主极少,小自耕农居多;皖北合肥、六安、阜阳等地大地主较多。

(二)民国时期的土地集中

民国时期,原来的大地主仍然没有衰落,并且军阀、政客又成长为新的大地主,土地兼并进一步加剧。

首先,在北洋军阀统治时期,军阀、官僚吞并土地愈演愈烈。皖系军阀倪嗣冲统治安徽,成为封建地主经济的代表。“安徽军阀张敬尧(霍邱),倪嗣冲(阜阳)占地都在七八万亩以上”[④]。倪嗣冲及其亲族升官发财以后,在阜阳广买田园,大量集中土地。倪嗣冲在安徽的剥削是惊人的,仅在阜阳一个地方,其不动产田地就有2万多亩,是阜阳第一个大地主[⑤]。军阀下面的各级军官以及一般地主也大量集中土地。其集中土地的方法,主要是放高利贷。利用灾年收买土地,乡、保长用贪污、卖壮丁等卑劣手段巧取豪夺。情况如下:

临泉县地主集中土地情况(1912—1921)

区别	村别	地主姓名	历年集中土地亩数	集中土地的主要方法
滑集	李大庄	李老仁	300亩	当保长,贪污,卖壮丁
滑集	谢小湾	谢老祥	500亩(外传有7000多亩)	放高利贷
艾亭	王新庄	王万成	300亩	当乡保长贪污、放高利贷、做买卖

(资料来源:中共安徽省党史工作委员会编:《安徽现代革命史资料长编》第1卷,安徽人民出版社,1986年,第27页)

封建军阀政府把乡村地主作为统治的社会基础,支持封建地主加紧剥削

---

① 华东军政委员会土地改革委员会:《来安县殿发乡农村经济调查》,《安徽省农村调查》,第79页。

② 严中平等编:《中国近代经济史统计资料选辑》,科学出版社,1955年,第268页。

③ 谢国兴:《中国现代化的区域研究:安徽省》,(台湾)中央研究院近代史研究所,1991年,第355页。

④ 章有义:《中国近代农业史资料》第二辑,第14-15页。

⑤ 刘志贤:《倪嗣冲亲族攀附升官、并吞土地简况》,《军阀祸皖》,安徽人民出版社,1987年,第88页。

农民，使广大劳动人民处于穷困破产的境地。

其次，到国民党统治时期，安徽地区的土地关系和全国一样，封建地主土地所有制仍然占统治地位。在国民党统治中国的20多年里，也曾想解决农村土地问题，在1936年《土地法》实施前，中央和地方有关土地的法规及单行章程就有240多种[①]。在战前10年的乡村改造方面，进行了土地整理、田赋整理及租佃改良等三项工作。由于地方土豪劣绅的对抗，收效不大，没有能够真正改变土地占有关系，农村的土地集中，仍然带有普遍性。随着安徽农村经济的衰败，农村分化严重，封建土地占有变化较大。如淮河南岸六里的一块高地上有个50余户的村庄，20世纪初到30年代变化很大，土地兼并严重，全村土地日益被少数9家占去，20年中，九家土地增加500亩，而另外28家农民丧失250余亩，由于天灾和借债，多数农民破产了[②]。抗战前，在淮南地区，占人口5%的地主、富农占有70%～80%的土地，而占农村90%以上的贫雇中农及其他人口，总共只占20%～30%的土地，如天长、凤阳、盱眙等县的土地更加集中在地主的手中[③]。据1940年调查，皖南泾县、南陵、繁昌、铜陵的土地都很集中，"每县都有千亩以上的地主几十户，最大的地主，南陵朱荣和堂竟达两万余亩，而百分之八十的农民，感到迫切的土地缺乏"[④]。土地兼并使各阶级占有土地量极不合理。据土改时调查，肥东县地主23583人，只占农业总人口的3.45%，却占有耕地511787亩，占耕地总面积25.18%，人均21.70亩；贫农和雇农共373911人口，占农业总人口57.60%，共有耕地432652亩，仅占耕地总面积21.29%，人均1.09亩。地主人均占有量为贫农、雇农的19.91倍[⑤]。

可见，近代安徽土地日益集中到少数地主手中。

二、土地经营规模的缩小

农业经营在传统封建社会是一家一户的，按照理想的经营规模是古制一夫百亩，事实上是做不到的，经营规模是不大的，是一种小农经济。这种小农经济是封建社会存在的基础，到近代以后经营规模有缩小的趋势，这在当时中国比较普遍。在近代，一方面土地大量集中，另一方面土地经营规模却在

---

① 朱子爽：《中国国民党土地政策》，国民图书出版社，1943年，第72页。

② 《淮河南岸的一个村庄——二十年间土地关系的变迁》，《东方杂志》第33卷第4号（1936），第106-108页。

③ 龚意农：《淮南抗日根据地财经史》，安徽人民出版社，1991年，第151-152页。

④ 安徽省财政厅、安徽省档案馆：《安徽革命根据地财经史料选》（二），安徽人民出版社，1983年，第440页。

⑤ 安徽省肥东县地方志编纂委员会：《肥东县志·生产关系演变》，安徽人民出版社，1990年。

缩小,强化了封建小农经济。我们以安徽为例来分析这种农业经营细小的问题。农业经营主要是自耕农、半自耕农和佃农经营,并与耕地状况有很大关系,地主占地多而经营较少。因此,我们可以从以下四个方面考察土地经营规模缩小的问题。

(一)人多地少,耕地不足

土地经营规模与人口有关系,在小农经济下,人口越多,人均和户均耕地都会减少。清代从中期以后人口增加迅速,人多地少,耕地短缺问题越来越严重。近代和清代中期相比,人均和户均耕地都减少了。安徽人口由于社会稳定,经济发展,增加很快,在道光末年约3700万左右,人口密度及总数为全国第三位(仅次于江苏、浙江)[①]。在1753年到1851年的98年间,安徽人口增长了15.4倍,土地却始终保持在3500万亩左右,人均耕地由14.35亩下降到0.91亩[②]。太平天国和捻军起义后,安徽省人口大减,大约损失半数人口[③]。1853—1911年由于战争、灾荒,人口减少。战后被邻省移民补充,到19世纪末又人满为患,人多地少矛盾不能解决。1863年全国人口404946000人,耕地面积751762000亩,人均耕地1.8亩余,而19世纪中叶,安徽人口为3765万人,耕地面积为34078633亩,平均每人耕地约0.9亩[④],低于全国人均耕地。1887年24777000人[⑤],耕地54563000亩[⑥],人均耕地约2.202亩,因人口减少,人均耕地有所提高。

民国时期耕地不足仍是中国农村一大问题。1912—1936年安徽人口缓慢恢复,由1912年2367万人增加到1928—1936年2700万人;1936年到1949年,因为战争,人口又下降,1949年降为2559.2万人[⑦]。据安徽省民政厅的统计,1932年安徽省耕地面积39437325亩,全省户数3665557,口数21496540,平均每户耕地10.7亩,人均1.8亩。根据1935年土地委员会在安徽40县调查,平均每户耕地13亩,人均2.0亩[⑧]。似乎人均耕地比晚清并没有减少,但

---

① 参见梁方仲《中国历代户口田地田赋统计》,见谢国兴《中国现代化的区域研究:安徽省》,(台湾)中央研究院近代史研究所,1991年,第351页。

② 梁方仲:《中国历代户口、田地、田赋统计》,上海人民出版社,1980年。

③ 参见梁方仲《中国历代户口田地田赋统计》,见谢国兴《中国现代化的区域研究:安徽省》,(台湾)中央研究院近代史研究所,1991年,第351页。

④ 梁方仲:《中国历代户口、田地、田赋统计》,上海人民出版社,1980年,第380页。

⑤ 章有义编著:《明清及近代农业史论集》,中国农业出版社,1997年,第14页。

⑥ 章有义编著:《明清及近代农业史论集》,中国农业出版社,1997年,第19页。

⑦ 章有义编著:《明清及近代农业史论集》,中国农业出版社,1997年,第14页。

⑧ 谢国兴:《中国现代化的区域研究:安徽省》,(台湾)中央研究院近代史研究所,1991年,第352页。

是比清代中期以前减少了,比全国来说也是落后的。

耕地不足,容易造成土地经营规模缩小。近代中国,人口与耕地的比例严重失调。根据历史学家的估计,清朝时期每个人维持生存的最低耕地界限是4亩。按照封建社会生产力水平,也要人均3亩耕地才能维持生活。安徽人均耕地不仅远低于全国的平均数,与人均3亩距离更大。20世纪20年代和30年代的几种调查资料显示,安徽每户农家平均耕种土地面积约27亩[①]。据20世纪20年代调查,皖北一户农家(有4~5个成人)每年所需生活费在220元左右,相当于30亩田的收入,而当时农家经营土地面积在30亩以下,其中佃户不是生活在饥饿线边缘,就是赤贫如洗[②]。另外,子孙分家时分割土地,也使土地经营面积减小。

(二)农民占地少

安徽近代土地兼并严重,土地大量集中,而土地经营者农民占地少。晚清和民国时期,安徽省耕地分配不均,少部分地主占有大量土地,而许多人没有土地,成为佃农或雇农,大多数小农持有小部分土地,占地不多,我们从民国时期统计资料可以看得出来(见下表1)。

表1 安徽农户占地面积分组统计表

时间	10亩以下	10~30亩	前两项合计	30~50亩	50~100亩	100亩以上	备注
1917	39.73%	34.68%	74.41%	12.08%	7.73%	6.18%	北京农商部统计
1918	36.11%	32.44%	68.55%	14.10%	10.42%	6.93%	北京农商部统计
1919	41.03%	34.35%	75.38%	14.11%	8.10%	2.41%	北京农商部统计
1920	41.29%	32.52%	73.81%	14.66%	8.00%	3.53%	北京农商部统计
1934	47.01%	38.16%	85.17%	9.61%	4.48%	0.74%	12县调查统计
1935	27.10%	39.10%	66.20%	23.20%	7.70%	2.90%	皖北9县统计
1935	38.80%	42.90%	81.70%	10.70%	7.60%	—	皖南33县统计
平均	38.72%	36.31%	75.03	14.07%	7.74%	3.78%	

(资料来源:根据谢国兴《中国现代化的区域研究:安徽省》(台湾中央研究院近代史研究所1991年版)第685页表格编制)

---

① 谢国兴:《中国现代化的区域研究:安徽省》,(台湾)中央研究院近代史研究所,1991年,第347页。

② 谢国兴:《中国现代化的区域研究:安徽省》,(台湾)中央研究院近代史研究所,1991年,第347-348页。

参照1927年武汉中央土地委员会的分类标准,10亩以下为贫农,10～30亩为中农,30～50亩为富农,50～100亩为中、小地主,100亩以上为大地主[①]。那么,上表中10亩以下贫农和10～30亩中农约占70%,富农和地主才占20%多。贫农和中农比例最多,但是普遍占地不足30亩,都是小规模土地经营者。民国时期,金陵大学调查芜湖102户农家状况。在1C2户中,10亩以下农户占田面积占总面积的13.7%,11亩以上占50%,21亩以上占16.7%,31亩以上占19.6%;占地户数,以11亩以上为最多,有51户,几乎占户数的一半。调查得出的结论为,自耕农与佃农是农民中最多数最困苦的阶级[②]。农民占地少,有的勉强作为自耕农经营小块土地,有的土地不够种,就佃种地主的土地耕种,成为半自耕农。在近代,农民占地规模缩小是个趋势。

(三)地主土地分散经营

在近代中国,土地大量集中,被少数地主占有,土地所有权不断集中,而使用权则不断地分散。土地集中,而土地经营的规模却在缩小,大土地划分为许多小土地,租给佃农耕种,而且佃农耕种的土地规模在人多地少、竞争激烈的情况下日益缩小。"所有集中,使用分散,这就是近代中国农村封建半封建的土地关系的主要特征"[③]。农业经营的细小,就是使用权分散的表现。如20世纪30年代,在安徽盱眙县,"一百石以上(每石种面积约在六亩至九亩之间)的地主兼作土地经营的有一两户,每户大约种一两石种,普通用一两个雇工。所种均系蔬菜、棉花等类,以供家中消费。五十石种以上的地主兼作土地经营的,有十余户,每户大约种七八石至十余石种不等。他们经常地要用两三个雇工,到农忙时,短工最多能增加到十几个。这些地主除自己耕种一部分农田外,其余完全租给佃户耕种"[④]。这种大土地一般都被分割租给佃农耕种,地主坐收地租,使用雇工很少。如安徽宿县在民国时期,"雇用农工者,多为富农;大地主则将土地租与佃户耕种,坐收田租,不劳而获,根本不需要雇工"[⑤]。1933年在安徽调查的21处,雇农占农村人口8.24%。雇农包括长

---

① 《内政年鉴·土地篇》,第426页,见谢国兴《中国现代化的区域研究:安徽省》,(台湾)中央研究院近代史研究所,1991年,第347页。

② 中共安徽省党史工作委员会编:《安徽现代革命史资料长编》第1卷,安徽人民出版社,1986年,第28-29页。

③ 严中平等编:《中国近代经济史统计资料选辑》,科学出版社,1955年,第280页。

④ 邹万元,张宗贤,王祖国,茅其昌,《安徽盱眙县东乡的农村概况》,《新中华杂志》2卷13期,页169,1934年7月。章有义:《中国近代农业史资料》第3辑,生活·读书·新知三联书店,1957年,第811-812页。

⑤ 尹天民:《安徽宿县农业雇佣劳动者的生活》,《东方杂志》,32卷12号,页108,1935年6月。章有义:《中国近代农业史资料》第3辑,生活·读书·新知三联书店,1957年,第811页。

工和短工,中国农村雇工人数较少,"这是农业资本主义经营没有得到发展的一个标志"[①]。这就强化了小农经济,不利于社会化大生产的产生和发展,不利于近代资本主义的发展。

(四)佃农增多

近代由于土地不足,又因为政治、经济、社会、自然等因素,造成许多农户无地或少地,不得不租种土地,使佃农增多。晚清时期,随着土地兼并的加剧,大量的农民失去土地,沦为佃农;在农民军和清军交战时期和战后,一些地区人口死亡,土地荒芜,客民数量显著增加,"客民数量与当地土著不相上下,甚至超过土著的几倍、十几倍"[②],大量的客民成为佃农。皖北自耕农比例高,皖南佃农比例高,因为咸同以后,大量的外来移民,造成皖南佃农较多。到民国前期,我国农业发展缓慢,危机日益加重,农民生活条件恶化,失业、饥饿和死亡普遍[③],土地更加集中到少数大地主手中,无地化的过程在继续和加速中,有些小地主破产,沦为佃农和雇农,自耕农比例有所下降,不断地沦为佃农或半佃农,佃农比例有增加趋势,如宿县就是一例。

宿县各类农户百分比变动

年份	自耕农户数%	半自耕农户数%	佃农户数%
1905	59. 5	22. 6	17. 9
1914	42. 5	30. 6	26. 9
1924	40. 0	30. 5	25. 5

(资料来源:章有义:《中国近代农业史资料》第二辑,第55页)

从调查表中可见,由于军阀混战,封建统治的压迫,自耕农日趋破产,户数下降,从1905年的59.5%,下降至1924年的40%,20年下降19.5%,而半自耕农和佃农户数却在增加。造成佃农增多的原因主要是土地兼并造成一些小地主破产,沦为佃农和雇农,自耕农失去土地或土地减少,而成为佃农。据《合肥市志》载,具体原因有十:"(一)大地主多,占地多;(二)租者及本身时运不佳,生活困难,借贷度日,田产抵押;(三)当地后成为佃农;(四)当地期满不能赎回成为佃农;(五)无法生活卖田产;(六)力量弱,在强权敲压下卖田沦佃;(七)官僚占地;(八)佃农世袭;(九)无资本种田,只有租田种;(十)雇

① 严中平等编:《中国近代经济史统计资料选辑》,科学出版社,1955年,第263页。

② 章有义:《明清及近代农业史论集》,中国农业出版社,1997年,第114页。

③ 郑庆平,岳琛:《中国近代农业经济史概论》,中国人民大学出版社,1987年,第291-306页。

工转为租种。”[①]

在晚清和民国时期，佃农是农民的主体，占农业人口的大多数。以合肥为例，合肥在晚清和民国时期，土地兼并严重，佃农占多数，据对合肥城北乡280农户的土地分配和使用情况调查，这280户中，佃农约占71%，自耕农约占22%，自耕农兼佃农约占6%，地主占1%。晚清时期，佃农最多，自耕农减少。到民国时期，这一情况并未改变，据民国二十二年(1933)记载，“合肥东、西、南、北4乡155户中，贫佃占农户78.3%，中佃占18.2%，富佃占3.5%。”[②]。“又据东、西、南、北4乡调查资料，280农户中，佃农占70.71%，自耕农占22.14%，自耕农兼佃农占6.07%，地主兼自耕农占0.36%，地主兼佃农占0.72%”[③]。由于资本主义在中国没有成长起来，无地和少地农民的出路主要就是以高额地租向地主租进小块土地，借以苟延残喘，因而佃农人数多，而雇农人数则比较少，大约占农村人口的10%左右[④]。

总之，近代土地经营规模在缩小，小农经济得到发展，不利于商品经济和资本主义的发展。

三、佃农封建人身依附关系的加强

近代安徽社会变动性较大，农村经济衰败，土地紧张，农民在贫困化和无地化的过程中，社会地位下降，封建人身依附关系加强。

(一)晚清时期人身依附关系的短暂松动

在晚清时期，安徽是太平天国和捻军与清军厮杀的重要地区，太平天国和捻军的起义沉重地打击了封建地主阶级，在革命高潮时，官僚地主有的被杀，有的逃跑，封建宗族也因此被摧垮，如安徽建德县大官僚周馥的家族和亲友，“死于兵死于饥寒者盖十之八九”[⑤]。安徽建德县、黟县、休宁等地的名门望族，都受到了冲击。巢县一带地主，为了躲避打击，“就乡葺数椽谋栖息，户以内百物荡然”[⑥]。另一方面，在战争中，大量人口流亡，安徽许多地区，土地荒芜，村落成为废墟，到19世纪末还未恢复到战前水平。战后的一些土地荒

---

① 合肥市地方志编纂委员会：《合肥市志·农业生产关系》，安徽人民出版社，1999年，第995页。

② 合肥市地方志编纂委员会：《合肥市志·农业生产关系》，安徽人民出版社，1999年，第995页。

③ 合肥市地方志编纂委员会：《合肥市志·农业生产关系》，安徽人民出版社，1999年，第995页。

④ 严中平等：《中国近代经济史统计资料选辑》，科学出版社，1955年，第259页。

⑤ 周馥：《周悫慎公全集》第9册，文集二，第41页。

⑥ 周恩煦：《晚华居遗集》卷2，文集二，第16页。

芜严重，人口稀少，地主招佃困难，政府和地主就放宽招佃的条件，但是，效果不佳[①]。地主只好减租或免租，在安徽、江西以及陕西的一些地方，佃农对地主的依附有所削弱。巢县的一些佃农，常以欠据代替完租，结果愈欠愈多，愈多愈不肯完，地主撤佃，佃农“又霸居不去，旁人亦不敢承佃进庄”[②]。太平天国起义后，战争造成安徽人口流亡，战后湘鄂等地区客民迁来垦种。皖北有的地主直接霸占荒地，然后招募淮北和山东逃荒来的农民佃种[③]。这些客民多为佃户，和土著佃户相比，流动性大，反抗精神强，他们通过占垦无主荒地或购买的方式，获得了一些土地而成为自耕农，少数的成为地主。他们大多没有家室，没有编入本地户籍，有的原籍还有土地可种，就往返不定。如安徽境内的客民，“春种秋收，虚来实返。地非本户，册无户名”，官府也无可奈何[④]。

清代后期，特别是在近代太平天国革命时期，南方的安徽、福建、江西、湖南、广东、浙江等地出现了永佃制和押租制，永佃制现象猛然增多。[⑤] 地主和官府因为地多人少，招佃困难，往往以永佃权来吸引佃户。根据调查，农民起义失败以后，安徽舒城、桐城、贵池、歙县等地的垦荒农民绝大部分或大部分都获得了永佃权，芜湖、巢县、怀宁、太湖等地，也有不少佃户获得了永佃权。[⑥] 一般来说，长江沿岸，以永佃居多，淮河沿岸，以不定期居多。[⑦] 地主官僚招佃，使永佃权得到发展。在永佃制下，土地被分为“田底”和“田面”两部分，各地对二者的称谓有所不同，如安徽歙县等地称谓大买、小卖，舒城等地称为卖租、顶首等。地主对土地的所有权只限于田底，佃农则对田面有永久性的占有权。这样，永佃农对土地的使用就比一般佃农较有保障，从而削弱了地主对佃农的控制力。而且田面权可以自由佃卖、让渡。这样，随着时间的推移，佃权转移频繁，地主失去了和土地的直接生产者的联系，以致地租征收遇到了新的阻碍和麻烦。同时，更重要的是，佃农利用永佃权进行反抗地主增租、撤佃和抗欠田租的斗争。一般来说，占有田面权的永佃农民负担的租额要比

---

① 曾国藩:《曾文正公全集》卷21，奏稿。

② 佚名:《治巢琐言》，《皇朝经世文编》卷31。

③ 华东军政委员会土地改革委员会:《来安县殿发乡农村经济调查》，《安徽省农村调查》，第79页。

④ 民国《安徽通志稿》卷3“财政考”。

⑤ 李文治:《中国近代农业史资料》第一辑，三联书店，1957年12月，第251-253页。

⑥ 金陵大学农业经济系:《豫鄂皖赣四省之租佃制度》，金陵大学农学院，1936年，第109-110页。

⑦ 谢国兴:《中国现代化的区域研究:安徽省》，(台湾)中央研究院近代史研究所，1991年，第361页。

一般佃农稍低。[①] 永佃权是地主官僚招佃的产物。在劳力缺乏,招佃困难的情况下,地主调整了对佃农的剥削方式。有些地区永佃制得到发展。这样,在晚清时期的一段时间内,农村生产关系中农民人身依附关系曾经有暂时的松动。

(二)民国时期佃农人身依附关系加强

佃农到清末,特别到民国时期,由于天灾人祸,处境越来越困难,人身依附关系加强。

首先,永佃制开始没落。

民国以后,永佃制下所有权与使用权的不统一,给外国和本国资本主义办厂矿征地带来困难。为了适应外国和本国资本主义的需要,民国政府开始限制和打击永佃制,力图使土地贸易中的所有权与使用权归属一致。并且,民间地主也纷纷起来,在永佃田上增加租额或加收押租。[②] 民国时期在地主增租的情况下,永佃制开始没落,租期缩短,不定租期及一年租期的情况增多,说明地主对佃农的经济控制更加严格,农村生产关系并没有改进。这对农民来说更加不利。20 世纪 30 年代曾经在安徽有两次对永佃制的局部调查(见表 2)。

表 2　安徽省租佃期限调查分类及比例

类别	调查 43012 户	调查 66147 户	平均
永佃	44. 15%	36. 24%	40. 20%
定期	12. 87%	14. 19%	13. 53%
不定期	42. 97%	42. 94%	42. 95%
其他	0. 01%	6. 63%	3. 32%

(资料来源:据谢国兴《中国现代化的区域研究:安徽省》(台湾中央研究院近代史研究所 1991 年版)第 361 页表格编制)

从这个调查表中可以看出,永佃与不定期最多,各占约 40%。根据土地委员会调查统计,20 世纪 30 年代,安徽 44. 15% 的永佃权比例居内地省份最高位(江苏 40. 86%,浙江 30. 59%)。[③] 这两组数据显示,民国时期永佃权比例还是较高的。

不过,这是局部调查,还不能显示民国时期全省永佃权的状况。据调查,

① 章有义:《明清及近代农业史论集》,中国农业出版社,1997 年,第 123 页。

② 李三谋:《民国前中期土地租佃关系的变化》,《农业考古》2000 年第 1 期。

③ 谢国兴:《中国现代化的区域研究:安徽省》,(台湾)中央研究院近代史研究所,1991 年,第 362 页。

安徽在1924—1934年租佃期限,3～10年的只占10%,10～20年的只占10%,永佃的只占5%,无定租期占到75%。[①] 这个材料显示,无定租期占绝对优势,而永佃权的比例很少。永佃制,大有日渐减缩的趋势。地少,必使土地佃耕的竞争加剧,农民怕丧失耕种权,通过各种途径谋求佃权的稳定,这就加强了佃农对地主的依附。农民拥有永佃权,就增加了经营土地的兴趣和积极性,不会轻易地离开土地,从事工商业生产。那么,永佃权没落,是否使农民离开土地呢?农业生产是个惰性领域,近代农民处境更加悲惨,他们并没有走出乡村,一般是在乡间流动,寻找新的田地佃种。

其次,押租、预租制兴起。为了加强对农民的控制,地主对握有永佃权的佃农,也限制其权利的范围,用收取押租、预租的方式,来保存其田底、田面权的完整,绝不愿以收取永租的方式而割裂其一部分产权[②]。押租制主要流行于长江流域以南各省份,名目很多,有押租钱、批田钱、揽庄钱、典首、承揽钱、根租、佃价、压桩、进桩钱等名称,其产生的原因,和永佃制一样,是因为地少人多,“昔日地狭人稠,欲佃不得,于是纳金于田主”[③]。预租,就是提前缴租,多由高利贷而来。这也说明农民处境的恶化。

再次,存在非经济的强制。地主除了经济剥削以外,还迫令佃户从事各种无偿劳役,这些都带有浓厚的原始封建强制性。如1936年,安徽霍邱的佃农,“婚丧等事须服役,地主出门须抬轿、挑行李,农闲为地主修屋、挑沟”[④]。在抗战前,安徽桐城、贵池的佃农,就需要为地主服劳役,“称带庄田。此种租佃制,佃户须以全家劳动力为地主耕种”[⑤]。

在近代农村衰败的情况下,佃农封建人身依附关系的加强,反映了农民处境的恶化。

四、对安徽社会转型的不利影响

从以上论述可以看出,近代农村经济是封建小农经济。按照资本主义生产理论,土地大量集中有可能向资本主义大农场经营转化,有利于农业资本主义规模生产。事实上,近代安徽土地大量集中,在农业中却几乎没有资本主义大农场的经营,成长起来的大地主,利用从农民那里剥削来的巨额财富,挥霍,享受,投资乡间土地,扩大占地面积,把土地分割租给佃农耕种,强化封

① 严中平等:《中国近代经济史统计资料选辑》,科学出版社,1955年,第324页。

② 章有义:《中国近代农业史资料》第3辑,生活·读书·新知三联书店,1957年,第251页。

③ 民国《黟县志》卷三“风俗”。

④ 严中平等编:《中国近代经济史统计资料选辑》,科学出版社,1955年,第296页。

⑤ 严中平等编:《中国近代经济史统计资料选辑》,科学出版社,1955年,第308页。

建剥削，并进行商业性剥削，也放高利贷。“此种情况，历代如此，它严重阻碍了安徽资本主义的发展，使封建土地所有制长期在安徽占统治地位”[①]。他们也很少投资资本主义工商业，而是进行封建小农经济生产。近代资本主义发展需要大量资金投入，而乡村地主剥削来的财富不用来发展资本主义生产。

而在封建小农经济下，佃农不断增加，农业经营规模缩小，小农经济已不是一般小农经营，而是一种超小农经营。经营面积普遍不大，并狭小零碎分散，增加了成本和不便，也妨碍了新式农业技术的推广，增加了土地整理的困难。小块土地经营，经济收入维持生存都困难，加上沉重的封建剥削，频繁动乱和战火的严重摧残，帝国主义通过战争赔款、政治借款和流通领域种种经济侵略，盘剥中国农民，农村经济衰败，小农已普遍陷于贫困境地。农民贫困化，就无力改进技术和引进技术，无法发展教育，提高人的素质，也就不能提高劳动生产率，小农生产抵御不了社会化大生产的外国资本主义的入侵；无力进行资本积累，也就无力进行资本主义生产。人身依附关系加强，封建小农意识普遍存在，无地和少地的农民多在乡村佃种土地，即使离开乡村到城市做工，也是少数，或短暂的。“近代中国没有实现工业化或近代化，其根本原因在于农业劳动生产率太低，没有为发展现代工业提供足够的剩余劳动和市场条件。”[②]讲到底，农业危机下的超小农经营阻碍了近代化发展。我们“既要看到帝国主义侵略的作用，更要着眼于内部经济结构”[③]。

总之，近代小农经济结构和社会结构缺乏近代化的动力，严重地阻碍了资本主义生产方式的产生和发展。只有进行彻底的反帝反封建，才能扫除近代化的障碍。研究了近代农村社会，才能理解中国近代化发展缓慢的原因。

① 戴惠珍等：《安徽现代史》，安徽人民出版社，1997 年，第 13 页。

② 章有义编著：《明清及近代农业史论集》，中国农业出版社，1997 年，第 4 页。

③ 章有义编著：《明清及近代农业史论集》，中国农业出版社，1997 年，第 3 页。

生产性服务业与产业转型升级研究

朱　兵*

摘　要:产业转型升级是当前产业界和学术界关注的热点问题。该文针对服务业与产业转型升级关系,考虑制造网络和生产服务网络及研发网络如何相互作用的问题,通过建立超网络模型,以研发水平、服务水平和产品附加值为决策变量,从成本与收益的角度,引入偏好系数,建立了多目标最优决策模型,并运用变分不等式理论,得到洽合的研发网络、制造网络和生产服务网络的流程,发现了超网络的均衡状态。该问题的研究不但为研究产业集群转型升级提供了理论基础,而且也为政府引领产业发展提供了思路。

关键词:产业转型升级;超网络;变分不等式

在产品生产和服务提供的过程中,作为中间投入品的服务被称为生产性服务,它不直接满足消费者的需求,它的作用在于提高工业生产各阶段的运营效率,提升产出价值,促进其他部门的增长,是刺激商品生产的推动力。

一方面经济增长尤其是制造业扩张将会引致对生产性服务的需求;另一方面生产性服务业是制造业生产率得以提高的前提和基础,没有发达的生产性服务业,就不可能形成具有较强竞争力的制造业部门。与 OECD 经济体相比,中国国民经济及其三次产业中的物质性投入消耗相对较大,而服务性投入(即生产性服务)消耗相对较小,中国生产性服务业发展的差距不只是由经济发展阶段决定的,而是在很大程度上缘于社会诚信,体制机制和政策规制的约束。

目前对于制造业产业链向高端攀升的研究大多集中于微观企业技术能力的提升,即通过跨国公司 FDI 的溢出、本土企业通过学习和知识积累使其技术能力提高,进而从较低附加值环节转向较高附加值环节,其重点在于讨论

* 作者简介:朱兵(1980—),男,安徽庐江人,安徽师范大学经管学院讲师,研究方向为产业集群升级。

企业技术能力提高的途径及其影响因素。但是如何以创新为导向，创造高附加值下的高层次可持续竞争优势，实现产业转型升级是我国制造业集群面临的现实问题。对产业转型升级的研究必然要考虑多层网络相互的作用。首先产业内部企业间制造网络的供应链式整合是地方产业集群升级的关键；同时产业发展到一定阶段，政府应提供创新公共设施、政策环境等，促进产业内部不同主体建立研发网络，提高企业创新能力，技术创新能力的提升必然会影响与集群内部及外部全球价值链上企业间网络关系的调整，进而影响价值的获取；而随着生产性服务产业得到较快的发展，用服务来增强企业竞争力并将其作为价值获取的重要来源已成为制造业发展的重要趋势。在服务网络中，集群企业通过调整和重组原有的制造、管理和服务活动及其相互间的联系，使企业的活动与顾客对产品或服务的使用过程协调一致，从而把企业的内外部价值活动和价值目标有机地结合起来，更好地实现企业研发、技术创造和制造行为的价值。

因此本文综合考虑生产性服务业与产业转型升级关系，将主体间的研发网络、制造网络和服务网络的相互关系，将它们纳入到一个超网络模型中，运用变分不等式来进行研究。

一、产业内超网络的结构与互动关系

（一）超网络

谢菲（Sheffiy）于 1985 年提出超网络的概念。超网络是研究“网络的网络”，即研究不同性质网络相互作用的问题，该问题已逐渐成为目前研究网络结构的主流问题。纳格尼（Anna Nagurney）等学者认为“高于又超于现存网络”的网络即为超网络，并对其进行定义如下。

定义 1：若 $L_k(k=1,2,\cdots,t)$ 满足所有个体最优目标的约束条件，则称网络流 $L_k(k=1,2,\cdots,t)$ 是洽合的；当超网络 $S=(N_1,N_2,\cdots,N_t)$ 中的所有流 L_k $(k=1,2,\cdots,t)$ 是洽合的，则称这个超网络 S 是均衡的。

作为研究工具，超网络模型可用来描述和表示网络之间的相互作用和影响。目前超网络主要应用于研究物流及供应链网络、金融、交通、Internet 网络等。如瓦科宾格（Wakolbinger T.）和纳格尼（Nagurney A.）对生产商、零售商和消费者组成的多层次的供应链网络与社会网络构成的超网络模型进行研究，建立多目标决策下的最优函数，并运用变分不等式理论，求解整个超网络达到均衡的条件，进而确定了供应链网络中的交易价格与交易以及社会网络中的关系水平。王志平等学者研究了基于公司和网站的网络广告资源分配的超网络模型。席运江等则通过对三种不同类型的知识网络进行集成，建立了组织知识系统的知识超网络模型。沈秋英等建立了基于社会网络和知识传播网络互动的超网络模型,并运用变分不等式得到超网络中洽合的流,发现了超网络的均衡状态。吴冬梅等对制造型集群超网络模型进行了研究,考察服务网络与制造网络的互动关系。

（二）产业内超网络互动关系

超网络的概念和方法为研究多个网络之间的相互作用提供了有效的途径,为理解和研究产业集群中研发网络、生产网络和和服务网络之间的相互影响提供了可能。

在企业研发网络中,网络基本联结既包括集群中的相关上下游企业,同时还包括政府、大学、科研机构、金融和服务机构等。企业在研发网络中处于主体位置,是技术创新活动的主要承担者,同时也是创新成果的受益者、风险的承担者。产业内企业进行研发投入,不仅可以获得新的知识和技术,而且有助于企业吸收能力的形成和发展。吸收能力反映了企业内部知识的积累程度,如人力资源的技能水平和内部的学习积累过程。在研发网络中,网络流是个体之间的合作研发水平。进行合作研发不仅需要支付一定的成本,同时也需担负相应的风险。并且合作研发水平影响产业内企业间的制造网络和服务网络。研发网络对生产网络的作用,一方面通过与生产网络相关联的试验生产研发和产品创新研发,增加产业内企业在制造产品阶段的附加值;另一方面,通过产品规模研发,以及生产人员知识技能提高,降低对中间产品加工的成本。而研发网络对服务网络的作用体现在管理研发阶段,研发水平可以促使企业对物流、营销和服务进行改善。所以研发不仅影响到企业提供服务时的成本,同时也影响着提供特定服务水平时的价值收益。

在制造网络中,网络流是个体的生产水平,是包括生产技术、效率及产品附加值等多个因素的综合反映,本文仅考虑产品附加值。而在服务网络中,网络流是个体之间的服务水平,服务水平是影响企业间正式和非正式服务行为产生频率、时间、次数的关键性指标。服务水平会影响产品附加值的形成,一般来说,服务水平越高则会使得产品异质化程度越高,且在产品竞争中能够规避产品同质化带来的市场风险,从而获得规避风险收益和更高的产品附加值。而产品附加值增加越多,个体的收益就会越多,市场地位就会越高,产品竞争力就会越强,这些变化会促使个体调整相互之间的服务水平,但是服务水平的构建与提升也会消耗一定的成本。

产业内超网络由研发网络、制造网络与服务网络三个网络构成,其结构如图 1 所示。这三个网络在自作用的同时,相互作用,共同发展。共同构成了产业内超网络。本文将在超网络模型的基础上,运用变分不等式研究研发网络、制造网络与服务网络之间的关系。

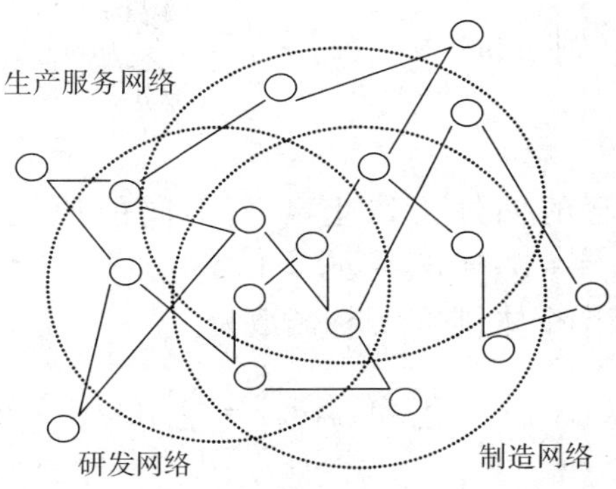

图 1　产业内超网络

二、模型的建立

（一）模型描述

考察一个由 m 个个体组成的一个产业网络。研究该网络个体间研发而形成的研发网络 N_r 时，假设以下变量（$i=1,2,\cdots,m;j=1,2,\cdots,m$）：(1) r_{ij} 表示 i 和 j 之间通过合作研发而达到的研发水平；(2) 达到研发水平 r_{ij}，需要付出相应的成本 $b_{ij}(b_{ij}=b_{ij}(r_{ij}))$；(3) 个体 i 通过合作研发获得的价值收益为 $d_i(d_i=d_i(r_{ij}))$；(4) 个体 i 从 j 获得研发量需承担的风险为 $v_{ij}(v_{ij}=v_{ij}(r_{ij}))$。

在这些个体组成的服务网络 N_s 中，我们假设如下变量：(1) 生产服务水平 s_{ij}，表示 i 和 j 之间的服务水平；(2) 建立水平为 s_{ij} 的生产服务，需要付出相应的成本 $c_{ij}(c_{ij}=c_{ij}(s_{ij},r_{ij}))$；(3) 每个已有生产服务水平 s_{ij} 都会产生一定的收益 $h_{ij}(h_{ij}=(s_{ij},r_{ij}))$。

研究该网络个体间由于产品生产制造而形成的制造网络 N_p 时，假设以下变量（ρ 为制造网络中产品由原材料到成品的总附加值）：(1) u_{ij} 为 i 从 j 处获得的中间产品的附加值；(2) f_i 为中间产品进行深加工的成本 $(f_i(r_{ij},u_{ij}))$；(3) e_{ij} 为 i 从 j 处获得中间产品的成本 $(e_{ij}(s_{ij},u_{ij}))$；(4) g_{ij} 为 i 从 j 处获得中间产品时规避风险的收益 $(g_{ij}(s_{ij},u_{ij}))$；(5) z_i 为个体对中间产品进行深加工的价值收益 $z_i=z_i(r_{ij},u_{ij})$。

每个个体面临的是涉及以下 3 个原则的多目标决策：

① 价值收益最大原则 $\max(\sum\limits_j h_{ij}(s_{ij},r_{ij})+\sum\limits_j z_i(r_{ij},u_{ij})+\sum\limits_j d_i(r_{ij}))$；

② 规避风险收益最大原则 $\max\sum\limits_j g_{ij}(s_{ij},u_{ij})$

③ 风险最小原则 $\min\sum_{j} v_{ij}(r_{ij})$；

④ 成本最小原则 $\min(\sum_{j} c_{ij}(s_{ij},r_{ij}) + \sum_{j} f_{i}(r_{ij},u_{ij}) + \sum_{j} e_{ij}(s_{ij},u_{ij}) + \sum_{j} b_{ij}(r_{ij}))$。

个体可根据自己的偏好为以上 4 个不同的原则设定不同的权重 $\sigma_1\sigma_2\sigma_3\sigma_4$，且满足 $\sigma_1 ++ \sigma_2 + \sigma_3 + \sigma_4 = 1$。

对于网络中的某个个体，它的目标函数为：

$$\max\sigma_1 * (\sum_{j} h_{ij}(s_{ij},r_{ij}) + \sum_{j} z_{i}(r_{ij},u_{ij}) + \sum_{j} d_{i}(r_{ij})) + \sigma_2 * \sum_{j} g_{ij}(s_{ij},u_{ij}) - \sigma_3 * \sum_{j} v_{ij}(r_{ij}) - \sigma_4 * (\sum_{j} c_{ij}(s_{ij},r_{ij}) + \sum_{j} f_{i}(r_{ij},u_{ij}) + \sum_{j} e_{ij}(s_{ij},u_{ij}) + \sum_{j} b_{ij}(r_{ij})) \tag{1}$$

满足约束条件：

$$\begin{cases} 0 \leqslant s_{ij} \leqslant 1 \\ 0 \leqslant u_{ij} \leqslant \rho \end{cases} \tag{2}$$

（二）模型求解

假定网络中个体在非合作博弈的环境中，遵循在给定他人策略的条件下选择自己最优策略的原则，确定自己的研发水平、生产服务水平和产品附加值后进行决策。根据变分不等式理论，网络中各个个体需要满足的最优条件可同时由下列变分不等式表述：

确定 $s^* = (s_{ij}^*) \in R_+^m, u^* = (u_{ij}^*) \in R_+^m, r^* = (r_{ij}^*) \in R_+^m$，满足：

$$\{\sigma_4 * \sum_{i=1}\sum_{j=1}\left[\frac{\partial c_{ij}(s_{ij}^*,r_{ij}^*)}{\partial s_{ij}} + \frac{\partial e_{ij}(s_{ij}^*,u_{ij}^*)}{\partial s_{ij}}\right] - \sigma_2 * \sum_{i=1}\sum_{j=1}\frac{\partial g_{ij}(s_{ij}^*,u_{ij}^*)}{\partial s_{ij}} - \sigma_1 * \sum_{i=1}\sum_{j=1}\frac{\partial h_{ij}(s_{ij}^*,r_{ij}^*)}{\partial s_{ij}}\} * (s_{ij} - s_{ij}^*)$$

$$+ \{\sigma_4 * \sum_{i=1}\sum_{j=1}\left[\frac{\partial f_{i}(s_{ij}^*,r_{ij}^*)}{\partial u_{ij}} + \frac{\partial e_{ij}(s_{ij}^*,u_{ij}^*)}{\partial u_{ij}}\right] - \sigma_2 * \sum_{i=1}\sum_{j=1}\frac{\partial g_{ij}(s_{ij}^*,u_{ij}^*)}{\partial u_{ij}} - \sigma_1 * \sum_{i=1}\sum_{j=1}\frac{\partial z_{i}(r_{ij}^*,u_{ij})}{\partial u_{ij}}\} * (u_{ij} - u_{ij}^*)$$

$$+ \{\sigma_4 * \sum_{i=1}\sum_{j=1}\left[\frac{\partial c_{ij}(s_{ij}^*,r_{ij}^*)}{\partial r_{ij}} + \frac{\partial f_{i}(r_{ij}^*,u_{ij}^*)}{\partial r_{ij}} + \frac{\partial b_{ij}(r_{ij}^*)}{\partial r_{ij}}\right]$$

$$+\sigma_3 * \sum_{i=1}\sum_{j=1}\frac{\partial v_{ij}(r_{ij}^*)}{\partial r_{ij}}$$

$$-\sigma_1 * \sum_{i=1}\sum_{j=1}\left[\frac{\partial h_{ij}(s_{ij}^*,r_{ij}^*)}{\partial r_{ij}}+\frac{\partial z_i(r_{ij}^*,u_{ij}^*)}{\partial r_{ij}}+\frac{\partial d_i(r_{ij}^*)}{\partial r_{ij}}\right]$$

$$*(r_{ij}-r_{ij}^*)\geqslant 0 \tag{3}$$

易得不等式的可行集 $K=\{s_{ij},u_{ij}|0\leqslant s_{ij}\leqslant 1,0\leqslant u_{ij}\leqslant\rho\}$ 是闭凸集。

三、模型结果与分析

(一)模型结果

通过建立知识型企业超网络模型,并运用变分不等式理论发现,上述变分不等式存在唯一解。该超网络中,当研发网络 N_r 中的流(研发水平)$L_r=r^*$,制造网络 N_p 中的流(产品附加值)$L_p=u^*$,且生产服务网络 N_s 中的流(服务水平)$L_s=s^*$ 时。L_s、L_r、和 L_p 满足每个个体价值与利益达到最优时的约束条件,这时由 N_s、N_r 和 N_p 构成的超网络 $S=(N_r,N_s,N_p)$ 处于均衡状态。

变分不等式(3)左边第一部分表明:对于生产服务网络 N_s 中的某个正的服务水平(流)L_s,加权后建立生产服务水平的边际成本 $\sigma_4\frac{\partial c_{ij}(s_{ij},r_{ij})}{\partial s_{ij}}$ 与加权的获得中间产品的边际成本 $\sigma_4\frac{\partial e_{ij}(s_{ij},u_{ij})}{\partial s_{ij}}$ 的和,一定要等于加权的规避风险边际收益 $\sigma_2\frac{\partial g_{ij}(s_{ij},u_{ij})}{\partial s_{ij}}$ 加上加权的生产服务边际价值收益 $\sigma_1\frac{\partial h_{ij}(s_{ij},r_{ij})}{\partial s_{ij}}$,否则将不会有这个流 L_s 的建立。

不等式左边第二部分表明:对于制造网络 N_p 中某产品附加值的形成,除非加权的中间产品深加工的边际成本 $\sigma_4\frac{\partial f_i(s_{ij},r_{ij})}{\partial u_{ij}}$,加上当加权的获得中间产品的边际成本 $\sigma_4\frac{\partial e_{ij}(s_{ij},u_{ij})}{\partial u_{ij}}$ 的和,等于加权的规避风险边际收益 $\sigma_2\frac{\partial g_{ij}(s_{ij},u_{ij})}{\partial u_{ij}}$,加上加权的中间产品深加工的边际收益 $\sigma_1\frac{\partial z_i(r_{ij},u_{ij})}{\partial u_{ij}}$ 的和,否则这一产品的附加值不会形成。

不等式左边第三部分表明:对于研发网络 N_r 中的某个研发水平(流)L_r,加权后建立生产服务水平的边际成本 $\sigma_4\frac{\partial c_{ij}(s_{ij},r_{ij})}{\partial r_{ij}}$,加上加权的获得中间产品的边际成本 $\sigma_4\frac{\partial f_i(r_{ij},u_{ij})}{\partial r_{ij}}$,加上加权的建立研发水平的边际成本 σ_4

$\frac{\partial b_{ij}(r_{ij})}{\partial r_{ij}}$，再加上加权的建立研发水平的边际风险 $\sigma_3\frac{\partial v_{ij}(r_{ij})}{\partial r_{ij}}$的和，一定要等于加权的生产服务边际价值收益 $\sigma_1\frac{\partial h_{ij}(s_{ij},r_{ij})}{\partial r_{ij}}$，加上加权的中间产品深加工的边际收益 $\sigma_1\frac{\partial z_i(r_{ij},u_{ij})}{\partial r_{ij}}$，再加上加权的研发边际价值收益 $\sigma_1\frac{\partial d_i(r_{ij})}{\partial r_{ij}}$的和，否则将不会有这个流 L_r 的建立。

（二）模型结果分析

追求成本最低化、风险最小化、收益最大化是企业的终极目标。因此，本文通过对产业转型升级有重要影响的生产性服务和研发网络进行分析，以降低成本与风险，以及增加收益为目标建立了产业内企业的超网络模型，并将模型中的多目标最优化问题转化为变分不等式问题，通过求解该变分不等式，得到了模型的结果。

从模型的结果可知，当产业内企业间的研发网络 N_r 的流（研发水平）$L_r=r_{ij}^*$，生产服务网络 N_s 中的流（服务质量）$L_s=s_{ij}^*$，且制造网络 N_p 中的流（附加值）$L_p=u_{ij}^*$ 时，产业超网络中的 m 个体的多目标最优化问题的约束条件都会满足，产业超网络将会处于均衡状态。然而，从解的形式也可以看出，研发水平、生产服务质量和中间产品附加值对各种成本、风险和收益的影响决定了研发网络、生产服务网络和制造网络中流的分布。对于研发水平来说，建立生产服务水平的边际成本，获得中间产品的边际成本，建立研发水平的边际成本，加权的建立研发水平的边际风险，生产服务边际价值收益，中间产品深加工的边际收益，研发边际价值收益等因素共同决定着研发网络流的分布。对于生产服务水平来说，建立生产服务水平的边际成本、获得中间产品边际成本、规避风险的边际收益和生产服务的边际价值等因素共同决定着服务网络流的分布。同样，对于制造网络中的流来说，获得中间产品的边际成本、中间产品深加工的边际成本、规避风险的边际收益以及中间产品深加工的边际收益等决定着制造网络流的分布。

四、结　论

本文从生产性服务与产业转型升级实际出发，在分析研发网络、生产服务网络和制造网络之间关系的基础上，建立了超网络模型，并运用变分不等式的方法求解满足所有个体收益最大的约束条件的流。结果证明，研发网络的研发水平影响制造网络和服务网络；同时生产服务网络中的服务水平影响制造网络；而通过个体收益的变化，制造网络反过来也会影响服务网络。在这种动态的相互作用下，存在洽合的研发网络、生产服务网络和制造网络的流，使得多目标偏好的个体的利益最大化条件均得到满足。这一研究成果能够为现实中产业内企业构建、优化自己的研发网络、生产服务网络和制造网络提供了理论基础。同时，该结论还可指导政府的产业规划组针对产业内企业发展的需求，调整鼓励产业中研发环境和制度建设，对研发水平进行调整；亦可调整生产服务业发展的政策，调节企业间的服务水平；亦可通过鼓励或限制产业集群企业进行配套协作与相互合作。从而发展成研发、制造与生产服务交融共进的产业，促进产业集群转型升级。

本文仅从超网络的均衡对产业内超网络进行了分析，但是如何协调各层网络，并进行优化，使得集群企业能够获取最大价值，是今后的研究需要解决的问题。

参考文献：

[1] 刘明宇，芮明杰，姚凯．生产性服务价值链嵌入与制造业升级的协同演进关系研究[J]．中国工业经济，2010，(8)：66-76.

[2] Humhrey J, Schmitz H. Governance and upgrading: Linking industrial cluster and global value chain research [C]. Bright on: Institute of Development Studies, 2000.

[3] 梅丽霞，柏遵华，聂鸣．试论地方产业集群的升级 [J]．科研管理，2005，26(5)：147-151.

[4] Gereffi G . International trade and industrial upgrading in the apparel commodity chain [J]. Journal of International Economics, 1999, 48 (1) : 37—70.

[5] Humphrey J, Schmitz H. Governance in global value chains[J]. I DS Bulletin, 2001, 32 (3):19-29.

[6] 吴义爽，蔡宁．我国集群跨越式升级的跳板战略研究[J]．中国工业经济，2010 (10)：55-64.

[7] GautamAhjua. Collaboration Networks, Structural Holes, and Innovation: A Longitudinal Study [J]. Administrative Science Quarterly, 2000(45):425-455.

[8] Tichy G. , 1998, Clusters: Less Dispensable and More Risky than Ever Clusters and Regional Specialisation , Published by Pion Limited, 207 Brondesbury Park, London NW25JM.

[9] 魏江，勾丽．基于动态网络关系组合的集群企业成长研究——以正泰集团为例[J]．经济地理，2009，29(5)：787-793.

[10] 吴波，贾生华．网络开放、战略先行与集群企业吸收能力构建——基于浙江产业集群的实证研究[J]．科学学研究，2009，27(12)：1845-1852.

[11] 梅述恩，聂鸣．嵌入全球价值链的企业集群升级路径研究——以晋江鞋企业集群为例[J]．科研管理，2007，28(4)：30-35.

[12] Sheef I Y. Ur ban Transportation Networks: Equilibrium Analysis with Mathematical Programming Methods [M] . N J: Printice-Hall, 1985.

[13] NAGURNEY A, DONG J. Super-networks: Decision Making for the Information Age

[M]. Cheltenham: Edward Elgar Publishing,2002: 278-312.

[14] WAKOLBINGER T, NAGURNEY A. Dynamic Supernetworks for the Integration of Social Networks and Supply Chains with Electronic Commerce: Modeling and Analysis of Buyer-Seller Relationships with Computations[J]. Netnomics, 2004(6): 153-185.

[15] 王志平,周生宝,郭俊芳. 基于变分不等式的网络广告资源分配的超网络模型[J]. 大连海事大学学报,2007,33(4):26-30.

[16] 席运江,党延忠,廖开际. 组织知识系统的知识超网络模型及应用[J]. 管理科学学报,2009,12(3):12-21.

[17] 沈秋英,王文平. 基于社会网络和知识传播网络互动的集群超网络模型[J]. 东南大学学报(自然科学版),2009,39(2):413-418.

[18] 吴冬梅,王文平,沈秋英,谢洁. 基于服务网络与制造网络互动的制造型集群超网络研究[J]. 西安电子科技大学学报(社会科学版),2010,20(3):13-18.

[19] NAGURNEY ANNA, ZHANG D. Projected dynamical systems and variational inequalities with applications[M]. Boston: Kluwer Academic Publishers,1996:100-101.

安徽融入长三角地方立法实证研究

纪荣荣*

摘　要：安徽要积极融入长三角发展进程，着力推进泛长三角区域发展分工合作，就必须从地方立法上作出相应努力，更好地发挥地方立法在经济社会发展中重要作用。在立法上要重视和研究：一是要紧紧抓住两个规划出台实施的历史机遇，落实科学发展观，加强经济立法，促进经济又好又快发展的项目。二是要着力加强社会领域立法，促进和谐社会建设的项目。三是要重视加强资源节约和生态环境保护，增强可持续发展能力的项目。四要进一步加强立法协调，合力解决泛长三角发展中的共性问题，创造对融入长三角有利的法制环境。同时，要坚持制度创新，发挥地方立法应有的作用。从地方立法权限看，制度创新的空间还是比较大的，在未来的经济社会发展竞争中，我们能否取得又好又快的发展，地方立法是否发挥重要作用是一个非常重要的方面。

关键词：融入；长三角；立法；创新

安徽省作为中部欠发达省份，明确提出了东向发展战略，努力融入长三角发展进程，着力推进泛长三角区域发展分工合作，取得了初步成效。随着《皖江城市带承接产业转移示范区规划》和《长江三角洲地区区域规划》先后获得国务院批复，为安徽发展创造了重大发展机遇，如何实施好相关规划，需要各方作出努力。本文通过对安徽与长三角省市地方立法进行比较分析，探寻进一步推进泛长三角区域一体化，地方立法应关注的重点和需要解决的若干问题，以更好地发挥地方立法在经济社会发展中的规范、引导和保障作用。

* 作者简介：纪荣荣（1961—），男，安徽人，理学士、法学士，副教授，现任安徽省人大常委会法制工作委员会办公室主任；研究方向：宪法学、法理学、立法学。

一、安徽省与长三角地区地方立法实证分析

按照《长江三角洲地区区域规划》的界定，长江三角洲地区包括上海市、江苏省和浙江省。长三角地区三省市和安徽省的地方立法均始于1980年，至今已走过半个甲子的路程，取得的成绩也是可圈可点的。我们可以对四省市的地方立法作一简单分析①。1980—2010年，上海市：制定、修改、废止法规共395件，现行有效法规167件。江苏省：制定、修改、废止、批准法规共917件，现行有效法规413件，其中省本级的法规195件，南京、苏州、无锡和徐州四个较大的市的法规218件。浙江省：制定、修改、废止、批准法规共692件，现行有效法规371件，其中省本级的法规220件，杭州、宁波两个较大的市的法规和民族自治地方自治条例、单行条例151件。安徽省：制定、修改、废止、批准法规共569件，现行有效法规271件，其中省本级的法规186件，合肥、淮南两个较大的市的法规85件。

上述各地的立法，从数量来看，立法总数在800～400件左右，现行有效在400～200件左右，尽管总数上差距较大，但其中省本级的法规数均在180件左右，差距不是很明显。如果我们做进一步的量化分析，选取2000—2010年这11年间的立法情况进行分类研究，可以归纳出一些规律性的认识。

近11年是地方立法不断发展并走向成熟的11年。2000年，立法法出台，地方先后出台了相关的地方性法规，地方立法工作走上了法制化、规范化的道路。2002年，党的十六大报告提出：加强立法工作，提高立法质量，到2010年形成中国特色社会主义法律体系，为地方立法的发展指明了方向。2007年，党的十七大报告提出全面落实依法治国基本方略，加快建设社会主义法治国家。坚持科学立法、民主立法，完善中国特色社会主义法律体系。这对地方立法提出新的更高的要求。这一时期地方立法，无论是立法数量还是立法质量都比过去有明显的增加和提高。我们可从以下几个量化指标分析：

一是从立法数量看，现行有效的地方性法规中近11年制定、修改的占绝对多数。以省本级为例：

① 四省市地方性法规的数目统计均来自于全国人大法律法规数据库，网址：http://law. npc. gov. cn:87/home/begin1. cbs.

表一

省份	现行有效法规数	近11年制定、修改的现行有效法规数	占现行有效法规数比例
上海市	167	108	64.67%
江苏省	195	157	80.51%
浙江省	220	170	77.27%
安徽省	186	141	75.81%

从表一可以看出，安徽与长三角各省市近11年立法在适应性上有较大提高，现行有效法规的三分之二左右是近11年制定、修改的，立法决策与改革发展决策相一致，地方立法总体上是与时俱进的。

二是从法律部门立法上看，关于法律部门的分类，全国人大常委会在关于中国特色社会主义法律体系的设想中，把法律体系划分为七个法律部门，即宪法及宪法相关法、民法商法、行政法、经济法、社会法、刑法、诉讼与非诉讼程序法。从地方立法来说，按照立法法规定的立法权限，上述七个法律部门中刑法、诉讼与非诉讼程序法属于中央专属立法权限范围的，地方立法不能染指。这样，地方立法能够涉及的法律部门主要有五个，即宪法及宪法相关法、民法商法、行政法、经济法、社会法。近11年按法律部门立法情况如下。

表二

立法 / 省份	宪法类	占比	民商法类	占比	行政法类	占比	经济法类	占比	社会法类	占比
上海市	20件	18.69%	5件	4.67%	51件	47.66%	27件	25.23%	5件	3.74%
江苏省	17件	16.67%	8件	5.33%	75件	50%	45件	30%	5件	3.33%
浙江省	25件	15.72%	6件	3.77%	71件	44.65%	51件	32.08%	6件	3.77%
安徽省	23件	16.91%	10件	7.35%	46件	33.83%	53件	38.97%	4件	2.94%

从表二可看出，四省市立法从法律部门来说，立法结构不尽合理，民商法类、社会法类立法比例过低。鉴于民法商法主要是规范民事、商事活动的基础性法律，从建立社会主义市场经济的角度看，更多地还是由国家统一立法，地方立法不宜在这方面过多涉及，因此，这方面立法比较少可以理解，但社会法类立法偏少已成为各方面不争的事实，安徽省社会法立法与长三角地区相比也是有差距的。尤其在近些年强调构建社会主义和谐社会，重视民生问题的大背影下，社会法立法不足已成为各方面关注的问题。再一个从我国当前

经济社会发展现状看,政府主导经济社会发展的趋势还是明显的,充分发挥政府的职能作用成为能否推进经济社会发展的重要方面,从立法项目的选项上,长三角省市行政法类项目占立法比例要明显高于安徽省,高10~15个百分点,差异还是较大的。说明长三角省市更注重发挥政府职能作用,政府推动、规范经济社会发展的色彩更浓些。

三是从创设性立法数量占现行有效法规的数量比例看。

表三

省份	近11年制定修改的现行有效法规数	创设性立法数	创设性立法占比
上海省	108件	57件	52.78%
江苏省	157件	85件	54.14%
浙江省	170件	82件	48.23%
安徽省	141件	52件	36.88%

根据立法法第64条之规定,地方性法规可以作出规定的事项包括三类:一是为执行法律、行政法规的规定,需要根据本行政区域的实际情况作具体规定的事项。二是属于地方性事务需要制定地方性法规的事项。三是在国家专属立法权之外,中央尚未立法的事项。从立法实践看,学界多把地方立法分为两类:一是实施性立法,一是自主性立法。在地方立法中,实施性立法固然重要,但自主性立法更为重要,它主要解决无法可依的问题。从表三来分析,地方立法中实施性立法居多数。实际上,表三中的自主性立法统计数还是比较粗略的,如果从严格意义上来划分,自主性立法数量还要更少些。但从中可以看出安徽省在地方立法方面与长三角地区的差异,长三角省市创设性立法比例平均要高于安徽10个百分点。

二、安徽省融入长三角发展的现实基础和政策依据

当前,经济全球化和区域经济一体化深入发展,国际国内产业分式回事调整,产业跨区域转移的趋势日益明显。我国东部沿海地区受要素成本持续上升、资源环境压力明显加大,迫切需要加快经济转型,推动结构升级,促进产业转移。安徽省作为与中部省份,特别是皖江城市带承东启西,交通便利,区位优势明显,融入长三角发展具有良好的现实基础。同时,国家有关政策及《皖江城市带承接产业转移示范区规划》和《长江三角洲地区区域规划》出台,为安徽省融入长三角发展提供了有力的政策依据。

一是从现实基础看。20世纪90年代以来,安徽省着力推进皖江开发开放,加快推进与长三角一体化进程。进入新世纪,安徽省又进一步明确了东

向发展战略，皖江地区进入快速发展时期，逐步形成了沿江制造业产业带和以合肥、芜湖、马鞍山、铜陵、安庆等城市为重点的城市带，具备了良好的产业转移与承接的梯度基础。另一方面，安徽省与长三角地区山水相连、人缘相亲、文化相近，产业分工具有一定互补性，合作基础较好。特别是经过多年的发展，安徽省基础设施建设发展较快，综合交通体系日益完善，为融入长三角发展创造了良好条件。再一个是自然的天赋差异，安徽与长三角各省市经济存在较强的互补性，为整个区域的分工与合作提供了前提条件。

二是从政策依据看。国家关于促进中部地区崛起的若干意见，关于进一步推进长江三角洲地区改革开放和经济社会发展的指导意见，为安徽省融入长三角发展提供了重要政策依据。2010 年上半年，《皖江城市带承接产业转移示范区规划》和《长江三角洲区域规划》先后出台实施，为安徽省融入长三角发展提供了强有力的政策支撑。在前一个规划中，对示范区的定位是：立足安徽，依托皖江，融入长三角，连接中西部，积极承接产业转移，不断探索科学发展新途径，努力构建区域分工合作、互动发展新格局，加快建设长三角拓展发展空间的优选区，长江经济带协调发展的战略支点，引领中部地区崛起的重要增长极。在后一个规划中，明确要求：积极推进泛长江三角洲区域合作，要进一步加强与中西部地区经济协作和技术人才合作，带动和帮助中西部地区发展。

随着两个规划的实施，安徽省融入长三角的步伐将不断加快。同时，这也对安徽省提出一些新的更高的要求，如何在规划编制、项目安排、体制创新等方面采取积极措施；如何在加快融入长三角，为促进本地区发展创造良好的法制政策环境，进而实现与长三角地区的分工合作、错位发展，促进与长三角地区的良性竞争、互利共赢。这成为当前需要认真研究探索的重要课题。

三、加紧若干立法项目研究的思考

地方立法是我国社会主义法律体系的重要组成部分，在我国的社会主义民主法治建设中具有重要的地位。一是我国是一个幅员辽阔、人口众多的大国，各地政治、经济、文化和社会发展很不平衡。这一客观现实决定了中央立法不可能过于详细、具体。地方立法可以根据本行政区域的具体情况和实际需要，对中央制定的法律、行政法规的原则规定，加以细化和补充，以保证法律、行政法规的原则规定在本行政区域内更好地贯彻实施。二是正是由于我国国家大，情况复杂，中央每制定一部法律或行政法规，往往需要比较长的时间，在立法速度上不可能太快。在适用于全国的法律、行政法规未出台之前，地方立法可根据本地区的具体情况和实际需要，对不属中央专属立法权的事项，先于国家立法而制定一些地方性法规或地方政府规章，一方面可以解决地方的急需，另一方面也可以为国家立法提供经验。三是一些纯属地方事务的事项，全国不需要也不可能制定统一的法律、行政法规，通过地方立法，可以加强对地方事务的管理，以更好地保护公民、法人和其他组织的合法权益，维护社会公平正义，推进依法治国的进程。从前面分析可以看出，安徽省地方立法与长三角省市立法从项目上看还是有一定差异的，从快速融入长三角发展进程，深化泛长三角地区发展分式的要求看，地方立法的保障促进规范作用还发挥得不够，一些地方立法项目还是空白。我们要认真研究借鉴长三角地地区立法的有益经验，注重制度创新，进一步发挥地方立法在保障促进规范引导经济社会发展中的作用，发挥地方性法规在安徽又好又快融入长三角进程中应承担的责任。现阶段，我们应对以下几方面立法项目予以关注。

（一）紧紧抓住两个规划出台实施的历史机遇，落实科学发展观，加强经济立法，促进经济又好又快发展

发展是坚持以经济建设为中心的包括经济、社会和人的全面发展，既要加快发展，又要全面、协调、可持续的发展。这就要求在确定立法项目时，紧紧围绕发展这个第一要务来展开，努力为经济发展和社会全面进步创造良好的法制环境。特别是把立法同改革、发展和稳定的重大决策有机结合起来，大力推进发展方式转变，围绕党和国家的中心工作确定立法项目，开展立法工作，保障党和国家大政方针的贯彻落实，保障国家发展战略的实施。

一是重视统筹城乡发展，推进“三农”建设的项目。首先，制定和完善实施农业法办法等相关配套法规，将农业法中对各级政府和部门提出要求落实到位，作出进一步的细化规定，硬化约束。其次，研究修订实施土地管理法办法和实施土地承包法办法。在我国现行法律的框架下，农村和城市的土地制度仍然维持着二元性，国家垄断城市土地的一级市场；强制征地和补偿措施存在不公平性；农民的土地权利保障机制不健全等等，这是当前土地管理的重大问题。地方有关立法应注意解决这些问题。再次，研究制定户籍制度改革的有关法规。迄今为止，以户籍制度为核心的一系列政策仍然制约着农村发展和劳动力的畅通流动，是限制城乡劳动力流动、制约农村发展的制度性障碍。最后，要关注农民权益保障和教育培训方面法规的制定。

二是重视推进自主创新和科技进步的项目。提高自主创新能力，建设创新型国家是我们奋斗的一个目标。安徽省在这方面已提出明确的要求，如提出要扎实推进自主创新和合芜蚌自主创新综合配套试验区建设，加快构建有利于自主创新的体制机制，深化科技管理体制改革，优化科技资源配置，完善鼓励技术创新和科技成果产业化的法制保障、政策体系、市场环境，但在地方

立法上还创新不多。要实现这些目标，必须有配套的地方法规制度支撑，这方面地方应出台一些创新性的立法项目。长三角省市有一些地方立法项目值得研究学习，如上海市制定的《促进电子商务发展规定》、《促进大型科学仪器设施共享规定》，浙江省制定的《高新技术促进条例》、《技术市场条例》，江苏省制定的《软件产业促进条例》等。

三是重视围绕国家和地方的重大战略决策，促进保障重大决策实施的项目。如安徽省设立皖江城市带承接产业转移示范区正式获国务院批准，这是安徽省迄今为止第一个上升到国家发展战略层面的规划。地方应在立法上对国家确定的重大战略认真研究，积极呼应，这也是地方立法创新的重要方面。安徽省已将《皖江城市带承接产业转移示范区促进条例》列入立法计划，在立法计划中，对重大战略决策立法快速跟进，这在安徽省应当是第一次。

（二）着力加强社会领域立法，促进和谐社会建设

在我们改革发展的实践中，程序不同地存在着“重视经济增长，忽视社会发展的现象，存在着经济和社会发展‘一条腿长、一条腿短’的失衡现象”①。这种现象反映在地方立法上，就是社会法类的立法项目偏少。当然，现在对社会类立法尚有不同的认识标准，统计上将有的应属于社会法类项目归入了经济法、行政法等法律部门，但无论怎样，长期以来社会立法偏少已成为各方面形成的共识。社会类立法在总体上需要政府付出经济、管理等资源，在经济社会发展水平还不高，政府在全力发展经济的情况下，大力推进社会建设缺乏相应的物质基础、经济资源，相关的立法比较难以出台。这在全国也是一个普遍存在的问题。

一是加强劳动和社会保障方面的立法。这几年各地民生工程做了很多事，应加以总结，把相关的政策上升为地方性法规，特别是社会保障方面，国家尚未出台法律，地方有较大的自由空间，这方面地方立法大多还是空白，可以做点文章，以探索建立促进和谐发展的社会保障法律制度。

二是加强教育科技方面的立法。安徽省作为中部地区，基础教育发展不足，尤其是农村基础教育条件落后，教育投入上欠缺，办学条件待改善。在科技方面，也存在科技经费投入不足的问题，安徽省科技活动经费，研究与试验经费（R&D）经费支出占全国的相关经费支出的比重，都远低于其生产总值占全国的生产总值的比重。没有教育和科技的大发展，经济社会的发展是难以为继的。安徽省在科技投入方面与长三角地区相比还有一定差距。以科技进步立法为例，上海市科技进步条例第九条规定：“全市研究开发经费应当占

① 《党的十六届三中全会决定学习辅导百问》党建读物出版社，2003 年版，第 20 页。

本市国内生产总值的2%以上。”江苏省科技进步条例第四十六条规定：各级财政支出的科技经费必须以高于财政经常性收入增长的速度增长。其中科技三项费用(重大科研项目、中试、新产品试制补助费)和科学事业费必须以比财政经常性收入增长速度高三至四个百分点的速度增长。浙江省科技进步条例第四十二条规定：省、市(县)财政科技投入的年增长幅度应高于财政收入的年增长幅度。2005年，省、市(县)财政科技投入按同口径占本级财政支出的比例分别达到7.8%、4%和3%。2005年后，随着经济发展和财政收入的增长，财政科技投入的比例应当随之提高。安徽省科技进步条例第四十四条规定：县级以上财政每年安排的科技三项费用不低于本级财政支出的1%，财政特别困难的县，经本级人民代表大会或其常务委员会批准比例可适当降低。安徽省这样比例的科技投入是不适应融入长三角要求的，必须加大财政对科技的投入，并通过立法来加以规范和保障。安徽省已将修改科技进步条例列入立法计划，相信在加大科技投入方面会有新的突破。

(三)重视加强资源节约和生态环境保护，增强可持续发展能力的项目

坚持节约资源和保护环境的基本国策，关系广大人民群众切身利益和经济社会又好又快发展。建设生态文明，形成资源节约型、环境友好型社会一直是近年来各省市建设关注的重点，安徽省有能力、有条件在这方面走出一条科学发展的新路子。

四、进一步加强立法协调，合力解决泛长三角发展中共性问题

在《长江三角洲区域规划》中明确要求，加强区域立法工作的合作和协调，形成区域相对统一的法制环境。安徽省要融入长三角经济社会发展，也应顺应这一要求，采取有效措施，积极主动地加强与长三角的立法协调，创造融入长三角的法制环境。

一是加强立法协调，合力解决区域中的一些共性问题。例如，从安徽来说，境内长江、淮河流域的水污染问题长期存在，单靠本省是难以治理好的，必须整个流域共同控制和治理才能取得成效。长江在安徽境内有800里，但没有一部专门的有关长江水污染防治条例，其下游江苏省却制定了长江水污染防治条例。类似的还有资源保护方面，需要采取统一的法制，做到共同统筹规划、有效衔接，避免各自为政，推进共同发展。

二是加强立法协调，各省在一些方面应实行相同或相似的政策，有共同的法律规范。如在招商引资、投资环境方面，目前泛长三角地区存在明显的政策法规差异。除了各地的户籍制度、就业制度、住房制度、教育制度、医疗制度、社会保障等存在差异外，在招商引资、土地批租、减免税收、人才流动、

财政政策、税收优惠等方面，各地竞相出台优惠政策，互相攀比，搞地方保护。这些问题造成资金、人才、技术、信息等生产要素流转不畅，造成区域间低水平的重复建设，产业、产品结构类同和无序竞争，这也影响了各地的经济发展。有的省建筑市场管理条例规定："外省勘察、设计、施工企业来本省从事建筑经营活动的，应当持资质证书到省人民政府建设行政主管部门备案。"还有的省市相关条例规定："下列单位，应当经工商行政管理部门登记注册，并取得国家有关部门或者市建委颁发的资质证书后，方可从事建筑活动：

（一）建设工程勘察、设计、施工单位；

（二）建设工程发包代理、监理、造价咨询单位。

外地单位应当持省级以上建设行政主管部门颁发的资质证书和有关资料，向市建委提出书面申请，经批准获得承接业务许可证书后，方可在本市从事建筑活动。"这些规定都是很值得研究的，建筑企业资质问题国家有统一的规定，一经取得，全国适用。对外地企业提出更多的要求显然是不适当的，限制了外地企业在本地的经营和发展，对自身的发展也有负面影响。

三是加强立法协调，克服人为市场分割现象。中部地区由于行政区域分割、地方利益，在资源配置、市场流通等方面，各地存在一些和投资壁垒，在产品的市场准入、外来人员的政策、市场管理等方面采取歧视性政策，人为造成市场分割，制约了统一市场形成和发展。如有的省实施烟草专卖法办法规定："烟草专卖批发企业批发的卷烟、雪茄烟，应当加注烟草专卖防伪标识。烟草专卖防伪标识由省烟草专卖行政主管部门统一管理。"还有的省规定："零售的卷烟、雪茄烟和有包装的烟丝，应当根据省烟草专卖行政主管部门的规定加贴省、设区的市或者县（市、区）烟草专卖防伪标识。烟草专卖防伪标识由省烟草专卖行政主管部门统一监制。"也有的省没有相关的地方性法规。尽管各地规定不尽一致，但做法也都差不多，问题是地方加贴各自的标识并无上位法的规定，各地各搞一套。这既不符合法制统一的要求，也不适应市场经济的发展。

五、坚持制度创新，发挥地方立法应有的作用

促进中部崛起，归根结底要靠制度创新，要着力形成内生机制，靠充分发挥地方的各种优势和潜力，发挥广大人民群众的主动性和创造性。我们不难发现，现在中部崛起面临政策"枯竭"[①]，即中央有关中部崛起的优惠政策正在由"特惠"变成"普惠"，国家多项发展战略涉及全国一半以上的省份，享受不

① 《中国经济时报》2009年3月10日。

同的政策优惠，比较起来中部省份的特惠政策所剩无几，今后发展更重要的还是要靠自身制度创新，这是促进中部崛起的非常重要的方面。

从地方立法权限看，制度创新的空间还是比较大的，泛长三角区域合作的领域也是很多的。在资源环境保护方面，如淮河、长江等资源保护和污染治理等事项；有关形成统一市场、促进经济一体化，如资源配置、科技创新、市场流通、市场准入、劳动用工、旅游衔接和产业结构布局政策等方面的事项；有关执行上位法、实施有关法律制度的标准和程序方面，如实施行政许可、行政处罚、行政强制等事项。

从当前立法实践看，地方立法在社会生活中发挥着重要作用。在《皖江城市带承接产业转移示范区规划》中明确要求，推进泛长三角区域发展分工合作。一是加强与长三角全面合作；二是鼓励和支持长三角地区优先向示范区转移产业；三是完善区域合作机制。要按照优势互补、协同发展原则，构建与长三角地区合理分工的产业体系，推进与长三角在交通、能源等基础设施建设以及科技、金融、信息平台、生态保护等重点领域的合作，加快构筑一体化的区域综合交通运输体系，建立相对稳定的能源供需关系。推进与长三角在科技要素、人力资源、信用体系、市场准入、质量互认和政府服务等方面的对接，构建统一开放的市场体系。近年来各地为实施国家批准的区域发展规划，制定了相关的地方性法规，已出台一些创新性法规，如湖南省制定长株潭城市群区域规划条例，为长株潭城市群“两型社会”建设提供了有力的法制保障。湖北省制定了武汉城市圈资源节约型和环境友好型社会建设综合配套改革试验促进条例，为落实国家批准的武汉城市圈成为全国资源节约型和环境友好型社会建设综合配套改革试验区的决策，以法规来支持、引导、促进改革试验工作。泛长三角地区省市为落实相关规划，也将制定相应的地方性法规。作为中部欠发达省份的安徽，如何积极融入长三角发展，创造承接产业的良好条件，进行制度创新是非常重要的，这将是今后地方立法应当研究和关注的重要课题。安徽省经济社会发展与长三角各省市相比，差距是明显的，积极融入长三角，既是机遇也是挑战，地方立法应当担负起自己应有的责任，为经济社会发展发挥应有的作用。

安徽省工业制成品出口结构实证分析

王 力*

摘 要:自改革开放以来,安徽以强劲的出口贸易增长融入到经济全球化的大潮之中,出口贸易对安徽经济发展影响日益增强。如何保持安徽出口贸易总量持续增长,这在很大程度上取决于出口商品结构的合理定位。文章参照《安徽统计年鉴》可得的SITC两位数分类贸易数据,结合OECD以及Lall的技术分类方法,从安徽出口的工业制成品中抽取具有代表性的产品进行结构分析,得出结论:安徽业已实现了以工业制成品为主导的出口商品结构,但制成品的内部结构依旧低级化;制成品集中度总体较为稳定,内部结构变化体现了轻微的技术升级,存在一定程度的结构优化,但商品优化程度低、类别少。

关键词:工业制成品;出口结构;贸易结构指数

自改革开放以来,安徽以强劲的外贸发展速度融入到经济全球化的大潮中;1981—2010年,进出口额由1.12亿美元上升至242.8亿美元,增长了约217倍;出口总额同期由0.88亿美元上升到124.2亿美元,增长了约141倍。外贸依存度由1981年0.2%上升到2010年的13.4%①,对外贸易对安徽经济影响日益增大。如何在保持安徽出口总量持续增长的同时,保证安徽外贸的可持续发展,这在很大程度上取决于出口商品结构的合理定位。目前,安徽业已实现以工业制成品为主导的出口商品结构,结构日益高级化。2008年安徽出口商品中,初级产品与工业制成品分别占比8.62%和91.37%。但这种结构高级化是否合理,能否作为支撑安徽外贸可持续发展的基础,还需要进一步分析。

---

* 作者简介:王力(1982—),男,安徽合肥人,经济学硕士,安徽三联学院经济法政系教师,贸易与竞争政策研究中心秘书,研究方向:国贸理论与政策,服务外包。

① 该部分数据根据安徽统计年鉴(2000—2009)整理所得,其中外贸依存度数据来自于:胡永进、王三龙:《认清形势 奋起直追 再创领先——安徽外贸发展与中部省份的对比分析》,安徽统计信息网:http://www.ahtjj.gov.cn/news/open.asp?id=34648。

一、研究方法概述

本文使用了联合国提供的贸易统计资料，选用国际贸易标准分类(SITC)，按照《安徽统计年鉴》关于出口工业制成品的分类，并结合 OECD 的产业技术分类目录及 Sanjaya Lall 的商品技术分类方法，将安徽出口的工业制成品按照技术含量进行分类。

(一)SITC 分类

国际贸易标准分类作为商品分类依据。国际贸易标准分类(Standard International Trade Classification，缩写 SITC)，采用经济分类标准，按照原材料、半成品、制成品的顺序分类，并反映商品的产业来源部门和加工阶段。SITC 各版本大类上并未修改，但 SITC 第四版主要包括 10 类、67 章、262 组、1023 个分组和 2970 个基本项目。10 大类国际贸易商品分类主要包括:0 类食品和活动物，1 类饮料和烟类，2 类非食用原料，3 类矿物燃料、润滑油及有关原料，4 类动植物油脂和蜡，5 类化学品及有关产品，6 类主要按原料分类的制成品，7 类机械及运输设备，8 类杂项制品，9 类未分类的其他商品。其中，0 至 4 类通常被称为初级产品，5 至 9 类被称为工业制成品。

(二)OECD 的商品技术分类

经合组织(OECD)按研发密集度把制造业大致分为四类，即高技术产业、中高技术产业、中低技术产业和低技术产业，按照这种分类方法，可以将上述产业所生产的产品进行技术性分类，具体分为高技术制成品、中高技术制成品、中低技术制成品以及低技术制成品。具体见表 1。

表 1　OECD 的商品技术分类

制成品分类	代表性产业(产品)数量	代表性产业(产品)
高技术制成品	5 类	航空航天、医疗医药、计算机器械、精密光学仪器制造、收音机、电视及通讯设备制造
中高技术制成品	5 类	电子器械与器具制造、机动车辆/拖车及半拖车、不包括药品的化学品、铁路设备及其未分类的运输工具、未分类的机械及设备
中低技术制成品	4 类	原油及核燃料提炼、橡胶塑料制造、其他非金属矿物类制造、船舶建造与修理
低技术制成品	7 类	未分类的制造业及自行车制造、木料与木材加工、造纸/纸浆、出版印刷物、纺织、皮革、制鞋

资料来源:OECD，转引自毛日昇:《中国出口制成品竞争力与结构转换分析》，《东部经济评论》2006 年 12 月。

（三）Sanjaya Lall 的商品技术分类

英国牛津大学经济学家桑加亚·劳尔（Sanjaya Lall）从 R&D 比重、规模经济、进入壁垒、学习效应等多方面考虑技术在竞争优势形成中的作用，并据此把制造业划分为 5 大类，细化为 9 个小类别。这五大类产品是：初级制成品（PP）、资源型制成品（RB）、低科技含量的制成品（LT）、中等科技含量制成品（MT）、高科技含量制成品（HT）①。表 2 中列出根据 Lall 的技术分类所整理出的制成品的分类及其代表性产品。

表 2　Sanjaya Lall 的商品技术分类

制成品分类	代表性产品
初级制成品（PM）	铜、铁、锌
资源型制成品（RB）	
基于农业型制成品（RB1）	饮料、木制品、食用油
其他产品（RB2）	石油/橡胶类制品、水泥、宝石、玻璃
低科技含量制成品（LT）	
纺织、服装、鞋类（LT1）	纺织品、衣服、帽子、皮革、旅行用品
其他产品（LT2）	瓷器、简单金属零件、玩具、塑料用品
中等技术含量制成品（MT）	
自动化设备（MT1）	商业及客用车辆、摩托车及零件
加工类制成品（MT2）	合成纤维、化学品及染料、化肥、钢/铁管
工程类制成品（MT3）	发动机、工业机械、船只、抽水机、钟表
高科技制成品（HT）	
电子和电力制成品（HT1）	办公/数据处理/电信设备、晶体管、发电设备
其他产品（HT2）	医药产品、航空类产品、光学/测量设备

资料来源：根据 Lall（2001）提出的相关分类标准整理；转引自魏浩等：《中国制成品出口比较优势及贸易结构分析》，世界经济 2005 年第 2 期。

综合上述分类方法，笔者考虑从《安徽统计年鉴》中抽取若干具有代表性的工业制成品类别，同时借鉴 OECD 以及 Lall 的技术分类方法，将安徽出口工业制成品按照技术含量进行划分，分为三类产品，即高技术制成品（HT），中等技术制成品（MT）和低技术制成品（LT）。同时对分类后的商品进行结构分析。

① 具体分类方法请参考：Sanjaya L："India's Manufactured Exports: Comparative Structure and Prospects", Economic Development Institute of the World Bank（1995）。

表3　安徽省出口工业制成品技术分类

制成品分类	商品分类及类别个数	代表性产品类别
高技术制成品	5类(1种) 7类(2种)	医药品(54)
		办公用机械及自动数据处理设备(75)
		电信和声音的录制及重放装置设备(76)
中等技术制成品	5类(4种)	有机化学品(51),无机化学品(52),染料、鞣料及着色料(53),精油、香料及盥洗、光洁制品(55)
	6类(4种)	非金属矿物制品(66),钢铁(67),有色金属(68),金属制品(69)
	7类(7种)	动力机械及设备(71),特种工业专用机械(72),金工机械(73),通用工业机械设备及零件(74),电力机械、器具及其电气零件(77),陆路车辆(包括气垫式)(78),其他运输设备(79)
低技术制成品	5类(2种)	初级形状的塑料(57),非初级形状的塑料(58)
	6类(5种)	皮革、皮革制品及已鞣毛皮(61),橡胶制品(62),软木及木制品(63),纸及纸板、纸浆、纸及纸板制品(64),纺纱、织物、制成品及有关产品(65)
	8类(2种)	服装及衣着附件(84),鞋靴(85)

注:作者整理,数字代表SITC两位数分类,资料来源于《安徽统计年鉴》历年分类,其中《安徽统计年鉴》中所包含的出口的工业制成品按照SITC两位数进行分类有35种,由于存在某些商品某些年份数据缺失以及某些商品类别归类与OECD和Lall技术分类标准存在冲突,为此,笔者对其进行剔除,最后抽取27类代表性产品,这27类产品的出口额占据了安徽工业制成品出口总额的90.7%,可以大体表现安徽工业制成品出口的具体情况①。

二、分类后结构分析

计算27类工业制成品出口结构,由表4可以看出:27类工业制成品中,高技术制成品的比重过小,平均约占4.1%左右,而中等技术制成品约占52.42%,低技术制成品平均约占43.11%,可见安徽省出口的工业制成品中是以中、低技术制成品为主,高技术制成品在安徽制成品出口中的地位较弱。

① 剔除的商品有8种,包括:制成废料,其他化学原料及产品,活动房屋、卫生水道、供热及照明装置,家具及其零件、褥垫及类似填充制品,旅行用品、手提包及类似品,专业、科学及控制用仪器装置,摄影器材、光学物品及钟表,杂项制品。

表4 安徽工业制成品出口结构表

分类	1999	2000	2001	2002	2003	2004	2005	2006	2007	2008
54	0.03458	0.02548	0.01743	0.02155	0.01899	0.01998	0.01530	0.01358	0.01279	0.01222
75	0.00252	0.00428	0.00461	0.00892	0.00831	0.00754	0.00710	0.00443	0.00526	0.00627
76	0.00759	0.01199	0.01611	0.02252	0.01777	0.02634	0.01703	0.01480	0.01133	0.01357
HT	0.04469	0.04175	0.03815	0.05299	0.04507	0.05386	0.03943	0.03281	0.02938	0.03206
51	0.08826	0.08715	0.08729	0.09684	0.08925	0.07552	0.06476	0.06617	0.06158	0.08012
52	0.01100	0.01070	0.01317	0.01236	0.00950	0.00758	0.00963	0.00883	0.00832	0.00883
53	0.00482	0.00460	0.00555	0.00522	0.00424	0.00417	0.00555	0.00645	0.00529	0.00331
55	0.00401	0.00316	0.00386	0.00552	0.00300	0.00345	0.00314	0.00333	0.00642	0.00920
66	0.00932	0.01294	0.01638	0.01716	0.01682	0.01665	0.01314	0.01380	0.00981	0.01339
67	0.03743	0.06312	0.05586	0.03564	0.03068	0.04081	0.05855	0.08961	0.11231	0.13577
68	0.09097	0.08711	0.04928	0.05054	0.02428	0.03501	0.03381	0.07844	0.01923	0.01395
69	0.03976	0.03657	0.03829	0.04197	0.04070	0.04128	0.03902	0.042409	0.04178	0.01339
71	0.01148	0.00595	0.00566	0.00942	0.01085	0.00883	0.00849	0.009151	0.01254	0.01954
72	0.00525	0.00572	0.00573	0.00762	0.01085	0.01793	0.02570	0.02240	0.02495	0.03595
73	0.00374	0.00417	0.00500	0.00588	0.00458	0.00461	0.00328	0.00515	0.00401	0.00572
74	0.03289	0.03563	0.04698	0.04134	0.11260	0.11467	0.08159	0.07452	0.07617	0.09365
77	0.05350	0.05897	0.06849	0.07428	0.08930	0.08452	0.08797	0.08919	0.08452	0.08235
78	0.02487	0.02467	0.02769	0.03277	0.05064	0.04597	0.05182	0.09007	0.16293	0.14353
79	0.00405	0.00419	0.02315	0.01329	0.01041	0.01037	0.01984	0.02796	0.01636	0.01600
MT	0.42135	0.44465	0.45238	0.44985	0.50770	0.51137	0.50629	0.62748	0.64622	0.6747
57	0.00409	0.00327	0.00810	0.00414	0.00462	0.00398	0.00829	0.007789	0.00626	0.00597
58	0.00282	0.00189	0.00088	0.00138	0.00267	0.00598	0.00834	0.01001	0.01175	0.01128
61	0.00184	0.00330	0.00559	0.00228	0.00174	0.01692	0.01464	0.01672	0.01707	0.01483
62	0.04847	0.04897	0.04585	0.05093	0.04310	0.04866	0.04532	0.04713	0.05278	0.04052
63	0.00413	0.00464	0.00656	0.00768	0.00965	0.01232	0.01439	0.01429	0.00248	0.00244
64	0.01091	0.01706	0.01177	0.01114	0.01211	0.01051	0.00804	0.00618	0.00597	0.00562
65	0.16755	0.17091	0.17838	0.18974	0.15853	0.25650	0.20941	0.19524	0.18732	0.17647
84	0.23203	0.20932	0.19267	0.17411	0.15401	0.01721	0.11224	0.00889	0.00737	0.00609
85	0.05602	0.05404	0.05969	0.05575	0.04886	0.04321	0.03489	0.03347	0.03340	0.03002
LT	0.52786	0.51340	0.50949	0.49715	0.43529	0.41529	0.45556	0.33972	0.3244	0.29324

注：根据历年《安徽统计年鉴》数据计算所得，小数点以后保留5位。

分析各种技术类型工业制成品内部结构。

高技术制成品中，54 类医药品和 76 类电信和声音录制及重放装置设备是高技术制成品中出口主导产品，平均约占高技术制成品出口额的 37%，75 类办公机械及自动数据处理设备比重较低，约占 26%，可见安徽出口的高技术制成品，仍然是以医药类、电信和声音录制及重放设备为主，办公机械及自动数据设备出口比重较低。

中等技术制成品中，以平均值计算，总体上，51 类有机化学品、67 类钢铁、68 类有色金属、69 类金属制品、74 类通用工业机械设备及零件、77 类电力机械、器具及其电气零件、78 类陆路车辆（包括气垫式）在中等技术制成品中所占比例较高。

低技术制成品中，以 62 类橡胶制品、65 类纺纱、织物、制成品及有关产品、84 类服装及衣着附件、85 类鞋靴为代表的出口商品占据了低技术制成品的绝对份额，平均约占 91% 左右，成为安徽省出口的低技术制成品典型代表，其余产品的比重相对较小且就近几年并未出现较大的波动状态。

三、指数检验

（一）HH 指数分析

出口商品结构集中度是指一国出口商品集中于某些商品的程度。赫芬因德指数（HH）可以被用来对出口商品结构做出分析。魏浩（2007）曾运用 HH 指数分析我国各年份出口商品分散性来识别存在的外贸风险程度②。计算出安徽出口的工业制成品 HH 指数。由表 5 看出，（1）剔除部分年度异常数据外，1999—2008 年，安徽出口商品总的 HH 指数并未出现较大程度变化，商品集中度相对较稳定；（2）从内部看，高技术制成品集中度变化不大，中等技术制成品集中度总体上成上升态势，表现出一定程度上的集中；低技术制成品表现出一定程度上的下降。如此可知，安徽出口工业制成品集中度总体较为稳定，但制成品内部发生了较为轻微变化，由过去低技术制成品的轻度集中，转向了以中等技术制成品的轻度集中，高技术制成品短期内集中度不会有较大变化。

---

① 赫芬因德指数原用于解释市场集中程度的指标。$HH = S_1^2 + S_1^2 + \cdots\cdots + S_N^2 = \sum_{i=1}^{N}$，$S_i$ 表示单个企业规模在行业中所占有的比重。指数范围在 0 ~ 1 中。测算出的指数越高则表示市场结构越趋于垄断；指数越低则表示越趋于完全竞争市场。可以将该指数扩展到出口商品结构分析中，则 S_i 代表某类出口商品在总出口中的比重，指数越高则代表着商品结构越集中，越低则代表着结构越分散。

② 魏浩：《中国出口商品结构的历史演变和优化策略》，《中央财经大学学报》，2007 年第 10 期。

另外，将 HH 指数在数学上开根号，可以得到赫斯曼指数公式，赫斯曼指数主要是用于衡量出口商品的发散程度，该值越小代表着出口商品的发散程度增加，而商品发散程度的增加是由于商品种类数的增加而引发的，如此又可得出结论：中等技术制成品 HH 指数增加是由于中等技术制成品种类数出口减少表现的，而低技术制成品种类数减少表现为低技术制成品产品品种的多样化，高技术制成品并未表现出清晰的商品种类数增加情况。如此可能需要在关注低技术制成品品种多样化的同时，也要考虑中等技术制成品所可能导致的外贸风险问题。

表 5　安徽出口制成品的 HH 指数

HH	1999	2000	2001	2002	2003	2004	2005	2006	2007	2008
总 HH	0.11287	0.10577	0.09888	0.09740	0.08925	0.10567	0.08973	0.08634	0.09916	0.09821
HT	0.00126	0.00081	0.00058	0.00105	0.00075	0.00115	0.00057	0.00042	0.00032	0.00037
MT	0.02405	0.02628	0.02341	0.02413	0.03514	0.0336	0.02881	0.0437	0.05931	0.0637
LT	0.08756	0.07868	0.07489	0.07222	0.05337	0.07092	0.06035	0.04222	0.03955	0.03414

注：根据表 4 测算，保留到小数点后第 5 位。

(二)结构变化指数分析

1. 结构变化指标介绍

用来反映贸易结构变化的两个指数分别是劳伦斯指数与收益性指数，劳伦斯指数又称 L 指数(Lawrence Index，Sapir，1996)，是以样本时期段的相隔年份的各类商品比重作差求和的方法来比较各年份各类商品结构变化的总体情况。公式为：

$$L = (1/2)\sum_{i=1}^{n} |S_{i,t} - S_{i,t-1}|，其中\ s_{i,t} = x_{i,t} \Big/ \sum_{i} x_{i,t}$$

即 $S_{i,t}$ 为 i 产品在 t 年在一国总出口中所占的份额，$S_{i,t-1}$ 表示在 $t-1$ 年在一国总出口中所占的份额。该指数的变化范围为从 0 到 1，指数越大说明结构变化越明显。

收益性结构指数(Beneficiary Index，Bender，2001)是用以测度产品出口结构的变化是否朝向世界对出口产品动态需求方向变化，也用来说明出口商品结构优化的幅度，大于零表示结构出现优化趋势，指数越大表明出口结构优

① 赫斯曼(Hirschman)指数公式为：$H_x = \sqrt{\sum_{i=1}^{n}(X_i/X_t)^2}$，式中 X_i 是按国际贸易标准代码分类[SITC]一国(地区)第 i 类产品组的出口额，X_t 为同期该国(地区)总出口额。

化趋势越强。公式为：

$$\mathrm{BSCI}=\sum_{t=1}^{n}\left\{\left[\frac{x_{i,t}\Big/\sum_{i}x_{i,t}}{x_{i,t-1}\Big/\sum_{i}x_{i,t-1}}-1\right]\times\left[\frac{\left(m_{i,t}\Big/m_{i,t-1}\text{“世界”}\right)}{\mathrm{Average}\left(m_{i,t}\Big/m_{i,t-1}\right)}-1\right]\times\left(\frac{x_{i,t}}{\sum_{i}x_{i,t}}\right)\right\}$$

其中 $x_{i,t}$ 为一国在 t 年出口 i 商品额，$m_{i,t}$ 为世界在 t 年进口 i 商品额。

2. 结构变化指数测算

(1)劳伦斯指数测算

由表 6 可知：总体上，安徽省出口的制成品结构变化不明显，表现为劳伦斯指数偏小。三类制成品中，以低技术制成品的变化最快；其次是中技术制成品，而高技术制成品变化最慢；中等技术制成品与低技术制成品结构变化也能部分反应其集中度的变化。中等技术制成品集中度提高在于 67 类钢铁、68 类有色金属、74 类通用工业机械设备及零件、78 类陆路车辆（包括气垫式）出口规模的较大变化导致了中等技术制成品出口集中度提高；而低技术制成品集中度分散在于 65 类纺纱、织物、制成品及有关产品、84 类服装及衣着附件出口规模变化的显著影响，在总出口规模上升的条件下，两类商品出口规模的上升和下降促成了出口集中度的下降。

表 6　安徽工业制成品出口结构的 L 指数汇总表

54	0.01629	74	0.07617
75	0.00637	77	0.026045
76	0.02275	78	0.0836
HT	0.03263	79	0.03072
51	0.03371	MT	0.13429
52	0.00612	57	0.00868
53	0.00397	58	0.00664
55	0.00628	61	0.01487
66	0.01005	62	0.02258
67	0.08161	63	0.01111
68	0.09513	64	0.00977
69	0.02255	65	0.1157
71	0.01221	84	0.208
72	0.01865	85	0.01865
73	0.00476	LT	0.15758

注：根据表 4 测算。

(2)收益性结构指数测算

用 BSCI 指数算出结果见表 7。

表 7　安徽工业制成品出口结构 BSCI 指数汇总表

54	0. 00096	74	0. 02281
75	−0. 00009	77	−0. 00046
76	0. 00059	78	0. 01128
HT	−0. 00101	79	0. 01014
51	−0. 00164	MT	0. 00101
52	0. 00043	57	−0. 00012
53	−0. 00011	58	0. 00001
55	−0. 00088	61	−0. 00731
66	−0. 00051	62	0. 00025
67	0. 00172	63	0. 00034
68	0. 03036	64	−0. 00027
69	−0. 00015	65	−0. 00540
71	0. 00086	84	−0. 01015
72	−0. 00126	85	0. 00104
73	0. 00088	LT	0. 00064

注:同表 5、表 6。

分析三类工业制成品 BSCI 指数可以看出:1999—2008 年,(1)中等技术制成品和低技术制成品总体结构都存在一定程度上的优化,而高技术制成品总体结构不优化;(2)从制成品内部看,出现结构优化的商品占 14 种,占比 52%;高技术制成品有 2 种,在高技术制成品中占比 66. 67%;中等技术制成品出现优化的有 8 种,在中等技术制成品中占比 53%;低技术制成品中出现优化的有 4 种,在低技术制成品中占比 50%。其中出现优化幅度较高的制成品主要集中在中低等技术制成品中,比如 68 类、74 类、79 类等,其他商品优化程度均不高;(3)比较收益性结构指数与劳伦斯指数的变化可以看出:高的结构变化并未完全促成结构的优化。这可能归因于起点过低(前期结构非常不合理),比如 65 类、84 类;也可能归结于较高速度扭转了前期不合理出口结构,出现轻微的结构优化,比如可能 67 类等;当然也存在着结构调整与结构优化的正向关系,比如 68 类、74 类、78 类等。

综上所述，自改革开放以来，安徽在出口贸易持续扩大的同时，实现了出口商品结构的显著升级，表现为初级产品出口比重持续下降，工业制成品出口比重持续上升，商品结构日益高级化。但深入到工业制成品内部可以发现：工业制成品内部仍是以中、低技术制成品为主，结构仍然低级化；高技术制成品主要集中于医药、家电类产品，中等技术制成品主要集中于化学品、有色金属、钢铁等初加工制成品以及代表一般技术和部分较高技术的机械设备、运输类制品，低技术制成品主要集中于橡胶、纺织品、服装及鞋靴制品；制成品结构就近年份有了一定的变化，但这种变化主要集中于中、低技术制成品，且变化并不紧密适应世界市场需求的变化，进一步细分产品后，出现优化的各小类产品类别少，程度低，如此需要进一步优化安徽工业制成品出口结构。

参考文献：

[1] 魏浩，毛日昇，张二震．中国制成品出口比较优势及贸易结构分析[J]．世界经济，2005(2)．

[2] 魏浩．中国出口商品结构的历史演变和优化策略[J]．中央财经大学学报，2007(10)．

[3] 毛日昇．中国出口制成品竞争力与结构转换分析[J]．东部经济评论，2006(12)．

[4] 王力．安徽省出口产品结构实证分析[J]．铜陵学院学报，2008(4)．

[5] 张二震，马野青．国际贸易学[M]．南京．南京大学出版社，2003.

[6] 冯德连，徐松．国际贸易教程[M]．北京．中国统计出版社，2003.

[7] UNCTAD. Handbook of Statistics. <Http://www. unctad. org>.

[8] Sanjaya L. India's. Manufactured Exports: Comparative Structure and Prospects. Economic Development . Institute of the World Bank(1995).

[9] 安徽省统计年鉴 2000—2009.

[10] 安徽省统计局．相关信息．http://www. ahtjj. ah. gov. cn.

附表：

表 1　安徽 27 类工业制成品出口额（万美元）

分类	1999	2000	2001	2002	2003	2004	2005	2006	2007	2008
54	4312	4157	3035	4013	4735	6704	7217	7768	9073	10710
75	314	698	802	1661	2073	2530	3349	2535	3732	5495
76	947	1956	2805	4195	4430	8840	8030	8464	8037	11897
51	11007	14221	15200	18038	22254	25344	30540	37851	43688	70231

（续表）

分类	1999	2000	2001	2002	2003	2004	2005	2006	2007	2008
52	1372	1746	2293	2302	2368	2542	4539	5051	5900	7743
53	601	751	966	972	1057	1400	2616	3688	3754	2898
55	500	515	672	1029	747	1157	1480	1903	4552	8062
66	1162	2111	2852	3197	4193	5589	6197	7892	6963	11737
67	4668	10300	9726	6639	7650	13695	27610	51261	79679	119017
68	11345	14215	8580	9414	6054	11750	15947	44873	13645	12229
69	4958	5967	6667	7818	10147	13852	18401	24261	29638	11737
71	1423	971	986	1755	2048	2697	3409	5235	8899	17129
72	650	933	998	1420	2518	5697	12119	12816	17703	31510
73	466	681	870	1095	1143	1185	1547	2948	2848	5018
74	4102	5814	8180	7700	14635	28076	38480	42633	54041	82091
77	6672	9623	11926	13835	22266	28363	41489	51022	59967	72190
78	3101	4026	4822	6104	12626	15426	24440	51526	115593	125812
79	505	683	4031	2476	2595	3480	9358	15996	11608	14021
57	510	533	1411	771	1151	1336	3908	4456	4438	5235
58	352	308	153	257	666	2007	3933	5726	8335	9891
61	230	538	973	424	433	5677	6904	9567	12111	12999
62	6045	7991	7983	9486	10747	16329	21372	26963	37443	35523
63	515	757	1143	1431	2406	4135	6786	8177	1756	2141
64	1360	2784	2049	2074	3020	3528	3792	3537	4239	4925
65	20895	27890	31061	35341	39528	86078	98759	111693	132895	154690
84	28936	34157	33548	32431	38402	5774	52932	5087	5227	5340
85	6986	8818	10393	10385	12182	14499	16453	19145	23695	26313

表2　安徽27类工业制成品进口额(万美元)

分类	1999	2000	2001	2002	2003	2004	2005	2006	2007	2008
54	100	83	101	134	30	132	168	29	34	27
75	780	1210	1193	1440	870	2974	4908	5635	2696	5357
76	1846	6918	3061	495	867	472	680	770	624	1384
51	2157	3328	2653	3040	2689	3679	7250	8928	10980	12390

（续表）

分类	1999	2000	2001	2002	2003	2004	2005	2006	2007	2008
52	106	164	310	282	308	1241	1214	1279	1214	1327
53	232	434	299	273	596	472	587	607	859	1110
55	60	81	90	93	204	507	641	1356	1288	1938
66	294	592	2150	1773	984	1569	1583	2577	1734	1749
67	2459	3870	7454	15708	28669	28981	25274	12006	12377	7951
68	2999	2411	2446	2437	2402	2335	1763	2456	9608	14180
69	490	643	492	2197	3230	2784	6438	6715	8335	7844
71	12871	6436	4868	7594	15671	13379	16597	23917	18961	25672
72	11924	12563	15490	27111	39057	34922	23957	34791	48654	59837
73	2216	1603	4116	8465	22279	17637	22256	34515	25150	29566
74	8005	7761	9258	15029	25590	20435	19332	36363	26037	34494
77	3198	2630	4957	4200	8662	8297	8619	21238	9010	14373
78	1888	2274	2727	9643	19317	16767	6114	7894	8561	6142
79	157	44	4	2	29	3	53	20	316	5
57	4136	7364	7185	7240	8965	12436	15724	15225	16251	20887
58	155	161	231	317	915	1130	661	987	1634	1923
61	180	235	104	99	68	2	16	7	10	2
62	1058	142	217	841	1323	748	1193	4320	9798	9316
63	841	575	86	5	9	7	67	150	80	57
64	1510	1222	1919	1776	1825	2170	2351	1000	919	863
65	4061	5102	5669	5093	4330	4176	3471	4403	6095	8847
84	331	165	152	116	109	19	0	10	13	17
85	96	73	62	43	19	7	18	6	9	5

资料来源：安徽统计年鉴（2000—2009）。

表3 世界27类工业制成品出口额(千美元)

分类	1999	2000	2001	2002	2003	2004	2005	2006	2007	2008
54	104721269. 6	107274630	132603603	166260730	201363640. 2	246783318. 9	272920004	310826261. 7	368066489. 4	415865247. 4
75	330791100. 9	378846156. 1	346347937	341721634	383182770. 7	445132448. 1	488088689	538766082. 3	565617733	567265699. 2
76	235557741. 9	300757090. 4	280192235	289741001	327099021. 1	419702744. 4	492837391	582821042. 8	591184259. 5	632522648. 4
51	140220940. 6	152904792. 1	149710023	168950830. 6	207147858. 8	259099602	250841815	318294026. 9	318769821. 2	339352311. 4
52	25999713. 16	28583759. 78	29257821. 8	28012703	31746263. 28	40249247. 67	47839103	54904555. 66	82600279. 9	108097077. 6
53	33407180. 97	34681355. 35	33637242. 8	36231194	41533235. 06	47587889. 25	50809870. 7	55981186. 15	62922565. 43	66706133. 13
55	43438461. 96	44077092. 34	47716464	53720405. 2	65623268. 27	75946503. 09	82006761. 7	90410722. 2	105440819. 8	120023515. 8
66	177935561. 4	202209560	186057709	207477951	246835120. 9	335261171. 3	376712575	415395452. 6	245668977. 4	268073614
67	124346468. 2	141098258. 4	131240032	143887331	180716288. 7	270181796	313145850	367533480. 4	476860932	584823046. 3
68	98653051. 15	114064888	105551363	104687615	121106844	167489599. 6	193434046	300087192. 4	359067847. 3	352497199. 2
69	122322112. 7	128543721. 9	127240973	135433915	155579241. 7	189886134. 6	215144918	251926194. 9	304812715. 1	346570751. 5
71	151326369. 7	158855979. 4	165979431	169478440	188497942. 3	224315716. 5	252190020	283694066	328467414. 5	369739009. 2
72	156879745. 3	172546677. 5	160856391	165024988	194656564. 1	240156065	264462526	300243995. 1	377846291. 7	419673152. 7
73	39753511. 5	43230988. 71	40142448	37875624. 6	44169935. 49	56165586. 37	63880570	74186311. 66	79568889. 21	91103587. 93
74	221972756. 4	231781570. 5	232574210	244779881	288838540. 1	354937892. 9	391035378	451066426. 9	525063552. 9	601052488. 3
77	528708565. 6	641881306. 5	545214330	568454302	654188397. 3	788425411. 2	851889881	985010125. 2	1099775078	1150584469
78	527960916	551437403. 9	546641399	603429100	702934017. 7	825751773	896486089	982022571. 1	1163194733	1212568776
79	159597817. 1	148599443. 3	161058545	174272733	174217556. 9	200190842. 7	213927149	267775759. 9	310219554. 5	364104162. 2
57	79843310. 23	91902907. 56	87841876. 9	93954511. 6	112423274. 5	145703507. 2	172446161	195672724. 8	235855633. 7	251269795. 2
58	40226392. 72	43248804. 69	42286219. 4	46288408. 8	55143046. 27	67160521. 21	76447510. 7	88072593. 28	98498540. 53	107604721. 8

（续表）

分类	1999	2000	2001	2002	2003	2004	2005	2006	2007	2008
61	16498619. 35	19236801. 26	20168868. 7	20169415. 3	22091739. 17	24935990. 31	25426243. 3	27616172. 69	30294682. 14	28025478. 51
62	43449072. 97	43523440. 38	42622376. 5	46154683. 7	55082031. 22	66656659	74792832. 1	84711659. 63	102401307. 5	112111928. 7
63	32725717. 4	32787797. 14	31891038. 3	34648051. 1	40240402. 46	49549949. 95	52520275. 1	57862091. 93	1677726. 252	1653444. 364
64	93976004. 58	99197656. 04	97012260. 3	100299162	113568984. 3	127160578. 6	131771609	142184230. 3	160367772. 6	171887417. 3
65	168269613. 3	177342659. 3	168946804	176472816	197830253	220028137. 7	232534651	246835037. 3	247402307. 6	258298031. 3
84	189504796. 3	201963897. 2	198496113	207916737	237399405. 8	265427207. 2	283972036	316600391. 3	365042984. 4	384878646. 7
85	45447308	46528858	47263648	48452785	53892883	59554676	65723670	72718658	81608888. 31	90810382. 93

注：世界出口商品分类是按照 SITC 三位数进行分类，考虑与安徽省统计口径一致，其中两位数分类是将三位数各类产品加总所得。资料来源：UNCTAD, handbook of Statistics.

表 4　世界 27 类工业制成品进口额（千美元）

分类	1999	2000	2001	2002	2003	2004	2005	2006	2007	2008
54	108024058	112659045	134418491	176005625. 3	213786631. 6	255900492. 8	286378351	318000305. 9	382417410. 4	426169410. 1
75	346958695	387128047	352857058	351811300. 1	394558348. 7	460250642. 9	502090228	544985789. 9	566388239. 6	572606858. 7
76	235256617	299316929	282013156	281565697. 6	320772026. 3	419286715. 6	491157671. 4	571575683. 2	619587680. 9	665931595. 4
51	135686823	153020414	155926036	159740710. 1	190988771	236667336. 6	269567370	296585588. 7	347288814. 2	372488005. 6
52	37041503. 9	40179367. 1	40552030. 9	40786022. 13	46359876. 28	55058340. 95	64738602	73782548. 78	90400311. 8	120256779. 1
53	33680552. 7	35133356. 4	33913599. 1	36312343. 72	41287981. 88	46910548. 27	49924734	54487903. 38	62188835. 79	66921798. 63
55	58609334. 8	60592206. 9	63264772. 8	69442917. 03	83914971. 74	100241244	111927465	119937365. 1	103081590. 6	116360856. 3
66	119908973	129953815	116311510	133270693. 3	147356580. 4	176159716. 8	198208476	207185237. 9	243423874. 2	265858782. 8

（续表）

分类	1999	2000	2001	2002	2003	2004	2005	2006	2007	2008
67	132548831	150344776	141053580	151279093.1	189512294	280212005.5	329419814	374371976.3	490267194.6	605813550.5
68	102793857	126710498	115735320	111338259.8	126403859.4	172587553.1	201171681	299404599.6	358655281.2	351821214.8
69	125542918	130456742	129316217	137120515.9	158200060	190352844	215599551	248140406.5	303570511.2	345676056.5
71	154261535	162198379	166003849	172066709	187666193.7	217829867.1	246400974	271152647.1	326597133.4	370213416
72	92566349.5	94063634.5	93698775.5	99975520.24	117515791.8	139693500.5	160805072	181230483	367866085.9	408741268
73	102156903	115469621	103697844	99830979.68	117076897.9	151332853.7	163362995	181931309.9	80567368.71	90548502.77
74	219300514	226969662	229032452	240560868.2	282735921.7	342339338.8	381364141	432317372.1	99680600.8	113305281
77	532299095	661610371	577154813	601169467.3	692523800.6	844932300.5	921140107	1049909284	1177077080	1236495707
78	533152185	556651781	554312570	606271296	698705132.2	819021296.7	879331590.7	969952483.7	1157352900	1194159428
79	118399661	109774227	115755476	127558249.4	130709165.2	155031041.2	172592754.5	201089246.4	224838987.9	267438446.9
57	84703096.3	96289219.8	92280992.1	97974045.95	116220097.2	146737624.2	173836853	194725742.9	237023201.1	256867393.5
58	39758083.9	41861166.9	40997947.9	45104253.04	53563791.71	64341799.22	72507964	81796137.48	96056794.29	105566010.5
61	15272383.1	17610359	18863446	19187016.46	21465006.68	23775266.71	24017110	26099172.57	27977041.18	26569618.44
62	44665386.1	45516956.5	44690748.6	48667675.67	57532534.28	68297004.76	76671947	86260842.25	104868659.8	115203109.9
63	32462142.8	33171234.6	32019025.5	34893122.77	40862613.69	49866264.59	52315183	56360700.55	63734199.3	62472138.08
64	96679012.4	101165989	99510130.3	102690789.5	116620191.3	130114967.4	136449446	144687767.1	164999303.6	178042521.2
65	147444705	154616173	148166226	154387144.2	170126211.2	188602990.7	194263863	204419001.5	228224056.3	236718772
84	198065694	210491553	211999408	218162207.9	244030606.6	271072250.1	288830559	311462006.8	350233210.8	370358055.8
85	50007430	51260636	52864836	54806225	60119225	65985695	72746431	79278826	88260597.58	95532389.2

资料来源：同表3。

转型安徽的经济崛起之文化分析*

杜鹏程　杨　丹**

摘　要：上世纪40年代以来，国外许多经济学家已经对经济增长源泉作出了深入的探讨，并认为文化的繁荣取决于经济的发展，并反作用于经济。关于企业文化与区域文化分别对经济发展的影响作用依然形成了理论体系。基于文化分析的视角，试图定义一个"省域文化"的概念，并分析省域文化对转型安徽经济发展的影响作用。研究意义在于，通过研究分析来得出一个省域的文化对该省经济发展的影响方面，从而为转型安徽的未来正确发展道路提供理论和现实的指导意见。

关键词：文化；省域文化；转型安徽；影响

一、引　言

将文化纳入经济增长因素分析之列可追溯到亚当·斯密。在《道德情操论》中，他将经济动机归结为极为复杂的心理，并认为经济活动是植根于更广泛的社会习惯和文化道德中。法国经济学家弗朗瓦索·佩鲁曾经说："各种文化价值在经济增长中起着根本性的作用，各种文化价值是抑制和加速增长的动机的基础，并且决定着增长作为一种目标的合理性。"马克斯·韦伯认为特定文化是培养资本主义精神、促进资本主义产生和现代经济发展的最重要因素。① 微观来看，到上世纪80年代初，美国哈佛大学教育研究院的教授泰伦斯·迪尔和麦肯锡咨询公司顾问艾伦·肯尼迪在长期的企业管理研究中在6个月的时间里，集中对80家企业进行了详尽的调查，写成了《企业文化——企业生存的习俗和礼仪》一书，自此形成了"企业文化理论"。并于上

* 本文系2011年度教育部人文社科规划项目"压力情境下内在激励对创新行为的影响机理：基于科技人力资源样本的实证研究"阶段性成果，项目批准号（11YJA630013）。

** 杜鹏程（1964—），安徽阜阳人，管理学博士，现任安徽大学商学院党委书记、教授、硕士研究生导师；杨丹（1987—），安徽马鞍山人，安徽大学商学院2010级技术经济与管理专业硕士研究生。

① 马克斯·韦伯. 新教伦理与资本主义精神[M]. 彭强，黄晓京译. 西安：陕西师范大学出版社2002。

世纪80年代中期开始转入对企业文化产生作用的内在机制的把握，研究企业文化与企业经济效益的联系。宏观来看，国内外学者也开始纷纷研究区域文化对一个地区经济发展的影响。早期台湾学者魏萼就认为："中国的贫穷，与长久以来存在的内忧外患固然有密切的联系，然而其社会结构的本质与外来文明所带来的冲击，其所产生的文化失调也是其致贫的主因。"①

然而，就中观来看，分析一个省市的省域文化对该省经济发展的影响，现有研究则很少提及。鉴于此，本文首先对现有的相关研究进行了回顾，在此基础上定义出"省域文化"的概念，并以"十二五"期间安徽省转型发展作为研究对象，分析安徽省的省域文化对转型安徽的经济发展的影响。理论上，本文的研究为进一步扩大文化作为经济发展动机的视野提供了理论依据；深化并细分了地域文化的概念；实践上，通过研究得出的结论，对转型安徽的未来发展指出了正确的道路，加速了安徽的经济崛起。

二、文献回顾

（一）企业文化与企业经济效益

企业文化是指企业在长期的实践活动中所形成的并且为企业成员普遍认可和遵循的具有本企业特色的价值观念、团体意识、工作作风、行为规范和思维方式的总和。美国著名的文化专家沙因指出，大量案例证明，在企业发展的不同阶段，企业文化是核心竞争力。哈佛商学院的约翰·P. 科特教授和同事詹姆斯·L. 核斯克特教授总结了他们从1987年到1991年对美国22个行业72家公司的调查研究成果，证明企业文化对企业的经营业绩有着重要的影响，并预言在未来10年内，企业文化将成为决定企业兴衰的关键因素②。1993年到1995年期间，IBM咨询公司对《财富》500家大型企业的37家进行认真调查，结果显示，企业文化具有间接的盈利性价值，具有良好的企业文化的公司比其他同等资源条件的公司能产生更多的利润。国内学者李燕燕则是运用经济学成本收益的核心范式来重新认识企业文化的界定，借此分析企业文化对企业的经济效益③。刘强、刘迪平、胡永根则是基于企业竞争力的角度来分析企业文化对企业经济效益的作用，认为现代企业的竞争在于企业文

① 魏萼. 中国经济：回顾与思考[J]. 经济学家，1944(5)：108-120。

② 约翰·P. 科特，詹姆斯·L. 核斯克特著. 企业文化与经营业绩[M]. 李晓涛译. 北京：中国人民大学出版社，2004。

③ 李燕燕. 经济学视角下的企业文化[J]. 企业活力——企业文化，2005年第9期：35-37。

化的竞争,企业文化可以使企业长期立于不败之地①。日本京瓷公司从一个13人的小公司成为世界500强跨国公司,其创始人稻盛和夫先生曾说过:京瓷的成功不在于有什么特别的技术和绝招,而在于有一种让职工都团结起来的经营理念和经营哲学。这就是企业文化的成功导向所在。

(二)区域文化与区域经济发展

由于地理环境和自然条件不同,导致历史文化背景差异,从而形成了明显与地理位置有关的文化特征,这种文化就是区域文化。刘晓凤、任卫锋把区域经济一体化放在一个文化连接中的经济现象进行分析,指出共有文化(知识)的形成对提高区域整体的实力、声誉和增进相互信任起到重要作用②。杨雅琳从创新的角度来展开分析,认为现代经济增长与发展的实质是一个不断创新的过程,创新的主体是企业家阶层即观念人力资本,而观念人力资本阶层的形成与传统文化所蕴涵的创新精神具有内在渊源关系③。高彦彦、杨德才认为,区域经济的崛起的关键在于区域的文化,但是只有在其与制度环境相吻合时才能发挥经济促进作用,否则文化的经济作用会被"锁定",需要政府的引导④。徐涛认为区域经济文化对于区域经济发展的作用机理可以通过资源优化整合效应表现出其对区域企业成长的作用力⑤。

三、安徽经济发展分析

(一)文化对于经济的作用方式

为了形象全面的分析文化因素对安徽经济崛起的作用,并基于对企业文化和区域文化概念的理解,本文试图定义一个"省域文化"。本文认为,省域文化是指以现有时期国家对省域的划分为地理界限,在长期的发展过程中慢慢沉淀下来并被本省绝大多数城市及群众所接受的文化氛围、思维方式、处事原则、价值观念的整合,对外相当于该省的精神旗帜。省域文化包含了两个方面,即为积极文化和消极文化。省域文化中的消极方面使得该省在经济发展的道路上过于畏缩,不具备开放进取精神和平等竞争意识,久而久之便会影响该省的经济发展。省域文化的积极方面则在长期的历史发展过程中

---

① 刘强,刘迪平,胡永根.论企业竞争力——基于企业文化的视角[J].商业经济,2006年第3期:115-116。

② 刘晓凤,任卫锋.长江三角洲经济一体化的文化机理研究初探[J].嘉兴学院学报,2004(7):20-23。

③ 杨雅琳.传统文化与区域经济的发展[J].经济管理,2006(5):57-60。

④ 高彦彦,杨德才.区域经济增长的文化分析——温州文化与温州经济的崛起[J].温州大学学报,2006年4月第19卷第2期。

⑤ 徐涛.区域经济文化与区域企业成长[J].当代经济管理,2010年2月第32卷第2期。

通过对该省的思想和行为上的双重影响进而发展出一系列具有创新精神的企业，这些企业在技术上不断创新，制度上不断改革，并懂得合理整合利用资源，从而从根本上推动了经济发展。建立省域文化对该省经济作用图：

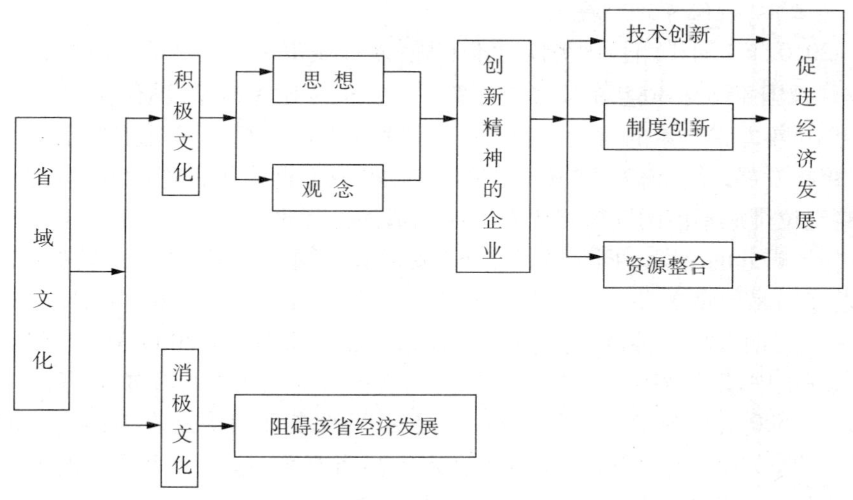

图1　省域文化对该省经济作用图

（二）安徽文化

安徽的省域文化起源于淮河流域。考古学家证明，两淮地区早在新石器时期就有较发达的农业、渔猎业和饲养业。到春秋战国时期，以蚕桑为代表的副业生产也受到重视。手工业方面，两淮人民不但能纺织出精细的成品，而且掌握很好的染色技术①。相比之下，此时的安徽长江两岸发展十分缓慢。公元317年之后，这种局面得到改善。两淮地区的长期战争使得大批人口流入皖南地区，生产与生活的需要增长了商业和手工业的发展。两宋以后，安徽经济发展的重心已转移到长江沿线及皖南地区，工商业在经济结构中占有重要的地位。徽商经过南宋和明朝的发展已经是中国商界的领军人物。上世纪七八十年代，安徽开改革开放之先河，凤阳小岗村的联产承包"阜阳模式"引领改革开放之风骚。然而，上世纪80年代之后，安徽在思想观念上没有像沿海一些省区一样完成像现代化的转变，未能在改革与发展的道路上继续领跑，安徽的经济与社会发展水平在全国基本只处于中下游水平。

文化的存在性从一系列的方面指引着人们的行为处事。从安徽的发展来看，安徽的经济起源于农业，后期才逐渐发展于工商业。根据前文关于文

① 李刚刚．安徽历史述要（上册）．安徽省地方志编纂委员会［M］．1982。

化对经济的影响的文献回顾及本文给出的省域文化的定义，笔者认为，安徽的省域文化中传统的儒家、道家文化根深蒂固。在经济发展的过程中，这些消极因素必然会影响甚至阻碍安徽的经济腾飞。

（三）安徽经济的发展现状

2010年1月12日，国务院批准实施《皖江城市带承接产业转移示范区规划》。被国家冷落30年的安徽终于第一次上升为国家战略发展，在21世纪第一个10年即将结束的时代，安徽终于迎来大发展的机遇并且正处于全面转型，跨越发展，厚积薄发，加速崛起的新时期，安徽迎来大发展时刻，沉睡多年战略定位徘徊不前的安徽终于有了明确清晰的发展方向，安徽正处于厚积薄发，加速崛起的阶段。同时，“十二五”安徽省规划纲要提出“全面转型”、“转型发展”，是值得关注的新思路新理念。预计安徽在“十二五”时期，GDP比“十一五”期末翻一番，超过2亿元人民币，人均GDP大于4000美元。发展经济学理论中，以世界银行2006年的标准，各国各地区按人均GDP划分，在875美元~3500美元为中低收入；3500美元~10800美元为中高收入；大于10800美元为高收入。这样看来，安徽将进入中高省行列，这是一个重大的历史转折，是发展进程的“质变”。自康熙初建省300多年来首次进入中高省行列。

安徽的“全面转型”不仅是经济上的全面发展，也是思想层面上的转型发展。安徽省作为我国中部省份，是华夏文明浸染最悠久的地区之一，也是封建统治最稳固的地区之一，因此本地区的省域文化中的消极因素过重，导致了工商业罗后，这样在很大程度上阻碍了安徽的经济发展。虽然，安徽的省域文化在长期的沉淀过程中能够继续存在必然有其合理性，但是在安徽省的转型期，省域文化中的部分因子未必能适应或完成这种转型。要是想从根本上发展安徽经济，必须要从根本上进行思想转变，全面建立一个积极进取、有拼搏精神、创新精神的省域文化。

四、结论分析

根据前文的分析，本文认为有以下几点需要大力改革或改进的地方。

第一，政府牵头改革思想体质。

安徽省域文化中消极的因素主要表现为儒家、道家文化中的消极成分。主要有：安于现状、缺乏开拓精神、讲关系、官本主义等。按照图一，安徽经济的崛起要从根本上改革思想观念，从根本上割除掉省域文化中的消极成分。要有创新的精神，要有不守本分的思想。这需要政府发挥牵头作用，从体制上倡导发展多种经济方式并存，鼓励并支持中小企业的自我创新，并积极发挥好大型企业的领头作用。安徽的工业主要集中在铜陵、芜湖、马鞍山。工业上的改革创新必然要从这三个城市入手。政策上支持发展这一工业群的经济决策；经济上大力支持这一工业群的快速成长，并以此带动和辐射全省经济。

第二，积极吸收长三角经济区的创新思想。

长三角经济区经过多年的发展，已经形成一个成熟的经济规模区域。安徽毗邻长三角经济区，应积极利用这一有效的地理优势，学习吸收积极的创新思想。并且，2008 年 12 月国务院正式批准，针对长三角产业转移建立皖江城市带承接产业转移示范区。这一示范区辐射安徽全省、对接长三角，力图把示范区建立成长三角产业拓展的优选区，形成与长三角地区优势或不、合理分工、共同双赢的产业格局。在这一优异的发展条件下，积极发展好皖江城市带的区域经济，成为有效的示范区，大力发展全省经济。以皖江城市带来带动整个安徽省经济的腾飞。

第三，合理规划全省经济布局，优化经济结构。

以淮河流域为划分，安徽可以划分为三个经济带。

皖北经济带：这一经济带中农业主要以小麦种植为主，工业以煤矿产品开采为主。在这一经济带中，应以发展以资源转化为主的经济发展形式。即利用阜阳这一京九铁路枢纽的条件，发展农产品深加工和就地转化产品，重点培育以阜阳中心的皖北新兴物流城市。

皖中经济带：这一经济带在地理位置上属于江淮丘陵和沿江平原。农业主产水稻，工业以加工业为主。发展的重点是利用省会合肥市的教育、科技等方面的优势，以新型工业化为依托，大力发展汽车、机械、家用电器和信息产业。加快合肥向一线城市迈进，形成安徽经济的增长极，增强对于本地区和全省经济的辐射和带动作用。

皖南经济带：该经济带中，农业以水稻种植为主，兼营林、茶和其他经济作物。工业主要以芜湖的加工业和铜陵、马鞍山两个工业城市。同时以黄山、九华山为重点的旅游业也比较发达。皖南经济带与“长三角”毗邻，更容易承接“长三角”的经济辐射。

合理划分经济带有助于安徽省合理的优化经济结构。安徽农业占经济比重大，经济以粗放式经营为主。优化经济结构首先要合理组合农业与工业的关系，使两者协调发展，互为补充，相互促进。要注重推进新型工业化进程。

五、结束语

本文从文化对经济效益的影响的视角下，以安徽省为案例，分析了安徽经济的现状以及转型安徽的经济崛起。本文的意义在于，深化并细分了文化的概念，界定了“省域文化”这个全新的概念，认为一个省在长期的发展过程中，会慢慢沉淀并积累下来本省所特有的文化氛围、思维方式、处事原则和价值观念。本文通过图1形象地给出了省域文化对该省经济的具体影响机理，认为文化对经济的作用存在消极和积极两个方面，并结合安徽省的经济发展现状做出了分析，给出了相应的理论指导。本文的不足之处在于，无法量化出省域文化对该省经济的发展作用，这样便无法形象对各种经济现象给出合理的解释。

后危机时期碳金融市场风险监管的法律思考*

——基于美国次贷危机的致因及治理理论检视

张运书 张宇润**

摘 要:在次贷危机的背景下,要确保碳金融市场的本质及功能不发生异化,必须反思次贷危机的致因,检视美国的金融改革,避免碳金融资产蜕变为有毒资产进而诱发“次碳危机”。次贷危机发生的深层诱因包括由过度投机导致经济泡沫规模过大、由次级资产集合构成系统性风险、由过度创新金融资产证券化隐藏并传播风险,这些应成为构建碳金融监管制度框架防范的重点,同时,次贷危机暴露的金融监管缺陷应成为完善碳金融监管权配置的警示。碳金融监管制度体系既应将碳排放权作为一般商品或衍生工具进行规制,也应对碳排放权进行特别规制,实施诸如持仓限额、执行价格、阻止过度杠杆投资等措施,防范碳资产过度投机化和泡沫化。

关键词:次贷危机;碳金融;碳交易;风险监管

一、问题的提出

碳排放权交易市场的功能不仅在于它是减少温室气体排放的市场化手段,更在于以碳排放权为核心的碳金融对传统金融体系的冲击和挑战。在次贷危机的背景下,各国不仅针对金融危机的冲击调整产业结构,还纷纷以碳金融为核心构建、优化金融体系,提高系统风险防范能力,避免重蹈“次贷危

---

* 项目来源:本文系安徽大学经济法制研究中心重点招标项目(项目号2011sk683zd)和安徽省教育厅人文社科重点项目(项目号2011sk158zd)的阶段成果。

** 作者简介:张运书(1973—),男,安徽灵璧人,安徽财经大学副教授,安徽大学法学院博士生暨安徽大学经济法制研究中心研究员,研究方向:金融法、社会保障法;张宇润(1965—),男,安徽霍山人,安徽大学法学院教授暨安徽大学经济法制研究中心研究员,博导,法学博士,研究方向:金融法。

机”的覆辙，以此推动低碳经济的发展，创新经济发展方式。随着世界各国特别是附件一所列国家的碳金融法律制度的制定和完善，不仅将对碳贸易、气候变化产生直接影响，而且将延伸至其他贸易领域并发生间接影响，成为一种新形式的贸易“壁垒”。

反思我国国内的发展困境和国际碳贸易现状，我们虽然是全世界核证减排量一级市场的最大供应国，但不具备价格发言权，只能向发达国家提供廉价的 CERs，始终处于国际碳市场价值链低端位置。我国政府应从过去制造业国际分工布局中充分吸收历史教训，以培育新的经济增长点和增强国际竞争力的高度立足于未来国际金融博弈的新领域。次贷危机发生后，我们应反思次贷危机的致因，检视美国的金融改革，避免我国将来重蹈覆辙，使碳金融资产蜕变为有毒资产从而诱发“次碳危机”。

二、次贷危机发生的深层诱因：碳金融监管制度框架防范的重点

（一）由过度投机导致经济泡沫规模过大

在回溯危机根源时，许多学者把矛头对准了美国住房市场和金融市场的疯狂投机炒作活动。在某种程度上，住房和金融的双重投机酿成了次贷危机愈演愈烈的局面，并造就世界金融稳定难以承受之重。后凯恩斯货币学派的经济学家明斯基认为，经济主体对未来收益的预期常常表现出非理性，非理性的预期会掀起投机狂潮，并驱使经济体系从抵补型向投机型再到庞氏型转变。充沛的流动性是投机型和庞氏型经济形态得以维持的根本，但流动性是不可持续的，最终导致金融的不稳定。① 危机发生前，在宏观层面上美国的经常项目赤字和财政赤字持续了近 40 年；在微观层面上美国的个人储蓄率极低而消费信贷和次级抵押贷款及其证券化资产巨额增加。宏观和微观两个层面都反映美国经济的投机特征非常明显。次级抵押贷款本身就是投机型的金融产品，以这种投机型金融产品为基础的证券化产品利用财务杠杆作用更是放大了投机效应，而这些证券化产品的价值对其依附的基础产品的价值变动非常灵敏，当基础产品价值降低时证券化产品就会巨幅波动，相关金融主体的去杠杆操作不仅放大了风险而且传播了风险。在这次次贷危机中，以 CDO、CDS 为代表的投资工具已异化为投机工具。次贷危机中，美国次贷总额为 1.5 万亿美元，但在其基础上发行了近 2 万亿美元的 CBO，进而衍生出超万亿美元的 CDO 和超 60 万亿美元的 CDS。换言之，参与对赌

① 王东风，张荔．东亚金融危机与美国次贷危机发生机理比较［J］．国外社会科学，2010，（4）：136-143.

的市场主体远远高于需要信用保护的市场主体，金融市场已演化为高度投机的市场。

资产泡沫具有自我延续但最终破灭的特征，对现实经济影响非常大。在次贷危机发生过程中，宽松的贷款标准导致贷款规模过大，直接推动了不动产价格上升，不断上升的不动产价格又促进发放抵押贷款的始发银行出售更多的不良贷款，这种恶性循环不断发展。碳交易市场也正在经历着繁荣与萧条交替循环的类似风险。目前，作为经济衰退的结果，在欧洲碳价格已经跌破多年纪录。尽管全球经济不景气，碳交易价格疲软，但碳市场发展异常迅速，在 2006 至 2007 年间，市场价值翻番，2008 年增长了 84%。这种繁荣由大量的寻求经济回报的贸易商所推动。资产管理公司在次贷危机发生后开始涉足一种新资产——碳交易权，鼓励投资者在投资组合中不断增加碳衍生品份额。投资银行开发多种金融工具，以吸引更多投资者在碳交易市场中从事投资活动，碳基金由此产生。现在，大多数碳交易由投机者主导，他们仍将继续主宰碳市场增长。事实上，约 2/3 的碳基金其设立不是为了帮助公司降低碳排放，而是为了实现资本收益的目的。[①] 一个由投机者支配的市场可能推高市场价格，产生泡沫并刺激次贷资产的发展。鉴于泡沫经济的危害，未来的碳金融制度建构和完善时应遏止或避免过度投机行为给碳金融市场造成的动荡。

（二）由次级资产集合构成系统性风险

在这次席卷全球的金融海啸中，其风暴眼是次级资产，其深层致因是由次级资产集合所构成的系统性风险。在这次次贷危机中，次级抵押贷款公司向低信用购房者提供贷款，它所产生的违约风险由发放贷款的中小银行以及住房抵押贷款公司承担，是单个市场主体的非系统风险。然而，次级抵押贷款公司为转移风险，将贷款转给特别目的机构（Special Purpose Vehicle，简称SPV），SPV 通过承销者将贷款打包并证券化。为了让投资人相信这样的产品是安全的，商业银行委托信用评级机构进行评级。为了获得较高的评级，评级机构便将次级贷款打包后的证券化产品进行多次分割，多次分割后虽然这些资产获得较高的评级，但是次级贷款证券化产品所蕴含的风险同时被多次分割，最终被人为掩盖或缩小了。经过评级公司评级后在市场上出售给各类投资者，次级贷从而转变为次级债。次级债的持有人为了避免按揭贷款的违约风险，又向保险公司投保，一旦出现贷款人因违约不再支付购房贷款时，由

① Sonia Labatt，Rodney R · White. Carbon Finance：The financial implications of climate change［M］. Hoboken：John wiley & Sons，Inc. ，2007.

保险公司赔付。保险公司创设出新的产品 CDS(Credit Default Swap),即违约掉期合约,对次级贷款证券化后所衍生的产品提供担保,保险公司和债券持有人的利益因此紧密联系在一起。由于 CDS 合约具有自由转让性,买方不需要实际持有被保险的债券,对 CDS 并没有保险利益,不受保险法约束的 CDS 实质上具有"证券"的特征,但却不需要接受任何证券监管,另外 CDS 不在具有防范风险功能的集中清算交收体系交易,属于场外衍生交易,并且交易的当事人订立合约的目的就是转让牟利,对能否履约并不关心,最终导致次级贷款的风险被进一步放大和分散。同时,保险公司的担保又使那些以次级按揭贷款为基础的债券和各种衍生品获得较高的评级,进一步掩盖了违约风险的存在。当风险来袭之时,这些形式上很好的保险产品形同虚设,不但不能保值避险,反而加剧了信用危机的形成。① 另外,次级贷款证券化的链条众多,经过包装不断地被转手销售,这个过程涉及众多且复杂的金融产品和大量的相关机构,市场信息始终处于不透明状态,从而导致金融产品定价的混乱和不透明。难以定价的这些衍生产品在市场中不断地被抬高价格,产品价格与其本身的价值严重背离,导致虚拟的财富不断被放大,次级贷款的风险也就被逐步放大。在这一过程中环环紧扣,任一方出了问题都会加大整个证券化链条的风险,正是资产证券化过程中各参与主体的非理性行为、证券化产品定价方式的局限造成系统性风险不断累积和传导,最终酿成了次贷危机。

现在全球正在构建并需不断完善的碳交易市场同样存在系统风险的生成机制和传播途径。由于碳信用交易具有多边性、远期性等特点,随着碳交易市场规模的不断扩大,可能生成比次贷市场危害更大的系统风险。如果不及时汲取次贷危机的教训,建构风险防范体系,将来的某一天,通过类似的"次级碳"或"不良碳",同样可能造成全球性的碳金融危机。

首先,碳交易的交易类型、交易方式与交易品种比次贷产品交易更复杂。世界碳交易市场包括配额交易和项目交易。项目交易主要包括一级、二级 CDM(Clean development mechanism,即"清洁发展机制",简称 CDM)交易和 JI(Joint Implementation,即"联合实施")交易。根据国际排放交易的分类,一级 CDM 市场专指发达经济体购买发展中经济体碳减排量的直接交易市场,二级 CDM 市场则指这类碳减排量交易的衍生品市场。项目型 CDM 和 JI 二级市场主要是由大量碳基金的投资行为建立的规模庞大的不受国际法约束的碳金融市场。在这两类碳交易的基础上,发展起来两种交易方式:在欧洲气候交

① 楼建波. 从 CDS 看金融衍生品的异化与监管——以瑞银集团诉 Paramax 案为例[J]. 环球法律评论,2010,(1):114-122.

易所(ECX)和芝加哥气候交易所(CCX)等碳交易平台上完成的场内交易;在交易平台以外完成的场外交易。不论是场内交易还是场外交易,都进行着碳减排指标的现货与期货交易。交易品种主要是AAUs、ERUs、CERs、RMUs等信用。根据世界银行的数据,2005年,国际碳金融市场交易总额为100亿美元左右,到2008年达1260亿美元,4年时间里增长超过10倍,其中,基于配额的交易规模达928亿美元,占全部碳金融交易总额的74%左右,基于项目的交易成交金额为72亿美元,占26%左右。在基于项目的市场中,清洁发展机制市场占绝对的比重,2008年交易额达65亿美元。清洁发展机制二级市场的各种碳基金交易由2007年的240万吨增到2008年的1072万吨,涨幅高达350%。联合履约机制和其他自愿型市场交易额2008年达2.9亿美元和3.9亿美元。

其次,次级碳交易合同具有相对较高的不被履行的风险,从而导致合约的价值不被实现。这样就与高风险不被清偿的次级贷款或垃圾债券具有相似性。在二级市场CDM交易市场上,主要的交易品种是期货、期权等金融衍生品。由于碳期权合约的基础资产是碳期货合约,碳期货合约的履约风险对期权合约中交割具有重要影响。与一般交易相比较,次级碳最有可能来自于CDM项目中的碳排放额抵消。[①] 根据《京都议定书》确立的清洁发展机制,发达国家和发展中国家之间可以进行项目级的减排量抵消额的转让与获得。与依据政府法令建立的津贴相比,抵消供应商在他们的项目真正获得排放额度之前必须完成许多步骤。除了克服与利率、汇率、科技等因素相关的一般风险,项目还需要建立温室气体减排量的独立评估机制。而减排量在现有技术条件是不容易被确切地证明的。另外,最常见而事实上普遍存在的与抵消项目相关的风险是项目的额外性。在核发清洁发展机制减排额度之前,项目必须经评估具有额外性,即该清洁发展机制项目所带来的减排效益必须是额外的,在没有该项目活动的情况下就不会发生。最近的一项研究发现,大约3/4的接受清洁发展机制减排抵消的水电项目并没有额外性。在核发清洁发展机制抵消额度之前,他们已经建好,因此,无法评估抵消减排项目的预期额外减排效益。CDM执行理事会已经采取更为严格的措施签发与核查减排量相等的CERs。事实上,根据现有技术条件,确定CDM减排项目具有额外减排效益几乎是不可能的。这就造成次级碳市场具有重大风险。斯坦福大学一项研究报告指出,客观确定减排抵消计划具有"额外性"是非常困难的,因为

① Michelle Chan. Lessons Learned from the Financial Crisis: Designing Carbon Markets for Environmental Effectiveness and Financial Stability[J]. CCLR,2009,(2):152-160.

这种“额外性”制度设计具有不可修补的缺陷，将导致项目的实施效果与最初动机背离。[①] CDM 交易本质上是一种远期交易，可能带来高风险，因为销售商在 CDM 执行理事会在签发减排认证前，有时甚至在评估验证项目已经减排多少或是否已经减排温室气体之前，就承诺通过远期合约或其他类型的衍生工具提供碳信用额度。在项目最终未能取得 CERs 的情况下，基于其上的各种衍生交易必然存在履约风险。

（三）由过度金融创新隐藏风险，而证券化则传播风险

在当今的金融市场，迅速膨胀的资产泡沫为所谓诸如利用期货来对冲风险的直接交易从而使风险达到新水平的“金融创新”提供了舞台。通过这次次贷危机，我们看到金融精英为了满足看似具有无限需求的抵押担保及相关产品的证券化，设计并成功售出日益复杂并具有跨国交易性的金融衍生产品。随着与次贷相关的结构化金融衍生产品市场的兴起，商业银行、投资银行、保险公司、养老基金、对冲基金、资产管理公司等众多参与主体相互作用，投资金融工具的同质性，追求收益的共同驱动，“短钱长用”以及市场开放导致的同质性，使得它们成为一个联系紧密的金融市场网络。越来越复杂的金融衍生品导致风险隐性化与根源深化，而投资工具及主体的同质化和多元化最终导致金融市场系统风险的积累。

随着碳金融市场的逐步发展壮大，吸引了商业银行、投资银行、保险机构、对冲基金和其他私人投资者的积极参与。商业银行和投资银行等金融机构最初只是担任碳交易的中介，后来积极推出各类金融创新产品。除了碳交易的期货产品、掉期产品及期权产品外，新产品还包括碳货币证券化和套利交易工具。从碳套利工具衍生发展来看，由于各碳金融市场交易工具有所不同，碳权价格存在一定的差异，所以存在套利工具衍生品的发展空间。由于各交易所涉及的减排当量相等，认证标准相同且同属一个配额管制体系的减排单位，如 EUAs、CERs、ERUs、AAUs 和 VER，因此价差的变化会产生一定的套利空间。无论是在《京都议定书》三个灵活机制下的 AAU、ERU、CER，还是欧盟排放交易体系的 EAU 等都具备某些金融衍生品的特征。随着碳金融衍生品的推陈出新，早期的碳排放交易制度所坚持的碳交易的“环境目标”优先原则，逐步让位于投机谋利。2008 年瑞士信贷集团的一个碳交易合约证券化开启了现代金融工程在碳交易市场中使用的新时代。该行将来自三个国家五个项目开发者的在联合国批准的各个阶段的 25 个 CDM 项目捆绑在一起，然后，他们将这些资产分成代表不同风险水平三种投资产品并出售给投资

---

① Michael W. Wara, David G. Victor. A Realistic Policy on International Carbon Offsets [DB/OL]. [2011-05-26]. http://iis-db.stanford.edu/pubs/22157/WP74_final_final.pdf.

者,这个过程就是所谓的"证券化"。碳证券听起来像让我们难以忘记的抵押贷款证券,因为他们在结构上的确非常相似。虽然瑞士信贷集团的碳证券产品风险相对不高,但将来的碳证券产品可能变得更大更复杂,可能将不同来源和类型的碳资产捆绑在一起,为了规避垃圾碳资产风险,也可能将风险较高的碳信用与诸如政府颁发的排放许可等较为安全的资产进行捆绑掉期交易。随着交易变得越来越复杂,碳证券会变得更加不透明,曾经在次贷危机中上演的悲剧可能将在碳市场中不断深化。分析众多潜在的CDM碳抵消项目的质量只会比分析美国抵押资产的质量更困难。到现在为止,众所周知信用评级机构不可能分析构成按揭抵押证券的无数个人抵押贷款的质量,因此,他们只有依赖具有缺陷的金融模型。数学模型可能不太适合用来分析由不同碳抵消项目构成的投资组合。这种技术上的不确定性将使碳衍生品交易变得更加不透明,更易于隐藏和传递风险。

三、次贷危机中暴露的监管缺陷:完善碳金融监管权配置的警示

1999年《金融服务现代化法案》颁布以后,美国为应对混业经营的发展趋势形成了介于纵向监管与统一监管之间的"伞状监管"模式,美联储作为金融控股公司监管者处于伞尖,负责评估和监控金融控股公司的整体经营,其他行业监管机构针对各自负责的金融行业进行纵向监管。这种监管体制在自然进化过程中,监管机构日益臃肿,逐渐发展成为"双层多头监管机制",即联邦和州政府双层负责,在联邦层面上,美联储(FED)、货币监管署(OCC)、联邦存款保险公司(FDIC)共同负责对商业银行监管;证监会(SEC)、商品期货交易委员会(CFTC)与美国投资者保护公司(SIPC)共同负责对证券机构和证券期货市场监管;信用合作社监管局(NCUA)负责对信用合作社的监管;储蓄信贷会监管局(OTS)负责对储贷会的监管。仅有金融控股公司的子公司均由相应的行业监管机构实行功能性监管,对于拥有跨行业子公司的金融控股公司,其母公司实行伞形监管和联合监管共存的制度。在州政府层面上,基本采取谁审批、谁监管原则,只要是州政府颁发牌照的金融机构均由州政府进行监管。注册地成为界定银行监管部门监管权限的主要依据。由此可见,美国的金融监管,既不是纯粹的"机构性监管",也不是纯粹的"功能性监管",而是两者的结合。尽管这一模式较好地实现了专业化分工,但是美联储的伞尖功能逐渐被削弱,没有领导和协调其他监管部门的权限,进而导致各监管部门无法有效分配监管权限,致使监管重叠、监管空白和监管冲突的产生,监管

信息缺乏沟通致使监管成本增加,混业监管模式名具而实未至。[①] 比如,现在被称为"影子银行部门"的结构性投资工具(Structured Investment Vehicles,简称为 SIVs)、对冲基金(Hedge Funds)以及相关衍生工具,以前一直游离于市场和政府的监管之外。从抵押贷款经纪人到信用违约掉期交易的当事人,在这个金融价值链中,虽然涉及众多不同的监管者,但他们之间没有实行信息共享而且互不协调。由于监管机构之间缺乏协作,导致对抵押贷款市场存在的巨大风险未能及时预见并做出有效管理。次级贷款危机爆发前,在美国金融监管体制下,任何一个联邦机构都没有足够的法律授权监管金融市场和金融体系的系统风险,也没有哪个监管机构为监管的缺位负责。在今天看来,虽然导致次级贷款危机的原因很多,监管制度的缺陷无疑是重要原因之一。

对碳市场而言,在一级、二级碳市场和 CDM 项目中同样存在着监管失灵或真空的现象。碳衍生品市场缺乏监管尤其应引起重视。虽然目前大多数碳交易衍生工具还相当简单,但随着碳市场不断成熟,更复杂的碳衍生品将会不断出现。由于碳衍生品交易绝大部分是在场外交易,例如,欧盟 70% 的碳许可交易是在场外进行,因此,场外衍生工具的规则将在未来的碳交易规制方面发挥关键作用。自从次贷危机爆发以来,针对如何加强场外交易的衍生品的监管,已有很多提案和立法。

另外,从这次次贷危机中所吸取的另一发人深省的教训是,金融监管必须保持高度的独立性。在次贷危机爆发前,华尔街通过积极的政治游说和竞选捐款以促使政府放松对其管制,从而确保其取得一些所谓的成就。自从 1990 年以来,金融业对联邦竞选捐款已经翻了两番,现在已成为联邦候选人和政党所接受的竞选捐款的主要来源。例如,在 2006 年金融业捐款 25.2 亿美元,支出 36.8 亿美元进行联邦政治游说。这种规制俘获和不当的政治影响削弱了金融监管。为了确保碳交易在环境保护和气候变化方面取得成功,金融监管的政策制定者和市场监管机构必须脱离政治影响。英国金融监管机构指出,与其他商品市场相比,碳排放市场的主要不同之处就是,它是一个政治上生成和管理的市场,相对于实物商品而言,基础工具是一个非物质化的许可证,另外,在碳许可的执行方面也高度依赖政治机构从而有别于其他市场。[②] 正是碳市场的政治上生成和管理及其执行方面政治依赖的特性,使碳市场特别容易受到不适当的游说和监管捕获。

---

① 冯果,袁康. 后危机时期金融监管之反思与变革[J]. 重庆大学学报(社会科学版),2011(1):90-95.

② Jonathan Hill. The Emissions Trading Market: Risks and Challenges[R/OL]. [2011-05-28]. http://www.fsa.gov.uk/pubs/other/emissions_trading.pdf.

四、次贷危机后改进金融市场基础与监管的一些法案：透视碳金融监管的前景

次贷危机发生后，美国国会议员提出了许多与碳金融密切相关的改革法案。通过比较分析发现，这些改革法案大多以限制投机和预防系统风险为内核重新配置监管权，以局部监管扩张到全面监管确定监管范围，将投资者权益保护作为金融监管的价值追求，具体表现在以下几方面：

（一）由机构监管向功能监管转型

所谓功能监管（Functional Regulation）指按照金融功能来划分金融监管领域，即对相同的金融服务制定相同的监管标准，而不管经营这类金融业务的具体机构是什么。目前，大型金融控股公司既经营传统金融资产，也经营碳金融资产，并且具有将两者融合的趋势。若固守机构监管模式，难免出现类似次贷危机的监管真空。

美国2009年《金融衍生品透明与问责法案》（又称"彼得森法案"）和《清洁能源与安全法案》（又称"韦克斯曼法案"）均体现将碳排放权作为一般商品或衍生工具进行监管的特征。彼得森法案是目前规制商品和衍生品市场最全面的法案，还具体将碳排放权界定为农产品，将碳排放权规制类推适用更严格的农产品法律。例如，在一般情况下，碳排放权将不得不在受监管的指定的合约市场进行交易，如芝加哥气候交易所，遵循这些市场的透明度、保证金和其他方面的要求。该法案的一般条款也不以机构划分而以提供的产品或服务所体现的金融功能为规制对象，合理配置监管权能。韦克斯曼法案不仅在制度层面引入了"总量控制"制度来控制温室气体的排放，还在监管机构层面授权美国联邦能源管理委员会对碳现货市场进行监管，授权正在监管区域温室气体减排行动和其他相关排放权交易的美国商品期货交易委员会对碳衍生品市场进行监管，授权其颁布规则以防止欺诈、操纵等扰乱市场秩序行为。该法案对监管机构的安排也不是以金融机构为主导而是以其提供的产品所体现的金融功能为主导划分的。

（二）由放任金融创新的行为监管向控制投机泡沫的效果监管转型

传统的行为监管模式是以金融机构及其金融服务的行为模式为标准进行监管，注意力集中于金融活动的合规性，往往容易导致金融监管的机械与僵化。而效果监管是以金融机构及其金融服务对于金融市场的影响为标准进行监管，注意力集中于金融活动是否存在投机泡沫诱发系统风险的实效。

美国2009年彼得森法案、韦克斯曼法案和2010年《华尔街改革和金融消费者保护法案》（又称"多德-弗兰克法案"）均体现对投机、操纵、欺诈等诱发

经济泡沫的高风险交易活动的限制。彼得森法案要求美国商品期货交易委员会每年举行听证会，设置实际交割商品的持仓限额以防止过度投机，这应该包括碳排放权交易。同时为保证“真正的对冲交易”顺利进行，允许提供充分的流动性。对于碳金融市场而言，真正的对冲交易量应与主管机关核发的排放权总量保持一致。彼得森法案还规定了执行价格制度和配额战略储备制度，在碳交易价格达到执行价格时，从由差额抵换信用交易取得的配额组成的战略储备中颁发额外配额，以平抑交易价格。在其他的商品市场中，一般不存在这样类似的对操纵市场行为额外监管的执行价格。《清洁环境与稳定能源市场法案》提出了更为激进的措施，限制受特别监管的主体之间交易碳配额和限制储备。限制受特别监管主体进行市场交易，虽然严重背离了传统的“总量控制交易”制度，但是有利于防止投机泡沫在全球扩散。同样，储备会人为地造成配额短缺，禁止或限制储备能够有效应对操纵市场行为。2009 年 3 月 Lloyd Doggett 提出的《安全市场发展法案》既主张实行“总量控制与交易”制度，也主张实行碳税，根本目的是建立一个实行价格管理的碳市场。Doggett 法案意图通过提供可预测的价格信号，激励排放主体进行前期投资以实现技术突破和基础设施建设，实现碳减排，从而节约大量的排放成本，获得可归因于碳税的利润。多德-弗兰克法案则引入“沃尔克规则”（VOLCKER RULE），限制大金融机构的投机性交易，尤其是加强对金融衍生品的监管，以防范金融风险。这些法案认为，虽然发展碳衍生品市场非常重要，但是从根本上保证碳金融市场不出现由过度投机和操纵所引发的系统性风险或许更为重要。

（三）由培育金融市场的监管导向向保护金融消费者权益的监管导向转型

可以说，在次贷危机爆发前，在美国，金融消费者保护既是所有相关监管机构的责任，同时也是无人承担责任的领域。在刺激经济高速增长的愿望以及金融机构贪婪逐利的动机下，整个金融系统的活动全部围绕着培育金融市场和金融机构的高额利润为核心运转，投资者的权益尤其是中小投资者的权益往往受到漠视。在品尝了金融市场疯狂逐利酿造的危机苦果后，美国监管当局开始将投资者保护放到金融监管的核心地位。碳金融市场作为整个金融市场体系的新兴组成部分，鉴于其与能源市场、环境保护、气候变化的高度关联性，其消费者权益保护的监管导向将尤为明显。

美国 2009 年《个人消费者金融保护署法案》（简称 CFPA Act）和 2010 年多德-弗兰克法案均对消费者金融保护作了大量规定。《个人消费者金融保护署法案》的首要目的是设立一个全新的消费者保护监管机构——个人消费者金融保护署（CFPA），通过建立 CFPA 这个新的监管机构来加强实体监管规则的制定及执法工作。根据该法案，基本上将美国目前所有拥有消费者保护职能机构的权力都集中到了 CFPA，CFPA 将拥有特别的权力来监管消费者金融产品、强制信息披露，以及要求所涉金融机构向消费者提供其所设计的“功能单纯”（plain vanilla）的金融产品。在保护碳金融投资者利益方面，多德-弗兰克法案强调通过制定严格的规定，对金融产品和金融活动进行更为严格的监管，提高金融产品的透明度、限制金融产品泛滥，要求金融机构以金融消费者利益而不是自身经济利益为行为依据，保证投资顾问、金融经纪人和评级公司的透明度和可靠性，使华尔街经纪人切实承担起受托职责，允许投资者对评级机构提起诉讼。上述法案的相关规定均适用于碳排放权交易，由于相关法案将碳排放权作为一般商品或衍生工具进行监管，这些法案关于经纪人和投资基金的监管、提高证券和投资产品的透明度等内容当然适用于碳金融市场。

（本文系初稿，谢绝引用与转载）

承接产业转移中的法律与政策调控

——韩国经验对皖江城市带发展的借鉴

李书聪*

摘　要:近来,国内外发达地区新一轮产业转移的浪潮正在兴起;皖江城市带作为承接产业转移的示范区,迎来了新的发展机遇期;在示范区建设中,法律与政策调控作为整个经济调控中的重要组成部分,角色甚重;比照借鉴"汉江奇迹",慎思韩国承接国际产业转移中法律与政策调控的径路,审视示范区法律与政策调控中的问题,并立足示范区发展定位,制定、修改相关法律与政策,完善示范区法律与政策调控,促进示范区的理性协调与可持续发展。

关键词:法律与政策;产业转移;示范区

皖江城市带承接产业转移示范区(以下简称示范区),从设想提出到批准实施,一路走来,可谓经历了风风雨雨,但对于示范区建设的发展来说,这只是万里长征第一步,如何在国内产业转移和国际产业转移的浪潮中站稳脚,走得好且快,是一个值得从长计议的实践问题,也是一个值得深度探讨的理论问题。

产业转移是由于资源供给或产品需求条件发生变化后,某些产业从一个国家或地区转移到另一个国家或地区的经济行为和过程。① 而承接产业转移,在一定意义上说,就是一种新市场的开拓,是一种新市场机制的形成,是资源在一定空间、时间维度内的新最佳配置。如何充分运用好这一新市场,如何摆脱因垄断、信息偏在、外部经济效应等因素导致的市场失灵,实现资源的最佳配置,实现示范区建设在社会主义市场经济秩序下的有理性、有计划、有组织的发展,政府,作为社会整体利益的代表,必须对市场进行以法律和政策为载体的参与、调控及干预。

* 作者简介:李书聪(1987—),安徽财经大学法学院研究生,经济法方向。

① 马子红. 中国区际产业转移与地方政府的政策选择[M]. 北京:人民出版社,2009.

文章拟从承接国际产业转移的成功案例——“汉江奇迹”[①]谈起，于韩国和皖江城市带的综合比照中解读示范区承接产业转移过程中的法律与政策调控问题。

一、韩国承接国际产业转移过程中的法律与政策调控

（一）背景概述

韩国，作为一个国土狭小、资源匮乏、工业基础薄弱的农业小国，20世纪60年代到80年代用了不到30年的时间，走完了西方发达国家用半个世纪甚至更长的时间走完的工业化道路，堪称“汉江奇迹”。分析其背后之深层次原因，三次大规模的承接国际（主要是美国和日本）产业转移起到了关键性作用。

韩国三次大规模承接国际产业转移，主要包括20世纪60年代，以劳动密集型轻纺工业为主的贸易主导型产业承接；20世纪70年代，以资本密集型重化工业为主的贸易主导型产业承接；20世纪80年代，以兼具资本和技术密集型的产业为主的产业承接。在这三次承接过程中，韩国政府，作为市场经济主体之一，根据自身的条件结合国际产业转移的动向，精确把握承接时机，准确选择主导产业，以其适时、有力、完善的宏观调控法律与政策体系对经济的运行实施了强有力的宏观法律与政策调控，扮演了方向灯、助推器和保障阀的角色，也为产业承接后的继续发展指明了方向。

（二）韩国承接产业转移中的法律与政策调控措施

列表一

时间	宏观调控法律与政策措施
20世纪60年代	①1960年1月第一部《外资引进促进法》对外资的引进和使用从政策与法律上进行规定，明确了外商直接投资的免税期、与国内企业的平等待遇及汇付利润和撤资的担保等条件；[②] ②1966年新《外资引进法》规定了促进技术引进的措施； ③生产出口产品所用中间材料和设备进口的关税减免制度； ④低息出口支援贷款等出口优待金融措施； ⑤1964—1965实行汇率和利率改革，韩元贬值，利率提高；1965年将汇率制度从产业差别性复汇率制改为单一浮动汇率； ⑥1962年设立技术管理局，1967年升级为科学技术处，具体负责科学技术振兴政策和制度的制定并督促执行； ⑦为推行战略产业的进口替代，制定7个特殊工业振兴法等。

---

① 陈龙山．韩国经济发展论[M]．北京：社会科学文献出版社，1997.

② 王法春．国家创新体系与东亚经济增长前景[M]．北京：中国社会科学出版社，2002.

（续表）

时间	宏观调控法律与政策措施
20 世纪 70 年代	①1970 年，政府发布了《钢铁工业培育法》，为钢铁工业发展创造有利条件； ②1972 年制定《技术开发促进法》，目的在于促进产业技术的自主开发和引进技术的消化吸收，加强企业的国际竞争力； ③1973 年制定《特定研究机构扶持法》，为政府资助建立机构提供了法律依据，在立法基础上建立由政府资助的各类研究机构，1973 年设立韩国科学院，此后又设立了 19 个与扶持重化工业有关的国立研究所； ④税收政策方面，对选定的重化工业提供税收优惠，对购买国产设备的企业抵免投资税额； ⑤在贸易政策方面，为促进重化工业的发展，政府加强对进口的控制，号召国内厂商购买国产重化产品，规定主要产品设备的国产化率条件等。
20 世纪 80 年代	①制定《工业发展法》、《产业技术研究组合扶持法》等法律，强化产业技术开发措施； ②1981 年修改了《商业税法》，规定私人企业用于研究开发的费用可减免 10% 的税额；为科研活动购买的房地产可免征地方税，在韩国工作的外国技术人员可免缴所得税；为科研进口的设备和物资可降低关税，降低新技术产品的消费税等； ③1986 年出台科技发展 15 年规划，明确提出将技术开发的主体由政府逐步转到企业； ④对高新产业投入了大量的人力和资金，鼓励企业进行技术开发，并在税收，融资等方面给予企业诸多优惠； ⑤贸易政策方面，实行进口自由化和降低关税等贸易自由化政策； ⑥实行资本自由化政策，进一步完善外资规制，促进了技术引进等。
20 世纪 80 年代之后	以第七次经济社会开发五年计划（1992—1996）为标志，制定了一系列的发展政策；韩国从 1998 年开始加速进行产业结构调整，制定了《面向 21 世纪的产业政策方向及知识型新产业发展方案》，经济进入了新的发展阶段，并且使产业转移进一步呈现双向互动局面。

资料来源：[1]http://blog. sina. com. cn/s/blog_416ba4c90100lfi8. html.

[2] 沈同．数据看皖江——皖江城市带承接产业转移示范区发展潜力扫描[J]．江淮，2010 年第 2 期．

（三）韩国承接产业转移法律与政策调控措施列表解读

通过对列表一的解读，我们可知：

1. 法律与政策等正式制度因素在调控中的重要作用

从 20 世纪 60 年代，韩国承接产业转移开始，一直对制度因素在产业转移过程中发挥的作用倍加重视，应该说对于制度因素在经济生活中发生重要作用的关注，不因韩国而起，也非科斯所创，而是从亚当·斯密的经济学巨著《国富论》始然。

L. E. 戴维斯和诺斯对制度安排下了这样一个定义："一项制度安排，是支配经济单位之间可能合作与竞争的方式的一种安排，制度安排可能最接近于'制度'一词的最通常的含义了"。① T. W. 舒尔茨在《制度与人的经济价值的不断提高》一文中，将制度定义为管束人们行为的一系列规则。② 林毅夫的制度概念比较接近于舒尔茨，"从最一般的意义上讲，制度可以理解为社会中个人遵循的一套行为规则"。另外他也对制度安排下了定义，"制度安排的定义是管束特定行动模型和关系的一套行为规则"。③ 对于制度概念之界定，不同人从不同的角度有不同的表述。从广义上讲，可把制度分为正式制度与非正式制度，本文中提到的宏观调控中的法律与政策应该属于正式制度。法律政策作为一种正式制度，对承接产业转移与经济进一步发展有很强的指导与促进作用，良性的法律政策，一是能保证交易的公平，二是能提高经济活动的可预期性，并能降低交易成本。

从韩国的发展历程，我们能够清晰地看出，从60年代第一阶段承接产业转移开始，韩国就制定了一系列的经济发展法律与政策，并且随着经济的进一步发展，不断修改完善旧法律政策，制定通过新法律政策，并最终形成与经济发展相适应的宏观调控法律与政策体系。也正是这种不断调整的法律与政策发展运行模式，才使韩国能在短时间内顺利承接三次大规模产业转移，并成为了后来保持经济持续发展的动力源泉。

2. 法律与政策在调控中的合理分工

从列表一对韩国在承接产业转移过程中法律与政策的解读可知，法律与政策因其不同属性，其在不同调整领域的分工是十分明确的。一般来讲，法律制度调整较为稳定的社会关系，所以它偏重对既有的社会关系的确认、保护或控制。而政策是应对的手段，它不仅要处理既有的问题，更为突出的是要对正在出现的或将要出现的问题作出反应，因此它偏重采取灵活多样的措

① L. E. 戴维斯，D. C. 诺斯．制度变迁的理论：概念与原因[C]//财产权利与制度变迁——产权学派与新制度学派论文集．上海：上海三联书店，上海人民出版社，1994：271.

② T. w. 舒尔茨．制度与人的经济价值的不断提高[C]//财产权利与制度变迁——产权学派与新制度学派论文集．上海：上海三联书店，上海人民出版社，1994：251.

③ 林毅夫．关于制度变迁的经济学理论：诱致性变迁与强制性变迁[C]//财产权利与制度变迁——产权学派与新制度学派论文集．上海：上海三联书店，上海人民出版社．1994：375.

施，以适应社会形势不断发展变化的需要。①

所以，韩国在其承接产业转移过程中，对于长期性的发展战略、发展机制，通过法律的形式使其确定化、稳定化，如《技术开发促进法》对产业技术引进和开发的长期作用；而对于阶段性、暂时性的短期优惠措施，则通过政策的形式予以体现，如不同时期不同经济形势下贸易政策、税收政策的不断调适。正是由于法律政策在不同调控领域的合理分工，才使韩国在承接国际产业转移中有章可循、有序可循。

3. 法律与政策调控的范围与程度

韩国在承接产业转移过程中，法律与政策的调控范围非常广泛，涉及多个方面，在吸引投资方面，60 年代的外资引进法，规定了外商直接投资的免税期、国内外企业的平等待遇、汇付利润和撤资的担保等条件，为吸引外资的快速进入提供了优质的环境条件；在税收方面，对重化工业的税收优惠，对企业研发的税收减免等，促进了以资本密集型重化工业为主的贸易主导型产业的顺利承接和企业对技术研发的高投入；在金融方面，改革汇率和利率，鼓励企业融资，对产业转移中企业的发展给予大力的金融支持；在技术开发方面，对技术引进与研发给予各方面的法律与政策支持，且政府专门设立机构，负责制定和监督实施振兴科学技术的法律与政策等。并且随着产业转移不同阶段的不同发展形势，韩国对法律与政策做出了相应的修改和完善，调控程度不断深入，也正是因为法律与政策广范围和深程度的调控，才使韩国在三次承接国际产业转移过程中，能够大量吸引优质的国外投资，不断发展壮大对外贸易，维护健康稳定的金融市场，发展高质量的科学与技术教育，掌握核心技术，提高企业及产品的国际竞争力，并最终实现产业的不断升级和经济的跨越式发展。

4. 政府准确定位促进法律与政策调控

1956 年 5 月 16 日，朴正熙政变之后，建立了高度集权的军人政府，韩国政府十分重视市场机制在经济发展中的重要作用，在产业转移过程中，“政府只是制定产业政策和计划，并不直接插手企业的经营管理，而是通过一系列的法律、政策和经济手段来实施”②。并且在法律与政策的具体实施过程中，国民经济各部门能够相互配合，高效运作。韩国政府对自己职能的准确定位，使其对如何实施法律和政策调控能够精确把握，使法律与政策调控和市场机制的自身调节达到良性的融合。这种以市场机制为基础，以政府法律与政策调控为保障的运

---

① 朱未易．试论我国区域法制的系统性构建[J]．社会科学，2010(10)：92.

② 张小兰，木艳蓉．战后韩国产业结构演变的成功经验对我国的启示[J]．商业研究，2002(07)：126.

作模式,也促成了韩国三次承接国际产业转移的顺利进行。

5. 专门机构促进法律与政策调控

为专门制定经济发展计划和政策,韩国于 1961 年 7 月成立了经济企划院,集合了法律、经济、公共管理等方面的专家学者,且由一名主管经济计划的副总理领导,这就强化了政府对承接产业转移的协调、组织及领导。这样,从 1962 年开始韩国连续实施了六个“经济开发五年计划”,结合国情及国际产业转移的动向,从宏观上为产业承接和发展指明了方向。[①] 另外,1967 年升级技术管理局为科学技术处,来具体制定并督促执行科学技术振兴政策和制度,等等。纵观韩国在承接产业转移中的经济发展轨迹可知,这些专门机构的设立,一方面提高了政府制定政策的科学性、权威性、有效性,另一方面,也促进了法律与政策调控的有效实施。

二、皖江城市带与韩国的综合比照与解读——可行性分析

列表二

比照因素 \ 比照对象		皖江城市带(2008 年)	韩国(1970 年)
发展定位		合作发展的先行区、科学发展的试验区、中部地区崛起的重要增长极、全国重要的先进制造业和现代服务业基地	提升工业化水平,促进国内产业结构优化升级,促进社会经济持续发展
国内因素	面　积	7.6 万平方公里	9.9 万平方公里
	人口	3058 万人	2715 万人
	城市化水平	46.4%	50.2%
	三次产业结构比重	11.4%、51.5%、37.1%	26.7%、29.1%、44.2%
	区位优势	沿江通海,承东启西,交通便利,区位相对优越	东临日本海,西临黄海,交通便利
	政府对经济的调控力度	政府对经济能实施强有力的调控	政府高度集权,经济调控力度强
	市场容量	市场容量大,增长迅速	国内市场容量相对较小,但有广阔的国外市场

① 张琴,蒋瑛. 韩国承接国际产业转移的经验及启示[J]. 经济纵横,2009(8):106.

（续表）

比照对象 比照因素		皖江城市带（2008 年）	韩国（1970 年）
国际因素	国际经济环境	刚刚经历世界金融危机，迎来国际新一轮的产业转移	利用与美、日的特殊关系，抓住发达资本主义国家向海外转移加工业的机会，积极参与国际分工
	国际政治环境	世界总体和平，局部战争，政治环境相对宽松	两大阵营对抗，国际上政治性经济援助盛行，美国对韩国给予了大量经济援助和军事援助

资料来源：[1] 根据安徽省统计局网站数据和《安徽省统计年鉴 2008》计算整理。

[2] http://gov. finance. sina. com. cn/zsyz/2006-11-14/93317. html.

通过对皖江城市带和韩国在发展定位与国内、外影响因素方面的比照，我们可以看出，两者有很大的趋同性，即（1）都处在国际产业转移的机遇期；（2）都有相对优越的区位，方便的交通；（3）区域面积、人口数量基本等同；（4）产业结构有待进一步调整完善；（5）市场前景广阔；（6）政府对经济能够实施强有力的调控；（7）相对有利的国际经济环境和政治环境，等等。

从皖江城市带和韩国的趋同性来说，在示范区的建设中，我们借鉴韩国在承接产业转移过程中的经验是可行的，因此，示范区建设也要重视法律与政策等正式制度因素的重要作用，加大法律与政策调控的范围和程度，做好法律与政策在调控中的合理分工，提升政府对法律与政策调控实施的宏观把握能力等。另外，示范区作为我国在承接产业转移过程中出现的新尝试，有其发展定位、存在条件、试验方向的特殊之处，因此，我们要在做好自身条件充分分析的基础上来积极借鉴韩国经验。

三、示范区建设中的法律与政策调控问题分析

（一）重政策之用而轻法律之效

秩序是人类生存和人类发展的必须，[①]是人类理想的要素和人类活动的基本目标[②]。殊不知，处于微观层面的市场各类主体的行为，只能说是一种个体理性行为，无数个个体理性之和并不能形成整体的理性结果，甚至会造成

① 卓泽渊．法的价值论[M]．北京：法律出版社，1999：179-181.

② 张文显．法哲学范畴研究[M]．北京：中国政法大学出版社，2001：195.

一种无秩序，从而与人类理想的要素和人类活动的基本目标相悖，此时就需要国家的宏观调控。而就目前示范区建设中的宏观调控来说，多以政策形式，而少法制构建；多以经济、行政手段，而少法律手段。成熟的宏观调控，应该在发挥政策调控作用的同时，着重发挥法律规制的规范性和长效性优势，做到两者互补、互辅、互济。①

因此，在示范区建设中，我们应彰显法律在调控中的秩序价值和制度价值，以法律来规范宏观调控政策，用法律来构建有序的中观市场和微观市场，并通过法律来确保全方位、多层次、立体化的示范区建设宏观调控体系的形成、运作及实效。

（二）以法制协调促进示范区建设的理性协调

示范区建设，应该是外部积极联系、内部有效整合的有机统一体。一方面，示范区作为承接产业转移的示范平台，要考虑如何做好承接国际国内尤其是长三角地区产业转移的充分准备，同时要慎思如何协调承接与被承接的关系；另一方面，示范区作为一个区域，它是由九市两县区组成的整体，如何实现示范区内的整体经济理性，也是无法回避的问题。

根据以往经验，解决上述困境的惯常方式即制定相关的规划、计划、战略、指示甚或口号，但在落实过程中，这些惯常方式往往就走了样，成了形式上的官场方式。走样的原因很多，但很重要的一点就是这些惯常方式缺乏法律效力，缺乏明确的权利义务划分和清晰的法律责任承担，其局限性也就不可避免。我们说，“统一的法制是统一市场体系得以形成和有效运作的根本保证。”②同理，法制也是实现示范区建设的主要参数，要实现示范区建设外部联系、内部整合的有机协调，最终要靠法律制度来规制和保障。因此，要从立法、执法、司法角度着手，立足示范区整体发展要求，做好示范区法制协调，破除地区封锁、明确各方责权义，从而实现示范区建设各方利益的理性协调。

（三）完善法律调控规范

法律调控整体效果的发挥，不是一部或几部法律规范作用的结果，而是完善的法律规范体系综合作用的成效。

目前，有关示范区建设的法律规范不甚完善，且法律层次比较低，大多是部门规章、政府规章、规范性文件等，如《国家工商行政管理总局关于支持皖江城市带承接产业转移示范区建设的意见》、《关于加快推进皖江城市带承接

① 余蓉蓉，姚义俊．完善宏观调控法律机制对我国房地产市场发展的意义［J］．中国商贸，2009（07）：19.

② 张廉．论法制统一的实现途径与措施［J］．法律科学，1997（1）：24.

产业转移示范区建设的若干政策意见》、《关于金融支持芜湖率先推进皖江城市带承接产业转移示范区建设的指导意见》等。为适应示范区建设对法律调控的要求，应以皖江城市带发展定位为基准，尽快制定《皖江城市带承接产业转移示范区促进条例》，并建议由全国人大常委会适时出台《关于支持中西部地区承接产业转移的决定》，从而形成相对完善的法律调控规范体系。

(四)加大政策调控支持

示范区建设目前尚处于初始阶段，基础薄弱，经验缺乏，整体水平很低，在投资环境和企业竞争实力方面与发达地区还有很大差距，在承接产业转移过程中，只靠市场自身力量，可能出现心有余而力不足的现象，由凯恩斯理论可知，政府在宏观调控中扮演着重要的角色，政府通过政策对经济运行施加影响，可以减轻经济波动，使总体经济的均衡点处于一个理想的位置。①

因此，示范区建设中，政府应该给予相关的政策扶持，在 2010 年 4 月 2 日，安徽省委、省政府出台了《关于加快推进皖江城市带承接产业转移示范区建设的若干政策意见》，其中在财税政策、土地政策、价格政策、金融政策、环保政策和人才激励政策等方面给予了大力支持。随着示范区建设的不断推进，扶持政策应适时而变、适事而变、有增有减、不断完善，如在金融政策方面，加大各金融机构对产业转移的信贷支持力度，同时在政策性银行设立支持产业转移的专项贷款②等。

(五)有效统一市场调节与政府调控

经济的发展，从来不是市场自己的事情，它是市场和政府共同作用的结果，韩国的经验表明，在整个经济运行的调控过程中，政府扮演着重要的角色。目前，在我国的市场经济发展中，政府的问题主要不在于其作用太大，而在于其不应在竞争性、赢利性领域扰乱市场，不应在经济秩序管理上放松，不应在社会公平领域误用经济规则。因此，在示范区建设中，我们要转变政府职能，明确政府定位，转变政府调控手段，提高政府调控的效果，做到：(1)细化法律与政策调控范围；(2)明确法律与政策调控方向；(3)促进法律与政策调控互动；(4)提高法律与政策调控效果。从而实现示范区建设中的市场自身调节和政府法律与政策调控的有机统一。

(六)强化示范区高校在法律与政策调控中的作用

《国家中长期教育改革和发展规划纲要》明确提出了增强高等教育的社会服务能力，“推进产学研用结合。加快科技成果转化……积极参与决策咨

① 欧阳明，袁志刚．宏观经济学[M]．上海：上海人民出版社，1998：22－23.

② 吴兆雪，李卓．皖江城市带——安徽崛起的新机遇[J]．乡镇经济，2009(11)：82.

询，充分发挥智囊团、思想库作用”[①]。在示范区，仅合肥、芜湖两市，就拥有高等院校68所，各类科研机构475家，国家和国家重点试验室5个，省部级重点试验室17个，省级以上工程技术研究中心、企业技术中心95家，各类专业技术人才52.8万人。[②] 因此，在示范区建设中应充分利用地区科技教育资源，为此，可在部分具有优势学科专业的高校设立专门的示范区建设科研机构，加强对示范区建设法律与政策调控的研究，以提高示范区法律与政策调控的实效性、科学性、权威性。

① 国家中长期教育改革和发展规划纲要工作小组办公室．国家中长期教育改革和发展规划纲要（公开征求意见稿）[EB/OL]．[2010-03-16]．http://www.moe.gov.en/edoas/websitel8/zhuanti/2010zqyj/survey_add.jsp? classifyid=106.

② 谢培秀，殷君伯．建立皖江城市带承接产业转移示范区的思路与对策[J]．铜陵学院学报，2009(1):65-67.

安徽发展低碳经济面临的问题与对策

吴　骏　陆海丹*

摘　要：国际金融危机发生后，全球合作应对气候变化，低碳经济时代到来，这将产生新一轮工业革命。文章通过对低碳经济时代全球产业发展新趋势的研究，指出：新能源产业正逐渐成为全球新的经济增长点，各国政府高度重视新能源产业的发展，正在积极抢占新能源产业制高点；在分析了低碳经济背景下全球产业发展新趋势及安徽发展低碳经济所面临问题的基础上，给出了低碳经济背景下安徽经济发展的一些对策建议。

关键词：新能源产业；低碳经济；安徽经济

一、全球合作应对气候变化、低碳经济时代到来

为阻止气候变化，早在1990年，联合国就通过了多国签署的旨在减排以防止全球变暖的《京都议定书》。美国在奥巴马总统上台后，对气候变化的政策基调发生了根本性转变。为了使经济尽快复苏和防止下一个全球危机的发生，美国对全球气候变化高度重视，2009年6月26日美国众议院通过了“美国清洁能源与安全法案(ACESA)”[1]，这一法案首次对美国企业二氧化碳等温室气体排放作出限制，要求到2020年之前实现排放量比2005年水平减少17%，到2050年之前减少83%。2005年欧盟为执行议定书正式推出了碳限量(封顶)和交易体系，2009年10月，欧盟委员会建议欧盟在未来10年内增加500亿欧元发展低碳技术，以应对气候变化和能源供应安全方面的挑战，保持欧盟的经济竞争力。欧盟委员会已联合企业界和研究人员制定了欧盟发展低碳技术的“路线图”，计划在风能、太阳能、生物能源、二氧化碳的捕获和储存等六个具有发展潜力的领域发展低碳技术。2009年4月，日本出台新

* 作者简介：吴骏，合肥工业大学管理学院教师；陆海丹，合肥工业大学知识经济与企业管理创新研究中心工作。

的经济刺激计划，其中包括太阳能在内的环境保护项目总支出计划为1.6万亿日元，首次将发展太阳能正式列入日本的经济刺激计划。日本政府计划通过推广太阳能发电、电动机车及节能电器来实现“低碳革命”，在今后3～5年的时间里将太阳能发电设备价格降到目前价格的一半，要加速建造节能型建筑，争取到2019年有50%的房屋达到节能要求。日本提出要“引领世界二氧化碳低排放革命”，将发展低碳经济作为促进日本经济发展的增长点。

2009年12月7日至18日，世界各国领导人齐聚丹麦首都哥本哈根，签署了新的国际减排协议，我国政府承诺，到2020年中国单位国内生产总值二氧化碳排放比2005年下降40%～45%，作为约束性指标纳入国民经济和社会发展中长期规划，并制定相应的国内统计、监测、考核办法。

低碳经济时代的到来，势必将导致全球制造业发生重大结构调整，低碳经济将催生新的经济增长点，它将与全球化、信息技术一样，成为重塑世界经济版图的强大力量。

二、安徽省发展低碳经济面临的突出问题

1. 高耗能产业比重大，节能减排压力大

表1　2002—2008年安徽省能源消耗量、碳排放量数据

指标＼年份	2002	2003	2004	2005	2006	2007	2008
GDP(亿元)	3519.7	3923.1	4579.3	5375.1	6131.1	7364.2	8874.2
人均GDP(元/人)	5526	6120	7088	8249	9299	11031	13164
能源消费总量(万吨标煤)	5443	6066	6209	6641	7096	7752	8341
单位GDP能耗(万吨/亿元)	1.55	1.55	1.36	1.24	1.16	1.05	0.94
碳排放量(万吨)	13570	15120	15480	16557	17691	19326	20796
单位GDP碳排放(万吨/亿元)	3.86	3.85	3.39	3.08	2.89	2.62	2.34

资料来源：2002—2008年《中国能源统计年鉴》、《安徽省统计年鉴》。

安徽省正处于快速工业化、城市化进程中，在安徽省产业结构中，钢铁、冶金、有色、建材、电力等高耗能、高污染、高排放的产业比重大，决定了安徽省单位GDP能耗大。能源结构是以煤为主，以煤为主的能源消费结构在短期内难以改变，而能源消费与碳排放量的大小成正比，所以安徽省节能减排压力非常巨大。

2008年，安徽省单位工业增加值能耗为2.34吨标准煤/万元，高于全国

平均水平。在电力工业中,水电占比很少,绝大多数为火电,而每燃烧一吨煤产生的二氧化碳气体比石油和天然气每吨多30%和70%。因此,限制火电工业的大规模发展对环境的威胁,对安徽省来说也是一大挑战。

表2 2006—2008年安徽省分行业能耗情况

单位:%, 万吨标准煤

行业	2006	构成	2007	构成	2008	构成
农、林、牧、渔、水利业	154.22	2.17	160.42	2.07	180.67	2.17
工业	5548.8	78.1	6051.6	78.09	6486.81	77.81
建筑业	67.22	0.95	75.45	0.97	88.93	1.07
交通运输和邮电通信业	337.08	4.75	416.66	5.38	439.75	5.27
商业、饮食、物资供销和仓储业	117.27	1.65	118.40	1.53	104.76	1.26
其他	125.59	1.77	136.41	1.76	204.90	2.46
生活消费	752.04	10.59	790.20	10.20	831.10	9.96

资料来源:2000—2008年《中国能源统计年鉴》、《安徽省统计年鉴》。

2. 清洁能源资源不足,发展清洁能源面临挑战

从全国范围来看,安徽省的清洁能源的资源优势相对薄弱。有些种类的清洁能源比如海洋能资源处于空白状态,风能资源和太阳能资源也不具有优势,地热能基本上也没有得到勘探和开发。现有得到利用和开发的资源只是一些水能和生物质能资源及少量的煤层气和太阳能,且其开发利用总量只占全省能源生产利用总量的15%左右。水力发电占全省发电总量的比重1980年为8.9%,1985年为7.2%,1990年为6.8%,1995年为3.6%,2000年2.25%,2005年为2.02%。太阳能在工业方面的利用也几乎为空白,大多数是在生活的太阳能热水器方面。农村沼气的利用,由于受到资源和收入条件的限制,使用也没有得到普及。

3. 低碳产业发展滞后,技术创新不足

截至2009年7月,我国在世界CDM(清洁发展机制)理事会注册的项目有431个,其中安徽省仅有10个,占全国的2.3%,明显低于其他省份。而且,安徽省的CDM项目大多属于节能和提高能效领域,新能源和可再生能源项目发展不多,高新技术含量较低。

建国60余年以来,中国能源技术得到了长足发展,但与国际先进水平相比仍比较落后,远不能适应增加能源供给、优化能源结构、提高能源效率的要求。由于清洁能源基本上是新能源,技术要求很高,很多清洁能源的开发利用,起始投资量巨大,且投资的回收期较长,开发使用清洁能源的经济合理性

较差,市场主体投资的积极性不高,技术开发起来就比较困难,低碳产业难以形成规模。与先进省份相比,安徽省光伏产业、新能源汽车、建筑节能和环保设备等低碳产业发展相对落后,差距明显。以太阳能光伏发电为例,安徽省不仅项目少、企业规模小,且缺乏完整的产链。安徽省对清洁能源技术创新财力支持有限,资金投入不足,清洁能源技术发展缓慢。

4. 建筑、交通领域节能困难大,制约"低碳"社会进程

安徽省建筑及交通领域能耗比较高,建筑业能耗已占总能耗的30%左右,新建房屋绝大部分仍属于高耗能建筑,建筑业的能耗仅次于工业领域,交通运输业也是耗能大户。随着房价持续上涨,安徽省房地产开发量增大,加之汽车市场需求旺盛,建筑业和交通领域的能源消耗呈不断上升的趋势。尽管安徽省已经启动了建筑、交通领域的节能试点项目,但由于思想理念、技术、人才等方面存在诸多问题,现有试点项目仅通过政府推动,缺乏市场激励机制,相关企业积极性不高,公众参与意识低,"低碳"社会建设氛围不浓。

三、低碳经济背景下安徽经济发展的对策研究

安徽省的主导产业煤炭、石化、电力、钢铁、建筑、制造业、有色金属等都是以高碳排放为主要特征,城市化和工业化水平低于全国水平,如果刻板地走节能减排的路子,势必影响经济的发展。现阶段,安徽省发展低碳经济还不能抛弃"高碳"产业,而是要在降低碳排放量中,即低碳化过程中推进工业化,优化产业结构、能源结构。

1. 发展可再生能源和新能源,优化能源结构

通过加大水电投资、扶持太阳能产业、推广农村沼气工程等措施,加快全省清洁能源发展步伐。围绕生态农业和农产品资源,打造"种植—养殖—加工—综合利用"以及以农业资源为原料的化工、食品、生物质能源循环产业链,大力实施"九节一减"工程(即节地、节水、节种、节肥、节药、节电、节柴(节煤)、节油、节粮、减人),加快特色循环型低碳农业模式的发展。积极推动芜湖、池州和安庆的三个核电项目的建设,为我省减少大量发电用煤消耗,提供清洁无污染的电力。

目前,安徽省太阳能、光伏以及半导体照明灯等低碳技术和产业也已经起步并呈现良好的发展势头。随着"十二五"规划的实施,以及金太阳工程以及后续工程的推进,国内的光伏市场将加速发展。安徽省应该响应,积极参与"金太阳工程",申请国家在光伏政策上的补贴,在光伏发电新技术开发方面重点投入人力物力财力,力争在核心技术上取得突破,在国内市场上占据尽可能大的份额,并将获得的经济利益投入新一轮新能源技术开发,形成新

能源技术开发—获取经济利益—新能源技术开发的良性循环，充分发挥市场激励体制的作用。

2. 推进产业结构优化升级，加大工业领域节能力度，构建低碳产业支撑体系

（1）大力推进清洁能源产业化。以生物质能、风能、氢能、太阳能、燃料电池等为主要方向，积极发展清洁及可再生能源，加大产业化力度。（2）积极发展低碳装备制造业。提升内燃机、环保成套设备、风力发电、大型变压器、轨道交通配套装备、船舶制造等装备制造业的研发设计、工艺装备、系统集成化水平，积极发展小排量、混合动力等节能环保型汽车，加快低碳装备制造业和节能汽车产业发展步伐。（3）大力发展电子信息（软件）、文化创意等低碳产业和服务业。完善集成电路产业链，培育信息家电产业集群。积极推进研发设计、软件设计、建筑设计、咨询策划、文化传媒和时尚消费等创意产业，大力支持以创意设计工作室、创意产业园和文化创意体验区为载体的创意产业发展。加强有机食品、绿色食品和无公害食品基地的建设。积极推进低碳科技服务业、旅游业等现代服务业发展。（4）积极推进煤炭净化技术创新，加强相关基础设施建设。同时，要大力发展水电、微水电、沼气、地热能和生物质能的开发和利用。加大对垃圾焚烧发电和秸秆等生物质能发电以及煤层气和煤矸石的综合利用，最大限度地降低能源消费强度和碳排放强度。

在重点行业和领域，加大科技研发投入力度，大力发展循环经济。针对全省能源工业及水泥、钢铁等重点排放行业所占比重较大的特点，通过总量控制、市场准入、建立落后产能退出机制、提高产业集中度、积极发展高技术产业及新兴产业等措施，有效降低工业生产过程中温室气体的排放。认真贯彻落实《安徽省节约能源条例》，组织重大节能技术示范和推广活动，在冶金、电力、煤炭、化工、建材等行业组织实施一批重大节能示范项目。

3. 加强自主创新和国际合作，推进低碳技术产业化

培育一批国家、省级低碳技术科研和产业化基地，在节能和新能源汽车、可再生能源、核能、循环经济等重大技术的研发方面加大投入力度。节能环保等低碳产业已经纳入了合芜蚌自主创新综合配套改革实验区鼓励发展的主要产业，要把握这个契机，在合芜蚌自主创新综合配套改革实验区的建设过程中，把节能环保等低碳产业当做发展的一个重点方向来抓。着眼于中长期战略技术的储备，加快现有低碳技术推广和应用以及关键低碳技术的自主创新。引导风险投资，鼓励企业开发低碳先进技术。

目前，国内质量较好的节能产品，几乎都是外资企业在生产，先进的节能技术基本上都被发达国家垄断了。节能技术的开发利用，具有起始投资量巨大，且投资的回收期较长的特性，因此往往引进吸收消化比直接投资开发更

有利。加强国际低碳方面的技术交流合作，积极参与国际能源技术和碳交易市场，加强低碳技术、低碳产品的贸易，充分有效学习利用发达国家对我国的技术转让，促进安徽省低碳经济发展。

4. 开展交通、建筑领域节能，提高能源使用效率

(1)降低公务车的燃油消耗，倡导公务车出行拼车和乘用公交车辆；进一步提升小排量、节能环保型车辆的使用比例，淘汰环保不达标、油耗高的车辆，努力降低公务车燃油用量等。此外，还要鼓励消费者对新能源汽车的购买和使用，落实对新能源汽车的购买补贴，优先在公交、出租、公务、环卫和邮政等公共服务领域推广使用节能与新能源汽车，带动全省低碳交通发展。奇瑞、江淮以及安凯等汽车制造企业在混合动力、纯电动汽车等新能源汽车的研发和生产方面具有较强的自主创新能力和自主品牌优势，政府应该加强投入并进行适当的政策扶持，巩固和发展这些大型汽车企业在新能源汽车研发及生产方面的优势，力争和欧美等发达国家在新能源汽车研发生产领域的竞争中占得先机。

加快发展绿色航运。继续加快推进长江、淮河、芜申运河、合裕线、沙颍河等航道建设，全面提高航道技术等级，改善通航条件。加快推进芜湖、安庆、马鞍山、合肥等重点港口建设，促进港口结构调整和升级。引导港航企业加强节能管理，加快内河船型标准化进程，加速老旧运输船舶淘汰工作，完成干线航道现有挂桨机船舶淘汰率96%以上的目标。积极发展集装箱运输、大宗散货专业运输和多式联运、江海直达等现代运输组织方式。

(2)积极推行建筑节能措施，推动可再生能源在建筑中规模化应用，实施“四节一环保”(节能、节地、节水、节材和环境保护)节能省地型示范工程。对在建筑中采取建筑节能措施或使用清洁可再生能源的建筑企业进行奖励，改变传统的高能耗建筑模式。安徽省政府应该加大对节能建筑的宣传解说力度，引导消费者对节能住宅的购买倾向；出台相应的建筑节能管理办法，强制开发商在新建筑中采用节能材料和技术，并由政府派专人进行监督和验收

5. 加快发展碳汇林业和农业，充分发挥碳汇潜力

碳汇主要是指森林吸收并储存二氧化碳的能力。研究表明，每增加1%的森林覆盖率，可以从大气中吸收固定0.671亿吨碳。清洁发展机制下的造林再造林碳汇项目是《京都议定书》框架下发达国家和发展中国家之间在林业领域内的唯一合作机制。发挥碳汇潜力，就是要通过土地利用调整和林业措施将大气温室气体储存于生物碳库。安徽省是农业大省，发展碳汇林业和农业潜力较大。全省要加强和改进林业生态建设和管理，扩大造林面积，提高单位面积森林蓄积量，积极发展生态农业，增加农田土壤碳贮存，减少农业

碳排放。充分利用安徽省农业和森林的碳汇潜力,争取获得国家和国际清洁机制的支持。

6. 加大财政对低碳经济的支持力度

建立省财政环境基金(或低碳经济发展基金),用于支持低碳产业项目、环境保护项目、低碳技术的研究、开发和推广与应用,推动低碳技术市场的发展。同时,在减排过程中制定一些激励措施,鼓励企业寻求更好的节省能源的技术和方法。

7. 加强宣传,开展低碳城市和低碳园区试点

加强对低碳经济的示范引导,建立政府、媒体、企业与公众相结合的宣传机制,倡导有助于建设低碳经济发展的生产和生活方式。目前,广东、辽宁、湖北、陕西、云南五省和天津、重庆、深圳、厦门、杭州、南昌、贵阳、保定八市已开始低碳城市试点。安徽可以研究学习五省八市低碳城市建设中的经验和成果,向国家发改委申报在合肥、淮北、铜陵、淮南、马鞍山、滁州等重点城市进行试验试点,争取国家资金支持以及国际资金资助,积累低碳发展经验,探索低碳发展道路。

参考文献:

[1] 美国环保协会. 关于美国清洁能源与安全法案[N]. 中国经济时报,2009-7-23.

[2] 张国红. 奥巴马的科技新政与美国的新能源发展战略[J]. 当代社科事业,2009(5):16.

[3] 程春华. 欧盟新能源政策与能源安全[J]. 中国社会科学院研究生院学报,2009(1):113-115.

[4] 熊国志. 欧盟计划400亿欧元援助汽车产业.[Z].[2008-11-7].

[5] 杨占书,曲卫国. 优化中国能源结构的政策研究[J]. 中国发展,2009(02).

[6] 刘学敏. 低碳发展之路需要经济和能源结构双重转型[J]. 中国科技投资,2009(07).

第三专题

转型安徽中的管理创新

安徽乡镇政府改革创新：成就、困境及路径选择*

徐　鸣**

摘　要：乡镇政府的改革创新工作一直以来都是安徽地方政府改革创新工作的重要组成部分，同时也是乡镇政府加强自身建设的重要手段。本文在回顾自2000年以来安徽乡镇政府改革创新工作取得成就的基础之上，分析了当今进一步深化改革创新工作遇到的困境，并具体给出了"十二五"期间安徽乡镇政府改革创新工作的路径选择。

关键词：安徽；乡镇政府；改革创新；路径

乡镇一级政府是中国最基层的一级政府，是广大农村经济建设和社会发展的组织者。乡镇政权的稳定和有序高效运行是一件关系到中国的政治稳定、社会安定和经济繁荣的大事。文章在总结安徽乡镇改革创新取得成就的基础上，详细分析了目前遇到的改革创新困境，指出乡镇改革创新的路径主要是：深化乡镇机构改革，提高政府的工作效率；全面转变政府职能，提升执政的政治合法性；加快推进县乡财政体制改革，优化财权与事权相配套；合理调整区划撤乡并镇，加快城镇化发展步伐；抓好各项配套改革，创新乡镇管理体制。期待文章给出的路径能给安徽的乡镇政府改革创新工作带来一些有益的启示。

一、近年来安徽乡镇政府改革创新的成就总结

（一）推进乡镇政府机构改革，为转变和规范职能提供保障

安徽省从2000年以来共进行了两次乡镇机构改革。2000年的第一轮改

---

* 本文系安徽省社科规划项目《安徽地方政府创新及服务型政府的构建研究》（AHSK09-10D35）的研究成果。

** 作者简介：徐鸣（1979—），女，安徽省淮南市人，中共安徽省委党校科社部副教授，中国人民大学公共管理学院博士生，研究方向公共管理理论与实践。

革是配合农村税费改革进行的，任务是精简冗员，措施是规范管理，目标是消除增加农民负担的体制性因素。2005 年的第二轮改革是为了适应取消农业税后农村经济社会新变化而进行的，任务是落实服务、措施是创新机制，目标是打造服务型政府。总结两次改革，主要做法有：一是精简乡镇机构和领导职数。综合设置乡镇机构，党政机关内设机构个数控制在三至四个；严格控制领导职数，乡镇领导职数控制在五到九名，并实行党政领导交叉任职，大力提倡乡镇党委书记和乡镇长一人兼。二是重新整合内设机构，严格定编定岗、明确责任，分流多余人员。经过改革，大部分乡镇按照精简、统一、效能的标准将原有机构整合为“四办两中心”，乡镇只设党政办、经济发展办、综政办、计生办，农业综合服务中心和社会事业服务中心。也有的县乡统一推行“三办”模式，即设置党政办、经济发展办、综合事务办，部门设置更为紧凑，管理成本大大压缩，为进一步转变和规范基层政府职能提供了机制保障。改革后，政府的工作效率大大提高，竞争上岗人员的团结意识、责任意识、危机意识明显增强。

（二）推广全民代理服务机制，创新乡镇公共服务供给制度

2009 年，安徽省委、省政府出台了《关于广泛深入开展农村为民服务全程代理制的意见》，各地积极建立和完善以乡镇政务服务中心为龙头，县、乡、村三级联动的为民服务全程代理网络，对农民需要办理的事项，采取统一受理、分类承办、上下联动、限时办结的方式，实行一个中心对外、一个窗口受理、一条龙服务，为基层群众提供方便快捷优质服务。截至 2010 年底，全省所有县（市、区）都建立了为民服务全程代理中心，90% 以上的乡镇建立了为民服务全程代理室，70% 以上的村设立了为民服务代理点。全民代理服务机制进一步转变和规范了乡镇政府职能，理顺了基层政府与民众之间服务与被服务的关系，乡镇政府的社会管理与公共服务能力明显增强。有效实现了四个转变：由“直接管理”向“全方位服务”转变；由“浅层服务”向“深层服务”转变；由“被动服务”向“主动服务”转轨；由“松散服务”向“规范服务”转型。同时，全民代理服务机制堵住了基层政府“权力寻租”的空间，通过政务公开，将各职能部门置于群众的监督之下，规范了服务行为，减少了“暗箱操作”的机会，实现了公共权力的在阳光下运行。

（三）配套事业单位改革，探索“以钱养事”的公共服务新机制

从 2005 年起，安徽在全省 18 个县推行试点，探索乡镇事业单位“以钱养事”的管理运作新模式，创新政府公益服务供给机制的新路径，把事业单位机制创新作为乡镇政府改革创新的重要配套措施来抓。这种新机制可概况为“四改一鼓励”。“四改”，即改革投入、用人、分配和考核机制。首先，改革投

入机制，把公益服务“项目化”。县政府统筹确定公益性服务项目总数量，落实项目经费，分别下达给县直主管部门和乡镇；乡镇政府按照项目科类、数量和质量要求制订具体方案，发包给事业单位后由其与承接人签订合同，乡镇政府根据履约情况兑现项目经费。其次，改革用人机制，推行全员聘用。试点地区以岗位管理代替身份管理，严格考核，实行末位待岗制，并把淘汰与分流作为常态用人管理制度。再次，改革分配机制，推行绩效挂钩。最后，改革考核机制，推行多级考核。“一鼓励”，即鼓励技术人员闯市场，出台具体措施鼓励技术人员以服务或入股形式参与龙头企业、农民合作经济组织、经营大户的经营活动。在“四改一鼓励”机制创新的基础上，有效激活了事业单位的活力，提高了事业单位服务基层民众的效率。

（四）实施行政区划调整，合理配置乡镇各项资源

行政区划调整的最终目标是通过基层政府“量”的减少，进一步凸显政府社会管理和服务“质”的变化。从 2000 年税费改革以来，安徽省在综合考虑各乡镇的地理位置、人口密度、经济水平、社会状况、历史沿革等因素的基础上，积极稳妥地调整乡镇区划和村级规模，使乡镇能有效利用资源、增强实力。2005 年至 2006 年局部试点期间，18 个试点县共调减乡镇 98 个，撤并行政村 1468 个，减幅分别为 27% 和 23.86%。2007 年，全省共调减乡镇 124 个，撤并行政村 2330 个。截至 2008 年，安徽省撤并乡镇 576 个，撤并行政村 9474 个，安徽省乡镇行政编制数共减少 5000 余名。乡镇行政区划调整带来了三个方面的成效：第一，优化了资源配置。乡镇政府可以在一个更大的地域空间内规划和设计，有利于地区发展规划的整体性、科学性，以及当地资源配置和利用的合理性。同时，随着乡镇规模的扩大，可增强乡镇作为该地区商业中心的辐射作用，带动整个地区的经济发展。第二，提高了工作效率。区划调整部分改变了安徽目前乡镇数量多、规模小、内设机构庞杂、人员超标等现状，随着机构和编制的合理确定，及分流人员工作的展开，提高了乡镇政府的办事效率。第三，降低了行政成本。通过撤并乡镇，可降低乡镇政府对基础建设的重复投资，同时工作效率的提高和重复投资的减少，又能进一步地降低行政成本，缓解了农村公共投资严重不足的矛盾。

二、深化安徽乡镇政府改革创新工作面临的困境

回顾过去的 10 年，安徽乡镇政府改革创新工作虽然取得了一定的成就，但也存在一些现实困境，这些困境阻碍了乡镇进一步的改革创新工作，主要表现在以下几个方面：

（一）机构精简不到位，职能转变不全面

乡镇政府目前的困境主要是现行的乡镇政府机构设置和职能与当前农

村发展的政治、经济形势不相适应的矛盾造成的。[1]安徽乡镇政府虽经过两次机构改革，但基层政府机构数量仍然偏多，长期以来沉淀在基层的干部队伍仍比较庞大，一些地方还存在超编的现象，财政负担较重。截至2009年底，安徽省行政编制25万人，事业单位100万人，平均每县财政供养人员在8000～9000人之间，全省县乡财政供养人口占全省财政供养人口的70%以上。同时，乡镇政府的职能越位、错位和缺位的现象仍比较突出。越位体现在管的事情越来越多，政治、经济、文化、社会无所不包。错位体现在党政不分、政企不分的问题仍比较突出。缺位则体现在对农村公共服务的供给方面存在不足，特别是医疗、教育、农村公益事业、基础设施建设等与城市的差距较大。

（二）财政收支倒挂，公共服务需求难满足

农村税费改革后，因乡统筹费被取消，导致乡镇政府基本上没有直接地收入来源。与此同时，不合理的政府层级事务划分使乡镇政府需要承担的事务却越来越多。乡镇政府承担了大量事务而缺少财政的有力支持，因此，不断扩张的行政与相形见绌的财政能力矛盾日益突出。乡镇财政入不敷出，债务负担难以化解，很难满足基层不断扩大的公共服务需求。而改革创新工作若是缺乏了一定的经济支持，一系列创新政策将难以施行。

（三）利益相关者对改革的支持程度不高，影响改革的政治合法性

所谓改革的政治合法性，就是要求改革得到参与改革的利益相关者的支持，得到大多数老百姓的认可，防止因利益分配格局的调整和变化，既得利益受损者对改革创新工作的阻挠、或是出于消极态度延缓改革措施实行等行为的出现。如果没有政治学意义上的合法性，任何一项改革创新工作都不可能取得成功。怎样弥补和协调那些改革中利益受损者，让他们心服口服的接受和拥护改革，取得他们对改革的共识和支持是一件很复杂的事情，这也将直接影响到进一步改革创新的成效。

（四）部分乡镇规模小城镇化水平低，城乡统筹任务艰巨

虽经过行政区划的部分调整，但安徽基层政府乡镇设置数量过多、规模过小、布局不合理等问题仍较为突出。安徽南部大部分县下设的建制镇，普遍规模较小，经济实力较弱，作为经济中心和物资集散地的小城镇难以形成规模集聚，辐射能力也较弱，不利于经济良性循环和社会协调发展。同时，乡镇设置过于密集，经济区域被行政区划强行分割，乡镇各自为政，各镇产业发展不成规模，难以形成区域特色经济，给城乡统筹发展也带来了一定的困难。

三、“十二五”期间安徽乡镇政府改革创新的路径

中国后发外生型现代化国家的特质，决定了至少现阶段乡镇的作用无可

替代,在“十二五”时期,深化乡镇政府的改革创新,是安徽实现转型发展、加速崛起、富民强省的根本保证。衡量乡镇机构改革成功与否的标准是“是否有利于巩固农村税费改革成果,确保农民负担不反弹;是否有利于提高乡镇机构工作效率,降低行政成本;是否有利于更好地为三农服务,提高农村生产力,促进农村经济社会又好又快发展;是否有利于依法行政,加强乡镇基层政权建设和各项基础建设,保持农村社会和谐稳定”。[2]针对目前遇到的改革困境和以上标准,笔者给出五条具体的改革路径:

(一)深化乡镇机构改革,提高政府的工作效率

安徽省委、省政府应允许各地尝试符合当地发展的各具特色的机构改革模式,建议选择一些发展条件较好的乡镇推行深化机构改革的试点。如可把乡镇所有的内设机构合并为“三办一所”,党政人大综合办公室、经济发展办公室、社会事务办公室和财政所。这样的部门设置会更为紧凑,管理成本会极大压缩。其次,进行领导体制创新。从工作实际出发,在乡镇一级只设立党委和政府机构,不再设立人大和政协机构,由党委书记兼任人大主席。取消党委、政府领导班子副职,由“三办一所”负责同志兼任乡镇党委、政府副职,同时各职能部门减少副职职数,以提高决策指挥效率。第三,深化乡镇事业单位改革。合理界定党政机关和事业单位的职责任务,实行政事分开,确立事业单位的法人地位;按照事业单位承担的职能界定管理主体,理顺条块关系,上级“条条”部门把权力下放给乡镇,让其自我管理;继续探索完善“以钱养事”的公共服务新机制,减轻财政负担,提高事业单位公共服务能力;合理调整事业单位布局,统筹规划事业单位的机构设置,优化事业单位所有制结构,实现社会事业投资主体和举办主体的多元化。

(二)全面转变政府职能,提升执政的政治合法性

税费改革后的乡镇政府职能应当由“管治”向“服务”转变。[3]在今后5年和更长一段时间里,乡镇改革要紧抓政府职能转变这项改革的核心工作,以提高基层民众对改革的支持度,进而进一步提升乡镇政府执政的政治合法性。要注重强化乡镇以下几个方面的职能:一是促进发展的职能。要转变工作方式,从计划管理,转变到总体谋划和引导服务上来,力求在农民和市场之间架起桥梁,解决农民与市场的衔接问题。二是维护政治稳定和社会稳定的职能。完善信访考核方式,做好源头治理,及时把矛盾消化在基层;组织协调有关部门打击车匪路霸、偷盗扒窃,保证群众生命财产安全;抓好安全生产,提高处理突发事件的能力;积极组织村民排查矛盾,及时解决民间纠纷。三是推进基层民主政治建设和依法行政的职能。在村级施行直接民主选举,健全乡村治理体制机制,激发基层民众的自治精神和民主意识,鼓励他们参与

到乡村治理的诸项事务之中。要着力提高乡村干部和有关执法部门人员的依法行政素质,推进依法行政进程。四是推动公共事业发展的职能。进一步完善全民代理服务机制,大力发展教育、文化、卫生事业,加强乡镇的基础设施建设,不断改善环境条件。

(三)加快推进县乡财政体制改革,优化财权与事权相配套

当前安徽乡镇财政收支倒挂的现象比较突出,要想根本上解决乡镇财力不足的问题,必须改革财政体制。安徽省早在2004年开始"乡财县管"改革试点;2009年安徽省委、省政府出台《关于实施扩权强镇的若干意见》,指出:"在150个试点镇建立财政超收激励机制;在试点镇辖区内收取的土地出让金净收益予以全额返还。"这先行的两步已使安徽乡镇政府具备进一步改革财税体制的基础。未来五年,县乡财政体制的改革重点主要有:一是加大县对乡镇的财政支持力度。农村税费改革后,税费减免所造成的乡镇财政缺口只有通过政府间的转移支付来弥补。[4]在一般转移支付基础上,建议增加激励性专项转移支付和项目配套专项转移支付。二是明确划分县乡税源,凡属乡镇及其下属企业、事业单位和个体私营企业缴纳的各类税收,契税、耕地占用税、国有资产经营收益和其他收入,划归乡镇所有。三是提高乡镇税收分成比重,尤其是对乡镇招商引资税收分成比重,给乡镇更多实惠,调动乡镇招商引资发展当地经济的积极性;四是按照建设服务型政府的要求,理顺和明确乡镇政府的职责关系,规范乡镇政府的社会管理和公共服务的职责任务和工作程序。[5]按照财权与事权相一致原则,重新核定县与乡镇的经费支出,把乡镇功能定位为包括各项政策法规规定的支出、农林水、文体广播等事业费、乡镇财政经费、行政管理费、抚恤和社会福利救济、计划生育、医疗经费等社会事业支出这些范围内。在上述核定范围内属于县乡统筹的,应尽量降低乡镇支出比例。

(四)合理调整区划撤乡并镇,加快城镇化发展的步伐

截至2008年底,安徽共有1523个乡镇,平均规模为4万人,高于全国2.5万人的平均水平,但这并不意味着规模不需要调整。乡镇区划调整一定要跳出规模"大"与"小"的争论,立足于促进本地经济发展的需要,加快城镇化发展步伐。如安徽省皖南地区乡镇规模比较小,不利于管理和壮大城镇经济,乡镇区划调整就应以撤并乡镇为主。撤销经济实力较弱、人口较少的乡镇,将其并入经济实力较强的区域中心镇。而对于皖北及皖中地区,乡镇规模已经比较大,再调整则不利于管理,区划调整就需要慎重考虑。根据实际状况加以调整,将对地区发展大有裨益。这不仅是机构改革、精简人员的需要,更是农村市场经济发展的需要。同时,通过区划调整撤乡并镇,可形成较大规

模的乡镇，其经济实力和资金聚集能力会相应增强，商业、服务业的辐射能力也会相应提高，更宜于中心小城镇的繁荣和发展，有利于回快安徽城镇化建设发展的步伐。

（五）抓好各项配套改革，创新乡镇管理体制

各项配套改革的及时跟上，是乡镇政府进一步深化改革创新工作的必要先决条件。首先，改革考核机制，营造相对宽松的乡镇履职环境。[6]在现行的压力型政治体制下，乡镇政府必须完成上级政府下达的各项指标和任务。由上级政府各相关部门组织的评比达标活动，几乎成为乡镇工作的"指挥棒"，造成基层忙于应付，既浪费资源，也影响工作。未来五年，要重点整合考评项目，把来自各部门的考核项目集中到上级政府的目标管理考核中，一次性集中考核；同时要改革考核内容，增加对乡镇政府公共服务和社会事业项目的考核，把不属于乡镇职能的事项，不能列入考核范围。其次，完善上下联动的改革机制。乡镇政府职能的转变需要上级政府的转型来"呼应"，乡镇改革不能唱"独角戏"，必须与上级职能部门形成联动机制。再有，加大农村建设投入。乡镇政府改革创新在一定程度上解决了基层政府做什么，怎么做更好的一系列问题，但同时也带来如何提高公共服务能力，健全基层管理制度等新难题。要以资金投入为重点，以合理规划为依据，真正把农村建设好，把城乡统筹落到实处。在农村建设中，省级和市、县级政府除了加大资金投入用于农村基础设施外，还应鼓励市场竞争机制引入公共领域，让农民享受到更好的公益性服务，并为市场化的农村公共服务提供经费来源。

参考文献：

[1] 金太军．推进乡镇改革的对策研究[J]．中国行政管理，2004(10)：64-70.

[2] 学习中共十六届五中全会精神导读[M]．北京：中共中央党校出版社，2005：220.

[3] 吴理财．从"管治"到"服务"——关于乡镇政府职能转变的问卷调查[J]．中国农村观察，2008(4)．62-72.

[4] 姜长云．县乡财政困难及其对财政支农能力的影响[J]．管理世界，2004(7)：61-68.

[5] 徐鸣．新形势下深化安徽行政管理体制改革的思考[J]．合肥工业大学学报(社会科学版)，2010(6)：86-89.

[6] 袁金辉，中国乡镇改革的回顾与思考[J]．管理世界，云南行政学院学报，2011(1)：109-112.

安徽应对刘易斯拐点的对策建议*

安徽省农村金融学会课题组

摘　要:劳动力供应由过剩向短缺转变、工资开始上涨的时点即"刘易斯拐点"。由于中国经济的持续发展,以及计划生育政策效应,青壮年劳动力供给已开始出现供不应求现象,工资普遍上涨,中国"刘易斯拐点"已经悄然到来。"刘易斯拐点"对于经济、社会发展、转型具有标志性意义,安徽是传统农业、劳动力大省,应抓住机遇,顺势而为,积极应对。

关键词:刘易斯拐点;成因;影响;安徽对策

第十一届诺贝尔经济学奖获得者、圣卢西亚籍著名发展经济学家阿瑟·刘易斯(W. Arthur Lewis)提出"二元经济"发展模式:在一国经济发展初期存在二元经济结构,一个是以传统生产方式生产的"维持生计"部门,以传统农业部门和农村为代表;另一个是以现代生产方式生产的"资本主义"部门,以工业部门和城市为代表。农业部门人口多、生产方式落后,其边际生产率非常低,大量劳动力剩余;此时,只要工业部门能够提供稍大于维持农村人口最低生活水平的既定工资,农业部门大量劳动力就将涌入工业部门,为工业部门的扩张提供无限的劳动力供给。随着农村剩余劳动力的大量转移,工业部门获利丰厚,投资规模不断扩大,吸纳农村剩余劳动力越来越多,直至劳动力开始供不应求,出现"民工荒"现象,竞争的结果是不涨工资就招不到人,现代工业部门的工资开始上升。这个劳动力供应由过剩向短缺转变、劳动力工资开始上涨的节点即"刘易斯第一拐点"。随着农村剩余劳动力的转移,农村居民占有资源量逐步增加,促进农业生产规模化、产业化和劳动生产率的不断提高,反过来进一步促进城市工业部门劳动力工资的上涨;直至农村农业部门与城市工业部门的边际产品相等,农村农业部门与城市工业部门的收入水平大体相当,此时到达"刘易斯第二拐点",标志着经济发展到达城乡一体化

* 安徽省社科联课题课题号 B2011014。

一元经济时代，即进入发达经济阶段。

通常所说“刘易斯拐点”即“刘易斯第一拐点”。刘易斯拐点对于发展中国家经济、社会转型通常具有强烈的标志性意义。

一、刘易斯拐点已然到来

伴随着改革开放和经济提速发展进程，特别是2000年中国加入WTO之后，外向型经济的迅速发展，外出农民工大规模增加，从1997年的3890万人增加到2005年1.3亿人，占乡村青壮年人口(20～50岁)比重从不到10%提高到40%左右，此后逐步提高到2009年的将近48%。

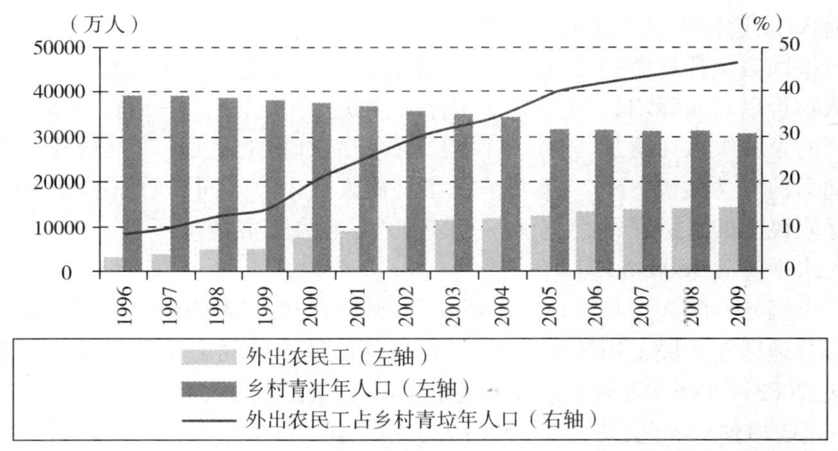

图1　外出农民工占乡村青壮年人口比例[1]

据多家主流媒体报道，民工短缺现象2004年即在沿海部分地区开始发生，2005—2007年特别是春节后有所扩散，2008年因世界金融危机一度淡出人们视野。随着中国经济的逐渐回暖，“民工荒”现象又开始大范围出现。2009年8月以来，珠三角、长三角等地很多中小企业的订单大量增加，但是却招不到工人。到了2011年，招工难现象不仅愈发严重，更是从东南部沿海地区向传统劳务输出中西部地区如四川、贵州、安徽等省份“推进”，严重地区用工缺口动辄达数百万人。

劳动力争抢大战已经全面打响，东部西部，大街小巷，招聘广告铺天盖地。东部地区如浙江省，以雅戈尔为代表的不少知名企业月工资水平已提高到3000元。在江苏省，以昆山为代表的用工“大户”不仅把招工前线直接设到西部省份，也开出了月工资2500元加五金包休假的招工待遇。格力电器为员工购买五险，餐饮住宿等优厚福利，一线工人年薪已经达到4.6万～4.8万元。随着大量承接产业转移,中西部也开始在家门口留人。2010年,以电子信息为代表的产业加速西进。以成都为例,先后有富士康、戴尔、联想、仁宝和纬创等电子信息产业巨头落户,富士康、仁宝和纬创三大生产基地就需要招收普工40万人。2011年春节前,重庆市40个区县同步举办招聘会挽留农民工,目标是填补70万工作岗位。中集(重庆)物流装备制造公司开出3300元至4000元的工资聘请熟练技术工、焊工、油漆工等。湖北省开展"春风行动",经过武汉的农民工就可以接到《春风卡》,上面印有招聘信息和求职提醒,意图留住那些正奔赴长三角或珠三角的老乡们。安徽省合肥市生产型企业普工工资也开到了2200~2500元,合肥市政府还出台了改善用工条件18条政策,从工资福利、劳动保护、养老、医疗保险、子女上学和保障性住房等多方面入手,解决农民工关心的事情。

据国家统计局数据,2011年一季度农民人均现金收入名义增长20.6%,扣除物价以后实际增长14.3%,增幅首次超过城镇居民。一是农民从事农业生产的家庭收入在增加,这主要得益于农产品价格的上涨;二是得益于农村劳动力的流动加快,今年一季度农民工外出人数比上年同期增加了530万人;三是农民工的工资在继续上涨,一季度农民工的工资增加了百分之十几,月收入水平突破1800元/月。

中国社科院人口与劳动经济研究所所长蔡昉教授调查统计,自2004年沿海部分地区发生民工短缺现象以来,农村外出就业劳动力工资增长速度逐步加快,2003—2006年,到本村以外从事生产经营活动的农民工,人均月工资由781元增加到953元,增长22.0%;与上年相比,2004年农民工人均月工资增长2.8%,2005年增长6.5%,2006年增长11.5%,增速逐年加快。蔡昉教授认为,中国在2005年前后开始进入第一刘易斯拐点区间。安信证券首席经济学家高善文通过估算农民务工机会成本(农业生产活动获得收入也即农业部门的边际产出)得到中国低端劳动力供应曲线(如图)。从1990—2004年,特别是剔除通货膨胀因素以后,农民在农业生产中的边际产出几乎是水平的;但是进入2004—2005年以后,这个水平线开始转化成为一个向上倾斜并且非常陡峭的曲线,也从另一个角度印证了社科院蔡昉教授的观点。[2]

不论你愿意不愿意承认,中国"刘易斯拐点"已经悄然到来。

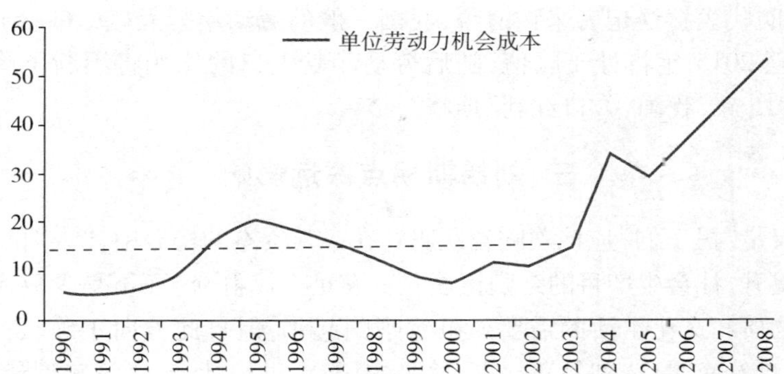

数据来源：全国农产品成本收益资料汇编，安信证券
数据说明：劳动力机会成本价格=（总产值-物质费用-土地成本-成本外支出+补贴收入）/用工数量

图 2　中国种粮单位劳动动力机会成本(元/日)

二、刘易斯拐点成因分析

从表层现象看,“民工荒”原因体现在:民工工资待遇低、工作环境差、生活条件差、背井离乡、社会保障无、子女就学难、春节大奔波等。从深层本质看,则是社会经济发展的必然结果。曾几何时,中央及各级政府出台劳动合同法,一再提高最低工资标准,要求提高劳动者收入,不仅成效甚微,“行政干预、提高成本、影响竞争力”等争议声反占上风。如今,中国经济经过多年高速发展,农村剩余劳动力大量转移,劳动力已经由无限供给转化为有限供给,激烈竞争中“人”的价值开始得到重视,“血汗”工厂生存的基础已经丧失。另外,80 后、90 后劳动力进入市场并逐渐成为劳动主力,由于父辈已经创造了生存的基础,他们已经可以说“NO”,可以有更好的选择。

而我国长期坚持不懈的计划生育政策则加速了刘易斯拐点的到来。根据教育部数据,中国小学入学人数在 1994 年达到顶峰;中学入学人数的顶峰出现在 2003 年,过去 5 年来,尽管政府增加了对中等教育的支持力度,但进入中学的学生数量平均每年降低 1. 8% ,中学学生总数以约每年 100 万人的速度减少;国内参加高考人数已从 2008 年 1050 万人的高峰降至 2011 年的 933 万人,降幅达 11% 。第六次全国人口普查数据显示:同 2000 年第五次普查相比,全国总人口 10 年仅增加 0. 74 亿人,年均增长仅 0. 57% ;0 ~ 14 岁人口的比重下降 6. 29 个百分点,60 岁及以上人口的比重上升 2. 93 个百分点。因生活、医保条件改善,平均寿命提高,老年人口不断增加,少年人口减少幅度较大,“人口红利”即将到期,促使劳动力供求关系提前发生转折。2011 年两会期间，蔡昉代表接受记者采访时说，我国一般的劳动年龄人口（16～64岁）在2010年至2015年将处于峰值，随后劳动年龄人口的比例将不断下降；据推算，至2015年，我国“人口红利”期将会结束。

三、刘易斯拐点深远影响

仅仅是“民工们”应该欢呼雀跃吗？在人与资本的博弈中，“人”的价值首次转向提升，社会生产目的终归正途——满足人民群众（而不是少数人）日益增长的物质和文化生活的需要。虽然刚刚起步，但自此方向正确、发展可持续，前途自然光明！“刘易斯拐点”将是中国21世纪社会、经济转型最重要的里程碑，其意义不亚于改革开放和加入WTO！

1. 产业结构升级自此大势所趋。“刘易斯拐点”后，无论内需、外需，低人力、资源、环境成本模式已无以为继，企业必须依靠技术、管理创新，改变要素组合才能增强核心竞争力，产业升级已是大势所趋。产业之间从“一二三”到“二三一”再到“三二一”，产业内部将启动从劳动密集、资本密集到技术知识密集的转型。在加快产业梯度转移、提升装备制造业来维持“世界制造中心”的同时，发展现代农业和现代服务业将成为首选。从国际经验看，美、日、欧等也都有一个从加工制造业向高端装备制造、现代服务业的升级转型过程。一些低端制造业优势将会被其他劳动力廉价的国家所取代，但我们完全没有必要对落后生产力恋恋不舍。产业升级将带来我国经济发展方式的转变，逐渐从依靠低成本廉价劳动力向更多地依靠科技进步和劳动者素质提高的方向转变，从生产大量低端劳动密集型产品向更多地生产技术含量高的高附加值产品转变，推动从制造业大国向制造业强国转变。在此过程中，经济发展速度可能会有所下降，但质量和效益将进一步提高。

2. 扩大内需自此可能、可持续。改革开放特别是加入WTO以来，中国依靠市场化改革和外向型经济“双轮”驱动，充分利用“人口红利”比较优势，实现了经济总量持续高速增长。然而，以资源、环境、低人力成本为代价，畸重于出口外需的发展模式终不可持续，国际金融危机加速了这种低附加值发展模式的终结。扩大内需已成为社会各界共识，劳动力和资源、能源、环境要素一样，价值提高是必然趋势。在工资层面，劳动力价值不再满足于生存（简单再生产），而是更加重视于人的发展，满足人们日益增长的物质文化生活需要。广大中低社会阶层收入增长使内需扩张成为可能，将推进中国踏上消费驱动型的可持续发展之道。

3. “三农”问题踏上可解决之道。说千道万，经济发展、收入增加是硬道理，户籍、社保、医保、教育等只能在此过程中逐步得到解决。只有减少农民，才能富裕农民。务工工资收入上涨,农民工不断流入城市工业,促进农村人均资源拥有量提高,小农经济格局变革有望起步,农业规模化、产业化乃至现代化成为可能。从国际经验看,刘易斯拐点后农产品价格将进入上升通道,农村农民的产品收入将呈长期增长趋势。农业生产率的提高又会进一步促进农民工向城市工业的流动,由此相互促进、良性循环,直至农业边际生产率和城市工业相等,此时,中国社会将进入城乡一体化的现代化阶段。

4. 城镇化进程成为应唯一可资利用的制度红利。改革开放、加入 WTO、劳动力资源、城镇化都曾是促进中国经济发展的制度红利。如上所述,刘易斯拐点之后,城镇化进程将成为唯一可资利用的最大制度红利。工业部门工资上涨促进农村劳动力转移,反过来促进农业生产率的提高,而实现农村劳动力真实、有效转移的重要渠道就是城镇化进程。

从统计数据看,2009 年中国城镇化率(城镇人口占总人口比)46.6%(第六次全国人口普查数据为 49.68%),而非农户籍人口占总人口比为 33.5%。如下图,我国非农户籍人口占比长期明显低于城镇化率。

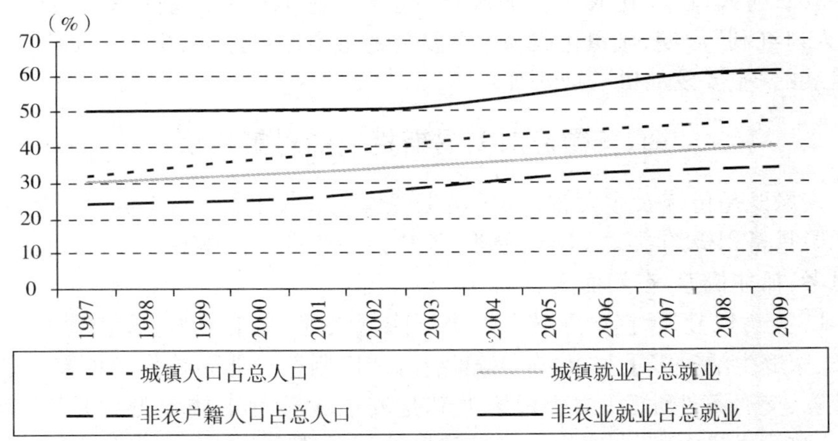

图3　中国城镇化率与非农户籍人口比例[3]

而同期的社会保障覆盖率水平更远远低于城镇化水平。2009 年,中国劳动者的养老保险覆盖率只有 23.1%,城镇职工医疗保险覆盖率仅 16.5%,失业保险覆盖率为 16.3%。

中国实际、有效的城镇化率水平与发达国家相比,仍然差距巨大。由于户籍制度改革和社会保障体系建设滞后,大量农民工仍然像候鸟一样往返于城乡之间,并未真正实现人口的城乡和产业转移,城镇化发展空间仍然十分巨大。加快推进城镇化不仅对于拉动基础设施投资需求、城镇居民消费需

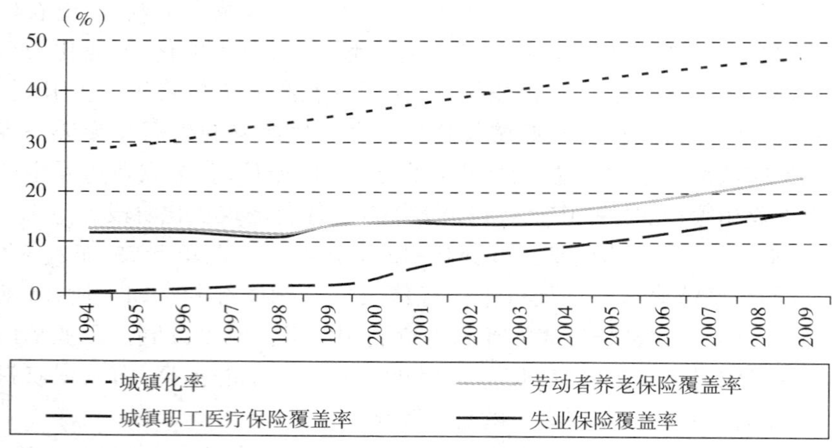

图4　中国城镇化率与社会保障覆盖率[4]

求、扩展内需具备现实的、直接的、相当长未来时间内可持续的积极意义，更是转移农村人口、深化农村农业改革、提高农业生产率的前提和必要条件。在“人口红利”后期，城镇化成为中国发展的最大制度红利，中国拉动内需、经济发展的“主要发动机”，应倍加珍惜。

四、安徽应对刘易斯拐点的对策建议

安徽既是传统农业大省，也是民工资源大省，刘易斯拐点到来对安徽而言无疑具备积极的意义，政府、企业、各社会主体都应清醒认知，高度重视，积极思考，抓住机遇，奋发而为。

1. 全力以赴，承接产业转移。出于降低土地、用工成本，顺应民工工作、务农、家庭生活等多重需求，东、南部沿海地区制造产业转移大势所趋。从地理位置、交通条件而言，中部地区尤其是安徽无疑近水楼台先得月、优势突出；从政策优势而言，国家批准安徽建设皖江承接产业转移示范区，中央、省、各市政府出台了诸多优惠政策。目前，产业转移示范区建设已取得丰硕成果，但也要对承接产业转移的竞争形势有清醒认识。

一是承接产业转移竞争激烈。沿海地区政府纷纷出台措施，组织产业向本省欠发达地区转移，如江苏省采取财政支持、电费综合补贴、用地计划倾斜等措施，推行南北挂钩共建苏北开发区；广东省出台《关于推进产业转移和劳动力转移的决定》，在省内东西两翼和粤北山区规划建设产业转移工业园；在土地、资源、政策优惠、低劳动力成本吸引下，周边国家如越南、柬埔寨、马来西亚等国已成为一些企业选择的转移地；中西部地区都把承接沿海地区产业转移作为发展的机遇，出政策、出奇招、抢客户、争项目，承接产业转移竞争态势逼人。二是承接产业转移机遇稍纵即逝。据有关专家分析,以 2009 年末开始计算,东部沿海地区大规模产业转移 5 年左右即可完成,到 2010 年末,仅广东、上海、浙江、福建转出的产业产值即达到 14000 亿元,承接产业转移机遇稍纵即逝,失不再来。

各地区特别是北部欠发达、人力资源大市都要有强烈的机遇意识和紧迫感,奋起直追,只争朝夕,充分发挥政策、地理位置、交通便利等优势,一方面全力以赴组织招商,加强与苏、浙、沪、闽等的合作发展,全面加快与沿海发达地区观念、体制、机制、政策、环境、情感的对接,出台土地、税收、用工、金融、服务政策,吸引装备制造业落户;另一方面要在工资福利、劳保社保医保、技能培训、子女上学、情感投入等多方面采取措施,吸引劳动力资源,努力解决企业招工难哪的问题,全力以赴,力争在本轮承接产业转移竞争中胜出,积累加快发展的源泉和动力。

2. 先行一步,培训民工技能。在全省推进“人人掌握一项职业技能”工程。首先,做好 80 ~ 90 后年轻民工职业技能培训,如:木、瓦、漆、水电工、机电、厨艺;修理、护理、清洗、缝纫、编织、刺绣等,让全省中青年民工领先一步成为较高层次蓝领;其次,因地制宜、主要从农林牧副渔养殖、种植方面,做好 45 岁以上留守农民工农业技能培训工作。培训形式可以多种多样,但需要政府统筹规划、科学引导、强力推进、政策支持。可依托各级各类人才市场、劳动力市场举办各类适用性培训班;鼓励职业培训机构、学校等发挥应用性培训主体作用;企业也可以自主开展适用性培训;也可采取新老民工传帮带等等。当前,可着力建立校企合作机制,整合现有职业教育资源,推行“订单式”培训,重点培训企业急需的实用型、操作型员工,既满足产业转移高层次用工需要,又能提高民工收入,提高民工融入城市生活能力,加快农村人口城镇化转移步伐;同时,职业技能的提高,还可以促进社会创业意识的萌动,为服务业等第三产业的启动发展打下基础。

3. 顺势而为,大力发展第三产业。“十一五”期间,全省服务业增加值比重计划年均增加 0. 5 个百分点,但实际年均下降 1. 3 个百分点,是主要发展指标中唯一没有达标的。“十二五”期间,应充分转变观念,顺应产业升级大势,改变服务业发展仍然薄弱的局面,把服务业等第三产业作为发展战略产业,科学引导,早日形成领先优势、特色品牌,加快发展。当前,要特别注重于做大做强已经具备一定竞争优势的三产行业以及当前社会经济发展急需配套的第三产业。

一是发挥旅游资源丰富优势,加快旅游强省建设进程。安徽旅游资源十分丰富,各地市均具备颇具特色的自然或人文景区,各级政府主管部门一方面要统筹规划、招商引资、完善基础设施、规范管理、练好内功；另一方面应整合资源，多渠道、多举措加大宣传力度，加强旅游产品开发和线路设计，积极打造皖南国际文化旅游示范区、合肥经济圈旅游区、大别山旅游区、皖北旅游区，拓展生态旅游、红色旅游、休闲度假、特色农产品旅游等。注意充分挖掘安徽旅游的徽文化、佛文化、道文化等文化内涵，不仅要使国内外宾客来得便捷、住得舒适、游得舒畅，而且要让他们融入特定的旅游胜地文化氛围中，衣食住行收获颇丰、精神思想体会深刻、情感意识留恋难忘，口口相传，扩大影响，推动旅游大省、强省建设。积极倡导引进产业资本，发挥资本市场的纽带作用，支持旅游企业规模化经营，打造具有全方位服务功能和较强竞争力的旅游集团。

二是利用区位、交通优势，大力发展现代物流服务业。发展现代物流业同时也是适应大规模产业转移的需要。统筹规划，合理布局，加快建设沿江、沿淮物流基地；积极梳理物流领域各层次主体的利益关系，打造中部地区最好的物流业发展环境，建设区域性物流中心；加快建设公共物流信息平台，促进物流信息资源共享和物流网络互通互联。

三是紧密联系产业，大力发展职业教育产业。对本省经济发展水平、居民收入水平、文化水平要有清醒的认识、务实的态度，大力发展职业教育、培养社会急需的应用型人才是安徽“十二五”时期最合适的、也是最优的选择。紧密联系产业发展需求，以提高生存、发展技能、毕业就业率、工资收入为目标，充分挖掘国内外优秀培训资源，打造最优、最强职业教育大省。完善政府引导、行业推进、企业和职业院校自主、民间力量广泛参与的多元化、多层次技能人才培养体系。加快骨干示范职业院校、公共实训基地、职教园区建设，形成一批国家级重点职业学校、职业教育集团。

四是用足用好政策，大力发展金融服务业。金融是现代经济的核心，在经济转型初期，宽松的金融环境、多主体、多层次的、富有弹性的金融体系对经济发展具有很强的促进作用。“十一五”期间，金融支撑工程就已被省政府列入“861”行动计划，省内各地在支持、引进国内外商业银行、保险、证券、期货公司分支机构基础上，积极整合地方金融资源，发展地方性银行、保险、证券、期货、信托、担保公司、小额贷款公司、村镇银行、投资基金等金融机构，取得了一定成效，但金融开放程度、金融环境、金融服务体系建设和经济发展的速度、实际需求相比较，差距仍然很大。突出表现在：

第一，中小及微型金融机构发展缓慢，管理不足。近年来，国家相继出台了多项政策，鼓励发展村镇银行、担保公司、小额贷款公司、农村互助基金会等创新型中小型、微型金融机构。由于认识不足、重视不够，各级政府相应管理部门（金融办）力量配备薄弱，对此十分谨慎，控制很严，未能用好用足；对省政府"金融支撑工程"的要求落实不够。如：《安徽省小额贷款公司试点管理办法（试行）》所规定注册资本为银监会、人民银行指导意见的四倍，未对县域及县域以下农村地区区分考虑；近年来所审批小贷公司主要集中于经济发达地区、大中城市；依现有力量，就已经无法实施监督管理，担保公司和小贷公司不规范经营，几乎成为"高利贷"的代名词；村镇银行、农村互助基金会由于政策固有的缺陷（村镇银行需要现有法人银行控股、农村互助基金会不符合现代企业法人治理规则），没有多少进展。

第二，"三农"金融体系建设未有明显进展。农业保险是农业防范自然灾害的重要手段；农产品期货则是防范农产品价格风险的重要手段，期货价格信号有利于引导农业生产发展方向，阻止大宗农产品生产陷入大起大落的"怪圈"。近年来，极端天气、自然灾害频繁发生，由于缺乏引导，重要农产品价格波动的幅度也很大，但政府主管部门未给予足够重视，安徽作为农业大省，在这两项基本农业金融体系建设上也未有明显进展。另外，对"三农"领域未制定区分性金融政策，国有大型商业银行由于机制体制原因，无法深入农村，全面提供"三农"金融服务；目前，农村合作银行（农村信用合作社）成为县域以下主要金融渠道，由于缺乏竞争，其效率严重不足。农村金融抑制现象仍然十分普遍，农村金融供给严重不足，无法满足"三农"经济发展需求。

"十二五"期间，大力发展金融服务业，切实落实省政府"金融支撑工程"要求，首先需要各级政府及主管部门提高对开放式金融支持地方经济发展重要性的认识、高度重视中小型及微型机融机构的发展，充实管理力量、引进监管人才，多措并举，扶持富有生机和活力的、多层次的、多所有制机构的金融组织，满足不同层次、规模企业的发展需求。特别是要放开县域以下"三农"金融政策限制，搞活农村金融，建立农村金融小额贷款普惠制，利用金融手段促进农村资源集约化，各类产业规模化、企业化，促进农村各类"能人"率先致富、领头致富，带动"三农"经济又好又快发展。

五是因势利导，大力发展商贸服务业。适应刘易斯拐点后内需扩大、消费升级的趋势，大力发展商贸服务业。协同区域性物流基地，建设区域性大型专业市场和批发市场；发展大型百货购物中心和大型超市；培育商业特色街区；加快社区便民化商业服务体系建设。深入实施"万村千乡"市场工程，推动商业连锁、综合超市等现代商贸方式向农村市场延伸，提高农村商贸服务水平。推进现代信息技术对商贸服务业的改造，大力发展电子商务，协同全国性大型商业银行，推动第三方支付平台发展，建立专业性、综合性、多层次网购服务体系，拓展省内外、国内外市场，提高名优特色农副产品、工业产品等皖货在全国的知名度、美誉度和市场占有率，提升省外消费对我省经济增长的拉动力。

六是再接再厉，推进文化产业跨越发展。发展文化产业不仅是满足刘易斯拐点后人民群众日益增长的文化生活的需要，更是提升区域软实力、增强区域竞争力、区域影响力的需要。“十一五”期间，安徽省将文化产业列为8大支柱产业之一，出台了一系列政策、举措，文化产业取得跨越式发展，产业增加值5年年均增长30%，形成了以省属报业、出版、发行、演艺、广电5大集团为龙头、各类骨干企业快速成长的发展格局，文化产业已具备一定的竞争力。“十二五”期间，要继续多措并举，再接再厉，支持文化企业兼并重组、做大做强，打造文化企业“航母”；以影视制作、出版发行、印刷复制、演艺娱乐、广告、文化用品和动漫等为重点，大力发展文化创意、数字出版、网络及移动多媒体广播电视等新型文化业态，构筑特色文化产业集群；推动文化产业与工、农、商业、科教、体育、建筑、制造、旅游等相关产业的深度融合，延伸产业链条，拓展发展空间。

4. 坚定不移，加快城镇化步伐。在工业化基础上推进城镇化仍然将是安徽省“十二五”乃至未来相当长时间经济增长的主线，必须坚定不移，千方百计，加大力度推进城镇化进程。科学制定城镇化发展规划，加快形成以省会城市为核心、二级城市为次核心、县域城市和重点城镇为坚实基础的层级合理、梯次分明的城镇体系。

支持合肥加快建设现代化滨湖大城市，努力建成在全国、特别是在中部地区有广泛影响力的区域性特大城市。推进芜、马、铜、池一体化和跨江联动发展，与江北、江南产业集中区共同构建现代化滨江组团式城市发展格局；促进黄山市、宣城、池州、安庆、六安建成国际性旅游城市、红色旅游目的地；加快淮南、淮北等资源型城市转型步伐，积极发展接续产业、替代产业；积极推动亳州中药材基地、养生文化基地城市建设；积极推动其他二级城市成为区域中心城市，完善城市功能，提升承载力和带动力。鼓励有条件的县城按设市城市的规模和标准规划建设，发展成为特色鲜明的小城市；扶持一批条件较好的重点镇加快发展，提高带动周边农村发展的能力。高起点、高水平编制城镇规划体系和控制性详规，完善城市配套功能，推进城市管理现代化，提升城市综合承载力。

房地产业是推进城镇化的基本载体，也是城乡居民的基本需求和美好生活向往。从目前情况看，除部分地区、地域、楼盘外，安徽省内各地市尚不属于房价过高、上涨过快区域，但仍然要继续多措并举，限制投资投机性需求，增加中小套型、中低价位普通商品住房供应，防止房价过快上涨；另一方面，要继续采取多方面优惠措施满足农民工进城、居民移居首套房基本需求和改善性需求；加快房地产信息系统建设，进一步规范和完善房地产交易、中介、物业管理服务体系，以保证房地产业健康发展，确保城镇化进程可持续、“十二五”城镇化目标成功实现。

“十二五”期间，还要着重解决“伪城镇化”问题，即民工居住、就业在城市、户口在农村的问题。一是要深化户籍制度改革，尽可能放宽城镇迁移入户条件，加强土地政策与户籍政策的配套衔接，依法有序引导、加快农民进城步伐；二是要多渠道、多形式地解决进城农民在就业、住房、社保、教育、医疗等方面的突出问题，消除制度障碍，保障合法权益，使农民工城镇进得去、留得住、过得好、可发展。通过综合措施，加快城镇化步伐，力争用五年时间，使全省城镇户籍人口比率至少提高到50%以上。

5. 因势利导，筹划农业产业化。从国际经验看，刘易斯拐点后，农产品尤其是优质、高端、特色农产品价格将进入长期上升通道；城镇化使农村居民人均占有资源量逐步提高；农村金融政策逐步放宽；政府出台土地可流转政策、农业补贴政策；非农领域竞争越来越激烈等，各类因素叠加，促进农业对产业资本吸引力逐步增强，农业产业化、规模化将逐步启动。

农业产业化是农业现代化的基础。“十二五”规划依据安徽省情和长期以来农业生产实践经验，对全省农业发展战略进行了科学统筹规划，突出“五区十五基地”：建设淮北平原区优质小麦、棉花、玉米、大豆生产基地和畜禽产品养殖基地；建设江淮丘陵区“双低”优质油菜基地和优质畜禽产品生产基地；建设沿江平原区优质水稻、小麦、棉花、油菜生产基地和优质水产品、畜禽产品养殖基地；建设皖南山区和皖西山区特色农产品基地。

各地政府、农业主管部门在工业化、城镇化带动农业产业化进程中，特别要注意按照“十二五”规划的要求，前瞻性地引导发展本区域优势农产品，发挥集中成片规模化优势，形成区域特色产业集群，增强本地农产品国际国内竞争力，促使安徽由“农业大省”成为“农业强省”。

6. 转变理念，建设和谐社会。刘易斯拐点后，社会生产目的终归正途、以人为本、资源集约、环境友好、社会和谐才能促进科学、可持续发展。因此，各级政府、企业、各类社会主体都应转变理念，积极推动转型发展。加快新型工业化进程，把经济增长转到以现代农业为基础、战略性新兴产业为先导、先进制造业和现代服务业为支撑的发展轨道上来；加快新型城镇化进程，把经济增长转到以中心城市和县域经济为支撑、统筹城乡区域协调发展的轨道上来；加快优化需求结构，促进经济增长由主要依靠投资拉动向三大需求协同拉动转变；加快推进自主创新，促进增长动力从物质资源消耗为主向创新驱

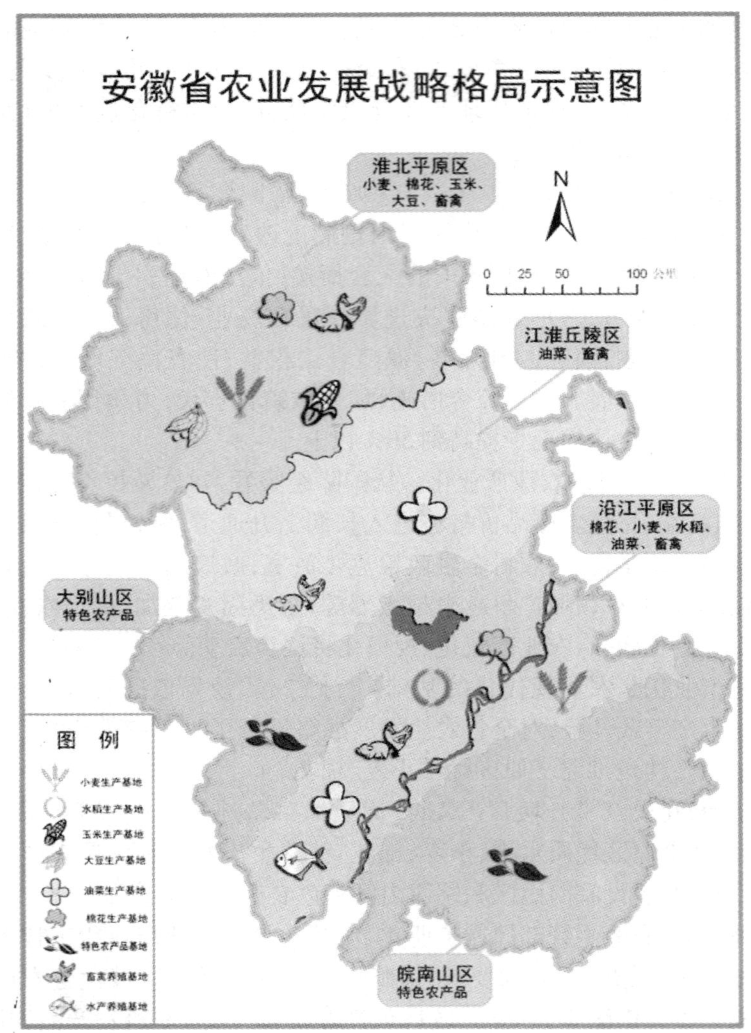

图 5　安徽"十二五"规划:安徽省农业发展战略格局示意图

动转变;加快生态文明建设,推动增长模式从粗放增长向资源节约型、环境友好型转变;推动发展重心从偏重经济增长向经济、社会、自然协调发展转变,加快发展各项社会事业,推进基本公共服务均等化,提升人民群众幸福指数,努力建设和谐社会,实现全面协调、可持续发展。

参考文献:

[1][3][4] 程漫江,叶丙南,李涛. 中国临近刘易斯拐点[J]. 中银国际研究,2010-06-25
[2] 高善文. 刘易斯拐点后的中国经济[J]. 证券时报,2010-12-04

社会转型时期农民工思想道德状况及建设*

丁成际**

摘　要：传统的家庭与家族意识在当代农民工的思想道德仍占主导意识，但其中的新生代农民工思想道德方面出现了游离状态：一方面难于融入到现代城市思想道德文化之中，另一方面他们又脱离了传统的思想道德文化教育。农民工这种思想道德状况是由其乡土性为主的生存与生活方式所决定的，并根源于城乡二元的社会结构，而其一元性中多元性与变化性思想道德特点，则与是其所依赖的不同社会资源支持息息相关的。在农民工社会物质生活与社会心理上的被双重"边缘化"的进程中，我们应特别注重城乡协调发展，除了要注重物质层面的协调建设以外，更应重视城乡人民社会心理与思想道德层面的和合来提高与加强农民工思想道德建设，从而为构建和谐社会奠定思想道德基础。

关键词：农民工思想道德；现状；理据；路径

近些年来农民工问题早已成为人们所关注的焦点。从"民工潮"到"民工荒"；从农民工的工资拖欠问题到农民工权益保护的呼吁；从流动人口的治理到农民工子女的就学问题；从农民工生存生活状态的关注到主张组建农民工组织的建议；从农民工劳动力的流动到"留城，还是回乡"的探讨等等。对如此诸多问题所进行的一系列研究显示，农民工问题的方方面面几乎被纳入人们的视野之内，但对农民工思想道德文化生活的关注尚少，本文对当代农民工的思想道德现状及其建设略作一探讨。

---

* 安徽省哲学社科规划项目"安徽乡村思想道德现状与变化趋势研究"［AHSK07－08D27］& 教育部重大攻关课题项目"当代中国社会思潮与马克思主义理论建设"［06JZD0001］之阶段性研究成果之一。

** 作者简介：丁成际，男，（1975—），安徽大学政治学系、安徽大学科学发展观中心副教授，哲学博士，武汉大学博士后，主要从事伦理学与政治哲学研究。

一、 农民工思想道德之现状

当代农民工思想道德状况，是一个在不断变化中的相对稳定的存在。我们可以从动态与静态两个角度来作一说明。

从静态的角度来说，从整体上看，农民工在整个农民中是属于主力群体（生产力的主力军），其思想道德的状况既具有整体性也存在着分层与分化，并正处于变化之中，呈现着一元主导的多元交织着的景观。其一元性表现支配性思想道德意识仍然是中华民族优良的传统美德：几千年来沉淀在我们民族中的"诚实守信"、"见义勇为"、"见利思义"等传统美德在绝大部分当代农民中依然具有基本的道德约束力。虽然大部分农民工挣脱了狭隘小农意识的羁绊，但传统的家庭与家族意识在农民工思想中仍占优势地位。虽然多数农民工打破了封闭乡村意识的束缚、跳出了落后的自我意识的樊笼，现代的意识已部分地渗透到部分农民工思想之中，诸如现代市民意识渐渐增长，如饥似渴的文化意识，对国家政策基本认同，法律意识和法制观念有所提高，权利意识正在觉醒，"富而思进"，竞争意识、开放意识和独立自主意识普遍增强。但是不容忽视的是，农民工或多或少的存在着游离心态、自卑心理比较突出、对城市不满情绪和心理的严重不平衡、对城市缺乏归属感和认同感、满意度降低、生活期望值高、自我保障意识淡薄、缺乏维权意识、法制观念比较淡薄、政治参与意识不强、心理预期与心理承受能力反差大等。从而也容易产生犯罪的心理动机与行为。从上述可以看出，农民工思想道德的一元性是传统道德尤其儒家思想处于支配性的地位，其多元性表现为多维的思想特征与各种意识并存的复杂性，消极的方面与积极的方面的共存，我们很难用先进与落后、传统与现代来再作出简单的二元的区分。

从动态的角度来看，一方面，当代农民工思想道德出现了明显的"层化现象"，也就是说农民工内部也发生了变化，不同农民之间差异性明显，出现不同层次不同层级不同年代的农民工，相应地思想道德文化生活也出现不同的要求与表现。不同收入层次的农民工在社会公平认同态度、解决纠纷途径以及未来生活的预期等方面存在着很大的差异，这反映了农民工思想道德与文化心理层面的内部分化现象。从农民工对社会的认同感来说，收入层次越高的农民工，对未来生活的预期越明确，并且这种预期很大比例上是乐观的预期，也觉得社会越是朝着公平的方向发展；而收入层次越低的农民工，他们对未来生活状况的预期不明确，就觉得社会越来越不公平。从整体上来说，伴随着农民工收入层次的提高，他们对社会公平的认同度比重相应的提高，这种认同感既可能来源于自己同其他农民工的比较，也可能来源于自己同城市市民的比较。这同农民工的交往对象有很大的关系:在农民工聚居地,他们大体上是以其他农民工为参照进行比较,而在一些城市工人与农民工混合的工作单位中,参照对象一般都是城市的市民。参照对象的差异本身体现出在不同的环境下农民工群体的内部分化。新生代农民工的心理思想道德日渐出现游离状态,传统的乡土社会的情感逐渐淡化,又难以溶入现代的都市生活情感之中。另一方面,农民工思想道德的变化也可以从农民工的心愿中看出来,首先农民工最大的心愿是寻找稳定的工作和挣很多钱,其相应的要求是找到稳定的工作与权益受到保护。因为农民工的生活水平低下,生存的压力一直压在他们头上,根据马斯洛需要层次论,基本的生存保障是人的最基本的需要。其次,受人尊重的需要作为更高层次的需要也成为农民工的心愿,农民工不愿意"受人歧视、遭白眼(城里人不把我们当人看)",他们要求能够"与城里人平等生活,不受歧视"。

二、农民工的思想道德现状之理据

现实是思想生成的土壤,我们可以从农民工生存的现实情况寻找他们思想道德的存在的根本的原因。农民工以传统思想为主导,这是由其乡土性为主的生存与生活方式所决定的,并根源于城乡二元的社会结构。而其一元性中多元性与变化性思想道德特点,则与是其所依赖的不同社会资源支持息息相关的。

从农民工居住的特点来看,他们形成了"城中村"、"孤岛"、"候鸟式"与"循环式流动"的生存景观与生活景观。不可否认的是,这种居住方式目前在许多方面都契合农民工的心理需要和文化认同。我们可以说.农民工虽然在城市社会工作却仍然没有摆脱乡土社会的特性——无论是从他们进城打工的途径还是从其居住情况抑或寻求帮助的对象来看,他们主要依赖的仍然是自己在乡土社会(建立在亲缘或地缘基础之上)的社会支持网络。农民生活在一种"拟村落"的熟人社会生活方式之中,走进他们的居住地,仿佛又回到了乡村社会,彼此可以无拘无束地串门、交流,有困难相互扶助,有喜乐共同分享。他们离开了乡村社会,却在城市的边缘"复制"或"克隆"了另一个"乡村社会"。农民工之所以选择"城中村"暂住,也是因为"城中村"更多地保留了乡村社会的特性,本身就是"弱势的非农化群体'小传统'得以依托、行动逻辑得以体现的社会场域,"[1]它"集传统家族文化、地缘关系、群体基础结构、行政组织单位、社会实体、情感归属与社会归属于一体,"[2]"既是工业化社区,又保留着乡土社会生活秩序与原则。"[3]从另一方面来看,这中"城中村"生活方式具有"孤岛化"的特性。其主要表现是缺少公共生活空间。尽管现代城市公共生活不断拓宽，咖啡屋、酒吧、网吧、各种楼堂会所随处可见，博物馆、科技馆、各种特色公园、风景名胜区、郊区特色游景点，乃至不断改进的街景都让城市变得日趋美丽和丰富，然而这一切，农民工大多享受不到，他们蜷缩在条件简陋的棚屋里，屋里没有像样的洗浴间、厕所等。尽管城市的高楼大厦、美丽和街景都是靠他们的艰苦劳动建起来的，但他们享受不到自己的劳动成果。时间与消费能力是造成农民工文化生活贫乏的一个原因，城市文化将他们排斥在外的“孤岛化”，才是农民工精神文化精神生活遇到的最大障碍。这样，身处城市之中的农民工，他们多数与城市居民手缺少交往，形成封闭的群体生活，过着性别失衡甚至“单一化”的生活。长年累月重复过着干活—吃饭—睡觉的单调生活，很多农民工把在街上溜达、看临街电视、打扑克、聊天作为业余生活的主要内容。这种“城中村”与“孤岛”式的生存方式致使多数农民工生活的重心还在农村，只是为了赚钱，或寻找更好的发展机会才来到城市，他们对城市生活并没有明显的预期，往往会选择在一定的年龄之后返回农村，这属于一种“循环流动模式”[4]。这种选择“候鸟式”的生活方式——漂泊四方、四海为家，但又有相对稳定的“城中村”的生活，这样的生活方式，决定了农民思想道德状况游走于城乡之间，而他们的思想的寄托最终仍在乡村，乡村仍然是他们的根，这决定传统思想依然是支配他们的思想。从社会哲学的角度来说，我们可以对此得到进一步诠释。传统不仅仅是价值体系，是人的世界，而且还是人类生活的终端逻辑，也可以说是人类的终极关怀体系。因而，失落了传统也就意味着生活的逻辑性、生命的真实性的解体，意味着精神家园的解体。尤其是这样做不仅不会增加社会发展的进程，倒很有可能是在导致农民工生活意义世界解体。在当前的时代背景下，农民工的精神世界具有乡土的根性，仍有其存在的必然性与必要性。

进一步来说，农民的目前的生活方式与思想状况，取决于当前的社会结构。我国农民工群体的产生，可以说是中国从农业社会向工业社会，从传统社会向现代社会这一转型过程中的独特现象和重要特征，具有显著的中国特色。从根本上说，它导源于中国特殊的城乡二元社会结构。二元的社会结构所形成的二元户籍制度把农民工的生活排除在市民生活之外，直接影响他们的思想道德变化。这一点马克思说得好，思想不能离开利益，“思想一旦离开利益，就一定会使自己出丑。”[5]二元经济结构是指以工业为主的现代部门与农村的传统农业部门并存的经济结构。中国二元经济结构的形成绝非偶然，它是中国社会内部生产方式矛盾运动与外部国际资本积累相互作用的必然结果。同时，二元的社会结构也表现为工人阶级和农民阶级的二元结构，在他们之间存在着一条鲜明的难以逾越的界线（户籍制），这就是中国社会稳固的二元结构最基本特征。二元结构一方面导致农民工多数做的是报酬极低的所谓“五最”（最苦、最累、最脏、最险、最差）的体力劳动。[6]繁重的体力劳动，高强度的体力支出，消耗了农民工大量的精力，睡觉休闲自然就成了最好的休闲方式，这是造成农民工精神生活世界单调的又一个重要原因。另一方面，城乡分离的二元户籍制度不仅加剧了城乡差别，而且“农之子恒为农，工之子恒为工”，户籍制度的影响广泛深入到社会心理层面，造成了进城农民工的心理障。[7]从现实的情况来看，农民工与城里人相比，无论在受教育程度、工作经验、职业技能还是社会交往层面都处于劣势，农民工也把自己定位在权力、地位、社会声望方面处于劣势的城市边缘人。尽管农民工与城市人生活在同一空间中，却无法享同样的资源和权利，医疗保险、社会保障、职业培训等都将农民工排斥在外，与城市居民相比，他们只能处于“二等公民”的尴尬境地。这也使进城农民工与城市居民之间普遍存在社群隔离而导致两个群体间普遍存在隔阂和疏远的现象。城里人较为普遍地享受到社会保障方面，农民工则更多地被排斥在城市社会保障体制之外。甚至有相当部分的城市居民对农民工存在着戒心和歧视，这样二者之间就存在着社会心理距离。农民工的交往圈子仍然束缚在亲戚、老乡或农民工同事、朋友的范围内，他们与城市居民的交往局限于工作、生活方面的基本联系、情感交流极少，进城农民工对城市居民群体缺乏认同感与归属感。一方面，城市居民对农民工存在着戒心和歧视，另一方面农民工也因为自身的原因与城市居民保持着心理距离。

社会结构所决定的农民工当前的生活方式，相应地决定了农民工在城务工所依赖的有效社会资源（特别是支持网络）依然主要是乡土社会的，这也相应地决定传统思想道德仍占支配性的地位。但不容忽视的是，一旦这些社会资源不能支持他们在城市社会“谋生”，他们就有可能因为现实生存的压力以及原初进城的“谋生”希望破灭而行为“失范”，这种“失范”行为本身也因此具有“自救式”或“谋生性”的特点。也正是因为如此，在被调查的农民工有2%的被访农民工表示，会由于经济困难而寻求黑社会的帮助；3%的农民工因为权益问题而寻求黑社会的帮助；3%的农民工由于在城里发生纠纷而“找黑社会”解决。为了扩大自身在城市社会生存的社会性资源（和支持性网络），在诸如农民工工会这样正式组织制度严重供给不足或者不够健全的情况下，少数分农民工可能会选择加入“帮会”、“教会”等非正式组织，以寻求“保护”或增强在城市社会的生存能力。或许从正常的规范角度来看，这种谋生伦理行为是“偏常”（deviance）（或反常）的。不过，从总体上来说，绝大部分农民工在遇到困难时首先会找政府、媒体寻求正常的解决之道。农民工的这种思想、态度，是当前构建和谐社会可资利用的社会心理基础。同时，它也提醒人们如果不进一步改善政府的公共服务绩效,不能使农民工在体制内的正常轨道寻求帮助,满足他们的正常需求的话,“失范”就难以避免。尤其对于新生代农民工来说,由于他们从学校毕业后直接进入城市,他们并未受到过挫折,因而他们的心理承受能力都较弱,他们缺少忍受挫折、感受艰辛的耐心和毅力。新生代农民工中部分人经常游离于城市居民,游离在城乡的边缘,成了悬空的一代,成了无根的一代,心理在城市人与农村人之间游荡,不知道到底怎样的身份才适合自己。对于这种思想道德状态与心态,如果没有及时的对策,长此以往,无疑会酿成社会冲突。由此部分年轻人失业,或是找不到工作后,就由农民转变为流民,再变为饥民。新生代农民工的心理与思想道德问题日益突显。新生代农民工已逐渐成为城市边缘人,在城市没有了认同感、归属感,同时不像老一代农民工,有乡村的生活经历与归根感。所以新生代农民工一旦失业无法生存时,就容易走上犯罪道路。

三、农民工的思想道德建设之路径

上述情况表明,当代农民的思想道德变化既显露了积极、进步的一面,也蕴含着消极、落后的一面,既昭示着光明,也潜伏着问题,这正是当前我们在建设社会主义新农村和构建社会主义和谐社会的过程中加强农村思想道德建设、提高农民道德素质的焦点所在。在农民工社会物质生活与社会心理上的被双重“边缘化”的进程中,我们应特别注重城乡协调发展,除了要注重物质层面的协调建设以外,更应重视城乡人民社会心理与思想道德层面层面的和合,从而提高与加强农民工思想道德建设。具体地来说,当前应主要做到以下几点:

首先,提高与改善农民工就业环境,加强思想道德管理,为其思想道德建设打下良好的社会环境基础。改变目前的农民“只管手脚不管头脑”的管理方法,当农民工“动手动脚”及违法犯罪时才进行干预,而平时却对农民工的思想变化、情操培养、文化学习和法制教育等涉及精神世界的“头脑”问题缺乏关注,对农民工个人合法权益保护不力。所以要不断地解决农民工管理和服务中存在的突出问题,使农民工的合法权益能得到有效保障。对新生代农民工的现象,不能用老眼光把他们视为“廉价劳动力”,沿用管理他们父辈的方式管理他们。这里的关键就是要引导好,把他们的创造热情和科学文化知识用于正道上,使他们有“用武之地”。社会要努力创造条件,接受和吸纳他们,改善社会的就业环境,特别是不允许那些盘剥农民工廉价劳动的低工资、低保障、高强度的企业再这样经营下去,要转变所谓“廉价劳动力”优势的观念,把“以人为本”发展理念落到实处,让所有农民工都有展示聪明才智和创造的机会。

其次，加强农民工的社会支持网络建设，使其思想道德的提高具有可靠的途径。我们把社会支持网络分为非正式的社会关系网络和正式的制度化社会支持网络两类，其中制度化的社会支持网络，我们可以从参与网络和保障网络这两方面分别予以分析。现在，一般将社会支持网络视作个人能借以获得各种资源支持（如金钱、情感、友谊等）的社会网络。通过社会支持网络的帮助，人们可以解决日常生活中的问题和危机，并维持日常生活的正常运行。众多的证据显示，社会支持网对处于压力状态下的个人，具有预防、舒缓和治疗的功能，既有益于减缓生存压力，促进个人身心健康和生活幸福，还有助于缓冲个人与社会的冲突。

就此来说，我们要不断拓展农民工的社会支持网络，使他们从乡土社会的圈子中走出来，融入更广泛社会生活之中，否则农民工如果只是在家庭、老乡关系中间打转，那么能够获取的经济资源和社会资源毕竟是有限的。为了谋求生存与发展，农民工人们必然要突破血缘和地缘关系的局限，建立更为广泛的社会关系网络，获得扩展的社会资本。如果农民工群体不能融入城市社会，无法通过与城市居民的社会交往、人际互动培养起城市文明所需要的现代思维和意识，就会使他们只有家乡意识而没有他们所在城市的社区意识，对所生活的城市社区没有归属感，更无法产生主人翁意识，对城市的社会生活不关心、不参与，增加了对城市的冷漠和疏离感，使得农民工群体无法真正融入城市社会，阻碍了农民现代意识的生成和发展，使得城市化推动下的社会整合难以完成，与城市化的本质相距甚远。

最后，农民工思想道德建设真正地有效性最终依赖于"城乡二元分化"体制的彻底破除和"城乡一体化"的格局的真正形成。需要在统筹城乡发展思想主导下，推进城乡制度变迁，加快制度废除与制度供给的进程。所谓制度废除，就是要全面清理和废除在计划经济条件下出台的不合理的城乡二元分割的制度。所谓制度供给，就是着眼于城乡经济社会的和谐发展，有针对性出台一批系统的配套性的制度，消除城市内部隐性二元结构，赋予农民工同等的国民待遇，使农民工分享社会区文化资源和文化参与机会。改革传统的户籍制度设计以保证农民工在体制、社会认同和法律人格上的平等；健全和完善新时期政府公共文化管理体系以保证农民工在文化生活上的平等机会；政府相关职能部门的社会团体办好文化事业以落实农民工文化生活的实现途径；完善制度保障环境以建立农民工文化生活的长效机制。这就相应地要求农民工与城市工人同工也同酬，同工也同权。城市居民对他们不能存在某种程度的歧视，这样农民就不会出于自卑和自尊，他们的交往对象也就不会局限于和他们身份类似的其他农村打工仔，久而久之，也就不会导致农民工逐渐形成了一个边缘性的身份尴尬的特殊群体。在权益遭遇侵犯之时，他们会有更多的话语权，这就大大地增加了农民工的积极性，而不会使他们心情郁闷、情绪消沉，而导致的"反社会心理"，也不会往往容易对社会造成不容忽视的负面影响。

总的说来，农民工思想道德建设必须加强，因为它是社会现代化建设的重要方面，正如秦晖先生所说："我国的现代进程归根到底是个农民社会改造的过程，这一过程不仅是变农业人口为城市人口，更重要的理改造农民文化、农民心态和农民人格。"[8]加强农民工思想道德建设任重而道远。

参考文献：

［1］蓝宇蕴：《都市村社会共同体——有关农民城市化组织方式与生活方式的个案研究》，《中国社会科学》2005 年第 2 期。

［2］王颖：《新集体主义：乡村社会的再组织》，经济科学出版社，1996 年版，第 165 页。

［3］折晓叶、陈婴婴：《社区的实践——"超级村庄"的发展历程》，浙江人民出版社，2000 年版，第 59 页。

［4］李强：《农民工与中国社会分层》，社会科学文献出版社，2004 年版，第 63 页。

［5］《马克思恩格斯全集》（第 2 卷），人民出版社，1957 年版，第 103 页。

［6］李小云等编：《2003—2004 中国农村情况报告》，社会科学文献出版社，2004 年版，第 309 页。

［7］刘怀廉：《中国农民工问题》，人民出版社，2005 年版，第 123-205 页，刘怀廉认为：中国的户籍制度具有"地域性"、"等级性"、"世袭性"、"社会治安职能"。

［8］吕新雨：《农民、乡村社会与民族国家的现代化之路》，《读书》2004 年第 4 期。

政府决策与“媒介形象”构建：基于“创新扩散”的视角*

——以“合肥大建设”为例

刘 勇**

摘　要：本文基于传播学“创新扩散”的理论，剖析了“合肥大建设”中政府“媒介形象”建构的基本理念与策略，探讨的核心问题是：政府如何在制定和实施某项决策时，通过多样化的传播渠道，既让人们心悦诚服地接受其政策，又能建构其正面的“媒介形象”。

关键词：创新扩散；公共政策；媒介形象

人们接受一项政府决策，尤其是涉及自身利益的改革，往往非常困难。在今天这样一个“媒介化社会”中，单纯依靠自上而下“指令性”模式，即使是利国利民的政策，也容易在民众中产生“逆反”情绪。因此，如何在制定和实施某项决策时，通过多样化的传播渠道，既让人们心悦诚服地接受其政策，又能建构其正面的“媒介形象”，是当今各级政府需要特别重视的课题。2005年，以“大拆违”为开端，合肥市开启了建市以来最大规模的城市建设，这场被命名为“合肥大建设”的城市改造与建设运动，不仅改变了合肥的城市面貌，也带来了巨大的经济回报：2008年，在全国26个省会城市中，GDP总量在1000亿元到2000亿元的有合肥等7个城市，而2009年仅合肥率先跨入2000亿元。① 本文通过引入发展传播学的重要理论“创新扩散”，着重从传播学维度来展示“合肥大建设”中的政府行为，由此探讨政府如何在制定决策的同时建构其正面的“媒介形象”。

---

* 本文是安徽省哲学社会科学规划项目“‘风险社会’视域中安徽‘媒介形象’建构策略研究”（项目号：AHSK09-10D37）的系列成果之一，也是安徽大学211三期项目“经济学与安徽经济社会发展”分课题“安徽舆情与安徽形象建构”的系列成果之一。

** 刘勇（1978—），男，安徽池州人，博士，安徽大学新闻传播学院副教授，新闻学系主任。

① 感谢“安徽大学青年骨干教师培养对象选拔与培养计划”（项目代码：33010036）对本研究的支持。

一、理论勾连与核心概念

“创新扩散”理论是美国发展传播学代表人物罗杰斯于1962年在其专著《创新的扩散》第一版中首先提出。在罗杰斯看来，所谓创新是“被采用的个人或团体视为全新的一个方法，或者一次实践，或者一个物体。”所谓扩散是“创新通过一段时间，经由特定的渠道，在某一社会团体的成员中传播的过程。它是特殊的传播，所含信息与新观念有关。而观念之新奇度赋予扩散一种特质。新意味着扩散中含有某种程度上的不确定因素。”①基于这样的认知，一个“创新扩散”的过程至少包含四个明显的环节：知晓（个体意识到创新的存在，并对创新的功能有所了解）、劝服（个体对创新形成一种赞成或反对的态度）、决策（个体从事于导致对采纳或拒绝创新做出选择的行动）、证实（个体谋求加强他已做出的创新决策，但如果面临对该创新有分歧意见的讯息，他可能改变他以前的决策）。②

接踵而至的一个问题是：本文引入“创新扩散”理论的依据何在？一方面，作为大众传播及其研究的最重要的应用之一，“创新扩散”理论之所以与大众传播有关，“是因为在很多场合中，潜在的变化来源于科学研究和公共政策。这些科学研究和公共政策要成为有效，必须由在政府或大企业直接集中控制之外的许多个人或小型组织来加以应用。”更为重要的是，该理论“在为有计划的变革而应用大众媒介和其他力量方面，已取得了大量经验。”③另一方面，政府的决策虽然不能完全等同于技术创新，但是，任何一项公共政策的制定与落实往往都需要经历类似“创新”的扩散过程。尤其在今天这样一个社会大转型时期，各种社会矛盾日益凸显，各个社会阶层的利益裹挟其中，政府执政能力的一个重要表现就在于：如何通过大众传媒以及其他渠道，让民众接受、理解进而认同其制定的那些关系民生、涉及公共利益的相关政策。从这个意义上说，我们之所以挪借（而非“套用”）“创新扩散”理论，是因为该理论规避了传统政府宣传研究中的简单“政治思维”，契合了当代政治的某些新的特质，同时，本文也尝试从理论层面拓展政府组织传播研究的路径。

关于“媒介形象”（Mediated Image）研究最早可以追溯到美国的李普曼，他在《公众舆论》中，通过对大量人类日常心理、行为、生活常识等的描摹与分析，提出了“虚拟环境”（pseudoenvironment）的概念——“毫无疑问，在社会生

---

① Everett M. Rogers：《创新的扩散》，辛欣等译，中央编译出版社2002年版，第5页。

② 丹尼斯·麦奎尔等：《大众传播模式论》，祝建华等译，上海译文出版社1997年版，第73－74页。

③ 丹尼斯·麦奎尔等：《大众传播模式论》，祝建华等译，上海译文出版社1997年版，第72页。

活层面上,人对环境的调适是通过'虚拟'这一媒介进行的";"虚拟"是"对环境的描写,而这个环境在某种程度上是人类本身创造出来的。"。[①] 此后,学术界开始借助这个概念来界定"现实世界"与"媒介世界"的区别。"媒介形象"正是通过大众传媒所彰显的基本形象。所谓政府的"媒介形象"则是指"政府通过大众传媒所展示和传播的形象。它是由政府的现实形象转化而来的。政府的现实形象是其媒介形象展现的基础和依据。所以,政府的媒介形象展现首先与它自身的现实形象有关,同时也与大众传媒的报道方式、传播方式有关,与社会公众的接受与认同有关。"[②]从这个意义上说,政府的现实形象是其媒介形象展现的基础和依据。但对社会公众而言,很多时候,政府的"媒介形象"就等同于其"现实形象"。今天,从传统的报纸、广播、电视到以网络为代表的新媒介,大众传媒无处不在,其影响力也不言自明,大量现实案例表明:政府形象的建构不仅与其政策是否反映和代表民意、决策过程是否科学与民主、其官员是否高效廉洁等密切相关;与此同时,面对日益复杂的舆论环境,政府能否在运用传媒影响公众、开展工作的同时,构建其负责任、有担当的"媒介形象",也显得尤为重要。

基于"创新扩散"这一理论框架,我们也许能够寻找到另一条路径来反观"合肥大建设"中的政府"媒介形象"建构策略。

二、多维传播:向社会"扩散"信息

如前所述,一个"创新扩散"过程包含"知晓—劝服—决策—证实"四个环节,换言之,任何一项决策要想让公众接受并最终落实,首先要让其知道、了解相关信息。对此,合肥市的做法主要集中在两个层面:

(一)建立了信息公开制度

其一是"三榜公示制度"。"大建设"之初的"大拆违"是合肥建市以来最大一次"城市手术",各方利益参与博弈,牵一发而动全身。起初,各大网站的论坛里弥漫着各种反对声音,有些甚至是谣言。如何让人们理性地接受这一决策?谣言止于公开。合肥市选择通过设立"三榜公示制度"来进行信息公开。首先所有的被拆迁户,其财产补偿标准所有材料在社区里公开公示一个礼拜,经过审核以后第二次在市里进行公示,第三榜在《合肥晚报》上公示一个礼拜。与此同时,公示的过程中还让所有的社会中介机构、评价机构、社会机构包括审核机构参加,老百姓互相都了解,整个拆迁成本政策完全交给老

① 李普曼:《公众舆论》,闫克文等译,上海人民出版社2002年版,第12-13页。

② 丁柏铨:《论政府的媒介形象》,《西南民族大学学报》2009年第2期。

百姓,全程的阳光操作和公开、公平。这样,历时一年多时间的“大拆违”,共拆除违法建设1380多万平方米,实现“零补偿、零事故、零冲突”,被当时的国家建设部誉为“合肥模式”。

其二是新闻发布制度。2004年9月,合肥市颁布了《合肥市人民政府新闻发布会制度》,对市政府新闻发布会的时间、地点、内容、管理、原则等一一进行了规定。2005年1月,合肥市诞生了安徽省首位新闻发言人,定时向社会公布市政府的重要决定、重大决策部署、重要规章和规范性文件的有关内容;全市经济社会发展趋势;市政府重点工作进展情况;涉及全局的重大问题、重要活动和社会关注的热点问题及重大突发性事件等。2011年7月,合肥市各县区委、市直党委政府部门开始建立新闻发言人制度。7月7日,合肥市首批乡镇新闻发言人在长丰县亮相,8月29日,包河区率先在合肥市城区中建立新闻发言人制度。这样,从乡镇、县区到市直机关,合肥市新闻发言人制度完成了全覆盖。

(二)建立了通畅、多元的传播渠道

除了传统的主流媒体外,合肥市在“大建设”中特别注重利用网络等新媒体平台。例如,“人民网地方领导留言板”栏目中,网民会就合肥发展中的各种问题给时任市委书记的孙金龙和市长的吴存荣留言,笔者注意到,只要是关于“大建设”中的问题,每一条都会有相关部门回复。此外,根据安徽大学舆情与地域形象研究中心出具的《安徽省政务微博研究报告》显示:截至2011年6月,合肥市共有32家政府机构开设政务微博,在全省排名第二。这表明:政府机构的政务微博开始成为民意表达、信息传通的有效渠道。尤其值得一提的是,2010年6月20日,时任合肥市委书记的孙金龙在主持召开座谈会时,提出要求基层干部要写“拆迁微博”。此后,合肥市瑶海区三里街街道办事处还开通了首个官方“拆迁微博”——“别有洞天别有时”,自2010年10月28日起,该微博持续发布双窑洞棚户区动迁工作的情况,及时“扩散”拆迁安置的相关政策和进展信息,因其语言质朴、亲民,吸引了近8万名粉丝,为拆迁安置工作的顺利开展乃至政府媒介形象的建构,都发挥了积极作用。

三、理念归纳与经验总结:为媒体设置议程

“谁设置了媒介议程?”,这是美国传播学者麦库姆斯等人在“议程设置”研究中提出了一个经典的追问,他们对此的回答是:“有时候,国家领导人能够成功地设置新闻议程。公共信息官员与其他公关专家在这方面的作用也很大。但是所有这些影响都要经过新闻规范所建立的基本规则的过滤,并且

这些基本规则是非常强大的过滤器。”①这即是说，作为新闻传媒的信息源，政府常常能够设置媒体的议程，但是，政府要想成功地为媒体设置议程进而引导舆论，首先必须尊重新闻工作的基本规律。比如，新闻报道必须真实、客观、全面、公正，记者进行新闻选择的标准是新闻价值等等。在我国，传媒是党政府和人民的喉舌，这是各级政府设置传媒议程的优势，但是，如果无视新闻规律，仅仅依靠指令，硬性规定传媒应该报道什么，不能报道什么，则即使为传媒设置了议程，也很难影响社会舆论，即使影响了舆论，也塑造了不良的媒介形象。

在“大建设”中，合肥市跳脱了传统政府宣传的窠臼，变“要我宣传”为“我要报道”，不断利用各种机会与传媒进行互动，运用新闻规律，为传媒设置议程。其具体做法有三：

（一）运用精辟话语归纳、提炼“大建设”的基本理念与原则

孙金龙在一次会议上告诫合肥市干部：“我们所做的事情都是为老百姓服务，没有任何见不得人的事。但也不怪一些老百姓误会，我们自己一些干部不会把自己做的事用通俗的语言说出来，别人产生误解和猜测也是正常的。”②换言之，当民众“知晓”某一政策后，能否使用其听得懂的方式让其理解，则是完成“劝服”的关键。例如，在“大建设”之初，为了迅速让市民理解大建设的基本目标，合肥市将城市规划浓缩为“141”城市空间发展战略（一个主城区、四个城市组团、一个滨湖新区），此后，“141”频频出现在各大新闻传媒的报道中，“现代化滨湖大城市”很快就成为合肥市民热议的话题。为了进一步吸引媒体的关注，合肥市又用“让你来了就不想走的城市”来置换“现代化滨湖大城市”，两相比较，后者更具体，前者则更大程度地开启了人们的想象力，自然也就更成功地设置了媒体的议程。再比如，市委、市政府主要领导多次通过传媒表达了大建设“环保优先”的原则，这不仅符合当今的潮流，也是传媒报道的一个重点。类似的精彩话语还有很多，例如，“无功就是过、慢也是过”、“做好‘水’文章，不让一滴污水进入巢湖”、“让‘合肥制造’与‘合肥创造’两翼齐飞”、“世界眼光、国内一流、合肥特色”等等，凡此种种不一而足。

（二）通过数据统计等方式总结“合肥模式”

按照新闻工作的基本规律，数据统计最容易在“两会”期间被媒体纳入“成就报道”。合肥市特别注重对每一阶段取得的建设成就和特点进行总结，

① 麦库姆斯等：《议程设置：大众媒介与舆论》，郭镇之等译，北京大学出版社 2010 年版，第 140 页。

② 许根宏：《合肥路径：一个欠发达城市发展方式解读与思考》，安徽人民出版社 2011 年版，第 188–189 页。

再通过中央人民广播电台、新华社、新华网、人民网、《中国经济时报》等主流媒体，并且选择在重要时间点发布。例如，2006年“两会”期间，“大拆违”刚刚告一段落，孙金龙就在接受新华社记者的独家专访中透露：“7个多月时间内，累计拆除违法建设1072万平方米。”[①]2010年，根据对孙金龙的采访，《人民日报》记者撰文总结合肥经验：“2006年以来，合肥完成845项工程、在建366项，累计投入资金730多亿元，相当于‘九五’和‘十五’时期总投资的4倍。令合肥决策层欣慰的是，在迅速改变城市面貌的同时，几年间，没有一名干部在这些建设项目上‘倒下去’。”[②]

（三）注重对先进典型的发掘

典型报道是中国共产党新闻宣传理论与实践的独特且重要的组成部分，可谓中国新闻界的“独特景观”。中国传媒的喉舌特性决定典型报道始终是其报道的重要内容，发掘、报道、推广先进典型也就成为我国媒体的主要任务。因此，政府通过树立先进典型自然也就直接设置了媒体的议程。例如，2007年以来，合肥市委、市政府就授予了“合肥市‘大建设’特等劳动模范”、“合肥市‘大建设’劳动模范”、“合肥市‘大建设’先进单位”、“合肥市‘大建设’先进集体”、“合肥市‘大建设’先进个人”、“合肥市‘大建设’杰出奉献奖”获奖集体、“合肥市‘大建设’杰出奉献奖”获奖个人等各项荣誉称号，成功地为党报、党台设置了报道议程。

四、转“危”为“机”：在危机传播中建构形象

危机是指“危及个体或组织利益、形象、生存的突发性或灾难性的事故与事件。”[③]所谓“危机传播”（Crisis Communication）是指在危机前后及其发生过程中，在政府部门、组织、媒体、公众之内和彼此之间进行的信息交流过程。[④]在这样一个危机无处不在、无时不有的“风险社会”里，在资讯高度发达的网络时代中，今天的各级政府必须时刻准备应对各种意想不到的危机，学会在危机传播过程中既能及时有效地处理危机，又能以危机为契机，树立良好的“媒介形象”，进而为防范新一轮危机奠定基础。

2009年8月8日，正在施工中的合肥市长江中路四牌楼地下人行通道南北向主通道发生塌陷事故，塌陷区约180平方米。事故造成部分车辆陷落，两人轻微受伤。1个小时内，国内各大新闻网站迅速播发了这条新闻，坊间更盛

① 《合肥市委书记孙金龙接受专访》，新华网2006年2月17日。

② 何聪：《合肥：730亿“大建设”没倒下一个干部》，《人民日报》2010年9月13日。

③ 居延安：《公共关系学》，复旦大学出版社2003年版，第353页。

④ 史安斌：《危机传播与新闻发布》，南方日报出版社2004年版，第6页。

传塌陷事故是由“豆腐渣工程”所引起，一时间真假难辨的各种消息满天飞。当天傍晚，刚从北京回到合肥的省委常委、合肥市委书记孙金龙立即赶到事发现场查看情况，并召集相关部门对塌方现场进行“会诊”。会议结束后，孙金龙接受了《新安晚报》记者的独家专访。孙金龙之后以选择《新安晚报》，最大的原因可能是该报是一家面向市民阶层的都市类报纸，全省发行量40多万，读者群覆盖整个安徽省，在读者中的口碑较好，影响力很大。面对社会的种种猜测与质疑，孙金龙没有回避，而是开门见山，将专家初步分析的事故原因第一时间公之于众，指出塌陷是“建设单位工艺流程上出现的问题，主要是没有考虑到老城区的承载压力”，同时，他在诚恳表明自己的态度之后，还特别运用“换位思考”的理念引导舆论，一方面“要感谢老百姓对城市建设的关心，他们也是希望城市建设得更美好”，另一方面，“施工企业也不容易，我们很多人可能风吹不到、雨淋不着，但工人们每天要在十几米深的地下作业，很辛苦；建设单位也不想出现这样的差错，既劳民又伤财。我们同样要尊重他们的劳动，站在他们的角度换位思考。”①这些没有过多修饰的话语背后实质彰显了政府处理危机的决心以及与民众沟通的诚意，在孙金龙与媒体面对面之后，政府迅速跳出危机、将负面影响降至最低，民间舆论也以支持政府、支持合肥大建设居多。

2011年7月24日，金寨路高架南二环F匝道在顶升过程中发生坠落事故，造成1人死亡2人重伤。事件发生后，合肥市长吴存荣第一时间赶赴现场指挥并布置处置方案，当晚接受了安徽人民广播电台记者的电话采访，对于坊间流传的这起事故与赶工期有关、与技术不成熟有关等猜测，吴存荣均给予了明确否定，同时对事故原因、责任等问题也做了明晰地回答。7月25日，合肥市政府新闻办公室召开紧急新闻发布会，说明坍塌事故系千斤顶液压系统回油阀突然发生故障，与赶工期和工程质量无关，表示将追究相关责任人的责任，并说明了工程的后续安排。据统计，本次事件中，共有124家网络媒体参与了报道，涵盖网站、论坛、博客、微博等四大舆情源。在区域分布上，既包括具有全国影响力的主流网站，如中国新闻网、人民网、新华网、中国日报网等；也包括省内多家网络媒体，如中安在线、合肥论坛、好赞社区、万家热线、马鞍山论坛等。由于政府处置得当，7月26日以后，对此事的报道量和质疑已逐步减少。②

① 杨丹丹：《希望不要给事件随便贴“标签”——省委常委、合肥市委书记孙金龙接受本报专访》，《新安晚报》2009年8月9日。

② 安徽大学舆情与地域形象研究中心：《合肥高架局部坍塌事件网络舆情简报》2011年7月27日。

两次危机事件，皆因“大建设”而起，也皆因信息公开及时、政府处置得力而转“危”为“机”，与此同时，一个负责任政府的“媒介形象”由此得以建构。

综上所述，我们认为：一项政策的制定与推广，政府形象的建构，越来越多地指向了大众传媒。很多时候，能否与传媒进行良性互动，能否通过大众传媒等渠道将其政策迅速而有效地“扩散”出去，往往成为政府决策成功、塑造正面媒介形象的关键。因此，在今天这样一个“风险社会”，政府必须从传统单纯的“舆论引导”拓展为在和舆论互动中引导舆论。此外，对于政府领导者而言，提升个人形象和媒介沟通能力也是非常重要的方式。

参考文献：

[1] Everett M. Rogers：《创新的扩散》，辛欣等译，中央编译出版社 2002 年版。

[2] 丹尼斯・麦奎尔等：《大众传播模式论》，祝建华等译，上海译文出版社 1997 年版。

[3] 李普曼：《公众舆论》，闫克文等译，上海人民出版社 2002 年版。

[4] 麦库姆斯等：《议程设置：大众媒介与舆论》，郭镇之等译，北京大学出版社 2010 年版。

[5] 许根宏：《合肥路径：一个欠发达城市发展方式解读与思考》，安徽人民出版社 2011 年版。

[6] 史安斌：《危机传播与新闻发布》，南方日报出版社 2004 年版。

[7] 刘勇、李娟：《转“危”为“机”——政府如何在危机中建构“媒介形象”》，《文明风》2010 年第 12 期。

我国农村残疾人的发展困境论析*

汤夺先 张甜甜 王增武**

摘　要:作为典型的社会弱势群体,我国农村残疾人面临着诸多发展困境。目前学术界多关注农村残疾人贫困问题,较少以专业的角度探讨农村残疾人自身潜能的发挥及外部环境的改善。通过分析农村残疾人发展困境内涵,从残疾类型、群体特性、社会环境等角度探讨其发展困境的具体内容,并借鉴标签理论、能力贫困理论、社会排斥理论对其进行理论上的解析,提出以残助残、专业社会工作介入等脱困对策,为农村残疾人构建积极和谐的发展环境。

关键词:农村残疾人;发展困境;社会工作

农民是一个庞大的社会弱势群体,残疾人是一个特殊的社会弱势群体,生活在农村的残疾人则属于双重弱势群体。"十一五"时期,我国残疾人事业获得较大进步,但仍然滞后于社会的发展。我国残疾人口约为8296万人,占总人口的6%,农村残疾人则占我国残疾人总人口75%的比例①。这一庞大的群体在现实生活中面临着较多的发展困境,其总体生存与发展状况却不容乐观。加强对农村残疾人发展困境的研究显然有利于了解农村残疾人的生活状况,满足他们的现实需求,有助于提高他们的生活与生存质量,进而推进社会主义和谐新农村建设。本文在回顾我国学术界关于农村残疾人研究状况的基础上,分析农村残疾人发展困境的内涵,借鉴学术界已有理论分析其

---

* 基金项目:本文系中国残联2010—2011年度中国残疾人事业理论与实践研究课题《专业社会工作介入残疾人服务研究》(2010&ZC007)、安徽大学211三期建设项目《经济学与安徽经济社会发展》之子课题《农民社区参与能力建设与农村社区发展研究》、安徽大学学术创新团队资助项目《社会学与安徽城乡社区建设研究》(SKTD008A)的阶段性成果。

** 作者简介:汤夺先(1977—),男,山东邹城人,安徽大学社会与政治学院副教授,博士,硕士生导师,主要从事残疾人社会工作、文化人类学与民俗学研究;张甜甜(1986—),女,安徽金寨人,安徽大学社会与政治学院社会工作专业硕士研究生,主要从事残疾人社会工作研究。

① 杜鹏,米红. 中国农村残疾人及其社会保障研究[M]. 北京:华夏出版社,2008:8.

致困因素，并尝试提出相应对策模式。

一、我国农村残疾人研究的文献回顾

近年来，残疾人群体日益引起我国学术界关注，学术界在残疾人基本生活保障、康复、教育、就业、心理、无障碍建设等领域均有专门研究且成果颇丰。但多数研究主要关注残疾人整体性事业的发展，焦点集中于城市残疾人群体，农村

残疾人则被排斥在主流研究范畴之外，其研究资料和成果相对有限且比较零散。

在研究区域上，全国范围内的系统研究成果主要有全国残疾人抽样调查，给相关研究提供必要的资料来源，其中包括农村残疾人的基本数据。此外，一些学者针对某一区域开展社会实践调查，如中国农业大学人文发展学院对四川越西县社会融合状况的调查①；郑一平通过对中部地区某省农村残疾人生存状况的问卷调查②等。通过实地调查所获得的数据可以清晰地了解当地残疾人的现实状况和历史变化。在研究范围上，学术界主要侧重对农村残疾人的基本生活和贫困问题的关注，集中于对农村残疾人的社会保障、康复、就业的研究。在社会保障方面，有学者通过调查研究论证了社会保障在农村残疾人群体中的积极功能，不仅保证了残疾人的基本生活，也减轻了他们的经济负担，体现了福利性特征③；还有学者从农村残疾人具体的养老、医疗、康复、教育、救济等方面研究了社会保障制度的实施情况④。在农村残疾人康复方面，有学者从新型农村合作医疗角度论述了农村残疾人康复情况，建议建立以医疗机构为骨干、社区为基础、家庭为依托的康复服务工作体系⑤。在就业方面，有学者提出通过就业培训、零利率借贷、扶贫资金等方式帮助农村残疾人就业脱贫⑥。

---

① 罗洋，赵康等．农村残疾人社会融合现状调查及思考——以四川省越西县为例[J]．农村经济，2008(12):121-125.

② 郑一平．农村残疾人生存状况调查——中部地区某省千户调查问卷分析[J]．中国农村经济，2007(6):46-53.

③ 刘秀红，卞婷．关于农村残疾人社会保障情况的调查与思考——以江苏省扬州市下属某行政村为例[J]．社会工作，2010(2):17—20.

④ 许琳，王蓓，张晖．关于农村残疾人的社会保障与社会支持现状研究[J]．南京社会科学，2006:97-105.

⑤ 姚志贤．新型农村合作医疗制度中残疾人医疗康复受益情况调查报告[J]．中国康复理论与实践，2009(10):983-985.

⑥ 邢淑琴．农村贫困残疾人脱贫及就业问题探讨[J]．大连海事大学学报(社会科学版)，2010(1):61-62.

虽然对农村残疾人的研究取得了一定的成绩，但总体来看，已有的研究成果缺乏全方位的关照与多层次的体现。一方面，研究区域上缺少有效的衔接。由于各地区经济文化的差异，区域研究经验和成果难以统一推广，缺乏对其他地区的指导意义，更不能反映农村残疾人的整体性状况。另一方面，研究领域涉及农村残疾人群体的诸多方面，但研究和关注的视角比较单一。我国学者多针对农村残疾人某一具体方面展开论述并提出各种对策和建议，过于关注农村残疾人外在的物质贫困，让其被动地接受救济与服务，忽视了农村残疾人主体功能的发挥，鲜有就农村残疾人如何利用社会资源，帮助其步入正常生活的研究。在这个意义上讲，只有搞清楚农村残疾人面临的深层次问题，了解到他们的实质需求，才能真正意义上实现农村残疾人的福祉。

二、我国农村残疾人面临的发展困境

（一）农村残疾人发展困境的内涵

发展是人类的需求之一，不同时期人们对发展有不同的定义。发展观的形成大致经过了经济发展观、社会发展观、以人为中心的发展观和可持续发展观四个演进阶段。早期发展理论的出发点的实质是物、产品、经济增长；联合国第二个十年发展计划（1970—1980）指出发展的实质是对收入和财富实行更平等的分配；20 世纪 80 年代以来的可持续发展指既满足当代人的需要，又不对后代人的需求构成危害，强调人与环境的统一；联合国发展计划署从 1990 年开始出版的“人类发展报告”中树立了“人”在发展中的核心地位，认为人类发展最为基本的需求是能过上健康长寿的生活、接受教育、获得体面生活所必需的资源，能够参与到其所在社区中。发展的实际结果与发展的预定目标正好相反的趋势叫做发展困境[①]。鉴于此，从发展的角度出发，我们认为农村残疾人的发展困境是指由于自身能力未被构建，国家和社会提供基本保障、相应的功能补偿不能满足其平等、参与、共享的实质权利，从而面临着人权尊严、自由和生命价值困境，以至于无法参与到正常社会生活中。

（二）农村残疾人发展困境的主要内容

通常人们对农村残疾人面临困境的研究多着眼于其身体缺陷，进而由此推断出诸如贫困、交往障碍等问题，但身体功能的缺失并非问题产生的唯一原因，农村残疾人面临的发展困境更多的是个人与环境互动不良的产物。根据已有的经验研究成果，依据不同的标准从不同的角度划分出农村残疾人面临的各类困境类型。

① 童泽．人道主义与残疾人发展[M]．北京：中国社会出版社，2008：64-80.

首先，从农村残疾人自身的角度分析，他们主要面临的是身体功能缺失带来的障碍。根据第二次全国残疾人抽样调查可将残疾人划分为肢体残疾、视力残疾、听力残疾、言语残疾、智力残疾、精神残疾和多重残疾。在农村残疾类别中肢体残疾比率最大占到28.9%，其次是听力残疾占23.1%，再次是多重残疾占16.5%，最小的为言语残疾比率占1.7%。肢体残疾人占据了农村青壮年残疾人的1/3①，在以体力劳动为主要谋生手段的农村社会中，肢体功能的缺乏直接影响到劳动技能的缺乏，进而失去创造物质财富的能力。在地面突兀不平、建筑物没有统一分布规则的农村环境里，视力残疾者的活动场所被局限于狭小的空间范围内，交流对象也极其有限；聚众拉家常是农村社会中增进感情、交流信息的主要群体休闲方式，但由于言语残疾人在和他人交往的过程中存在着困难，多不能参与其中；人们认为智力、精神残疾者心智浑浊，完全没有同其进行沟通交流的必要，同时这部分人群还有可能面临生活自理方面的问题。

其次，从群体特性来说，同一年龄段的农村残疾人群体面临着共同的问题，主要包括儿童青少年面临学习教育问题，青壮年人群体面临婚姻、就业问题，老年群体面临养老、疾病问题等。接受教育是人们提高自身素质、平等参与社会活动的重要条件，残疾儿童青少年同样有接受义务教育的权利，但全国农村6~14岁残疾儿童的平均入学率仅为61.66%，残疾儿童入学率仅为全国儿童的60%左右。② 残疾人教育主要包括普通教育、特殊教育、职业教育、成人教育等，在农村地区，普通学校教育不能满足残疾人的需求，而有针对性的特殊学校在农村地区基本上一片空白，即使是临时的培训也比较少有，且多流于形式。由于身体残疾，农村残疾人到了适婚年龄仍需要经过他人的介绍才有可能寻找到结婚对象，残疾未婚成年人的数量比较庞大。在劳动就业方面，大部分农村残疾人只在村里从事传统的低收入职业如看门、守山、捡破烂等，社会地位比较低下。在农村老年残疾群体中，参加养老社会保险比例比较低。同时受传统观念影响大多数老年残疾人是靠子女或者亲属照料，普遍对未来的生活感到担忧。

再次，从具体的问题层面分析，农村残疾人面临的发展困境有贫困问题、心理障碍、康复需求、社会交往问题、社会参与问题、权益维护问题。家庭是一个相对独立的社会体系，对残疾人来说家庭是其最大的支持后盾。农村残疾人家庭普遍比较贫困，由于家中残疾人不仅不能为家庭增加收入，同时需

① 杜鹏，米红．中国农村残疾人及其社会保障研究[M]．北京：华夏出版社，2008：27-31.

② 杜鹏，米红．中国农村残疾人及其社会保障研究[M]．北京：华夏出版社，2008：110.

要家人的照顾，尤其是中青年残疾人对家庭经济有巨大影响。一方面，随着家庭规模小型化、核心家庭化，农村残疾人家庭经济条件相对更差、抵御风险能力更弱，另一方面严重的心理负担让残疾人产生了自卑、孤独甚至无用感，在家庭外部明显表现为沟通交流的朋友少、沟通范围有限，缺少与非残疾群体的信息互动，日益被排斥为社会的边缘群体。农村残疾人的权益时常受到侵犯，表现在外出务工期间不被企业接纳，即使是基本人身权利受到侵害，也难以获得有效资源维护自尊。听收音机、看电视成为休闲的主要方式，文化体育及娱乐资源匮乏。①

最后，从社会环境来看，针对农村残疾人的问题有医疗器材欠缺问题、社会支持网络建设不足、公共服务设施建设空白、农村残疾人服务组织滞后、社会救助扶助政策制度薄弱等。农村残疾人面临的困境某种程度上是由于外部资源的匮乏造成，自身的残疾只是产生困境的一个因素，环境的不良是促使困境持续不断的原因。当前我国农村残疾人保障机制不健全，在执行和实施过程中缺乏统一的规范和政策指导，各部门各自为政，导致救助资源比较分散，难以形成合力，造成资源的浪费。② 农村残疾人群体社会支持状况比较单薄，邻里互助少、干部帮助有限，相关助残项目及政策在实践过程中偏离目标。在社会参与方面农村残疾人并没有受到过多排斥，但实际参与率极低，几户没有残疾人参加村委选举。对于基础设施薄弱的农村地区来说康复医疗器械、无障碍设施、农村残疾人服务组织建设更无从谈起。

三、我国农村残疾人陷入发展困境的理论解析

农村残疾人面临着多方面的难题与困境，其产生的原因具有复杂性。对此，有的观点认为是残疾人自身因素，有的观点认为是社会环境的影响。结合农村残疾人的具体情况，借鉴学术界相关理论解析农村残疾人发展困境产生的根源。

（一）认知偏差的强化导致了农村残疾人的发展困境，我们尝试借鉴标签理论作出解释

人们通常依靠表象来划分群体界限，而残疾群体的标志则是身体的不健全抑或精神心智的异常。作为平等的社会人，界限的划分让残疾人群体不能均衡地与所谓正常人群体分享自然社会赋予的资源与权利。标签理论

① 罗洋，赵康等．农村残疾人社会融合现状调查及思考——以四川省越西县为例[J]．农村经济，2008(12)：121-125.

② 焦克源，冒晓慧．农村残疾人保障体制研究[J]．人民论坛，2010(2)：136-137.

(Labeling Theory)源于符号互动论,最初主要是探究越轨行为的产生,认为一个人之所以成为越轨者,往往是因为在社会互动过程中,被周围环境贴上“不良”的标签,这种耻辱性“烙印”让被贴上标签的人在不知不觉中认同了他人的观点,认为自己是不正常的人,进行更加恶劣的不良行为。随着标签理论的发展,人们逐渐将其应用到其他弱势群体领域中。就残疾人群体而言,标签理论认为一个人是残疾,与周围环境中的社会成员对他及其行为的定义过程或标定过程密切相关的。由于社会上人们的偏见,残疾人往往被贴上“不正常”或“没有用”的“标签”。在这种负面强化的影响下,残疾人逐渐失去了自我定义的机会,而默认周围人的观点即残疾人是无用的人,失去改变的意识和动力,进而陷入物质或精神、心理等方面的困境,失去了接受教育培训、参与劳动甚至是婚姻嫁娶的机会。标签理论不仅影响着社会对残疾人的接纳,也影响着政策制度的制定。许多农村残疾人只是身体某一功能缺失,经过康复锻炼后可以从事一些简单的劳动或者技术性工作,如听力有问题的残疾人可以参加种植养殖劳动,腿脚不灵便的人经过培训后可以从事手工艺制作等,但在现实生活中他们却被错误地认为是“无能”的人被用人单位拒之门外。这种政策上的失误和标签化不仅让残疾人埋没了自我潜能,也使国家、社会以及残疾人家庭承受了更多的负担与损失①。

(二)自身能力资源的匮乏是农村残疾人深陷发展困境的根源之一,我们尝试以能力贫困范式进行分析

目前我国各项救助制度和措施保障农村残疾人的基本生活需要,但由于人们长期习惯性被动地等待着政府的救济,没有主动创造收入,生活状况陷入困境。传统观点认为贫困是农村残疾人发展的主要障碍,且这种贫困指的是物质生活困难,不能维持基本生存需求。阿马蒂亚·森(Amartya·Sen)突破了传统的物质财富贫困的概念。他认为,尽管物质财富与贫困之间有密切的联系,但贫困的实质不是物质财富的匮乏,而是可行能力的贫困。能力指的是一个人实现某种价值的自由或机会。贫困可看做是能力水平低,它不再满足于把贫困看做单一的物质匮乏,其根本原因是获得收入的能力受到剥夺和机会的丧失。对残疾人而言,表现为双重的贫困和双重的缺失,即有物质财富的不足,同时又是收入能力受到剥夺和机会的丧失。② 因此,单纯的物质救济只能缓解一时之需,不能解决根本问题。从负面角度看,这种做法难以让受助者更加独立地生活,缺乏能力规避风险与危机,发挥自身潜能的可能

① 马洪路. 残疾人社会工作[M]. 北京:中国社会出版社,2010:12.

② 宋宪萍,张剑军. 基于能力贫困理论的反贫困对策构建[J]. 海南大学学报,2010(1):69-73.

趋于湮没。能力贫困可理解为能力缺失,是从可行能力角度看问题,不仅拓展了残疾人研究的范围,同时让问题的着眼点归于农村残疾人自身能力的构建。

(三)农村残疾人的发展困境还与来自主流社会的隔离有很大关系,我们尝试结合社会排斥理论进行探讨

传统农村社会中各种封建迷信观念根深蒂固,残疾被认为是上天对人们做错事的惩罚,人们与残疾人之间保持一定的距离,残疾人自身也有强烈的自卑心理,不愿与外界过多交流。美国社会学家帕金(Frank Parking)从社会分层的角度提出了排斥的运作逻辑,认为任何社会都会建立一套程序或规范体系,将获得某种资源或机会的可能性限定具备某种资格的小群体内部,使得资源或机会为社会上某些人享有而排斥其他人。①社会排斥理论认为由于人们自身生理心理原因,受周围环境和政策制度影响,缺乏机会参与一些社会普遍认同的社会活动,逐渐被主流社会隔离与边缘化,社会排斥可以理解为一种机制也可以看成是一个过程。这种排斥与被排斥的互动日益使残疾人成为孤立的群体,生活在社会的边缘地带,失去了日常人际交往、接受教育、参与劳动等各种获取社会资源的机会。

传统观念中,家庭为成员提供物质和情感支持,成员有责任为家庭增加资源,然而残疾人却为家庭增加了额外的经济负担和精神压力,虽然如此,但在某些方面家庭却给予特别的保护,活动范围被局限于家庭的圈子内。这种保护性排斥与错误认识往往成为残疾人发展的最大障碍。亲朋邻里及同辈群体、村委干部对个人起着潜移默化的影响,提供辅助的情感支持甚至是物质帮助。但其中对待残疾人既有同情和关怀,也存在着歧视和偏见,将残疾人看成是另类群体。对造成社会排斥的原因不同的立场有不同理解,可以将其概括为三种观点。(1)自我责任论:认为农村残疾人所遭受的社会排斥是他们自己的责任,是由于他们自身的行为和态度造成的,甚至是由于他们不积极主动参与社会而形成的自我排斥。(2)社会结构生成论:认为社会结构的不平等导致社会排斥,农村残疾人所面临的困境并非他们自身不够努力、自暴自弃,而是社会结构有意无意将之排斥于正常的社会生活之外。(3)社会政策创造论:认为社会排斥往往发生于不同的制度和政策层面,当国家制定的政策法规等系统化地拒绝向农村残疾人群体提供资源,使之不能完全参

① Frank Parking. 1979, Marxism and Class Theory: A Bourgeois Critique. New York: Columbia University Press, 11-13.

与社会生活、和别人同样享受社会成果时,就会导致社会排斥。[1]

四、我国农村残疾人的脱困政策

残疾人作为社会财富的创造者,有参与社会生活的能力和愿望。以积极的态度发展我国残疾人事业,尤其是农村残疾人事业不仅是农村残疾人群体的呼声,也是建设社会主义和谐新农村的内在要求。解决农村残疾人发展困境,需要残疾人自身能自强自立,也需要家庭、社会各界的支持与帮助。

(一)增强农村残疾人自主意识,促使其自身潜能的发挥

农村残疾人因生活不能自理或者功能丧失需要依赖他人时易产生自卑、愧疚心理;失去教育、劳动、婚姻等机会时会有绝望、孤独无助等情绪;同时不愿意与别人交往,自尊心较强;有时对于生活自暴自弃,浑浑噩噩地过日子甚至有轻生的念头。帮助农村残疾人获得发展首先应打开他们的心结,让他们"把自己看成与其他人没什么两样"并积极努力去改善,以恢复心理上的平衡。当残疾人对自己的残疾有一种控制感,把残疾认同降低到只是残疾人的某个方面,而不是自我的主要特征时,他们就可以发掘自身的所有闪光点,形成自尊和自豪感[2]。为此,应创造条件向农村残疾人提供各种信息与资讯,在条件成熟的情况下发挥自身潜能,实现自己的价值;同时鼓励他们走出封闭狭小的交流圈,多与人交往,融入其他群体,增加社会的适应性,促进他们回归主流社会。

(二)依据农村社会特点,为农村残疾人构建积极和谐的社会支持网络

"平等、参与、共享"的新残疾人观念认为残疾人有人的尊严和权利,有参与社会生活的愿望和能力,同样是社会财富的创造者;同时残疾人平等参与社会生活,有赖于社会各界的帮助等。[3] 农村社会中以差序格局建立起血缘、地缘、业缘的关系网络,其中血缘关系提供的个体支持成为农村残疾人社会支持系统中的主要力量,其次是姻亲与邻里。在家庭层面上,成员彼此之间有强烈的责任感,但家人应减少对残疾人过度的内心保护,鼓励残疾人走出家门与外界进行交流,为他们积极寻找发展的资源,同时可以让残疾人参与一些力所能及的劳动,在减轻家庭负担的也可以让残疾人感受到自身的价值。残疾人与亲朋邻里的交往互动可以在相当大的程度上消除抑郁、孤独等

---

① 周林刚. 社会排斥理论与残疾人问题研究[J]. 青年研究,2003(5):32-38.

② Juliet C. Rothman. 残疾人社会工作[M],曾守锤等译. 上海:华东理工大学出版社,2008:97-98.

③ 姚尚满. 我国残疾人社会工作的发展现状及对策[J]. 山西高等学校社会科学学报,2007(6):49-51.

消极因素。亲朋邻里摒除偏见和观念,将残疾人看成是行动不便或者是反映较慢的正常人,将残疾人纳入到日常交流互动的圈子中。在我国,政府是社会资源的权威与代表,在公共生活领域中扮演着重要的角色。政府应完善社会保障制度和救助制度,对农村残疾人给予物质上的扶持与帮助,着眼于解决他们的生存难题。政府及各级残联组织对农村残疾人"授人以鱼"更应"授人以渔",在保障他们基本生存需求的前提下,为农村残疾人提供平等地参与机会与发展条件。

(三)积极推动社会工作介入,为农村残疾人提供专业服务

社会工作的价值基础是相信每个人都是独特的、有价值的生命体,都有作为一个完整的人的尊严和权利,都是社会的一个成员;同时社会工作也是一个过程,通过社会工作者的实践可以为农村残疾人营造正常的环境,让他们享有与他人平等的生活机会。我国学者对残疾人社会工作的定义是"专业社会工作者帮助残疾人所开展的社会福利服务性质的工作,包括生活照料、医疗卫生、康复、社会保障、教育、就业、文化体育、维权等方面的服务,其核心和主要内容是康复社会工作"①。这些活动受到社会各界的广泛好评但在城市开展比较多,在农村地区残疾人社会工作仍处于空白发展阶段。在农村开展残疾人社会工作不仅具有可行性且具有积极的现实意义。助人自助的价值理念有助于农村残疾人自我觉醒,积极定义自我,完成自我能力的重新构建;同时社会工作可以帮助残疾人整合家庭、亲朋邻里、公益组织等多方资源,及时为残疾人提供情感支持,满足他们的信息需求。以残助残指的是一些某些方面有优势的残疾人或有能力的老人去帮助在某些方面有缺陷的残疾人,以此在残疾人群体中形成互助的氛围。基于社会工作者的专业性,在农村残疾人群体推广以残助残、以老助残的服务模式,不仅能充分利用有限资源,同时能够倡导和谐的残疾人观念。如聋哑残疾人可以对视力残疾人行走上的协助、生活上的照料等。另一方面在现阶段应按照市场化要求,政府可向社会工作购买服务,建立农村残疾人专业服务机构,推动契合农村残疾人福利诉求的社会福利政策的制定和服务质量的提升②,实现残疾人真正、全面地回归社会生活。

结　语

农村残疾人作为双重社会弱势群体,需要得到的不仅是物质的扶持与经

---

① 马洪路.残疾人社会工作[M].北京:中国社会出版社,2010:4.

② 杨洪斌.优势视角——从一个全新的角度看农村残疾人社会工作[J].中国残疾人,2006(2):27.

济的援助，更重要的是让他们能感受自我价值的存在。《中国残疾人事业“十二五”发展纲要》指出残疾人事业是中国特色社会主义事业的重要组成部分，残疾人工作是保障和改善民生的重点。[①] 帮助残疾人平等地参与社会生活、分享社会成果不仅是残疾人自身的要求，也是社会进步的要求。作为一种独特的专业研究视角，社会工作能够整合农村残疾人内部和外部资源，帮助他们发挥自身的内在潜能，构建有利于农村残疾人生存与发展的社会支持网络，对农村残疾人群体建设及社会主义新农村建设具有重要的现实意义。

① 中华人民共和国中央人民政府．中国残疾人事业“十二五”发展纲要．(2011-06-08)[2011-07-04]. http://www. gov. cn/jrzg/2011-06/08/content_1879697. htm

建立和完善群众利益诉求表达机制

路 江*

摘 要:进一步建立和完善具有中国特色的群众利益诉求表达机制体系,对于党和政府及时了解社情民意,正确制定公共政策,加强和改进社会公共服务管理等方面都具有十分重要的意义;群众利益诉求表达机制是化解社会矛盾的手段之一,在建设和谐、幸福的社会中,迫切需要建立群众利益诉求表达机制体系;进一步建立和完善群众利益诉求表达机制,应结合我国具体的实际情况,建立一套具有中国特色的科学的内部相互协调、补充和配套的群众利益诉求表达机制体系。

关键词:群众;利益;诉求;机制

一、建立和完善群众利益诉求表达机制的重要意义

当前我国经济社会已经步入良好的发展轨道,处在历史发展的黄金时期,发展势头非常好,广大人民群众生活水平的改善非常显著,但是我们也必须十分清醒地看到,我国同时也处于社会转型期和社会矛盾的多发期,在多种主客观因素的作用下,社会还是处在不断调整、适应、分化的动态过程之中。在经济社会快速发展的同时,又不可避免地带来利益矛盾的增多和社会冲突的加剧,人民内部矛盾多发、早发和群发的特征日益显现。利益格局的深刻变化和调整,必然带来多元化的权益诉求。在我国极少数地方出现了干群关系紧张和干群矛盾增多的问题。面对日益纷繁并不断产生的社会矛盾和利益诉求,我国原有的利益诉求表达机制已经明显不适应。因此,党的十七届四中全会提出:"健全党和政府主导的维护群众权益机制,认真解决群众反映强烈的教育医疗、环境保护、安全生产、食品药品安全、企业改制、征地拆迁、涉农利益、涉法涉诉等方面的突出问题。完善矛盾纠纷排查化解机制,引

* 作者简介:路江,合肥学院管理系教授。

导群众依法表达合理诉求,切实维护群众权益。”[①]国务院总理温家宝同志明确强调指出:“健全社会矛盾纠纷调处化解机制,引导群众以理性合法的方式表达利益诉求。”[②]建立和完善畅通、有效、科学的利益诉求表达机制,对于党和政府及时了解社情民意,制定科学的各种公共政策,加强和改进社会服务管理等方面都具有十分重要现实意义和深远的历史意义。

社会群体表达利益愿望的“利益诉求”,是指社会成员或社会群体表达利益愿望,维护利益权利,反抗利益受到侵害的行为,它是调适人与人、人与社会之间关系的沟通机制,是构建和谐社会重要基础。正确对待困难群体利益诉求表达,为其建立合理平等的利益诉求表达机制,实现利益诉求表达渠道的通畅,已成为加强社会公共服务管理,维护社会稳定,构建和谐社会的当务之急。

利益诉求表达机制主要包括利益诉求表达主体、利益诉求表达客体、利益诉求表达方式和利益诉求表达渠道这四个方面的要素。利益诉求表达主体就是提出利益需求的阶层、群体或个人。利益诉求表达客体是利益诉求表达主体进行利益诉求表达所指向的对象,主要包括执政党、政府和其他社会组织。利益诉求表达渠道是利益诉求表达主体向利益诉求表达客体表达自身利益诉求的途径和中介物,我国目前主要有组织化表达和公开舆论表达两种。利益诉求表达方式是指利益诉求表达主体把自己的利益诉求向利益诉求表达客体表明的形式,主要分为理智型表达方式和情绪型表达方式两种[③]。

利益诉求表达机制的建立和完善,对于保障人民群众的根本利益,特别是弱势群体的合法权益,构建社会和谐,维护社会稳定,促进经济社会发展具有重要作用和意义。弱势群体(social vulnerable groups),又叫社会脆弱群体、社会弱者群体,它主要是一个用来分析现代社会经济利益和社会权力分配不公平、社会结构不协调、不合理的概念。弱势群体在我国现实社会中的具体构成大体上主要包括儿童、老年人、残疾人、精神病患者、失业者、贫困者、下岗职工、灾难中的求助者、农民工、非正规渠道的就业者等以及在劳动关系中处于弱势地位的人。理论界一般把弱势群体分为两类:生理性弱势群体和社会性弱势群体。

群众利益诉求表达机制就是指群众利益诉求表达主体,通过理智型的表

---

① 中共中央关于加强和改进新形势下党的建设若干重大问题的决定[M]. 人民出版社,2009 年10 月,P15.

② 中国政府网[EB/OL]2009 年 03 月 05 日 http://www. gov. cn.

③ 马保卫,路江,吴钊. 完善我国青少年利益诉求表达机制的思考[J]. 合肥学院学报,2010 年第 5 期.

达方式(避免情绪化表达方式),以有组织的和公开的渠道,向党和政府及其他社会组织表达利益需求的制度。一个平等合法、程序规范、科学公正、广泛参与的多元化的利益诉求表达机制,是疏通化解各种社会矛盾的重要形式之一。

二、社会现实迫切需要建立群众利益诉求表达机制

我国社会现实的不断发展,已经迫切需要建立和完善群众利益诉求表达机制体系。我国经济社会发展虽然成绩可喜,但发展是不平衡的,存在着东部、中部和西部的差距,因为安徽省位于中国中部,具有一定的代表性,所以下面以的安徽省为例,进一步阐述本文的基本观点。

第一,广大群众收入水平发展不平衡。

改革开放30多年来,特别是最近几年在安徽省经济社会持续快速发展,人民收入水平普遍提高的同时,随着收入渠道多元化,收入格局多样化以及改革的过程中对利益格局重新调整,居民收入差距不断拉大已经成为当前经济社会领域中人们关心的一个敏感焦点问题。基尼系数是一个用来描述一个社会收入整体差距程度的重要指标。国际上通常认为,当它处在0.3至0.4时表示收入分配比较合理,当它处在0.4至0.5表示收入差距过大,当它超过0.5则意味着出现两极分化。

那么,安徽省的具体情况究竟如何呢?笔者于2011年3月,就"您家庭的月收入是多少?"这一问题对安徽省各地各类家庭进行了随机问卷调查,问卷统计结果如下:

在500户被调查者中,选择"2千元以内"的有190户,占38%;选择"3千元以内"的有100户,占20%;选择"4千元以内"的有90户,占18%;选择"5千元以内"的有40户,占8%;选择"8千元以内"的有30户,占6%;选择"1万元以内"的有30户,占6%;选择"1万元以上"的有20户,占4%。这一调查结果告诉我们,安徽省居民家庭月收入在3千元以下的家庭约占总数的58%,如果每户家庭按3人计算,人均月收入不到1000元,而"2010年我省在岗职工平均工资预计为33900元,由2005年的全国21名上升至15名。"[1]按月平均后安徽省2010年在岗职工平均工资水平是2825元。换句话说,占安徽省总数58%的居民家庭的人均月收入远远低于安徽省2010年在岗职工平均工资水平,这说明经济困难是这一群体的首要问题,他们是最需要提供社会服务的对象。

---

① 安徽商报[N],2011年3月23日。

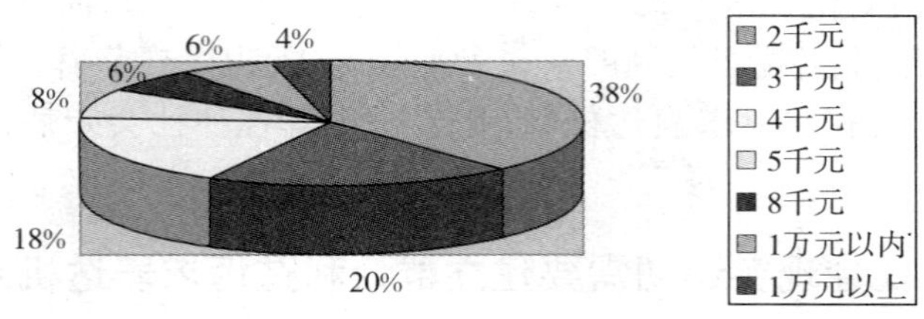

就另一个问题"您家庭的净资产是多少?"对安徽省各地各类家庭进行了随机问卷调查,问卷统计结果如下:

在500户被调查者中,选择"10万元以内"的有300户,占60%;选择"20万元以内"的有90户,占18%;选择"30万元以内"的有20户,占4%;选择"50万元以内"的有40户,占8%;选择"80万元以内"的有20户,占4%;选择"100万元以内"的有20户,占4%;选择"100万元以上"的有10户,占2%。这一调查结果告诉我们,安徽省居民家庭的净资产在10万元的家庭约占总数的60%,再加上家庭净资产在20万元以下的家庭两者约占总数的78%,占安徽省居民家庭总数的绝大多数。

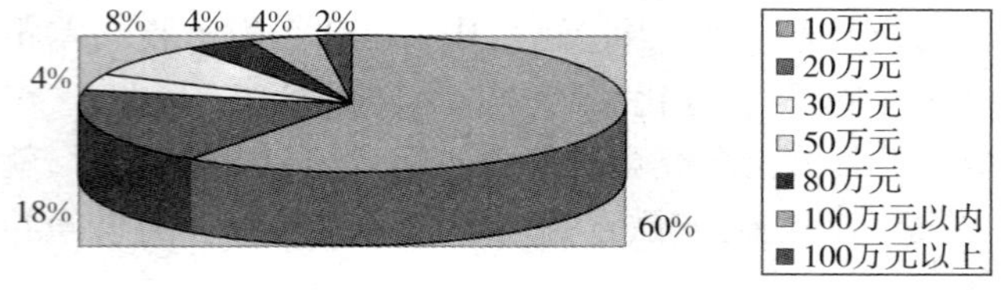

根据统计调查结果测算,2010年安徽省的基尼系数达到了0.475至0.496之间,属于收入差距过大的范畴,已经逼近0.5这一两极分化的公认标准。收入差距越来越大,社会的贫富差距已经突破了合理的限度。如何建立一个高收入人群和低收入人群占少数、中等收入人群占绝大多数的"两头小、中间大"的橄榄型比较合理的收入分配格局,这是值得认真深思的问题,而建立群众利益诉求表达机制就是解决的这一问题的社会服务管理创新手段之一。

第二,安徽省有不少市民群众不知道怎样表达利益诉求。

随着经济社会的发展,广大群众已经越来越认识到利益诉求表达的重要性,人民群众表达利益诉求的意识逐步提高,越来越多群众会主动去表达自己的利益诉求,但是发展也不平衡。笔者于2011年3月,就"当您的合法利益没有受到保护或受到侵犯时,您是否会用正当方式表达出来?"这一问题在安徽省合肥市进行了随机问卷调查。问卷统计结果如下:

在208个被调查者中，选择“是”的有123人，占59%；选择“否”的有45人，占22%；选择“不知道”的有40人，占19%。

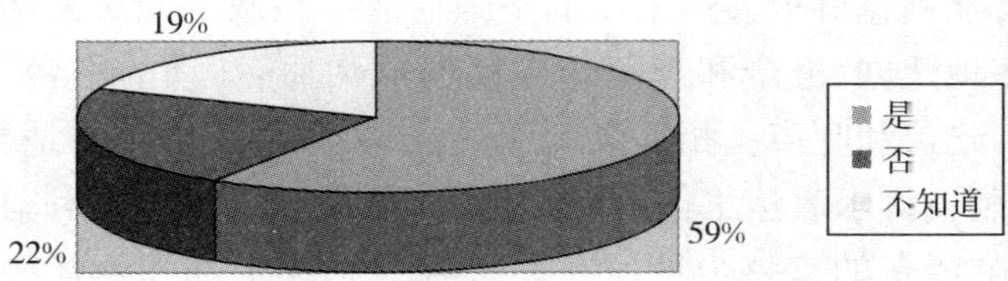

从中可以看出，虽然有59%的人能用正当的方式都有表达自己的利益诉求，但是仍然有41%的人不知道或不能用正当的方式都有表达自己的利益诉求，这是值得认真深思的又一个问题，这说明安徽省在社会服务管理创新手段中，迫切需要建立群众利益诉求表达机制。

第三，我国群众利益诉求表达中存在的主要问题。

我国各级党委和政府在社会矛盾纠纷调处化解和群众利益诉求表达等方面做了大量而卓有成效的工作，如各级党委和政府十分群众利益诉求表达工作，信访部门为群众和弱势群体的利益诉求做出了努力，各级各界在实践中尝试各种形式的信息公开、民意调查、听证会、调解、协商和谈判等具体表达形式，大众传媒也重视、引导、参与群众特别是弱势群体的利益诉求。这些初步的尝试和探索，取得了一些阶段性成果，为我国和谐社会的发展做出了贡献。但是因为经济社会发展呈现出一系列新趋势新特征，社会结构、社会组织形式和社会利益关系正在进一步发生深刻的变化，因此总得看，目前我国各地建立群众利益诉求表达机制工作只是初步摸索，还不够完善，还存在着无法可依、无章可循、不系统、不规范、不配套、临时性和随意性强等不足之处，这些影响了党在群众中的形象，影响了国家各项方针政策的贯彻实施，也影响了我国社会的稳定与和谐，需要我们在理论和实践中不断地进行探索和总结。

三、进一步建立和完善群众利益诉求表达机制的几点建议

进一步建立和完善我国群众利益诉求表达机制，应紧密结合我国具体国情并借鉴发达国家和地区的成功经验，建立一套具有中国特色的科学的内部相互协调、相互补充和相互配套的群众利益诉求表达机制体系。

第一，充分发挥党委和政府在群众利益诉求表达机制中的作用，强化立党为公、执政为民的理念，坚持和注重社会公平。群众利益特别是弱势群体的利益必须依靠行政和社会的力量给以支持和维护。各级党政机关及其职能部门应对其进行指导、服务、协调、规范和管理。应进一步提高干部政治素

质和业务水平，从最广大群众的根本利益出发，把群众利益特别是弱势群体的利益诉求纳入法制化、规范化和制度化的轨道。解决在工作中遇到的困难，做畅通群众利益诉求表达工作的坚强后盾。在政务及决策活动尽可能透明公开，更多地建立、健全和规范与人民群众沟通、互动的平台与渠道，听取他们的意见、建议和呼声。相关政策应关注、关心弱势群体并适当向其倾斜。应加大群众利益诉求表达工作的财政投入，加大对进行群众利益诉求表达机制研究和建立经费的支持力度。在完善各级领导干部和党代表、人大代表、政协委员联系群众制度的同时，要与各种组织、人民团体和志愿者保持经常性、实质性的沟通和联系，深入社会生活，收集、研究群众的利益诉求，并积极地把群众利益诉求送达到决策层。

第二，紧密联系我国具体的实际情况，制定完善配套的群众利益诉求表达法律、法规、条令和条例体系，引导群众以理性合法的方式进行利益诉求表达。发达国家和地区在群众利益诉求表达方面，有一些成功的经验值得我们借鉴。美英法等国都有相关的法律法规，特别是德国的相关的法律法规较为完善，德国通过立法程序在民事法典、刑事法典、公共法案、收养程序及实施法案、联邦教育奖励法案和就业促进法案中都加入了对社会弱势群体利益保护的条款，此外，还制定了联邦社会援助法案等 14 部联邦专门法案，从而形成了一整套较为完善和规范的法律体系和法律依据。

第三，多年的实践表明，信访部门是群众等弱势群体表达利益诉求的重要渠道，是一个具有中国特色的人们表达利益诉求的方式。信访的利益诉求表达方式受到决策层的重视和民众的接受，效果较好。因此，要进一步充分发挥党和国家各级机构信访部门的作用，通过信访渠道向决策层表达群众利益诉求。应进一步完善信访机制，在政务中心等集中办公场所设立信访诉求接待窗口，强化信访首接负责制、限时上报制、限时反馈制，做到事事有着落，件件有回音。加强信访部门与纪检监察部门的沟通联动，严肃整治侵害群众利益和弱势群体利益行为及相关腐败、渎职等行为。

第四，建立并完善畅通高效的群众利益诉求表达渠道。建立及时收集群众利益诉求信息的网络系统，加强对收集的信息进行分析、研究和提炼。进一步建立和健全各种形式的信息公开、民意调查、听证会、调解、协商和谈判等具体制度，提高其有效性和实效性，确保群众合理的利益诉求通过正当规范的渠道纳入公共决策过程。如果群众特别是弱势群体被排斥在社会进程之外，不能参与相关决策的进程，他们的声音就无法表达，就谈不上有效维护其权益。尊重和保障群众的政治、经济和社会权利，特别是要加强民主制度建设，保障群众的参与权利和知情权，特别是保障其参与与其有关的各项决策的权利,使其能够表达和维护自身的权益。在建设社会主义法治社会的进程中,要保障群众特别是弱势群体对于有关立法的参与权,增强他们利用法律手段维护自身权益的能力。要加大法律宣传和普及的力度,使更多的群众增进对于法律的了解,而且还要加强法律援助工作,确保群众特别是弱势群体也能使用法律武器,维护自身的各项权益。

第五,充分发挥群团组织、社会团体、工青妇组织、残联和以弱势群体为主的各类协会的权益保护作用和功能。扩大相关群团组织和基层自治组织领导班子及其成员的普选范围,维护选举秩序,规范选举制度,防范黑恶势力操控。健全群众监督机制,强化他们的自觉服务意识。培育专业互助合作社等地域性和行业性的合法民间组织,拓宽弱势群体诉求渠道。在社区、街道办事处和各基层组织建立群众利益诉求的调解、协调体系,尽量让群众利益诉求在基层的社区、街道和区县得到解决。在各级群团组织、社会组织和司法部门建立健全有利于群众权益特别是弱势群体的社会法律援助体系和国家法律救助体系,降低诉讼成本,简化司法程序,提高诉讼效率。另外,还应广泛宣传动员社会组织、个人志愿者支持、帮助群众利益诉求表达工作,给他们以必要的政策、人力、资金的鼓励和支持,从而形成一个遍布全社会的为群众利益诉求工作的体系和网络。

第六,应着眼于化解矛盾、解决实际问题。任何社会都不可能没有利益矛盾,有利益矛盾就必然有各种形式的利益诉求。建立群众利益诉求表达机制的目的就是为了及时发现问题,化解矛盾,解决问题,推动社会和谐发展。如今,我国少数地方各种社会矛盾虽然呈现多发态势,引发的原因多种多样,表现形式千差万别,但矛盾主要集中于经济领域内,皆属于人民内部矛盾。因此,对待群众的合理利益诉求,不应回避矛盾,应尽可能地给予解决。对于群众合理的利益诉求如果不能认真加以解决,就有可能激化矛盾,进而到影响社会的稳定。对那些一时无法解决的利益诉求,要向群众讲明原因,一旦条件成熟就加以解决。对于极少群众过高的利益诉求,应及时说明情况,晓之以理,多做矛盾的调处、化解和疏导工作。

第七,充分利用大众传媒表达关心、关注、引导、参与群众的利益诉求。大众传媒能够迅速将群众的利益诉求广泛传播,引起社会关注,凝练成社会焦点,直接被政府部门知悉和关注。它为群众利益诉求的表达提供了一条高效便捷的通道,使群众的利益诉求省去了中间环节,能直接面对决策层。因此,要充分利用大众传媒进行群众利益诉求表达。利用现代通讯技术,建立扁平的利益诉求表达渠道。党委、人大和政府应建立专门网站,收集、整理群众利益诉求,让广大群众的利益诉求直接反映到决策层,避免渠道长、环节多导致的利益诉求失真或遗失。通过“行风热线”“市民论坛”等载体，构建广播、电视、网络、通讯、报刊、信息等多层次、多样化的人民群众利益诉求表达形式。切实加强“12345 政务热线”服务台建设，每个服务台应至少配备一至两名专兼职相结合的管理人员，负责服务台运行管理、资源协调、信息汇总等工作，整理阶段性重点问题并上报信息，为党政部门制定相关政策提供参考。在大众传媒上设立针对群众利益诉求的平台，让广大群众特别是弱势群体充分感受到社会的公平、正义和人文关怀。

第八，广大人民群众权益得到有效保护离不开监督的建立和完善，应进一步加强和鼓励各种形式的社会监督。应进一步发挥人大、政协、民主党派、人民团体、特别是大众传媒等方面监督渠道的作用，强化权力约束机制，加强民主监督的力度。鼓励和支持民主党派、人大代表、政协委员、各种大众传媒、各种社会组织和个人进行监督，从而有效地保证人民群众特别是弱势群体的利益诉求表达。

芜湖市失地农民创业的制约因素及其对策[*]

李祥兴[**]

摘 要:随着芜湖城市化步伐的加快,农村土地征用面积越来越大,失地农民也越来越多。因而失地农民就业问题日益凸现。从目前情况来看,解决城市化带来的众多失地农民就业的最佳途径是自主创业。研究失地农民创业的制约因素,提出合理有效的建议,无论是从理论上还是从现实上都具有十分重要的意义。

关键词:失地农民;创业;制约因素

一、失地农民就业生活状况

随着我国城市化步伐的加快,失地农民数量越来越多,目前全国失地农民总数在4000万人左右。且每年增长200万人。据陈晓宏的研究,到2030年我国的失地农民将到1.1亿人。在计划经济年代,失地农民一般可由政府安置就业,其身份自然转变为城市居民,不存在失业的问题。但是在现行的体制下失地农民被推向市场,自谋职业,政府仅提供有限的帮助。然而对于大多数从事种植业的农民来说要到一个新的、陌生的环境中去自谋职业,显然不易。为了说明我国现阶段失地农民的实际就业生活状况,现以安徽芜湖市为例,笔者选择了芜湖市的鸠江区、弋江区、三山区及芜湖县的清水镇的22个村(居委会)220户农民为样本户。共发放220份问卷,回收210份,其中有效问卷190份。调查结果如表1、2、3所示。

表1 失地农民再就业途径的调查表

	招工安置	外出打工	做小生意	去企业应聘	继续务农	无工作	未回答
人数(人)	9	22	52	18	11	64	14
比例%	4.36	11.69	27.54	9.30	5.85	33.65	7.60

* [基金项目]安徽省哲学社会科学规划项目(AHSK05-06D24)阶段性成果。

** [作者简介]李祥兴(1980—),男,安徽怀宁人,安徽师范大学政法学院讲师、博士研究生,主要从事中共党史和马克思主义中国化研究。

表2　失地农民主要收入来源调查表

	二三产业	农业	房子出租	集体补助	入股分红	其他	未回答
人数(人)	87	24	32	9	0	41	7
比例%	46.01	12.63	11.67	4.55	0	21.62	3.54

表3　失地农民月收入来源调查表

	500元以下	500～900元	600～699元	700～799元	800～899元	900～999元	1000元以上
人数(人)	78	37	17	11	22	15	11
比例%	41.18	19.55	8.84	5.52	11.61	7.73	5.57

从以上的数据我们可以看出失地农民的就业生活状况呈现以下特点：

（一）失地农民就业率低且缺乏稳定性

土地被征用后，大部分农民通过自谋职业方式实现再就业，但是仍然有相当数量失地农民就业存在困难。除招工安置和继续从事农业外，去企业应聘的占9.30%，做小生意的占27.54%。而且从事的也大多是文化素质和劳动技能较低的职业。以上职业有的会随着技术进步和企业转制，面临失业的危险；有的存在较大的经营风险；有的会随着城市化进程的加快和城市管理的加强存在被淘汰，被取缔的风险。因此，一些失地农民虽然暂时就业，但缺乏稳定性。

（二）收入较低且呈两极分化的趋势

由于职业的多元化，失地农民的收入也呈现多元化的趋势。在被调查的190人中，收入来自二、三产业的占46.01%，来自房屋出租的占11.67%，来自农业的占12.63%。而且由于工作性质和岗位的差异及财产的不同，其收入水平也相差较大，大部分人的收入水平偏低。目前收入水平在500元以下的占41.18%，500～599元占19.55%，800～899元占11.61%，1000元以上占5.57%。

（三）生活缺乏根本保障

土地被征用后，除原来少数从事二三产业的农民收入没有明显的变化外，其他以农业为主的农户因劳动就业转移和家庭产业转移没有尽快得到解决，收入明显下降。与此相反生活消费支出却明显增长。主要是失地后，一部分农民搬进楼房，取暖费、电费、水费、物业费、饮食等支出在增加，导致生活支出增加，即使是与从前相同的消费量也意味着更多的消费支出。

二、制约失地农民创业的因素分析

现阶段针对失地农民问题大多都是围绕“补偿、再就业、社会保障”为主线展开，出现了如农民变股民的“南海模式”，土地换保障的“嘉兴模式”。[①]然而这些措施只能有限的解决局部问题，不能从根本上、长远地解决问题。因此，笔者认为除了完善征地补偿办法、再就业，努力构建失地农民社会保障体系的基础上，引导失地农民自主创业是从根本上解决失地农民出路问题的必然选择。以就业促进创业，以创业带动就业是解决失地农民长远生计的有效途径。

（一）影响失地农民创业的主体性因素分析

农民创业在很大程度上受创业机会和能力的制约。但农民创业能力的高低在很大程度上受其自身素质制约。当前来说，制约我国失地农民创业的因素有以下几个方面：

1. 能力因素　这里所指的能力包括劳动技能、创新能力、创业机会识别能力等。[②]其中创业机会的识别能力最为重要，因为创业过程始于创业机会，创业机会主要体现在对潜在市场的判断或商业机会的捕捉，它是创业的基本条件。从本质上说农民的创业是一个农民识别创业机会并整合其身边的所有可以利用的资源进行经营的行为和过程。我国农民由于受教育水平整体不高，很少有人接受过现代创业教育，知识贫乏，视野狭窄，信息量不足，在创业中仅凭自己的主观判断确定投资领域和方向，致使许多人在创业中失利。

2. 心理因素　就心理因素而言，农民创业过程中的最为关键的因素是创业意识，它是创业风险意识、自信心及成功欲望的体现，直接影响创业活动的发生。长期以来，我国农民据守自己的一亩三分地，日作而出，日落而息，形成了独有的生活方式和特有的思想特点，那就是保守、自由、闲散。与之相对应的是依赖、消极、保守和被动的就业观念，成为失地农民创业的主要思想障碍。

（二）影响失地农民创业的体制性因素

体制性因素主要是影响创业机会的发生。体制因素主要是通过我国社会经济存在的二元结构及由此形成的独特就业制度来体现的，突出表现在就业歧视和社会保障方面。

1. 失地农民遭受就业歧视和不公平待遇　失地农民往往在求职的过程中，由于某些与个人无关的因素的影响，不能平等地享受与他人相同的就业机会，从而使自己平等的就业机会遭到侵害。拿户籍歧视来说，有的地方要求进城务工农民办理暂住证、务工证等。即使在城市找到工作，在就业的过程中也会遭到不公平的待遇，基本的劳动权利得不到保障，除了工资低廉外，用工单位往往不与农民签订正规的劳动合同,农民面临随时被解雇的命运,就业及不稳定。

2. 缺乏可靠的社会保障　国家向城市居民提供较好的社会保障,而农民基本没有,导致创业的失地农民在市场竞争中败下阵来没有社会保障这个避风港。虽然失地农民拿到安置补偿费,但是现行的安置补偿费相当的低,大多只能维持3～5年,征地补偿安置费要用于购房、盖房、子女上学、日常生活等开支,若无收入来源,失地农民将面临生存危机。

(三)影响失地农民创业的环境因素

影响失地农民创业的环境因素主要包括资金的数量、政府的相关政策、创业所需的基础设施建设、创业所选的行业发展前景等。外部环境的优劣影响农民创业机会的多少急农民对创业机会的把握。

1. 创业资金的缺乏与贷款难并存　根据《中华人民共和国土地管理法》第47条规定:征地农民的安置补偿费包括土地补偿费、安置补助费及附属物和青苗的补偿。征用耕地的补偿费为该地征用前3年平均年产值的6～10倍。[③]这一补偿标准本身已经偏低,而在实际操作过程中,由于种种原因,农民能拿到手的征地补偿费总额则更少。没有了土地,农民的各项开销全指望这笔费用,不可能拿出更多的钱用于创业,何况还有较大的风险。然而农民创业过程中涉及农民对创业领域中更多的投入,但是我国失地农民在收入和所获的补偿费较低的情况下,要创业只能依靠外部的资金。目前我国农村实际情况是金融改革滞后,造成农民创业过程中的贷款难,资金融通的渠道受到限制,增加了农民创业的难度。

2. 受当地经济发展水平的制约　经济发展水平尤其是农村城镇化进程及乡镇企业的发展,在很大程度上影响农民对创业机会的寻求和把握。如果一个地区的产业结构处于升级阶段,就会创造更多的就业机会[④],东部地区比西部地区经济发展水平高,东部地区农民创业的机会也就比西部地区农民多,经济发达地区农民创业的机会也就比落后地方多。特别是城镇化进程对农民创业机会有强烈的刺激作用,更有利于改变农民传统保守的观念。快速发展的城镇化进程一方面拓宽了农民创业的渠道、尤其是非农产业渠道;另一方面也促进了市场发育,改变了农民传统保守的思想观念。

3. 政府相关政策的缺失　政府对农民创业的政策支持主要体现在通过政府的信息渠道为农民提供有效的创业信息支持,消除一些人为的因素造成的城乡分割,平等地对待农民等。政府在推动失地农民创业方面可以做一些努力,主要有:第一给予失地农民在创业方面一定的政策倾斜,例如失地农民在申请个体工商户经营手工业执照时,工商、城建、税务等部门应考虑简化手续,优先办理,并在一定时间内享受与城镇失业人员相同的税收待遇;第二发放信用社贷款,在一定程度上可以缓解农民的融资难的问题;第三引导农民开展社区服务方面的创业,优先让失地农民准入。

三、采取积极有效措施引导失地农民创业

失地农民创业的困难是多方面的,但主要困难来自于农民个人创业中的先天不足。首先是资金不足,失地农民多数生活困难,难以为继,主要靠补偿金和以前的积蓄生活,没有能力完成创业所需的原始资金积累。其次是知识不足,视野狭窄,没有受过现代创业知识教育、信息量不足。仅凭自己主观判断确定投资方向,往往失利。再次缺乏经营管理经验,进而在创业过程中举步维艰。最后是缺乏心理准备,传统文化形成的价值观念在农民身上表现突出,这是造成农民创业失利的思想根源。因此,从目前失地农民创业的实际情况引导鼓励失地农民创业要采取以下综合措施:

(一)转变失地农民的观念、缔造和谐的创业氛围

作为政府要尊重农民的首创精神,鼓励农民创造性劳动。要引导和教育失地农民转变观念,敢于直面现实,勇于接受现实,勇于接受挑战,不断进行调整以适应新的就业环境。要树立自立自强的精神,破除等、要、靠的思想,提高自谋职业、竞争自立的自觉性和能力,积极主动地参与市场化就业,帮助他们实现多形式的就业和自主创业。

(二)加大培训力度,提升农民创业能力

我国目前农民教育过程中重培训,轻服务,重培训前选拔,轻培训后扶持的做法较为普遍。不能收到科技培训、技术服务,跟踪扶持等衔接互为支撑的良好效果,降低了培训应有的效果。[5]因此,在创业培训中要避免重蹈覆辙,要将培训分为培训前选拔和扶持创业两个阶段,为失地农民构建创业平台。在组织培训中要注意以下几个方面:一培训的针对性,首先要通过劳动力市场摸清用人单位的需求情况,然后制定培训方案,确定培训内容;二要注意培训的层次性,失地农民在年龄、文化水平和性别上都有差异,因而不能一刀切。对有文化的青年人重点开展科技含量的专业技能、技术工种的培训;对文化水平低的、年龄偏高的农民可以开展社区服务业;家庭手工业;种植业;养殖实用技能培训等。

(三)建立健全失地农民创业融资体系

①成立创业基金。政府要综合考虑失地农民的生活费月,就业安置、创业基金、社会保障和土地增值收益等情况,制定科学合理的测算依据,制定合理的补偿标准,帮助农民得到一部分创业基金。可以考虑从土地出让金中提

取一定比例的份额或在单纯的征地补偿费用之外，再增加一定数量的投资基金，建立农业发展基金和风险基金，专门用于失地农民创业和发展。②完善农村贷款制度。农民融资创业体系一定要要保证农民创业者有资金需求时借得到、还得起；二要保证债权人将款放得出，收得回，保证农村信贷资金的良性循环。因此，政策要倾斜，增加农村资金供给；改革内部经营机制，改进服务方式，手段，采用客户经理联系农户制度，真正做到政策倾斜，措施落实，服务到位。

（四）出台专门政策扶持失地农民创业

首先政府对有就业愿望、创业愿望的农民引导其就业、扶持其创业，给失地农民以市民待遇。征地劳动力自主创业的，可以按规定享受开业指导，创业培训，开业贷款担保或贴息，非正规就业政策扶持等。其次可以建立失地农民创业开发区，通过政策扶持农民创业。对农民创业实施创业税收优惠，并提高个体私营经营税收起点。对合法经营的区内农村流动商贩免收有关税收。再次各级政府部门要发挥职能作用，为失地农民创业提供准确有效的信息。最后，成立创业服务中心机构负责对失地农民创业提供管理与服务，提供有利于创业的大环境。创业服务中心的职能是协调政府相关部门制定有利于农民自谋职业、个体经营和开办私营企业的法规和政策，简化各部门的办事程序，为创业者的注册、经营管理和发展提供全方位、高质量、高效率的服务。

（五）建立并完善失地农民的社会保障体系

对于失地农民而言，更有必要通过建立社会保障体系，解除其后顾之忧，减轻其失去土地后的恐慌、担忧心理，从而可以从容不迫地寻找新的就业机会。当然，由于农村和农民的现金收入水平普遍很低，尚不具备建立以个人缴费为主的社会保障体系的条件，全部费用由国家承担也不现实，即使是部分费用，也超出了政府财政的承受能力。因此，在基金的筹集方面，可由政府、集体、失地农民个人共同出资、合理负担。政府承担的部分从国有土地出让收入和增值收益中列支以及安排专项财政拨款；集体承担部分从土地补偿费和集体经济积累中提取，失地农民个人缴纳的部分可视其具体经济状况在安置补助费中扣除。

参考文献：

[1] ②郭军盈．影响农民创业因素分析[J]．现代经济探讨，2006(5)，第80页．

[2] ③杨雪．失地农民就业问题研究[J]．理论学刊，2006(1)，第45页．

[3] ④葛新建．创业学[M]．北京：清华大学学出版社，2004，第105页．

[4] ①⑤陈晓宏．失地农民的主体性、现实路径及对策研究[J]．中共福建省委党校学报，2005(12)，第31、33页．

从收入结构谈农民增收

——以“安徽无为县”为例

陈德洋*

摘　要:从农民收入结构的转变分析农民增收问题,并结合无为县的具体情况进行分析。当前城乡收入差距逐渐扩大,需充分利用强农惠农政策,走农业产业化道路,发展农村经济合作组织,以“合作”的方式促进农民思维方式转变及提高其在市场竞争中的地位,对促进农民增收具有重要意义。

关键词:收入结构;农民增收;产业结构

新农村要按照“生产发展、生活宽裕、乡风文明、村容整洁、管理民主”的要求建设。新农村建设的前提是保证农民的收入不断增长,切实提高农民的收入水平。新世纪以来,我国农民收入大幅提升,2009 人均收入年达到 5153 元,年均增长在 7% 以上。在增长的同时,不可否认,我国城乡收入差距在进一步拉大,2011 年城乡收入比例达到 3.23 : 1,城乡二元结构仍未打破①。要完成全面建设小康社会的任务,就必须“统筹城乡发展”“工业反哺农业”,就必须解决“三农”问题。解决“三农”问题的根本是要从“三农”问题本身出发,改变传统单一的分散的经营方式,因地制宜的寻求合作方式,降低交易成本,提高生产效率,进而提高农民收入。

安徽无为县立足新形势,把握“皖江城市带承接产业转移示范区”这一历史机遇,以劳务经济、民营经济和“特色农业”这“三架马车”拉动县域经济的发展。在传统农业经营模式上寻求新的农业发展模式。无为县的农业发展与经营模式值得借鉴,现从收入结构上分析该县的生产经营模式。

一、农民收入结构的转变及原因

无为地处皖中,南濒长江,北依巢湖,人口 140 万,2413 平方公里,2011 年 9 月 1 日,由原巢湖市下属县划为芜湖市下属县。30 年前,小岗村拉开中国改

---

* 作者简介:陈德洋,安徽师范大学政治学院马克思主义基本原理 2010 级研究生

① 中华人民共和国国家统计局网站——年度数据 . 2010

革开放的序幕,家庭联产承包制带动了农业经济的飞速发展,2007年,实现生产总值126亿元,位居全省第一位,农民人均收入达到3991元,成为安徽省十强县①。从上世纪90年代以来,无为县农民收入结构发生明显变化,由原来单一的农业收入转变为工资性收入与农业收入相结合的收入模式。新世纪以来,城乡收入差距逐渐拉大,多元化的收入模式要求寻找新的以"合作"为导向的生产经营模式,实现多渠道的共赢发展,从而进一步的提高农民收入。

(一)农民的收入结构的转变

"三农"问题的核心是解决农民增收问题。要提高农民收入,必须分析农民的收入结构。改革开放30年以来,农民收入显著提高,收入结构发生质的变化。收入结构由原来单一的家庭经营性收入转变为家庭经营收入、工资性收入、财产性和转移性收入等多元化的收入格局。其中工资性收入所占比例在逐年增加。但与城市居民收入相比,差距仍在拉大,因此必须深入分析农民收入结构,把握农民的收入来源,从源头上改善原有的生产经营模式,从而提高农民收入。改革开放以来尤其上世纪90年代以来农民收入结构发生以下变化:

1. 收入形态由实物逐渐货币化

改革开放以来,市场经济的发展,打破了农村原有的自给自足的小农经济形态。30年来,农村商品经济在广度与深度上不断拓展,在市场经济导向下,农村小集市、农贸市场发展迅速,农民收入的渠道逐渐多元化,收入形态由实物形态向货币形态转变。改革开放尤其新世纪以来,无为县农民货币性收入所占收入比例逐年提高,主要是由于劳务经济的拉动。

2. 收入来源的多元化

市场经济发展,需要大量的劳动力。为适应经济发展的需要,政府完善了原有的户籍制度,放松了地区之间的人员流通,促进了劳务经济与地区间商品经济的发展,改变了原有的收入结构。农民的收入来源主要表现在以下几个方面:一、家庭经营收入。总体上,家庭经营收入仍是农民收入的主要来源,但所占的比重正在逐年降低。二、工资性收入。劳务经济与乡镇企业的发展,吸引了大批农村剩余劳动力。剩余劳动力的转移为农村创造了财富,提高了农民收入。劳务收入的比重已成为无为县农民的第二大收入来源,并且其所占比重以每年两个百分点的速度增加。三、财产性收入与转移性收入。2006年我国取消农业税,极大地提高了农民生产的积极性。在"工业反补农业,城市支持农村"方针的号召下,采取多种形式农业补贴,如农机补贴,

① 汪涉云. 对当前我省农业发展特点的认识[J]. 安徽农学通报,1999,5(1):4-5

粮种补贴，直接或间接的把一部分收入转移给农民，从而使农民的非经营性收入明显提高。从1990年到2007年，年均增长率近5个百分点。

（二）收入结构转变的原因

农民收入结构的转变，从根本上是由于制度层面的原因，政府方针政策的转变起到了根本性的推动作用。改革开放，促使中国从原有的计划经济体制转变为市场经济体制。竞争活跃了市场，打破了狭隘区域限制。市场经济的发展及户籍制度的改革，促进劳务人员在各区域间的自由流动。与此同时，劳务的输出为乡村带来了巨大的工资性收入，这一点，在无为县具有深刻的体现。

1. 经济体制、方针、政策的转变

30年前，中国农村实行了家庭联产承包制，掀开了中国城乡改革的序幕，极大地促进了农村经济的发展。市场经济促进沿海民营经济的发展，吸引了劳务人员的"东南飞"。农业税的取消及农业补贴政策，降低了农业市场经营成本，增加了农民财产性收入与转移性收入。

2. 乡镇民营经济的发展

民营经济的发展是拉动无为经济快速发展的"三架"马车之一。截止2007年，全县个体工商户发展到13130户，私营企业发展到1673家[①]。其中高沟镇华菱、江淮、新亚特、华海4家民营企业均突破10亿元。民营企业的发展一方面为政府带来财政收入，另一方面也能更多地为当地居民带来就业机会，增加了农村剩余劳动力外出的机会成本，这样农村大量劳务人员由"东南飞"到"凤还巢"，降低了外出务工的成本，增加了农民收入，使工资性收入比例进一步提高。

3. 产业结构的优化

"家住无为洲，十年九不收"。无为县历史上洪涝灾害频繁，农业发展受其影响，是"有名"的贫困县。而如今，由于党的惠农惠民政策，又加上基础设施的完善，全县面貌全新。无为县处于泛长三角经济区，经济发展充分利用这一地理优势，调整产业结构，因地制宜的发展"特色农业"，改变原有单一的农业经营模式，实现三大产业协调发展。产业结构的优化，又加上城市化，大批农业人口非农化，进而改变了收入结构。

二、转变经营方式，优化产业结构，促进农民增收

当今乃至世界的发展的趋势，是寻求"合作"，在合作中共享资源，互利共

① 国家统计局农村经济调查司．历史的跨越——农村改革30年[M]．2008 289

赢。新世纪以来,农民增收迅速,但城乡收入差距逐步拉大,这不利于和谐社会的发展。因此,必须进一步开放农村,各地要结合自身优势,以政策、市场为导向,寻求城乡合作,区域间合作。

(一)新形势下,把握"合作"趋势,促进农民增收

1. 利用政策、地理位置优势,发展农村经济组织,寻求"合作"经营

无为县农村经济发展要把握"皖江城市带承接产业示范区"这一历史机遇期,利用周边城市经济的发展尤其长三角经济的发展,带动县域经济的发展。无为县农业经济的发展,过于分散,组织化程度不高,农业产品以初级产品为主。要从根本上提高农民收入,优化农民收入结构,必须提高农业经营的组织化程度,走农业产业化道路,实现"合作"经营。农业生产要向专业化、社会化和一体化发展的新形式。抓好加工、流通,组成农业产业化经营的链条,使农业和农村二、三产业融为一体,以促进农业上新台阶[3]。

2. 建立农村非营利性组织,农业产业化经营的链条要借鉴股份制公司的经营模式,在合作中实现规模经济

农业生产不能简单地以市场为导向,市场具有自身的弱点,如盲目性、自发性。因此,农村经济的发展,一方面需要政府的正确领导,另一方面需要建立自己的组织。建立农村非营利性组织,一方面为农业发展提供市场信息,另一方面,寻求与企业的合作,降低交易成本。在农业产业化经营的链条中,要努力完善农业合作经济组织的利益联结机制①,只有实现与企业利益的一致性,才能实现与企业更好的合作,从而实现农民增收。在农产品的生产、加工、销售的过程中要逐步实现规模化,要实现规模经济,在产业链条中,借鉴股份制的实现形式,充分调动农民的生产经营积极性。

3. 加强农民的文化知识与技能培训,发展乡镇企业

科学技术是第一生产力,农村经济的发展归根结底还要依靠广大农民。但目前,农民的总体文化素质不高,缺少专业技能培训,这已成为农村经济发展的一个障碍。促进农民增收,学解决这一障碍需加强农民的文化知识与专业技能培训,鼓励农民创业。另外,各地要结合自身优势,发展乡镇企业,树立自己的品牌,加快农村人口的非农化步划。无为县始终把人才作为创业的第一资源,先后有2万人参加创业培训,施行"科技联姻""校企联姻"政策,效益明显。

(二)调整收入结构,优化产业结构,促进农民增收,意义重大

1. 促进农民增收,是新农村建设的要求,是全面建设小康社会的关键

社会主义的本质,是解放生产力,发展生产力,消灭剥削,消除两极分化,

① 孙太清. 新型农业合作经济组织利益联结机制与行为特征分析[J]. 经济研究参考,2009:69

最终实现共同富裕[①]。促进农民增收,是社会主义的本质要求。农民收入增加,有助于缩小城乡之间的收入差距,也是扩大内需,促进经济增长的动因。促进农民增收是新农村建设的前提,只有实现农民增收,才能达到"生产发展、生活宽裕、乡风文明、村容整洁、管理民主"要求。

2. 发展农村经济合作组织,有利于优化资源配置

发展农村经济合作组织,有助于改变农村原有的单一的生产经营方式,提高农民的组织化程度,以提高农民在市场竞争中的地位,提高农民在交易过程的话语权。新型农村经济组织,不同于新中国建设初期的农村合作社,它是市场经济发展的必然结果。在新形势下,有助于农村产业链的形成,如无为县的"特色农业",改变原有的分散经营模式,发挥自身优势,减少资源浪费,有利于优化资源配置。

3. 走"合作"道路,有利于促进农民传统经营意识的转变

中国农民小农意识浓厚,缺少竞争意识,走"合作"道路,克服了自然经济的分散性。与此同时,加强对农民的科学知识与技能培训,提高其市场竞争的优势,有利于农民创新意识的形成,从而推动农业的产业化。农村剩余劳动力的转移,一方面带回了大量工资性收入,另一方面,在外出务工的过程中,学到了先进的技术与管理经验,增加了见识,部分务工人员回乡后投入了创业之中。

① 孙太清. 新型农业合作经济组织利益联结机制与行为特征分析[J]. 经济研究参考,2009:69

安徽基层医改实践的社会管理创新价值与启示*

朱　敏　杨善发　谢瑞瑾**

摘　要：社会管理是对人的管理和服务。基本医疗卫生服务是人的基本需要和社会管理的重要内容。2009 年 4 月，中共中央、国务院颁布《关于深化医药卫生体制改革的意见》，正式启动新医改。2009 年 11 月，安徽省率先在 32 个县(市、区)启动以基本药物制度为突破口的综合改革试点，并取得明显成效。文章首先介绍安徽基层医改的具体政策措施及其实施过程；其次，阐述安徽基层医改所取得的具体成效；最后，总结安徽基层医改的基本经验，如：以县域为范围开展改革；以国家基本药物制度为突破口，实施综合性的"大改革"；实行"包保责任制"，发挥政府在基层医改中主导作用，等等，对全国其他地区推进基层医改，推动社会管理创新提供一定的参考价值。

关键词：案例研究；基层医改；经验；新医改

一、前　言

医改是世界性难题，是对基层社会管理能力的挑战。2009 年 4 月，中共中央、国务院颁布《关于深化医药卫生体制改革的意见》，正式启动新医改，旨在为全民提供基本医疗卫生服务。但当前，全国各地基层医改进展不均衡，且大多为单项的"小改革"，基层综合性"大改革"明显滞后。当前我国有县级行政单位(不含市辖区)2003 个，县域居民(包括农村居民和小城镇居民)超过 9 亿，占全国总人口的 70%①。因此，新医改的重点在县域，关键在基层。基层医改全面实施开展，大多数老百姓就能就近便捷地看病就医，"全国人民上协和"局面就有可能改变，从而，可以推动医改中最大的难题——城市公立

* 安徽医科大学博士科研基金项目。

** 作者简介：朱敏，女，安徽医科大学卫生管理学院，研究生；杨善发：男，安徽医科大学卫生管理学院，教授，硕士生导师；谢瑞瑾：男，安徽省卫生厅政策法规处，处长。

① 张茅．县医院是公立医院改革的突破口[J]．中国卫生．2010，12：5-6.

医院自主改革。

医改很难推进，尤其是在地方，因为它牵涉到多个部门、机构和群众的切身利益。因此，在中共中央、国务院颁布《关于深化医药卫生体制改革的意见》，正式启动新医改的7个月后，全国几乎所有的省份都依然在筹划和制定新医改的相关政策措施。然而，2009年11月，安徽省率先在32个县（市、区）启动以基本药物制度为突破口，包括管理体制、人事、分配和保障等方面的综合改革试点，从而成为全国医改的"探路者"，并取得明显成效。安徽省基层医改试点取得的成效与经验，得到国家新医改负责人李克强副总理的肯定，他强调在医改中要"保基本，强基层，建机制"①，以及财政部、卫生部等多个部委的赞赏和社会的广泛关注。

社会管理，本质上是对人的管理和服务。基本医疗卫生服务是人的基本需要和社会管理的重要内容。本文以安徽基层综合医改具体实施过程和所取得的成效为线索，提炼其在医改实践中的社会管理创新点，为全国其他地区推进基层医改、推动社会管理创新提供一定的参考借鉴。选取32个试点县基层综合医改中一些典型模式作为研究案例，文章试图回答以下问题：安徽省基层综合医改中采取了哪些具体政策措施？基层综合医改推进的路径是什么，尤其是如何设计路径和在基层医疗机构建立机制？安徽基层医改实践如何体现社会管理创新价值？文章分为以下几个部分：首先，介绍安徽基层医改的基本情况；其次，介绍安徽基层医改的具体政策措施及其实施过程；然后，阐述安徽基层医改所取得的具体成效；最后，尝试总结安徽基层综合医改的基本经验及其社会管理的创新价值。

二、安徽省基层综合医改的政策体系和具体推进过程

2009年4月，全球金融危机下，中共中央、国务院做出了深化医疗卫生体制改革的重大决定，通过颁布《关于深化医药卫生体制改革的意见》，以期通过解决医改等社会问题，来拉动内需，推动经济发展。经过4个多月的专业调研和协同谋划，2009年11月，安徽省制定了"基层医药卫生体制综合改革实施方案"，成为全国医改的"探路者"，并出台"三辅、五配套"的系列政策文件，共9个配套文件。随后，安徽省基层综合医改在32个试点县展开。医改推进过程基本平稳，并取得了一些初步成效和引起了广泛关注。2010年9月，在认真总结32个试点县基本经验的基础上，在全省范围内全面推开基层综合医改。

① 李克强．把保基本强基层建机制作为医改工作的重心[J]．行政管理改革．2010，9：4-10.

1. 在试点县建立政策体系,强化管理和责任体系

安徽省委、省政府成立医改领导小组,先后召开10多次会议,全面而充分地考虑了基层医改中可能出现的问题。"基层医药卫生体制综合改革实施方案"的医改政策体系建立起来了,"一主、三辅、五配套"9个政策性文件,形成了相互支撑、较为完整的政策体系。各市及试点县也成立强有力的领导组织,明确试点县是改革主体、责任主体,政府主要领导是第一责任人,常务副县长负总责;明确医改办及领导小组各成员单位的职责,分工协作,形成合力。各试点县安排一名副局级以上干部驻点各乡镇卫生院,实行政策宣传、改革推进、社会稳定的"包保责任制"。这样,稳定的管理体系建立起来了,试点县的具体责任得到了强化。

2. 以基本药物制度为突破口,降低居民疾病负担

高药价,是"以药养医"这一"顽疾"所导致。这一"顽疾"是改革开放以后逐步形成的,而且在新一轮医改中必须要进行改革,以此来降低居民疾病负担。因此,安徽省以基本药物制度为基层医改的突破口。省财政调整收支结构,通过各种渠道筹集9.2亿元资金,来推动基本药物制度在政府办的医疗机构的实施①。在卫生部指定的307种国家基本药物的基础上,安徽省增加了172种补充药品以满足居民的基本需求②。安徽试点地区政府办基层医疗卫生机构中的基本药物和补充药品全部实行了零差率销售。在这一过程中,安徽省探索出一套规范的基本药物采购机制。基本药物由省政府统一集中招投标,采取"双信封制"。所谓"双信封制",就是基本药物的招投标过程中,不仅以药品价格为标准,而且要以药品质量为标准,因此,基本药物招标采购过程中得到了双保险。在政府办基层医疗机构,实行基本药物统一目录、统一招标、统一采购、统一配送、统一销售和统一报销比例,实现"六统一"。这样有效地降低了基本药物的价格,满足了居民的基本需求。通过以基本药物制度为突破口,进行药价改革的方式,居民安全、方便、廉价、持续性地使用基本药物得到了有力保障。

3. 建立竞争上岗机制,提高医务人员的工作绩效

基层医疗卫生机构医务人员选聘过程中,坚持公开、平等、竞争、择优的原则。首先,确定基层医疗机构的岗位和需求,实行定编不定人。基层医疗机构的专业技术人员,只要有足够的资质,就可以竞聘上岗。这些有足够资

---

① 刘文先.安徽基层医改:回归公益性的制度创新[J].行政管理改革.2011,6:42-46.

② 李健.安徽:32县今起实行基本药物"零差率"销售[EB/OL].http://www.gov.cn/jrzg/2010-01/01/content_1501550.htm.

质的人，通过全员竞聘就可以继续在乡镇卫生院和社区卫生服务中心任职，但他们必须和政府签订劳动合同和任期目标责任制。另外一些有足够资质，但乡镇卫生院和社区卫生服务中心已经没有足够的岗位提供给他们的医务人员，如果他们愿意可以去村卫生室和社区卫生服务站。然而，那些没有足够资质的医务人员会被分流，并给予每人一次性的补偿金。另一方面，乡镇卫生院院长和城市社区卫生服务中心主任也实行竞争上岗机制，同样坚持公开、平等、竞争、择优的原则。这样做有利于在医改实践过程中，实行任期目标责任制。通过建立竞争上岗机制，医务人员的质量和工作绩效在很大程度上得到了提高。

4. 建立有效的激励机制，进行绩效考核

为了提高基层医务人员支持医改实践的积极性，每个试点县广泛建立起适合本地区的激励措施。结合前 3 年工作开展情况，来核定乡镇卫生院和社区卫生服务中心每年的工作任务。每年的工作任务包括，实施基本药物制度和强化公共卫生服务。每一个基层医疗卫生机构，以服务质量、服务数量为基础核定收支情况；然后建立以服务质量、服务数量、群众评价、监督与居民满意度为内容的绩效考核细则。具体来说，就是县级卫生行政主管部门对基层医疗卫生机构进行考核，将其承担的工作任务完成情况与财政补助水平挂钩；基层医疗卫生机构对医务人员进行考核，将其工作业绩与其个人收入挂钩，即所谓的“双挂钩”。“双挂钩”的绩效考核机制有利于提高基层医疗机构和医务人员的工作积极性，提升医疗服务质量。

三、安徽省基层综合医改的初步成效

安徽通过基层综合医改，破解了“以药补医”难题，使基层医疗机构回归了公益性，让群众得到了实惠，同时保障了医务人员积极性与收入水平不降低，形成了体现公益性、调动积极性、保障可持续的新机制，体现了其社会管理创新价值。其成效主要表现在：

1. 强化基层医疗卫生服务的公益性和政府主导性

改革后，基层卫生机构的公益性定位更加明确，基本医疗卫生服务得到加强，基层医务人员的服务态度和执业行为得到规范管理。试点地区公共卫生服务人员占医务人员比例比改革前提高 10.2 个百分点，因此公共卫生服务得到了强化①。卫生院超范围执业现象基本消除，大处方、乱检查等现象从源

① 马玲玲. 32 个试点药品价格降一半惠及 2000 多万城乡居民[EB/OL]. http://ah.people.com.cn/GB/channel1089/201008/11/203996.html.

头上得到了遏制。医疗服务行为变得更加规范合理了。基层医疗卫生机构运行以公益性和功能性为导向,为辖区居民提供廉价的基本医疗服务和免费的基本公共卫生服务。最终,以政府为主导,建立起基本的、全民的医疗卫生服务体系。

2. 药品价格大幅下降,老百姓明显受益

自2010年1月1日起,安徽省要求所有政府办基层医疗卫生机构,实行基本药物和补充药品零差率销售,药品价格平均降幅达到50%左右,惠及全省6800多万城乡居民。据统计,到2010年9月,安徽乡镇卫生院呈现"五降一升"的态势,与上年同期相比,次均门诊费下降13.6%,次均门诊药品费下降22%,次均住院费下降13.7%,次均住院药品费下降20%,住院人数下降30%,1—6月门诊人次上升21.3%[①]。同时,不合理用药现象得到有效控制,抗生素使用比例同比下降27.2%,门诊输液率降低2.23个百分点[②]。由以上数据可见,新医改和基本药物制度地推行,明显减轻了当地居民的疾病医疗负担和相关花费。在一定程度上,基本药物制度可以解决高药价和"以药养医"问题,使居民从中真正受惠。

3. 建立灵活的用人机制,医务人员结构得到优化

在基层医改过程中,安徽省在每个试点县建立起了适合本地区的人员补偿机制。坚持公开、平等、竞争的原则,核编定岗。当前医务人员必须参与到公平竞争中去。通过竞争上岗,基层医疗卫生机构专业技术人员学历、职称结构得到明显改善,32个试点县(市、区)具有中专以上学历者占比比改革前提高16.3个百分点;初级及以上职称者比改革前提高近11个百分点。具有执业(助理)医师资格者比改革前提高近10个百分点。总计分流达2.1万多人,其中7307人大多为无学历、无资质人员[③]。因此,基层医疗卫生机构人员结构得到明显优化,医务人员队伍也注入了新的活力。

4. 建立绩效考核机制,医务人员积极性得到保障

在乡镇卫生院和城市社区卫生服务中心,建立以服务质量、服务数量、群众评价、监督与居民满意度为内容的绩效考核细则。绩效考核机制在基层医疗机构初步建立,两级考核制度广泛应用于基层医务人员的考核和薪酬评估。两级考核制度包括:一个层面是按照岗位的设定和工作完成情况来确定医务人员的工资水平,另一层面是按照医务人员的工作绩效来核定工资,即

① 刘文先. 安徽基层医改:回归公益性的制度创新[J]. 行政管理改革. 2011,6:42-46.

② 新华网. 安徽"医改"实践破除基层医卫体制转型"五难"[EB/OL]. http://news.xinhuanet.com/health/2010-12/13/c_12875094.htm.

③ 谢瑞瑾,杨善发. "农村包围城市"的医改探路[J]. 中国卫生. 2010,12:88-89.

“按岗定酬、按业绩取酬”。为了调动基层医务人员的工作积极性，一些地方探索医疗机构超收留成等激励机制和奖励办法，如，天长市实行基层医疗单位经费“超支不补、超收不上缴”的“包干”政策，医务人员月均收入预计提高700元左右[①]，医务机构、人员对绩效评价体制和分配制度总体满意。

5. 建立财政保障机制，基层卫生机构正常运转

改革后，在试点医疗卫生机构收入来源中，政府补助占总收入比重明显提高，平均上升25.7个百分点。在中央财政预算投资和省专项投入支持下，基层卫生机构建设进一步完善。2010年争取中央财政预算资金9.36亿元，支持了41个县级医院、64个城市社区卫生服务中心、73个中心乡镇卫生院和500个行政村卫生室建设。省民生工程2010年安排3.87亿元专项资金，用于全省77所乡镇卫生院和8400个村卫生室建设[②]。

总之，安徽省破解了国家规定在基层医疗机构实行药品零差率销售这一“难题”，使基层医疗卫生机构回归了公益性，让群众得到了实惠，同时还使医务人员积极性与收入水平不降低，形成了体现公益性、调动积极性、保障可持续的新机制。抽样调查显示（发放调查问卷3200份，其中群众1600份、医务人员1600份），人民群众满意率达到93.4%；医务人员对综合改革的满意率达到88.1%[③]。

四、社会管理创新价值和启示

作为一个农业人口大国，中国的新医改要以基层为导向，需要地方治理。因此，一种治理制度和相关的机构和机制必须很好地设计和构建起来[④]。更重要的是，医改过程中，地方治理必须注重调整策略，适应各地区的差异性和发挥地区管理者的创新性[⑤]。这也是张五常先生对中国新医改的建议，鼓励不同的地区各自为战地想出他们的细节与法则，然后按时衡量不同地区的成败得失，有了经验的效果作依凭，才选出一套完整的推到整个国家去[⑥]。安徽

① 天长市卫生局．中央新闻媒体调研天长市基层医改[EB/OL]. http://www.anhuinews.com/zhuyeguanli/ystem/2010/10/19/003383271.shtml.

② 吴林红．深化医改百姓受益[N]．安徽日报．2011-02-11.

③ 马玲玲．32个试点药品价格降一半惠及2000多万城乡居民[EB/OL]. http://ah.people.com.cn/GB/channel1089/201008/11/203996.html.

④ 博加松P. 公共政策和地方治理：后现代社会的机构[M]．切尔滕纳姆：爱德华．埃尔加出版社．2000：10-12.

⑤ 潘卡·杰梅沃特．重新定义全球策略：世界范围内跨越边界，差异性尤其存在必要[M]．美国：哈佛大学商学院出版社，2007：128.

⑥ 张五常．多难登临录：金融危机和中国的未来[M]．北京：中信出版社，2009：359.

基层医改的主要特色是：将着力点放在基层，重点解决基层居民看病问题，并以此为切入点探索新的社会管理模式。其“组合拳”模式与综合改革路径，对深化医改、创新社会管理具有深刻启示：

1. 以县为医改的基本单元，有其合理性

在统一目标、原则和基本政策的前提下，给各县在具体操作上保留较大空间，使其结合本地情况，制定实施细则与具体办法，探索最适宜的形式。这样有利于形成各具特色、切合实际的区域卫生服务治理模式；有利于县与县之间相互比较借鉴、竞争，推动基层医改经验的推广与升华；有利于化解改革风险，避免引起大范围的震荡。

2. 以基本药物制度为突破口、实施综合性的“大改革”，有其可行性

改革不能“单兵突进”。医改涉及面广，必然“牵一发而动全身”。但也只有进行“动全身”的综合改革，才能根本克服“头痛医头、脚痛医脚”的局部“小改革”之弊端，达到“标本兼治”的效果。安徽基层医改以基本药物制度改革为突破口，推进基层医疗机构“管理体制、人事、分配和保障制度”综合改革，使基层医改的推进有了创新的体制机制保障、明确的责任分工和多重的力量推动，从而提高了医改政策实施的可行性。

3. 在当前中国医改中，建立并实行“包保责任制”，有其必要性

加强组织领导，是推进中国医改的关键。越往基层，需要解决的实际问题越多，推进医改的难度也越大。而且，越往基层，越难以形成有效的医疗服务市场，越要注重发挥政府的主导作用。安徽省为确保医改积极稳妥推进，强化县级政府的责任主体地位，建立并实行“包保责任制”、指派县局干部驻各乡镇指导督促改革的经验，对于化解医改风险是十分必要的。但同时，也应注重社会参与，建立可持续的区域卫生服务治理体系。

医改是世界性难题，是对基层社会管理能力的挑战。安徽医改从基层抓起，就是将医改聚焦于地方和社区，这样做体现了治理的内在品质，即“治理本质上是地方性的”。因为基层和社区不仅是当前社会管理的试验地，也是当代社会管理理念展示其风采的场所。如果忽视了基层和社区这一层面，我们就难以把握当代社会管理的真谛。只有从多角度对所涉及的小问题进行深入细致的思考，我们才有可能对一个大问题进行全面系统的把握。医疗卫生事业只是社会事业的一部分，医改只是社会管理的一小块，但医改的经验启示依然适用于社会管理其他方面。因此，安徽基层医改实践及其成效，印证了从基层从社区着手开展社会事业改革这一道路的科学性，为基层社会管理能力的创新提供了新的典范。

医患关系紧张的深层社会根源与根本解决之道*

柳泽民 王守丽**

摘 要:医患关系是当今社会最为敏感的社会关系之一。在社会大转型的时代背景下,医患关系的紧张有着深层的社会根源。社会信任体系的断裂,相关法律法规的缺失或不完善,信息社会中媒体的不良导向,以及人文精神的缺乏和医学人文教育的不足等等,形成导致医患关系紧张的系统性社会力量。正视社会大转型的客观现实,针对现代医患关系紧张的深层社会根源来推进基础性的社会工程建设,这才是缓解医患关系紧张、保障医疗服务正常秩序和最终促进人民健康事业的治本之道。

关键词:医患关系;社会转型;社会根源;治本之道

医患关系无疑是当今中国社会最为敏感的社会关系之一。不断攀升的医疗纠纷、充斥各种媒体的相关报道、一轮又一轮的医疗改革实践等等无不显示出当前医患关系的特有时代色彩。卫生管理部门的政策措施似乎总是晚了一步或少了一步,医院的管理者则如同消防员四处"灭火"而疲于奔命,身处医疗第一线的医护员工则总是似乎置身布满"地雷"的战场,噤若寒蝉,小心翼翼,生怕一不小心就会踩上"地雷",身心面临极大的挑战。中国医师协会2004年统计的《医患关系的调研报告》显示:74.29%的医师认为自己的合法权益不能得到保护。认为当前医师职业环境"较差"和"极为恶劣"的分别达到47.35%和13.28%。而医患关系的另外重要一方——患者及其家属,当他们的权益受到损害的时候,总是让人感到那么的弱小和无助。

---

* 本文乃安徽医科大学重点学科建设资助项目"马克思主义中国化研究(201003-09)"的阶段性成果。

** 作者简介:柳泽民(1971—),男,安徽医科大学人文学院副教授,上海财经大学人文学院博士研究生,主要从事马克思主义与当代中国现实问题研究;王守丽(1978—),女,安徽医科大学第一附属医院消化内科护师,主要从事临床护理的实践、教学和研究工作。

具有特殊社会功能的大众媒体成为医患关系中新的重要参与力量,他们凭借手中发达的现代传播工具和拨动社会神经的特殊功能,不断给那些无助的患者及其家属以必要的帮助。可惜的是,他们往往在帮助患者的同时却忘记了自己的特殊放大效应,客观性成了一个难以把握的标准,他们的立场也因此并不总是那么正确。实际上,他们成为当下医患关系紧张的重要发酵剂和推手。

如何正确认识多年以来日益紧张的医患关系?如何把握它的深层根源从而得出解决的根本之道?本文试图就此给出尽可能正确的分析和答案。

一、社会大转型:医患关系紧张的社会历史背景

在改革开放之前以及改革开放初期,医患关系并没有像今天这样的紧张,甚至根本就不曾是一个社会问题,更不要说在建国之前的中国社会了。医生的救死扶伤精神在以往的整个的医疗实践过程中能得到充分体现,而患者及其家属的感激之情也总是溢于言表,二者的关系是十分和谐的。对医生来说,如果不能尽力,或者在服务中过多地要求报酬,那么对他来说,不仅将严重影响到他本人的声誉,从而也影响到他的职业生涯;另一方面,在一个熟人社会里,情感的因素是重要的生存基础。社会并没有从血缘共同体中完全分离开来,血缘关系和感情关系成为医患关系的重要组成部分,成为医患关系和谐的重要纽带。从患者一方来说,对医生的完全信任也是建立在熟人和血缘关系之上的,他们往往不把医生看成是来赚钱的,而是来帮助自己的,对医生的职业操守并没有丝毫的怀疑,即使不能最终医好患者,他们也会认为那也一定是超出医生能力之外的,并不会因此对医生产生不负责任的认识。这就是传统社会中医患关系的基本状况。

由此可以看出,传统社会条件下的医患关系充满着感性的色彩。首先,熟人社会和血缘关系。在改革开放之前,中国社会的人员流动很少,一方面是几千年来中国社会的农耕生产模式使人固定在某快土地上,并因此形成"终老斯乡""叶落归根"等思想观念,使得人们基本不远行。即使因天灾不得不暂时背井离乡,只要困难过去也会很快回归故里的。另一方面,建国后形成的户口管理制度也基本上限制了人口的异地迁移的可能,除非政治运动如"知识青年下乡"或通过上学被称为"跳农门"的"农转非",否则基本上是不流动的。这样一来,中国社会的医疗资源的配置基本上也是固定不变的。在一个有着浓厚的血缘关系亲情的熟人社会里,医患关系是和邻里关系、感情关系纠缠在一起的,几乎没有紧张的社会基础。其次,道义法则而非市场法则。在改革开放之前以及以前的传统社会里,医患关系并不是以一种独立的

明确的市场关系呈现的，社会对医生角色有一个强大的道义约束，如同社会对老师的角色要求一样。所以医生并不是作为单纯的利益主体而存在的，医生与患者之间并不是一种纯粹的市场关系，报酬往往并不是以购买医疗服务的形式而是以作为答谢的手段递给医生的，患者的答谢之词以及由此形成的良好"口碑"实际上成为医生的另一种重要的"精神工资"。这在广大的农村社会十分典型。而在城市，虽然情况有些不同，但是传统的公费医疗的模式使得体制内的人基本上是免费医疗，生病了费用单位和国家包，因此即使当时的医疗技术水平低下，出现一些医疗事故，也不大可能会引起医患关系的紧张。

但是，改革开放以后，随着医疗服务的市场化的改革，医疗服务不再免费，医疗服务提供者的利益主体也逐步确立，使得医患关系从传统的社会关系中突出出来，并发生根本变化。首先，医患关系褪去传统社会中的那种感性色彩，市场关系显现出来。医患双方基本上是医疗服务的买卖关系。金钱成为医患双方的主要纽带，也成为评价医疗服务水平的基本指标。从医方来说，口碑虽然重要，但是这种"精神工资"必须转化为货币工资，这既是对自己医疗服务及其水平的社会承认，也关系到他在医疗行业中的竞争能力和未来命运，即这不仅是内在的目的，同时也是一种外在强制力量。从患者一方来说，一方面随收入水平的提高，对医疗服务的水平和质量意识增强，同时，作为一个利益主体，他也要求在购买医疗服务中得到尽可能大的收益。如此一来，传统医患关系中存在的感性关系褪去，只剩下服务商品的买卖关系。其次，熟人社会向陌生人社会转变，血缘社会向法制社会转变。改革开放之前的中国社会依然保留千百年来熟人社会和血缘社会的特色，但是随着改革开放的深入，由于地区间发展程度差异所带来的劳动力的大规模跨地区流动逐步成为中国社会的突出的社会现象，传统户籍管理制度的配套改革更促进了这一趋势。这不仅促进了社会的大发展，也从根本上动摇了中国社会的传统根基。熟人社会逐步向陌生人社会转变，血缘关系社会向法制社会、市民社会转变，人们之间的血缘纽带让位于利益纽带和契约纽带。传统医患关系中的熟人关系和情感关系也因此不复存在，医患双方作为陌生人并无感情和血缘基础，所以医患关系的和谐失去了只有在传统社会才有的那种情感保障和信任基础。

从上面的分析可以看出，现代的医患关系与传统的医患关系有根本的不同，失去了血缘关系、情感关系、邻里关系等感性关系包裹的传统医患关系转变为现代通过市场以金钱为纽带的商品买卖关系，这就是医患关系紧张的深层时代背景。

二、现代医患关系紧张的深层社会根源

看清了医患关系随时代的转换而发生的根本变化后，我们就能理解医患关系紧张的客观必然性。有些研究认为，当前医患关系紧张的原因是因为医护员工的责任心不够或技术水平低下，有的甚至将医疗机构妖魔化为草菅人命、唯利是图的吸钱机构。笔者以为，这种观点是极不负责任的主观判断。不排除有个别医护人员缺乏责任心和敬业精神，但这种现象应该是在任何时代中都存在的，不能把它放大为这个时代整个行业的行为。至于技术水平，现在只可能是比以前时代有大幅度提高，难道说以前时代技术不是问题，现在倒是问题了？进一步说，即使医疗技术水平在未来有更大的提高，也不能保证就一定可以治好所有的病。因此，我们对问题的研究一定要实事求是，要有不可推翻的基础，而不能把结论建立在流沙之上。

正是因为医患关系紧张有着特殊的时代背景，所以问题的深层根源也只能在这个特殊的时代中寻找。笔者以为，主要有以下几个方面：

第一，社会信任体系的断裂。信任是人与人之间正常交往的基础，是社会有机体维持稳定的基本纽带，没有信任，人类任何社会实践活动将无法开展。中国传统社会中的信任主要是基于人际信任而产生。传统社会里，信任是建立在血缘关系基础上的，熟人社会和定居生活模式保障了这种信任基本功能发挥。现代社会人员的大规模、经常性、跨地区的流动和市场经济的深入发展，使得传统社会的信任基础不再，建立在社会契约基础上的信任关系尚在发育过程中，目前依然不能有效发挥它的功能。这在医患关系中充分反映出来，是医患关系紧张的深层根源之一。当旧的社会信任体系基本瓦解，而新的社会信任体系尚在形成中，这种断裂将使得医患关系缺乏强有力的信任体系作为保障，不仅医患关系将很难和谐，而且正常的医疗服务活动也将受到严重影响。

第二，相关法律法规的缺失和不完善。在社会信任体系不能有效发挥其功能的情况下，要保障医患双方的切身利益，必须有具备强制力的法律和法规医疗活动加以规范。但是，当前这样的法律法规仍不能跟上医疗实践的需要。一方面，由于法律法规的不完善以及法律服务本身的市场化，作为患者一方不得不面临巨大的信息壁垒、知识壁垒和经济壁垒，身处利益保障体系之外，从而难以有效保障自身的利益；而另一方面，也由于法律法规的建设跟不上医疗实践的发展步伐，作为提供医疗服务的一方以及直接从事医疗服务的一线医护人员，也常遭到部分患者家属的故意滋事而无法进行正常的医疗服务，不得不随时面对可能来自“医闹”们肉体的和精神的严重伤害，甚至是

生命的代价,医生和护士因此成为社会的高风险行业。和谐的医患关系、正常的医疗秩序从而整个人民群众的健康事业需要健全的法律法规作为准绳,而当前正缺乏这样的准绳。

第三,社会情绪的转嫁和蔓延。市场机制既是资源的有效配置机制和经济发展的有效动力机制,同时也是社会收入差距拉大的重要机制。在市场机制下,人们之间收入差距的不断扩大,必然相应地导致卫生资源的分配不均。消费者得到的医疗卫生服务会因收入的高低而呈现较大的差异。这与传统体制下相对平均的医疗服务消费不同,从而引起人们的心理变化。当经济地位差距产生的医疗消费悬殊日趋超出人们的心理承受能力 则必然会引起社会大众对社会公正信念的质疑。加上其他与收入差距相关的社会问题,如疾病、失业、贫困等使得社会大众特别是贫困阶层和弱势群体面临巨大的社会压力,而社会腐败以及医疗机构本身存在的体制、机制弊端或不良的经营行为等社会不公的问题,更加剧了他们的价值裂变和心态失衡,加上现代社会带给每个人工作和生活上的那么多不确定性,使得人们尤其是患者及其家属的情绪容易处在一个一触即发的状态,以至于一个微小的失误或一句不恰当的话就能引发医患关系的高度紧张,甚至酿成医患之间的严重冲突。社会情绪的转嫁和蔓延是医患关系紧张的另一重要社会根源。

第四,信息社会与媒体的不良导向。当90年代末手机、电脑、互联网等现代传媒还是少数人的奢侈品的时候,信息的社会功能还没能在中国社会真正发挥出来。但是,很快我国就以惊人的速度进入了信息时代,人们几乎是在一夜之间被抛入信息社会。信息以及与此相关的各种现代媒体成为人们生活不可或缺的重要组成部分,同时受它们的影响也前所未有。现代媒体一个重要的社会功能就是让信息在极短时间内传遍社会的几乎每一个角落,从而产生无限放大的媒体效应,尤其是关于那些社会大众关注的敏感话题。媒体的主要社会责任是进行新闻报道和社会监督,客观性是大众媒体的基本职业操守,但是在关于医疗纠纷的报道和分析的时候,许多媒体并不能很好地坚持这一点,甚至带有十分明显的主观倾向,扮演着“社会判官”的角色。它们根本没有注意到它们的行为将引起怎样的社会效果。对于医患双方,媒体应当坚持的立场是按照事实的本来面目进行客观报道,而不应带有明显的倾向来歪曲和误导大众。在医患关系中医生和患者作为当事双方都有各自应享有的权利和应承担的义务,并且都以对方权利的享有和义务的履行作为自己存在和实现的前提,两者之间相辅相成、缺一不可。实际上,在具体的医患纠纷中,患者也并总是弱者一方,同情和事实要分开。对于那些蓄意滋事的“医闹”们的严重扰乱医疗秩序行为,亦应当给予客观的报道,让社会去评价。否则，媒体可能不是促进医患关系和谐的力量，而是相反，成为强化医患关系不和谐的社会力量。

最后，社会理性化浪潮与医学人文教育的不足。现代化过程本质上是社会的理性化过程，改革开放以来，理性在自然界以及社会各领域中乘胜进军。与科学在这个时代的大踏步前进形成鲜明对比的是，人文精神却严重滞后于社会的发展，甚至在一段时期有下滑的趋势。科学理性的大步前进与人文思想的相对滞后形成强大的社会张力，形成具有鲜明时代特色的社会精神危机。这是这个时代另一个明显的特征，也是当前医患关系紧张的深层的社会根源之一。随着人们社会利益主体地位确立和主体意识的苏醒，人们在强调自我的同时忽略了自身的社会性存在，整个社会的"私向化"意识不断加强，而设身处地为他人着想的意识日趋淡化，人与人之间竞争意识、对立意识占领了思想的高地，直接成为医患关系紧张的思想意识根源。但是，要避免片面将这一社会根源投射到医护人员的道德品质问题上来，似乎同情心的缺乏、利益本位及自我本位的思想是这个特殊群体的特有现象一样。不应让一个特殊的社会群体来承担一个由社会趋势所引起问题的全部责任。当然，这并不是说可以降低对医护人员职业道德操守的要求，相反正是要找到问题的真正根源，从而为问题的根本解决扫除认识上的错觉和迷雾。整个社会的理性化浪潮和趋势也影响到医学教育的基本模式，与医学科学研究和教育的大步前进形成鲜明对比的是医学人文教育的严重滞后和漠视，这实际上与整个人类医学发展的新趋势也是不相符的，因为医疗服务的对象不是一个单纯的生物个体，而是一个有着特殊思想观念和特殊生活境况的社会的人。

三、构建和谐医患关系的社会基础工程

医患关系因其基础性、广泛性和敏感性而成为当代中国社会最为重要的社会关系之一。基础性是因为它关系到人民群众的基本健康状况，广泛性是因为它无所不在、无时不在，敏感性则因为医患冲突的频繁出现和医患关系的高度紧张现实。医患关系的和谐不仅是和谐社会建设的重要组成部分，也是和谐社会的重要基础。构建和谐的医患关系，必须正视社会大转型的客观现实，针对现代医患关系紧张的深层社会根源来推进基础性的社会工程建设。这才是缓解医患关系紧张、保障医疗服务正常秩序和最终促进人民健康事业的治本之道。

首先，构建和完善与现代市场经济条件相适应的社会信任体系。当代中国的现实已经无法将传统社会的信任体系作为自己的基础了，人员的大规模、跨地区的经常性流动和市场经济的深入发展在瓦解人们传统生产方式和

生活方式的同时，也瓦解了传统社会的信任体系基础。传统社会的信任体系以血缘关系和情感关系为基础，而现代社会的信任体系必须以市场关系和法制为基础。具体到现代医患关系中，医护人员的精益求精的敬业精神、以患者为中心的市场服务意识和患者及其家属的对医护人员的职业操守的基本信任与实践中的配合是医患关系和谐的基础。这个基础目前不是很牢，需要社会各方一起，从促进人民群众的健康事业出发，形成一股持久的制度和精神力量，才能使之成为和谐医患关系的社会信任基础。

其次，完善相关的法律法规，为医患关系的和谐、医疗秩序的正常运行提供制度的准绳。一方面，要紧跟新的医疗实践，密切关注出现的新问题，有针对性地制定和修改相关的法律法规，并通过各种方式进行宣传，既教育我们的医疗从业人员，也教育我们的社会大众。另一方面，必须严格执行这些法律法规，尤其要为之提供强有力的物质保障力量。法律法规的真正意义在于规范实践，如果有法不依、有规不行，那将会产生严重的示范效应，最终将使法律法规本身成为一纸空文，形同虚设，管理学上的“破窗理论”和“羊群效应”都是这个道理。这样一来，医疗实践也将因此困难重重，既无法保障医疗秩序的正常运行，也无法保障人民群众的健康权益。

第三，进一步推进我们的医疗体制改革，同时与社会收入分配制度、就业制度和反腐败等其他方面的改革协同起来，相互促进。必须在具体解决问题当中通过促进社会公平来引导和缓解社会情绪。这是一项系统工程，没有各方面的配套改革，就不能消除医患关系紧张的社会根源。同样，没有医疗体制改革的深化和医疗资源的合理公平配置，紧张的医患关系也可能成为影响社会系统性稳定导火索。这就是为什么医患关系的是社会和谐的重要基础之一的原因。不能脱离其他领域的配套改革来单纯就事论事，既要明白医患关系和谐的特殊重要性，也要明白促进医患关系的和谐的根本途径就在社会之中。

第四，强化社会媒体在和谐医患关系建设中的责任意识，并建立相应的责任追究制度。如前所述，媒体在保障患者的基本权益以及对困难社会群体的医疗救助方面发挥着重要的作用。但是，媒体作为一种特殊的社会力量，往往是一把双刃剑。媒体作为一种媒介，可以把社会个人与其他社会大众联系起来，能够创造一种特殊的社会效应。其典型的社会功能就是放大效应的功能。它可以把一个个别事件放大为一个社会性事件，可以一个个别的悲情放大为一种社会悲情。正是因为这样，它往往产生这样的错觉，那就是将一个医疗纠纷放大为一个行业状态，将一种医患关系的特殊状态放大为一种一般状态，从而加剧了医患关系紧张的程度，也遮蔽了整个医疗行业的正常状态和医患关系的真实状态。如果媒体不能客观地分析和报道真实情况，带来的社会后果将与它应承担的社会职责背道而驰。当前，确实存在这样的情况。因此，不仅要求整个社会媒体能够强化责任意识并严格自律，我们也必须建立相应的责任追究制度，从而使之成为和谐医患关系建设乃至和谐社会建设的强大推进力量。

最后，加强社会主义精神文明建设和医学人文教育。从整个社会的角度看，我们应当高度重视传统优秀人文精神的传扬和社会主义精神文明建设。当前关于社会主义核心价值体系的研究成为社会的热点问题，这正是我们精神家园建设的基础工程，我们应当在传统文化中、在现代化建设的实践中以及在整个人类所创造的思想文明成果中，去寻找、创造和吸收能够支撑我们现代化大业的精神元素。这个时代，是一个急需思想的时代，急需人文精神的时代。时代召唤哲学家、思想家，我们需要有一大批孜孜不倦地呵护人们精神家园的精神文明建设者。从具体医学生的教育和医疗行业再教育角度看，医学是科学也是人学，医学的发展是渗透科学精神与人文精神的过程，我国现行的医学教育重视科学轻视人文，现有的人文社科素质培养存在诸多问题，尚未形成科学、有效的体系。必须加强医学生以及医疗从业人员的人文思想的教育，克服那种纯粹的科学教育模式。不仅要重视他们专业知识和技能的掌握和提高，同样要重视他们情商的培养，也就是培养他们设身处地为他人着想思想和意识。

总之，医患关系的紧张状况有着特殊的时代背景和深刻的社会根源，我们只有在深刻把握这一时代背景和问题产生的社会深层根源基础上，才能找到问题的根本解决之道，从而为和谐医患关系以及和谐社会奠定坚实的思想认识基础和制度保障基础。

安徽省肥西县农村卫生发展研究

秦立建 蒋中一*

摘 要:肥西县在医疗改革探索的过程中,取得的有益经验和遇到的问题,都是今后医疗改革的宝贵财富。从目前来看,该县的新型农村合作医疗制度,已经作为一个实实在在的纽带,将医疗服务供给、基本药物制度和公共卫生供给这三个制度联系在一起。虽然肥西县的医疗改革作出了一定的成效,但是仍然需要进一步完善。首先,应该抓紧完善乡镇卫生院医护人员的绩效考核办法,进一步调动广大职工的积极性。其次,应该增加村卫生室医护人员的收入以及保障待遇。再次,各级管理部门要积极采取切实有效的措施,严格控制医疗费用的增长,尤其是县级以及县级以上医疗机构的费用增长。

关键词:农村卫生;改革;新型农村合作医疗;肥西县

安徽省肥西县是安徽省十强县之首,是安徽省唯一进入全国百强县的县级城市,在全国百强县中排名第 94 位。该县位于安徽省中部,紧邻省会合肥市,总面积 1961 平方公里,人口 89 万,辖 14 个乡镇,2 个开发区。肥西县的交通网路比较发达,县城距离位于合肥市的距骆岗机场仅半小时车程,正在建设中的合肥新桥国际机场坐落肥西县城北郊;合九、宁西、合武 3 条铁路以及合宁、合界、沪蓉、合叶高速等 7 条国省道穿境而过。肥西产业体系完备,初步形成了主导产业突出、配套产业集聚、骨干企业众多、创新能力较强的县域工业体系。涌现了汽配制造业、家电制造业、塑料品制造业、输变电设备制造业、船工舶配套制造业和农副产品加工业等六大主导产业。肥西县的地理位置使其具有承东启西、连南接北的独特优势,是正在构建中的合肥经济圈和

* 作者简介:秦立建,安徽财经大学财政与公共管理学院;蒋中一,农业部农村经济研究中心,博士生导师,研究员。国家新型农村合作医疗专家组专家。

安徽皖江城市带承接产业转移示范区的核心地带,县域经济的发展势头良好。

肥西县2009年实现地区生产总值214.6亿元,比上年同期增长21.8%,绝对量和增幅均居安徽省各县之首。该县2009年实现地区生产总值195亿元,比上年增长26.9%;完成社会固定资产投资204亿元,增长47.6%。该县2009年度规模以上工业产值、固定资产投资继续位居全省第一。肥西县2009年度财政收入20.2亿元,其中地方财政收入10.2亿元,全县总财政收入和地方财政收入分别比上年增长27.5%和21.1%。三次产业比为1∶4∶1.7。与上年相比,第二产业比重提高4个百分点,第一产业和第三产业比重分别下降3个和1个百分点。第一产业实现增加值32.5亿元,增长7.1%;第二产业实现增加值128.8亿元,增长32.1%,其中工业增加值107.6亿元,建筑业增加值21.2亿元;第三产业实现增加值53.2亿元,增长11.6%。肥西县2009年度农民人均纯收入6100元,比上年增长12.7%,该县农民人均纯收入是全国农民人均纯收入的1.18倍。肥西县的经济社会发展状况较好,这意味着该县的农村卫生发展状况应该达到与其经济发展水平相当的程度。

一、肥西县新型农村合作医疗运行状况

(一)新农合基金筹集和补偿情况

2010年,肥西县全县共有734760农村居民参加新农合,参合率达99.1%。人均筹资150元,其中,个人筹资30元,中央财政补助60元,省和县财政补助60元。2010年度共筹集资金1.1亿元,其中:农民交纳2204万元、政府补助8817万元。2010年1—6月,新农合基金支出4169.67万元,其中:住院补偿3631.95万元、补偿17358人次,其中获得万元以上补偿的有449人、3人获得8万元的封顶补偿;住院分娩补偿92.17万元、补偿3077人次;慢性病补偿212.41万元、补偿4576人次;门诊统筹补偿支出233.14万元、补偿240627人次。

(二)保大病为主并兼顾门诊

新农合基金分为两大块:门诊统筹基金和住院统筹基金。在人均筹资的150元基础上,将门诊统筹基金按人均30元,住院统筹基金按人均120元进行分配。门诊统筹基金用于县内定点医疗机构普通门诊费用补偿、慢性病门诊费用补偿,住院统筹基金用于住院费用补偿、住院分娩定额补偿。

普通门诊费用的补偿范围只限于县内定点医疗机构,不设起付线,实行按比例封顶补偿,单次门诊费用补偿比例分别为:村级40%、乡镇40%、县级30%,单次门诊费用补偿封顶额为村级10元、乡镇及以上20元。一般慢性病门诊补偿不设起付线,可补偿费用的补偿比例为50%,半年累计结报一次,每

人年度累计最高补偿2500元。参合农民以户为单位一年内获得的门诊补偿金总额不得超过该户当年参合交费总额。

住院费用实行分段累计补偿，起付线和补偿比例见表1。多次住院，分次计算起付线。起付线以下费用个人自付。对重点优抚对象、五保户和低保对象不设起付线。参合者年度累计住院医疗费用最高补偿为8万元。参加产妇住院分娩定额补助标准为每次300元。“国家基本药物”全部纳入新农合补偿范围。住院费用中的“国家基本药物”费用的补偿比相应提高5个百分点。在定点医疗机构使用属于新农合补偿范围的中药和中医诊疗项目，住院费用的中医药费用的补偿比例相应提高10个百分点。实行大病分段累计保底补偿，在按补偿方案测算后，如果农民实际补偿所得金额与医疗总费用之比低于保底补偿比例，则按照保底补偿比例给予补偿。5万元以下保底补偿比30%；5～10万元段保底补偿比40%；10万元以上部分保底补偿比50%。

表1　肥西县2010年度新型农村合作医疗住院费用补偿标准表

<table>
<tr><th></th><th colspan="2">乡镇（中心）卫生院</th><th colspan="2">县级医院</th><th colspan="2">县外协议医院</th></tr>
<tr><td>起付线</td><td colspan="2">100元</td><td colspan="2">300元</td><td colspan="2">500元</td></tr>
<tr><td rowspan="3">补偿比例</td><td>至400元</td><td>35%</td><td>至800元</td><td>35%</td><td>至1500元</td><td>35%</td></tr>
<tr><td rowspan="2">400元以上</td><td rowspan="2">70%</td><td rowspan="2">800元以上</td><td rowspan="2">65%</td><td>1500元～1万元</td><td>50%</td></tr>
<tr><td>1万元以上</td><td>60%</td></tr>
</table>

（三）构建和完善卫生信息系统

卫生信息化建设是实现新农合科学管理的需要，也是卫生事业发展到一定阶段的必然要求。肥西县财政投入资金建成了以县卫生局为中心，覆盖全县所有县、乡、村三级医疗卫生机构的卫生信息网络体系。一是新农合信息系统与医院信息系统互为一体，两个系统之间无缝对接、资源共享；二是新农合信息系统以县合管办为中心，覆盖县内所有定点医疗机构和乡镇合管办，通过网络可以对参合农民从入院到补偿的全过程进行监管，实现新农合的自动审核、网上审批、实时监控、信息汇总等功能；三是通过对村卫生站药品、收费和门诊统筹报销等实行信息化管理，规范了村卫生站的内部运行，方便了门诊统筹报销；四是搭建了统计查询平台，县卫生局、新农合管理中心能够实时查询各医疗机构门诊情况、住院情况以及新农合报销情况。信息化建设提高了肥西县的卫生工作和新农合的管理水平和工作效率，取得了显著的效果。

（四）实现就诊费用即时结报

医药费用报销是否方便，是新农合能否取信于民的重要内容。肥西县新型农村合作医疗已经实现了县内医疗机构就诊费用的即时结报，参合农民在县内医疗机构住院就诊，出院时当场结报，实现了零距离、零时限补偿。即时结报工作得益于肥西县实行的参合人群IC卡管理制度，每户参合农民发放一个IC卡，患者就诊时必须出示IC卡，该卡是实现直报的基础。在县内直报的基础上，与合肥市属公立医院开展即时结报工作；2010年又与安徽省肿瘤医院等省级医院开展即时结报工作，目前已与8家省级医院实现网上即时结报工作。即时结报的政策推行之后，不仅使参合农民的住院费用报销越来越方便，而且极大地提高了合管办的工作效率。

（五）改善医疗服务并控制医疗费用

肥西县新农合管理机构加强对定点医疗机构的管理，通过一系列硬性指标对定点医疗机构的医疗服务和费用情况进行管理和控制，合理控制医药费用的不合理增长。该县采取的措施包括限定住院人次和次均住院费用增幅，控制自费药品比例，建立病历评审制度，实行定期通报与公示，对定点医疗机构实行定期考核制度等。通过单病种付费、总额预付等方式，多项措施综合推进，该县的定点医疗机构监管和费用控制取得了明显效果，有效控制了医疗费用的不合理增长，保护了参合农民的利益。

（六）做好城镇居民医保和新农合的合并准备工作

从2011年开始，肥西县的城镇居民医保将和新农合合并，将城镇居民医保工作由县劳动和社会保障局整体移交给新农合管理，全县的城镇户籍人口的医疗保障由该县合管办负责。该县合管办将于2011年年初统一更名为"城乡居民合作医疗"并实行"七统一"管理，即统一管理机构、统一组织实施、统一筹资时间、统一筹资标准、统一参保对象、统一补偿待遇、统一办理IC卡。就新农合而言，将不再有城镇户籍人口和农村户籍人口之分。目前并轨方案已经出台，为2011年正式实施做好准备。

二、基层医疗卫生机构公益性管理体制已建立

实行乡村医疗机构一体化管理。肥西县于1991年将乡镇卫生院的管理上划县管，由县卫生局统一行使乡镇卫生院的干部任免权、人事调配权、经费分配权。1999年，为健全村级卫生组织，县委县政府决定在全县推行乡村卫生服务管理一体化。在县政府批准了《医疗机构设置规划》的基础上，经过试点、扩大试点、全面展开三个阶段，到2001年底，全县乡村卫生服务一体化管理体系基本建立。管理模式为院办院管，卫生院出资建设卫生室，并对卫生室实行四统一分管理，即任务统一布置、药品统一供应、人员统一调配、财务统一管理，而在经济上由卫生室各自独立核算。

加大乡村医疗机构的硬件设施财政投入。在村卫生室设置过程中，该县按照5000人口左右或服务半径约2000米设置一所卫生室，每所卫生室医疗用房面积不少于100平方米。目前全县建制乡镇卫生院14个、非建制乡镇卫生院14个，乡村一体化卫生室207个，全部为政府举办的公益性医疗卫生机构。全县无个体诊所、民营医院。近几年，紧紧抓住民生工程和扩大内需政策，通过财政支持、项目实施等方式，共投入资金12682万元，用于乡村医疗卫生机构的房屋建设，新改扩建14个建制乡镇卫生院、6个非建制乡镇卫生院和200个村卫生室。投资758万元，配套专业设备。投入300万元，统一建立基层医疗卫生机构信息管理平台，提高了服务效率和管理。

在乡镇卫生院成立公共卫生管理中心。将基层卫生院的疾控、妇保、儿保、卫生监督的人力资源进行有效整合。由乡卫生院建立辖区居民的健康档案，是纸质的档案。农村卫生基础设施条件得到极大改善，业务用房基本上达到了卫生部的建设标准，基本医疗设施配置齐全，服务能力明显提高。

三、药品零差率销售，建立基本药物制度

肥西县于2009年12月1日起，在全县28个乡镇卫生院和207个村卫生室同步执行药品零差率销售，速度之快、力度之大均为全省领先。同时，该县严格执行国家和省规定的基本药物目录，公开招标了6家药品企业，实行网上采购、统一价格、统一配送。实行药品零差率销售以来，全县乡镇卫生院平均每月减少药品收入135万元、村卫生室平均每月减少105万元，全县平均每门诊人次收费水平下降18%，每住院床日收费水平下降30%；今年1—8月份，全县乡镇卫生院药品收入减少1082万元，减幅达36%，医疗服务收入基本持平，总体业务收入下降1102万元。

值得一提的是，肥西县于2008年8月就开始实行了医疗机构药品集中定点采购管理模式，确定了7家供应企业，实行动态管理、末位淘汰制。2009年全县共有6家药品供应企业。通过定点采购管理，规范了药品采购，降低了药品价格。该县于2009年年底在6家供应企业中再进行筛选，选择其中3家作为配送企业。把药品价格作为考核重点，制定了统一考核标准和评分细则，得分前3名的企业确定为配送企业。

四、补偿机制和保障制度初步建立

在全县实施药品零差率销售后，肥西县基层医疗机构收入大幅减少，亟须财政给予保障，维持其正常运转，更好的发挥公共卫生和基本医疗服务功能。为此，该县从加强基础医疗机构财务管理和加大财政投入两方面强化保

障。一是国库集中收付。根据省政府文件规定,该县及时成立了县会计核算中心卫生分中心,撤销了卫生院所有银行账号,统一在卫生分中心开设专户,实行所有收支国库集中管理,县财政通过预拨的方式,按月拨付经费。乡镇卫生院在职人员工资按月序时发放,离退休职工的工资由县财政足额保障。严格实行收支"两条线"管理制度,切实保障了财务运行规范有序、资金管理高效节约。二是财政投入加大。肥西县县按照"核定任务、核定支出"的原则,对2010年乡镇卫生院经常性收支差额进行认真测算,对全县乡镇卫生院全年收支差额补助达3030万元,已拨付1500万元,并实行年终审计,据实结算。全县乡镇卫生院人员工资实行绩效工资制,参照本县教师绩效工资标准,县财政补助达1500万元。为最大限度地保障乡村医生的利益,在省政府规定的每服务1200人口补助8000元标准的基础上,在增补4000元,县财政支出达240万元。此外,乡镇卫生院后勤全部实行社会化服务,县财政支出达230万元。

五、考核分配机制初步建立

基层医务人员是基层医疗改革的重要参与者,能否充分调动其积极性,是评价基层医改效果的一项重要指标。为此,肥西县对全县乡镇卫生院人员绩效工资标准进行测算,原则上参照教师绩效工资标准实行,各项保险和公积金全额兑现。目前,以服务数量、质量、效果和居民满意度为核心,指定了绩效考核办法和考核细则,把县卫生局对乡镇卫生院,乡镇卫生院对职工、对村卫生室考核进一步量化和细化。该县已初步建立了绩效考核机制,对卫生院长、医务人员和对卫生院进行绩效考核,并全面组织实施。肥西县的农村卫生改革,是否能够调动基层医护人员的积极性,笔者就此问题对某乡镇卫生院院长进行了访谈。

[案例1]

对肥西县某乡镇卫生院院长医改政策能否
调动医护人员工作积极性的访谈

访谈时间:2010年11月15号　访谈地点:该乡镇卫生院院长办公室

问:肥西县的医改后,医护人员的收入有何变化?医改是否调动了医护人员的工作积极性?

该院长告诉笔者:医改后,医护人员的收入明显上升了,医疗、养老和住房公积金等"五险一金"都有了保障,但是,医护人员的工作积极性降低了。首先,"药品零差价"牵一发而动全身,这个政策很大程度上撼动了整个医疗体系,使得医护人员以销售收入跟个人收入相挂钩的分配方案失去了效力。

药品零差价政策对于群众确实是好事，但是医护人员失去了经济激励。其次，院长调控医护人员工作积极性的手段减少了。现在医护人员的基本收入占个人总收入的比重为60%；其中剩下的20%是比较固定的，比如值夜班的加班费等；另外20%才是真正的绩效工资，平均到每个医护人员身上是每月300元左右，这300元左右的钱是从同事身上扣下来的，所以医护人员为了不得罪同事从而不愿多干活。再次，做手术的住院患者，对于医护人员来说有风险，但是个人并没有获得跟这个风险相联系的收入，所以，现在的医护人员都是尽可能地将病人转到上级医院。最后，县卫生局对乡卫生院有经济收入考核任务，所以，乡卫生院要多做些检查治疗之类的项目，以增加收入。将只吃药就可以治好的病人转为挂水治疗，是很普遍的事情，在村卫生室也是很明显。

表2是该乡镇卫生院2010年9月的各项收入状况与去年同期的比较表。该表最后一栏显示，2010年9月该卫生院的药品收入比去年同期下降了6万多元，降幅高达37%。住院收入则由71385元降低到14491元，居然下降80%，这从某个侧面反映了该院长说的医护人员风险规避情结，将过多的病人转到上级医院。然而，2010年9月的医疗收入比去年同期增长5.5万元，增速高达50%。门诊收入中除了手术收入降低以外，其余各项收入都呈现上升趋势。

表2　肥西县某乡镇卫生院医改前后同期收入对照表　　单位:元

收入项目	2009年9月	2010年9月
医疗收入	109018	163483
其中		
门诊收入	37633	43375
其中		
检查收入	2030	2265
治疗收入	21606	32788
手术收入	5868	1982
化验收入	2589	2887
护理收入	1640	3453
其他收入*	498	2620
住院收入	71385	14491
药品收入	167797	105617

注:“其他收入”栏中的数据，是当年度1—9月的月平均数额。

六、结论与需要进一步完善的问题

肥西县的经济社会发展水平处于安徽省的县域经济的领先地位，因此，我们有理由判断该县应该走在医疗改革实践的前列，为安徽省乃至全国的医疗改革提供“试验田”。该县在医疗改革探索的过程中，取得的有益经验和遇到的问题，都是今后医疗改革的宝贵财富。从目前来看，该县的新型农村合作医疗制度，已经作为一个实实在在的纽带，将医疗服务供给、基本药物制度和公共卫生供给这三个制度联系在一起。这一纽带在乡村两级医疗机构表现的比较明显，县级医院和县级以上级别的医院，也越来越意识到新型农村合作医疗制度对于医院发展的重要性，因为我国的人口户籍结构是农村户籍人口的比例占多数，因此，县级和县级以上医院，也将自觉或不自觉的接受新型农村合作医疗管理机构的费用控制措施，提高新农合基金使用效率，提供高质量的医疗服务，为建立在公共财政支持下，由新农合、医疗服务供给、公共卫生和基本药物制度组成的“四位一体”的农村基本健康制度做出贡献。

虽然肥西县的医疗改革作出了一定的成效，但是仍然需要进一步完善。首先，应该抓紧完善乡镇卫生院医护人员的绩效考核办法，进一步调动广大职工的积极性。应该在保障医护人员基本收入的前提下，增大乡镇卫生院院长的对医护人员的经济调控力度。其次，应该增加村卫生室医护人员的收入以及保障待遇。在药品零差价政策下，村医的收入，名义上只有公共卫生服务收入，即按照核定的每服务人口 10 元/年的标准给予村医报酬；村医另外的收入就是除药品收入之外的收入。由于村医的公共财政补贴较少，因此，村医有经济动力增加诊疗项目，变相增加个人收入。由增加诊疗项目而得到的利润比医改前的药品加成所得利润更加丰厚，并且，由只吃药治疗转为挂吊针治疗会对患者造成较大副作用。最后，各级管理部门要积极采取切实有效措施，严格控制医疗费用增长，尤其是县级以及县级以上医疗机构费用增长。

培育发展基层社会组织探索扶贫开发新途径

——霍山县村级扶贫互助协会推进扶贫开发的实践和思考

项学文*

摘　要:本文通过对霍山县整合各类扶贫资金,充分尊重农民的主体地位,成立村级扶贫互助协会,实行民办、民管、民受益,实现扶贫到户,创新"参与式"、"造血式"扶贫开发这一新模式进行研究,分析了基层社会组织在参与扶贫开发对提高农户的参与度,提高农民自我组织、自我管理、自我发展和自我监督能力,完善乡村社会治理结构方面所起的作用,以及对建立和创新扶贫开发可持续发展机制方面所做的贡献,并实事求是地指出了存在的问题,提出了下一步工作建议。其做法和经验为贫困地区乃至全国其他地区开展扶贫开发和创新基层社会管理提供了有益的借鉴和启示。

关键词:社会管理;基层社会组织;扶贫机制创新;实践与探索

一、协会成立背景和基本情况

霍山县位于安徽省西部、大别山北麓,是集山区、库区、老区为一体,属国家扶贫开发工作重点县。全县总面积 2043 平方公里,辖 16 个乡镇,125 个村,11 个农村社区,10 个城市社区,3172 个村民小组,总人口 37 万,其中农业人口 31.6 万。本世纪初,中荷扶贫项目在县内贫困村民组探索建立"社区基金"扶贫模式,旨在寻找解决贫困农民贷款难的途径。中荷项目结束后,县委、县政府把这种方式应用到政府扶贫领域,在 38 个贫困村民组建立"社区基金",旨在提高财政扶贫资金到户率和使用率。2006 年,国务院扶贫办和财政部在全国 14 个省 140 个村开展与"社区基金"相似的"贫困村村级互助资金试点",霍山县被安徽省扶贫办、财政厅选为全省 3 个试点县之一,"社区基

* 作者简介:项学文,男,1979 年 4 月出生,本科,霍山县民政局,社会工作师,馆员。

金”由此得到进一步延伸、发展和创新并改称为“互助资金”。截至 2008 年 9 月，全县共建立互助资金小组 149 个，覆盖 16 个乡镇 69 个村，参与农户 4156 户。149 个互助资金小组基本都是以村民小组为单位，资金在一个村民组内封闭运行，群众借款方便、管理简单，但是，随着互助资金小组的不断发展和农民对资金需求的日益增加，存在资金规模偏小、管理成本增加、风险增加等问题。为解决这一矛盾，2008 年，县政府组织相关部门对全县互助资金进行深入调研，并出台了《霍山县人民政府关于加强村民互助资金固点扩面实施意见》，决定在现有的 149 个互助资金小组中，挑选 8 个乡镇 8 个村内的 47 个互助资金小组，将这些互助资金小组以村为单位进行连片整合，试点建立 8 个村级“扶贫互助协会”。为确保资金安全和协会的健康、稳步、规范发展，县扶贫办、县民政局通过多次调研讨论，积极为协会登记创造条件，并在全省率先以“xx 村扶贫互助协会”的名称办理社团法人登记，开展成立基层协会进行扶贫的试点和探索。

8 个试点村扶贫互助协会于 2008 年 11 月开始筹建，2009 年 3 月底陆续完成筹备、成立、验资、注册登记、开设银行账户等手续，4 月资金正式运转。协会建立以后，互助资金管理进一步规范，有稳定管理人员、固定办公场所、基本的办公设备和资料柜。从运行看，农民入会申请，自愿缴纳互助资金，成立联保小组，会员借款联户担保，理事会审批等手续清楚。财务管理有总账、有明细账、有分户台账，手续完整规范。8 个协会入会成员 1253 户，占所在村民组总户数 43%，其中贫困户 294 户，占入会成员 24%。互助资金本金总额 188.5 万元，比建会前增加 55.6%。协会运作第一年，累计发放借款 266.95 万元，使用率 142%。通过成立协会运作使互助资金管理和使用进一步规范化、规模化和效益化，试点村群众真正从互助资金中得到实惠，发展势头良好。

二、协会内部管理和运作机制

(一) 协会宗旨和业务范围

贫困村生产发展互助资金：是指以财政扶贫资金为引导，村民自愿按一定比例交纳的互助金为依托，无任何附加条件的社会捐赠资金为补充，在贫困村建立的民有、民用、民管、民享、民用的生产发展资金。

协会的宗旨是：遵守宪法、法律、法规和国家政策，遵守社会道德风尚，建立成员互相帮助和自我管理的自治组织，改善贫困农户获得生产性资金的机会，并由此提高当地村民，特别是贫困户和妇女收入。

协会的业务范围：负责互助资金的运行和管理；组织开展农业实用技术培训和公益活动；优先批准贫困户借款，通过多种方式支持贫困农户发展生产;不吸储、不分红、不从事其他未经许可的金融和经营活动等。

(二)协会组织管理

协会成员由本村村民自愿结成,不跨村设立,不以营利为目的。互助资金在协会内封闭运行,有借有还、周转使用、利益共享、风险共担。协会开设独立账户,依法开展活动和独立承担民事责任。

协会最高权力机构为会员大会,会员大会每年至少召开一次。遇有特殊情况可由管理机构或1/3以上成员提议,召开临时会员大会。协会设理事会和监事会。理事会是协会的执行机构和日常管理机构,有3人组成,分别为理事长、会计、出纳。监事会是协会内监督互助资金运行与管理的日常机构,由若干名监督员组成,民主推选1名监事长。监事长参与协会日常管理。

互助资金是建立在熟人社会基础上,为降低风险,体现村民的互助性和担保的有效性,同时避免以村为单位带来弱势群体边缘化,协会实行"宝塔形"组织结构,即协会内由若干个联保小组组成,每个联保小组由5~7户来自同一村民组的成员组成。各组推选一名小组长(同时又为协会监事会监督员)。要求联保小组必须主动接收贫困户。协会组织结构图如下:

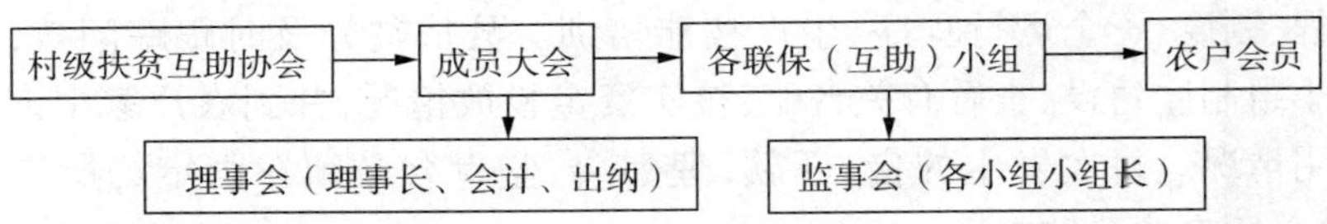

(三)互助资金运行方式

互助资金构成:村民自愿缴纳的互助金、财政扶贫资金、社会各界和国际项目组织捐赠资金、占用费(农户称利息)。小组内农户自愿参与,并以每户200元的方式缴纳互助金。在册贫困户有财政扶贫资金垫付,以保证贫困户的参与资格,获得脱贫致富机遇。资金坚持规范运作,封闭运行,实行"三不":不吸收存款,不向成员之外的农户发放借款,不以盈利为目的。

互助资金权属:(1)所有权。村民缴纳的互助金归本人所有。财政扶贫资金和捐赠资金以及占用费归全体村民所有。(2)使用权。互助资金使用权属协会全体成员,不得平分到户,实行有偿使用,到期收回。未经有关政策和上级主管部门批准,任何单位和个人不准挪用、侵占、私分。(3)收益权。占用费收益按1∶1分配,即50%用于管理开支,50%用于壮大本金,促使互助金逐年不断壮大,可持续利用。

互助资金使用:(1)借款用途。主要用于对环境和社区没有影响的生产创收项目,不得用于生活开支。(2)借款额度、期限、占用费率。第一次单笔借款最高限额为3000元,以后单笔借款的最高限额不超过6000元。最短1

个月，最长不超过12个月。正常借款月占用费率6‰~8‰，逾期借款月占用费15‰。(3)联户担保、控制比例。成员借款，必须由本互助小组成员担保，担保人负责监督贷款按规定的用途使用，并按期归还。逾期不还，互助小组成员具有连带还款责任，在借款未还清之前，小组任何成员不得借款。互助资金组织成员不可同时平均借款，借款户控制在成员户的49%以内，以发挥多数未借款户的监督作用，使资金保持有效的动态运转。(4)借还款手续。借款：借款人向互助组口头提出申请，互助组组长召集互助组成员讨论借款先后顺序和担保，互助组书面向理事会申请。理事会审批后，借款人签订《借款合同》，理事会发放借款。还款：按照借款合同规定，借款人按时归还本金和占用费，理事会开出《还款收据》给还款人。

互助资金监管：霍山县扶贫办是协会的业务主管单位。村级协会同时接受县扶贫办、财政局、民政局和县互助资金协会的业务指导和监督管理。县扶贫办和县互助协会每季度至少进行一次现场检测并要有书面记录和报告。村互助协会每季度向县协会完成财务报表和资金运行情况表。同时，县扶贫办、县互助协会不定期采取集中、分片、到村、考察等方式对村级协会成员开展章程、制度、资金运行程序、生产技能培训。县扶贫办及时跟踪问效，了解互助小组制度建设，查看有关台账，核实资金投放情况，并到农户家中询问资金使用情况。每次发生的借、还款，理事会、监事会必须在固定场所进行公示，接受所有成员监督。

三、取得的效益

村级扶贫互助协会以立足解决农户“最直接、最现实、最迫切”的问题为宗旨，把有限的资金用在投资少、见效快、增收大的种植、养殖、加工及营销运输业上。对那些家庭收入低、想干事但缺资金的农户优先给予照顾。从目前运作情况看，各协会管理规范，资金正常运行，经济及社会效益明显，试点初见成效。

(一)在经济效益方面

由于互助资金让村民自己管理，借款方便，手续简单，成本低，为农民自主创业提供了机会，刺激了农户发展热情，促进了农民增收。资金全部用于支持投资少、周期短、见效快、适合单个农户创业的生产发展项目，对脱贫致富起到“立竿见影”的作用。特别是在眼下金融危机形势下，互助资金为返乡农民工提供了一个选择项目、发展生产、实现创业就业的平台。上土市镇陡沙河村扶贫互助协会共有会员248户，34个扶贫互助小组，成立初上级共投放扶贫资金25.01万元，会员交纳互助金4.1万元。2009年上半年共借出资金3.5万元，收回资金4.5万元，占用费1260元，支持的项目主要是百合、白术、天冬、茯苓、天麻、毛竹、山核桃等短平快的种植项目和养蚕、养猪、养羊等养殖项目以及购农用车、茶树修剪机、旋耕机、茶叶加工机械等必需的生产资料。在互助资金带动下，去年3月，协会还组织种养大户、能人大户赴浙江考察山核桃种植项目，并引进毛竹深加工项目1个。目前，协会会员利用互助资金新栽毛竹300亩，种植白术等中药材300亩，百合500亩，发展红灯笼辣椒等高山蔬菜600亩，饲养黑毛猪母猪15头，壮大了山区特色经济产业，促进了农村经济发展。

(二)在社会效益方面

一是实现了扶贫方式的创新，实现扶贫到户。严格的管理制度，保证了财政扶贫资金直接到达最贫困群体，减少了资金流失，提高了资金使用效率。协会在实施过程中充分尊重农民的主体地位，从根本上改变了过去支农资金少数人管理的状况，体现了扶贫的公平和公正，实现扶贫到户。有的地方将互助资金与发展本地特色产业相结合，充分发挥互助资金的效能，不仅实现了财政支农形式的创新，更为"参与式扶贫"和"造血式扶贫"找到了新的方式。如但家庙镇胡大桥村扶贫互助协会与农民养猪项目相结合，磨子潭镇龙井冲村扶贫互助协会与农民养鱼项目相结合，使农民在短期内快速增收。

二是培育了新型农民，促进了农民主体地位的提升。资金有偿使用、滚动发展，实行民有、民管、民借、民用，通过建立健全公开透明的财务监管制度，增强了农户的参与意识、管理意识、成本意识、效益意识、风险意识、诚信意识。我们到村里走访时听到村民这样说："互助资金是村里全体会员的，大家都是邻里乡亲，如果不能按时如数还款，对不起大家，哪有脸面和村里人见面，更无法在村里和人共事……"这话听起来比较朴实，但反映出村民的综合素质提高了，诚信意识增强了。

三是密切了干群关系、邻里关系，促进了农村和谐社会建设。在互助资金建立和运行过程中，让村民自我管理，培养了农民管理村级事务的能力，激发了村民主动参与集体事务管理的热情。协会运行中，一大批干部深入村组，增进了与群众的感情，更增强了村班子的凝聚力和向心力，群众普遍反映这是党和政府为农民办了一件大实事、大好事。同时，协会定期开会，进行集体交流、讨论和决策，相互传递信息，彼此提供担保，农户之间增强沟通和理解，形成了团结互助、和谐共进的浓厚氛围，有力推进了新农村建设。

四、成功经验

(一)起步早，经验成熟

早在2001年，霍山就在中荷扶贫项目中探索"社区基金"，在不断实践、总结、积累的基础上，由"社区基金"、"互助资金小组"逐步演变发展成"村扶贫互助协会"。村扶贫互助协会既规范又简单易行，风险小，民受益。霍山互助协会扶贫模式引起国家有关部门的关注，国务院扶贫办范小建主任和王国良副主任分别于2008年11月和2009年3月专程到霍山调研互助资金，2010年7月国务院扶贫办又委托华中师大课题组对霍山互助资金模式进行专题调研，2011年4月，国务院扶贫办组成工作组再次来霍对此项工作进行检查指导，他们都充分肯定了霍山县取得的成绩和积累的经验。霍山县还多次参加国务院扶贫办、财政部召开的互助资金交流研讨会，霍山互助资金管理模式已在全国推广应用。

（二）领导重视、推进扎实

霍山县委、县政府将互助资金作为新时期国家在贫困县试点推行扶贫到户的重要工作来抓。近年来，每年都将互助资金工作列为当年扶贫主要工作任务布置，将此项工作与"整村推进"工程相结合，同步考核验收。2006年12月，在省财政厅的指导下，县财政局、扶贫办联合组建成立"霍山县贫困村村民生产发展互助资金协会"，专门负责村民互助资金的指导、监督、服务工作。各乡镇更是高度重视，明确分管领导和互助资金辅导员专抓。为使互助资金组织得到合法注册登记，解决资金监管潜在的风险和隐患，便于对外交流和发展壮大，县委、县政府及时出台文件，明确发展思路和发展方向。县民政局多次向省、市主管部门汇报并邀请省、市领导进行实地调查，并综合考虑其宗旨、业务范围和运行模式等，进一步完善协会的名称、规章制度、管理机制和章程，及时办理社团登记，明确协会的法律地位，确保了协会的健康稳步发展。在8个试点协会基础上，本着成熟一个发展一个的原则，截至2010年底，全县在民政部门登记注册的扶贫互助协会达到43个。

（三）程序方便快捷，农民迫切需要

目前农村金融现状，一是金融网点少，二是小额贷款难，三是贷款利息高。一般农户、特别是贫困户想通过发展生产摆脱贫困，深受资金的困扰。互助资金借还款方便、快捷、占用费低，深受广大农民特别是贫困户的欢迎。由于互助资金有户最高借款额度（3000～6000元）限制，即不会对金融市场形成冲击，又是正规金融机构难以满足群众需要的。正规金融机构一般以盈利为目的，他们不愿意付出高成本、高风险满足小额借款户，村民互助资金正好是农村金融盲点的有力补充。它既弥补了农村金融的不足，稳定了农村金融市场，又为农村金融填充了潜在的信用资源，互助资金与农村金融相得益彰。特别是扶贫互助协会走自己的特色之路，坚持"民有、民管、民用、民受益"的原则，借款程序方便快捷，会员借款时，只需找互助小组会员作为担保人、填写借款合同即可。简便地操作程序减少了会员借款过程中不必要的麻烦，符合农民特别是中低收入农民生产发展的需要。调查中，借款农户普遍反映"互助资金借款利率低，方便快捷，期限适中，手续简单，在中午和晚上的空闲时间就可把借款手续办理完毕"。从近年运行情况看，特别是以村建协会后，互助资金规模壮大，管理日趋规范，乡镇、村及农户要求建协会的呼声和积极性越来越高，农民俗称是自己的"土银行"。

（四）尊重民愿，规范操作

是否以村建立协会，霍山县在实施过程中政府只作引导，不强制推行，完全尊重村民意愿，无任何行政意图，成熟一个，发展一个。具体做法是：

（1）宣传发动由乡村负责。乡村通过召开村民组长、党员、群众代表会，广泛宣传拟成立协会的宗旨、业务范围、章程草案内容，让群众深入了解协会成立的目的，意义、方法，并自愿整合收回原互助资金小组本金。

（2）评估认定由县互助资金协会负责。县互助资金协会在乡村广泛动员的基础上，到村召开不少于2/3准备的入会农户参加的座谈会，实地了解村民是否自愿组建协会，同时，重点讲解协会的组织原则以及协会章程的重要地位和作用。在确认是多数农户的意愿后，由乡镇村向县扶贫办提出要求成立协会申请，发起人向县民政局提出筹备申请。

（3）组织筹备由乡村协助。县民政局同意筹备后，乡村协助筹备小组，一是收集加入农户申请、并自愿组合好5～7户联保小组；二是收取加入农户互助金；三是整合收回原互助资金小组本金；四是县扶贫办批复后，适时召开全体成员大会，通过章程和选举出协会理事会和监事会。

（4）验资注册由县互助资金协会协助。村筹备小组负责注册资料上报，县协会负责把关验收资料，并具体负责办理村协会验资、注册登记、机构代码证申领、银行账户建立。

（5）培训和注资运转。县扶贫办、县财政局、县互助资金协会对村协会理事长、监事长、会计、出纳及时进行业务培训，追加拨付财政扶贫资金到村协会进入运转。

五、存在的不足

从调查情况看，霍山县扶贫互助协会总的发展势头良好，路子对头，措施得力，取得了显著成效。但由于协会尚处于起步试点阶段，发展过程中不可避免地存在一些的问题。主要表现为以下几方面：

一是资金投入不足。单从协会资金总量上看，规模不算小，但相比入会人数来说协会规模又相对较小、会员可借用的款额较少。随着农村经济的不断发展，农民脱贫致富的愿望与日俱增，资金需求高涨，仅靠协会的这部分资金已远远不能满足村民发展的需要。

二是协会工作人员素质有待提高。由于农村青壮年外出打工较多，留守在家的能人较少。因此，村协会工作人员业务水平普遍不高，懂财务的人就更少。调查中发现，有的协会管理比较松散，组织能力较弱，理事会成员对协会章程的理解，对借款程序的把握、会计账目的处理还不够规范。有的协会负责人积极参与协会管理，在自我监督、自我提高的同时带动影响他人，协会发展得有声有色，这很大程度上取决于协会工作人员的能力和素质。这一问题已引起县扶贫办、财政局的高度重视，正在制订“霍山县村民生产发展互助资金会计制度”，拟定了新建协会培训和财务人员培训计划，提高协会人员业务水平。

三是协会主动开展项目扶贫不明显。协会的目的是围绕扶贫宗旨，瞄准贫困群体。从运行看，目前大多数协会活动还停留在简单的“你借我贷”的现金往来上，没有积极主动帮助农户特别是贫困户选择项目、提供技术支持、跟踪服务，没有和组织实施基础设施建设、产业化发展等项目结合。

六、下一步努力方向

成立村级扶贫互助协会，不仅是霍山县在开展扶贫开发过程中的一项崭新工作，更是该县在培育发展基层社会组织加快农村经济发展，服务新农村建设的一次创新和尝试。特别是面对当前国家大力推进基层社会管理体制创新的大环境，扶贫互助协会的成立顺应了社会经济发展的需要，机遇和挑战并存，协会在今后的发展中要结合实际准确把握上级政策精神，切实采取措施，不断探索和总结，进一步发挥村级扶贫互助协会在完善乡村治理机制，推进基层社会管理创新中的积极作用。

一是加大投入力度，扩大资金规模。从目前的情况看，建立协会的村都是前期运行较好的村，有一定产业基础，村民发展意识强，信誉度较高，想干事又能干成事。随着农村经济的不断发展，农民发展产业对资金需求会不断高涨，但是现在资金总规模偏小，无法满足会员的发展需求。因此，相关部门要积极争取上级支持，进一步加大资金量的投入。协会本身要加强对外联系，争取其他资源，扩大协会资金规模和综合势力。

二是加大宣传培训力度，提高办会能力。针对目前协会会管理不够规范的实际，下一步应加大政策制度的宣传和讲解力度。通过宣传，使农民对互助资金的管理和使用有明确的认识，对资金的概念、目的及操作方法有初步的了解，确保家喻户晓、人人明白，激发和调动广大村民加入协会的积极性、主动性。县扶贫办、财政、民政、农业等相关部门应加强联系，经常对协会负责人和会员进行培训，学习相关政策、规定，熟知资金管理制度和运作程序，掌握资金的审批、运转、安全等要求，确保扶贫互助资金高效使用、取得实效。

三是加强跟踪调查，完善监督机制。切实加强领导，进一步完善协会的监督、监管机制。建议县扶贫开发领导小组加强协调、定期研究、明确职责，形成有关部门积极配合，分工协作的工作机制。县扶贫办和县互助协会要不断加大对互助资金的审批、发放、回收的管理力度，尽快建立一套互助资金运作管理机制和调查问效监督机制，杜绝不良风险发生。对互助资金运行中做得好的村，及时总结经验，在其他试点村加以推广。做到引导不领导，帮办不包办，扶持不干预，推动不强迫。本着先发展、后规范、再提升的原则，使全县扶贫互助协会在规模上、质量上都有所发展和提高。

四是建章立制，严格协会管理。扶贫互助协会是个新生事物，必须统一认识，创新机制，强化监管，方能发挥其在新农村建设中的助推作用。协会的发展需要良好的外部环境，民政部门在适当放宽"扶贫互助协会"的注册登记条件的同时，协会要严格按照《社会团体登记管理条例》的规定及国家相关政策，建立健全内部各项规章制度，对互助资金的分配、管理、使用、监督等作出具体规定，严格按照章程的规定开展活动。县扶贫、审计、农业、财政部门要对资金周转率、回收率、保值增值等进行适时审核、检查，制定严格的考评细则，确保资金运行的安全系数，以进一步完善提高村扶贫互助协会建设水平。

当前构建城乡社会救助体系存在的问题与建议

汪恭礼*

摘　要：本文结合宣城市社会救助情况，分析了当前社会救助存在的问题，并对如何适应社会发展的需要，开发、整合和引导社会救助资源，完善城乡社会救助体系提出了建议。

关键词：构建；城乡社会救助体系；问题与建议

随着改革开放的不断深入和社会主义市场经济的迅速发展，我国经济在持续快速健康发展的同时，出现了一些城镇下岗职工生活困难、农村居民因灾返贫、因病致贫等问题。建立健全城乡社会救助体系，实现社会救助对于减少社会震荡、保持社会稳定具有重要意义。

一、城乡社会救助实施现状和特点

社会救助是一项系统工程，其最根本的目的是扶贫济困，保障困难群体的最低生活需求。建立健全政府主导、民政主管、部门配合、社会参与的管理机制是各级政府履行社会救助职责重要举措。宣城市已建立以低保救助、五保救助、医疗救助、灾害救助、优抚救助、城市流浪乞讨人员救助等为主要内容，慈善救助、临时救助为补充的城乡社会救助网络，实现了城乡社会救助均衡发展，初步织就了一张保护困难群体的全方位安全网。

（一）城乡低保规范运行，保障标准和补差水平普遍提高

宣城市先后出台了城乡低保实施细则（方案），制定了家庭收入核算办法、责任追究、资金管理、档案（低保证）管理、入户调查、民主评议、三级审核、

* 作者简介：汪恭礼（1972—），男，安徽宣城人，管理学学士，安徽省宣城市宣州区委政策研究室副主任，湖南省社会科学院新农村建设研究中心客座研究员。主要研究方向为农业经济学和农村社会学。

三榜公示和按标施保、应保尽保、分类施保、以户施保等一系列的规章制度，严格实行规范操作、动态管理。2010 年 7 月起，凡是城乡低保新增或退出、提高或降低补差标准的对象，一律实行民主评议听证票决制，进一步扩大城乡低保民主评议工作透明度，有效杜绝漏保、错保和优亲厚友等行为，全力打造“阳光低保”。发挥了城乡低保的“兜底”作用，让城乡困难群众不再为基本生活困扰。2010 年 1 至 11 月全市城市低保月平均保障标准达 256 元，与 2009 年相比提高 13.6%；月均保障 37725 人，累计支出低保资金 7715.94 万，人均月补差 186 元，人均月补差年递增率达 16.2%。共提高补差标准 77949 人，降低补差标准 740 人，保障覆盖度达 100%。目前全市农村低保平均年保障标准提高到 1251 元，在 2009 年基础上平均提高 174 元，全市累计筹集低保资金 8563.98 万元，全年月均保障 88391 人，占农业人口 3.89%，共计支出低保资金 8390.2 万元，人均年补差达 949 元（含物价上涨补贴）。基本做到保障人数不受限制，保障资金足额配套，保障标准量力而行，补差标准分类按季打卡发放，保障覆盖率达 100%。

（二）完善“五保户”、孤寡老人的供养机制，提高供养标准

为了解决农村特困老人养老服务需求，宣城市从 2007 年起多方筹措资金，将符合五保供养条件的（无劳动能力、无生活来源、无法定赡养抚养义务人三个条件同时具备）农村特困老人全部纳入供养范围，实现应保尽保，保障标准不断提高。一是大力新建“五保老人之家”。按照平原地区不少于 20 户，山区、丘陵地区不少于 10 户规模建设，使在“五保老人之家”集中居住的五保户比例达到当地五保对象的 20%。根据重新审定和确认的数据，2010 年度，宣城市现有五保对象 17320 人，其中集中供养 5267 人，分散供养 12053 人，集中供养率 30%。二是改扩建敬老院。“十一五”期间，所有乡镇必须建设一所床位数不少于 50 张，入住率不少于 80% 敬老院，力争使五保对象集中供养率不低于 40%。几年来，宣城市已投入敬老院改扩建资金近亿元，宣州区狸桥镇敬老院、广德县新杭镇敬老院、宁国市梅林镇敬老院、泾县黄村镇敬老院等一批起点高、规模大、环境优美的敬老院投入使用，五保对象集中供养居住条件全面改善。三是建立五保供养经费自然增长机制。农村五保供养标准不得低于当地村民的平均水平，并根据当地村民平均生活水平的提高适时调整。2010 年，郎溪县、宁国市、泾县、绩溪县、旌德县等先后对五保供养标准进行提标。目前，全市农村五保散居年人均供养标准 1314 元，集中供养年人均供养标准 2477 元。截至 2010 年 10 月，年度五保供养经费提前全部兑现。四是逐步解决五保对象看病难问题。农村五保户参加新型农村合作医疗所需个人缴费，由民政部门统一安排缴纳；医疗救助资金首先资助农村五

保户参加合作医疗,代其缴纳个人应负担的全部参合资金。对所患疾病不在救助病种范围内的农村五保户,可给予小额临时医疗救助。

(三)不断完善救助办法,构筑城乡医疗救助平台

城乡医疗救助是缓解城乡特殊困难群众就医看病难的重要举措。2004年宣城市在宁国市开展城乡医疗救助工作试点,2005年在全市全面推开,2007年,将城乡医疗救助列入民生工程,扩大救助范围,增加救助病种,改变救助方式,简化救助程序,提高救助时效,致力缓解困难群众看病难、看病贵问题。一是建立稳定的资金来源渠道。宣城市市级财政每年安排的医疗救助资金不少于上年度省级财政补助资金总量的20%;各县、市、区每年安排的医疗救助资金不少于上年度省级财政补助资金总量的10%;市、县(市、区)级民政部门按有关规定从留归本部门使用的彩票公益金中按照一定比例或一定数额安排用于城乡医疗救助的资金;社会各界的捐赠资金;城乡医疗救助资金形成的利息收入;按规定可用于城乡医疗救助的其他资金。二是扩大救助范围,在切实将城乡低保对象、农村五保户、重点优抚对象纳入医疗救助范围的基础上,进一步扩大医疗救助覆盖面,将城乡低收入家庭重病患者以及当地政府规定的其他特殊困难人员纳入医疗救助范围。宣州区还将城市年人均低于5000元、农村年人均低于2000元的低收入家庭均纳入医疗救助。三是提高救助水平,对城乡医疗救助对象不设病种限制,实行零起付线救助。实行医前、医中、医后救助,定点医院对磁共振、胃镜、心电图、CT等高科技仪器检查费用一律减免30%。其中,医前救助控制在2000元以下,医后救助对个人自付金额在1000元以内的全额救助;1000元以上的按30%~50%比例救助,当年累计救助金额最高不超过5000元。对当年个人自付超过5万元的重症患者,大幅度提高救助标准,给予1万元以下的重点救助,并通过慈善等多渠道救助,基本实现城乡困难群众“小病能看,大病能救”和参保参合下的双重救助保障。四是城乡特困群众申请医疗救助时,须持身份证和享受社会救助的有关证明(低保证、五保供养证、优抚有关证件等)向户籍所在地街道办事处(乡镇人民政府)提出书面申请,并出具县级以上医院本年度的诊断病历和必要的病史证明材料。街道办事处(乡镇人民政府)在接到申请后,派人入户调查,并在7个工作日内完成初审、公示和上报手续。对同意上报待批的申请人,由所在的居(村)民委员会对有关情况进行公示。县级民政部门接到申请材料后,在10个工作日内完成审核审批。如遇突发性大病患者,符合救助条件的,凭当年诊断病历和有关证明,特事特办,随到随批。对不符合救助条件的,要书面说明理由,通知申请人。2010年1—11月全市累计救助86255人次,共计支出救助资金1970.7万元。

（四）灾害救助预案体系初步建立，救助能力不断提升

宣城市是自然灾害多发地区，每年都要遭受风雹、洪涝、台风等自然灾害的袭击，给人民群众生命财产安全带来重大威胁。为提高应对自然灾害的能力和水平，有效组织灾害救助工作，最大限度地减轻灾害损失，切实保障受灾群众的基本生活。近年来，宣城市进一步加大自然灾害救助应急预案的编制和修订工作，尤其狠抓了乡镇和村级预案的编制工作。全市85个乡镇、13个街道、771个行政村和104个社区已全面完成自然灾害应急预案编制，所有预案已分县装订成册，从而标志着宣城市自然灾害救助已初步形成了“横向到边，纵向到底”的预案体系。乡镇、村社区应急预案对救灾指挥系统的人员职责、预警信息的发布、救灾物资的场所安置、人员转移和信息传递渠道等方面作出了具体安排。全市共建有灾害信息员1454名，涵盖市县乡村（社区）各级，为快速应对灾情奠定了扎实的基础。强化灾害救助款物管理，依法将灾害救助资金和工作经费纳入财政预算，加快建设灾害救助物资储备库点网络并完善物资紧急调拨和配送体系，完善灾害救助资金物资管理和使用监督制度，规范灾害救助的工作程序。灾害发生后，各级政府部门组织人员深入村组，逐组逐户调查了解受灾群众的生活情况，并分类登记造册，建立台账。按照受灾困难程度认真实施分类救助，实行联村包干责任制，采取措施解决灾民口粮、穿衣等生活问题。积极开展互助互济活动，动员社会力量，开展“送温暖、献爱心”等形式多样的互助互济活动，确保受灾困难群众渡过难关。同时，因地制宜组织受灾群众广开门路开展生产自救，实行以副补主，以工补农，增加农民收入。在灾害救助过程中，把灾民转移安置和生活保障作为重中之重。在安置方法上，采取集中和分散两种方法，以分散为主。在保障方式上，坚持政府主导，社会参与，既充分发挥政府行政力的主导作用，又充分运用市场机制予以补充和辅助。在组织体制上，每个集中安置点都由民政部门为总协调，有关部门分工负责，相互配合。在工作重点上，主要关注孤残等弱势群体，因为这部分人无自救能力，需要政府全方位保障；同时也要关注因灾倒房造成无家可归的重灾户，因为他们在所有灾民中遭受损失是最重的，需要较长时间的生活保障。几年来，宣城市已争取上级救灾资金5768.6万元，恢复重建灾区倒塌民房2875户6099间。

（五）优抚、流浪和慈善等其他救助制度进一步规范完善，救助水平不断提高

一是认真贯彻《军人抚恤优待条例》，适时调整提高重点优抚对象的抚恤补助标准，建立健全抚恤、优待标准自然增长机制。进一步做好重点优抚对象医疗保障工作，建立全区优抚对象医疗保障制度。改善优抚对象的居住条

件,做好孤寡在乡老复员军人集中供养工作,优先把符合条件的优抚对象纳入各类救助制度。积极帮助重点优抚对象更换、修理假肢等辅助器械,为残情加重的残疾军人提高残疾等级,定期调整一至四级残疾军人的护理费标准。宣城市现有重点优抚对象16245人,其中复员军人5296人,带病回乡退伍军人4591人。三属753人,伤残1732人,"两参人员"3873人。每年春节和"八一"期间,市委、市政府都要召开春节党政军座谈会,走访慰问驻宣部队和重点优抚对象,发放慰问金。同时,结合"爱心献功臣"活动,多方组织人力和资金,帮助重点优抚对象新建和改建、维修住房,改善住房条件。2004—2006年,全市集中投入资金280万元,为910户优抚对象新建和维修住房1500间。二是对城市流浪乞讨人员救助工作由"强制收容遣送"变为"自愿求助、无偿救助",出台了《宣城市城市流浪乞讨病人医疗救治及救助办法》,着力解决城市流浪乞讨病人医疗救治及救助工作难题,实现救助管理工作依法、有序开展。几年来,已救助7000余人次。三是积极开展慈善救助活动,规范慈善救助程序,注重慈善项目研究、策划、创新,打造具有感染力、凝聚力和影响力的品牌项目。进一步把慈善救助纳入社会保障体系建设,积极推进慈善救助与其他社会保障制度的有机衔接,提高救助资金使用的公平性和高效率,使慈善救助真正发挥社会救助的补充保障作用。全市各级慈善组织积极拓宽募捐渠道,不断加大救助力度、拓展救助领域,在助医、助学、助残、济困等各个方面,帮助困难群众和弱势群体解了燃眉之急。四是制定了《宣城市困难群众临时生活救助实施意见》,进一步完善城乡困难居民临时生活救助资金筹集机制,明确救助对象和救助标准,确保特殊困难群众及时得到救助。这是对农村居民最低生活保障制度、农村五保户供养制度、城乡医疗救助制度、城镇居民基本医疗保障、新型农村合作医疗等民生工程项目的有力补充,对促进和谐社会建设起到积极的推动作用。此外,司法、教育、就业、住房等专项社会救助领域也在不断拓展,覆盖城乡困难群众、相互衔接配套的新型社会救助体系初步形成。

二、城乡社会救助实施中存在的问题

(一)缺乏顺畅的社会救助管理体制

社会救助涉及内容很多,如下岗职工基本生活保障和失业保障隶属于劳动部门管理,生活救助的居民最低生活保障隶属于民政部门管理,医疗救助由负责卫生部门,义务教育的助学救助由教育部门负责,提供廉租住房、租房减免的则是房地管理部门。由于各部门分别有不同的管理制度和管理范围,各项救助制度功能单一、条块分割、的问题十分存在,导致制度之间缺乏合理的衔接与协调，运行机制不够通畅，甚至使政府在社会救助的局部领域缺位、错位，造成当前社会救助难以满足贫困群体的不同救助需求，增加了行政成本，削弱了社会救助的综合效益。

（二）缺乏统一的社会救助法律体系

1997 年国务院正式下发《关于在全国建立城市居民最低生活保障制度的通知》，2007 年国务院下发《关于在全国建立农村最低生活保障制度》，随后国家又出台了城乡医疗救助的通知、农村五保供养工作条例、城市无着流浪乞讨人员救助管理办法，自然灾害应急救助制度、农村特困户救助制度，接着教育、卫生、劳动、建设等部门先后出台了救助政策。至目前，社会救助还停留在条例、办法、决定和通知的水平，缺乏完善的内容体系和科学合理的救助实施标准可遵循，在一定的程度上导致了社会救助工作的随意性和多变性，亟须形成完备的社会救助法律体系，对政府与受助者的责任与义务、受助者资格认定、社会救助的范围及经费保障、运行程序等方面进行明确规定。

（三）缺乏合理的社会救助标准

社会救助标准，即哪些家庭（人）该被救助，这些家庭（人）该得到多少救助，是救助对象受益程度的体现，是救助水平的尺度。当前，社会救助标准单一，没有区分对待。如低保制度中，没有按低保对象的家庭规模、身体状况、劳动能力等进行细分，而单纯按家庭收入平均来核算，由于在日常生活开支方面，老年人、小孩、病人和残疾人的日常支出远高于有劳动能力的低保对象，只定一个标准，一方面对劳动就业产生消极作用，另一方面也使老弱病残的低保对象得不到更为有效的救助。另外，社会救助政策是由地方政府自行确定救助标准，这使得社会救助标准合理性完全依托于地方政府制定政策的能力，容易造成各地社会救助实施效果的差异性，出现倚高倚低现象也比较多，不符合社会救助的公平原则。标准是否合理对政策实施的影响又比较大，救助标准太低，达不到保障最低救助目的。救助标准太高，则会产生“福利病”。

（四）合理界定社会救助对象困难

哪些家庭（人）该被救助，这些家庭（人）该得到多少救助。由于各种因素的影响，对受救助对象的信息掌握不真实、不完整、不及时，往往容易导致漏选、错选救助对象。如城乡低保最难的一关是如何界定申请对象家庭收入。家庭收入是指共同生活的家庭成员所获得的货币和实物收入的总和，它包括了经营性收入、工资性收入、财产性收入和转移性收入四大项。现实生活中城乡居民家庭收入却是模糊的，隐性的，很难界定，更难量化。尤其是随着社会的不断进步，就业渠道逐渐拓宽，就业方式愈加多样化，经济收入更加复杂化,要准确测算居民家庭收入,存在一定困难。另外,现行法律法规没有明确村民必须履行如实告知其收入的义务,也没有赋予主管部门对村民收入的调查权。有的人为了享受政策,总是想方设法钻空子,造成社会救助的不公平,产生了"人情保"、"骗保"、"低保富翁"等现象。

(五)缺乏足额的社会救助资金

据《21世纪经济报道》报道,国家将2011年,将贫困标准从2009年1196元上调到人均纯收入1500元,全国贫困人口总数将大增,再回到9000多万甚至上亿都有可能。同需要救助的庞大群体和进一步扩大社会救助项目和范围比较而言,以财政投入为主的社会救助资金只是杯水车薪,只能够基本满足最低生活保障基金需要,在临时救济、农村"五保"供养和医疗救助等方面资金还存在很大的缺口。另外,社会救助资金实行中央、省、市、区级财政分担的办法,由于各地的经济发展水平不均衡,相应经济负担能力的不同,对救助对象的确定、救助资金的落实,都会产生不同的影响;还有,有限的财政投入又分散在各政府部门,零散的救助资源由于得不到集中利用,导致救助标准偏低,无法使救助对象的生活得到保障。

三、构建城乡社会救助体系对策与建议

如何通过社会救助制度的完善和发展,建立起与党中央、国务院的要求相符合,与经济社会发展水平相适应,能惠及更多困难群众的积极的社会救助体系,提出以下几点建议。

(一)理顺行政管理体制,实行高效救助

社会救助各项制度的实施,是需要较多的人力去贯彻落实的,越到基层,工作越具体,工作人员就需要很多。各级党委、政府要把社会救助提高到解决"民生"问题高度来认识,建立协调平台和落实平台,加大救助的力度。政府要建立社会救助综合管理机构,统一安排、管理和落实社会救济政策等,协调解决社会救助中的诸多问题,构建跨部门的社会救助管理体系。民政、卫生、教育、司法、建设、劳动、卫生、工会等多个部门分别处理自己承担的社会救助具体事务,保证各项救助政策的落实。将社会救助各项内容均纳入民生工程,建议在省、市、县(区)民生工程领导组办公室的基础上,建立乡镇、村民生工程管理机构。由民生工程管理机构积极发挥牵头、综合、协调、指导等管理职能,有关部门各司其职,密切配合,形成了社会救助工作合力,有效地避免过去政出多门、相互掣肘的弊端。

(二)积极推进法制化进程,实行依法救助

及时修订已有行政法规、部门规章、地方性规章及相关文件、规定中相矛

盾的表述,尽快推动《社会救助法》的出台。《社会救助法》应该是社会救助法律体系的核心,应明确社会救助的基本原则、管理体制、资金保障、救助标准、各项救助制度的具体措施及出具虚假证明骗取救助等行为的法律责任等,使救助工作有法可依、有章可循,从而保证社会救助做到公开、公平、公正,更好地发挥社会救助工作的社会效益。在立法的同时,还必须强调建立救助制度的实施机制,尤其对社会救助实施过程进行严格监督,包括对社会救助机构及其从业人员的监督,对救助资金与实物管理的监督,对社会救助的公正度进行监督,对社会救助的效益进行监督等等。

(三)合理确定救助标准,实行科学救助

应从贫困人口数量和地域差别大的现实,以人均国内生产总值、城乡居民人均可支配收入和支出,人均地方财政收入和支出等指标构成一个综合指数,将全国的城市和县、镇分成若干档次,然后用抽样调查的方法确定各档次中的城市和县、镇指导性标准。一要建立社会救助标准与经济增长的联动机制,根据经济的发展程度和物价上涨幅度,及时调整社会救助的标准。二要更加关注未成人、孤寡老人和孤儿以及单亲家庭的社会救助,可以考虑适当提高标准。三要根据救助对象的家庭结构、规模不同,实施不同的救助标准。如一个老年人或一个未成年人与在劳动年龄阶段的成年人相比,他们所需要的生活必需品也不一样;一个空巢家庭、一个三口之家与一个三世同堂的大家庭,消费支出也是不同的。

(四)科学筛选救助对象,实行公平救助

为了把有限的救助资金最有效地用到最需要救助的群体身上,就要求事先对救助对象的筛选上要准确无误。一是按照本人申请—村(居)委会入户调查—民主评议—张榜公布—乡镇审核—县(区)相关部门审批的程序确定社会救助对象。乡镇街道办事处、村(社区)两级要抽调专人组成调查小组,深入村组、农户进行普查,并进行分类,建立健全各类救助对象台账。具体采集、登记和汇总困难群体的实际生活状况,对社会救助对象的资格进行初审,如果发现有不符合条件的,立即纠正,避免救助的重复和遗漏。二是县(区)相关审批部门通过社会救助管理部门和其他政府部门之间的资料共享,来审核救助申请对象的信息,以保证获取信息的全面性和完整性。三是社会救助对象实行"有进有出"的动态管理,确保救助对象符合条件。

(五)加大救助资金筹集力度,实行有效救助

要建立健全以政府投入为主,以社会募集和捐赠为辅,以社会互助,对口帮扶为补充,分级负责多元化的社会救助资金筹集机制,确保社会救助资金投入不断增加,提高社会救助资源的配置效率。国家要设计一个能够对各级

地方财政的支付能力进行如实评估的指标体系，以这个指标体系为基准，对各级地方财政，尤其是基层财政的支付能力进行评估，并作为社会救助资金“分担”或“配套”的依据。各级政要建立社会救助资金的自然增长机制，调整财政支出结构，增加社会救助支出的比例，将社会救助资金纳入同级财政预算，并强化社会救助资金在财政预算中的刚性增长机制，保证社会救助的资金来源。对于临时性救助项目，建议结合各类突发事件应急方案，及时安排。同时，要进一步整合民间救助资源，不断拓宽救助资金筹集渠道。在城市与农村、富裕地区与贫困地区之间建立稳定的对口支援、协作关系；倡导机关、企事业单位、社区、个人开展扶贫济困送温暖及社会服务活动；建立县（市、区）、街道、社区三级社会捐助服务网络，实现社会捐助服务网络全覆盖；政府发行的福利彩票所筹集的公益金，每年也要提取一定比例用于城乡社会救助；对捐赠、资助社会救助事业的企事业单位，社会公益组织及个人，在税收上进一步给予优惠。

马克思主义经济学中国化的四次转变及其启示

李本和　毛　丹*

摘　要：在马克思主义经济学中国化过程中，先后经历了从批判资本主义经济向研究社会主义经济的转变；从主张实行计划经济向有计划商品经济的转变；从实行有计划商品经济向探讨建立社会主义市场经济的转变；从探讨建立社会主义市场经济体制向完善社会主义市场经济体制的转变过程。本文对实现上述四次转变的发展过程、重大意义、影响因素及其启示进行了比较全面而系统的阐述。

关键词：马克思主义经济学；中国化；四次转变；启示

一、关于马克思主义经济学中国化四次转变问题的提出

马克思主义经济学，有时又称为马克思主义政治经济学，是马克思主义哲学、政治经济学和科学社会主义三个重要组成部分的重要内容之一。马克思主义经济学中国化，就是应用马克思主义经济学的立场、观点、方法分析和解决中国革命和建设的实际问题，不断进行理论创新，体现中国特色和时代特征的过程。

目前，国内外有关研究马克思主义经济学中国化问题的理论研究成果较多，但有关专门研究马克思主义经济学是如何实现中国化问题的系统性学术成果还比较少，特别是对马克思主义经济学中国化过程中有关重大意义、影响因素及其启示方面的研究还有待深化。而在这方面的探讨则有助于提高人们对党在指导思想上的与时俱进对不断推进我国社会主义经济建设与深化改革开放重大意义的认识。

在马克思主义中国化过程中，我们党的指导思想不断与时俱进，先后形

* 作者简介：李本和，1956 年生，安徽省委党校图书馆馆长、教授；毛丹，1986 年生，安徽省委党校图书馆助理馆员。

成了毛泽东思想、邓小平理论、“三个代表”重要思想和科学发展观等理论形态。它们虽然与马克思主义是一脉相承的理论体系，但却具有不同的中国特色与时代特征。其中，作为马克思主义三个重要组成部分之一的马克思主义经济学在中国化过程中，相对于马克思主义哲学和科学社会主义对当代中国社会主义现代化建设的影响，更具有着决定性的影响和特殊意义。马克思主义经济学主要是侧重于研究社会主义生产关系是如何从旧的生产关系条件下产生、形成和发展的一门科学。马克思主义经济学中国化是贯穿于毛泽东思想、邓小平理论、“三个代表”重要思想和科学发展观之中的一条红线。正是由于马克思主义经济学中国化的深入发展，才为我国的社会主义经济建设和经济体制改革的深入发展提供了强大的理论支撑。

由于社会历史条件的变化和我们党在社会主义革命和社会主义建设实践中，对马克思主义经济学认识的深化，先后经历了四个转变：即由批判资本主义经济向研究社会主义经济的转变；由坚持传统计划经济向实行有计划商品经济的转变；从实行有计划商品经济向探讨建立社会主义市场经济的转变；从探讨建立社会主义市场经济向完善社会主义市场经济的转变。马克思主义经济学中国化过程中的四个转变，从一个侧面反映了我们党在指导思想方面的与时俱进，对党所领导的社会主义现代化建设事业的发展具有重大意义，并对我国今后深化经济体制改革与实现经济建设的科学发展具有许多有益的启示。

二、马克思主义经济学中国化实现四次转变的发展过程

(一)从批判资本主义经济向研究社会主义经济的转变

马克思主义经济学在过去的100多年内，特别是19世纪末和20世纪的前半期，一直是作为工人阶级争取解放的革命理论在世界广为传播，并对中国无产阶级革命运动的开展产生了深刻的影响。马克思主义经济学的显著特点，就是革命性和科学性的高度统一。马克思主义经济学产生于19世纪的欧洲资本主义社会，它深刻剖析了资本主义经济关系的最终目的，“就是揭示现代社会的经济运动规律”[①]，使工人阶级认识自己的历史使命，通过革命斗争，取得无产阶级政权，组织社会化大生产，缩短和减轻新社会分娩的痛苦。

俄国“十月革命”的胜利，给我国带来了马克思主义。马克思主义经济学也开始传入我国。中国一大批先进知识分子在研究马克思主义的同时，开始研究马克思主义经济学。马克思主义经济学作为革命理论及其在中国的传

① 马克思：《资本论》第1卷，人民出版社1975年版，第11页。

播与研究，在20世纪上半叶曾激发起了改造社会的巨大物质力量，促进了中国无产阶级革命运动的蓬勃开展，并成为我党领导中国人民进行革命斗争，推翻帝国主义、封建主义和官僚资本主义"三座大山"的重要理论基础。

然而，人类历史并不仅仅是一部阶级斗争史。革命是历史的火车头，建设和发展才是人类历史的常态[①]。新中国成立后，中国共产党带领人民群众开始了建设社会主义的伟大探索。在新的历史条件下，马克思主义经济学理论需要随着时代的发展与时俱进。马克思主义经济学理论的研究与应用也以变化了的社会历史条件为转移。我国一些学者在学习借鉴前苏联政治经济学教科书有关理论的基础上，开始应用马克思主义经济学一些原理来分析研究社会主义经济问题。其中，比较集中的研究领域是，根据马克思《资本论》中关于生产资料的生产和消费资料的生产两大部类划分及其相互关系的理论，提出了国民经济有计划按比例发展问题，如农、轻、重的比例发展问题，

重工业优先发展问题，等等。从而使马克思主义经济学理论从革命理论转变成为研究社会主义经济建设的科学理论。这一时期在马克思主义经济学中国化理论指导下，使我国建立起独立的比较完整的工业体系和国民经济体系。

（二）从主张实行计划经济向探索有计划商品经济的转变

以党的十一届三中全会为标志，我们党实现了伟大的历史转折，我国进入改革开放的新时期。以开放促进改革，以改革扩大对外开放。随着农村家庭联产承包责任制的实施和城市企业厂长负责制的实行，乡镇企业异军突起，非公有制经济也开始活跃起来。多种市场主体的出现，迫切需要在社会主义条件下，大力发展商品经济。经济理论界开始有学者应用马克思主义经济学理论，从对传统计划经济的研究转向对社会主义条件下的商品经济问题的研究。

在上世纪80年代初，我国著名经济学家卓炯提出了"扩大商品经济"的概念[②]。他根据一般和特殊相结合的辩证法，把商品经济划分为商品经济一般和商品经济特殊。商品经济一般是和社会分工相联系的，商品经济特殊是和生产资料相联系的。他认为商品经济一般也是不断发展的，并根据商品经济一般的不同发展阶段，划分为简单商品经济和扩大商品经济两类。资本主义商品经济和20世纪才出现的社会主义商品经济都属于扩大的商品经济。社会主义商品经济的最大特点是有计划，因此，后来才有了"有计划商品经

---

① 钟盛熙：《经济学动态》，2000年第3期。

② 参见卓炯：《〈资本论〉体系与社会主义经济》，中国财政经济出版社，1990年版，第1-2页。

济”的概念。

“有计划商品经济”概念的提出，使社会主义经济中引入了“商品经济”的因素，但在“有计划”的条件下，商品经济并不是覆盖全社会的，仅仅在一定的条件范围内存在。并且，是计划为主导，还是商品经济为主导，在当时争论得很厉害。但是，它毕竟承认了商品经济及其价值规律的作用，这是一个很大的突破。它由此翻开了我国经济体制改革新的一页。

（三）从实行有计划商品经济向探讨建立社会主义市场经济的转变

改革开放的初期，有关“有计划商品经济”的争论涉及一个实质问题，就是发展商品经济需要有市场交换，有市场交换就必然要求发展市场经济。按照传统观念的理解，市场经济带有资本主义的属性，这对深化经济体制改革是一个很大的障碍。

针对这一问题，邓小平同志发表了南行讲话，明确提出了“计划多一点还是市场多一点，不是社会主义与资本主义的本质区别”，邓小平认为“计划经济不等于社会主义，资本主义也有计划；市场经济不等于资本主义，社会主义也有市场。计划和市场都是经济手段。”①从而破解了这一理论难题。从而在此基础上，一些学者开始研究社会主义条件下的“市场经济”问题。

进入90年代后，鲁从明根据我国改革开放以来新的社会实践，用“社会化商品经济”这一概念来表述商品经济一般发展的新阶段。认为这一表述更能概括商品经济一般发展新阶段的特征。所谓社会化商品经济，既区别简单商品经济，又区别于特殊的资本主义商品经济和社会主义商品经济，它是由资本主义商品经济和社会主义商品经济丰富的共性所构成的一种新层次的商品经济②。社会化商品经济的最主要的特征就是以社会化大生产为其物质基础，此外，诸如商品生产和商品交换成为社会经济的普遍形式，商品经济的运行过程表现为价值的运动和增殖，市场成为配置社会资源的基本手段，企业成为市场竞争的主体，等等，都是社会化商品经济所具有的基本规定性。因此，“社会化商品经济”实质上就是建立在一般商品经济基础之上的市场经济。

“社会化商品经济”概念及其理论的提出，既是对马克思主义经济学的发展，同时又为社会主义市场经济体制的建立提供了理论基础。社会化商品经济与社会主义制度的结合就形成了社会主义市场经济体制。随着社会主义市场经济体制的建立，极大地促进了我国生产力的发展。

---

① 《邓小平文选》第3卷，1993年版，第373页。

② 鲁从明：《〈资本论〉的思想精华和伟大生命力》，中共中央党校出版社，1998年版，第469-470页。

(四)从探讨建立社会主义市场经济向研究完善社会主义市场经济的转变

市场经济体制与社会主义制度的结合是马克思主义经济学中国化过程中的重大成果,是我们党的一个重要的理论创新。但在建立社会主义市场经济体制的初期,它仅仅是一个基本框架,从微观经济基础到宏观调控领域等各个方面的协调机制并不健全。虽然它在资源配置效率方面有了很大的提升,但也带来了一系列的社会不公平问题,如贫富差距、地区差距、城乡差距都有不断扩大的趋势等。因此,为了解决上述矛盾和问题,2003 年 10 月在党的十六届三中全会上提出了坚持以人为本,树立全面、协调、可持续的科学发展观,提出了按照科学发展观的要求,完善社会主义市场经济体制问题。特别是在党的十七大以来,与完善社会主义市场经济体制相适应提出了促进区域协调发展、转变经济发展方式、基本公共服务均等化等问题。

三、马克思主义经济学中国化实现四次转变的重大意义

(一)为我国不断深化经济体制改革提供了科学依据

早在建国后不久的第一个五年计划期间,毛泽东同志就提出"社会主义革命的目的是解放生产力",并提出"我国人民应该有一个远大的规划,要在几十年内,努力改变我国在经济上和科学文化上的落后状况,迅速达到世界上的先进水平。"[①]由此,我国理论界开始了应用马克思主义经济理论对社会主义经济建设问题的研究。马克思主义经济中国化过程中的第一次转变,即从革命的理论转变为建设的科学,为我们党工作重心的转移作了早期的理论准备。

早在 1978 年 10 月,围绕党的十一大提出的实现社会主义四个现代化的伟大目标,邓小平同志就提出"这是一场改变我国经济和技术落后面貌,进一步巩固无产阶级专政的伟大革命。这场革命既要大幅度地改变目前落后的生产力,就必然要多方面地改变生产关系,改变上层建筑,改变工农业企业的管理方式和国家对工农业企业的管理方式,使之适应于现代化经济的需要。"[②]在 1979 年 10 月,又进一步提出"经济工作要按经济规律办事"。[③] 由此,经济理论界开始了对有计划商品经济的探讨。马克思主义经济学中国化过程中的第二次转变,即从主张实行计划经济向探讨有计划商品经济的转

① 《毛泽东文集》第 7 卷,1999 年版,第 1-2 页。

② 《邓小平文选》第 2 卷,1983 年版,第 135-136 页。

③ 《邓小平文选》第 2 卷,1983 年版,第 196 页。

变，为我们党进行初期的经济体制改革的探索提供了重要的理论支撑。

马克思主义经济学中国化过程中的第三次转变，即从探讨有计划商品经济向研究社会主义市场经济的转变，为我们党最初提出建立社会主义市场经济体制提供了科学依据。随着改革开放的深入发展，有计划商品经济已不能适应新形势下深化经济体制改革的要求，理论界开始了对社会主义市场经济的研究。实现这次转变的最大突破，就是突破了市场经济"姓资姓社"的干扰，使我党在十四届三中全会上通过了《中共中央关于建立社会主义市场经济体制若干问题的决定》，为我国深化经济体制改革指明了方向，使我国初步建立社会主义市场经济体制的基本框架。

马克思主义经济学中国化过程中的第四次转变，即从探讨建立社会主义市场经济体制向寻求完善社会主义市场经济体制转变，为我们党提出完善社会主义市场经济体制的方针政策提供了科学依据，使我们党在科学发展观的指引下，在党的十六届三中全会上通过了《中共中央关于完善社会主义市场经济体制若干问题决定》，并开始深入探讨转变经济发展方式和注重改善民生问题。

（二）为我国不断扩大对外开放提供了理论支撑

建国初期，由于以美国为首的帝国主义对我国实行了经济封锁，我们党采取了一边倒的对外方针政策，即在当时世界处在以美国为代表的资本主义和以苏联为代表的社会主义两大阵营的对立中，我国站在了以苏联为代表的社会主义阵营一边。我国所制定和组织实施的第一个五年计划，在从批判资本主义经济转向研究社会主义经济的转变中，主要是学习借鉴了前苏联的进行社会主义经济建设的经验。

改革开放初期，由于计划商品经济的提出，突破了传统计划经济体制的束缚，使我国在对外开放和对内搞活方面有了很大的进展。特别是深圳、珠海、厦门、汕头四个经济特区的建立，促进了我国加强对外合作交流。同时，对外合作交流的发展，也促进了国内经济改革的深入发展，在这一时期是沿海地区的个体私营经济与外资经济都有了很大的发展。

随着对外开放的发展，迫切需要在经济体制上与国际接轨，当时提出的有计划商品经济显然不能适应我国参与国际经济大循环的需要，于是建立社会主义市场经济体制问题就提了出来。社会主义市场经济中的"社会主义"保持了我国基本社会制度的稳定性和连续性。社会主义市场经济中的"市场经济"则适应了我国参与国际经济大循环和世界市场竞争的需要，从而为我国深化对外开放提供了理论支撑。

（三）显示了马克思主义经济学理论的强大生命力

马克思主义经济学中国化过程中的四次转变，充分显示了马克思主义经济学的强大生命力。马克思主义的生命力就在于它可以在应用中国革命和建设实践中能够不断得到创新与提升。上述“四次转变”中的每一次转变，都赋予了马克思主义经济学以新的时代内容和中国特色，都在一定程度上形成了改造社会与世界的巨大物质力量。

四、马克思主义经济学中国化实现四次转变的因素分析

（一）是我国社会主义经济建设和改革开放实践的客观要求

新中国成立后，随着党和国家工作重心的转移，解放和发展生产成为社会主义的根本任务，以经济建设为中心社会主义现代化建设实践需要马克思主义经济学理论作指导。上世纪70年代改革开放以后，由于我们已习惯于搞计划经济，对于现代市场经济，我们还很不熟悉，在实行市场化改革取向过程中，我们党每天都遇到许多新情况和新问题，每前进一步都面临着新的困难和新的矛盾。我们固然需要“摸着石头过河”，但更需要有科学的经济理论作为前进的航标。正是在建立社会主义市场经济体制的艰难的实践摸索中，我们重新认识了马克思主义经济学的理论价值和社会意义。实践表明，细心研究了马克思主义经济学经典著作中所揭示的社会化商品经济规律，真正把握经典作家探寻这些规律时辩证思维和科学方法，无疑会大大减少我们在改革和发展实践中的盲目性，提高我们驾驭市场经济的能力，不断推进理论创新，显然具有不可估量的意义。

（二）来源于马克思主义经济学理论自身的科学性和开放性

马克思主义经济学是社会化商品经济论和资本主义经济论融合在一起的经济学理论。它们具有不同的理论价值和社会意义。作为“资本主义的经济论”它解释了在社会化商品经济基础上迅速发展起来的巨大生产力和资本主义私有制的深刻矛盾及其对抗性，揭示了资本主义必然要被社会主义取代的历史趋势。因而，它是革命的理论，负有教育和引导工人阶级把握历史趋势推动历史前进的使命。而作为“社会化商品经济”，它揭示的是建立在现代社会分工基础上的社会化商品经济运行的一般规律。因而，它是一门建设的科学，体现着指导和推动社会经济改革和发展的价值和意义[①]。无论是国有企业的股份制改造，还是公有制实现形式的创新；无论是土地使用制度的改革，还是资本市场和劳动力市场的建设；无论是上上下下广为关注的资本运营，还是已经成为热点问题的金融危机与泡沫经济的防范。总之，当前改革发展中的许多重大实践问题，我们差不多都能从马克思主义经济学经典著作

① 钟盛熙等著：《〈资本论〉与当代》，安徽人民出版社，2003年版，第27-28页。

中，探寻到理论的源头，得到方法论上的启迪，获得有益的借鉴。

（三）是党根据社会历史条件变化指导思想与时俱进的结果

在推进马克思主义经济学中国化“三个转变”过程中，在每一个转变的前期准备和关键时刻，我们党都能根据社会历史条件的新变化，在指导思想方面提出有针对性的理论创新。在马克思主义经济学从革命理论向建设科学的转变过程中，我们党在指导思想上形成了马克思主义中国化的最初成果——毛泽东思想。在实现从传统计划经济向有计划商品经济，再向建立社会主义市场经济转变过程中，我们党形成了邓小平理论和“三个代表”重要思想，在以建立社会主义市场经济体制向完善社会主义市场经济体制转变过程中，我们党提出了反映时代要求的科学发展观。党的指导思想上的与时俱进，是马克思主义经济学中国化过程中实现“四个转变”的思想政治保证。

五、马克思主义经济学中国化实现四次转变的有益启示

（一）马克思主义经济学理论是发展的理论，不断创新发展是马克思主义经济学理论的本质要求

江泽民同志 2001 年 7 月 1 日在《庆祝中国共产党成立八十周年大会上的讲话》中曾经指出，80 年的实践启示我们：“马克思主义是我们认识和改造世界的强大思想武器，是指导中国革命建设和改革的行动指南。马克思主义不是教条，只有正确运用于实践并在实践中不断发展才具有强大生命力。”①马克思主义经济学在中国化过程中的四次转变说明马克思主义经济学理论是发展的理论，不断创新发展是马克思主义经济学理论的本质要求。

（二）坚持马克思主义经济学的科学性是不断推进马克思主义经济学理论中国化的重要理论前提

马克思主义经济学在中国化过程中的四个转变说明，坚持马克思主义经济学的科学性是继承和发展马克思主义经济学的重要理论前提。马克思主义经济学中的科学性主要是指马克思对“一般商品经济”，特别是“社会化商品经济”运行机制的揭示。它虽然起源于资本主义商品经济社会，但它对建立资本主义经济发展趋势的预测，包括前不久由美国次贷危机引发的全球性金融危机表明，再完善的资本主义市场经济体制仍没有跳出马克思主义经济学所预测的运行轨迹。这对于我们建立和完善社会主义市场经济体制仍然具有一定的借鉴意义。

---

① 《江泽民文选》，2006 年版，第 270 页。

(三)在推进马克思主义经济学中国化过程中,党在指导思想上的与时俱进是其思想政治保证

江泽民同志曾经指出:“马克思主义具有与时俱进的理论品质,如果不顾历史条件和现实情况的变化,拘泥于马克思主义经典作家在特定历史条件下,针对具体情况作出的某些个别论断和具体行动纲领,我们就会因为思想脱离实际而不能顺利前进,甚至发生失误”。[①] 马克思主义经济学在中国化过程中的每一次转变都是我们党在指导思想上不断与时俱进的结果。马克思主义经济学中国化过程中的四次转变说明,党在指导思想上的与时俱进是其不断创新发展的重要思想政治保证。

(四)社会主义经济建设和改革开放实践的需要时不断推进马克思主义经济学中国化的动力源泉

实践的观点是马克思主义认识论首要的和基本的观点,马克思主义经济学来源于社会实践,反过来又服务于社会实践。马克思主义经济学在中国化过程中的四次转变表明,正是由于我国社会的经济建设和改革开放实践的发展,才推动了马克思主义经济学中国化的发展,社会主义经济建设和改革开放实践的客观需要是不断推进马克思经济学中国化的动力和源泉。

(五)不断推进马克思主义经济学中国化,对指导当前的我国经济体制改革仍具有着极其重要意义

当前,我国的经济体制改革正处在攻坚阶段,所面临的历史机遇是前所未有,所面临的各种挑战也是前所未有的。机遇是潜在的,挑战是现实的。我国现阶段正处各种社会矛盾的突发期,诸如就业问题、民生问题、生态问题,还有贫富差距、区域差距、城乡差距等问题,都迫切需要通过不断推进马克思主义经济学中国化作为理论指导,提供科学依据。因此,不断推进马克思主义经济学中国化,对指导当前我国深化经济体制改革仍具有极其重要意义。

(六)坚持以科学发展观为指导,不断推进新形势下马克思主义经济学中国化过程中的理论创新

科学发展观是马克思主义中国化最新成果。坚持以科学发展观为指导,不断推进新形势下马克思主义经济学的理论创新。一是围绕科学发展这一主题推进理论创新。

二是要围绕转变经济发展方式这一主线推进理论创新。三是围绕深化体制机制改革和扩大对外开放进行理论创新。四是围绕重视和改善民生进

① 《江泽民文选》,2006 年版,第 282-283 页。

行理论创新。五是围绕加强和完善社会管理进行理论创新。

综上所述,马克思主义经济学在中国化过程中先后经历了四次转变,它实际上是一个由量变到部分质变、再到质的飞跃的不断理论创新过程。正是由于马克思主义经济学中国化的理论创新,才为我国实现从传统计划经济体制向社会主义市场经济体制的转变提供了坚实的理论基础,同时也显示了马克思主义经济学的强大生命力。马克思主义经济学生命力的基础,在于它的科学性和开放性,在于它能适应我国社会主义经济建设和改革开放实践的客观要求,在于我们党在指导思想上的与时俱进。所有这些,都为我们党今后不断推进马克思主义经济学的理论创新提供了许多有益的启示。

完善社区矫正法制 助力社会管理创新

安 群*

摘　要:社区矫正作为我国刑罚制度的重要组成部分,是加强社会建设、创新社会管理的一项重要内容,是加强和创新司法领域社会管理的重要载体。社区矫正已在全国铺开试行,但由于法律的缺位、制度规定的凌乱且缺乏可操作性,不仅使改造犯罪的效果打折扣,而且还制约社区矫正的深入发展,影响社会综合管理。为此应尽快完善社区矫正法制,这既是中国回应国际行刑社会化的要求,又是社区矫正在创新司法领域社会管理中发挥应有作用的内在要求。本文提出完善社区矫正制度可分几步走:修订两部刑事基本法,在刑事基本法的框架内,构建《社区矫正法》。要结合全国开展社区矫正试点工作的实际状况和发展趋势,以及现代社区矫正制度的基本要求,学习借鉴国外社区矫正立法的有益经验,进一步明确社区矫正的性质以及在我国刑罚体系中的地位和适用对象,明确社区矫正的执法主体、适用条件、适用程序、执行方式、人员经费保障、法律责任以及执行机关的权利分工,使社区矫正工作在法制轨道上运行。在制定《社区矫正法》后,可根据实际再制定社区矫正实施条例,进一步增强社区矫正法的可操作性。最终形成以《刑法》和《刑事诉讼法》为基础,以《社区矫正法》为核心,以社区矫正实施条例为执行准则,以行政法规、规章为重要补充的中国社区矫正法律制度体系,确保我国社区矫正工作在法制化、规范化的轨道上得到健康、快速地发展,助力社会管理创新。

关键词:社区矫正;非刑罚化;完善法律;社会管理创新

当今,我国社会转型冲击传统社会管理模式,管理体制滞后导致社会矛盾增多,这种变化终究表现为对原有社会管理模式的解构和新的社会管理机制的不断创新与完善。今年2月份,胡锦涛总书记、周永康同志先后在中央党

* 作者简介:安群,安徽省委党校教师。

校省部级主要领导干部社会管理及其创新专题研讨班上发表重要讲话，对社会管理创新提出新的更高要求，为社会管理创新进一步指明方向。社会管理创新成为各领域、各级各部门急需研究解决的重大课题。社区矫正作为我国刑罚制度的重要组成部分，是加强社会建设、创新社会管理的一项重要内容，是加强和创新司法领域社会管理的重要载体。今年 5 月 1 日实施的《刑法修正案(八)》将“社区矫正”正式写入刑法，是社区矫正法制建设的重大标志，在中央提出“加强和创新社会管理”的背景下，确立社会参与的社区矫正的法律地位，有着重要的现实意义。然而《刑法修正案(八)》中有关“依法实行社区矫正”的规定只是解决社区矫正的法律依据问题，在司法实践中，依然存在着诸多制约社区矫正发展的法律性和制度性障碍，因此，完善现行社区矫正制度，必将助力司法领域的社会管理创新。

一、社区矫正制度的沿革及其在中国的引入

世界发达国家和地区的刑罚适用和执行模式一般经历了由低级向高级、从野蛮到文明的发展历史。大致有三个发展阶段：以死刑、肉刑等身体刑为主的阶段、以监禁刑为主的阶段和以非监禁刑(社区矫正)为主的阶段[①]。

矫正，是指改正、纠正。矫正制度源于西方国家，主要是指通过监禁隔离、教育感化、心理治疗和技术培训等措施，使罪犯逐步适应社会生活而进行的活动[②]。这种社区矫正制度是从非刑罚化的思想中演化而来的。

非刑罚化，是指减轻法律规定的对某些犯罪的刑事处罚，这些行为仍被认为是犯罪，但对待这些犯罪的方法与原有的刑事惩罚是不同的。在非刑罚化思想的影响下，人们致力于组织对监禁的替代方法。因此，非刑罚化是当今世界各国实现刑法谦抑思想的基本途径[③]。

后安赛乐提出刑事政策的发展方向是从监狱到非刑罚化。世界各国的非刑罚化，主要采取以有控制自由刑、选择替代刑、改革监禁刑。为了实现刑罚谦抑，对于那些判处自由刑的，也在刑罚执行上尽量实现非监禁化，这主要表现在缓刑的广泛适用。

社区矫正的前身，在国外叫做社区治疗。也有称之为“社区矫治”、“社区服务”、“公共利益劳动”、“社会服务令”、“强制工作”等。

早在 20 世纪三四十年代就在欧、美等发达国家兴起，它是对犯罪人在社

---

① 刘强主编：《社区矫正制度研究》，法律出版社，2007 年 8 月第 1 版，第 15-16 页。

② 中国劳改学会：《中国劳改学大辞典》，社会科学文献出版社，1993 年版，第 621 页。

③ 陈兴良著：《刑法的价值构造》，中国人民大学出版社，1998 年 10 月版，第 414 页、第 416 页。

区内进行矫治的一种方法。第二次世界大战后,随着犯罪数量日益增长,监狱人满为患,使人们不得不对监狱制度进行新一轮的改革。于是,社区矫正模式便应运而生,

社区矫正公认是英国最早发展起来的,英国是全世界第一个建立和推广社区处罚措施的国家。该国在1972年的《刑事司法法》中规定在英格兰和威尔士实行社区服务。在1977—1995年间,英国因犯可起诉罪而被判处社区服务的犯罪人的数目:1977年10200人,1983年31400人,1991年29500人,1995年30500人①。社区刑罚在逐渐上升,比重在不断增加。

随后,在1976年欧洲理事会部长会议根据《欧洲犯罪问题委员会报告》通过了(76)10号决议,要求成员国积极通过社区服务来改造罪犯。联合国第六、七届预防犯罪与罪犯待遇大会,对于社区服务在世界范围的扩大起着重要的意义和推动作用。在1990年12月24日的联合国大会上通过的《联合国非拘禁措施最低限度标准规则》(东京规则)的第三部分就涉及社区服务令②。

在美国,社区矫正自20世纪60年代末到70年代初,就几乎在每个州都得到了迅速发展,主要适用于审前释放、转处、缓刑、居住方案、重归社会方案和假释。矫正机构有三种基本形式:一是州主办的;二是地方主办的;三是私人管理的。矫正机构设有缓刑官、假释官、劝教员等专业人员。矫正机构提供作业、职业或专门技术训练,社会知识或道德教育,娱乐,体育活动,宗教服务等。直到20世纪50年代,美国的刑罚适用逐步进入非监禁刑为主的阶段。1954年,美国监狱协会更名为矫正协会,标志着西方国家在行刑的理念和实践上发生了较大变化,特别是随着"报应主义"刑罚执行被"目的主义"的刑罚执行观所代替,社区矫正模式开始成为刑罚适用的主导。目前,世界上多数国家在社区中矫正的罪犯人数都比较多,有些国家甚至超过在监狱中服刑改造的罪犯人数,这意味着许多国家对于被判处刑罚的犯罪分子主要不是采用关押在监狱里而放在社区中对他们进行教育改造。这种不使罪犯与社会隔离,并利用社区资源教育改造罪犯的社区矫正方法已经成为世界各国惩罚和改造罪犯的重要方式,不仅社区矫正适用的数量大并继续呈增长趋势,而且有一套完整的法律制度,多数国家设有专门的社区矫正执行机构和人员,社区矫正的种类也很多,社区矫正的成本低、效果好是深受世界各国青睐的主要原因。目前,世界上大多数国家,像加拿大、澳大利亚、新西兰、法国、美国、

① 吴宗宪等著:《非监禁刑研究》,中国人民公安大学出版社2003年版,第314页。

② 吴宗宪等著:《非监禁刑研究》,中国人民公安大学出版社2003年版,第273页。

英国、日本、俄罗斯等，都已经广泛使用社区矫正这一非监禁刑。

2002 年 10 月香港著名艺人谢霆锋因触犯刑律被判处 240 小时社会服务而免于入狱的消息传出后，使中国人认识到社区矫正这个新鲜词。中国由于受重刑思想的影响和对社会稳定的考虑，在司法实践中仍然大量使用监禁刑。不过，从尝试引入社区矫正之初到如今全面试点，中国的刑罚制度也拉开了从监禁刑向非监禁刑发展的序幕，为探索中国特色社会主义刑罚制度，推进社会主义民主法制建设，构建社会主义和谐社会，迈出了坚实的一步。

2003 年，最高人民法院、最高人民检察院、公安部、司法部《关于开展社区矫正试点工作的通知》（以下简称"两院两部"的《通知》）中对社区矫正的定义是："社区矫正工作是与监狱矫正相对的行刑方式，是指将符合社区矫正的罪犯置于社区内，由专门国家机关在相关社会团体和民间组织以及社会志愿者协助下，在判决、裁定或决定确定的期限内，矫正其犯罪心理和行为恶习，并促使其顺利回归社会的非监禁刑罚执行活动。"经过近几年的试点，社区矫正被证明在维护社会和谐稳定、解决监狱拥挤、降低刑罚执行成本、提高刑罚执行效率、提高罪犯改造质量、最大限度地增加和谐因素、最大限度地减少不和谐因素等多方面具有积极作用。2009 年"两院两部"决定在全国试行社区矫正工作，我国的社区矫正工作正在走向深入。

二、完善社区矫正法制是社会管理创新的必然要求

社会管理创新是指基于传统社会管理的科学发展，通过创新的途径不断提高社会管理的能力，以适应和推动经济社会全面发展进步，最大限度激发社会创造活力，最大限度增加和谐因素，最大限度减少不和谐因素，增强社会良性发展的动力，增长社会的财富，推动社会的进步和切实维护国家安全①。我国当前处于社会深刻变革之中，保持经济平稳较快发展、维护社会和谐稳定的任务十分繁重，为了解决影响社会和谐稳定的源头性、根本性、基础性问题，掌握主动权，更好地服务改革发展稳定大局，中央作出了深入推进社会矛盾化解、社会管理创新、公正廉洁执法三项重点工作的部署。深入推进社会管理创新既是维护社会稳定的治本之策，又是一项长期的基础性工作，对于维护社会安定团结，夺取全面建设小康社会新胜利具有重大而深远的意义。社区矫正工作，是依法治国，以德治国方略的具体体现，是推进社会主义法治建设和精神文明建设，促进社会稳定、社会进步的一项重要社会管理创新举

① 陈春宇：《推进社会管理创新的思考》，第四届中部崛起法治论坛。

措，是充分运用社会机制，整合社会资源，加强对缓刑、管制、剥夺政治权利、假释及监外执行等各类对象管理和改造的一条重要途径。因此做好社区矫正工作，促进社会管理创新，更好落实党的改造罪犯政策，提高教育改造工作质量，以维护社会长治久安。

（一）进一步实行与完善社区矫正法制的必要性

1. 中国实行与完善社区矫正是回应国际社会行刑社会化的要求

1955 年在日内瓦举行的第一届联合国防止犯罪和罪犯待遇大会上通过了《囚犯待遇最低限度标准规则》，其中第 61 条明确指出："囚犯的待遇不应侧重于把他们排斥于社会之外，而应注重他们继续成为组成社会的成员。"《联合国少年司法最低限度标准规则》（即《北京规则》）明确指出："应当充分注意采取积极措施，这些措施涉及充分调动所有可能的资源，包括家庭、志愿人员及其他社区团体以及学校和社区机构，以便促进少年的幸福，减少根据法律进行干预的必要，并在他们触犯法律时对他们加以有效、公平及合乎人道的处理。"行刑社会化已成为国际社会发展潮流。我国由于长期受重刑主义思想的影响，虽在现行刑法理论中，关于刑罚适用与执行，强调惩罚与改造相结合；但在司法实践中，刑罚适用更多地却强调了惩罚，公众特别是司法人员崇尚重刑，迷恋监禁刑的行刑方式。进而使我国"宽严相济"刑事政策下得"对犯罪分子的'教育、感化、挽救'和'惩罚与改造相结合、教育和劳动相结合'方针和政策"的落实打折扣。因此，确立与完善社区矫正制度，在立法上确立了行刑社会化理念，使得社会化行刑有章可循，有法可依，有利于纠正司法实践中的报应刑主义和重刑主义的思想；不仅积极推进了司法体制改革，对完善中国特色的刑罚执行制度进行了有益的探索，而且是我国在行刑社会化发展中向前迈了一大步，是对联合国公约的积极回应，表明了我国负责任大国的态度。

2. 实行与完善社区矫正标志着我国完整的刑罚矫正体系的确立

刑罚矫正仅有监禁矫正是欠缺的。尽管长期以来，监禁矫正在预防犯罪方面确实发挥了巨大的作用，但随着刑法理论的不断发展和人权思想的逐渐深入，人们逐渐认识到监禁矫正有其局限性：监狱的隔离功能对于具有高度社会危险性的罪犯而言是有积极作用的，但这种隔离并不能作为预防犯罪的最终手段，因为罪犯除判处死刑立即执行者外，最终仍然要回归社会。对罪犯而言，隔离的时间越长，隔离的程度越高，其再社会化的可能无疑越低，而且进入社会后犯罪的可能性更大。而社区矫正正好克服了监禁矫正的这一缺陷。社区矫正将罪犯置于社会化环境下生活，使罪犯能够最大可能地承担家庭和社会责任，并在此基础上对罪犯进行有针对性的心理引导和行为规范，促进罪犯形成健康的社会人格，实现再社会化，使罪犯最终能够以普通社会成员的身份，顺利回归社会，避免监禁矫正可能带来的以消极服从、自信心与进取心重度丧失为特征的“监狱人格”、“囚犯人格”的出现[①]。社区矫正相对于监禁矫正来说有其巨大优越性。因此，确立与完善社区矫正，标志着我国刑罚矫正体系的进一步完善。矫正是理念，正是矫正场所、矫正内容的选择表明了刑罚由重到轻的适用序列、矫正方式上逐渐过渡的转移序列的形成。两大矫正协作，相辅相成共同作用，使得行刑资源得到合理的配置，刑罚效能得以增强，行刑成本得以降低。从而在共同预防犯罪上取得重大效果。

（二）进一步完善社区矫正法制的紧迫性

作为一项严肃的刑事执法活动——社区矫正，必须要有相应的法律制度作为支撑。在国外，之所以社区矫正能够得到广泛的应用，其前提是有了规范的法律保障。而如今在我国推行社区矫正，亟待法制完善以给予其有效的法律支撑。

1. 社区矫正的现实开展迫切要求进一步完善社区矫正法制

我国于2003年启动社区矫正试点，至2009年开始在全国全面试行的社区矫正改革。随着司法部在基层司加挂了社区矫正管理局的牌子，全国已有24个省（市）司法厅（局）、189个地（市）司法局和1135个县（市、区）司法局设立了社区矫正工作机构，社区矫正工作体制机制有了初步的建立。全国试行社区矫正以来，基本建立以司法所工作人员为主、社会工作者和社会志愿者积极协助的专群结合的工作队伍，建立了接收、监管、教育、解除矫正等制度，形成了较为规范的工作制度和流程，社区矫正工作体系和保障机制已基本形成。各地累计接收社区矫正人员60多万人，累计解除矫正30多万人，现有社区矫正人员30万人，社区矫正人员在矫正期间再犯罪率一直保持在0.21%[②]。然而，面临社区矫正工作发展态势，理论和实践问题脱节，法律规定与实践的冲突，已影响社区矫正深入开展。为确保社区矫正工作的依法和规范进行，必须尽快完备社区矫正法律制度，以适应社区矫正的发展需求。

2. 现行社区矫正立法滞后迫切要求进一步完善社区矫正法制

（1）现行社区矫正制度框架不适应社区矫正的发展要求

目前我国社区矫正现行的法律制度框架，主要是指我国《刑法》、《刑诉

① 林茂荣，杨士隆：《犯罪矫正原理与实务》，五南图书出版公司，1994年版。

② 李吉斌，陈丽平：《社区矫正制度上升为法律规定》，法制日报，2011年04月27日。

法》的相关规定和“两院两部”先后发布的三个规范性文件[①]所构成的法律制度框架。社区矫正的立法散见于刑法、刑事诉讼法、监狱法等相关法规之中，不仅是有关涉及社区矫正法律的条文凌乱、笼统、不科学、缺乏可操作性，而且相互规定也不禁一致，甚至相互冲突。

再者尽管《刑法修正案（八）》关于社区矫正有突破性的规定：管制、缓刑、假释“依法实行社区矫正”；同时执行内容也进一步细化，增加了管制与缓刑规定中的禁止令；而且正在修订中的刑事诉讼法对社区矫正也将有一定的规定。然而《刑法修正案（八）》中有关“依法实行社区矫正”的规定只是解决社区矫正的法律依据问题，内容相当原则。因此就目前实然而言，尚没有实质意义上的社区矫正法律规范。法律的缺位，必然导致在司法实践中，存在许多制约社区矫正发展的法律性和制度性障碍。并由此造成人员缺乏、经费紧张等问题，影响了社区矫正工作的深入开展。要使我国的社区矫正工作更进一步制度化、规范化、法治化，必须尽快就社区矫正进行立法。

由于社区矫正是一项长期性、综合性的工作，如果通过修补现行《刑法》、《刑事诉讼法》、《监狱法》等法律条款，笔者以为不能适应我国社区矫正的发展步伐，必须制定一部专门性的对社区矫正进行全面而又系统的、起统率规范作用的法律；再者社区矫正这种非监禁刑执行方式由于分散规定，不利于司法实践操作，随意性大；就完善执行法系而言，与监禁刑执行的法律《监狱法》相对应，制定一部专门的《社区矫正法》，既为社区矫正提供完备法律依据，也为构建我国完整的刑事法律体系题中应有之义。[②]

（2）原则而又概括的社区矫正制度规则亟待进一步明确与细化

其一，社区矫正主体不到位。虽然《刑法修正案（八）》在管制、缓刑、假释的规定中不再规定由公安机关负责监管，而是规定为“依法实行社区矫正”，但在法律层面并没有明确社区矫正执行主体。长期以来，根据刑事法律规定，对于管制、缓刑、假释、暂予监外执行、剥夺政治权利这五种适用社区刑罚的罪犯，在其刑罚执行期间均由公安机关负责执行和监督。如《刑事诉讼法》第217、214、218条规定“被判处管制的犯罪分子，由公安机关执行”，“监外执行……由居住地公安机关执行”，“缓刑罪犯，由公安机关交所在单位或基层组织予以考察”，若罪犯在假释中违反规定，由“公安机关提请法院审核裁

---

① 司法部的规范性文件分别是：2003年7月《关于开展社区矫正试点工作的通知》、2005年1月《关于扩大社区矫正试点范围的通知》、2009年9月《关于在全国试行社区矫正工作的意见》。

② 不过也有人提出，从长远来看，制定统一的刑事执行法典，并将行刑权集中由司法行政部门行使，应是我国行刑法律制度发展的方向。从而主张创制包含监禁与非监禁方式对所有违法犯罪人员予以惩戒与矫正的中华人民共和国矫正法。参见王顺安《社区矫正的立法建议》，载《中国司法》2005年第2期。

定”。等等。可见非监禁刑的执行机关是公安机关。但是,公安机关由于本身警力不足,任务繁重,加上经费紧张,从公安部到各级公安机关,直至基层公安派出所,未有专门的机构和人员负责该项工作,而多由社区民警“兼职”或者“附带”为之,使得这几类服刑人员多处于“形式上的报告,实际上的脱管”状态①。根据“两院两部”《通知》规定,在各级党委、政府的领导下,由人民法院、人民检察院、公安机关、司法行政机关等各有关单位分工负责、相互配合、相互支持,组织开展矫正试点工作,而在实际工作中大多是由乡镇、街道司法所负责对矫正的实施。由于这一工作主体对社区矫正的服刑人员的会客、请销假、迁居、政治权利行使限制等没有法定授权,对罪犯的考核、奖惩、解除矫正等也没有决定权,社区刑罚执行缺乏强制力。实际上他们在工作中只起到搞台账、做记录和“上传下达”的中介作用。再说公安机关与司法行政机关是两个不相隶属的机关,不可能要求公安机关按照司法行政机关的要求来监管矫正罪犯。这种刑罚执行主体与工作主体的不统一,必然破坏国家行刑制度的统一性和造成监管矫正工作的脱节,达不到社区刑罚之目的。

其二,现行法律规定的社区矫正种类也过少,社区矫正适用范围较窄。《刑法修正案(八)》只对管制、缓刑、假释作了相应的社区矫正规定,而对于被判处剥夺政治权利在社区服刑的人以及暂予监外执行的人则没有涉及。尽管对于被剥夺政治权利在社区服刑的人是否应当进行社区矫正有不同看法。一般理解是,只有被判处自由刑的人才适合接受教育矫正,生命刑、财产刑、资格刑由于其刑种的限制一般很难对犯罪人进行教育矫正。剥夺政治权利是资格刑而不是自由刑,所以不宜提社区矫正。但笔者以为是否适用于我国刑法规定的“剥夺政治权利”这种资格刑,还有待商榷。从改革完善我国刑罚执行制度,统一刑罚执行工作而言,社区矫正应包括上述五种在社区服刑的人为宜②。

其三,对社区矫正从业人员缺乏任职资质的规定。社会矫正的工作职责有两个:一是对罪犯进行监督,从而提供对社区公众的保护;二是对罪犯进行矫治和提供帮助,包括对他们的咨询、更新,使他们重新与社会结合。社区矫正人员肩负改造服刑人员的社会重任,如果没有专门的职业资格衡量,矫正效果就难以保证。目前,根据两高两部《通知》和《刑法修正案(八)》精神,司

---

① 齐丽红:《我国社区矫正执行体制的反思与构建——以推进刑事执行一体化为视角》,《中国监狱学刊》2010 年第 3 期,第 149、150 页。

② 李吉斌,陈丽平:《社区矫正制度上升为法律规定》,法制日报,2011 年 04 月 27 日。

法行政机关作为社区矫正的日常工作承担者及工作主体.在司法部及各省、自治区、直辖市虽建立相应的组织机构,由于没有社区矫正专业人员的任职资质的相关规定,社区矫正队伍的素质参差不齐,现有工作人员的法律知识、专业水平和工作能力与社区矫正工作的要求尚有较大的差距,特别是心理医生、教育工作者等专业人员比较匮乏。目前既能够开展社会工作又懂法律的社区矫正志愿者十分稀少[①]。因此社区矫正管理上存在工作方法简单,感召力和亲和力不够,缺乏行之有效的人性化的工作手段,缺少具有个性化的科学的矫正方案。除部分基层司法所工作人员对我国的《刑法》、《刑事诉讼法》、《监狱法》等法律法规和社区矫正的相关规定较为熟悉外,大部分人员对社区矫正相关知识缺乏了解,同时又缺少相关的培训,因此.必须规范社区矫正工作人员的任职资质条件。

综上,笔者以为:亟待制定一部专门的《社区矫正法》及社区矫正实施办法,完善相关规定,对社区矫正的法律性质、适用范围、监督管理措施、保障体系、工作程序以及社区矫正机构和人员的设置、职责、权利和义务,执法监督,法律责任等全方位作出明确规定,以确保社区矫正工作依法规范有序地运行,为社区矫正的健康顺利发展奠定更好的法制基础。

三、完善社区矫正制度的几点思考

鉴于上述现行社区矫正法律制度存在的问题,以及根据我国《立法法》"基本法高于部门法"的规定,笔者以为完善社区矫正制度可分几步走。修订两部刑事基本法,在刑事基本法的框架内,构建《社区矫正法》,再完善相关配套规定。

(一)修改完善《刑法》、《刑事诉讼法》,解决社区矫正的法律缺失问题

1. 进一步明确社区矫正的执法主体

《刑法修正案(八)》关于社区矫正虽规定较原则,毕竟在刑法中有所体现。而《刑诉法》和《监狱法》中关于管制、剥夺政治权利、缓刑、监外执行、假释由公安机关负责执行或监督考察规定仍没有改变。因此,要在两大基本法中明确司法行政机关为社区矫正的执法主体,既解决执法主体无法律确认的问题,又改变两大基本法规定不一致的状况。同时在《刑诉法》中增加管制、剥夺政治权利、缓刑、暂予监外执行、假释罪犯法律文书的送达程序。规定:对管制、剥夺政治权利、缓刑、暂予监外执行、假释人员,审判机关或监狱、看守所应将有关法律文书在规定时间内送达司法行政机关。

---

① 鲁兰:《中日矫正理念与实务比较研究》,北京大学出版社,2005 年版,第 222 页。

2. 适当放宽缓刑中有期徒刑的适用范围

在《刑法》第72条中,缓刑适用对象的范围为被判处拘役、3年以下有期徒刑的犯罪分子。鉴于我国的实际情况,实践中被判处15年有期徒刑的罪犯占了相当大比例,5年以下有期徒刑都应当属于轻刑范围。因此,缓刑的适用范围应改为"被判处拘役、5年以下有期徒刑的犯罪分子",这样将会明显扩大缓刑的适用面①。

3. 对减刑规定进行完善

建议放宽缓刑罪犯减刑的条件,对缓刑罪犯的减刑做出具体规定。对有期徒刑罪犯附加的剥夺政治权利的减刑做出规定,特别是对主刑执行完毕后被剥夺政治权利的残余期限仍可酌减做出明确规定。

4. 在刑法总则中增设"社区服务"刑罚种类

社区服务刑融教育刑思想与赔偿理论与一体,符合刑罚执行的社会化、开放化潮流,它不仅避免了监禁的副作用,也克服了罚金刑因被判刑人贫富不均而潜藏的实质上的不平等。在我国刑罚体系中引入社区服务刑是必要的,这将使我国的刑罚结构更为合理、科学。其适用对象应限定为主观恶性程度一般不大、罪刑较轻的未成年犯、轻罪犯、过失犯。罪犯所从事的社区服务工作一般为由当地政府或社区管理部门提供的、具有社会公益性质的各种劳动项目,由专门的司法机关来对他们进行执行和监督。否则,就会失去严肃性和强制性。

5. 增加"服刑人员减刑、假释比例不受地方法院限制"的规定

我国《刑法》规定,被判处有期徒刑的犯罪分子,执行原判刑期二分之一以上,被判处无期徒刑的犯罪分子,实际执行13年以上,如果认真遵守监规,接受教育改造,确有悔改表现,假释后不致再危害社会的,可以假释。但是,在实际工作中,即使罪犯具备了上述条件,也难以得到假释。其原因是:罪犯减刑、假释比例受到地方法院的严格限制。如,安徽省最高人民法院《〈关于办理减刑、假释案件具体应用法律若干问题的规定实施细则〉的通知》([2005]153号)第三十三条规定,"对有期徒刑罪犯的年度减刑、假释比例,一般应控制在监狱在押罪犯总数的百分之二十五以下",同时,当地减刑法院也作出附加规定:报请假释的罪犯余刑期必须在4年以下。由此以来,监狱为了激励罪犯积极改造,就把这有限的"百分之二十五以下"的指标大多用于罪犯的减刑。因此,笔者建议,修改后刑法应当在减刑、假释的规定方面,增加"罪犯减刑、假释的比例,不受地方法院的限制";同时规定"符合法定条件且

① 袁敏琴:《论社区矫正运行机制及立法完善》,见《犯罪与改造研究》2010年第10期,第40页。

余刑期5年以下(含5年)的,可以适用假释。"

此外,《刑法》对暂予监外执行罪犯,尤其是保外就医罪犯在保外就医期间应当遵守的规定应当予以明确,以利于在社区矫正中实施考察和监督。同时增加管制、剥夺政治权利、缓刑、假释人员"接受社区矫正"的法定义务。

(二)制定《社区矫正法》及其配套规定

《刑法》和《刑事诉讼法》进一步完善后,必须以专门法对社区矫正予以规范。在制定专门法时,要结合全国开展社区矫正试点工作的实际状况和发展趋势,以及现代社区矫正制度的基本要求,学习借鉴国外社区矫正立法的有益经验,进一步明确社区矫正的性质以及在我国刑罚体系中的地位和适用对象,明确社区矫正的执法主体、适用条件、适用程序、执行方式、人员经费保障、法律责任以及执行机关的权利分工,使社区矫正工作在法制轨道上运行。在制定《社区矫正法》后,可根据实际再制定社区矫正实施条例,进一步增强社区矫正法的可操作性。最终形成以《刑法》和《刑事诉讼法》为基础,以《社区矫正法》为核心,以社区矫正实施条例为执行准则,以行政法规、规章为重要补充的中国社区矫正法律制度体系,确保我国社区矫正工作在法制化、规范化的轨道上得到健康、快速地发展[①]。

在设计《社区矫正法》内容时注意以下问题:

第一,在总则中,要明确社区矫正的目的是预防和减少犯罪。要突出社区矫正的刑罚惩罚性。惩罚是社区矫正第一位任务[②]。如果没有一套相应的严格管理的惩罚措施,从而降低了刑罚的威慑功能,不仅使我国公众对社区矫正的推进难以接受,而且也会使犯罪分子心存侥幸,具有犯罪倾向的胆子会有所增大[③]。就难以实现社区矫正的目的。

第二,内容设计要充分体现社区矫正的社会性,即整合社区的社会资源包括社会团体、民间组织和志愿者及服刑人员的亲属,积极参与和大力支持社区矫正工作,做好服刑人员的教育矫正工作。

第三,《社区矫正法》分则中要进一步明确法院、检察院、公安机关和司法行政机关各自的权利和义务,以及各部门之间的分工合作、互相配合的执法程序,真正发挥分工负责、相互支持、协调配合,确保社区矫正工作有序开展

---

① 北京市社区矫正工作领导小组办公室:《关于对社区矫正立法的思考和建议》,载《中国司法》2005年第7期。

② 武玉红,刘强:《论惩罚在社区矫正中的地位》,《犯罪与改造研究》,2010年第4期,第34页。

③ 刘强:《试论我国社区矫正在面上推进的前提条件》,《中国监狱学刊》,2005年第6期,第143页。

的作用。

第四,明确从业人员的任职条件,同时要参照《监狱法》中规定的监狱人民警察“九不得”行为,规定相关的制度,确保社区矫正服刑人员的合法权益不受侵害,防止执行机关腐败现象发生。

总之,《社区矫正法》要囊括社区矫正的方方面面,除上述外,还要包括:社区矫正机构的设置、矫正工作人员的法律地位、社区矫正经费的保障以及服刑人员的社会保障、困难帮扶救助和就业等等。

第四专题

转型安徽中的文化振兴

朱光潜对桐城派接受的当代意义

任雪山*

摘　要：朱光潜1897年生于安徽桐城，接受了纯正的桐城派教育和学术启蒙，与桐城派关系密切。他通过对桐城派义法理论、"因声求气"理论和阳刚阴柔理论的继承和发展，来构建自己的理论体系。朱光潜对桐城派的接受，不仅为今天的学者提供一种学术范例，而且为中国传统文论美学的现代化提供一种范例，那就是：(1)学术是有根的，学术的根就是它的传统；(2)中国现代学术必须建立在中西融通的基础之上。

关键词：朱光潜；桐城派；美学；中国传统

近人研究朱光潜，总喜欢谈他和西方美学之间的关系，而对其与中国传统的关联言之甚少。这种认识应该说是不完整的，既不符合学术自身的发展规律，也不符合朱光潜本人实际。从某种角度上来说，一个学者的学术特征和学术理念，可以从他所接受的教育大略看出，这也是朱光潜本人的看法②。朱光潜从6岁入塾读书，14年中国传统教育，14年西方学院式教育，而前14年，显然更具有根本性和决定性。此外，他所谓"移西方美学之花接中国儒家传统之木"的说法③，也表明他的学术指向是中国。朱光潜一直认为，学问的生长是有机体的生长，如果"不能把从外面吸收来的知识纳进原有的系统里去，新来的与原有的结成一个有生命的整体"④，它就不是学问。所有这些都生动形象地表明，朱光潜与中国传统文化之间关系密切，朱光潜的美学是有根的美学，朱光潜的学术之根在中国，正如朱立元所说："朱先生虽出洋多年，喝了许多洋墨水，在美学思想中亦受到从黑格尔到克罗齐许多大家的影响，

* 作者简介：任雪山，合肥学院中文系讲师，南京大学博士研究生，主要研究方向：文艺学，美学。

② 朱光潜：《朱光潜全集》(第9卷)，合肥：安徽教育出版社，1993年：479.

③ 朱光潜：《朱光潜全集》(第10卷)，合肥：安徽教育出版社，1993年：648.

④ 朱光潜：《朱光潜全集》(第9卷)，合肥：安徽教育出版社，1993年：177.

但其骨子里还是一个中国文人学者。”①

朱光潜和传统思想文化的关系，是一个极其庞大的课题，某种程度上意味着中国现代美学与传统之间的关系。而其中，朱光潜和桐城派又是重中之重，源中之源。众所周知，朱光潜1897年生于安徽桐城，在桐城度过了人生黄金阶段的前20年，接受了纯正的桐城派教育，且被桐城派后学誉为“可以接古文一线之传”②。朱光潜后来的文章风格、诗学趣味、理论建树无不与桐城派有关，无不可以在桐城派那里找到根源。

虽然朱光潜从来没写过一篇专论桐城派的文章，但其影响无处不在。他在武昌高师感觉老师太差，因为桐城教育时老师太优秀③；他到香港大学读书，带着桐城派后期名宿方守敦书赠的“恒、恬、诚、勇”四个大字作为游学异国的座右铭④；他到英国爱丁堡读书，还为桐城中学一位教师孩子（夏孟刚）的去世，写悼念文章⑤；当新文化运动批判桐城派时，他写文为之辩护⑥；在1927年所写的《欧洲近代三大文学批评家》及1946年的《欧洲文学的渊源》诸文，朱光潜不仅用桐城派的“义法”来翻译品评西方的“rule”，而且把“桐城派”文学和唐宋文学、两汉文学并称，给桐城派文学以应有的学术地位。1946年写作《说文学选本》时，又把桐城派的“圣经”《古文辞类纂》作为古今一流选本。朱光潜一生只为一人写过传记，即桐城派后期名家李光炯⑦。就连他引以为豪的《诗论》，其源头也要追溯到桐城派教育时的老师潘季野先生。直到83岁写自传时，他仍然认为，桐城派古文所要求的纯正简洁也还未可厚非。⑧

朱光潜对桐城派的接受，本身是一个非常复杂的问题，就像一棵参天大树与老根的关系，这里只能择其要而言之，概括地说包含三个方面：（1）对义法理论的接受。（2）对“因声求气”理论的接受。（3）对阳刚阴柔理论的接受。下面具体阐述。

一、对义法理论的接受

义法说是桐城派古文理论中最基本的艺术范畴，是桐城派文论体系的起

① 朱光潜：《谈美书简》，上海：上海文艺出版，2001年：4.

② 朱光潜：《朱光潜全集》（第3卷），合肥：安徽教育出版社，1987年：443.

③ 朱光潜：《朱光潜全集》（第3卷），合肥：安徽教育出版社，1987年：443.

④ 朱光潜：《朱光潜全集》（第10卷），合肥：安徽教育出版社，1993年：665.

⑤ 朱光潜：《谈美书简》，上海：上海文艺出版，2001年：72.

⑥ 详见1926年的《中国文学之为开辟的领土》一文，收录在《朱光潜全集》（第8卷）第142页；另一文是1948年的《现代中国文学》，收在《朱光潜全集》（第9卷）第326页.

⑦ 朱光潜：《朱光潜全集》（第8卷），合肥：安徽教育出版社，1993年：7-9.

⑧ 朱光潜：《谈美书简》，上海：上海文艺出版，2001年：182.

点和基石。桐城派的始祖方苞首倡“义法说”，从方氏起，到姚鼐“义理、考据、辞章”，再到曾国藩的“义理、辞章、经济、考据”，一脉相承，又有所发展。义法理论的精髓，见于方苞《又书货殖传后》：“《春秋》之制义法，自太史公发之，而后深于文者亦具焉。义即《易》之所谓‘言有物’也，法即《易》之所谓‘言有序’也。义以为经而法纬之，然后为成体之文。”①

从这段话可知，义法理论源于孔子编订的《春秋》，发于司马迁《史记》，并为后世所熟悉和流传。义法的基本内容就是“言有物”和“言有序”。“言有物”即要求文章有充实的内容，可以经世致用；“言有序”即要求文章剪裁得体，结构严谨，形式规范。“义”是指文章思想意蕴，有关纲常伦理。“法”指文章的结构作法，亦含形式技法和语言风格。所以“义法”既是内容和形式的合一，理与辞合一，也是思想纯正与语言雅洁的合一。

朱光潜既继承了义法理论的精华，也看到其不足，并尽力去修正和完善它。他多次提出，好文章的条件都是一样，“第一是要有话说，第二要把话说得好。”②“有话说”相当于“言有物”，“话说得好”相当于“言有序”，但又有所不同，因为“言有物”未必是心里有话，“言有序”也未必能把“话说得好”，比如传统的八股策论。“言有物”和“言有序”的问题，实际是“说什么”和“怎么说”的问题，它的根源就是“语言”和“思想”的关系，前人探讨很多。朱光潜经过长期的思考，在接受克罗齐美学和西方现代心理学的基础上，在 1948 年用英文写作《思想就是使用语言》一文，提出了“语言和思维的一致性”的重要命题。

他认为，思维是个人的独白，而表达则是公开的谈论，凡是清楚的思想都可以表达。不清楚的思想是不可以表达的，思想只有变清楚以后才可以表达的。所以“思想和使用语言是同时发生的同一件事情”，思想的手段同时也是表达的媒介，从思想到表达不存在一个翻译的过程。因此，“语法学与逻辑学在本质上是同一门科学”。而艺术就是语言，其在心理构思阶段就已经包含传达。在艺术中，“素材与形式是一个有机的整体。”③

可以说，朱光潜的“言思一致性”理论，在逻辑和语法、构思与传达、创造与翻译、内容与形式等一系列问题上突破了传统语言学的束缚，极大地丰富和发展了桐城派的义法理论，用他自己的话说，如果成立的话，“人类知识中几个分支，特别是语言学、语义学和美学，就会面目一新。”④从 1933 年的《诗

① 贾文昭：《桐城派文论选》，北京：中华书局，2008 年：37.

② 分别参见《朱光潜全集》第 3 卷，第 445 页；第 10 卷，第 345 页.

③ 朱光潜：《朱光潜全集》（第 9 卷），合肥：安徽教育出版社，1993 年：386-395.

④ 朱光潜：《朱光潜全集》（第 9 卷），合肥：安徽教育出版社，1993 年：383.

论》,用一章篇幅探讨思想与语言的关系,到1980年《黑格尔〈美学〉译后记》评价黑格尔,"抽象艰晦的思想体系就必然表达于抽象艰晦的语言",①"言思一致性"思想贯穿他的一生,他的"美是主客观的统一的观点"也源于此。

二、对"因声求气"理论的接受

"因声求气法",是桐城派文论的又一法宝,桐城派内部对之推崇备至。"因声求气法"的真正创始人是刘大櫆,主要见诸他的《论文偶记》,"神气者,文之最精处也;音节者,文之稍粗处也;字句者,文之最粗处也。然论文而至于字句,则文之能事尽矣。盖音节者,神气之迹也;字句者,音节之矩也。神气不可见,于音节见之;音节无可准,以字句准之。""积字成句,积句成章,积章成篇,合而读之,音节见矣;歌而咏之,神气出矣。"②

纵观刘氏理论,其构成要点有三:其一,以精处、粗处的划分来比较神气、音节和字句间的关系。其二,由字句到音节,由音节到神气,是一个由表及里的完整过程。其三,实现这个过程的有效方法是诵读,通过诵读,领悟文章之高妙与神气。关于如何诵读,刘氏也有精彩的论述,"其要只在读古人文字时,便设以此身代古人说话,一吞一吐,皆由彼而不由我。烂熟后,我之神气即古人之神气,古人之音节都在我喉吻间;合我喉吻者,便是与古人神气、音节相似处。久之,自然铿锵发金石声。"③

从刘大櫆、姚鼐到方东树、曾国藩,再到吴汝纶、张裕钊、贺涛等等,对"因声求气法"虽世代承袭,奉为法宝,但对于"因声求气法"的根据和具体过程,却从没有明确的逻辑论证和理论分析,这个工作朱光潜完成了,他主要从两个方面来展开科学论证。

1. 诵读的根据在节奏。朱光潜认为,诵读的真正根源是诗的节奏性本质。他在《诗论》中给诗下的定义是,"诗是有音律的纯文学。"音律对诗歌有多重价值,其一,格律使诗歌在音韵上富于变化;其二,音律是制造"距离"的工具,可以把平凡粗陋的东西提高到理想世界;其三,音律最大的价值在它的音乐性,或节奏美。节奏是一切艺术的灵魂。

由于诗与乐的密切关系,诗歌的节奏是音乐的又是语言的。语言的节奏由三因素合成:发音器官的构造,理解的程度和情感影响。从分析来看,语言的节奏全是自然的,不受外来形式的支配,没有规律。两种节奏分配的分量

---

① 朱光潜:《朱光潜全集》(第5卷),合肥:安徽教育出版社,1989年:359.

② 贾文昭:《桐城派文论选》,北京:中华书局,2008年:67.

③ 贾文昭:《桐城派文论选》,北京:中华书局,2008年:71.

随诗的性质而异：纯粹的抒情诗都近于歌，音乐的节奏往往重于语言的节奏；剧诗和叙事诗都近于谈话，语言的节奏重于音乐的节奏。它也随时代而异：古歌而今诵；歌重音乐的节奏而诵重语言的节奏。

正是因为声音节奏是诗歌的最重要成分，所以必须反复吟诵，才能把神韵抓住。朱光潜认为，声音节奏是情趣的直接表现，读诗如果只懂其义而不讲声音节奏，多少是门外汉。诗歌不仅要朗诵，而且要熟读，"读熟了，一首诗就常在心中盘旋，成为自己的精神产业的一部分，可以在心中生根发芽，新的领悟会随新的人生经验源源而来，总之，它就在心中活着，而且不断地生长着。"①

2. 诵读的生理学分析。对于桐城派所追求的"气势""神韵"，历来的文论家都争论不休，朱光潜引入谷鲁斯的"内模仿"理论，提出了自己的"生理筋肉说"。他认为，"气势"和"神韵"都起于人的生理变化。诵读时，生理变化愈显著愈多愈速，我们愈觉得紧张亢奋激昂，就愈觉得文章有"气势"；反之，生理变化愈不显著，愈少愈缓，我们愈觉得松懈静穆闲适，就愈觉得文章有"神韵"。诵读诗文时，所生的生理变化有三种，"一属于节奏，二属于模仿运动，三属于适应运动。"②

朱光潜一直认为，诗歌和其他艺术一样，是情趣的意象化。情趣最直接的表现，是循环呼吸消化运动诸器官的生理变化，这些变化在心理学实验室可以精确测量出来。诵读时，虽不必明显地意识到生理的变化，但他们影响到心境是必然的。就形式说，节奏就是情感所伴的生理变化的痕迹。人体中循环呼吸种种生理机能都是起伏循环，顺着一种自然节奏。以耳目诸感官接触外物时，如果所需要的心力，起伏张弛都合乎生理的自然节奏，就会觉得愉快。我们诵读诗歌时，在受诗的情趣浸润之先，往往已经直接地受音调节奏的影响。音调节奏便是传染情趣的媒介。情有悲喜两端，悲时生理变化倾向抑郁，喜时生理变化倾向发扬。这两端之中只有程度深浅的差别。诗人作诗时由情感而起生理变化，诵读时则由音调节奏所暗示的生理变化而受情感的浸润。

朱光潜认为，欣赏是一种创造，创造都基于模仿，而模仿的目的大半是养成筋肉的技巧。我们诵读时，会根据诗文所写的不同情境，而决定模仿的程度。诗文的情境，可粗分"戏剧的"和"图画的"两类。戏剧的情境是动的，易起模仿运动；图画的情境是静的，不易起模仿运动。就大概说，诗文的叙述体

---

① 朱光潜：《朱光潜全集》（第9卷），合肥：安徽教育出版社，1993年：207.

② 朱光潜：《朱光潜全集》（第3卷），合肥：安徽教育出版社，1987年：373.

偏重动作，易起运动意象；描写体偏重状态，易起视觉意象。欣赏诵读动作的叙述必须用筋肉，欣赏诵读状态的描写可以只用眼睛。不过最好的描写往往化静为动，而此类诗文我们也不免起筋肉运动。据心理学的实验，人本来有运动型和知觉型两种，知觉型的人欣赏艺术大半用耳目两种器官，运动型的人才着重筋肉。

朱光潜认为，运动有时为模仿，有时是为适应。适应运动，如仰视侧听之类，目的在以身体迁就所知觉物，使得知觉越加明了，不必与意象所表现的动作相同。以感官接触外物时都要起适应动作，所以外物虽无动作可模仿时，我们欣赏它，仍需起种种变化。如读李白的“西风残照，汉家陵阙”，须放高长而沉着的声音去朗诵，我们觉得有豪士气概，似乎要抬头挺胸，暂时停止呼吸去领略它。这就是声调语气影响到生理变化的适应运动。

三、对阳刚阴柔理论的接受

阳刚阴柔理论是姚鼐的功劳，其论述主要见于《复鲁絜非书》：“其得于阳与刚之美者，则其文如霆，如电，如长风之出谷，如崇山峻崖，如决大川，如奔骐骥；其光也，如杲日，如火，如金镠铁；其于人也，如冯高视远，如君而朝万众，如鼓万勇士而战之。其得于阴与柔之美者，则其文如升初日，如清风，如云，如霞，如烟，如幽林曲涧，如沦，如漾，如珠玉之辉，如鸿鹄之鸣而入寥廓；其于人也，漻乎其如叹，邈乎其如有思，煗乎其如喜，愀乎其如悲。”①

在《海愚诗钞序》中也有一部分论及。结合两篇文字，姚鼐的理论主要涉及四个层面：其一，对“阳刚”与“阴柔”两种审美范畴进行了简明扼要的归纳和总结。其二，把“阳刚”与“阴柔”两种审美风格特征和人结合起来，体现中国传统以风格即人的观念。其三，强调“阳刚”与“阴柔”两种审美风格兼容互补，不可偏废一端。其四，把“阳刚”与“阴柔”两种审美风格特征和天地之道结合起来，体现中国传统天人一体的思想。

后来，姚鼐弟子管同对阳刚阴柔理论有所继承，曾国藩对其有所阐发。朱光潜则站在世界美学和哲学的高度，重新审视和发展了这一传统理论，并呈现出自己的性格特征与艺术理想。朱光潜的理论主要体现在《两种美》、《刚性美与柔性美》两文，可以概括为五点。

其一，朱光潜在是哲学的基础上来看待阳刚阴柔理论的。他说，自然界事物都有理式的特征，都有共相的殊相，而自然界也有两种美，即“阳刚”与“阴柔”。“共相”和“殊相”，就是哲学上的常说的“一般”和“特殊”，这样一

---

① 贾文昭：《桐城派文论选》，北京：中华书局，2008 年：114.

来，就把两种美提升到一种更高的程度，赋予一种普遍的意义。

其二，朱光潜站在世界艺术精神的角度，重新审视阳刚阴柔理论。他说："刚性美是动的，柔性美是静的。动如醉，静如梦。尼采在《悲剧之起源》里说艺术有两种，一种是醉的产品，音乐和跳舞是最显著的例。一种是梦的产品，一切造型的艺术如图画、雕刻等都是。他拿日神阿波罗和酒神狄俄尼索斯来象征这两种艺术。"[①]通过中西比较，朱光潜把阳刚阴柔理论与尼采的酒神与日神酒神相连，打通了中西长期封闭的通道，使中国传统的艺术精神和西方传统的艺术精神，相互叠合印证，赋予阳刚阴柔理论更广泛的意义和认同。

其三，朱光潜把"阳刚"与"阴柔"类比于西方美学中的"崇高"与"优美"。他说，姚鼐的阳刚之美，在西方美学称为 sublime；阴柔之美，在西方美学中称为 grace。Sublime 和 grace 就是今天的"崇高"和"优美"。朱光潜详细介绍了西方"崇高"理论的发展历程，从郎吉弩斯的《论崇高》，到德国的博克和康德，再到后来英国的布拉德雷。他认为布拉德雷的理解要更准确，像康德说"崇高"是绝对大，是有限中见出无限。布拉德雷则认为，"崇高"与其说是"不可测量"，毋宁说是"未经测量"。因为"崇高"发生时，是不曾拿一个标准来衡量，"本来在一切美感经验中，'意象'都要'绝缘'，都要'孤立'。"[②]这里，朱光潜显然把克罗齐的直觉理论运用来解释"崇高"了。当然，朱光潜并不是把中西方两组范畴画等号，Sublime 和 grace 在中文都没有非常恰当的译名，只能相对而言，翻译为"雄伟"和"秀美" 更为贴近。

其四，探讨两种美的心里情感变化。朱光潜认为，"秀美"时的心境是单纯的，欢喜的，肯定的，积极的，其中不经丝毫波折。而"雄伟"的心境是复杂的，有变化的。我们往往第一步是惊，第二步才是喜；第一步因物的伟大而有意无意见出自己的渺小，第二步因物的伟大而有意无意地幻觉到自己的伟大；第一步是康德所谓"霎时的抗拒"，有几分痛感。第二步是痛感搏击后的喜悦。

其五，朱光潜认为，西方艺术更符合刚性美，中国艺术偏于柔性美。像司空图的《二十四诗品》，除了"雄浑""劲健""豪放""悲慨"四品算刚性美，其余都是柔性美。中国艺术偏于柔性美，可能和中国文人"乐天安命"的性格有关。西方人对柔性美的探讨相对较少。但也不是没有，比如斯宾塞，他认为"秀美"是源于运动时筋力的节省，法国美学家顾约则认为是欢爱的表现，柏格森兼取两说。朱光潜倾向于柏格森，认为"秀美"是不露费力痕迹的，常常引起同情与怜爱的。

---

① 朱光潜：《文艺心理学》，合肥：安徽教育出版社，1996：221.

② 朱光潜：《文艺心理学》，合肥：安徽教育出版社，1996：228.

四、朱光潜对桐城派接受的当代意义

通过朱光潜对桐城派三祖最经典理论的继承和发展，我们可以看到他们之间确实存在着密切的联系。朱光潜的学术方向、理论趣味、人格境界等无不可以在桐城派那儿找到根源，而桐城派的基本理论也都能够在朱光潜那里找到落脚与传承。朱光潜对桐城派的接受，是一个人与一个流派，又不仅仅如此。某种程度上，两者之间是中国与西方、传统与现代的关系。它不仅为今天的学者提供一种学术范例，而且为中国传统文论美学的现代化，为中国现代学术的建立提供一种范例，因而具有非常重要的意义。具体来说有如下两点：

第一，学问是有根的学问的生长，和树木的生长一样，不可能是无根的。学问的根就是它的传统，而且学问越大，根基越深厚。这是朱光潜作为学者对我们的第一个启发。他常说："每种学问都有一个渊源，知道渊源才可以溯理流派知道渊源固不是三五部书所可了事。都是渊源又有渊源，我们先从最基本的着手，然后逐渐扩充，便不至于没有根底。"[①]在1951年《人民日报》的检讨书中，他又说"我重新检讨了我的思想，发现百孔千疮，病根都在封建意识和洋教育。伏根最深的是封建意识。"[②]"这套封建意识是我的土生土长的根干，我后来又拿帝国主义的洋教育来'移花接木'。"[③]抛开意识形态因素，我们能发现，朱光潜一直强调学术应该有根，强调传统的基础作用。

朱光潜之所以如此强调学问的根，既和他的知识有机论相关，又是他的学术历史观的必然体现，同时也是对五四前后强烈反传统倾向的一种有意识的纠正。中国一向是一个重视传统的民族，而五四新文学运动的口号是'打破传统'，就使得情况变得非常严重。朱光潜认为："文化交流是常事，文化移植却不一定成功。"[④]因为土壤气候不同，移植往往是丹橘变枳，画虎类犬。虽然朱光潜重视传统，却一点都不守旧。他说："我们对于过去的尸骸无所迷恋，但我们的生命在历史的成长中并没有间断。"[⑤]所以传统不可为一时好恶趋尚所抛弃，要有选择有甄别，既不能全盘继承，更不能全盘否定，而要批判吸收。

比如在《苏格拉底在中国》一文，朱光潜指出中国文化有三大弱点：其一，

---

① 朱光潜：《朱光潜全集》（第9卷），合肥：安徽教育出版社，1993年：118.

② 朱光潜：《朱光潜全集》（第10卷），合肥：安徽教育出版社，1993年：19.

③ 朱光潜：《朱光潜全集》（第10卷），合肥：安徽教育出版社，1993年：20.

④ 朱光潜：《朱光潜全集》（第9卷），合肥：安徽教育出版社，1993年：340.

⑤ 朱光潜：《朱光潜全集》（第9卷），合肥：安徽教育出版社，1993年：408.

论兴趣范围,较偏重于现世的实用的。其二,论思想方式,较偏重于直觉的综合的。其三,论说话口吻,较偏重于教训的教条的。为了解决这些问题,只有吸收西方文化,特别是西方文化中的“爱智”与“思想自由生发”的希腊传统,为中国文化注入生机。比如对中国传统学术文化精神,在《怎样改造学术界》一文,他就提出了五大缺点:无爱真理的精神;无评判的精神;无忠实的精神;无独立创造的精神;无实验的精神,我们也相应从五个方面展开精神改造,培养爱真理的精神;科学批判的精神;扎实为学的精神;独立创造的精神;客观实证的精神。

对于五四新文化运动,朱光潜也有更为客观的看法。一方面,他看到五四在文化史上的巨大意义,另一方面又看到其反传统的不良后果,“完全放弃固有的传统,历史证明这是不聪明的。”①五四对传统的态度,可以说是既不民主,也不科学。因为,互相影响原是文化交流所必有的现象,中国文学接受西方的影响是势所必至的,理有固然的。但是,不能因此就放弃固有的传统。文学是全民族的生命的表现,而生命是逐渐生长的,必有历史的连续性。所谓历史的连续性是生命不息,后浪推前浪,前因产后果,后一代尽管反抗前一代,却仍是前一代的子孙。“历史上还没有一个先例,让我们可以说某一国文学在某一个时代和它的整个的过去完全脱节,只承受一个外国的传统,它就能着土生根。”[5]文学如此,文化如此,美学和其他学科亦如此,抛开传统则寸步难行,传统是现代生长的根。今天我们回头再来看朱光潜的观点,是多么的深刻而有预见性。

与传统相关的,就是对外来文化的态度,这也是20世纪中国学人思考和争议的一个核心命题。朱光潜对此有深入的思考,他一直认为,外来文化是民族文化发展的动力。如果闭关锁国,少与外来文化接触,则固有的学术文化发展到一定阶段后,即因缺乏刺激、比较而停滞。从历史来看,先秦时代,我国有第一次文化大交流,但主要是在中国内部各个“国”之间发生;东汉以后,佛学西来,我国迎来第二次学术文化之生展焕发,这次主要是在亚洲内部进行;第三次就是鸦片战争以来,我国开放国门,文化学术与全人类相见。这次是一个更大的发展机遇,但不同的因素也更多,矛盾冲突更厉害,融合起来更难。蔡元培先生说:“综观历史,凡不同的文化互相接触,必能产生出一种新文化。”②朱光潜则认为,学术和其他事物一样,“必以比较见优劣,必得新刺

---

① 朱光潜:《朱光潜全集》(第9卷),合肥:安徽教育出版社,1993年:330.

② 蔡元培:《蔡元培全集》(第4卷),北京:中华书局,1984年:50.

激才可产生新生命。”①

第二,现代学术必须建立在中西融合的基础上。近代中国,如何对待中西文化的矛盾始终是文艺界和思想界的一个突出问题。从“五四”时期的中西文化优劣之争,到近年中国传统文艺美学思想的现代转换,无不涉及这一问题。在很大程度上,许多“古与今”的差异和对立,也与“中与西”的矛盾相关联。就此而言,如何把握中西矛盾的冲突和转化,就显得尤为重要。从梁启超、王国维到蔡元培等一批学术大师,都在寻求中西美学的融合,不同的只是融合的态度和方法。朱光潜的态度和方法是调和折中,他一直是个喜欢调和折中的人,“调和折中或是最稳妥的办法。”②问题关键是什么是朱光潜的“调和折中”?

对于朱光潜的“调和折中”,学界基本持否定和批判态度。实际上持文化调和论者,绝非朱光潜一人。章士钊先生就曾说:“调和者国之大经。”③李大钊先生也说过:“盖遵调和之道以进者,随处皆是生机;背调和之道以行者,随处皆是死路。”④深谙中西文化的罗素先生虽然没有如此明确的主张,但在“调和折中”和“全盘西化”之间,他无疑是偏向前者。⑤ 基于此,笔者也想从正面谈一谈“调和折中”的问题。拨开那些非学术的因素,我们可以发现“调和折中”有着深远的根源和积极意义。

应该说,朱光潜的“调和折中”,并不是什么新东西,它的直接来源是儒家的方法论“中庸”。在《苏格拉底在中国》一文,他借苏格拉底之口,大致说出了这层意思:“你们崇奉中庸主义,不肯走极端,这固然有它的美点;可是遇事做到彻底的那股劲儿你们没有,你们只求折中,结果往往是苟且敷衍。”⑥朱光潜不仅明确自己理解的“调和折中”就是儒家“中庸”,而且指出“中庸”可能产生的弊端,应该说认识很全面,与后来对他批评者所理解的“调和折中”根本不是一回事。另外,朱光潜在不同场合多次明确表示,他受儒家影响要更大一些,而《中庸》又是他一直非常推崇的经典。1942 年在《人文方面几类应读的书》一文,他说《中庸》是妙文至理,“是任何读书人不应放过的。”⑦据笔

① 朱光潜:《朱光潜全集》(第 9 卷),合肥:安徽教育出版社,1993 年:119.
② 朱光潜:《朱光潜全集》(第 9 卷),合肥:安徽教育出版社,1993 年:22.
③ 章士钊:《章士钊全集》(第 3 卷),上海:文汇出版社,2000 年:253.
④ 李大钊:《李大钊文集》(下卷),北京:人民出版社,1984 年:549.
⑤ 郝斌欧阳哲生:《五四运动与二十世纪的中国》,北京:社会科学文献出版社,2001 年:1383.
⑥ 朱光潜:《朱光潜全集》(第 9 卷),合肥:安徽教育出版社,1993 年:301.
⑦ 朱光潜:《朱光潜全集》(第 9 卷),合肥:安徽教育出版社,1993 年:118.

者考证，朱光潜和他两个女儿的名字也皆是源于《中庸》。[①]他对《中庸》的熟悉和热爱由此可见一斑。

问题重点是何谓中庸？过去包括现在，相当一部分人仍然认为，中庸就是平庸、圆滑，是简单的拼凑，是和稀泥，而朱光潜的美学也是东西方的拼凑。这种说法是站不住脚的，甚至是肤浅的，也完全不符合中庸本意。"中"之义，朱熹解释为："不偏不倚。无过无不及之名。"[②]冯友兰讲"中"就是"恰到好处"。[③] "庸"，朱熹解释为："平常也。"庞朴认为"庸"有三个含义：一是"用"，一是"常"，一是"平常"。[④] 因此，中庸就是用中，就是恰到好处，所以孔子把它当做君子的最高品格："中庸之为德也，其至矣乎！"[⑤]中庸的目标就是"和"。朱光潜在《乐的精神与礼的精神》一文，曾细致探讨过儒家"和"的精神。他认为，"'和'是个人修养与社会生展的胜境，而达到这个胜境的路径'序'"。[⑥] 所以我们没有理由认为，他所说的"调和折中"不是他信仰的儒家的"恰到好处"，而是其他的东西。朱光潜的贡献在于把它运用到做学问上，希望在中西之间找到一个最佳点。相比当时普遍流行的"中体西用"或"西体中用"，朱光潜显然技高一筹，他"中西互用"，在全球化背景下，思考中国现代学术的生长，这是很多学者追求却难以达到的一个理想目标。

朱光潜不仅敏锐地意识到这一点，而且自觉探索一种可行的方式。比如，在概念名称上，他的书叫《诗论》，而不叫《诗歌美学》，也不叫《孟实诗话》，你不觉得这里面有一种意味吗？在《刚性美和柔性美》一文，他介绍中国的阳刚阴柔和西方的崇高优美的同时，提到了另一对范畴：雄伟和秀美，这是不是算一种中西都能接受的方式呢？再比如一些名词的翻译，theory 和 practice，译为"知与行"而不是后来的"理论与实践"，bridge 译为"纸牌"而不是"桥牌"等等，是不是都为了在中国传统与西方现代之间寻求一个最佳的结合点呢？

在具体美学研究方法上，他一直强调中西比较的方式。比如在《文艺心理学》里，你根本感觉不到融合中西思想所产生的生硬和不适，它们是如此和

---

① 朱光潜，"光"是辈分，"潜"源于《中庸》第 33 章《正心》，"〈诗〉云：'潜虽伏矣，亦孔之昭。'"（源出《诗经·小雅·正月》）这样一来，与他的兄弟"朱光澄"意思也非常接近。他的女儿朱世嘉、朱世乐，"嘉乐"源于《中庸》第 17 章《知天》："〈诗〉曰：'嘉乐君子，宪宪令德！'"（源出《诗经·大雅·假乐》）。对于熟悉《诗经》且一辈子研究诗歌的朱光潜来说，这应该更具有某种象征意义。

② 朱熹：《四书章句集注》，北京：中华书局，1983 年：91.

③ 冯友兰：《中国哲学简史》，北京：北京大学出版社，1996 年：149.

④ 庞朴：《庞朴学术文化随笔》，北京：中国青年出版社，1996 年：32.

⑤ 李零：《丧家狗——我读〈论语〉》，太原：山西人民出版社，2007 年：140.

⑥ 朱光潜：《朱光潜全集》（第 9 卷），合肥：安徽教育出版社，1993 年：96.

谐统一。谈美感经验时，他把康德、叔本华、克罗齐与老庄相结合；谈美感的心理距离时，把布洛的距离说和儒家的中庸相结合；谈美感的移情时，把立普斯和中国传统的"物我同一"相结合，等等。朱先生就像一位烹调大师，信手将各种早已备好的配料放进锅中，令人眼花缭乱、目不暇接。在你惊叹他娴熟的技艺和从容的仪态时，一盘让人赏心悦目的美学大餐已奉献在读者面前。这当然并不容易，因为中西融和至少要有三个前提：一是有自己独到的见解；二是对中西方思想文化知识的熟练掌握；三是对各类知识的有机整合。三者结合，才能实现文章的和谐统一。否则，做出来的只能是一个没有主见、毫无特色、杂乱无章的大拼盘。这类拼盘在今日很流行。

在中西融和的过程中，遇到最棘手的问题是：以谁为主？以中为主，还是以西为主？双方争得不可开交。朱先生跳出非此即彼的狭隘二元思维，在《学业·事业·职业》一文他指出，想成就任何事业，都需要一颗"公"心，对任何问题的看法和事件的处理，都须依据一个客观的普遍的道理，对自己说得过去，对他人也说得过去，无论谁来看，都会觉得这是最合理的解决。学问也好，事业也好，都要尊重这种公道公理，才不致发生弊端。公的反面是私，世间许多人许多事，都败于私心自用。做学问存私心，便为偏见所蒙蔽，寻不着真理。

正是抱着一颗公道之心，抱着追求自由和真理的宏愿，正是由于融合了中国传统和西方现代的知识体系和学术精神，朱光潜为中国现代美学构建了宏伟的大厦，难怪阎国忠称他是"中国美学史上一座横跨古今、沟通中外的桥梁"①。

① 阎国忠：《朱光潜美学思想研究》，沈阳：辽宁人民出版社，1987 年：3.

合肥市非物质文化遗产传承保护问题及对策研究

詹向红　黄海波*

摘　要:合肥市非物质文化遗产资源十分丰厚,近年来,尽管由于本地政府和人民的重视,使非物质文化遗产的保护逐步走向规范化、制度化和活态化,不过仍有大批非物质文化遗产正逐步走向萎缩甚至消亡。本文从调查综述合肥市所蕴藏的非物质文化资源入手,从民间文学、民间美术、民间音乐、民间舞蹈、戏曲、曲艺、民间手工技艺、消费习俗、民间信仰九大方面对其非物质文化遗产资源的分布情况、特色与价值、濒危状况进行了陈述,在此基础上剖析了本地非物质文化遗产保护与传承中存在的问题,并站在本土思考和学习先进经验角度,针对性地提出了具体对策,以期对合肥非物质文化遗产保护与传承工作提供一定的借鉴。

关键词:合肥市;非物质文化遗产;传承与保护;现状与对策

合肥市自古便为“淮右首郡,吴楚要冲”,又有“三国故里”、“包拯家乡”称谓,由于地处皖中,南北文化在此冲撞交融,造就了本地非物质文化遗产资源十分丰厚的局面。不过,随着经济社会的发展,合肥市非物质文化遗产保护与传承还存在着大量问题,许多非物质文化遗产项目资源都濒临灭亡,保护工作也受到了严峻的挑战和威胁。在文化部“保护为主、抢救第一、合理利用、传承发展”的“非遗”保护工作方针指导下,如何保护好、利用好合肥市非物质文化遗产资源,并建立较为完善的传承机制,是实现合肥全面、协调、可持续发展,提升合肥城市文化软实力和城市魅力必不可少的途径。

---

* 作者简介:詹向红,合肥学院中文系主任、教授;黄海波,合肥学院教师。

一、合肥市非物质文化遗产资源状况

合肥市非物质文化遗产资源反映着合肥人民代代相传、岁岁积淀的劳动与生活文化轨迹，通过对合肥市三县（包括长丰县、肥东县、肥西县）四区（包括瑶海区、庐阳区、蜀山区、包河区）的调查统计，目前合肥非物质文化遗产资源大致可分为12大类，涉及民间文学（口头文学）、民间美术、民间音乐、民间舞蹈、戏曲、曲艺、民间手工技艺、消费习俗、民间信仰九种类型。其中庐剧、洋蛇灯2项入选国家级保护名录的项目，门歌、火笔画、庐州大鼓、吴山铁字、民间扎彩、葫芦烙画、包公故事、刘铭传故事、抛头狮、紫蓬山庙会10项入选安徽省省级保护名录的项目，下塘火狮、打莲湘、犟驴、庐州旱船、庐阳唐氏剪纸、洪氏装裱艺术、马政娘娘庙会等10余项入选合肥市市级保护名录项目，吴山庙会、周氏仙姑庙会、撮镇龙灯、梁园镇狮子舞等55项入选县级保护名录项目。具体种类、数量及分布情况可见下表：①

表1　合肥市非物质文化资源种类、数量及分布情况（单位：项）

种类	数量	比重	县级	市级	省级	国家级
民间文学	87	36.6%	9	0	0	0
民间音乐	20	9.3%	4	0	0	0
民间舞蹈	27	12.6%	11	5	0	1
戏曲	5	1.8%	2	0	0	1
曲艺	14	6%	4	0	2	0
民间美术	23	10.7%	0	1	2	0
民间手工技艺	21	8%	11	1	2	0
消费习俗	21	8.4%	0	0	0	0
人生礼俗	4	0.4%	5	2	0	0
民间信仰	9	4.2%	0	0	0	0
民间知识	5	1%	0	0	0	0
游艺、传统体育与竞技	1	0.4%	0	0	0	0
总计	238	100%	55	9	6	2

2009至2010年间，笔者与课题组成员多次带领学生通过实地走访，田野调查等形式对大部分合肥市非物质文化遗产资源状况做了调查，现分成九大

① 本表引用了合肥市文化馆刘浩馆长提供的内部资料。

类将其现状表述如下：①

（一）民间文学（口头文学）

分布情况：民间文学在合肥市三县四区都有分布，受众面多、题材丰富，主要有神话、传说、故事、歌谣、谚语等，尤以传说、谚语居多，如《五爷》（故事）、《高桥的传说》（传说）等。

特色与价值：民间文学既反映了合肥人民敬天地、爱劳动、讲道德、求财富、追幸福的淳朴、本分的美好心灵，又反映了古人追求纯洁爱情、幸福生活的美好情操，体现了真善美、痛恶假恶丑的为人秉性，是古城合肥精神遗产的一个精彩画面，具有重要历史价值。

濒危状况：民间文学传播面广、传承人多，基本以口述者为主，由于环境演变、方言复杂等多种原因，很多已湮灭，无法考证和记录。

（二）民间美术

分布情况：民间美术以工艺、雕塑等为主，主要有火笔画、铁字、泥塑、剪纸艺术等，主要分布在三县地区。

特色与价值：民间美术代表了合肥人的审美情趣和生活追求，与广大百姓的生活十分贴近，它普遍用在家具和室内装饰上，把生活环境装饰得精美绝伦。

濒危状况：随着当今社会节奏的现代化和文化生活的多元化，一些民间技艺及手工产品已不再受现代人的追捧，传承人缺失，产品融入不了市场，许多民间美术及其制作技艺已处于濒危失传的境地，亟待大力度抢救和保护。

（三）民间音乐

分布情况：民间音乐以流传于民间、口头传唱的一些民歌小调居多，多分布在三县地区。此外，三县的唢呐等与民间祭祀仪式相关的音乐与乐曲，也具有群众基础。

特色与价值：合肥民歌是极具合肥特色的民间音乐表现形式。唢呐等民间器乐主要运用于重大节日、庆典、祭祀等活动，起到烘托气氛，彰显礼仪的重要作用。

濒危状况：民歌小调的传唱者，多为年过半百的老人，缺乏新一代、有影响力的传承人。虽然沿用至今，深受当地农民喜爱，但近年来也呈逐渐萎缩之势，只在少数保留有业余剧团的乡村或举办民俗活动时才有演奏。

---

① 民间文学（口头文学）、民间美术、民间音乐、民间舞蹈、戏曲、曲艺、民间手工技艺、消费习俗、民间信仰这九种的非物质文化遗产资源的分布情况、特色与价值、濒危状况大多是在合肥市非物质文化遗产保护中心资料汇编的内容和实际调研结果的整理中总结而成。

（四）民间舞蹈

分布情况：民间舞蹈在合肥三县四区均有分布，生活习俗舞蹈、岁时节令舞蹈、生产习俗舞蹈均有涉及，其中旱船、舞龙、舞狮等舞蹈遍布全市，带有浓厚的地方特色和乡土气息。

特色与价值：来源于生活的民间舞蹈，蕴含了多种文化元素，它用艺术表演手法将生产生活中的文化现象加以转化，既体现了人们歌颂真善美，鞭挞假、丑、恶的精神风貌，也表达了人们追求平安、和谐、欢乐祥和的愿望，折射了合肥人对文化生活的精神追求。

濒危状况：近年来，一些民间舞蹈为满足旅游市场或群众锻炼需要陆续复活，但渐渐远离其初始目的，演变成一种热闹的娱乐活动。此外，由于年轻劳动力大量外流，许多项目的传承人严重缺失。

（五）戏曲（庐剧）

分布情况：戏曲以在合肥市影响深远的地方小戏——庐剧为主。庐剧旧称“倒七戏”，因合肥古称“庐州”而得名，是安徽省地方戏主要剧种之一。

特色与价值：庐剧唱腔，多为五声音阶。主调曲牌中，以 1653、3216 音列组成的下行乐汇，和因不断用假声演唱而出现的大跳音程是旋法上的主要特点。假声的运用和善唱悲调，是庐剧唱腔独具的鲜明特色。同时，庐剧声腔有主调、花腔小调 500 多种，被公认为是安徽地方戏曲声腔内容最为丰富的戏曲艺术室库。具体来说，庐剧的价值主要体现在其深厚的民间根基，厚重的历史积淀以及在演唱风格的淳朴性、音乐资源的丰富性等方面所具备的艺术价值。

濒危状况：随着时代的变迁和传媒的快速发展，庐剧艺术受到了前所未有的冲击和挑战，演出市场急骤萎缩，庐剧观众越来越少。由于庐剧专业演出团体锐减，人才培养滞后，民间艺人缺乏培训等因素，庐剧的生存和发展受到严重制约。

（六）曲艺

分布情况：曲艺以门歌、大鼓为主，多分布在三县地区。“门歌”因“唱门子”而得名，是安徽土生土长的曲种，其分布面广、影响大。安徽大鼓，相传清代早期从山东传入今安徽泗县后形成，流行于安徽省及长江沿岸广大地区。

特色价值：门歌作为民间艺术曲种，曾在传承的几百年中，从源头上影响了安徽本土民间戏曲艺术的发展。安徽大鼓说、唱兼有，以传统的长篇小说和历史故事为主，音韵和谐，运用诗歌创作的十二辙为基本韵律，对语言学、社会学有着积极的意义。

濒危状况：随着人们生活水平的日益提高，科学技术飞速的发展，生活节奏的加快，外来艺术的冲击，可供选择的娱乐方式越来越多，门歌和大鼓早已不再是人们茶余饭后、逢年过节唯一的娱乐方式,听的人越来越少,如今只有在部分农村仍有一定的市场。由于商品经济的繁荣和发展,城乡人民忙于各种经营活动,年轻人外出打工者多,传承人稀少,随着老艺人的逐渐衰老,再不抢救,它们将面临失传的危险。

(七)民间手工技艺

分布情况:民间手工技艺主要为装帧、编制扎制两大类。其中,装帧为洪氏装裱,编制扎制有纸扎工艺、羽毛扇、花鸟字画三项。在合肥大部分地区均有分布。

特色与价值:合肥民间手工技艺门类繁多、特点鲜明。这些手工技艺体现了合肥人的聪明才智,极大地丰富了合肥及周边地区人民的物质、文化生活。

濒危状况:社会的现代化使得民间手工技艺产品已不受现代人们的追捧,同时由于手工技艺学习难度大,习艺周期长,年轻人多不愿学,已处于后继乏人,几近失传的境地。

(八)消费习俗

分布情况:消费习俗主要体现在饮食上,有特色的项目主要分布在三县地区。如肥东的石塘驴巴、"公和堂"狮子头、梁园"三绝",肥西的桂花汤圆、三河米饺等。

特色与价值:这些特色食品是合肥市消费习俗中饮食习惯的典型代表,其不但给当地带来了一定的经济效益,也从侧面反映出博大的合肥文化。

濒危状况:目前一部分文化项目已走上商业化的道路,正在发展壮大。但同时,有一些项目由于缺乏市场前景,随着掌握技艺的老人们的相继去世,可能面临失传。

(九)民间信仰

分布情况:民间信仰以庙会为主,主要分布在三县地区。

特色与价值:民间信仰活动是古代合肥人的精神食粮,体现了合肥悠久的民间文化历史。这些信仰虽有封建统治阶级需要的对民众的思想约束,但在很多方面体现出人们惩恶扬善、和平安定、丰衣足食的精神追求。

濒危状况:这些民间信仰绝大部分基本上已经淡出历史舞台,即使继续沿用的,如今的规模和意义也和以往不能相提并论。同时随着人口的发展,寺院周边被民宅占据,给环境带来了一定的影响,造成古迹保护难度加大。

综合来看,合肥市九大种类的非物质文化遗产资源基本分布于合肥各地,其中以三县中的农村地区居多,其在传达合肥悠久的历史文化积淀、赞颂合肥人民的聪明才智、展现合肥人民古往今来的精神文化生活以及规划合肥未来的合肥文化发展方案等方面具有举足轻重的作用。但在分析中我们也能明显地感觉到每种文化资源都遭受到了历史、社会、认为等原因的冲击，如现代生活对传统文化的冲击，经济至少的生活理念，政府缺乏足够的指导和帮助等，使得这些文化项目呈现出极度严峻的濒危状况。

二、合肥市非物质文化遗产保护与传承中存在的问题

在进行调研和普查的过程中，我们发现虽然合肥市目前已建立起四级“非遗”名目，对本地非物质文化遗产的保护也由起步阶段逐步走向规范化、制度化、人性化，但还是有很大一批非物质文化遗产正逐步走向萎缩甚至消亡，究其问题，主要表现在以下四方面。

（一）从事“非遗”的人力不足，手段落后，财力紧张

非物质文化遗产既是一个地方历史文化渊源的见证，也是体现地方文化特色的重要形式，内容丰富，覆盖面广，开发和保护工作量大。在合肥市现有人员队伍中，极度缺乏非物质文化遗产保护开发工作的专业人才，特别是摄录、照相、记谱、文字撰写、音像资料制作人员相当匮乏，给非物质文化遗产的进一步深度挖掘带来难度。另外，普查设备手段也十分落后，由于缺少先进的立体摄录装备和制作工具，导致出现文字材料多，图像、声音资料少，仅有的一些音像资料都是在申报国家级、省级“非遗”项目时留下的，陈列馆、保护机构等更是少之又少。如表2、表3所示[①]，在统计的合肥市非物质文化遗产博物馆、民族（民俗）博物馆、陈列馆（室）、传习所和非物质文化遗产保护机构（文化系统所设保护中心，高校与研究机构所设研究中心）中，由于资金和人员缺乏，众多项目和人员编制都处于极度缺乏的状态，保护和传承工作自然大打折扣。

表2　非物质文化遗产博物馆、民族（民俗）博物馆、陈列馆（室）、传习所数量（单位：处）

类别	保护工作启动前已有	保护工作启动以来新建	性质（综合、民俗、服装服饰、手工艺）	国家所有	私人所有（或管理）
陈列馆	0	1	综合	是	否

表3　非物质文化遗产保护机构
（文化系统所设保护中心，高校与研究机构所设研究中心）（单位：人）

类别	单位数	工作人员数	研究人员数	临时工人数
文化行政部门和联席会议单位的所属的保护中心	1	3	3	0

① 此部分的内容援引了合肥市文化馆内部文件。

开展非物质文化遗产保护工作需要足够的经费保障。在前期开展的"非遗"保护工作中,地方政府虽然已将其列入预算,并投入了部分经费,但仍然满足不了实际工作开展需要。从事基层"非遗"保护的人都在重复着一个声音:"非遗"保护的资金非常有限,根本拿不出钱来做非物质文化遗产的推广。因此,即便针对保护与传承工作的想法和举措,也会因为"囊中羞涩"而无法得以进行,进入无限期滞后的状态。

(二)非物质文化遗产传承人越来越少

在调查的过程中,我们了解到合肥市的"非遗"项目传承人大多年岁已高,生活在农村,缺乏生活来源;在技艺传承方面也后继乏人,年轻人大都在外打工,对传承民间技艺缺少兴趣,一些"非遗项目"处于失传的境地。如图1所示,①以国家级"非遗"项目洋蛇灯为例,由于其技巧复杂难度大,习艺周期长凳多因素影响,年轻人对洋蛇灯的了解甚少,绝大多数人的人对之闻所未闻,这种文化上的"断层"使得文化项目无法在传承人与社会大众之间形成良性的互动和发展,反而将严重阻滞文化遗产的传承,甚至使其呈现出濒临灭绝的危险。当然,除了洋蛇灯,还有包括门歌、火笔画等都呈现出大体相同的处境,传承人生活困难、学习人数很少,有经济效益的项目传承人状况稍微乐观些,如纸扎和葫芦烙画等;经济效益不突出的项目传承人年龄老化严重,其中大部分都在60岁以上(图2所示),缺乏新一代的传承接班人,年轻人宁愿外出打工也不愿花费多年工夫学习技艺,即便在学习的也多是一时兴趣无法得到"真传"。

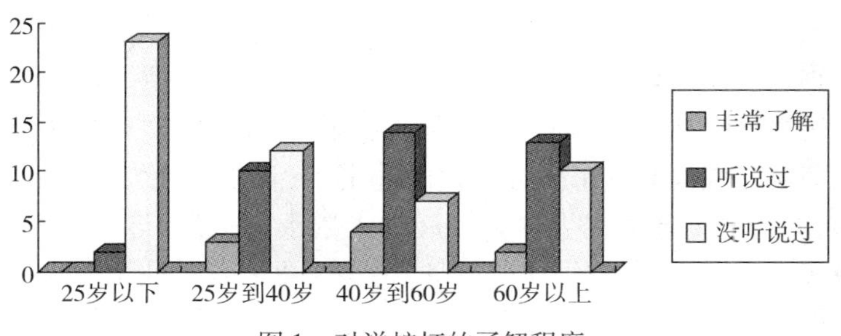

图1 对洋蛇灯的了解程度

① 根据课题组2009年8月组织合肥学院中文系07级学生进行合肥非物质文化遗产调研的部分统计资料生成的数据图表,引用的数据主要来源于程文俊、罗闻《关于合肥首批非物质文化遗产之"洋蛇灯"项目传承保护的调查报告》。

表 4　合肥地区部分市级以上非物质文化遗产代表性传承人名单

序号	级别	名录项目	传承人姓名	性别	年龄
1	国家级	庐剧(合肥市)	丁玉兰	女	80
2	国家级	洋蛇灯(肥东县)	邵传富	男	65
3	省级	门歌(肥东县)	殷光兰	女	76
4	省级	门歌(包河区)	贾德云	男	83
5	省级	火笔画(合肥市)	刘　凯	男	72
6	省级	葫芦烙画(瑶海区)	郑小良	男	48
7	省级	吴山铁字(长丰县)	邓之元	男	62
8	省级	民间扎彩(包河区)	徐明寿	男	48
9	省级	包公故事(合肥市)	葛义云	男	62
10	省级	刘铭传故事(肥西县)	葛义云	男	62
11	省级	庐州大鼓(肥东县、肥西县)	窦常胜	男	62
12	省级	庐州大鼓(肥东县、肥西县)	梁月银	男	67
13	省级	抛头狮(蜀山区)	周运道	男	57
14	省级	紫蓬山庙会(肥西县)	苏有传	男	79
15	市级	唐氏剪纸(庐阳区)	唐定兰	女	86
16	市级	洪氏装裱(瑶海区)	洪富庚	男	58

(三)非物质文化遗产逐渐脱离百姓,缺乏市场,呈现萎缩状态

随着现代文明的发展,对于一些传统的非物质文化遗产,普通百姓特别是城市人民在享受快捷、方便生活的同时忽视了对传统文化的重视和传承。特别是在市场化大潮和外来强势文化的冲击下,青年一代大多以新、洋为美,追求时尚,非遗等传统文化生存和发展的土壤十分贫瘠,许多非物质文化遗产已经或正在消亡。例如,每逢节假日,很多人更愿意前往电影院,欣赏电影带给自己的视觉感受,而很少愿意去剧场观看庐剧表演,或者用逛商场来代替观看民俗表演,用电子科技产品代替传统剪纸装裱艺术品……市场的缺乏使得“非遗”项目无法通过自我的努力在市场上获得生存和发展,而内在动力的缺少必然使得这一项目逐渐萎缩,政府的扶持和帮助也无法从根本上解决这个问题。如对横氏装裱的调查中,由于购买和学习的人很少,只有很少一部分艺人将其作为第一职业来维持自我生存。如对“门歌”的喜好程度调查中,有一半以上的人对其持无所谓或讨厌态度,而不喜欢的原因多是因为其

缺乏时尚、远离百姓生活,具体如图2、图3所示。①

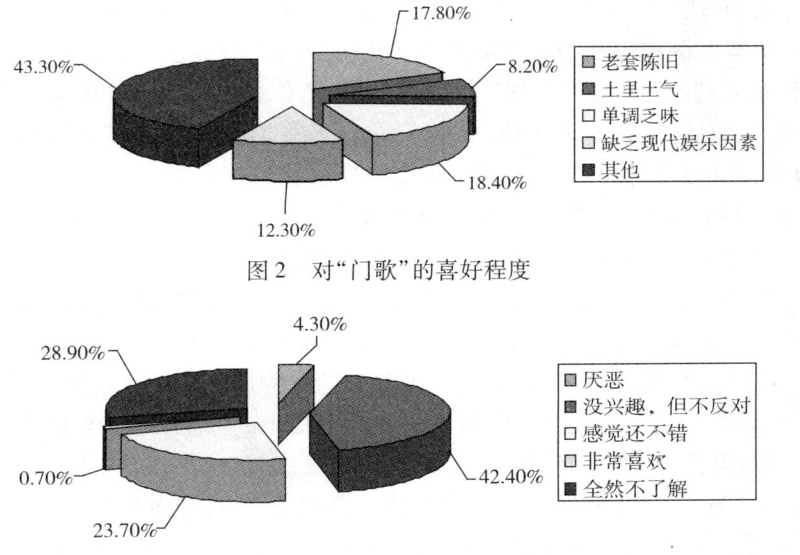

图2　对“门歌”的喜好程度

图3　不喜欢“门歌”的原因

(四)非物质文化遗产保护观念存在差异,保护方法单一

非物质文化遗产作为无形的财产广泛分布于合肥市三县四区不同地方,存在的形式也是纷繁多样,因此对其保护切不可等同视之。然而,在实际的保护中,上热下冷的情况时有发生。在保护工作中,合肥市的态度是非常积极的,但县区一些部门在非物质文化遗产保护上的主导地位不明确,认识不到非物质文化遗产保护的重要性和濒临失传的现实,认识不到非物质文化遗产属于“不可再生资源”,缺乏保护的紧迫感、责任感和使命感,重申报、轻保护,重利用、轻管理的现象普遍存在。在保护方法上,市区县部门一般都采取登记造册、展览和文化活动等形式进行保护,但不同文化遗产由于其自身特点不一定适合这种形式。如手工技艺就不适合采取博物馆、展示馆式的保护,而需要采取“生产性保护”措施不断焕发出其内在的动力。

三、合肥市非物质文化遗产保护与传承对策

对于合肥非物质文化遗产保护与传承工作的现状及存在问题,我们认为

① 根据课题组2009年8月组织合肥学院中文系07级学生进行合肥非物质文化遗产调研的部分统计资料生成的数据图表,引用的数据主要来源于张凤巧、许梦宇《关于“门歌”项目保护、传承现状的调查报告》;汪玲《关于传统手工技艺葫芦烙画的调研报告》。

首先应该吸收在非物质文化遗产保护与传承做得非常好的国家,如韩国、日本、意大利、法国等国的成功经验,譬如韩国对传承人的重点保护和梯级队伍建设,日本在课程改革中着重加强了文化遗产的教育和培训,法国“文化遗产日”和意大利的“文化遗产周”,针对文化遗产保护专门设立的《文化财保护法》等。然后再结合本地实情,实事求是,因地制宜地采取诸多有效措施和创新做法,以达到保护与传承好本地的非物质文化遗产资源。

(一)制定保护办法,完善法律体系建设

我国自2006年以来就非物质文化遗产保护颁布了相关法律法规,《中华人民共和国宪法》和《国务院办公厅关于加强我国非物质文化遗产保护工作的意见》、《国家级非物质文化遗产代表作申报评定暂行办法》都涉及了非遗保护这一概念,期待已久的《中华人民共和国非物质文化遗产法》也于今年六月正式颁布施行。在遵循国家相关法规的前提下,各地方还应积极发挥各自的主观能动性,根据地方实际制定相关地方性法规、保护办法、条例等。合肥当然也不例外,在非遗保护与传承工作火热开展的同时强化相关立法,完善法律体系,使各方面工作能在法律的指导和制约下有序、有质地得以进行。

在法律制定上,不得不首先提到日本,其将非物质文化遗产的概念界定为“文化财”,并分成有形文化财、无形文化财、民俗文化财、纪念物及传统建筑群落五大种类,制定了《文化财保护法》,该法对日本非遗保护的方方面面、乃至全世界非遗保护工作都提供了诸多帮助和借鉴意义。对此,合肥市政府和文化部门也应积极行动起来,具体来说,非遗保护的法律内容主要涉及三方面内容:首先是关于申报和评定办法的制定,以纠正在申报过程中出现的杂乱问题;其次是关乎保护办法和措施的问题,其应明确规定人们在何时采取何种举措进行保护,尤其是在处理旅游开发与非遗保护工作的矛盾问题上,以及强制规定加大力度保护那些由于没有现时经济价值、濒临灭绝的文化遗产项目;最后,主要是关于非物质文化遗产传承人、保护区域的法律保障上,应着重进行救济性保护。当然,法律的制定不是一朝之日就可完成,其也充分征求基层和相关专业人士的意见,同时还随着社会环境的变化、国家宏观政策的调整适时逐步地进行完善。

(二)加强经费投入和专业人员队伍建设,建立保护与传承长效机制

首先,非物质文化遗产保护工作需要建立以政府为主的经费保障机制和专业人员队伍保障机制。通过大量的资金投入和专业人员建设,将非物质文化遗产保护与传承工作作为一项长期系统工程,广泛深入基层进行普查,细致搜集民间民族文化遗存,并通过文字、图片、录音录像等各种形式予以保存。这点可以借鉴韩国、日本做法,针对非遗保护工作,指定专门的资金保护

方案和保障机制，如《文化财产保护法案》，规定每年至少将多少比例的文化资金投放到非遗保护与传承工作中，确保资金到位和物质保障。

其次，针对不同的遗产类型，建立对应的保护措施，进一步将其向百姓生活和市场推广，以缓解“重申报、轻保护”的现象，确保其得到合理的保护，并进一步发扬光大。如对国家级非物质文化遗产“庐剧”的保护，合肥市政府和文化部门需要联合开展行动，政府出资，部门出力，建立梯级表演团队，开展各种大小庐剧表演，提高其市场参与度，也扩大其观众队伍，在表演中获得保护与传承。这种长效机制的建立必将促进文化市场的繁荣，反之在无形中刺激了文化的保护与传承。

（三）生态性保护——建立博物馆式的保护机制

非物质文化遗产生态性保护方式，是指通过固定、有形的方式将那些无法在现代社会继续存在和发展的文化项目以原始的方式永远地保存起来，可供人们查阅和了解，以不至于在现代社会的冲击中变质或消亡，博物馆式的保护机制则是其最佳途径。非物质文化遗产保护强调坚持原生地保护的原则，从博物馆本身的作用来看，其可以将众多体现着地方社会文化生活的整体特征和特点的非物质文化遗产进行区域性的永久式保护。因此，针对那些因为时代变迁，无法继续活跃于现代社会中的民族民间文化遗存可以将其放置于“博物馆”这个天然的保护屏障里面，既不会因为现代文明的侵扰而使其变质，也可以将其内在的文化生态型和地域性特色展示给别人。如“门歌”这种民间音乐只有在食不果腹、需要以乞讨为生的社会中才可以盛行起来的文化遗存，已经无法在衣食无忧的现代社会中进行表演了，因而只有将其歌曲内容、曲调等内容以合适的形式放到博物馆进行保护和展览，其才可以避免流失和消亡的厄运。

（四）生产性保护——创造物质财富，繁荣文化演出市场

“非物质文化遗产生产性方式保护，是指通过生产、流通、销售等方式，将非物质文化遗产及其资源转化为生产力和产品，产生经济效益，并促进相关产业发展，使非物质文化遗产在生产实践中得到积极保护，实现非物质文化遗产保护与经济社会协调发展的良性互动。生产性方式保护是我们在非物质文化遗产传统技艺保护实践中探索出的非物质文化遗产保护新途径和新理念，其宗旨是‘以保护带动发展，以发展促进保护’。”[①]这是一种活态的保护方式，特别适用于那些具有活态流变性的特殊文化形式，如传统手工技艺类

① 徐涟、吕品田．非物质文化遗产“生产性方式保护”的意义与前景[N]．中国文化报，2009. 04. 13.

和戏曲、曲艺类。

“传统手工技艺在长期的手工劳动实践中形成和发展,其技术内涵和文化属性依存于现实事功的践行过程,形态特征和功效作用也只有在生产实践的具体活动中才能得到展现和发挥。而‘生产性方式保护’,便是切合手工技艺存在形态和传承特点,遵循非物质文化遗产自身规律的社会文化实践。这意味着受保护的传统手工技艺同样要参与创造当代社会财富的生产实践;要在特别提供的保护条件下,通过实际的生产过程来‘显发’其‘本体’存在的活态形式以及这种活态形式的实在价值和现实效益。”①如此看来,为传统技艺创造继续生产的条件,使之活在当下,活在我们的生活之中,是生产性保护方式所要追求的目标,而这种保护目标实现的关键是需要为传统技艺提供继续生产的切实条件,以保护其“生产性”或“实践性”,而不是将其“表演化”。笔者在调研走访中,相关技艺类传承人都表达了共同的愿望,希望不要只是在各类活动中热闹一番,旋即归于落寞。期盼在可行的条件下,合肥市政府应特别建立传统技艺生产实践特色街区,廉价为传承人提供传习场所,形成集传统技艺展示、培训、生产、销售于一体的生产实践基地,切实改善工匠生活条件和社会地位,并在技艺传承传统方式维护、核心技艺知识产权保护、生产必要的原料工具供应、产品出路等方面加以政策扶持和制度保障,以对各种手工技艺类产品进行整体性的活态保护,使传统技艺在不违背其内在规律和自身运作方式,不扭曲其自然衍变趋势的前提下,将其导入当代产业体系,使之在生产实践中得到积极保护。

另外,非物质文化遗产活态性特点,决定了对于包括戏曲、曲艺在内的一部分非物质文化遗产种类,必须实施动态的“生产性方式保护”。“要秉持‘积极主动’的保护理念,在坚持本体特征即保持本真特点的前提下,不断赋予传统的遗产形态以合理适当的现代内涵,通过发掘,激扬和彰显其在当代人生活中的价值与作用,包括直接服务于当代人的精神与物质生活需求。”②如合肥文化部门广泛开展庐剧、洋蛇灯等文化演出的活动,以在活跃文化演出市场的同时对其进行更好地保护与传承。在节庆、民俗活动、文化活动中更应特别地策划相关非遗项目的演出,以让市民在观赏节目的潜移默化中产生文化的认同感和保护文化的重任。

---

① 徐涟、吕品田．非物质文化遗产“生产性方式保护”的意义与前景[N]．中国文化报,2009.04.13.

② 徐涟、吕品田．非物质文化遗产“生产性方式保护”的意义与前景[N]．中国文化报,2009.04.13.

（五）创新传承方式，建立健全传承人保护机制

受现代化和市场化的冲击，当下的青年一代都不愿师承研习非遗技艺，因为这既不能糊口，更难以养家，还不如外出打工挣钱来得快捷实在。非遗传承面临断代失传的危机，因此仅仅依靠先前的师徒传技是无法奏效的，传承方式亟待改革和创新。在对葫芦烙画学习意愿的调查中（如图4所示），我们发现很少有人再将学习该作为自己生活的经济保障了，而更多的是兴趣和文化传承的重任。因此针对性地开展传统民间技艺培训班，聘请传承人授课，扩大学习队伍，使传承队伍由是个体走向群体。同时，借鉴日本、韩国做法，应对文化项目的传承人登记入层，必要时进行等级分类，针对不同类别和级别指定特殊的保护和补助方式，首先从源头上确保传承人的生活得到保障，其次对其所具备的技艺加以强制式的传承方案，规定其必须对其中有着特殊天赋和兴趣浓厚的学习者应该着重进行重点培养，每培养一个就应给予丰厚的补贴和奖励，令其技艺永久性的传承下去。如此循环的“滚雪球”效应，只会让学习非遗文化项目和传承的人越来越多。此外，对于民间戏曲、音乐、舞蹈、美术、曲艺、手工技艺类等相关传承项目在职业院校开设相关专业，给予政策扶持和措施激励，吸引更多年轻人学习传承，培养后备力量，使传承后继有人，不失为一种良性的传承机制。

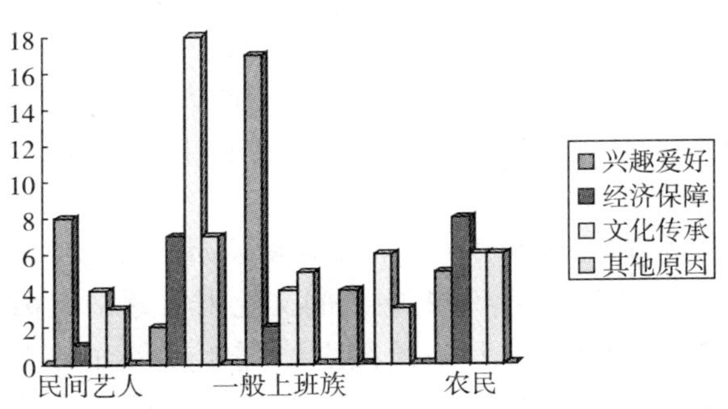

图4 学习葫芦烙画的原因调查（单位：人）

（六）在旅游开发中延续非遗的文化功能，加强其生命力

做好“非遗”保护与传承工作，除了需要文化部门恪尽职守做好相关工作之外，旅游行业在其中也是大有文章可做。旅游产业和非物质文化遗产之间有着很深的内在联系，其完全可以作为旅游资源加以开发和科学合理的利用，更好地发挥非物质文化遗产的价值，焕发起其应有的生命力，达到“永续性保护”的目的。当然也有一些学者认为“当把非物质文化遗产变成商品的

时候就不再具有原来的功能,这是对非物质文化遗产的破坏和亵渎。"[①]对此,笔者并不苟同,"开发"与"保护"虽然是事物的两个方面,但开发并不一定就意味着破坏,二者之间在科学合理地配合之中实现两种价值。

旅游资源是指"在自然界或人类社会中凡能对旅游者产生吸引力,可以为旅游者开发利用,并能产生经济效益、社会效益和环境效益的各种事物和因素。"[②]而"非物质文化遗产"本身即可凭借其自身独特的地域性、强烈的民族性、顽强的生命力等特征而对游客产生吸引力,因而是一个富有活力且生生不息的旅游资源。联系合肥市非物质文化资源,我们可以清晰地感觉到在旅游开发中保护"非遗"的可行性和重要性。以下仅合肥市城隍庙这一区域的非物质文化遗产旅游开发为例进行说明。

城隍庙作为老合肥的象征和现代商业中心的代名词,其蕴含了很多合肥的精神风貌和社会文化,无论是普通市民,还是外来游客,一般都会前往此地,因而也就造就了其十分庞大的人流团队,但来往目的却都是以商业贸易为主,旅游开发却一直处于滞后状态。试想一下,如果将那些红砖灰瓦、青石板路周围的商业网点减少一些,引入更多的"非遗"文化项目,让市内外人民可以在其中喝茶欣赏庐剧、观看民俗表演、学习体验手工技艺、购买民俗产品、欣赏文化展览等等,该地是不是合肥又一处名副其实的"旅游文化"景点?然而更为重要的是,这样的开发和保护不仅不会对"原生态非物质文化"构成冲击和破坏,反而会进一步加强文化本身的生命力,功能上也不仅仅局限于单个的教化,旅游本身的经济效益、社会效益、文化效益能更加清晰地凸显出来。

(七)加大宣传力度,培育传统文化生存发展的土壤,形成公民文化自觉

非物质文化遗产作为一种历史悠久的文化财富逐渐远离普通百姓的生活,除了历史发展、时代变迁等固有原因之外,宣传力度的不到位也是其中重要原因,因此传媒的作用自然不可小视。在搜集整理非物质文化遗存的同时,也应积极开展宣传活动,让百姓明白非物质文化遗存的具体内容和保护的重要性,知道非遗,了解非遗,并进而保护和传承非遗。非物质文化遗产蕴含的信息量非常丰富,单一的传媒样式很难达到理想的传播效果。因此,在进行非物质文化遗产报道的时候,表现形式需要实现文字、图像、视频等多种样式的综合,传播手段也需要实现平面与网络的综合,在传播过程中构建起立体的、互动性强的感知环境,营造出融合性强的文化氛围,从而实现良好的

---

① 辛儒.论当前非物质文化遗产与旅游开发[J].商场现代化,2008.04(下月刊).

② 辛儒.论当前非物质文化遗产与旅游开发[J].商场现代化,2008.04(下月刊).

传播效果，营造出很好的保护与传承氛围。如对庐剧的宣传紧靠文字介绍是无法让市民全面了解其传承历史、艺术风格和特色价值等，而需要借助视频、图片等立体的宣传方式。与其同时，保护措施也可考虑与媒体功能、特点相结合，如与媒体单位共同开办相关技艺传承培训节目、策划大型文化文艺汇演等群众文化活动，必然会产生“有形”（推广文化产品）和“无形”（增强文化认同感）的双重作用。

同时，由于基层民众是非遗保护、传承和发扬的主体，“无形文化遗产首先是对它们的社区母体或族群的民众具有现实的意义，它们首先是基层社区、地域社会或族群共同体的文化。如果要想保护得好，就需要承认和尊重一点，保护的最后都必须落实到它们所依托的社区，都必须是使它们在民众生活中得以延伸或维系。”①因此，为了使保护非物质文化遗产意识深入人心，让更多的群众知晓本土民族民间文化的家底，自觉参与到非遗保护工作中来，文化部门可牵头组织开展一系列形式多样、主题鲜明的非遗宣传、展示、演出活动；同时积极推进非遗进校园、进教材，在大中小学学开设与非物质文化遗产相关的课程等；更为重要的是合肥市各县、乡、社区、街道要开辟拓展公共文化空间，营造传统节庆、民俗文化气氛，培育传统文化生存发展的土壤，推动优秀的非物质文化遗产融入现代日常生活，让民俗回归民间。正如著名非遗保护专家乌丙安先生所指出的：以后的保护更多的是回归，大节日、大庙会把以前的节日原封不动地还给人民。“如日本一年四季，几乎每个城市或村镇、街区，都有自己地方性的‘节祭’，届时社区居民均会踊跃参加，从而既有效地保护了以节祭形态存续的非物质文化遗产，又能够促成社区团结，增加地域或社区、族群的认同。”②笔者以为这种政府扶持引导、传承人责任明确、公民文化自觉的三位一体的良性传承机制，应是非遗活态保护和传承的理想境界。

① 廖明君、周星．非物质文化遗产保护的日本经验[J]．民族艺术，2007.01.

② 廖明君、周星．非物质文化遗产保护的日本经验[J]．民族艺术，2007.01.

奇特之城　动漫之都
——浅析芜湖市城市品牌建设

许凌虹*

摘　要:近年来,城市品牌在推动城市发展、提高城市竞争力方面的作用日益凸显,城市品牌建设也越来越受到城市管理者的重视,并且逐步呈现出与城市化和城市现代化并驾齐驱的态势。塑造城市品牌,整合城市资源,提升城市形象,已经成为一种时代潮流。在这股浪潮中,芜湖市充分依托现有资源,着力打造"奇特之城,动漫之都"的城市品牌;充分利用自己的区位优势、文化优势和创新优势,创建了方特欢乐世界这样一个集成创新的文化奇迹;并充分发挥动漫产业的积聚效应,加速推动芜湖实现城市经济社会的跨越式发展。本文分析了芜湖文化产业发展的基础,探讨了其发展模式,即"政策+品牌+产业链"。总结了其发展经验:加强政策引导,打造城市品牌,拉动消费市场,构筑产业集群,形成规模效应,注重人才培养等。

关键词:城市品牌;奇特之城;动漫之都;文化产业

在城市化这场没有硝烟的城市商战中,城市品牌与城市形象是决定胜负的重要武器。城市品牌的成功塑造,对于推动城市发展至关重要。城市品牌是城市发展的"导向牌"、是城市形象的"金名片"。它是一座城市最为宝贵的无形资产,是城市综合竞争力的集中表现,也是一个城市进入国际市场的通行证。随着城市品牌在推动城市发展和提高城市竞争力方面的作用日益凸显,城市品牌建设也越来越受到城市管理者的重视,并且呈现出与城市化和城市现代化并驾齐驱的态势。城市品牌的成功塑造对于城市的发展有着巨大的带动作用。打造城市品牌,整合综合资源,提升城市形象,已经成为一种

* 作者简介:许凌虹,安徽师范大学传媒学院副教授。

世界潮流。

城市要在竞争中取得优势，必须建立起自己的城市品牌。创建城市品牌，不只是有令人赏心悦目的城市风貌，还应有健全的城市功能和深厚的历史文化底蕴。传承自己所固有的特色，充分反映出城市的灵魂、核心价值与附加值，这样才会具有真正的品牌魅力和品牌价值。城市品牌存在的价值就在于能够体现这个城市鲜明的个性，使它在别人心目中有一个独一无二的特征或特色，要告诉别人“我是谁”。一个没有个性的城市就没有差异化竞争的优势，没有灵魂的城市就没有内涵，没有内涵的城市就没有可持续发展。这就要求我们在塑造城市品牌的过程中，必须充分挖掘城市的各种资源，按照唯一性、排他性的原则，找到城市的个性、灵魂与理念。

一、芜湖打造“奇特之城　动漫之都”城市品牌的基础优势

1. 优越的区位环境

芜湖市是一座典型的滨江山水城市，素有“半城山、半城水”之称，是皖南经济、文化、交通、政治中心。随着中部崛起的提出并迅速提升为国家发展战略，芜湖的区域位置赢得了优势。芜湖位于安徽省东南部，地处长江下游平原南岸，南倚皖南山区，北望江淮丘陵，浩浩长江自城西南向东北奔流而过。芜湖又地处长三角西北部，紧邻东部沿海发达地区，居于华东地区的中心位置，是交通部确定的长江中下游重要的交通枢纽城市，是国务院批准的沿江重点开放城市，地理位置非常优越。尤其与长三角发达地区之间交通便捷、交往频繁，作为长三角经济发展的纵深腹地，有近水楼台之利，具有得天独厚的区位环境。因此，芜湖市在招商引资、经验交流、信息传递等方面都具有安徽省其他城市所不可比拟的区位优势。

2. 深厚的文化底蕴

芜湖是一座历史文化悠久的古城，具有丰富的文化资源。历史上，芜湖以“青铜、古瓷、地藏、徽商、铁画、西洋建筑”而著称，是一个拥有近3000年历史的古城，在民间艺术、工艺美术、宗教文化、名人遗存等方面都有深厚的历史积淀。繁昌“人字洞”是亚洲最早的人类活动遗址；南陵大工山铜矿遗址、芜湖铁画等是国家级重点保护文化遗产，这些都昭示了芜湖源远流长的文明史。独特的地藏文化、江南山水文化、众多的红色革命文化以及地方美食文化等，则凸显了芜湖地区文化资源的丰富多彩。芜湖中山路步行街是全国三大步行街之一、方特欢乐世界是目前亚洲规模最大的第四代主题公园。这些都说明芜湖是一座文化积淀很深的古老而又年轻的城市，这正是发展城市品牌所不可或缺的东西。

3. 良好的政策环境

近年来，作为全国文化体制改革先进地区之一，芜湖市重视文化产业发展，市委、市政府把文化产业作为战略性支柱产业加以打造，先后出台了《关于鼓励扶持动漫产业发展暂行规定》(2007)，《关于推动社会主义文化大发展大繁荣的实施意见》(2008)，《中共芜湖市委、芜湖市人民政府关于大力推进三产兴市战略的实施意见》(2009)、《芜湖市关于加快文化产业发展的政策》(2010)。为抓住"十二五"发展机遇，芜湖市文化委员会编制了《芜湖市文化创意产业发展规划(2009—2015)》。此外，芜湖还制定了相关专项政策，如《芜湖市关于鼓励扶持动漫产业发展的暂行规定》(2007)、《鸠江区鼓励扶持动漫产业发展的相关政策》(2009)、《关于加快商标品牌建设的实施意见》(2010)等。上述政策的制定、完善与实施，对芜湖文化产业发展起到积极的推动作用。

4. 浓厚的创新氛围

芜湖没有能源、矿产等资源优势，长期以来没有国家重点投资建设的大型项目，之所以能够实现快速发展，完全得益于创新精神。芜湖文化是在本土文化的基础上融合了西洋文化和徽商元素，形成了自己独有的文化特质，可以概括为六个字:创新、包容和开放。芜湖历史上就是长江巨埠，徽商在此经营兴盛数百年，多元文化在这里交流融合，四海过客在这里创新创业，从而形成了芜湖特有的城市文化。创新作为一种历史积淀，已经成为了这座城市发展的特质。2005 年 9 月，芜湖市又提出要大力构建和弘扬"崇尚创新、宽容失败、支持冒险、鼓励冒尖"的创新文化，让一切有利于创新创业的思想进一步活跃起来，激发创新活力，形成浓厚的创新氛围。改革开放之初，芜湖就出现了以"傻子瓜子"为代表的草根创新;新世纪之初，奇瑞汽车冲出中国、走向世界，打造出我们中国人自己的拥有自主知识产权的汽车品牌，书写了创新创业的传奇。总之，芜湖不乏创新意识、创新人才和创新氛围。而这恰恰是培育和开发特色文化创意产业最适宜的土壤。

5. 较好的经济基础

近十年来芜湖经济快速增长，城市经济实力不断增强，人民生活水平得到较大提高，为城市文化品牌发展奠定了坚实的物质基础。一般来讲，文化产业的发展需要一定的经济支撑，市场、资金、科技、人才是发展的关键，需要经济投入。近些年以汽车、建筑、金融为代表的城市经济的发展，为芜湖城市发展奠定了深厚的基础，也为城市文化品牌发展提供了条件。仅以动漫为例，2007 年芜湖市制定了《关于鼓励扶持动漫产业发展暂行规定》，每年财政划拨 1000 万元的动漫业专项发展资金，建设了动漫产业孵化中心，将动漫产业作为战略性产业加以培育。若没有雄厚资金作保障，此规划恐怕难以实施和维持。现代工业的发展推动了芜湖居民生活水平的提高，随着居民物质生活水平的不断提高，文化需求将逐渐呈现出多受众、多样化、多层次的特征，将构成庞大的文化消费市场，城市文化品牌产业的本地市场需求旺盛，市场前景较为广阔。

二、芜湖打造“奇特之城　动漫之都”城市品牌的独特优势

芜湖之所以有条件打造“奇特之城，动漫之都”的城市品牌，以动漫为依托发展文化创意产业，一个最重要、最关键的因素就在于拥有方特欢乐世界这样一个集成创新的文化奇迹。它在业界被称为“无中生有的芜湖创造”。方特欢乐世界的成功开发及其产业带动效应给芜湖市的经济发展带来巨大的活力。在金融危机环境下，芜湖方特欢乐世界正成为带动地区经济发展的一枝美丽“口红”。在经济学中“口红效应”指每当经济不景气时，人们的消费就会转向相对廉价的商品。口红虽然不是生活必需品，却兼具廉价和粉饰的作用，给消费者带来心理慰藉，而这恰恰也是文化品牌产品的特点。在金融危机环境下，以深圳华强文化科技集团为首的主题公园却逆势而上，成为带动中国经济的一枝美丽“口红”。方特欢乐世界 2007 年 10 月试营业，它以奇旺的人气、红火的业绩，被人们誉为“方特现象”。而随着第二个以动漫为核心的文化主题公园——方特梦幻王国的建成营业，方特必定会再创辉煌。

“方特”到底有什么“特”别之处呢?

1. 方特是有中国特色的文化创意

在打造自主产权的科技王国的同时，方特在运用高科技手段的创意中特别注重凸显“中国元素”。在方特的游乐项目中，无论是时尚还是经典的主题，几乎个个都可以看到“中国元素”。周游世界的惊险之旅，可以看到珠穆朗玛峰、故宫、万里长城；“悟空归来”项目，让游客在神秘空间一睹齐天大圣的风采。而在刚刚开业的方特梦幻王国里，盘丝洞、兵马俑、水漫金山、十二生肖等一系列把中国民族文化与高科技手段完美融合的项目，也在游客面前完美呈现。方特已经成功地把博大精深的中华民族文化变成了与现代时尚对接的文化产品。

2. 方特是业界创新的产业龙头

对于芜湖而言，方特欢乐世界不仅是科技王国，是文化创意，更是最为直观的旅游热点，拉动旅游经济和城市发展的龙头项目和金字招牌。游客在方特不仅以购买门票和园内购物进行着“一次消费”，而且也在芜湖通过住宿、

餐饮、购物、交通等多种形式,进行“二次消费”、“三次消费”。由此可见,方特欢乐世界的成功开发对于芜湖的旅游经济和动漫产业的带动效应是非常强劲的。方特是文化创意,是高科技,是旅游业,但又不是任何一个单纯业态可以涵盖的。应该说,方特是在深化体制改革、大力发展文化产业历史背景下诞生的崭新业态,是一个集成创新的文化奇迹。它无疑将成为芜湖打造“动漫之都”的强劲助推器。

3. 方特是自主产权的科技王国

方特是我国首个拥有自主知识产权、集文化科技旅游于一体的大型主题公园。方特的300多个景点,内容涵盖现代科技、未来科技、科学幻想、神话传说。一个个精彩项目的背后,无不与现代计算机、自动控制、数字模拟与仿真等各种高科技有着千丝万缕的联系。更难能可贵的是,这是一个完全由中国人自己研发、设计、建造的高科技王国,在创意、软件、影视等方面拥有完全的知识产权。

三、芜湖打造“奇特之城　动漫之都”城市品牌的重要意义

1. 打造“奇特之城动漫之都”城市品牌有利于进一步推动芜湖成为新兴旅游目的地

在方特入驻芜湖市大桥开发区之前,这里大部分是荒滩荒地。随着方特欢乐世界的建设和营业,这里大型住宿、餐饮、高档零售企业增长势头强劲。由此可见,方特欢乐世界的成功开发对于芜湖旅游经济的带动效应是非常强劲的。

由华强集团投资兴建的第二个以动漫为核心的主题公园——方特梦幻王国,已于2010年12月8日建成试营业。该项目主要包括盘丝洞、兵马俑、水漫金山、十二生肖等12个主题区,除了和方特欢乐世界一样以动漫和高科技为核心,它的另一特色就是凸显中国元素。这标志着芜湖已经形成以“方特欢乐世界”和“方特梦幻王国”两个大型主题公园共同组成的文化“航空母舰”。

以动漫产业为依托,以两大文化主题公园为载体,打造“动漫之都”城市品牌,对于进一步带动芜湖成为新兴旅游目的地具有重要意义。这将进一步带动芜湖成为新兴旅游城市,同时也将为打响“动漫之都”的城市品牌奠定强有力的基础。在“十二五”期间,芜湖要进一步打造五个以上不同风格的主题公园,如汽车主题公园、冰雪主题公园、徽文化主题公园等,形成以“高科技+文化+旅游”为支撑的大型文化主题公园集聚区,力争把芜湖打造成为“中国的奥兰多”,从而使芜湖真正跻身于国内新兴旅游目的地行列。

2. 打造“奇特之城动漫之都”城市品牌有利于进一步提升芜湖的知名度和美誉度

如果说，“傻子瓜子”最先使芜湖闻名于全国，是芜湖走进新时期的第一个城市品牌，“老三篇(芜湖港、朱家桥外贸码头和经济技术开发区)”是凝聚了改革开放的芜湖人开拓进取、艰苦创业的核心价值的第二个城市品牌，芜湖长江大桥是见证芜湖这座皖江明珠城市起飞的第三个城市品牌。那么，芜湖最大的变化还是“奇特之城”的崛起(奇瑞汽车城和方特欢乐世界城)，它是芜湖市发展道路上创造出的第四个城市品牌。近年来，芜湖在国内的知名度不断提高，主要得益于方特欢乐世界的成功开发。“天造黄山、佛造九华、人造方特”的说法，使得越来越多的人开始了解芜湖、关注芜湖，成为安徽继黄山、九华山之后的第三大旅游景区。以动漫产业为依托，实现文化创意产业的大发展大繁荣，打造“动漫之都”的城市品牌，对于提升芜湖的知名度和美誉度具有重要意义。

3. 打造“奇特之城动漫之都”城市品牌有利于进一步推动芜湖实现经济社会的跨越式发展

近年来，中国动漫产业正迎来发展“黄金期”，它在保增长、扩内需、促就业方面的重要作用开始逐步显现。对于芜湖而言，同样也不例外。自从2006年“方特欢乐世界”落户芜湖，芜湖市的动漫产业实现了一次完美的弯道超车。在金融危机环境下，芜湖方特欢乐世界正成为带动地区经济发展的一枝美丽“口红”。当前，芜湖市正在大力实施“三产兴市”战略，明确提出要把文化产业作为未来的战略性支柱产业加以培育。事实证明，以“方特”为代表的一批文化产业重大项目在保增长、扩内需、促就业方面的重要作用已逐步显现。在“十二五”时期，芜湖市将把以动漫为依托的文化创意产业打造成芜湖经济的一个新增长点，为芜湖市经济社会的跨越式发展作出重要贡献。因此，以动漫产业为依托，实现文化产业大发展大繁荣，打造“动漫之都”城市品牌，对于进一步加速实现芜湖市经济社会跨越式发展具有重要意义。

四、芜湖市打造“奇特之城　动漫之都”城市品牌的有效路径

芜湖市将城市文化品牌产业作为战略性产业培育，发挥政府“推手”作用，加强政策扶持，积极引导，高起点规划、高水平建设，支持城市文化品牌产业做大做强，同时大力推动城市文化品牌与旅游产业相互辐射、相互带动，形成“政策引导+文化品牌+产业链”的城市文化品牌产业模式，即借助区位优势，加强政策引导，依托文化遗产和产业经济基础，整合文化资源，通过创新包装和策划，实施一批重大文化品牌项目的带动，打造文化创意旅游集群，提

升区域价值，继而开发多种类型的产业组合。

1. 确立宣传理念，找准城市文化品牌定位

准确的城市定位是城市发展战略的核心和灵魂。只有独特鲜明的城市品牌定位才会有助于城市的健康发展。因此，塑造城市品牌的关键是找准城市定位，以体现自身的核心价值和鲜明个性。没有精髓的城市，等于一座没有生命的孤城。要找出城市存在的精髓，就必须首先进行准确鲜明的城市品牌定位，也就是要确定区别于其他城市品牌的品牌个性和特色。对于芜湖来说，这座城市赖以发展的核心价值和灵魂就是自主创新，而最能体现自主创新精神的典范就在于奇瑞和方特。据此，芜湖确立了自己的城市品牌的宣传定位，那就是："奇特之城创新领秀"，以此作为城市品牌宣传的着力点和突破口。

2. 加强政策引导，实行市场化运作，以大企业、大项目带动中小项目的发展

芜湖的城市文化品牌建设不同于其他城市，它采取"政府出政策引导，企业市场运作"的模式。如前所述，近几年芜湖市先后出台了若干城市文化品牌产业发展政策，同时按"立项一批、开工一批、建设一批、竣工一批、储备一批"的要求，严格城市文化品牌产业项目的立项、监督与管理。同时，芜湖市委市政府立足自身优势，在资本运作、对外合作、人才培养、技术创新、海外拓展等方面给予企业大力引导和扶持，营造出更加浓厚的城市文化品牌发展氛围。以芜湖市重点发展的动漫产业为例，芜湖市充分发挥国家级动漫产业基地的优势，设立了动漫产业专项发展基金，启动了一批重点文化产业项目建设。动漫产业因其很长的产业链、广泛的受众，正在成为我国一个新的经济增长点。芜湖市抢抓机遇、主动出击、直面前沿，2004 年与深圳华强集团签下了在芜湖长江大桥综合经济开发区建设方特欢乐世界的协议，这不仅对芜湖，而且对整个安徽的动漫产业上规模、上档次都起到非常关键的作用。

在引进文化创意企业中，芜湖市立足于招大商引大资，主动"走出去""请进来"，积极引导各类社会资本走入文化产业，寻求与国内外文化产业大集团合作，提供良好政策环境，吸引大企业落户，积极鼓励多种社会力量进入文化创意产业，形成多元化投资格局。通过大企业、大项目，高起点，来吸引中小型企业和项目来芜湖发展，形成聚集效应，把芜湖打造成为具有一定国际影响力的、国内一流的文化品牌产业聚集地和区域性文化中心。如方特欢乐世界、滨江文化艺术中心、芜湖市大剧院、芜湖古城改造项目、安徽广电文化产业园等，这些项目将给芜湖市带来显著的经济效益和社会效益，芜湖城市文化品牌也将成为中国城市品牌发展模式的示范。

3. 打造一流动漫团队，培育各类动漫人才

长期以来，中国的动漫产业很少有作品能够做到脍炙人口、家喻户晓。究其原因，主要是动漫人才的缺乏。芜湖要打造动漫之都、振兴动漫产业，首先要建立一流的人才培育基地，着力培养四类人才：一是动漫原创形象设计人才；二是动漫剧本创作人才；三是动漫技术制作人才；四是动漫制品营销人才。

芜湖在这类人才培养上具备了一定的条件：芜湖现拥有高教园区和职教园区，有安徽师范大学、安徽工程大学、芜湖职业技术学院等9所高等院校，在校大学生近10万人，其中文化产业管理、动漫、美术、计算机专业的在校生近万人。目前已有六所高校开设了动漫及相关专业，为动漫人才培养提供了良好的条件。尤其是安徽师范大学、安徽工程大学、工程科技学院的美术专业，师资力量在国内美术界享有一定盛誉；而其他一些高校的营销人员和电脑应用技术人员的培养也是各具特色的。芜湖可以充分依托这些现有资源进行整合，并引进一批大师进行专门的人才培养和造就，从而打造出一流的动漫团队，为"奇特之城动漫之都"城市文化品牌的成功打造奠定坚实的人才基础。

4. 加快原创动漫崛起与发展，凸显芜湖城市文化品牌特质

美国大片《功夫熊猫》融合了多种中国元素，并发挥得淋漓尽致，让我们中国人看了都觉得新奇。这说明中国元素已经越来越国际化，成为了国际动漫作品的创作源泉之一。芜湖作为原创动漫行业的后起之秀，要想把这条路走得更远、更稳，就只能在中国特色、安徽特色、甚至是芜湖特色上下工夫。在第二届中国国际动漫产业交易会上，芜湖本土制作的两部动画片《铸剑》与《鲁班》就受到了各界人士的高度关注和一致好评。《铸剑》就是以春秋时期干将、莫邪在芜湖神山"淬铁成钢"，铸造出绝世好剑——莫干剑的人文历史为背景，着力弘扬中华剑文化的动漫作品；而《鲁班》则是本土企业——鲁班集团与浙江金字塔3D动漫影视机构合作出品的，旨在弘扬传承多年的鲁班精神。这两部作品把中国传统文化与芜湖这座城市的特质融合在一起，成就了绝佳的典范。只有沿着这条路走下去，创造出更多、更优秀、更中国化、更具芜湖特色的动漫作品，才能真正实现中国原创动漫的快速崛起，才能真正打响动漫之都的城市品牌。

5. 扩大动漫产业链，搭建有效交流平台

动漫产业不光是设计、制作、生产音像制品、图书杂志等初级产品，还包括游戏软件、玩具、服装、演艺活动、主题公园等一系列衍生产品。芜湖要做大做强动漫产业，需要在四个方面多花力气：一是加大与动漫产业相关知识产权的保护力度，搭建动漫产权交易平台，保护动漫原创者的积极性；二是加大动漫产业培育力度，降低动漫产业准入门槛，从财政、税收等方面加大对动

漫产业的扶持力度；三是加大动漫产业的融资力度，搭建融资交易平台，降低动漫产业初期发展的风险；四是加大旅游产品园区建设，搭建产品转换平台，把旅游产品和动漫衍生品结合起来。

6. 构筑文化产业集群，产生孵化和规模效应，形成“一业为主、多业发展”的城市文化品牌新格局

要想真正提升芜湖的知名度和美誉度，打响“奇特之城动漫之都”的城市品牌，决不能仅仅依靠动漫产业来唱独角戏。只有形成“一业为主，多业共同发展”的新格局，才能整体提升芜湖的城市竞争力和吸引力。放眼欧美发达国家的文化产业，其成功的关键是以品牌为核心，充分挖掘和延伸产品上下游，打造产业链，同时注重规模效益，积极构筑产业集群，从根本上提升产业核心竞争力。芜湖城市文化品牌产业要在较短的时间里赶上先发地区，就必须打造出若干符合市场规律的、完整的创意产业链，并围绕产业链培育出一批富有竞争力的产业集群，产生规模效应。近几年在城市文化品牌产业结构和布局上，芜湖市以“两城”（华强文化科技旅游城、芜湖古城）、“两基”（国家动漫产业基地、文化创意产业基地）建设为重点，着力抓好牵动性强、市场前景好的城市文化品牌产业项目，做好重大城市文化品牌项目的谋划和建设。在全球金融危机的大背景下，芜湖市文化产业蓬勃发展。其中华强方特欢乐世界已经具备申报国家级文化产业示范基地的条件，要进一步打造成具有影响力的动漫原创基地。这些城市文化品牌产业项目投资规模大，文化含量高，特色鲜明，将给芜湖带来显著经济效益和广泛社会效益。所以，只有真正形成“一业为主、多业发展”的城市文化品牌新格局，才能实现文化创意产业大发展大繁荣，真正打响“奇特之城动漫之都”的城市文化品牌。

城市品牌的建立和推广是一个长期的过程，而非一朝一夕，所以，在塑造城市品牌的过程中，必须要常抓不懈，要做好长期作战的准备，不能半途而废。

陈独秀、皖籍精英群与"新文化运动"*

檀江林　汪　红**

摘　要: 辛亥革命至五四运动是旧民主主义向新民主主义革命的重要转型期,而开启这个转折的节点就是《新青年》杂志及其"新文化运动"。本文通过对陈独秀与《新青年》发展历程的个体考察,诠释安徽在"新文化运动"历史转折期间的人文社会风貌,探讨陈独秀为代表的皖籍精英在"新文化运动"中的功能地位和生成分析,厘清皖籍精英群在中国近代转型中的引领作用,借以拓展中国现代学术史的研究领域,进一步彰显陈独秀在辛亥革命到中共建党期间的知识界领袖风范。

关键词: 陈独秀;皖籍精英;新青年;新文化运动

辛亥革命至五四运动是旧民主主义向新民主主义革命的重要转型期,而开启这个转折的节点就是新文化运动。环顾世界文化发展规律脉络与,最辉煌的文化繁荣无不发生在历史转型期。研究近代中国历史发展的转折,尤其是作为近代历史重大转折的新文化运动,对于认识中国近代历史发展的曲折性、艰巨性,探寻历史发展道路的可选择性与规律性等等,都大有裨益。本文通过对陈独秀的个体考察,诠释安徽在新文化运动历史转折期间的人文风貌,探讨陈独秀为代表的皖籍精英在新文化运动中的功能作用和生成分析,厘清皖籍精英群在中国近代转型中的引领地位,借以拓展中国现代学术史的研究领域,进一步彰显陈独秀在辛亥革命到中共建党期间的知识界领袖风范。

---

* 本文为国家大学生创新实验计划项目"安徽历史文化名人成长机制的实证研究"(101035944),以及合肥工业大学创新实验计划项目"陈独秀和胡适在新文化运动中的地位和影响研究"(cxsy102274)的中期成果。

** 作者简介:檀江林(1965—),男,安徽望江人,博士,合肥工业大学马克思主义学院教授,国家大学生文化素质教育基地研究部副部长(兼);汪红(1988—),女,合肥工业大学马克思主义学院思想政治教育专业2011级研究生。

一、安徽区域经济社会转型与《新青年》的发展沿革

(一)安徽经济社会转型概貌

1. 政治转型。辛亥革命至五四运动这一阶段是我国社会的转型时期。当时安徽正处于皖系军阀倪嗣冲的统治下,倪嗣冲为扩充自己势力,巩固其统治,尽力搜刮民脂民膏,并把全省教育经费的绝大部分用于军事开支。同时对进步知识分子、青年学生和爱国群众实行恐怖政策,动辄以"乱党""帮匪"等罪名逮捕和杀害,严禁各种进步书刊在安徽发行,这引起了安徽人民的严重不满,相对封闭保守的安徽其实是暗藏波涛汹涌。

2. 经济转型。1914—1918 年的第一次世界大战,使西方列强忙于战争,暂时放松了对中国的经济侵略,所以,在一战期间,我们的民族资本主义工业得到了一个短暂的发展春天。民族资产阶级力量得到一定壮大,原有的经济秩序被打破,安徽的经济发展期待着新的出路。

3. 文化转型。面对民初混乱的局面,一批先进的知识分子继续在探索救国图存的道路。同时,西方的各种思潮和文化涌入中国,中国的思想界和文化界出现传统文化和西方文化的并存,斗争和互动状态。在这种大转折时期,安徽的文化出现了从相对封闭的古典形态到接受现代化的转变,即由封建士大夫演化产生出一大批具有资产阶级的政治思想意识,具有相当程度的西方文化素养,相信民主和科学的新型知识分子:"近乎封闭的,以孔子与儒学定于一尊的,基于天地君亲师核心价值观的宗法体系,压抑个性的古代文化,转变到开放式的,否定一尊的权威,鼓励个性发展的近代文化。这就是近代文化转型的过程"①。

旧时代已经一去不复返,新时期的道路又如何开辟,政治上的倒行逆施,经济上的困境,文化上的反思觉醒,新型知识分子的觉悟,几股势力在历史转折的漩涡相互博弈,在此背景下,新文化运动作为民族精神的新觉醒和由此发生的文化冲突,自然是权利较量在文化上的突出表现。新文化运动就是在这样一个为数千年传统文化禁锢的黑暗思想王国里如激波洪流,骤然兴起,它以浩荡磅礴的气势,激烈的反传统,直接抨击孔孟之道,响亮吹起科学与民主的号角,揭开中国文化史上的崭新篇章。

(二)《新青年》的发展演变历程

作为新文化运动的发起人,陈独秀的活动影响着整个新文化运动的进程。分析新文化运动是如何发展起来的,就要以陈独秀的行动为展开。我们

① 参见崔志海:《读〈近代中国文化转型研究导论〉》,《近代史研究》,2009 年第 2 期。

以《新青年》杂志的迁徙和内容变化情形，可将其分为四个阶段：

第一阶段，安徽的萌芽与筹备。由于帝国主义侵略势力的日益深入，掀起了瓜分中国领土的狂潮，以及清政府日益腐朽，这激起了进步青年知识分子的救亡图存之心。1904年，陈独秀与房秩五（安徽枞阳人）共同创办《安徽俗话报》，这份报纸在当时省内外影响很大，它具有鲜明的反帝反封建色彩特点，内容上"抨击封建主义的伦理道德"，"提倡文学革命"，"主张改良国民教育"，"普及科学知识"，"鼓吹富国强兵"，"倡导妇女解放"。可见，已经显现新文化运动所提倡内容的雏形。在主办《安徽俗话报》时，陈独秀还同一批积极分子如李光炯、高一涵、高语罕、刘希平和陶固等在安徽各地创办新式学校，传播西方思想和文化。这一时期陈独秀的活动构成了新文化运动的前奏。

第二阶段，上海初创与安徽作者群。陈独秀于1915年9月15日在上海创办《新青年》杂志。该刊创办之初，名为《青年杂志》，依靠群益书社一定的财政支持。《新青年》杂志第一卷、第二卷的编辑工作主要完成于该时期。《新青年》的创刊拉开了新文化运动的序幕。创刊初期，撰稿人主要是陈独秀，兼有高一涵、易白沙和刘叔雅等，那时的《新青年》内容主要在思想文化领域。当时胡适还身在美国，但是通过汪孟邹的桥梁作用，两位新文化运动起手终于开始联手。1916年，胡适在《新青年》杂志上发表了第一篇文章《决斗》。紧接着在《新青年》第2卷5号，胡适发表了著名的文学革命开篇之作——《文学改良刍议》，文学革命自此开始。胡适的加入使得《新青年》内容的重心逐渐向文学方面偏转。

第三阶段，迁至北大与阵营扩大。1917年初陈独秀被聘为北京大学文科学长。《新青年》杂志编辑部也从上海迁址北京，作者队伍迅速扩大，多以北大教员为主，他们是章士钊、钱玄同、蔡元培、周作人、鲁迅等《新青年》杂志三至七卷的编辑工作主要完成于这个时期。这时的胡适也留学归来，他一回国，就得到陈独秀的推荐进入北大，参与北京大学的教育改革。北大与《新青年》的结合，使新文化运动获得了迅速发展的社会精英资源和言论阵地，自此，新文化运动真正形成一场全国性的运动。

第四阶段，迁返上海与广东与转向。1920年春，随着陈独秀的南下，《新青年》杂志编辑部也迁返回上海，后又迁往广州。《新青年》杂志的第八、九卷的主要编辑工作相继在上海、广州完成。这时《新青年》已经转为中国共产党的机关刊物，已不属于本文研究范围，在此不再赘述。

二、皖籍精英在新文化运动中的杰出作用

创造中国新文化的是众人之力，虽然说领导新文化运动的是蔡元培、陈

独秀、胡适、李大钊等新文化领袖群体，尤其是皖人陈独秀和胡适成为新文化运动的核心人物，这是毋庸置疑的事实。团结在陈独秀、胡适周围的一群安徽进步青年知识分子，为中国思想文化的社会转型，也做出了不同凡响的奉献。也正是因为他们的支持，才使陈独秀和胡适在新文化运动中"暴得大名"，形成众星拱月现象。以下对新文化运动中的皖籍精英群展开总体分析，以探求其内在形成规律。

（一）新文化运动中皖籍精英的集体表征

总的来说，"新文化运动的领导人物和倡导者是以《新青年》杂志和北京大学为基础的结集过程。"[①]《新青年》创刊之初，陈独秀本人既是主编又是主要撰稿人。《新青年》第一卷第一号全部稿件，各类文稿（包括评论、译著、国内外大事记、通信）共27篇，其中由陈独秀所撰的就有13篇，字数占总篇幅的2/3。从《新青年》创刊到次年2月第1卷出版的六号看，主要撰稿人除陈独秀外，还有高一涵、刘叔雅、高语罕、潘赞化、李辛白和易白沙、谢无量等。

高一涵（1885—1968），是安徽六安南官亭人。辛亥革命时，就曾与高语罕、易白沙等人在安徽策划起事，1913年留学日本。1916年7月，高一涵回国，积极为《新青年》撰稿，后又与李大钊一起专事《甲寅》日刊的编辑、撰稿工作。1918年，任北京大学丛书编译委员，并与陈独秀、李大钊、胡适、钱玄同等人轮流编辑《新青年》。

刘叔雅（1889—1958），安徽合肥人，少时在教会学校读书，1907年加入同盟会。1909年赴日留学，1913年二次革命积极从事反袁活动，1916年回国，自第三期起在《新青年》发表文章。

高语罕（1888—1948），安徽寿县人。1906年入日本早稻田大学读书，1907年回到安庆参加陈独秀组织的"岳王会"，后加入同盟会。协助陈独秀办《安徽俗话报》，1915年后在上海以写作谋生，积极参加新文化运动，为《新青年》撰文。

潘赞化（1885—1959），安徽桐城西乡（今练潭乡潘楼村）人。1902年赴日留学，在这之前，曾与陈独秀在安庆组织学会，组织演说。回国后与陈独秀交往甚密，支持陈独秀的革命活动。

李辛白（1875—1951），白话文的倡导者，安徽无为县人，清末拔贡。光绪三十四年在上海创办《白话日报》，被胡适推崇为我国推广白话文的"开山老祖"。

上述作者中，只有易白沙，谢无量非皖籍，但两人长期在皖任教和工作，

---

① 陈万维：《五四新文化的源流》，三联书店，1997年版，第1页。

和皖籍知识分子熟稔。通过以上分析《新青年》杂志的初期撰稿人的籍贯背景从而可以看出，新文化运动初期中的领导人物特点是以陈独秀为核心，周围迅速地结集了一批以皖籍进步青年知识分子为主的作者队伍。这层关系的梳理，也凸显皖籍精英与新文化运动关系的一些面貌。

陈独秀和胡适不仅是新文化运动的发起人和倡导人，还是其核心领导人物，他们始终引领者新文化运动的发展方向和进程，“一场新文化运动，任务精彩纷呈，然而真正具有领袖素质并且成为领袖人物的，惟陈独秀和胡适而已。陈独秀的《敬告青年》一文，有如思想解放之宣言；胡适的《文学改良刍议》，宣告了一场语言革命。这两位挚友，既是《新青年》中流砥柱，又是北大人文传统的奠基者，彼此共同开拓了华夏民族的现代汉语文化，联手开辟了一个全新的人文时代。”①

（二）皖籍新文化精英形成动因透析

为什么开启20世纪新时代新文化的队伍中就一群安徽的知识分子？他们为什么是新文化运动的先锋和中坚？

首先，共同的地缘成长环境。安徽是文化资源大省，历史悠久，人文荟萃，文化底蕴丰厚，具有敢闯敢试的优良传统。例如老庄道家学派、建安文学、桐城文派和徽州文化等等，都在中国文化发展史上产生了巨大影响，出身于此的安徽人，自然从小耳濡目染。尤其是他们大多出身于1870—1890年之间，晚清的桐城经世之风主张积极地入世之风在皖江新一代青年上开始复活。不仅陈独秀，他们中的高一涵、刘叔雅、高语罕、潘赞化和李辛白从小都关心时事，把“挽救民族危机”作为自己的使命。正是基于地缘这个强有力的纽带，所以《新青年》虽然是在上海创立，“呈现向外拓展的趋势，但就其作者群和影响力来说也还是‘圈子杂志’”②。

其次，共事的革命背景。从前面个人的履历可以看出，新文化运动的倡导者与辛亥革命有着不同程度关系，如陈独秀、潘赞化、刘叔雅、谢无量和陶行知等都是辛亥革命的参与者和推动者，如陈独秀创立的“岳王会”，高一涵曾与高语罕、易白沙等人在安徽策划起事，刘叔雅与高语罕都是同盟会的会员，潘赞化与陈独秀一起参加过革命。所以早期的革命共事同志构成了新文化运动的原始动力。胡适虽然没有参加过革命经历，但他也是抱着与他们类似的文化思想加入这个以“精神之团结”聚集在一起的同人作者群。

---

① 李劼：《二十世纪中国政治演变和文化沧桑》选载之二，《新文化运动的两大领袖——陈独秀和胡适》。

② 陈斯华：《新青年杂志同人作者群的演化》，山东社会科学，2003年第5期。

再次，共有留学的经历。“近代中国的资产阶级思想家和政治家基本上由两部分人组成，一些是从封建知识分子中分化出来的。更多的是在欧美、日本和香港地区的学校培养出来的。”①分析以上新文化运动中的领导人就可以发现，他们多是留学日本，其中胡适和陶行知留学美国。通过亲身接触西方文化，他们体会到中西思想文化间的巨大落差，更清楚地看到了传统意识与具有现代化价值导向的西方意识的抵牾。因而新文化运动，“在当时一些人看来，所谓新文化运动，实际上就是输入介绍西方哲学的运动。”②所以这些具有留学背景的人以输入西方哲学作为武器对传统哲学和思想文化的批判，构成了这一时期的新文化运动的主题。通过这样的背景，这群皖江青年志士很快在新文化运动中脱颖而出。

最后，皖籍先锋的引领。在新文化运动中，安徽被视为“全国最活跃的地区之一”，“尤以安徽主要政治、经济和文化重心的安庆和芜湖为烈。”③以安庆和芜湖为中心而勃兴的安徽新文化运动，不仅具有规模，而且运动的持续性在全国也很有代表性。而这场运动是有一股教育界的指导力量予以积极地推动和领导，这股教育界的指导力量在性质上，是安徽正式接受了新式教育的第一代近代型的知识分子群，他们的到来，就成为社会启蒙运动和教育改革的重要力量。如五四新文化运动的总司令——陈独秀，新文化的旗手——胡适，还有人民教育家——陶行知，他们通过创办报刊、组织相应的社团，创办学校，向中国人灌输了现代公民和现代国家的基本观念，帮助中国的新生代迅速摆脱了以三纲伦理为核心的传统意识形态的束缚，形成了追求真理、追求解放的热潮，使得新文化运动全国如火如荼地展开，有力地呼应了五四运动。安徽近代知识分子在新文化运动中起着开一代之新风作用。

三、陈独秀成为新文化运动的伟大旗手

“在20世纪对中国社会发展产生重要影响的历史人物中，陈独秀留给后人印象深刻的有两件事：一是五四新文化运动；一是创建中国共产党。可以说，没有五四新文化运动就没有中国共产党。”④由于陈独秀发起，组织和督导了新文化运动这一划时代的事件，在当时被誉为“青年界之明星”，“思想界的孙、黄”。陈独秀何以成为新文化运动的主将和领袖？其在新文化运动的领

---

① 李良明，哈经雄，黄杰：《恽代英学术讨论会论文集》，华中师范大学出版社，1985年版。

② 赵剑英：《哲学的力量：社会转型时期的中国哲学》，中国社会科学出版社，1997年版，第9页。

③ 李泽厚：《中国现代思想史论》，东方出版社，1987年版，第211页。

④ 董根明：《陈独秀与近代中国》，合肥工业大学出版社，2007年版，第1页。

导地位是如何生成的？这就要从陈独秀的成长环境来分析，并将其置于19世纪末20世纪初安徽的历史风貌中探讨。

（一）安徽区域文化之源与陈独秀的成长

首先，在地理环境上，陈独秀生于1879年生于皖北长江边的安庆，作为国家历史文化名城，文风昌盛，人文底蕴深厚。并且安庆是当时安徽的省府，在安徽省乃至全国政治、经济、文化中具有重要地位。自古以来，安庆有“万里长江此咽喉”之美誉，气势恢宏的长江襟怀坦白，一泻千里，奔腾入海，也造就了陈独秀如长江的性格：百折不回，愈挫愈奋，光明磊落；只要是认准了的大事，就执著不放，奋进搏击，一干到底，从不瞻前顾后，畏首畏尾。正是这样的性格使他在辛亥革命失败后，不是偃旗息鼓也不是同流合污，而是在黑暗中艰难摸索，很快在新文化运动中屹立起来。

其次，在历史环境上，安庆虽然地处内陆，但是也受到了资本主义势力的染指，和沿海城市一样开始了近代化的进程。太平天国运动开启了安庆与近代化的结缘之路；洋务运动中创建的安庆内军械所，成为皖江地区进行经济技术层面的近代化实验；1869年的安庆教案是反侵略运动在安徽的体现；皖抚邓华熙在皖江地区进行皖江变法实验成为全国政治体制改革在安徽的尝试。安庆可以说是安徽乃至近代中国的近代化进程的一个缩影，生于斯长于斯的陈独秀，对于中国近代的历史发展规律的领悟更加渗透，因而基于文化反思，自觉地在皖江地区发起了文化心理层面的近代化运动——新文化运动。由此观之，皖人陈独秀成为新文化运动的领军人物绝非偶然。

再次，成长教育环境上，陈独秀生于一个“家世贫，习儒业十二世”的秀才之家，父亲陈衍中是个教师，叔父陈衍庶中了举，当了知县，祖父是个学问深厚的人，他们都是铸造旧文化的传承人，陈独秀自然是在封建传统文化中开启人生步伐的。1896年，陈独秀考中秀才，他的封建之路也在此走到顶端。当他目睹到传统文化教育下的丑恶面目，以及国家政治衰败，经济凋敝，他的传统文化观念在此龟裂。并且安庆作为桐城故里，桐城文化中的“经世致用”的思想，也使得陈独秀开始从封建的传统教育中觉醒。1901年陈独秀去日本留学，这时候陈独秀可以亲身体验西方文化，了解其文化的内涵以及在国家政治经济中的影响地位。陈独秀思想经历过了传统文化，经世致用到康梁思想以及民主革命思想的转变，正是基于以上思想的沉淀，他渐渐形成了自己的新文化思想，“他的思想主旨则是推翻暴力专制政府，摒弃大汉族主义的陈旧糟粕,建立起一个西方式的民主共和国家。"①因此,陈独秀从投身革命开始,就始终注视着对中华民族旧观念的改造。当立宪派以制度改良做宣传而忽视反对旧传统,革命派高喊暴力推翻旧制度时,陈独秀敏锐地观察到人文主义启蒙运动和民族文化心理在国家道路选择上的至关重要的作用。因此,陈独秀在新文化运动中的脱颖而出是基于其思想成熟的必然性,是思想长期涵养的爆发。

(二)陈独秀对新文化运动的主要贡献

皖人陈独秀与新文化运动有着颇深的渊源,它是新文化运动思想的传播者,直接影响着新文化运动的整个过程,总结陈独秀对新文化运动的贡献,主要体现在以下几个方面:

1. 创办《新青年》,建立阵地。由于陈独秀敏锐地观察出"启蒙"要比"救亡"更迫切,"立国"要先"立人"。因此 1915 年,陈独秀从日本回国,就决定办一个专事"思想革命"的刊物。1915 年 9 月 15 日《青年杂志》(自二卷改为《新青年》)在那个黑暗的年代诞生了,陈独秀任编辑兼主要撰稿人。很快,陈独秀发表了第一篇文章《敬告青年》,吹响了新文化运动的号角,成为新文化运动的初步纲领。他向青年提出了六条希望:"自主的而非奴隶的""进步的而非保守的""进取的而非退隐的""世界的而非锁国的""实利的而非虚文的""科学的而非想象的"。《新青年》从创刊到 1918 年都是陈独秀一人主编,并且他亲自撰稿了 150 多篇文章。美国学者莫里斯·迈纳斯评价说"聚集在《新青年》周围的知识分子的重要性是很难估计的,他们的著作铸成了一代年轻学生的信仰和态度,1919 年五四运动后,这些学生是政治上的主力军,并为现代中国革命的领导者"②

2. 高举民主科学大旗,破除封建伦理道德。陈独秀认为"近代中国之所以积贫积弱并屡遭列强的欺辱,原因不单单是缺乏现代科学技术所衍生的器用文明,其根源还在于我们缺乏科学思维观念和价值观念"③因此,他在《新青年》首卷中就震耳欲聋的大声疾呼"国人欲脱蒙昧时代,羞为浅化之民也,则急起直追,当以科学与人权并重"。在新文化运动中,陈独秀一边高举科学大旗,普及科学知识,提倡科学方法,反对宗教迷信,把科学作为开启民智的钥匙,影响深远,另一面高举民主大旗,将西方民主观念引入中国,成为中国最重要的民主思想播种者。科学与民主并非到新文化运动这一时期才第一次

① 张湘炳:《论陈独秀新文化运动思想形成的历史过程》,《安徽史学》1989 年第 3 期。

② (美)莫里斯·迈纳斯:《毛泽东的中国及后毛泽东的中国》,四川人民出版社,第 17-18 页。

③ 董根明:《陈独秀与近代中国》,第 21 页。

出现于中国思想界的。"然而把科学与民主结合起来，作为判断一切政治、法律、伦理、学术的准绳，符合这个标准的就接受、信仰；凡违反科学与民主的则摒弃、批判，这是陈独秀的一大贡献"[①]。

3. 发动文学革命，倡导白话文。五四新文化运动的一条重要内容，就是反对旧文学，提倡新文学，反对文言文，提倡白话文，实行文学革命。《新青年》创办后，陈独秀很快把文学改革提上日程。陈独秀表示"文学改革，为吾国目前切要之事。此非戏言，更非空言"[②]。当胡适的《文学改良刍议》刊登在《新青年》第2卷第5号上，陈独秀随即写了《文学革命论》，以其特有的勇猛和无畏的笔锋，宣布"甘冒全国学究之敌，高张'文学革命'大旗，旗上大书特书吾革命军三大主义；曰，推倒雕琢的阿谀的贵族文学，建设平易的抒情的国民文学；曰，推倒陈腐的铺张的古典文学，建设新鲜的立诚的写实文学；曰，推倒迂晦艰涩的山林文学，建设明了通俗的社会文学"[③]。陈独秀的《文学革命论》向封建文学下达了挑战书，虽然首创"文学革命"一词乃是胡适，但是陈独秀在这场革命中的地位不容忽视。

4. 转移北大，扩大新文化运动的阵地。陈独秀在1915年创办《新青年》时，其影响力还是比较弱的，杂志最初也只是一个面向青年，提倡"德智体"的一般性刊物。1917年蔡元培出任北京大学校长，他聘请陈独秀为北大文科学长，《新青年》杂志编辑部也随之移到北京。这是《新青年》发展史上的一个重要转折点，他的新文化思想主张就成为"全国的东西"，发行量由每期1000激增到15000多份，陈独秀到北大以后，聚拢一批北大教授为《新青年》写稿，使杂志真正以全国最高学府为依托。"《新青年》由一个以安徽读书人为中心的地方性刊物，转变成为以北大教授为主体的'全国性'刊物"。[④] 随后李大钊、胡适、周作人、鲁迅、钱玄同等先后汇集到北大。《新青年》以北京大学作后盾，成为新文化运动的一个重要阵地，对全国范围的新文化运动发展起指导作用。

---

① 编纂工作委员会编：《安徽文化史（下卷）》，南京大学出版社，2000年版，第1934页。

② 《致胡适》（1916年10月5日），《胡适来往书信选》（上），中华书局，1979年版，第5页。

③ 《陈独秀文章选编》（上），三联书店，1984年版，第172页。

④ 王奇生：《新文化运动是如何"运动"起来的》，《同舟共济》，2009年第5期。

一般高职院校与非物质文化遗产的保护传承

——以安徽省为例

胡　芳[*]

摘　要:我国是世界上非遗最为丰富的国家之一,庞大非遗的保护传承是一项长期、艰巨复杂的工程,需要全社会各方力量的共同关注和参与。一般高职院校规模大,受教育者众多,是一支不可忽视的保护传承非遗的有生力量。一般高职院校应当积极响应政府号召,广泛宣传营造校园氛围,组建社团开辟第二课堂,开设选修课程编写适合的教材,构建校内外的实践教学基地,加强非遗教育的师资队伍建设,寻找非遗与不同专业课程的结合点,拓展教学的新空间新思维,设置非遗学科,开展专业教育,等等,利用自身的办学特色和优势,努力提高学生的保护传承意识,积极培养关心支持保护传承非遗的文化新人、新一代的优秀传承人,为我国的非遗保护传承做出应有的贡献。

关键词:一般高职院校;非物质文化遗产;保护传承

一、问题的提出

文化包括物质文化和非物质文化两个部分。根据:《中华人民共和国非物质文化遗产保护法》:非物质文化遗产(非遗)作为文化遗产的重要组成部分,主要包括六个方面内容:传统口头文学以及作为其载体的语言;传统美术、书法、音乐、舞蹈、戏剧、曲艺和杂技;传统技艺、医药和历法;传统礼仪、节庆等民俗;传统体育和游艺;其他非物质文化遗产。

非遗反映了一个国家和民族的精神、心理、共同信仰以及所遵循的核心价值观念,事关一个国家的"软实力"。随着全球一体化和人们追求经济的快

---

* 作者简介:胡芳,安徽财贸职业学院副教授。

速发展，很多民族的传统文化不断地进行融合、变迁，逐渐同化，许多的传统习惯发生变化，文化记忆慢慢淡化，大多数非遗已经或濒临消亡。为了人类的健康、可持续发展，国际社会、各国政府都越来越重视非遗的保持传承工作。

2003 年，联合国教科文组织通过了《保护非物质文化遗产国际公约》，目的是使各民族、各团体具有一种历史的认同感，并使代代相传的非遗得到创新，从而保护世界的多元文化，促进文化的多样性和激发人类的创造力。日本是首个立法保护非遗的国家，法国、韩国、意大利等一百多个缔约国都非常重视非遗的保护传承。我国继 1982 年 11 月 19 日第一部《中华人民共和国文物保护法》出台后，2011 年 6 月 1 日又一部专门的《中华人民共和国非物质文化遗产法》面世，体现了国家对民族历史上遗留下来的有价值的精神财富的保护传承的高度重视。

安徽省一直以来都重视非遗保护传承工作，而且在非遗保护传承方面已经取得了显著的成绩。安徽省先后公布的非遗项目中，2 项入选人类非遗名录，60 项入选国家级非遗名录，省级非遗名录共 10 大类 273 项，市级非遗名录 641 项，县（区）级名录 1728 项。国家级非遗项目代表性传承人 53 人，省级非遗项目代表性传承人 409 人。然而安徽省目前在非遗保护传承中却面临着一个窘境——传承人后继无人。[①] “非遗法”颁布之后，安徽省更加重视非遗保护传承工作，并根据现状，进一步出台非遗保护传承措施。2011 年 6 月 22 日，安徽省文化厅厅长杨果在省十一届人大常委会第 26 次会议上，作了《关于全省非物质文化遗产保护情况的报告》，报告中将“积极推进非遗进校园、进教材，在大中小学开设与非物质文化遗产相关的课程”作为未来非遗保护传承工作中的重要举措之一，[②]旨在解决非遗保护传承新一代的传承人问题。

青少年思维活跃，接受新生事物的能力强，创新能力强，是非遗保护传承的中坚力量。随着年龄的增长和知识阅历的丰富，相对于中小学生来说，大学生又能更好地理解非遗保护传承的重要性，能结合自己的专业知识和兴趣爱好，目的性较强的学习、实践、创新。有助于非遗与市场经济相结合，走产业化的道路，从而保证非遗能够永远的保护传承下去。

事实上，21 世纪初，社会上已经意识到了在高校学子中培养非遗保护传承人的重要性。2002 年 10 月，中国高校在北京召开了首届非物质文化遗产教育教学研讨会，此后非遗保护传承逐渐进入高校教育体系。然而从目前高校保护传承非遗的可查资料中可以看出，保护传承非遗的高校还主要局限在

① 大中小学今后要开非遗课[N]. 合肥晚报·今日独家·8，2011.6.22

② 大中小学今后要开非遗课[N]. 合肥晚报·今日独家·8，2011.6.22

艺术院校，一般院校的个别艺术专业，开设文学、语言学、历史学专业的地方高校。

作为高职院校的一名教育工作者，也是非遗保护传承的关注者，我认为，保护传承非遗，人人有责，一般高职院校也应当积极响应政府号召，利用自身的办学特色和优势，在保护传承非遗方面作出自己应有的贡献。

二、一般高职院校保护传承非遗的必要性

高校是文化传播和学术传承的重要场所，在保护和传承非遗的大计中，主要有三个方面的任务：一是对非遗的保护和传承进行理论研究；二是提高学生们的保护和传承意识，培养关心、支持保护传承非遗事业的新一代的文化人；三是培养优秀的专业传承人。

就安徽省来说，截至2011年7月，共有104所高校，在校生150万人[①]，其中高职院校71所，在校生100万人。高职院校中除了一所艺术院校外，其余均为文史类和理工类的一般高职院校，这些一般高职院校中大部分设置了少量的艺术类专业，主要涉及设计方向，如广告、服装、装潢、装饰、动漫、形象、艺术设计等[②]。随着高等教育的发展，将会有越来越多的人进入高校学习深造，其中很大一部分人在高职院校学习。一般高职院校的特点是长于实践操作，短于理论研究。

保护和传承非遗是一个系统工程，需要全国人民的共同努力。青年大学生承上启下，应当肩负更多的责任。从非遗的六个方面的内容和高校在保护传承非遗中的三项主要任务以及高职院校的规模、特点，我们认为非遗保护、传承不是与中文、历史、美术、音乐等联系紧密的相关院校和专业的专利，作为高校重要组成部分的一般高职院校各个专业都要积极响应保护和传承非遗的长远大计，努力做好其中的两个方面工作：一是让学生们认识民间社会和人生，真切感受到民族传统文化的博大精深和民间艺术的无穷魅力，提升人文素养，获取专业知识之外的多学科知识，扩大知识面，开阔视野，培养创新意识，为学生们树立起保护传承的意识，把将来的社会精英培养成关心、支持非遗保护的文化新人，弘扬传统美德，构建和谐社会；二是某些专业如医药专业，还有一些传统的手工艺技能，可以改变传统的师傅口传心授带徒弟的传承方式，把保护传承的传统知识与高职现行教育体系相结合，利用高职长于实践操作的优势，在学子中培养新一代的综合素质较高的非遗继承人。

---

① 教育政务资源．在校学生数统计数据[EB/OL]．安徽教育网

② 安徽省教育招生考试院．2011安徽普通高校招生报考指导[G]．黄山书社，2011.6

一般高职院校规模大,受教育者众多,是一支不可忽视的保护传承非遗的有生力量。只有全民行动起来,整个社会都形成了保护和传承的意识,年轻的学子们以成为优秀的专业传承人为荣,并创新性的将之产业化、市场化,非遗才能真正地、永久地被保护、传承下去。

三、一般高职院校保护传承非遗的有效途径

曾在我所在的院校工商企业管理专业09级126名学生中进行调查,对于"什么是非遗?安徽省入选联合国教科文组织的非遗有几项,分别是什么?举出十项安徽省入选国家级、省级的非遗名称,我国的'文化遗产日'在哪一天?"等几个问题,75%左右的学生基本上不知道,25%左右的学生回答不全,说明学生们对非遗基本上不清楚,没有认识,就是有点意识也缺少了解以致进一步学习掌握的环境和渠道。

非遗带有浓厚的地方特色,是地方优秀文化的代表,突出表现区域的历史内涵和文化底蕴、道德风尚,有些具有普遍性价值。主要为区域经济发展输送技能型人才的一般高职院校应当尽快行动起来,让学生们对非遗主要是地方非遗有全面的了解,树立起牢固的民族自豪感和自信心,少部分学生能成为新时代的传承人。下面结合安徽省非遗项目,论述一般高职院校保护传承非遗的有效途径。

(一)广泛宣传,营造非遗保护传承的校园氛围

如今,在大学校园里,受社会上商业氛围的影响,学生们对西方的情人节、圣诞节趋之若鹜,中国的"七夕"、元旦却受到冷落,洋文化、快餐文化充斥着大学校园的每一个角落,传统文化却少有人问津。高校教育工作者应当引起高度重视,要在校园内树立文化主体意识,维护我国传统的文化命脉,要广泛宣传我国的非遗知识,营造浓厚的保护传承传统文化的校园氛围。

学校可以专设一个职能部门或在某一职能部门设立专门的岗位,负责学校非遗保护传承方方面面的工作;学校图书馆要充实有关非遗知识的图书和电子书籍,方便师生们借阅和在线阅读;学校应当鼓励师生利用节假日了解和参加家乡的各种民俗活动,譬如九华山庙会、全椒走太平、黄山脚下轩辕车会等,并对各种民俗进行描述、评价、发表感言;学校可以通过向全校师生征稿,在学校的广播、宣传栏、院报、海报、网络论坛等媒介上设置经常性的固定栏目进行介绍、讨论;可以聘请校外有关领导、专家等来校举办非遗知识讲座;可以聘请传承人、代表人物来校传授徽派盆景制作技艺、舒席传统编制技艺、望江桃花、阜阳剪纸、烙画等传统手工技艺和民间美术;可以定期举办相关的征文比赛,知识竞赛,演讲活动,庐剧、黄梅戏、淮北花鼓戏等传统戏剧的

专场演出；还可以通过标语、宣传画、标志物等多种形式，广泛地、持续不断地宣传非遗，形成一种声势，丰富校园文化，拓展学生们的业余文化生活，打开学生们的心扉，激发师生们的热爱祖国、家乡的热情，扩大师生们的知识面，开阔视野，感受非遗超越时空的永恒魅力和巨大感召力，共同树立起正确的非遗保护和传承意识。

（二）组建社团，开辟第二课堂

通过广泛宣传，很多学生不仅了解了非遗，而且产生了浓厚的兴趣，此时组织一批有一定文学艺术特长的兴趣爱好者组建非遗保护和传承协会，譬如安徽省民间文学、民间音乐、民间舞蹈、传统戏剧协会，烙画协会，剪纸协会等，按照自我教育、管理、服务的要求，创造性地开展相声、小品、演讲、艺术表演、手工艺技能大赛等丰富多彩的活动，发挥非遗教育的骨干力量作用，开辟全校师生了解学习非遗的第二课堂。

2011 年 7 月，合肥市社会各界纷纷响应政府号召，举办各种类型的宣传非遗的活动。由合肥晚报和合肥市文化馆联合主办的“暑期免费非遗绝活培训班”受到了市民的追捧。市民们对面塑、泥塑、剪纸、葫芦烙画、庐剧、皮影戏等非遗较陌生，希望通过培训，多了解传统艺术，锻炼动手能力。[①]

学校可以借鉴其他社会部门保护传承非遗的经验，组建非遗志愿服务队，利用节假日，到一些公共场所、社区、少年儿童的校外活动中心、农村、工地等地方，通过开展培训、展示展演、义卖与非遗相关的手工艺制品等形式，进行非遗宣传，从学校走上社会。在这个过程中，不仅能带动更多的群众共同参与，而且进一步促进了学生们对非遗保护传承必要性的认识，促进学生们更加熟练地掌握一定的手工艺技能，服务队还可以有一定的创收，以支持各项活动的开展。

学生们通过参加各类社团的各项活动，为毕业时就业，走上社会后继续关注、帮助非遗保护传承甚至于将来的职业发展，奠定基础。

（三）开设选修课程，编写适合的教材

学校可以依据属地设置的非遗项目和具有普遍性价值的项目，结合学校的规模、人才培养目标、专业设置、课程体系、教育教学资源等实际情况，根据学生的兴趣，在广泛宣传、引导的基础上，选择一些环境要求不高、推广性较强、有一定趣味性、有一定群众基础、通过努力能取得较好的教学效果的项目，将其设置为公共选修课程，譬如鞭打芦花、孔雀东南飞传说、六尺巷传说等民间文学赏析课程，五河、皖西大别山、当涂、巢湖、繁昌、贵池、徽州等地的

---

① 王成丽．本报“非遗培训班”报名太火爆［N］．合肥晚报·文娱新闻·25，2011.7.26

民间音乐欣赏课程，黄梅戏等传统戏剧的传唱课程，江淮地区火笔画、阜阳剪纸、望江桃花等民间美术的传承课程，舒城的舒席编制、徽派盆景制作等传统手工艺技能传承课程等。

课程教学中，教材是非常重要的。而目前基本上没有关于非遗教学所适用的专门教材，更没有根据不同学校、不同学生的实际情况进行编写的非遗教材，不利于非遗项目在不同学校、不同专业的学生中大范围的推广。学校在设置选修课的过程中，要重视教材建设，积极组织相关专家、民间传承人、代表人物、学校的老师根据区域实际情况，共同编写适合的教材，以提高教学效果，促进多文化发展。

（四）构建校内外的实践教学基地

在高职技术技能型人才培养的过程中，校内外实践基地扮演着非常重要的角色。

为了保证学生能提高对非遗的认知度，增强保护传承意识，掌握保护传承方法，更好地学好非遗各门课程，学校还要借鉴以往校内外的实践教学基地构建的经验，建立校内外的非遗课程实践教学基地。

学校可以根据课程的教学需要，尝试将与剪纸、望江桃花、界首彩陶烧制、舒席传统编制、无为剔墨纱灯制作、芜湖铁画锻制、宣笔制作、万安罗盘制作、徽派盆景制作、红茶绿茶制作等民间美术和手工技艺以及其他非遗有关的企业或其生产车间引进学校（由学校提供场地和管理，企业提供设备、技术和师资支持），建立校内生产性实践基地，有助于保护传承非遗的校园文化的形成，有助于学校将“教学做考一体化”落到实处，也有助于企业节约成本，实现双方的共赢。

多数情况下，学校可以和这些企业通过合同的形式建立一种长期稳定的合作关系，将其作为校外的实践教学基地提高学生的实践能力。学生可以在企业进行课程见习，专兼职老师可以在企业现场授课，寒暑假以及毕业前学生可以在企业顶岗实习。校外实践教学基地有助于学生在职业氛围环境下，掌握相关的非遗知识和非遗技能，深切感受非遗产业化、市场化的重要性，为将来就业、创新、创业创造条件。

（五）加强非遗教育的师资队伍建设

现在的受教育者，是未来的社会精英，其保护传承非遗的意识、知识将对将来的非遗保护传承产生直接的影响。作为保护传承人一部分的教师是学校的保护传承教育的主导力量，其教育价值取向、非遗知识的系统性就显得尤其重要。然而很多的非专业教师由于受到学科体系的影响，对非遗知识缺乏系统的了解。学校要做好保护和传承工作，提高所有教师的非遗文化素质是重中之重。

各项校园文化活动是老师们了解学习非遗的一个途径。另外学校还可以通过派遣老师参加教育部门组织的专门培训,派遣老师利用寒暑假时间回到家乡取经,聘请专家给老师作专项讲座,组织老师实地参观、调研、实践,远程师资培训等方式,帮助老师更新教学理念,改变传统发展观和功利价值观为主导的教学价值取向,熟悉与非遗相关的法律法规,充实历史文化知识,感受不同民族民间文化艺术,掌握传统手工艺技能,以便更好地教书育人。

(六)寻找非遗与不同专业课程的结合点,拓展教学的新空间新思维

老师们掌握了非遗的相关知识,再加上非遗本身所具有的趣味性、丰富性和亲和力,老师们就能找到与不同专业课程知识点通融的对接口,通过各种教学方式,譬如案例、游戏、课堂PPT展示、实践教学基地现场授课等,将非遗知识融合到各类课程教学中。

譬如将在徽商民谣、徽州楹联匾额、徽州民歌等非遗中有着充分体现的徽商文化融入到市场营销、企业文化等课程的教学当中;将华佗五禽戏等传统体育、竞技项目纳入到体育教学中;将新安医学纳入到中医相关专业的课程教学中;将民间文学欣赏纳入到大学语文课程教学中;将徽州建筑传统技艺纳入与建筑相关专业的课程教学中;将黄山毛峰、太平猴魁、屯溪绿茶、松萝茶、六安瓜片、霍山黄芽等绿茶以及祁门红茶等非遗的制作技艺纳入到茶艺专业的课程教学中;非遗的管理可纳入到管理课程的教学当中;非遗如何与市场经济接轨、实现产业化,可以纳入到营销、贸易课程的教学当中;大量的非遗还可以作为鲜活的创作素材纳入到各类设计专业的课程教学当中。

调整思路,在不同的课程教材及其教学的适当地方融入非遗内容,不断渗透非遗知识,既能展示非遗的独特魅力,又增强了学生们对不同课程的理解深度。

(七)设置非遗学科,开展专业教育

目前在教育部公布的专科专业目录中,还没有非遗的一、二级学科,而非遗内容庞杂,现有的学科没有哪一个可以包揽。因而不少专家学者呼吁在高校中设置专门学科,开设专门的专业,如文化学、非物质文化遗产学,培养能够指导高水平的非遗抢救、保护传承和管理工作的专业人才。

一般高职院校现在要做的就是在各个方面做好准备工作,积极申报非遗专业,把非遗学科建设作为学科建设的重点,将非遗教育与高职教育理念、人才培养模式相结合,在高职学生这一支庞大的队伍中,培养出优秀的抢救、保护、传承、管理的实际工作者。

我国是世界上非遗最为丰富的国家之一,庞大的非遗的保护传承是一项

长期的、艰巨复杂的工程,需要全社会各方力量的共同关注和参与,一般高职院校也责无旁贷。一般高职院校应贯彻落实政府相关文件精神,努力提高学生的保护传承意识,积极培养关心、支持保护传承非遗的文化新人、新一代的优秀的传承人,为我国的非遗保护传承作出应有的贡献。

参考文献:

[1] 丁永祥. 高校非物质文化遗产教育略论[J]. 河南师范大学学报(哲学社会科学版),2011. 3

[2] 王丹丹,刘慧萍. 高校非物质文化遗产教育问题及其对策研究[J]. 黑龙江省政法管理干部学校学报,2011(1)

[3] 靖桥,盖海红,王靖敏. 河北非物质文化遗产与高校课程相融合的可行性研究[J]. 河北师范大学学报(教育科学版),2010(3)

[4] 王蕾. 试论非物质文化遗产保护与高校作为[J]. 艺术探索,2010. 12

[5] 伍夏廷,罗浩. 谈高校师生在保护非物质文化遗产工作中的作用[J]. 科教纵横,2009(11)

近代徽州社会与文化发展论纲

卞　利*

摘　要：历史上特别是明清时代，地处安徽南部山区的徽州曾经产生了底蕴丰厚的文化，赢得了“东南邹鲁”的美誉，创造了“无徽不成镇”的财富神话。但自近代以后，清政府的盐法改革、英国发动的鸦片战争和随之而来的咸同兵燹给徽州带来了深重的灾难，曾经在明清时期盛极一时的徽州社会与文化在多重打击下走向了衰落。该文剖析了近代徽州社会与文化演进和发展的脉络和轨迹，认为：一部近代徽州文化史，实际上是一部徽州传统社会文化的艰难转型史，也是一部徽州人在社会经济文化衰退寻求重振昔日辉煌的抗争与发展史，它虽然没有古代特别是宋明以来徽州文化所取得的成就那般耀眼和灿烂，但它却实实在在地反映了徽州人不甘落伍、不畏艰辛的进取精神和拼搏意志。

关键词：近代；徽州；社会；文化

引　言

进入清代中叶以后，传统徽州社会已经进入了变革的前奏。清政府的盐法改革、英国发动的鸦片战争和随之而来的咸同兵燹给徽州带来了深重的灾难，无论是徽商的活动中心长江三角洲地区，还是徽州本土，都受到了空前的战火洗劫，曾经在明清时期盛极一时的徽州社会与文化在多重打击下走向了衰落。

与此同时，承接历史的惯性，徽州社会与文化在近代仍然在同现实的抗争中向前缓慢地发展着，对传统徽州社会与文化的批判、反思与总结，探索适应时代变化的徽州文化发展方向，寻求重建和振兴徽州社会、经济与文化发展的道路，成为徽州近代文化发展的主流。

---

* 作者简介：卞利，安徽大学徽学研究中心教授。

一、鸦片战争爆发前夕的徽州社会与文化

鸦片战争前夕的徽州社会，在历经了明代中叶以来辉煌之后，逐渐失去了进取的意志，步入了衰落的深渊，整个社会充斥着腐败衰退的气息。

作为徽州的社会基础和准基层组织，徽州宗族仍旧在乡村社会中继续发挥了控制作用，几乎徽州全部乡民都按照姓氏和血缘，纳入到不同的宗族体系，"聚族而居，每村一姓或数姓，姓各有祠，支分派别，复为支祠。堂皇闳丽，与居室相间。岁时举祭礼。族中有大事，亦于此聚议焉。祠各有规约，族众公守之。推辈行尊而年齿高者为族长，执行其规约，族长之能称职否，则视乎其人矣。祠之富者，皆有祭田，岁征其租，以供祠用，有余则以济族中之孤寡"。[①] 宗族通过建祠堂、修家谱和营祖墓的方式，将全体宗族成员以祭祀祖先和祭扫祖墓的名义，严密控制在宗族的管理体系之中。在宗族的控制下，整个徽州社会等级森严，"乡族聚皆聚族而居，多世族，世系数十代，尊卑长幼犹秩秩然，罔敢僭忒。尤重先茔，自唐宋以来，邱墓松楸世守勿懈，盖自新安而外所未有也。主仆之分甚严，役以世，即其家殷厚有赀，终不得列于大姓。或有冒于试者，攻之务去。"[②]看不到一丝文明进步的曙光。宗族已成为徽州社会发展的桎梏。

僵化的朱熹理学顽固地统治着徽州的社会，正如道光《休宁县志》所云："新安自南迁后，人物之多，文学之盛，称于天下。当其时，自井邑田野以至远山深谷，居民之处，莫不有学有师，有书史之藏。其学所本，则一以郡先师子朱子为归，凡六经传注、诸子百氏之书，非经朱子论定者，父兄不以为教，子弟不以为学也。是以朱子之学虽行天下，而讲之熟、说之详、守之固，则惟新安之士为然，故四方谓'东南邹鲁'"，即使是民间的婚丧嫁娶活动，也"多遵文公家礼"。[③] 朱熹之理学几乎支配了徽州社会的各个方面，其"饿死事小、失节事大"、"存天理，灭人欲"思想深入人心，以致"新安节烈最多，一邑当他省之半"。[④] 对朱熹理学和礼教的坚守，几乎使徽州社会处在窒息的状态。

在窒息沉闷的社会中，徽州青壮年男性在外辛苦经营，老弱妇幼则在家留守。脆弱的社会治安体系，在乾隆中期来自安庆和江西等地棚民的大规模冲击下，不堪一击，致使大量棚民最后通过合法的途径成为徽州的良民。"徽

---

① 民国《歙县志》卷1《舆地志·风土》。

② 民国《婺源县志》卷4《疆域志七·风俗》。

③ 道光《休宁县志》卷1《疆域志·风俗》。

④ 赵吉士:《寄园寄所寄》卷2《镜中寄·孝》。

宁在万山之中，地旷不治，有赁耕者即山内结棚栖焉，曰棚民。棚民之多，以万计也。”[1]棚民的大规模涌入和无序开垦，给徽州的生态环境造成了难以修复的灾难，“自乾隆三十年以后，异民临境，遍山锄种，近日地方效尤。每遇蛟水，山崩土裂，石走沙驰，堆积田园，国课永累。且住后来龙山场，合族公业，亦尽开挖锄种。人居其下，命脉攸关。此日坑河满积，一雨则村内洪水横流，祠前沙石壅塞。目击心伤，人皆切齿。”[2]良好生态环境的破坏，为徽州近代社会的发展付出了沉重的代价。

鸦片战争前夕，时任两江总督兼理两淮盐政的陶澍在两淮盐业中实行的票盐法改革，一举动摇并最终摧毁了徽商在两淮盐业中的垄断地位，使徽商四大经营领域中的徽州盐商从此步入衰落的深渊，昔日“两淮八总商，邑人恒占其四，各姓代兴”[3]之繁盛局面风光不再。随之而来的徽州盐商的大量破产，歙县江村江氏、潭渡黄氏都在此时倾家荡产，并最终一败涂地。曾盛极一时号称“以布衣与天子交”的两淮盐业八大总商之一的江春“自陶澍清欠帑后，公私皆没入，旧时翠华临幸之地，今亭馆朽坏，荆棘满地。”[4]徽州传统经营四大领域的典当、木材和茶叶等也在明代中叶至清前期鼎盛之后，走向了衰落，明清时代盛极一时的“无徽不成镇”，[5]已经成为尘封的历史。

在沉闷窒息的徽州社会中，鸦片战争前夕却迸发出了思想解放的火花。著名思想家、乾嘉考据学派皖派领袖戴震率先提出了“理学杀人”的口号，这在奉程朱理学特别是朱熹理学为圭臬的徽州社会，无疑是一束重磅炸弹。戴震在精严考据的基础上阐发义理，大胆揭露和批判了程朱理学“以理杀人”[6]的虚伪，提出了“体民之情，遂民之欲”和“富民为本”的思想，闪烁着近代民主主义思想的曙光。俞正燮则揭开了提倡妇女解放的大旗，他激烈反对节妇贞女，抨击妇女裹足缠脚。指出，“是女再嫁与男再娶者等。……其再嫁者，不当非之”，[7]并责难“男儿以忠义自责则可耳，妇女贞烈，岂是男子荣耀也？”[8]至于裹足，他经过细致的考证，一针见血地指出：“古有丁男丁女，裹足则失丁女，阴弱则两仪不完，”[9]因此，应当严禁裹足。俞正燮倡导解放妇女和男女平

---

① 高廷瑶：《宦游纪略》卷上。

② 祁门《环溪王履和堂养山会簿》，清嘉庆刊本。

③ 民国《歙县志》卷1《舆地志 · 风土》。

④ 阮元：《研经室再续集》。

⑤ 刘汝骥：《陶甓公牍》卷1《示谕 · 物产会开会示》。

⑥ 戴震：《戴震集》卷9《与某书》。

⑦ 俞正燮：《癸巳类稿》卷13《节妇说》。

⑧ 俞正燮：《癸巳类稿》卷13《贞女说》。

⑨ 俞正燮：《癸巳类稿》卷13《书旧唐书舆服志后》。

等的思想,对被三从四德思想束缚的徽州妇女和徽州社会而言,是一种挑战。所有这些,都为徽州传统社会向近代社会转型奠定了思想基础。

二、鸦片战争与"咸、同兵燹"对徽州社会文化的影响

鸦片战争前夕,长期的贸易失衡,迫使英国殖民者将毒害中国人民的鸦片大量输入中国。鸦片的大量输入和民众的大量吸食,不仅使中英之间的鸦片贸易异常繁荣,而且损坏了中国人民的身体健康。对此,来自徽州的思想家俞正燮指出,"鸦片为害,使民贫,尚可通变;其使民弱,则所关甚大。"①为此,林则徐于道光十九年(1839)在虎门进行销烟。道光二十年(1840),英国以虎门销烟为借口,正式发动了对中国的战争,即"鸦片战争"。道光二十二年(1842),鸦片战争以中国的战败告一段落,清朝政府与英国签署了《南京条约》。从此,鸦片大量输入中国。

鸦片的大量输入中国暨徽州,给中国暨徽州的社会造成了严重的危害。对此,光绪《婺源乡土志》云:"鸦片流毒遍海内,婺人嗜之者亦多,自士夫以及负贩细民,靡然成癖。虽穷僻山居,无他市肆,而烟寮随在皆有。"②故徽州知府刘汝骥说:"徽俗不论贫富,吃烟者十人而六七,面黧骨削,举目皆是。"③吸食鸦片已经成为徽州与赌博、缠足并行的三种陋俗之一。

鸦片的大量输入和吸食,对徽州社会造成了极其严重的影响。一方面,它摧残了徽州民众的身体健康;另一方面,民众吸食鸦片,浪费钱财,且助长懒惰之习,影响了社会经济的发展,正如《胡适口述自传》中所说的那样,"鸦片鬼的堕落,实有甚于一般游手好闲的懒汉。他们终年耕耘所获,还不足以偿付烟债。"[1]22成瘾的吸烟者甚至倾家荡产,卖妻鬻子。所有这些都有力地说明,鸦片输入徽州和民众吸烟成瘾,直接危害民众的健康,侵蚀着吸烟者的肌体,耗费了社会的财富,直接败坏了社会风气,给近代徽州带来了深重的灾难。

鸦片战后,特别是《中英南京条约》的签订,中国逐步开始沦为半殖民地半封建社会。清王朝政权的腐朽,经济的持续衰退,主权的逐步丧失,包括徽州在内的广大人民群众生活在水深火热之中。

爆发于咸丰元年(1851)的太平天国运动,在咸丰三年(1853)攻克南京并在此建立太平天国政权之后,安徽便成为太平天国重要的根据地。清军和太

① 俞正燮:《癸巳存稿》卷14《鸦片烟事述》。

② 光绪《婺源乡土志》第六章《婺源风俗·续前六》。

③ 刘汝骥:《陶甓公牍》卷10《禀详·徽州府禀地方情形文》。

平军在包括徽州在内的安徽地区展开争夺战争亦更加惨烈。咸丰四年(1854),太平军正式进入徽州,同治三年(1864)九月太平军自徽州奔入江西。在长达十余年的拉锯战中,曾国藩两江总督行营驻扎徽州祁门县,徽州备受荼毒,一府六县先后被太平军攻陷总次数达66次之多。这一事件又被称为“咸同兵燹”。

咸同兵燹给徽州社会造成了极大的灾难。主要表现在以下几个方面:

一是人口的锐减。长达十余年的兵燹造成了重大人员伤亡,民国《安徽通志稿》云:“安徽以长江中游屏蔽太平天国首都,受兵之祸尤烈。曾国藩驻在皖南徽州数年,万山之中,村落为墟。”①婺源“遭咸丰兵燹,十室九空”。②绩溪则“生人已十亡其八”。③ 在绩溪岭北的上庄,聚居于此的明经胡氏宗族更是损失惨重,据统计,该族兵燹前有男女老幼人口6000余口,战后“剩余丁口不过一千二百人左右,人口减少了百分之八十。”[1]22

二是田地荒芜,经济衰退。早在鸦片战争之前后,徽州的经济就呈现出衰退的迹象,咸同兵燹更是雪上加霜,直接导致了徽州经济的进一步衰退,出现了“百业衰替,人口凋减,生计迫蹙”④的局面。婺源县“咸丰兵燹后,人民死亡无算,田亩荒废无算。”⑤“壮丽之居,一朝颓尽,败垣破瓦,满目萧条。”⑥在部分地区,因农具被兵燹“毁弃殆尽,耕牛百无一存,谷豆杂粮种籽无从购觅”,⑦致使农业生产一时难以恢复,经济发展裹足不前。

三是徽商一蹶不振。咸同兵燹不仅给在外经营的徽商带来了慎重的灾难,传统的吴楚贸易被兵燹中断,大量徽商将资产财富转移至徽州本土,“当粤贼东下,徽人贾于四方者尽挈资以归,”⑧“徽商在常、昭,恐遭劫数,囊金回乡”,⑨将财富转移至徽州本土窖藏。但咸同兵燹在徽州却惨烈异常,“蔓延四乡,大肆荼毒,无山不搜,无地不到,无暴不极,无毒不臻,掠人日益千计,破产何止万家!杀人则剖腹抽肠,行淫则威劫凶迫。村村打馆,丝粟无存,处处焚

① 民国《安徽通志稿·食货考》。
② 民国《婺源县志》卷首《江峰青·重修婺源县志序》。
③ 民国《绩邑柳川胡氏宗谱》卷首《历代旧谱序·同治八年胡绍曾序》。
④ 民国《歙县志》卷1《舆地志·风土》。
⑤ 民国《婺源县志》卷首《凡例》。
⑥ 刘汝骥:《陶甓公牍》卷12《法制科》。
⑦ 黄崇惺:《凤山笔记》卷下。
⑧ 黄崇惺:《凤山笔记》卷下。
⑨ 《鳅闻日记》卷下。

烧，室庐安在?”[①]在曾国藩驻师祁门期间，“纵兵大掠，而全部窖藏一空。”[②]而清政府为镇压太平军开征的厘金税，更是把徽商推向了破产与灾难的深渊，“商民由富而贫，由贫而至于赤贫，皆由厘金累之。”[③]

四是徽州社会残破不堪。受到咸同兵燹的重创，徽州社会残破不堪。“洪、杨起义，由湘鄂蔓延江南以及浙江数省，烽火连天，士农工商不能各安其业，兄弟妻子转徙流难，房屋俱焚，人将相食，后由曾宪将兵戡乱，而生人已十亡其八，所有编简半付红羊矣。……咸同间逃出在外，不知几何。”[④]祠堂被毁、谱牒被焚，致使徽州宗族受到几乎毁灭性的打击，受创较深的绩溪旺川，“自咸丰十年粤匪蹂躏，祠宇被毁，谱籍皆成灰烬。数年间，殁者甚多，无庙可栿。”[⑤]在绩溪上庄宅坦村，龙井胡氏宗族也遭到重创，“洪杨之乱，久战江南，吾乡无一片干净土，公私焚如，百不存一。虽同治中叶大难削平，而疮痍满目，十室九空。”[⑥]在绩溪县城，“自咸丰十年二月初一贼由旌德至，陷我绩城。八月，复攻破丛山关，郡城失守，直至同治三年，五载之中，杀戮焚掠，迄无虚日，动辄贼众百万，虽深山幽谷、绝巘巉岩，搜掳遍至，人民十不存二，半膏锋镝，半没饥寒，尸骸遍于道路，村落尽为坵墟。乃又瘟疫灾害并至。”[⑦]

五是文化备受浩劫。一批文化名人罹难于战乱，学校、书院大量被毁，书籍典藏焚于战火。“其焚掠之惨、胁迫之苦，较他郡为尤烈。徽人向之累于捐输者，今且为贼掳胁，火其居，拘其身，而索其财矣。向之惮于迁徙者，今且无地可迁，无物可载，壮者不能挈其家，老者不能股其子。其始奔窜山岭，惟畏贼至；其后则寒饿困顿，不复能奔窜，亦不知贼之可畏矣。”[⑧]徽州府城盛极一时的问政书院、紫阳书院尽皆毁于咸同兵燹，问政书院仅存隶书门额，紫阳书院则全部被焚掠一空，地处歙县西乡的槐塘御书藏书楼被战火焚烧。大量珍贵的档案、志书、家谱等典籍和名人字画或被洗劫，或沦于战火，祁门县罹于咸同兵燹，“简册剥残，书籍焚毁，如省志、郡邑志千百什一，几于无存。”[⑨]许多地区的“宗祠册籍自经洪杨兵燹，均荡然无存，祀产无不遗失。”[⑩]绩溪龙井胡

---

① 许承尧:《歙事闲谭》卷31《休宁县众绅士公禀曾都宪》。

② 陈去病:《五石脂》。

③ 张廷骧:《不远复斋见闻杂志》卷2《陶公三疏》。

④ 民国《绩邑柳川胡氏宗谱》卷首《历代旧谱序·同治八年胡绍曾序》。

⑤ 民国《旺川曹氏宗谱》卷1《旧序》。

⑥ 民国《明经胡氏龙井派宗谱》卷首《明经龙井派续修宗谱记》。

⑦ 光绪《南关惇叙堂宗谱》卷1《新序》。

⑧ 黄崇惺:《凤山日记》卷上。

⑨ 同治《祁门县志》卷首《重修祁门县志序》。

⑩ 民国《新安柯氏宗谱》卷26《杂记》。

氏宗族"自遭兵燹，祠谱无存，总牌亦失遗大半。"[①]歙县西乡大族林立，各类名家书画、碑帖等收藏丰富，但咸同兵燹后，大多被付诸战火，如棠樾鲍艾温所藏"法书名画半为贼焚，其存者居人取以易饼，犹鲜有筹者。"[②]

总之，在咸同兵燹之战火洗劫下，徽州社会陷入了前所未有的残破与凋敝之中。

三、"咸、同兵燹"后至光宣时期徽州社会文化的变革

咸同兵燹给徽州社会、经济与文化造成了深重的灾难。为尽快恢复社会秩序，抚平战争创伤，咸同兵燹后，从徽州府县各级官员，到地方乡绅和宗族，渐次展开了恢复社会经济与文化、重建家园的活动。

针对兵燹造成的"元气未复"[③]之窘状，徽州知府到各县知县，都以招民垦荒、振兴实业为宗旨，致力于社会经济的恢复与重建。"惟现在实业待兴，孔亟体察我徽情形，农、林、蚕三科目，尤为当务之急。"[④]为此，徽州知府刘汝骥要求徽州人解放思想，更新观念，改变传统观念，"严樵采之禁，则林业可兴；辟风水之谬，则矿业可兴易；组织公司，优奖艺徒，则工业、商业可兴。曰：穷则变，变则通。"[⑤]正是由于寻求变通的路径，徽州各地的父母官们分别从地方实际出发，提出了一系列发展经济、稳定社会、兴办教育和文化事业的主张与实践。

在地方官府发展实业的政策激励下，徽州的经济得到了缓慢的恢复，"徽州商业，以茶为大宗。闻近岁茶行亏折，每至数十万元之钜，大半为日本、印度茶所夺。"[⑥]衰败的茶业在不断地改良中获得了生机，同治五年（1866），休宁精制的绿茶"特贡"，远销俄罗斯。光绪二年（1876），由黟县余干臣和祁门胡云龙分别在祁门历口和贵溪创制的祁门红茶获得成功，并"运售浔、汉、沪、港等处"[⑦]和欧美等国。光绪二十二年（1896），休宁屯溪余伯陶等茶号试制的"抽心珍眉"和"特制贡熙"绿茶，也行销海内外。一批实业家和企业正在崛起，同治年间，歙县汪正大用土丝线织造的"徽州罗绢"远销省内外，并在宣统二年（1910）获南洋劝业大会特等奖。光绪八年（1882），休宁苏鹤舜在万安创办聚和烟店，年加工烟丝 140 担。不唯经济得到恢复，而且教育文化也得到了

---

① 《亲逊堂奉先录》第 1 册《始祖至廿五世》。

② 许承尧：《歙事闲谭》卷 20《鲍艾温粤乱时之收藏》。

③ 刘汝骥：《陶甓公牍》卷 12《法制科 · 休宁县民情之习惯》。

④ 刘汝骥：《陶甓公牍》卷 5《批判 · 徽州府茶业董事花翎知府洪廷俊等禀批》。

⑤ 刘汝骥：《陶甓公牍》卷 12《法制科 · 婺源民情之习惯》。

⑥ 刘汝骥：《陶甓公牍》卷 10《批判 · 歙县蔡令世信详批》。

⑦ 刘汝骥：《陶甓公牍》卷 12《法制科 · 祁门民情之习惯》。

发展，咸同兵燹后不久，徽州府即迅速修复了被战乱焚毁的问政书院和紫阳书院，婺源县也以茶捐添置该县紫阳书院膏火及乡会试盘缠。

徽州各地的地方官们还致力于整顿吏治，在咸同兵燹后响应倡修《安徽通志》的号召，开始纂修府县志，徽州知府何家骢在为新修《祁门县志》撰写的《重修祁门县志序》中指出，“倘此时不振起而修之，坠绪茫茫，以后更难旁搜而远绍。”祁门县令周溶“慨然以修辑邑志为己任”，聘请休宁名士汪韵珊纂修《祁门县志》。尽管因战乱初平、百废待兴，徽州真正纂修成书的仅有《祁门县志》和《黟县志》两部县志，但通过纂修方志以笼络人心、安定地方社会秩序的目的应当说是达到了。

在民间，宗族和乡绅充分发挥了自己的作用。咸同兵燹后，徽州许多地区的宗族和乡绅在宗祠遭毁、谱牒被焚、祭祀中断的情况下，率先开始了整修宗祠、编纂族谱和升主祭祀活动，修复宗族和乡绅的历史记忆，强化宗族的向心力和凝聚力。绩溪龙井宅坦胡氏宗族在咸丰兵燹战乱结束后，即迫不及待地着手进行宗族的恢复与重建活动，率先于同治十年（1871）修复了被战乱损坏的祠堂——亲逊祠，并同时进行了祠堂的升主活动。接着，又借助34世孙胡志高战乱中背负而幸免于兵火的嘉靖《龙井胡氏宗谱》和乾隆《考川胡氏统宗谱》等全部族谱和36世孙户道升“燹后访求宗祠田簿税册，得于村人破纸篓中”的宗族资料，[①]以36世孙胡宝铎为首的龙井胡氏族内乡绅自同治十三年（1874）着手展开了族谱的编纂工作，并初步编成了宗谱的稿本。最后，全面恢复了宗族的春冬二祭的宗族祭祀活动。祁门红紫金氏宗族也是在“咸丰年间，粤贼扰乱十余年，房屋烧毁一空，男逃女散，惨不胜言。因谱牒散失，幸同治初年，四方平静，查考宗谱，半属遗亡”[②]之后，有感于族谱“所以敬宗收族，使人人仁孝之心油然其自动也”，[③]而纂修族谱，以期重整和振兴宗族。

值得一提的是，咸丰兵燹后，风云变幻，沧海桑田，国内外时事的变动，已使徽州无论是地方官府还是乡村宗族意识到，除了通过传统的方式继续维持统治之外，还必须进行彻底的变革，才能适应形势发展的变化。为此，自所谓的“同治中兴”以后，徽州地方官府已经寻求政治上的变革和观念上的革新，以达到稳定和发展目的。

光绪三十三年（1907），天津静海人刘汝骥受命赴徽州就任知府。面对洋货充斥，经济衰退之状，刘汝骥从振兴农工商和实施宪政入手，拉开了徽州近

① 民国《明经胡氏龙井派宗谱》卷8《龙井宅坦前门相公派》。

② 民国《祁西金氏族谱》卷8《谱略》。

③ 民国《祁西金氏族谱》卷1《序》。

代改革的序幕。在徽州知府任上，刘汝骥从徽州各地民情风俗习惯调查开始，"就徽地言徽事、教徽民，或于风化、民智，不无坠露轻尘之益用。"[①]责成各地成立咨议局、物产会、不缠足会，整顿学堂，发展农工商实业，严禁吸食鸦片，革除迷信和赌博陋习。用刘汝骥颁布的《详报物产会开会文》所言，就是"当务之急，莫要于讲树艺之事，研究制茶、造纸之方法。其急须扩充者，如祁门之磁土，岁可供全国陶业之用，歙县之煤矿，绩溪之五金各矿。倘得大化学家、大矿学家、大资本家赓续而合作之，更开万事无穷之利。利必归农，本富，此其基础，地不爱宝，新学亟待发明。"[②]

在刘汝骥的改革推动下，徽州各地迅即行动，兴办新式学校，成立物产研究会、咨议局和选举事务所，致力于发展经济，培养人才，实施宪政。然而，随着清王朝预备立宪骗局的破产，徽州各地蓬勃展开的宪政改革和发展经济举措也迅速走向消亡。

在民间，面临前所未有之变局，徽州宗族和乡绅也逐渐意识到，保守残缺、顽固坚持传统的宗族控制已无法继续维持下去。因此，一些开明的宗族和乡绅也不断发出兴办实业、教育、培养实业人才的主张。

总之，咸同兵燹之后特别是光宣年间，徽州上自官府、下至宗族和乡绅，在意识到前所未有之危机后，纷纷采取了一系列举措，展开改革与自救，并希图通过改革与自救，推动经济发展，促进社会稳定和文化振兴。尽管因种种原因，这一改革和自救收效甚微，并最终沦于失败。但它引发的思想解放和观念更新，给沉闷的几乎要窒息的徽州社会带来了希望的曙光。

四、民国初年对徽州文化的反思与总结

随着中华民国的建立，徽州的历史也翻开了新的一页。但由于传统的积淀深厚，落后腐朽的程朱理学的束缚，徽州社会掀起了对徽州文化的反思与总结之风。尤其是旅外的徽州人，对徽州文化的反思与总结甚至批判更加深刻。

创刊于1920年的《黟山青年》对徽州保守残缺的文化传统进行了有力的批判，指出："可怜的乡愚，脑筋里满含着腐败守旧性，闭塞愈深，野蛮愈甚。"对妇女长期被压迫的历史，该刊有着深刻的批判："我黟男子，大多数在外经商，竞争权利，无待赘述，惟女子则毫无权利竞争之可言，盖我黟男子，远出经商，女子则主持家政，各事仰男子之鼻息，致男子视女子为玩物，动辄加以侮

① 刘汝骥：《陶甓公牍》卷10《禀详·徽州府禀地方情行文》。

② 刘汝骥：《陶甓公牍》卷10《禀详·详报物产会开会文》。

辱，然女子亦惟有吞声忍泪，甘受荼毒，此不啻数千年相沿之例也。”[2] 为此，该看强烈呼吁男女平权。创刊于1925年的旅居浙江海宁徽州人报刊《徽侨月刊》在发刊词中，对民国建立以来徽州觉悟低下进行了抨击，指出：“吾徽人处此青天白日旗帜之下，大都还没有新觉悟，且建设方面，更未见实行。”[3]462 致力于改造社会、建设桑梓的《微音月刊》则对徽州传统的迎神赛会等迷信进行了无情的批判，指出：“旧社会上底迎神、赛会、和烧锡箔、拜菩萨等事，任谁都知道是一件渺茫而无意识，徒耗许多有用的金钱而无一毫益处的事。”[4] 为此，在批判徽州因循守旧、不事革新之文化的同时，《微音月刊》号召徽州人进行普遍的教育运动，办刊办报，开启民智，讲求实业，并为此掀起了建设新徽州的运动。[4]

与旅外激进青年批判徽州传统文化的同时，一些致力于徽州文化及乡邦文献抢救的学人则开始了对徽州传统文化的抢救、整理与总结工作。早在清季的光绪末年，歙县的黄宾虹即与另一位徽州文化的整理者许承尧，展开了对徽州文化的抢救、整理、研究与总结工作。黄宾虹极言徽州文化的博大精深，并致力于研究与整理工作，指出徽州文化为中华文化之国粹，提出了“宣歙国学”的概念。许承尧更是集毕生之精力和财力，购置和抢救徽州乡土文献，并为之进行整理和研究，撰成31卷本《歙事闲谭》和16卷本《歙县志》。

新文化运动之领军人物胡适，更是对徽州传统文化情有独钟，厚爱有加。他不止一次地说“我是安徽徽州人”，[1]13 充满着对徽州文化的眷恋与自豪。他赞扬徽州人的开拓进取精神，云：“徽州人正如英伦三岛上的苏格兰人一样，四出经商，足迹遍于全国。”[1]15 他称赞朱子理学和乾嘉徽州学术，认为徽州人离家外出、冒险经商的传统，使得徽州人长住大城市，在文化教育上每能得到一个时代的风气之先，眼界也因此开阔许多。指出，“在中古以后，有些徽州学者——如12世纪的朱熹和他以后的，尤其是十八九世纪的学者像江永、戴震、俞正燮、凌廷堪等等——他们之所以能在中国学术界占据较高的位置，都不是偶然的。”[1]16 胡适深受先贤戴震考据学派的影响，提出了“大胆的假设，小心的求证”[5]5 主张。在新文化运动中，胡适率先打出反对文言文、提倡白话文的旗帜，并身体力行地创作出大量白话文诗作，一首“我从山中来，带着兰花草”道出了胡适对徽州文化的无限眷恋。

作为中国保守落后的宗族制度，徽州宗族在民国以后，也开始尝试着对自身的改造。清末民初纂修的徽州族谱，自治、民主、民权、自由、博爱和法制等思想与观念，得到贯彻。1917年纂修的绩溪《鱼川耿氏宗谱》在《家族规则》一章中，明确提出了自治和博爱思想，云：“政体变更，渐归法制。家族者，国家之籀体也家族自治者，即国治之模型也。……其宗旨纯正，法意周密，诚能依法行之,实足以救世而励俗,兴族而强国。”“爱众亲民,为弟子职,西儒则更推之爱国家、爱种族。使一族之众、一乡之人犹且争气结怨,恃强构讼,不特有惭合群进化之义,亦非任恤睦姻之道也。嗣后务率其族之人,推爱身之念以爱其家,推爱家之情以爱其族,更推爱族之义爱其乡。迨其爱护之观念允实弥满,则进而达于国家种族矣。”此外,该族谱还以世界的视野,提倡励学与劝业,云:“环球交通,文明日启,非复闭关时代之可以安常习故也。一国之强弱,一家之盛衰,无非视其人物之知识能力为进退,是教育普及为保国保家之要素。……生货出口少,熟货出口多者,其国强,此西人之言也。吾国生产事业群趋于商之一途,而于工则墨守师承,不知增高审美思想。……嗣后宜趋重工业,天然品则讲求种植之法,人工品则研究精进之术,使聪明才智之士破除官吏思想,从事实业,倡导兴族强国,皆基于此。”①刊于 1915 年的绩溪《涧洲许氏宗谱》明确规定宗祠的祠首应当仿照国家选举法由族众投票公选,云:“本祠首事人笃,宜仿国家新定选举法,由族众投票公举,以得票多寡为去取准绳。一经选定,不得推诿,一年一次,善则留任,不善则不举。”②针对马克思学说和西方诸学说纷纷传入中国所造成的“党系庞杂,国是莫定”状况,1927 年,绩溪胡祥木在为《坦川洪氏宗谱》撰写的《序言》中指出,“今日救时之策当取旧宪,酌以新潮,因势利导,治功可蕲。若必攻错他山,则在彼将变橘为枳,在我则削足适履,恐利未行而害已先著矣。”③

民国初年,在欧风美雨的东渐下,死寂沉闷的徽州终于有所觉醒,社会各个阶级和基层,或保守,或激进,都对徽州传统的社会与文化进行了认真的反思、总结与研究,不管是激烈的批判,还是顽固的坚守,但都对徽州传统文化的近代化起到了重要的作用。

这一时期,徽州的方志编纂,承接清末乡土历史地理至的纂修余绪,民国初年,一批乡土历史和地理至得到编纂和出版,1915 年,由许家栋编纂的《歙县乡土志》完稿,随之,《徽州乡土地理》、《绩溪乡土历史》、《绩溪乡土地理》、《黟县乡土地理》和《祁门乡土地理》等也相继编纂或出版完成。另有《婺源县志》、《黟县志》、《歙县志》和《绩溪县志稿》等也相继得到纂修或出版,尚有《丰南志》等数部乡镇志编纂完成。这些志书的纂修,实际上都是这一时期当地官员和学者对徽州文化的反思和总结的产物。它反映了民国初年徽州社会与文化的基本状态。

---

① 民国《鱼川耿氏宗谱》卷 5《家族规则》。

② 民国《涧洲许氏宗谱》卷 10《祠规附家法》。

③ 民国《坦川洪氏宗谱》卷首《序》。

尤为值得注意的是，这一时期完整的徽州被人为地肢解，1934年，为围剿苏区的需要，自唐代设立、一直隶属于歙州、徽州管辖的婺源县被从徽州划出，隶属江西省。徽州完整版图的割裂，对徽州文化的完整性造成了巨大的创伤。“安徽文化精神及侨外团体组织，胥以朱子为表率，婺源为朱子故乡，流风至今未泯，徽州之视婺源，犹东鲁之于曲阜，南粤之于中山。”[6]654 婺源的划出徽州和安徽，曾经引发了两次大规模的回皖运动，并在1947年最终回归徽州和安徽。两次大规模的回皖运动，是徽州文化血脉在这一时期得以张扬的根本原因之所在。

五、抗战前后徽州的社会与文化

1937年7月，抗日战争全面爆发。同全国其他地区一样，徽州也进入了全面抗战阶段。但徽州独特的地理环境，最终未能使日军侵入。不过，日军对徽州各地的狂轰滥炸和上海等沿海地区新闻媒体、社会团体和学校等的大规模内迁徽州，对徽州社会、经济与文化的发展，带来深刻的影响。徽州作为抗战的后方，亦曾容纳了大量的驻军，徽州民众为支持和宣传抗战，曾经创造了丰富多彩的文化。

1937年11月，绩溪县城受到了日军飞机的轰炸，南门外之余许两族祠堂被炸毁，死伤军民20多位。国民党第67师奉命驻守绩溪，并以上庄之宅坦村为总部。同月，国民党第19集团军从上海退守徽州，总司令罗卓英及总部设于歙县棠樾。

抗战期间，徽州文化教育事业畸形发展。1937年，《徽州晚报》在屯溪创刊。次年1月，屯溪抗敌后援会成立，工商学界千余人举行游行，开展抗日大宣传。为共御外侮，第二次国共合作达成，新四军于歙县岩寺集中。4月，安徽省皖南行署自芜湖迁至屯溪。5月，安徽省民众总动员委员会皖南晚安办事处在屯溪成立。9月，国民政府军事委员会所属抗敌演剧二队来到屯溪，举行商界和学界千人大合唱，开展抗日就往宣传活动。12月，《皖报》屯溪版在屯溪出版发行。1939、1940年，日军三次对屯溪进行空袭，造成了大量伤亡。

随着上海和南京等地学校的迁入，徽州的战时教育得到了很大发展。而一批文化名人的抗日创作也达到了一个高峰。屯溪则因前线一些单位和人口的内迁，一度成了“小上海”。

抗日战争爆发，安徽省大部地区被日寇占领，中学大多停办。徽州地处山区，日寇不敢贸然侵犯，成了抗战时期东南的小后方。当时党政军机关一下迁来了好几百个，在外徽商纷纷返里，沦陷区学校不少迁到徽州办学，普通中学因而大为发展，这是民国时期徽州中学教育发展的特别情况。

抗战期间，徽州接受了不少内迁中学，其中情况有两种。有的只是内迁暂住，办学时间较短，只一学期左右。如1937年秋迁到屯溪的南京中央大学实验中学，迁到歙县棠樾的南京私立钟英中学，在黟县复校的东吴大学附中。有的内迁时期较长，它们是：1937年迁到屯溪的私立南京安徽中学徽州分校（简称皖中），1938年迁到屯溪的私立南京现代中学，同年由芜湖迁到歙县的私立芜关中学徽州分校，在黟县继东吴大学附中而创办的复旦大学附属中学皖校，由宣城迁旌德江村的宁属六县联立中学，1942年迁来屯溪的国立江苏临时中学和上海法学院附中，1943年迁到绩溪的江苏第五临中等8所。这些学校的大多数，抗战胜利后也迁走了。但在抗战期间，招收了为数不少的徽州子弟入学，为徽州培养了众多人才；而一批优秀教师在徽州任教，对徽州办学也产生了积极的影响。到抗战胜利的1945年上半年，徽州共有普通中学19所，比1936年增加16所，其中省立、县立等公办中学12所，私立中学7所，完全中学9所，初级中学10所。抗战期间是民国时期徽州普通中学发展最迅速的时期。

国难当头，一批文人学士激发了创作的热情，许承尧在抗战时期创作的诗歌，为徽州文学的发展增添了璀璨的一页，“卫国不反顾，慷慨赴成行。丈夫有躯干，掷去何堂堂。雷霆万钧力，誓以血肉当。”诗歌慷慨悲壮，深沉雄浑，书法了诗人的爱国情怀。而寓居北京坚拒北京伪文物研究会美术馆馆长之聘的黄宾虹，更是创作了《黍离图》，并题诗抒发自己的愤懑之情，“太虚蠓蠛几经过，撇眼桑田海又波。玉黍离离旧宫阙，不看斜照伴铜驼。”两位堪称近代徽州双子星座的文化大师，以一种国破家亡、誓死赴难的悲愤之情，共同为徽州抗战时期的文化谱写了壮丽的篇章。

与此同时，明末清初参加抗清斗争的徽州历史人物得到了学界的关注，一批知名学者借对历史上徽州民族英雄如金声、渐江的研究以发挥自己的作用。这些研究，为徽学的产生奠定了基础。抗战胜利后，南京街头百物杂陈，徽州文书被流落南京的徽州难民出售，这是深藏徽州民间数十万件徽州文书的首次外传。这批徽州文书的一部分被当时中央研究院史语所的方豪收购和研究，它为徽学的最终形成铺平了道路。

发生在抗战胜利后第二年即1946年的婺源回皖运动，再次激起了徽州人团结一心的文化情结。这次声势浩大的婺源回皖运动，最终促成了脱离了徽州怀抱十余年的婺源回归徽州和安徽。这次婺源回皖运动与其说是一种政治运动，不如说更是一种前所未有的徽州文化运动。“昔日视为行政区域之徽州，今已成为一民族之名称，故府治废除已久，而徽州之名，国人仍延称之，且徽虽区分六邑，而因风俗习惯文化以及宗姻经济等，彼此关系密切，此六县早已形成一体,不可分割,徽人对外固皆自称徽州,不以县名,而国人亦只知徽州与徽商,鲜知歙、休、黟、祁、绩及婺源也。”[7]48 徽州文化在婺源两次回皖运动中,起到了重要的血脉和纽带的作用。

结　语

一部近代徽州文化史,在某种程度上说实际上就是一部徽州传统社会文化的艰难转型史,也是一部徽州人在社会经济文化衰退中寻求重振昔日辉煌的抗争与发展史。它虽然没有古代特别是宋明以来徽州文化所取得的成就那般耀眼和灿烂,但它却实实在在地反映了徽州人不甘落伍、不畏艰辛的进取精神和拼搏意志。徽州先贤鲍幼文在 1937 年撰写的《徽州人之进取精神及其对学术之贡献》一文,曾自豪地说:“徽州人生于山川奇秀之乡,又因与环境奋斗之结果,而形成独立不惑之精神,但为探求真理,辄不避艰辛,竭诚以赴;心知其非,则据理力争,甘冒时俗之不韪。故徽州文化往往能自成一种风气,久之风声所播,乃广被于海内。”[8]87“徽州人精神之顽强坚毅,有如此乎!”[8]82 正是依靠这种锐意进取、顽强开拓的精神和意志,才使得徽州文化拥有了虽历万般劫难,而独能传承发展的内在动力。

参考文献:

[1] 胡适口述、唐德刚译注. 胡适口述自传[M]. 桂林:广西师范大学出版社,2005.

[2] 黄寅谷. 对于本会季刊扩充为月刊之我见[J]. 黟山青年,3(3).

[3]《徽侨月刊》[J]. 转引自王振忠,徽州社会文化史探微[M]. 上海:上海社会科学院出版社 2002.

[4] 胡希圣. 破除迷信之难[J]. 微音月刊,23-24.

[4] 吴建. 建筑新徽州之基础[J]. 微音月刊,26.

[5] 胡适讲演集(一)[M]. 台北:远流出版公司,1986.

[6] 中华民国国民政府军事委员会委员长令婺源县政府文[C]. 叶义银,婺源县志. 北京:档案出版社,1993.

[7] 婺源回皖运动委员会. 婺源回皖运动特辑[M]. 婺源,1946.

[8] 鲍幼文. 徽州人之进取精神及其对学术之贡献[C]//凤山集. 上海:学林出版社,1987.

区域文化精神与区域文化转型研究

——以安徽文化发展为例

孔令刚*

摘　要：区域文化反映了一个地区特定的人文历史，它对内具有共性、对外具有个性，有着鲜明的地域特点，与区域经济共生互动。安徽有着深厚的历史和文化积淀，区域文化特色明显。从文化视域上来阐释区域经济社会发展的差异和文化享赋的精神驱动力之间的关联，离不开对区域经济社会发展和区域文化禀赋生成的历史考察。区域文化随着经济社会的发展而不断地创新和发展。总结安徽区域的文化特色，以文化资源整合推动区域发展。

关键词：区域文化；文化禀赋；安徽文化；文化创新

文化是一个群体精神风貌、心理状态、思维方式和价值取向等精神成果反映的总和。区域文化是区域经济社会发展的历史积淀，与此同时，区域文化又反过来推动和促进区域经济社会的发展提高。文化禀赋是一个区域的群体意识、价值观念、精神风貌、行为规范和管理方法等精神性因素的总和。特定的经济区域背后总有其独特的文化价值观，在经济社会发展中不能忽视区域文化禀赋的精神驱动功能。[1]安徽具有深厚而独特的文化底蕴，徽商文化更以其义利兼顾，勇于创新和雄厚的经济实力而称雄一时。安徽地域传统文化有非常优秀的精华，但其中也存在着一些对创新的束缚因素，如缺乏冒险精神、不求上进、但求无过等。因此，在制定区域发展政策时，要充分考虑本地区的文化特色，选择制定创新政策的文化切入点，鼓励文化创新。创新文化核心是激励探索、包容个性、鼓励创新、宽容失败、张扬个性和团队精神的有机统一。要营造创新文化环境，在全社会形成崇尚知识、鼓励创新、敢于创新的新风尚，塑造开放的、学习型的区域文化。[2]

---

* 作者简介：孔令刚，安徽省社会科学院经济所所长、研究员。

一、区域文化与文化环境

(一)区域文化

文化作为人们价值观中最核心的部分,时刻影响着人们的行为,包括经济行为,它是人们在长期交往中无意识形成的,具有持久的生命力,并构成代代相传的文化的一部分。文化是人类特有的社会现象之一,它与一定的地域条件和种族特性相联系。它的表现形式有三个层次:核心层为价值观念,即文化心理;中间层为制度文化与行为规范;表层为物质载体。在同一文化区域内,居民在生活习性、语言、艺术形式、道德观念以及心理性格和行为方式等方面表现了明显的一致性,有着相似或相同的文化特质。在不同的文化区域之间表现出鲜明的差异。

地域文化是长期的社会发展中形成的多层次、多维度的文化复合体。中国幅员辽阔,人口众多,地理条件复杂,生产力发展不平衡,生产及生活方式各异。正是由于这些因素及其子因素的长期综合作用在中国形成了多种多样的区域文化。如中原文化、齐鲁文化、巴蜀文化、楚文化、越文化、闽粤文化、维扬文化、江淮文化等。这种文化区分主要是着眼于广义的即包含物质形态上的文化。这些各异的区域文化各有其丰富的内涵、独有的特质、各自的界域及形成过程。[3]遍布中国各地的地域文化是中华民族文化的重要组成部分。中华文化的形成、发展和创新的过程,就是对各具特色的地域文化优秀成分不断荟萃吸纳、凝结升华的过程。

区域文化是对特定文化区域中产生的独特文化现象的总称。区域文化是一个地区群体意识、价值观念、精神风貌、行为规范和管理方法等非物质性因素的总和,反映了一个地区特定的人文历史,它对内具有共性、对外具有个性,有着鲜明的地域特点,与区域经济共生互动。[4]文化结构和经济结构属一种同构关系,由于人类的任何经济活动最终都要落实在一定的区域空间,各地区都有其特殊的区域文化,对当地经济社会发展的作用不可估量。现代文化作为经济发展的动力、资源、润滑剂,具有独特的不可替代的功能。从宏观层面看,文化发展不仅以物质文化科技文化形式直接推动生产发展,还以政治制度形式、思想意识形态为经济发展提供物质保障、制度保障和思想文化基础。从微观层面看,各经济主体重视文化建设,借以弘扬企业精神,塑造企业形象,增强凝聚力,提高产品文化含量,因而能在市场竞争中技高一筹、立于不败之地。[5]

(二)区域文化精神

任何一个区域,有历史,有传统,便有文化和文化存量,区域的文化存量构成了区域的文化享赋。文化享赋是一个区域的群体意识、价值观念、精神风貌、行为规范和管理方法等精神性因素的总和。文化享赋大致涵盖了行为习惯、传统习俗、价值观念、道德伦理等非制度性的约束因素。每一个生机勃勃的经济区域背后都有其独特的文化价值观,在经济社会发展中不能忽视区域文化享赋的精神驱动功能。

精神是文化的体现,文化精神不仅是一种意识形态,更是一种战略资源。一种充满活力和创新精神的文化,在创造经济奇迹方面,远比资本、技术、设备、劳动、制度等因素,都起着更为本质的作用。区域文化精神是区域发展的内在动力。区域文化的核心是价值观念和精神气质,这经由时间流逝、历史变迁而存在着一些相对稳定且长期延续的内在要素,被代代传承下来的"文化基因"便称之为区域文化精神,它是区域文化的精髓,也是区别于其他文化的独特性所在。对于特定区域来说,区域文化影响并渗透到区域经济活动的各个方面和各个环节,形成颇具特色的区域经济,文化力已经成为区域经济发展的强大内在动力。[6]历史发展的不同阶段需要不同的文化精神,因此,文化研究不仅要从实然的角度,尊重文化的历史渊源和本来面目,为现代安徽文化精神寻找源流和依据;还要从应然的角度,立足新的实践要求,注重新文化的建设和现代价值的塑造。

当我们从地理空间的角度来审视特定区域的文化传统,就会发现特定文化区中的群体性格特征大体相同。这种大体相同的群体性格特征就是区域文化性格。区域文化性格,是生活在一定的文化区域中的绝大多数人所共同具有的带倾向性的、稳定的心理特征。与文化传统相比,区域文化性格是一种更深层次的历史积淀,它反映特定文化区域中的人们普遍性的、稳定的心理趋势和价值取向,构成该群体区别于其他文化区群体的鲜明特征。它形成于一定的区域文化传统背景之中,与特定的文化区紧密相连,同时受到地理环境、经济结构、政治制度和外来文化传播的影响。

(三)区域文化环境

经济的文化性和文化的经济性是当代社会经济现象的明显特征,现代社会经济的高速发展必须依靠现代社会文化的有力推动和帮助。区域的文化环境包括区域内居民的风俗习惯和价值观念,区内劳动力资源平均的文化水平、心理素质、主流的价值观念、社会风气,政策导向等内容。它代表的是区域深层次的社会文化环境,直接影响着人们是否有追求创新热情,对创业型经济的发展有至关重要的作用。区域的社会文化环境在企业家的孕育、成长中发挥了重要作用,进而导致了不同创新路径和模式的出现。企业的成长、发展过程同时也是企业家精神社会维度的扩张过程。人们从所处社会环境中汲取特定的价值观念，特定的价值理念决定了个人的行为方式。在一定程度上，社会文化环境影响了企业家的价值取向，进而影响了经济增长绩效。

区域的文化价值观是对本地区在长期历史实践中集体行动的思想概括，它为本地区社会成员明确或隐含地提供了一整套行动准则和标准，包括什么是值得追求的目标，以及以什么方式达到目标才是合适的。这套价值体系是本地区伦理目标与方法的统一体，不仅包括个体应当追求和不应当追求的目标，而且还包括各种用以达到目标的适当或不适当的手段。文化价值观对于个体行动的作用主要是通过影响其行动目标与手段的偏好排序来实现的。文化通过企业家影响经济绩效，其中的作用机制包括：创新创业的激励机制、舆论心理的导向机制、社会资本的扩散和渗透机制、行为的规范与整合机制与创造机制等。正是通过这些机制的传导，使得文化对经济发展中的宏观影响因素和微观主体产生了作用。

（四）文化创新

经济运行中的每一个主体都是在一定的文化背景下活动的，区域创新系统中知识流动的每个主体都带有地区文化的烙印。基于文化的竞争优势是最根本的、最难以替代和模仿、最持久和核心的竞争优势。创新文化是在一定的社会历史条件下，区域创新主体在创新及创新管理活动中所创造和形成的具有地域特色的创新精神财富以及创新物质形态的综合，包括创新价值观、创新准则、创新制度和规范、创新物质文化环境等。创新型文化鼓励创新、倡导变革、敢于进取、甘冒风险、勇于挑战、宽容失败。创新文化在于营造一种氛围，使全体员工对创新达成共识，形成整体的创新行动。创新文化不应仅被理解为仅为企业组织内部的创新文化，但也不应将其过于泛化为企业生存的社会环境。创新文化是创新嵌入文化体系中形成的促进组织创新活动的社会价值观念与制度体系的总和。因此，创新文化体系就可分为创新文化的价值体系和创新文化的制度体系。

随着实践的发展，创新理论的视野已经不再局限于企业内部，而是强调建立包括宏观、微观、中介等多层面的创新体系，高效配置各种创新资源，综合发挥文化、制度、人才、资金、项目等创新要素的作用。营造创新文化，实施激励自主创新的各项政策，加大对知识产权的保护力度，改善信贷服务和融资环境，健全人才激励机制。文化创新是企业在长期经营过程中逐步培育起来的独特的企业价值观、企业精神、行为准则以及以此为核心的具有自我鲜明特色的创新精神财富和创新物质财富的总和，文化创新能力就是企业建立创新文化的能力。要形成“鼓励创新，支持实验，宽容失败”的良好氛围，使人人参与创新，个个关注创新，处处体现创新。鼓励创新的文化和诚信并乐于共享合作的文化是创新文化的核心基础。

二、安徽区域经济、社会与文化的历史嬗变

地域文化就是一定地域内历史形成并被人们所感知和认同的各种文化现象,地域文化作为一种地方性生存智慧的体现和结晶,是适应一定地域的自然生态和社会生态的产物。地域文化具有历史性、地域性和独特性的特点。文化禀赋是区域经济社会发展的历史积淀,文化禀赋又反过来推动经济社会的发展。因此,要从文化视域上来说明和解释区域经济社会发展的差异和文化享赋的精神驱动力之间的关联,离不开对区域经济社会发展和区域文化禀赋生成的历史考察。安徽地域内,数千年来学者辈出,著述如林,或自成一家,或蔚然成派,多为中华文化之精华,有自己辉煌的历史。梁启超曾将安徽与江苏、浙江并列,慨叹“一代学术几为江、浙、皖三省所独占”。[7](P50)安徽省区域文化总体具有多样性和差异性特征,这些特征既具有有利于经济发展的因素,也有不利因素。

(一)安徽文化地域格局

文化是一条川流不息的绵长之河,生活和实践的不断积淀又形成新的文化,为这条永恒之河补充着新鲜活水,也唯有如此,文化之河才能藏珍纳景,激波扬涛,永葆生命之青春。从文化发生学的视角看,由于各个地区在地理条件制约、经济发展水平、区域开发时序、对外交流频度、民族人种等方面的不同,造就了各个地域不同的文化。文化作为一种与地域环境相适应的生存智慧的结晶,自然带有地域或地方的胎记。这些文化间既争奇斗艳,又相互促进。在历史和现实中,不同的地域文化——特别是具有较好地缘关系的地域文化间不断进行着交流和互换。地域文化才得以发展,避免了停滞和被淘汰的命运。[8]安徽省作为我国中东部地区,地跨江淮,北接中原,南联吴越,周边与六省相邻,南北跨度大,气候地貌呈明显差异。皖北以平原地貌为主,气候相对干燥;皖南以丘陵、山地为主,气候温暖湿润。同一省份内区域之间呈现如此较大的地域气候的多样性和差异性在中国比较罕见。在长期的历史发展过程中,由于地理环境和人文环境的不同,在安徽大地上从北到南形成了三个各具特点的区域文化,即淮河文化、皖江文化、徽州文化三大各具特色的文化圈,它们共同构成了安徽文化。相比而言,徽州文化是最成熟的地域文化。学术界把徽州文化与敦煌文化、藏文化并称为中国三大地域文化。[9](P231-236)

1. 淮河文化圈,即皖北淮河地区的淮河文化

淮河文化圈一般指由淮河沿岸及淮北地区构成的区域文化带。由于淮

河地域特殊的地理位置和人文环境，各种不同文化在此碰撞、交流，淮河文化作为融合中原文化、吴楚文化基础上形成的一种区域文化，具有兼容性和过渡性的特点。其文化特色是民风粗犷、尚义、较保守、中庸，传统的儒家、道家文化色彩较浓。其文化特色中的尚义、淳朴、直爽风格在一定程度上是受北方接壤的齐鲁文化影响，而皖北作为庄子故里、老子的重要活动区域，道家文化的发祥地，因而道家的思想在这里具有深厚的根基。

2. 皖江文化圈，即长江流域的皖江文化

以桐城派为代表，其区域文化主要特色为具有较浓厚的儒家文化传统，崇尚人文精神，文风兴盛。皖江文化圈一般是指从远古到现在皖江地区创造的物质文化和精神文化的总和，其范围大体接近于现在的皖江经济区域，即安庆、芜湖、马鞍山、铜陵、池州、巢湖、宣城市（除绩溪县）和滁州市东部。自古以来，皖江区域人文学者辈出，学派纷呈，如庐江何氏一脉，魏晋、两宋以来诞生了许多知名的经学、玄学大家；以方苞、戴名世为代表的桐城文化经久不衰，影响深远。现代则涌现了陈独秀、朱光潜、杨振宁等学问大师。皖江地区之所以有如此深厚的文化根基和尚文精神，是由于本地处于长江中下游地区，在地域上为周边多种文化（北方的齐鲁文化，西边的湘楚文化，东南的吴越文化）交汇最激烈的地区。本地区较好的地貌、气候条件也有利于文化的培育和传承。皖江文化圈基本特点包括古皖文化源远流长、皖江文化内容丰富，底蕴深厚，异彩纷呈、皖江文化具有水文化的特点、开放创新意识浓。

3. 徽州文化圈，即皖南地区的徽州文化，以徽学为主要代表

也有学者称之为新安文化圈。徽州文化是安徽地域文化中最成熟、最具有代表性、最典型的地域文化。徽州文化是原徽州府属下歙县、黟县、休宁、祁门、绩溪和婺源（今属江西省）等六县所出现的既有独特性又有典型性的各种文化现象。徽州文化主要特点有：徽州文化内涵丰富，具有丰富性、辉煌性、典型性，徽州文化是一种典型的儒学文化。徽州文化不仅具有丰富的文化内涵，为朱程理学、文房四宝的主要发源地，徽剧、徽菜的故乡，而且在安徽区域文化中，徽州文化相对来说较具有开放进取注重实际精神，人文精神和近现代功利意识在这里得到较好的统一，明清以后徽商兴盛一时、闻名全国就是较好的见证。“新安文化”早已打破了行政界限，作为区域文化，其影响远不止于徽州，随着徽商的足迹，新安文化广为传播至上海、杭州、南京、广州等地。新安文化中的重商取利精神在很大程度上源于本地区较为狭窄恶劣的生存环境。皖南与江浙接近，而浙东文化的尚利务实精神对新安文化也有较大的影响。

三大文化圈说逐渐演变成为主流观点，“三条水系带出三大块文化”的观

念已经为安徽社科、文化界和党政领导层普遍认同，并被写入教材。[10]

（二）安徽文化特质

“安徽经济文化版图”丰富多彩、美丽富饶。安徽区域南北悬殊，东西有别。安徽文化源远流长，江淮大地人文荟萃，物华天宝，自古以来就是中国经济、政治、文化发展的中心区域之一，是演绎中华文明的重要舞台。安徽文化特质表现为张扬自如、通变创新、经世致用、好学尚贤、理性求真，这五个方面相互依存，相辅相成，共同架构了安徽文化的精髓和灵魂，并具体体现在安徽哲学思想、史学、社会政治思想、文学艺术、教育、科技工艺等多个方面。

三、实现区域文化的现代转型

经济社会的现代化过程也是文化现代化的过程。任何经济社会发展区域都有相应的区域文化作为其精神支撑和动力源泉。区域文化也随着经济社会的发展而不断地创新和发展。下图反映了传统文化对现代经济发展的作用机理。

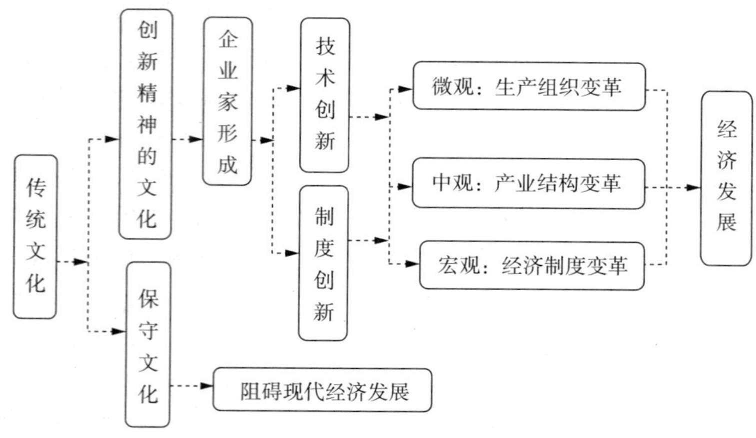

图1　传统文化对现代经济发展的作用机理示意图[11]

传统文化虽然不能直接推动现代经济的发展，但它却通过对企业家阶层生成的影响间接地推动工业化的进程。因此，以传统文化的创新精神为源泉的企业家创新活动是一个国家或地区经济发展的内在动力，而资本、劳动力、自然资源和技术等传统意义上的生产要素，都不过是经济发展过程中的外在因素或不可或缺的手段，它们只能在完善的经济制度中才能发挥出促进经济增长的作用。经济发展方式的转变，不仅需要有前期工业化、城市化及其经济发展的物质基础，需要有在此基础上的经济领域内各种要素、关系调整和新的制度安排，而且需要有一种与此相应的现代文化来内在支持这种发展方式。这种现代文化,既包含着人类社会自古以来所建立起的一系列基本文明观念,如以人为本、自由平等、民主法治、公平正义等;包含着马克思·韦伯所说的市场经济体系要求的"责任伦理"(民事法律观念),如民事主体的平等互利、等价交换、诚信守则、权利义务一致等,同时还内含着一种与"责任伦理"相关的强调精工、精致、精益,不断创新而追求卓越的文化心理和精神气质。文化作为一种自发的社会秩序对行为主体的行为方式起着一种引导性的作用和规范性的作用。引导性的作用是指社会文化可对行为主体的行为方式起到一种潜移默化的影响,使其行为沿着已经形成的文化配置机制进行;规范性的作用是指社会文化是一种自发形成的社会秩序,可以像社会规则那样对行为主体的行为有一种自我强制性的规约。要营造创新文化环境,在全社会形成崇尚知识,尊重人才,鼓励创新、敢于创新的新风尚,塑造开放的、学习型的区域文化。总结安徽区域的文化特色,以文化创新提升区域的魅力,增加区域创新、创业动力。

(一)提炼安徽文化精神

现在美国、日本这些现代化程度比较高(不光是经济发达)的国家,都保留了十分浓郁的传统文化,这些实例表明传统文化的内核与现代化并不矛盾。今天安徽文化完全可以继承传统的内核,大步走向现代化。提炼安徽精神是在新的时间和空间中重新确认安徽的区域文化身份。而区域文化身份的认同,既是一个地理环境认同的过程,是一个历史渊源认同的过程,也是一个生存追求认同的过程。

借鉴吸收外来文化发展新文化。学习借鉴外来文化是每个文化体系得以发展的重要条件。在科技发展日新月异、文化交流日益广泛的当今世界,更需要不断学习、吸收人类文明发展的一切优秀成果,来充实发展自己,才能使自己获得繁荣与进步。安徽文化有着借鉴、吸收外来文化并融会贯通加以发展的优良传统,道家文化、朱子理学都是在借鉴吸收基础上产生的,安徽文化的现代化,仅靠自身的积极因素是难以达到目标的,必须借助于对外开放与交流,吸收外来文化的精华,如湖湘文化的经世致用,岭南文化的敢为人先、闽文化的多元开放、京派文化的大气、海派文化的求新等文化特点和文化优势,在文化的传承、改造和转型与现代市场主体精神的培育中,结合自己的实际加以创新、发展,建设新的安徽文化。

塑造安徽文化的时代精神。区域文化精神是区域发展的内在动力。区域文化精神对于启迪民智、开化民风、发展经济、变革社会具有重要作用。对于地处内陆而又包含三个区域文化的安徽来说,构建统一的当代安徽文化精神,是非常迫切与必需的。有鉴于此,需要在新的背景下,提炼升华安徽文化精神,从自发状态提升到自觉状态,从而进一步彰显和繁荣区域文化,为安徽经济社会的发展提供不竭的精神动力。要通过加强内部经济联合等方式,增强安徽文化的整体性和内部凝聚力,建立起安徽文化的主体部分,并树立安徽文化的完整形象,使安徽文化在经济发展中担负起推进和服务的社会功能。要在三个区域文化中重点建设一个,使之成为具有安徽文化代表性的主体部分;要从全省战略上制定规划,发掘区域文化特色和区域文化同质性发展区域经济。

(二)实现传统文化的现代转型

继承传统,超越传统。传统文化和价值观念中也有许多有价值的内容,这些内容可以作为我们继承与发展的源泉,成为新的文化系统和新的价值体系创建、生长的重要资源。不同时代的文化具有相对独立性的根据,也是它们可以相互吸收、相互融合的根据。社会历史与文化的发展绝不是消灭传统,而只能是改变传统原有模式,将其中有生命力的因素加以改造和重新组合,使之与现代社会有机地融为一体,成为现代文明的组成部分。与整个中华传统文化一样,安徽文化也具有复杂性和两面性,对现代社会经济发展同样具有积极性与消极性两方面的不同影响。安徽文化传统中的重教兴学的风尚,安徽文化中的兼容并包的精神,安徽文化中开拓创新的精神,徽商的讲求信义和道义的儒商精神,这些对促进安徽经济的发展都有着明显的积极作用,是值得我们在文化建设中大力弘扬和光大的。而安徽传统文化中重人文轻科学、重功名轻经济、重经验轻理性以及道家文化中的消极出世思想等一些观念和思维方式、行为方式则在一定程度上影响了安徽经济社会的发展,是我们要努力克服和消除的。

包容并蓄,实现文化创新与整合。任何一种新文化都是具有生命活力的新鲜的血液,是能够引导人们进行积极创造活动的能动的东西。对传统文化和外来文化的吸取和借鉴,有利于文化的发展。文化的再生与转换,需要一种开放的心灵、开放的环境,只有文化的撞击才能带来文化的觉醒和文化的真正繁荣,一个自我封闭的文化系统是很难发展的。在当代社会实践基础上对传统进行新的整合,创建新文化。对传统的超越,一方面是一个自然过程——随着经济形态的发展和社会政治运行体制的变化,人的文化和价值观念必然发生相应变化,经历一个逐步的发生和发育过程;但同时,文化的创新与超越又是一个自觉的过程,离不开主体的主动把握、选择和取舍。主体的价值取向和文化选择,对于一种新文化的形成及其走向,具有重要的影响作用。这就要求主体在文化创新与实践中,既要顺应文化发展的自然规律,又要积极发挥主观能动性,理性地、自觉地选择新的文化生长点。

制定协调一致的经济发展和文化发展战略。区域经济与区域文化是每个区域发展密不可分的两个方面，要坚持两者发展并重，以达到文化带经济，经济促文化，二者协调发展。特别是皖北地区，在制定经济发展战略的同时更要制定文化发展战略，促进人的全面发展，为经济发展提供精神保证。注重经济发展中的文化内涵，发展产业文化、企业文化和产品文化，建立地域文化与经济的协同创新机制。

参考文献：

[1] 王腾．区域文化特质、文化精神与经济社会的发展：以江苏为例[J]．重庆社会科学．2008，(10)．

[2] 姚明虎．探析皖江城市带区域创新体系的构建[J]．经济研究导刊．2010，(25)．

[3] 李宜春，王品慧．安徽文化特质综论[J]．合肥工业大学学报(社会科学版)．2007，(5)．

[4] 邱成利，魏际刚．论构建区域创新文化环境与对策[J]．科学管理研究．2003，(5)．

[5] 窦鹏．安徽省区域文化环境对发展创业型经济的影响[J]．安徽科技学院学报．2010，(24)．

[6] 顾坤华．"苏商"精神与"三创"精神[J]．企业经济．2010，(7)．

[7] 梁启超．《饮冰室合集》文集之四——《近代学风之地理的分布》序[M]．北京：中华书局，1989．

[8] 李秋香，李麦产．城市群建设进程中的地域文化整合[J]．同济大学学报(社会科学版)．2008，(2)．

[9]《安徽文化史》编纂工作委员会、《安徽文化史》编委会．安徽文化史[M]．南京：南京大学出版社，2000．

[10] 夏志芳．安徽地域文化[M]．合肥：安徽教育出版社，2008．

[11] 张佑林，陈朝霞．区域文化精神与区域经济发展的理性思考——兼论"浙江工业化模式"的形成机理[J]．浙江社会科学．2005，(3)．

加速文化产业转型　推进文化强省建设

邢　军*

摘　要："十一五"以来，在建设文化强省的战略目标下，全省文化体制改革成效显著，文化产业跨越发展，文化产业在一些重点领域和关键环节取得突破，部分行业和产品进入全国第一方阵，文化对经济社会的贡献率逐年提高，出现了文化发展"安徽现象"。本文全面分析我省"十一五"文化产业发展概况，研判文化产业发展趋势与机遇，就加速文化产业转型发展、优化文化产业结构、提升文化产品和服务供给能力、实现文化产业走出去、加强文化创意人才培养、推动文化产业成为我省国民经济支柱性产业等方面提出对策建议，加快推动安徽从文化资源大省向文化强省跨越。

"十一五"以来，在建设文化强省的战略目标下，我省文化体制改革成效显著，文化产业跨越发展，文化对经济社会的贡献率逐年提高。党的十七届五中全会提出，推动文化产业成为国民经济支柱性产业。未来五年，我省文化产业进入快速发展黄金期，我们必须全面把握文化产业成为国民经济支柱性产业的基本规律和全新路径，抓住重点、选准路径，加快文化产业发展方式转变，扩大文化产业规模，增强文化产业集聚度，延长文化产业链条，拓展文化产业发展空间，加快推动安徽从文化资源大省向文化强省跨越。

关键词：文化转型；文化强省；文化创新

一、"十一五"安徽省文化产业发展概况

"十一五"期间，随着文化体制改革的深入推进，文化产业政策的不断完善，文化生产力得到极大释放，文化产业获得飞速发展，在全省国民经济所占比重越来越大，文化产业在一些重点领域和关键环节取得突破，部分行业和产品进入全国第一方阵，走出一条徽风皖韵与时代特征相融合的文化产业发

---

* 作者简介：邢军，安徽省社会科学院科研处副处长、副研究员。

展之路。

（一）文化产业实现井喷式增长

经初步测算，2010 年全省文化产业增加值约为 465 亿元，比上一年净增 100 多亿元，同比增长 27.8%，文化产业成为安徽经济发展的新引擎（见图 1）。

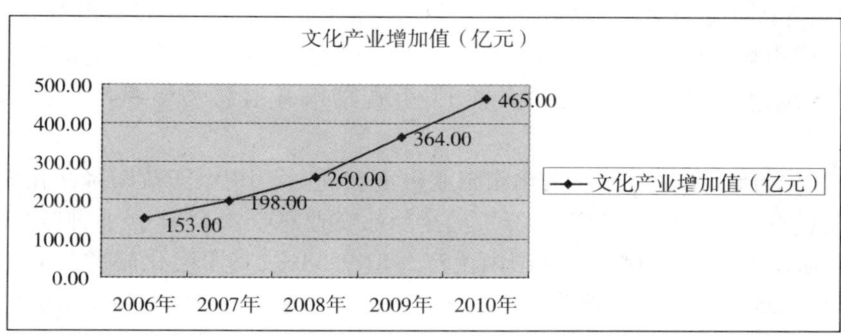

图 1　安徽省 2006—2009 年文化产业增加值

近 5 年来，安徽省文化产业增加值年均保持在 30% 以上的增幅，并逐步成为经济发展的骨干产业，文化产业增加值占 GDP 的比重从 2006 年的 2.49% 增长到 2010 年的 3.79%（见图 2），文化产业增加值增速和占 GDP 比重上均超过全国平均水平。

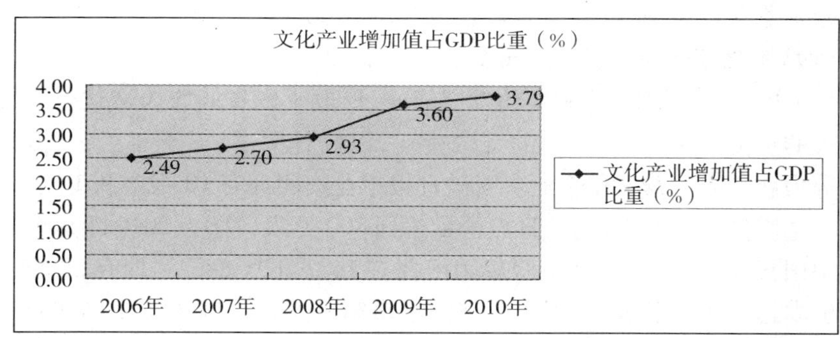

图 2　安徽省 2006—2010 年文化产业增加值占 GDP 比重

（二）传统文化产业在转型中发展

以演艺娱乐业为代表的传统文化产业紧跟文化市场步伐，焕发出蓬勃生机。截至 2010 年 12 月，全省注册登记的民营文艺演出团约有 1300 个，年收入超过 5 亿元。2009 年安徽省启动了民营文艺表演团体“3311”计划。国有文艺院团加快体制改革步伐，以芜湖市艺术剧院和安徽再芬黄梅剧院为代表的演出艺术团体形成了“多演多得、优演优得”分配机制。

(三)新兴文化业态方兴未艾

近年来,“三网融合”全面提速,广播、通信、网络等现代传媒载体加速融合。安徽省广播电视业在“三网融合”的大背景下,逐步形成了除电台、电视台外的多元发展模式,移动电视、手持电视、楼宇电视,购物、短信、动漫、音视频网站等产业集群效应开始显现。新兴媒体业务发展迅速,安徽电视台“家家购物”市场拓展至6省25市。安徽电视网发展迅速,日访问量突破350万人次,安徽中广传播公司已在全省17个省辖市开通移动多媒体广播信号运营。

文化与旅游加速融合,文化旅游业再创新高。2010年安徽围绕文化做旅游,注重将文化资源开发成旅游产品,全年旅游业总收入1151亿元,同比增长27%,旅游业产业总值占全省国内生产总值9.38%,其中文化旅游收入超过220亿元,文化产业增加约为40亿元。第四代主题公园芜湖方特世界方特欢乐世界自2007年运营以来已接待游客600万人次,门票收入8亿元,其中2010年接待220万人次,门票收入3.1亿元。

动漫产业继续保持良好发展势头,全省初步形成了以合肥和芜湖为主干、马鞍山和淮南为两翼、各地合力共进的动漫产业发展格局,全省生产原创动画产量约为4万分钟/年,动漫影视剧的产量也居全国前列。安徽时代漫游文化传媒股份有限公司等8家企业通过文化部、财政部、国家税务总局2010年动漫企业认定,企业数量全国第七、中部地区第一。

(四)文化骨干企业引领作用凸显

大力实施“龙头带动”和集约发展战略,形成了以省属5大文化企业集团为代表的一批有实力、有活力的龙头企业,以儒林图书、五千年工艺、樱艺缘动漫等为翘楚的民营文化企业。安徽日报报业集团拥有10报3刊1网站,报刊发行量突破350万份,网站日点击量达到800万人(次)。2010年综合实力进入中国报业20强。安徽出版集团由拥有14家下属单位到拥有28家子公司。资本运作成效显著,出版主业整体上市第一家。连续3年全国文化企业30强。2007—2010年国家文化出口重点企业。“十一五”期间,集团累计销售收入214亿元、年均增长54%,利润13.8亿元、年均增长43%,总资产超过110亿元,净资产达90亿元。新华发行集团组建5个专业子公司,完成全省79家市县公司、97个中心门市及224个下伸网点的图书音像连锁。2010年1月,皖新传媒股份有限公司成为全国发行业第一个在主板市场整体首发上市的企业,募集资金近13亿元,公司市值超过100亿元。安徽演艺集团完成院团整体转企改制,创作推出一批精品力作,取得显著的社会效益和经济效益。

黄梅戏《雷雨》入选“国家舞台艺术十大精品工程”，话剧《万世根本》获中宣部“五个一工程奖”，《万世根本》、《风雨丽人行》获文化部“文华优秀剧目奖”。安徽广电传媒产业集团于2010年2月成立。2010年1—10月，集团全资和控股的6家公司经营收入9.23亿元，利润4021万元。

省属龙头文化企业高歌猛进，民营文化企业异军突起，全省民营演艺团体达1600家，年演出40多万场次，总收入6亿多元。儒林集团在图书馆配送领域居全国民营企业首位，经纶文化传媒集团的发行业务覆盖全国，安庆市五千年工艺美术有限责任公司产品远销30多个国家和地区。安徽樱艺缘文化传播有限公司原创动画产量由2006年的100分钟/年，发展到目前的5000分钟/年。

（五）文化载体建设加速推进

近年来，安徽省狠抓园区、项目等文化产业载体建设，大力推动文化产业规模化、集约化、专业化发展，着力打造特色文化产业集群。据不完全统计，全省建成和在建文化园区（基地）50多个，其中建成园区10个（见表1），在建园区40多个，入园企业近360多家，完成投资超过百亿元，文化园区正在成为文化产业发展平台、项目落地载体和文化创业的孵化器。

表1　安徽省建成文化产业园区（基地）统计

园区名称	园区所在地	园区投资建设主体
安徽出版集团产业园	合肥市	安徽出版集团有限责任公司
安徽新华发行集团物流园	合肥市	安徽新华传媒股份有限公司
合肥安美文化艺术中心	合肥市	合肥安美置业投资发展集团
安徽合肥出版物印刷产业基地	合肥市	合肥庐阳工业园
经纶文化产业园	马鞍山市	南京经纶文化传媒有限公司
方特欢乐世界主题公园	芜湖市	深圳华强集团
中国宣纸城	宣城市泾县	绿宝（安徽）房地产开发公司
恩龙民俗文化风情园	宣城市宁国市	宁国市恩龙公司
泾县宣纸文化园	宣城市泾县	中国宣纸集团公司
太湖县五千年文博园	安庆市太湖县	安庆市五千年工艺品美术有限公司

文化项目是文化产业最基本的载体，也是文化产业招商的基础。5年来，安徽全省大力实施重大项目带动战略，以“861”文化产业项目为抓手，重大文化产业项目迅猛增加，项目带动战略取得重大进展，550个项目进入省重点项

目库，投资总额2345亿元，已建成和在建项目194个，完成投资408亿元，竣工项目78个（见图3、图4）。针对文化企业融资难问题，省委宣传部先后7次组织文化企业与金融机构集中对接，协议贷款593亿元。时代出版传媒股份有限公司、新华传媒股份有限公司成功上市。中国宣纸集团等7家企业被评为国家文化产业示范基地。

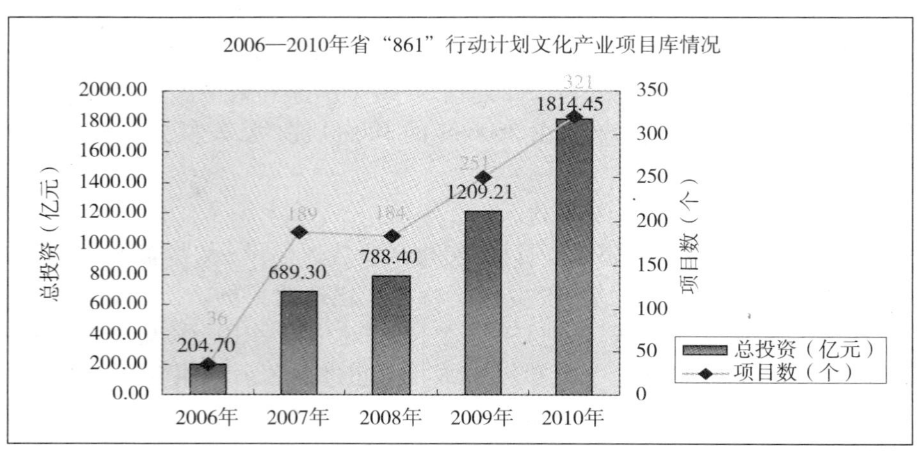

图3　20006—2010年省“861”行动计划文化产业项目库情况

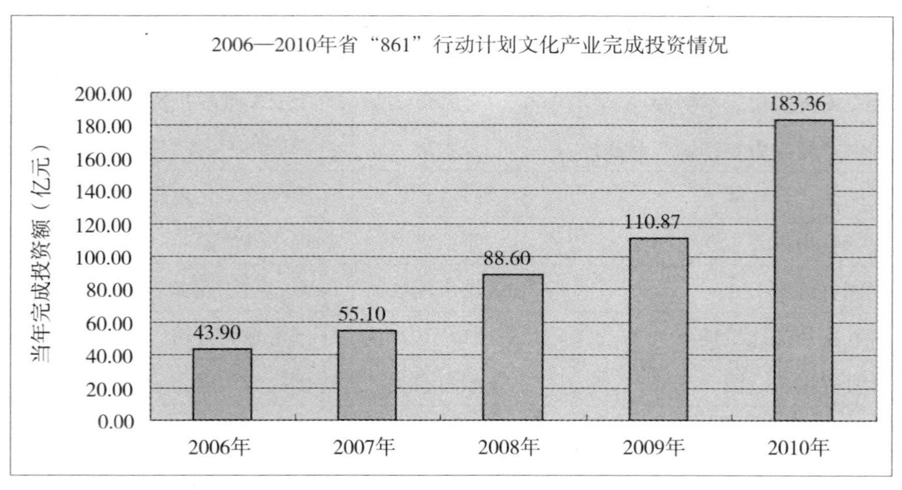

图4　2006—2010年省“861”行动计划文化产业完成投资情况

全省积极搭建招商引资平台，“十一五”期间连续5年组织文化企业参加徽商大会，两次组织企业大规模赴香港招商推介。截至2010年12月，全省累计推出文化产业重点招商项目1138个,总投资384亿美元,签订文化产业投资重点项目356个,总投资197.3亿美元,协议引进资金162.7亿美元,已履约项目218个(其中,建成项目74个,已批注册或已实施项目44个,正在报批项目30个),签约项目履约率为58.4%。2006年以来全省文化产业签约项目数和履约率逐年攀升(表2),皖江城市带签约项目到位资金19.8亿美元,占全省文化产业到位资金的76.4%。

表2 2006—2010年文化产业签约项目履约情况统计

年　度	2006年	2007年	2008年	2009年	2010年
签约项目数	47	38	73	88	110
履约项目数	21	20	37	54	73
履约率	45%	53%	515	63%	66%

(六)文化"走出去"成就斐然

"十一五"期间,安徽文化企业加快出征步伐,文化产品和服务已输出到美、英、法、日、俄、乌、南、伊等100多个国家和地区,实现了由单纯版权贸易到文化产品实物出口、由文化贸易到在境外兴办企业的转变,提升了安徽文化在海外的知名度和影响力。省演艺集团组织黄梅戏、徽剧、杂技、花鼓灯等赴境外演出2000余场,安徽出版集团五年输出版权1424种,是"十五"时期的13.2倍。芜湖方特将70套具有完全自主知识产权的4D影院输出到美国、加拿大、意大利等40多个国家和地区,第一个将文化科技主题公园整体输出到伊朗、乌克兰、沙特、南非等国家,使我国成为世界第二个大型主题公园出口国。华文国际贸易公司成为全国最大的文化进出口公司之一,其出口的数字电视机顶盒在美国市场占有率达到1/3。省电视台国际频道落地欧洲、美洲、大洋洲。

二、文化产业"安徽现象"的再解读

(一)坚持敢为人先,文化体制改革强力突破

安徽坚持文化自觉自信,自主开展改革试点,在一些重点领域和关键环节取得突破,解放和发展了文化生产力,为文化产业发展提供了内生动力和制度保障。全省实施文化发展"一把手工程",各市、县(区)全部成立了文化广电新闻出版局(文化委员会),建立了文化市场综合执法机构。落实中央政策,出台20多个配套政策,2006—2009年全省共减免文化企业所得税9.67亿元,2006—2010年全省文化建设投入达到174亿元,年均增长24%。出版、发行、电影生产发行放映、演艺院团、重点新闻网站等领域401家经营性文化

单位注销事业法人，完成工商注册登记，成为自主经营的市场主体，22000多人核销事业编制，转换身份，办理了社保接续。全省公益性文化事业单位普遍推行了“三项制度”改革，服务能力和水平显著提升。文化体制改革重点任务在全国率先完成，创造了非试点省份走在全国前列的“安徽现象”。2011年安徽省和17个地市同时荣获全国文化体制改革先进地区称号，名列全国省市第一。

（二）广泛开展招商引资，努力构建多元投融资体系

全省多次组织文化产业银企对接活动，与中国农行、国家开发行、中国建行等国家级金融机构建立战略合作关系，文化投融资体系建设不断加快，连续5年组织文化产业参加中国国际徽商大会，签约项目326个，协议引进资金137亿美元，履约率达51.6%。文化产业两次赴香港成功招商，与中国农行、国家开发行、中国建行等国家级金融机构建立战略合作关系，获得授信560亿元，并成立了文化产权交易所和版权交易中心。安徽出版集团通过交通银行发行5年期10亿元企业债券，开全国文化企业债券市场融资先河。

（三）发展新型文化业态，抢占文化产业发展制高点

安徽站在科技发展的前沿，推动文化与科技相融合，开发和运用数字化、网络化技术，通过升级传统产业和培育新型业态，提高装备水平和科技含量，率先占领新兴媒体阵地和数字时代消费市场。安徽出版集团与中国移动合作开发手机动漫杂志《移动漫》，用户已突破80万。成功举办的两届中国国际动漫创意产业交易会，签约330项，成交总额突破110亿元。另外，安徽原创漫画图书《三国演义》获国家原创动画作品扶持项目图书类第一名，有10多个语种的版本出版，是我国目前出售海外版权最多的原创漫画精品。学习型系列动漫图书《魔术笔记》成为国内第一个被苹果公司列入平板电脑的上线阅读内容。

（四）积极开拓国际市场，让文化“走出去”

安徽文化产品和服务进入100多个国家和地区，安徽文化在海外的知名度和影响力显著提升。安徽出版集团业务已进入100多个国家和地区，在俄罗斯兴建的新时代印刷公司是全国唯一“走出去”发展的印刷企业，该集团还与拉脱维亚SG印刷公司签订了并购协议。华文国际贸易公司组建5年来，累计实现进出口总额突破90亿元，设立了全国文化企业第一个保税仓库，生产的数字电视机顶盒占据美国1/3市场份额，成为全国最大的文化进出口企业。安徽还鼓励有实力的文化企业“借船出海”，通过独资、合资、控股、参股等多种形式在境外兴办实体，开展落地经营和整建制“走出去”。

（五）坚持以用为本，打造文化人才高地

“十一五”期间，积极实施“六个一批”双百人才工程，先后两批210人入

选。全省文化产业从业人员超过120万人,是2006年的2倍多。建立了全国第一个出版传媒博士后科研工作站,在上海张江高科技园设立产学研一体的工程硕士点,鼓励和扶持45所高校开设文化创意、数字动漫、工程管理等专业。逐年加大人才引进力度,把招商引资与招才引智结合起来,打破常规,省属文化集团改制以来引进高端经营管理及专业技术人才2614名。坚持以用为本,突出需求导向,优化人才生态,不拘一格用人才,为各类文化人才提供成长成才的宽松环境和施展抱负的宽广舞台,激发他们的创业热情和创造活力。

三、"十二五"安徽文化产业的发展机遇

(一)文化产业发展环境逐步优化

中央把文化建设纳入党的执政方略,把振兴文化产业上升为国家战略,全省各级党委政府的重视程度、各方面的支持力度、全社会的关注度和参与度前所未有。安徽省委、省政府始终高度重视文化建设,明确要求各地党委政府,把文化改革发展纳入党委、政府工作重要议事日程,纳入经济社会发展总体规划,纳入党委、政府考核评价体系。规定文化建设在市、县党政领导班子工作实绩考核评价指标中,权重分别占到8%、6%。制定了《安徽省文化体制改革和文化产业发展"十二五"规划纲要》,科学规划文化产业未来5年发展重点,把文化建设纳入全省经济社会发展总体规划、全面建设小康社会目标内涵和科学发展考核评价体系,实施了文化建设"一把手工程"。

(二)人民群众的精神文化需求快速增长

根据国际经验,当一个国家或地区人均GDP在3000美元时,文化消费结构将呈现"拐点",整个社会的文化需求就会呈现井喷现象。近年来,安徽省GDP连续跨过7个千亿元台阶,2009年超过万亿,2010年超过1.2万亿,人均GDP超过3000美元,城镇居民人均可支配收入达到15788元,农村居民人均纯收入5285元(见图5、图6)。未来5年,安徽安徽城乡居民的文化需求将快速增长,文化消费支出大幅提高比重,为文化产业发展提供良好市场支撑。

(三)科技与文化产业融合度不断增加

在科学技术迅猛发展的当今时代,信息传播领域正在发生革命性变化,科技与文化的融合从来没有像今天这样紧密。安徽省科技创新资源丰富,文化创意人才竞争力明显,始终把发展文化产业作为转变经济方式、调整经济结构的重要抓手,着力推动文化与科技融合,加快文化产业转型升级,文化新兴业态初具规模,科技与文化相结合的体制机制不断创新,文化创新体系相对健全,文化科技化科技文化化的进程将加速推进。

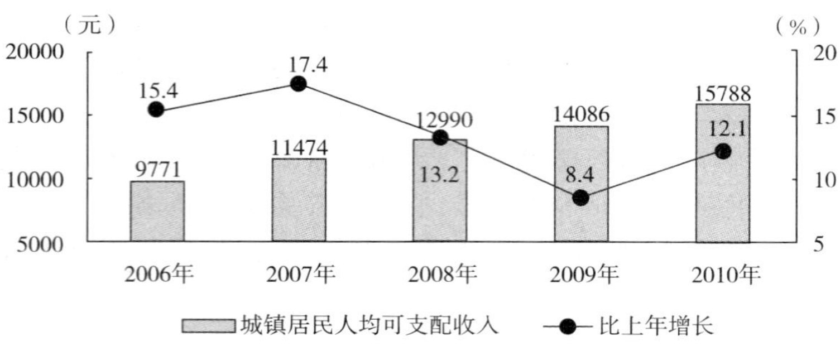

图5 “十一五”安徽省城镇居民人均可支配收入及增长

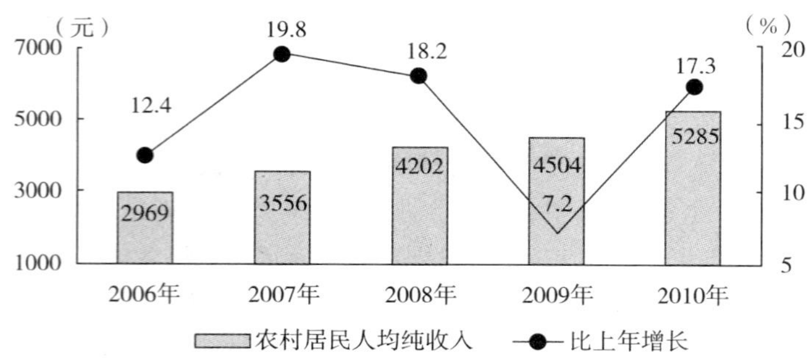

图6 “十一五”安徽省农村居民人均纯收入及增长

（四）文化体制改革的效应逐步显现

到“十一五”末，安徽全面完成文化体制改革重点任务，培育了5大省属文化企业集团为引领的一批有实力、有活力的文化市场主体；公益性文化事业单位三项制度改革全面完成，公共文化服务能力和质量显著提升；创建国家公共文化服务体系示范区建设取得突破，文化惠民工程扎实推进；全省文化市场综合执法机构一次性增加500个编制，有效解决文化市场混乱问题。在2011年全国文化体制改革工作会议上，安徽省及17个省辖市被评为全国文化体制改革工作先进地区，获奖地区总数全国第一。在未来文化体制改革加快进度、加大力度的背景下，过去长期存在的所有制壁垒、部门壁垒、行业壁垒、区域壁垒将逐步消除，文化产业生态环境得以改善，文化资源优势将转化为文化竞争优势。

四、推动文化产业成为安徽国民经济支柱性产业的对策建议

文化产业成为国民经济支柱性产业需要具备产业规模大、产业集中度高、产业关联性强、市场扩张能力强等若干基本条件。未来5年,我省文化产业进入快速发展黄金期,我们必须文化产业发展必须以转型发展为主线,体制机制创新为动力,全面把握文化产业成为国民经济支柱性产业的基本条件和发展规律,加快文化产业发展方式转变,扩大文化产业规模,提高文化产业对经济的贡献率。

(一)加快推进文化体制改革,巩固拓展改革新成果

文化体制改革下一步关键是如何激活文化市场主体活力,保持文化改革持久动力,尤其是要考虑改革的最初推动者可能成为在一个阶段、一个时期、一种改革模式的获益者,容易形成利益刚性,不愿深化改革,甚至会阻挠改革的问题。要紧紧围绕"三加快一加强"的重点任务,突出培育真正合格的市场主体。继续创新公共文化服务运行机制,以马鞍山国家公共文化服务体系示范区和铜陵、淮南国家公共文化服务体系示范项目为突破,探索建立事业单位法人治理结构,深入推进劳动人事、收入分配和社会保障制度改革,促进形成责任明确、行为规范、富有效率、服务优良的公共文化服务长效机制。规划实施文化消费数字化工程,促进探索建立面向终端消费者的文化消费补贴机制,提高文化消费在城乡居民日常消费中的比重。

(二)加大文化载体建设,构建文化产业新格局

优化文化产业发展布局。依托合肥和皖江城市带、皖南等重点区域,构建"两核双带"产业格局,整合皖江城市带承接产业转移示范区内文化资源,重点在皖江城市带承接产业转移示范区培育2~3个文化产业发展核心区域。鼓励和引导社会资本进入文化产业领域,逐步形成以公有制为主导、多种所有制共同发展的文化产业格局。实施产业项目和龙头企业带动战略。注重文化产业项目建设,力争每年从"861"行动计划文化产业项目筛选20个以上重大项目,由省重点办直接调度,到"十二五"末累计入库项目突破1000个,投资总额达到5000亿元。支持有条件的文化企业和企业集团实施跨地区、跨行业、跨所有制并购、联合重组,尽快建成3~5家全国一流的文化产业"旗舰"或"航母"。扶持民营文化企业做大做强,培育3~5家上市民营文化企业,使之成为安徽文化产业的生力军。

推进文化品牌建设。突出文化产业内容生产,以礼敬自豪的态度对待中华传统文化,广泛吸纳融汇世界文明优秀成果,以安徽地域文化为基本元素,重点扶持一批深受城乡群众喜爱的公益性文化服务项目,一批弘扬徽文化传

统、体现国家和安徽创作水准、展现徽风皖韵、思想性艺术性观赏性相统一的文化产品。除文化产品和服务品牌外，还要注重企业品牌、城市品牌、园区品牌建设。

(三)优化文化产业布局，打造文化发展新集群

产业集群化、基地化、园区化是现代产业发展的高效形态与布局模式。我省文化产业发展虽然迅速，但与发达国家地区的文化产业相比，仍存在资源配置和产业布局分散化、碎片化的问题。依托全省现有文化产业布局，从现有的50多个园区中选择15～20个文化产业园区(基地)重点建设，突出园区的地域特色和文化元素，减少文化产业各门类区域之间结构趋同、同质竞争现象，提高产业集聚度和土地利用率。在支柱产业选择上，要有所为、有所不为，突出抓好产业集聚。根据国务院《文化产业振兴规划》，结合安徽文化产业发展基础，建议重点发展影视制作业、数字内容和动漫产业、出版发行业、演艺娱乐业、文化旅游业、广告会展业、文化创意业、印刷复制业、文化用品制造业等九大文化产业。

(四)加速文化科技融合，加速文化产业转型发展

加快转变文化产业发展方式，打破封闭式的、“小而全”的小生产格局，转向开放式的、分工明确、协作配套的社会化大生产来快速提升文化产业发展水平。文化数字化建设为我省文化产业赶超发达国家地区提供了难得的机遇，也可为打破地区封锁和行业壁垒开辟新途径。要加快文化与科技的融合，广泛运用数字化和网络化等新技术，逐步实现文化资源的数字化、文化生产的数字化、文化传播的数字化、文化消费的数字化。把新兴业态、推动产业升级作为战略重点，积极推广舞台技术、网络技术、数字技术、虚拟技术、仿真技术、语言文字技术、声音技术、图形图像技术、动漫制作技术和新材料技术，提高装备水平和科技含量，占领新兴媒体阵地和数字时代消费市场，实现传统产业与新兴业态的双轮驱动。推动高新技术印刷、数字化出版、印刷以及现代物流技术的研发和应用，大力发展文化创意、手机电视、网络电视、数字出版、动漫游戏等战略性新兴文化产业，拓展文化发展的新领域。力争3～5年全省动漫产品年生产量达到10万分钟。

积极开发文化产业衍生产品，延伸文化产业链。促进文化产业与教育、科技、信息、体育、旅游、休闲以及房地产、交通、制造业等产业的联动发展与融合发展。推进文化企业跨行业、跨地域、跨所有制的“跨界”发展，提高规模化、集约化水平，打造一批有竞争力的文化企业“航母”。要积极发挥我省各地传统手工艺技术的优势，把挖掘传统文化与IT设计等融合起来，力争在汽车设计、建筑设计、服装设计、工业设计、装饰材料设计等方面拓展文化产业

发展的新领域,形成新的经济增长点。

(五)完善文化要素流动机制,构建文化市场新体系

建立健全门类齐全的文化产品市场和文化要素市场。建立新型文化产品配送体系,大力发展连锁经营。发展文化经纪代理、评估鉴定、版权交易、推介咨询等中介服务机构,引导其规范运作,向品牌化、专业化方向发展。协调金融监管机构,共同研究制定金融扶持文化产业发展的政策和办法。与银行等金融机构建立长期合作关系。支持组建文化信贷担保公司,争取建立文化企业贷款贴息机制。支持组建多种形式的文化产业创业、风险投资基金。充分发挥安徽省文化产权交易所、版权交易中心的融资平台作用。

进一步落实《国务院关于非公资本进入文化产业的若干决定》,加大文化市场的开放性和文化产业的竞争性,放宽民营资本进入文化产业的准入政策,大力发展各种类型民营文化企业,鼓励支持民营资本参与文化事业单位的改制改组,以控股、参股、合作、兼并、收购、承包、租赁、托管等形式,兴办影视制作、发行、放映、演艺、娱乐、经营等文化企业,并享受国有文化企业同等待遇。简化上市手续,降低上市门槛,鼓励和扶持一批有实力的文化企业上市融资发行企业债券、融资票据等,在资本市场直接融资。完善文化企业间接融资制度,通过无形资产抵押和创新信贷担保办法,为文化企业向金融机构借贷提供便利。建立合理的文化人才引进、流动和使用机制,坚持以用为本,以"六个一批"人才工程为抓手,完善文化人才政策,优化人才生态,吸引大批专业技术人才和经营管理人才投身文化产业,形成文化产业人才高地。

(六)创新文化"走出去"模式,实现文化出征新突破

把发展文化产业放到全球化大背景下来谋划部署,推动文化发展向更好地利用国内国际两个市场、两种资源转变,打造一批具有国际影响力的文化产品和知名品牌,培育一批外向型骨干文化企业。规划和实施一批文化"走出去"重大项目和重点工程,鼓励有实力和自主品牌的文化企业收购、兼并、合资参股境外文化企业或资产,在境外兴办实体,积极推进文化实体整建制输出,实现落地经营。引导文化企业树立营销全球的雄心壮志,大胆进军国际市场,创新文化"走出去"模式,实现文化"走出去"的新突破。要加大政策支持力度,对重点文化出口企业和出口项目给予扶持和奖励。建立文化企业信用档案和信用评级制度,提高诚信企业的知名度和贷款授信额度。

参考文献:

[1] 陆勤毅主编:《2010 安徽文化产业发展蓝皮书》,安徽大学出版社,2010 年 12 月。

[2] 牛维麟主编:《国际文化创意产业园区发展研究报告》,中国人民大学出版社,2007 年 9 月。

[3] 祁述裕主编:《中国文化产业发展战略研究》,社会科学文献出版社,2008 年 9 月。

[4] 邢军:《安徽文化产业发展的现状、机遇及对策》,《中国中部地区发展报告(2012)》,社会科学文献出版社,2011 年 9 月。

[5] 高书生:《文化产业成为国民经济支柱性产业的战略思考》,《光明日报》2010 年 12 月 1 日。

[6] 范周等:《真改革,真发展,真受益——关于安徽省文化体制改革的调查》,《光明日报》2011 年 8 月 30 日。

方苞的“义法”说及其散文创作特色*

江小角**

摘 要:方苞作为桐城派的创始人,一生注重名节,身怀天下之志,主张经世致用,体察下情,关注民生,这些对桐城派中后期代表作家“经世致用”思想的形成,产生了十分重要的积极影响,也是桐城派之所以能绵延几百年而不衰的主要原因之一。方苞“义法”说的文论思想,为桐城派文论的形成奠定了基石,内容丰富,内涵深刻,影响久远。方苞的散文创作实践,是以他自己创立的文论思想为指导,体现出文章布局结构严谨,创作内容讲究取材的多样性和典型性。其散文创作特色,主要表现为叙事简洁传神,说理透彻新颖,语言质朴雅洁,写人生动形象。因此,从方苞的创作实践来看,他也堪称为桐城文派之正宗与楷模,为后世桐城派作家树立了典范。

关键词:方苞文论思想;清代散文;创作特色

方苞(1668—1749),字凤九,一字灵皋,晚年号望溪,安徽桐城人。世居金陵(今江苏南京)。姚鼐说:“望溪先生之古文,为我朝百馀年文章之冠,天下论文者无异说也。”[1]904 袁枚称方苞为“本朝古文之有方望溪,犹诗之有阮亭:俱为一代正宗”。[2] 因此,方苞历来被认为是桐城派的创始人,对桐城派的形成起了决定性的作用。所以人称:“昔有方侍郎(方苞),今有刘先生(刘大櫆),天下文章,其出于桐城乎?”

方苞是明初四川断事方法的裔孙。曾祖象乾,官副使,避寇侨居江苏上元(今南京市)。祖帜,字汉树,号马溪,岁贡生,有文名,官至兴化县教谕。父仲舒,字南董,号逸巢,国子监生,诗人。赘于六合吴氏,故方苞生于六合留稼村。其时,方氏家境衰落,因此他说:“余家贫多事,吾父时拂郁,旦昼嗟吁。

* 本文系教育部人文社科项目《桐城文派史》阶段性成果,项目编号09YJA751002;安徽大学211三期“桐城派研究”及科研创新团队“安徽地域文学与中国古代文学”项目阶段性成果。

** 作者简介:江小角(1963—),安徽桐城人,安徽大学历史系教授。主要研究方向:清代历史文化。

吾母疲疴间作。”“余先世家皖桐，世宦达。自迁江宁，业尽落。宾祭而外，累月逾时，家人无肉食者，蔬食或不充。”[1]504“家无仆婢，吾母逾五十，犹日夜从灶上扫除，执苦身之役。”[1]502他在为胞弟椒涂写的墓志铭中，也道出了其童年时代的家庭环境，他说：“自迁金陵……数岁不瘳，而贫无衣。有坏木委西阶下，每冬月，候曦光过檐下，辄大喜，相呼列坐木上，渐移就暄，至东墙下。日西夕，牵连入室，意常惨然。”“兄赴芜湖之后，家益困，旬月中屡不再食。”[1]497

方苞很小就随父迁至上元城内土街。时黄冈杜睿、杜岕兄弟皆寓于江宁（今南京），桐城钱澄之、方文亦时往来，与仲舒常相唱和。方苞说他“仆少所交，多楚、越遗民，重文藻，喜事功，视宋儒为腐烂；用此年二十，目未尝涉宋儒书。”[1]174-175方苞 20 岁左右，外出授徒，往来江淮河济。康熙二十八年（1689），方苞获岁试第一，补桐城县学弟子员，受知于学使高裔。23 岁应乡试，即遭落榜。后随高裔去京师，游太学。其文章得到李光地等人的赏识，同时得交前辈学者、史学家万斯同，钻研经学。在刘言洁、刘拙修等人的影响下，读研宋儒之书，遂倾心程、朱之学。以致他在 25 岁时，与姜宸英、王源论行身祈向时说：“学行继程、朱之后，文章在韩、欧之间。”这也成为他一生中所崇奉的准绳。此后几年，他在涿郡、宝应等地开馆授经，曾两次参加顺天乡试，均遭落第而南归。康熙三十八年，在他 32 岁时，举江南乡试第一。次年至京师，后两次参加礼部考试，均未及第。在京城结交思想家李塨，并与李交谈，因学术观点不合，旋即南归。康熙四十五年，即其 39 岁时，再至京师，应礼部试，中进士，位列第四。就在将要参加殿试授官之际，方苞闻母病遽归，失去殿试夺魁的机会。

康熙五十年（1711），是方苞一生的转折点。这年冬十一月，左都御史赵申乔上奏康熙皇帝，以戴名世所著《南山集》中“语多狂悖”为由，弹劾戴名世。方苞因给该书作序，牵连被逮下狱。康熙五十二年，“《南山集》案”狱决，方苞被判死刑，只因“圣祖一日曰：汪霦死，无能古文者。”李光地等人极力营救，因此回答皇上说：“惟戴名世案内方苞能。”因而他蒙皇恩赦免释放，出狱隶籍汉军。三月二十三日，康熙皇帝谕旨：“戴名世案内方苞，学问天下莫不闻。”[1]515旨下武英殿总管和素。第二天，方苞被召入南书房，几天之内，先后撰写《湖南洞苗归化碑》文、《黄钟为万事根本论》、《时和年丰庆祝赋》等，每次呈奏康熙帝，都受到赞赏，以为“此赋，即翰林中老辈兼旬就之，不能过也”。[1]515此后命以白衣（即无功名而替官府当差的人）入直南书房。但其家人因受《南山集》案的牵连，仍全部没入旗籍。

从《南山集》案蒙皇恩赦宥，入直南书房，方苞开始了他 30 余年的官宦生涯。作为皇帝的文学侍臣，他移直蒙养斋，教授诸皇子，编校乐、律、历、算等书，潜心于《春秋》、《周官》研究，撰写《周官辨》、《春秋通论》、《周官析疑》、《容城孙征君年谱》等书。从康熙六十一年(1722)开始，他充任武英殿修书总裁等职达10年之久。

雍正皇帝即位后，对以张廷玉为代表的桐城学人非常信赖，垂爱有加，这也使方苞的政治处境较康熙朝有了进一步改善，方苞合族均被赦归原籍。雍正九年，方苞64岁，授詹事府左春坊左中允。后迁翰林院侍讲、翰林院侍讲学士，擢内阁学士兼礼部侍郎；充一统志馆总裁，奉命校订《春秋日讲》。雍正十三年正月，充皇清文颖副总裁；九月，高宗乾隆皇帝继位，有意对方苞委以重任。乾隆二年六月，擢礼部右侍郎，方苞仍以足疾辞；乾隆六年冬，《周官义疏》纂成，进呈皇上，留览兼旬，一无所更，下命刊刻；第二年，方苞年届75岁，以时患疾病，乞解书局之职，回家安度晚年，乾隆帝许之，并赐翰林院侍讲衔。乾隆十四年八月十八日，卒于上元里第，享年82岁。

方苞作为桐城派的创始人，一生注重名节，身怀天下之志，主张经世致用，体察下情，关注民生，这些对桐城派中后期代表作家"经世致用"思想的形成，产生了十分重要的积极影响，也是桐城派之所以绵延几百年而不衰的主要原因之一。他的文论思想，不仅对后世桐城派作家的创作指明了方向，而且给清初文坛注入了新的活力，产生了极大的影响。

一、以"义法"说为核心的文论思想

"义法"说是方苞文论思想的核心，也是桐城派文论形成的基石。他说："《春秋》之制义法，自太史公发之。而后之深于文者亦具焉。义即《易》之所谓'言有物'也；法即《易》之所谓'言有序'也。义以为经而法纬之，然后为成体之文。"[1]58这里方苞把《易经》作为他"义法"说立论之本，这不仅抬高了"义法"说的地位，而且也明确指出了"义法"说中"义"与"法"的统一，"义以为经而法纬之"，即内容与形式要相符合。也就是说"义"包含在"法"之中，而"法"又是"义"的具体表现。因此方苞以"义法"论文，不仅注重文章的义理精当、深刻，而且要求作文必须遵循文章的体例和写作的规则，如对材料的取舍和安排以及遣词造句的要求等问题。所以说，方苞"义法"说的文论思想为桐城派文论的形成奠定了基石，内容丰富，内涵深刻，影响久远。

第一，方苞"义法"说形成的历史背景。

首先，方苞"义法"说的产生，是匡正时代文风的需要。明末清初，是中国社会王朝更迭的动乱时期，也是中国文化学术思想开始剧变的时期。文人士大夫多半经过农民革命和满族入关的巨变，阶级矛盾和民族矛盾浪潮的冲击，迫使他们不得不面对现实，或奋起反抗，或归附于清；或削发为僧，隐迹山林，寄情山水。在文学创作方面表现为：一是重道轻文；二是空洞无物，无病呻吟，模仿之风越演越烈。有识之士或激烈抨击，或忧心忡忡，或无可奈何。如钱牧斋说："今之人耳佣目僦，降而剽贼，如弇州四部之书充栋宇而汗牛马，即而视之，枵然无所有，则谓之无物而已矣。"[3]黄梨洲哀叹："世无文章也久矣！"古之文"奈何降为今之臭腐乎？"[4]戴名世对明末以来"文风坏乱"、"文妖迭出"的现象，认识得更加深刻。他说："往者文章风气之趋于雷同，而先辈之文世所不好。"[5]107"文体之坏也，是非工拙，世无能辨别，里巷穷贱无聊之士，皆学为应酬之文，以游诸公贵人之门。然必济之以狡谲谀佞，其文乃得售。不然，虽司马子长、韩退之复生，世皆熟视之若无睹。"[5]293因此，戴名世以振兴古文为己任，决心"与世之学者左提右挈，共维挽风气于日盛也"。方苞针对当时的文风，更是提出自己的看法，他在训示门人沈廷芳时说："南宋、元、明以来，古文义法不讲久矣。吴、越间遗老尤放恣，或杂小说，或沿翰林旧体，无一雅洁者。"[1]890方苞在批评这个时期文坛怪异现象的同时，提出了自己作文的一套主张，即要"言有物"、"言有序"，并以此为基础，建立起自己的"义法"说，这是对清初文坛现象的一种拨乱反正，是代表时代和文学创作发展要求的，它的形成和发展是一种历史的必然。

其次，方苞的"义法"说是在吸收同时代进步之士文论主张基础上，加以升华、提炼形成的。戴名世、方苞为了振兴古文，在他们周围形成了一个作家群。戴名世说："余年十七八时，即好交游，集里秀出之士凡二十人，置酒高会，相与砥砺以名行，商榷文章之事。"[5]73他入京师后，广交宾朋，讨论文章得失。他常说："余自入太学，居京师及游四方，与诸君子讨论文事，多能辅余所不逮。宗伯韩公折行辈与余交，而深惜余之不遇。同县方百川、灵皋、刘北固，长洲汪武曹，无锡刘言洁，江浦刘大山，德州孙子未，同郡朱字绿，此数人者，好余文特甚。灵皋年少于余，而经术湛深，每有所得，必以告余，余往往多推类而得之。"[5]118这里可以看出，方苞作文及文论思想的形成与戴名世对他的影响和启迪是分不开的。

方苞"义法"说的立论根据就是《易》中的"言有物"、"言有序"。在方苞之前，戴名世就提出："今夫立言之道，莫著于《易》，《家人》，《象》曰：'君子以言有物而行有恒。'"[5]6这里可以看出，他们立论之源同是《易》。因此，"戴名世以'言有物'为'立言之道'，是方苞义法说的先导。"[6]

再次，万季野、程绵庄等人对方苞"义法"说的创立，也产生过积极的影响。万季野是明末清初著名的史学家，他曾告诫方苞说："子诚欲以古文为事，则愿一意于斯，就吾所述，约以义法，而经纬其文，他日书成，记其后曰：'此四明万氏所草创也。'则吾死不恨矣。"[1]333程绵庄说："古先圣贤之论文，大要以立诚为本。有物即诚也。言之中节则曰有序,如是则容体必安定,气象必清明,远乎鄙倍而文之至矣。古之立言者期至于是而止,故曰辞达而已矣。故为文之道本之以诚,施之以序,终之以达。”[7]因此,方苞“义法”说的理论,是在汲取同时代作家、学者文论成果的基础上创立的。方苞高人一筹之处,就在于他把前人的理论,予以全面总结,使其具体化、理论化,并在实践中广泛运用。

第二,方苞“义法”说的主要内容及其影响。

首先,“义法”是指文章体裁对写作内容的要求和限制。方苞从文学自身的主体性出发,在文章内容方面,强调“言有物”,在文章形式方面强调“言有序”,并且认为内容决定形式。他通过评析、考察前代作家的文学作品,得出各种文体在创作上的不同要求。他在《答乔介夫书》中说得非常清楚。他对写作侍讲公乔莱的表志或家传提出了自己的看法,他说:“以鄙意裁之,第可记开海口始末,而以侍讲公奏对车逻河事及四不可之议附焉,传志非所宜也。盖诸体之文,各有义法,表志尺幅甚狭,而详载本议,则臃肿而不中绳墨;若约略剪截,俾情事不详,则后之人无所取鉴,而当日忘身家以排廷议之义,亦不可得而见矣。”[1]137他在文中还分别列举了《国语》、《春秋》中列传的例子,加以论述,认为在传志、家传等文体中,不能将奏议收录其中,“以是裁之,《车逻河议》必附载开海口语中,以俟史氏之采择,于义法乃安。”[1]138所以方苞在评论前人作品时说:“记事之文,惟《左传》、《史记》各有义法,”每篇文章,脉相灌输,而不可增损。并且前后相应,或隐或显,或偏或全,变化随宜,“不主一道”。这就是说写作的内容必须符合文体要求,也就是方苞所说的“夫法之变,盖其义有不得不然者”[1]64。根据这一“义法”说的要求,创作出来的文章就可以戒空戒浮,达到内容与形式的完美结合。

其次,“义法”是对文章选材以及材料取舍详略提出的要求。方苞在《与孙以宁书》中说:“古之晰于文律者,所载之事,必与其人之规模相称。太史公传陆贾,其分奴婢装资,琐琐者皆载焉。若萧曹《世家》而条举其治绩,则文字虽增十倍,不可得而备矣。故尝见义于《留侯世家》曰:‘留侯所从容与上言天下事甚众,非天下所以存亡,故不著。’此明示后世缀文之士以虚实详略之权度也。”[1]136这里方苞明确指出文章材料的取舍以及安排,必须与人物的身份相符,“虚实详略”要因人而异,即由“义”来决定“法”。方苞在《书汉书霍光传后》中说:“《春秋》之义,常事不书,而后之良史取法焉。”还说:“其详略虚实措注,各有义法如此。”[1]62-63这里方苞明确指出文章体裁的选择以及材料的运用,都是“义法”所要讨论的范畴。方苞在《史记评语》中,也是从繁简详略方面来规范“义法”的。他说:“夫文未有繁而能工者,如煎金锡,粗矿去,然后黑浊之气竭而光润生。《史记》、《汉书》长篇,乃事之体本大,非按节而分寸之不遗也。"[1]181这里他显然是对《史记》、《汉书》中的长篇文章予以肯定,因为"事体之本大",无需用长短去要求它们。他评《史记·项羽本纪》这一长文时,赞赏该文"先后详略,各有义法,所以能尽而不芜也。"[1]850他认为《项羽本纪》中对"高祖、留侯、项伯相语凡数百言,而以三语括之。"是因为"其事与言不可没,而与帝纪则不可详也。"[1]851再次说明作文宜详则详,当略则略,必须符合"义法"的法度。所以方苞说:"盖纪事之文,去取详略,措置各有宜也。"[1]851

再次,"义法"要求作文追求言简、雅洁的文风。方苞说:"盖所记之事,必与其人之规模相称,乃得体要。子厚以洁称太史,非独辞无芜累也,明于义法,而所载之事不杂,故其气体为最洁也。此意惟退之得之,欧、王以下,不能与于斯矣。"[1]853这里方苞所言的洁,不仅指作文在语言文字方面要简练,而且要在义法的原则下,对文章所要表达的内容有所取舍,只有这样才能真正符合他所说的"气体最洁"。方苞特别称赞《史记》行文的雅洁,如在《书萧相国世家后》中说:"柳子厚称太史公书曰洁,非谓辞无芜累也,盖明于体要,而所载之事不杂,其气体最为洁耳。以固之才识,犹未足与于此,故韩、柳列数文章家,皆不及班氏。"[1]56他认为《史记》行文符合义法的准则,就能实现文风"雅洁"。因此他说《史记》"变化无方,各有义法,此史之所以能洁也"。[1]856方苞常常以《史记》等文作为自己创作时的语言典范,旨在提倡典雅、古朴、简洁的文风。方苞在创作中力求实践自己的文论思想,写出了一系列的精美散文,如《左忠毅公逸事》等。

方苞"义法"说的文论思想强调作文在内容与形式方面达到完美统一,并对文学创作上的艺术表现手法提出了一些符合古代文学自身发展规律的具体要求,在我国文学理论发展史上颇具特色,具有一定的历史地位。由于他的文论思想偏重于对古文传统的继承,注重对我国古文创作经验进行全面科学的总结,评斥是非得失,使人们在创作实践过程中便于运用。因此,方苞以后,桐城派文论思想日臻完善,文风大振,作家云集,作品广为流传,一时倾倒朝野,这些与方苞"义法"说的理论容易被人们接受、符合时代发展需要是分不开的。因此后人称颂他有"能集古今文论之大成"的历史功绩。[8]

二、情真义挚寓意深远的散文创作特色

方苞的散文创作实践是以他自己创立的文论思想为指导。他的文章结构严谨,讲究取材的多样性和典型性。其散文创作特色,主要体现为叙事简洁传神,说理透彻新颖,语言质朴雅洁,写人生动形象。因此,从他的创作实

践来看,方苞也堪称为桐城文派之正宗与楷模,为后人树立了典范。

首先,方苞的散文创作注重写实,强调详略得当。他说:“吾平生非久故相亲者,未尝假以文,惧吾言之不实也。”[1]201 他在《儒林郎梁君墓表》中写到:“余谢以平生非相知久故,不为表志,非敢重要,惧所传之不实也;……君子之善善也,务求其实耳。”这说明方苞把创作的源泉,建立于真实生活的基础之上,文章的生命力就在于有丰富多彩的生活实践。如他在写《孙征君传》中,就很好地贯彻“所载之事,必与其人之规模相称”的创作要求。[1]136 方苞在该文中,通过写孙奇逢为杨涟、左光斗等人的营葬,上书孙承宗,斥责魏忠贤,入清后誓不为仕等事例,将孙奇逢不阿权贵、嫉恶如仇的高风亮节,表现得淋漓尽致,达到了“详者略,实者虚,而征君所蕴蓄,转似可得之意言之外”的效果。[1]137 再如他撰写的《左忠毅公逸事》,突出重点地介绍左光斗与史可法交往中的几个片断。即初次相识,狱中探视,不忘师训等,表现出左光斗的识才之智、爱才之心、护才之行。同时,方苞的人物描写达到了出神入化、栩栩如生的境界。这也是他写的许多人物传记能被后人传诵的主要原因。他在写史可法打扮成清洁工,冒险入狱探望左光斗,看到他:“席地倚墙而坐,面额焦烂不可辨,左膝以下,筋骨尽脱矣。史前跪,抱公膝而呜咽。公辨其声,而目不可开,乃奋臂以指拨眥,目光如炬,怒曰:‘庸奴!此地何也?而汝来前。国家之事,糜烂至此。老夫已矣!汝复轻身而昧大义,天下事谁可支拄者?不速去,无俟奸人构陷,吾今即扑杀汝!’因摸地上刑械,作投击势。史噤不敢发声,趋而出。后常流涕述其事以语人曰:‘吾师肺肝,皆铁石所铸造也。’”[1]237-238 这里方苞通过对左光斗、史可法两人形貌、动作、语言对话的描写,刻画出左光斗身陷囹圄,仍心系国家大事的爱国情怀。同时方苞也深刻揭示了人物内心的矛盾,左光斗为了国家利益,为了保护人才,让天下事有人来支柱,极力压抑师生之谊,读后令人肃然起敬,振奋不已。此外,他撰写的《田间先生墓表》、《明禹州兵备道李公城守死事状》、《石斋黄公逸事》、《狱中杂记》等文章,无不以形象生动的人物描写而取胜,这也是方苞文名震天下的原因之一。

其次,方苞的散文创作,寓论理于叙事之中。顾炎武在论述太史公作史笔法时说:“古人作史,有不待论断于叙事之中,即见其旨者,惟太史公能之。”[9] 方苞继承了太史公的笔法。他在撰写人物传记之类的作品时,往往在文章的结尾或文章中间,插入自己的议论,或加上他人的评述,有的以传赞的形式出现,有的言古道今,讽刺现实,抨击时弊;有的借题发挥,抒发个人情怀,畅言对社会及人生的感悟,或褒或贬,无不暗含作者心志。方苞的《左仁传》,写左忠毅公后代左仁,其祖患了传染病,家人害怕传染,没有一个人敢与之接近。其时左仁才只有15岁,也知道此病有传染的危险,但为了燠祖足寒,陪居6年,终染病而殁,乡人以为“愚”,而方苞在文末却说:“呜呼! 当明将亡而逆阉之炽也,如遭恶疾,近者必染焉。忠毅与同难诸君子皆明知为身灾,独不忍君父之寒而甘为燠足者也。世多以仁之类为愚,此振古以来,国之所以有瘳者,鲜与!”[1]222方苞就是从家庭小事入题,小中见大,广而推及国家大事,从笃于亲人而推之为忠于君父,从而颂扬左忠毅公与同难诸君的孤忠大节和报国之志。又如他写的《辕马说》,文中说“马”,其实处处指人,所写的现象均为当时的社会现实。“呜呼! 将车者,其慎哉!”[1]79旨在点出本意,敬告统治者识马用人,不可不慎重。有时在叙事过程中,插入人物对话或人物自白,对某事某人作出评价,点明旨意,起到一针见血的效果。如方苞撰写的《狱中杂记》就是用这种笔法,取得了非常好的效果,成为传世典范之作。

再次,方苞的散文创作,运用各种艺术手法,力求散文语言的形象、生动。方苞认为文之工致,不在辞繁言冗,而在于“情辞动人心目”,即以真情来打动人心。他写的《兄百川墓志铭》、《弟椒涂墓志铭》、《先母行略》、《书孙文正传后》、《亡妻蔡氏哀辞》、《王瑶峰哀辞》、《仆王兴哀辞》等文章,或讲述家境、叙述兄弟手足之情;或感慨先贤生不逢时,难有施展才华的用武之地。字里行间,或表达兄弟之情;或讲述母子之情;或颂扬爱国忧民之情;或怀念夫妻之情;或畅言朋友之情;或描述主仆之情,言语质朴,情真义挚,读之动人心魄,感人肺腑,回味无穷。

方苞在其写作的文章中,还经常运用修辞手法,以增强文章的活泼性和感染力。他在《书老子传后》里,为了讲述老子确有其人,从老子的姓氏、籍贯、官守到他的子孙后代的封爵、居住等情况,运用整齐的排比句式,不厌其烦,详细描述,旨在加深读者印象,张扬文章气势,增强说服力,同时让读者欣赏起来,有一种美的享受。有时他还在文章中插些比喻,通过形象而又生动的比喻,来阐明抽象深奥的道理。如他在《与程若韩书》中,反对行文繁琐冗长,认为“文未有繁而能工者,如煎金锡,粗矿去,然后黑浊之气竭而光润生”。[1]181可谓比喻生动贴切,寓意深刻明了。有的文章他还用比兴手法,如在《题舒文节探梅图说》中,以“芝兰之萎折”,喻舒公遭遇之不幸;以“西山之梅”,喻舒公的人品及其处世原则。又如在《与鄂张两相国论制驭西边书》中,以同样的手法,表达自己对国事的关心和焦虑,他说:“然古者国有大事,谋及庶人。……学先圣之道,仁义根于心,视民之病,犹吾兄弟之颠连焉;祖国之疵,犹吾父母之疾痛焉。”[1]637在上述文章中,方苞托物言志,喻人喻己,表现出他仰慕先贤、忧国忧民的人格魅力。

方苞还在与友人书信作品中,夹杂一些对山水风光、自然景色的描写,让人读起来意韵深长、无枯燥之感，别有一番情趣。他在《与王崑绳书》中，就插入了精彩的山水风光描写，他在信中写到："苞以十月下旬至家，留八日，便饥驱宣、歙间，入泾河路，见左右高峰刺天，水清冷见底，崖岩参差万叠，风云往还，古木、奇藤、修篁郁盘有生气，聚落居人，貌甚闲暇。因念古者庄周、陶潜之徒，逍遥纵脱，岩居而川观，无一事系其心，天地日月山川之精，浸灌胸臆，以郁其奇，故其文章皆肖以出。"这里他既赞扬山水之美，又怀念古人隐迹山林的清闲生活，并生羡慕之情。他说："使苞于此间，得一亩之宫，数顷之田，耕且养，穷经而著书，胸中豁然，不为外物侵乱，其所成就未必遂后于古人。"[1]667这里他借景抒怀，怀古思贤，表现他热爱生活，热爱自然，与世无争的人生哲学。

总之，方苞以他简严精实的文风，在"义法"理论指导下，追求道与文并重，把古文写得清新雅洁、自然流畅，并富有极强的感染力，在清初文坛可谓独树一帜，开创了一代文章风气之先。尽管后世之人论及方苞文章，仁者见仁，智者见智，褒贬不一。讥之者谓："先生文，叹其说理之精，持论之笃。……而特怪其文重滞不起，观之无飞动嫖姚跌宕之势，诵之无铿锵鼓舞抗队之声。""措语矜慎，文气转拘束，不能闳放也"；[10]"旨近端而有时歧，辞近醇而有时而窳"；[11]尊之者则谓其文为清代"百余年文章之冠"，[1]904"源流极正"，[12]"宋以后，无此清深峻洁文心；唐以前，无此淳实精渊理路。"[1]902实事求是地说，方苞的文章气势略显孱弱，文采略显贫乏，不能说不是其缺陷；然而他的文章精炼平实，澄清淡雅，注重写实，忧国思民，关注民生，寓意深远，有很强的思想性和现实针对性，在当时可以说起到了矫正文风的作用。因此刘开评其文："丰于理而啬于辞，谨严精实则有余，雄奇变化则不足，亦能醇不能肆之故也。"[13]此论颇为精当的。

参考文献：

[1] 方苞著，刘季高校点．方苞集(第二版)[M]．上海：上海古籍出版社，2008.

[2] 袁枚著，顾学颉校点．随园诗话[M]．北京：人民文学出版社，1982：48.

[3] 国立编译馆主编．清代文学批评资料彙编(上集)[M]．台北：成文出版社，1979：9.

[4] 黄宗羲著，陈乃乾编．山翁禅师文集序[A]．黄梨洲文集[M]．北京：中华书局，1959：370.

[5] 戴名世撰，王树民编校．戴名世集[M]．中国古典文学基本丛书[C]．北京：中华书局，1986.

[6] 周中明著．桐城派研究[M]．沈阳：辽宁大学出版社，1999：84.

[7] 贾文昭主编．中国古代文论类编[M]．福州：海峡文艺出版社，1988：295.

[8] 郭绍虞著. 中国文学批评史[M]. 上海:上海古籍出版社,1979:634.

[9] 顾炎武著. 黄汝成集释. 栾保群,吕宗力校点. 日知录集释[M]. 上海:上海古籍出版社,2006:1429.

[10] 方东树著.《仪卫轩文集》卷六《书望溪先生集后》,清同治七年刻本。

[11] 周勋初著. 中国文学批评小史[M]. 沈阳:辽宁古籍出版社,1996:212.

[12] 永瑢等撰. 四库全书总目[M]. 北京:中华书局,1964:1528.

[13] 刘开. 与阮芸台宫保论文书[A]. 漆绪邦,王凯符选注. 桐城派文选[C]. 合肥:安徽人民出版社,1984:306.

近代徽州家庭的日常消费*

——以一份流水簿为中心的考察

周致元**

摘　要:有一份"陈年流水簿"翔实地记载了一个生活在近代徽州黟县的徽商家庭的日常消费。从这份流水簿我们可以看到,近代徽州人日常生活中,大量购买机器生产的物品,而且在支付时,除使用本国通用的制钱外,还使用外国输入的银元。此徽商家庭生活节俭,食品结构中很少有鱼肉,但很注重服饰更新。此徽商家庭的日常消费说明外国资本主义的入侵已充分影响到深居大山深处的中国平民的生活方式。

关键词:徽州;流水簿;日常生活;消费;家庭

鸦片战争以后,中国进入了一个全新的历史时期,而随着西方经济和文化对中国社会的普遍介入,中国社会内部也在发生着与西方思想观念与机器生产方式密切关联的变革。安徽的徽州作为一个内陆山区,这里的社会风气也随着近代中国的社会变革而在不断变化之中。安徽大学徽学研究中心所藏《黟县十都宏村万氏文书》为我们了解近代徽州黟县宏村万氏的生活方式与思想观念上的变化提供了系列珍贵的第一手资料。其中有一份"陈年流水簿"是一个徽商家庭在光绪二十年(1894)前后数年间的日常生活支出的详细记录。如果说陈年流水簿在鲁迅先生的《狂人日记》中被赋了某种象征意义,值得革命者去踹上几脚,但到了今天,革命已成功,我们不必再对陈年流水簿抱有成见,反而可以通过这些档案材料,窥见出当年徽州社会的种种物质生活层面的风貌。

---

* 本课题为国家社科基金项目"徽州孝文化研究"(09BZS049)阶段性成果,并得到安徽大学博士科研启动经费项目资助。

** 作者简介:周致元,安徽大学历史系教授。

一

这份陈年流水簿现藏安徽大学徽学研究中心，并已由广西师范大学出版社2006年出版的《徽州文书》第二辑第八册收录。陈年流水簿较为详细记录了光绪十九年(1893)到光绪二十六年大多数月份的家庭支出明细账，但其内容并不是全面完整的。如光绪十九年，只有六月到十二月6个月的账目，而光绪二十一年和光绪二十四年分别只有两个月的记录，并且，光绪二十六年，流水簿中多次记录了延请医生的支出费用，而记录也显得粗糙和不完整，显示出流水簿主人的力不从心。因为内容简略多了，可能不足为证。但光绪二十年、二十二年、二十三年、二十五年这4年，大多数记录是完整并且细致的，体现流水簿主人生活中的精明而且一丝不苟的做事风格。整个流水簿用小楷行书写成，书法水平尚可，行笔老练，显示出主人是一个经常用毛笔写字的文化人。但时有错别字或无法认清的字，体现作者虽然一直在从事需要用笔写字的工作，但受教育程度可能不是很高。

从内容来看，此流水簿主人应当是一个商人，而且是一个典当商人。理由如下：一是流水簿主人每月都有几封往来于上海、临平和徽州等地的书信，并且时常有包裹和现金汇兑，这是商人在互通商业信息并进行资金流通。上海在晚清已是重要的商业大都市，而临平则是紧邻杭州的商业重镇；二是所有的消费中没有一笔劳动工具的支出；三是在日志中，还有几次"来典"的记载。如光绪二十二年二月，就有人"来典船"，主人拿出去184文；又一次，光绪二十七年正月，就有"乃英来典"，只是未记明拿去多少钱。从这类零星记载来看，这虽然是典当商人之家，但可断定其当铺不在宏村，而是在与其书信往来的地方，也就是在上海和临平及徽州府衙所在地歙县。典当商是徽商的主要组成部分，万氏在外地可能不止一家当铺，因为其书信和包裹往来极为频繁的有上海、临平和徽州三个地方，如光绪十九年六月九日这一天，"寄申复同仁永善堂信一封"，"付申信往来信二封"，"同仁永信一封"，"临平信一封"，一共寄出了5封信。而书信往来记载从未提及发往黟县信件或收到黟县信件，这样看来，发信人应当居住在黟县宏村。如此看来，这本流水簿主人也就是在黟县宏村或者附近生活，并完成了这本流水簿的书写。这样的推测是完全可以成理的。

从流水簿内容还可以看出，这是一个人口不多的家庭，因为其中将每一次的剃头和剃须都不厌其烦地做了记录，而每次剃头或剃须的间隔基本上都是半个月；数年间，每次剃头或剃须的支出都是40文，从未有变化。可见，这很可能是一个只有一个男主人——这个男主人还正是流水簿作者的家庭。如果按照一般规律，一个成年男子构成的家庭，其总人口在5口左右。而且，晚清徽州的人口规模,如以光绪年间徽州知府刘汝骥的《陶甓公牍》为证,刘氏记载:"屯溪镇不戒于火,延烧一百二十余家,被灾者男女五百余名口。"[①]也就是说,一家5口是当时徽州府家庭规模的常态。那么,我们可以按4~5口之家的生活来理解这个家庭的消费状况。

流水簿中对日常消费的记载采用逐日逐项的方式,看起来一目了然。不仅为居家过日子提供了一本明细账,也为我们对其日常生活的研究留下了珍贵的资料。如其光绪二十一年第一页记录如下:

乙未元月初五日
发金源弟信
初六日
发临平信
付唐大猪油一斤　一百二十八
又付盐五■七
十月二十二日
发临平信■物包一个　寄徽回信　土月二十八日到　回条二十九到
发申　附杨行信物包
二十四日
付还买墨洋贰元戈(找)回一角作九五
付买铜壶一把■六百十
付买绒布一尺一寸　包脚布用　七十二
二十六日
付买■里子一顶　一百三十八
十一月初十日
剃头　四十

以上是流水簿中关于光绪二十一年最初的几笔家庭开支,这样的记载可谓极其细致。只是现在,由于我们无法熟悉当时人们的书写方式,对于徽州人记账习惯上的一些书写方法,可能存在某些误读,但这并不妨碍我们能通过这份独特史料,对这一徽商家庭的生活有一个较为合理清晰的推测。其中支付的货币有两种,一是用符号"■"号表示制钱,也有只用数字不用任何单位记录的支付账目,也都是制钱,其单位是"文",只是在大多数情况下,书写者都将这"文"字省去;另一与制钱并用的是"洋",在流水簿中有时称"英

① 《陶甓公牍》卷十《禀详·禀屯溪火灾劝捐文》。

洋”，也就是墨西哥鹰洋。其实，当时人们普遍地将“洋”说成是英洋或鹰洋。

二

对万氏流水簿内容的解读，有助于我们了解晚清徽州一个商人家庭的生活实态。流水簿就是我们真切细致地窥视历史上一个家庭日常生活的透视镜。现就流水簿的内容进行分析：

（一）万姓典当商人的家庭一年总开支

这个家庭的总消费对我们了解晚清徽州商人的生活水平具有极高的参考价值。不过，考虑到此陈年流水簿的不完整性，我们只将完整的光绪二十年、光绪二十二年、光绪二十三年和光绪二十五年的数据统计出来，可以用一个表来展示其分年消费状况：

项目	4 年共消费钱（文）	4 年共消费洋（元）	年均消费钱（文）	年均消费洋（元）	年均消费钱、洋总计（文）（1 元＝1000 文）	占全年消费比重%
副食品	9428	12. 6	2357	3. 15	5507	10. 2
衣被	27164	50. 57	6791	12. 64	19431	36. 3
日常用品	11243	16. 8	2810. 75	4. 2	7010. 75	13. 1
通信	6852	5. 3	1713	1. 33	3043	5. 7
剃头剃须	3610	0	902. 5	0	902. 5	1. 7
文化消费	1651	2. 2	412. 75	0. 55	962. 75	1. 8
其他	10806	56. 1	2701. 5	14. 03	16731. 5	31. 2
共计	70754	143. 57	17688. 5	35. 9	53588. 5	100

从上表中看出，这个家庭在光绪二十年到光绪二十五年中的 4 年，年平均消费制钱约 17000 多文，另加洋约 36 元。因为涉及两种货币同时用来支付，所以需要将洋换算成制钱，才方便计算。一般情况下，我们将洋 1 元换算成 1000 文制钱应当较合适[①]。那么，这个商人家庭一年消费 5 万多文钱。而著

① 据彭信威《中国货币史》：“清末中外银元合计有七亿元。这些银元好像商品一样，各有价格，而且各种银元在各地的价格不一样。平均以一吊三百四十文计，则七亿元合得九亿三千八百万吊。”（该书 882 页，上海人民出版社 1958 年。）这样看来，银元一元合制钱 1340 文。不过，吴秉坤运用黄山学院徽州文化资料中心所藏徽州文书资料撰成《清代徽州银洋价格问题》，认为光绪二十年前后，徽州银洋价格之间比值为 1：1030～1：950 之间。（载《徽州学研究》第五卷，中国文史出版社 2010 年。）此外，光绪、宣统年间的徽州知府刘汝骥《陶甓公牍》卷十《禀详・详府中学抽收箔捐情形文》有句话：“鹰洋壹元合钱壹千文。”这样看来，清末徽州洋 1 元合制钱 1000 文当是一种常态。

名经济史家方行先生据《租核》一书中的记载统计，清末“江南温饱型农民年生活消费总支出 93296 文钱”，[①]至此，我尚不能对此徽商家庭的消费水平给出结论，因为需要考虑到这个家庭的粮食消费基本上没有在流水簿中记录，而与此同时代的徽州知府刘汝骥的《陶甓公牍》卷十二记载与黟县相邻的婺源县“就目前米价言凿者，一石计洋三元七八角，低者三元三四角不等，此米之大较也。”那么黟县的粮食价格当与此相去不太远。如果这个家庭要把粮食消费也计入此陈年流水簿中，那么这个家庭的总消费会增加许多。方行的计算结果是：“农户五口之家全年全家口粮约为米 18 石”，如按照“一石计洋三元七八角，低者三元三四角不等”，折合制钱计算应是 60120 ~ 68040 文，如果再加上表中的年均消费 53588.5 文，此徽州商人家庭一年总消费在 113708.5 ~ 121628.5 文之间，比江南温饱型家庭支出的 93296 文要高出一些。这样推算，此徽州商人家庭的消费水准就是温饱有余或是小康之家了。不过，万姓商人如果真有几家当铺在上海、临平等地，但是他们一年消费只比江南温饱之家稍多，那只能说明有他们仍然保持着徽州旧有生活节俭的传统。

（二）万姓商人家庭的消费结构

首先是副食品消费。此项消费在万姓商人的日常支出中占 10% 多一点，所占比重并不小。但这个家庭又从未有过购买主食的支出，形成这种状况的原因只有一种可能：此徽商同时应当是一个地主，家中每年可以收到不少租谷，至少可以保证家人食用。在那个时代，“以末致富，用本守之”，商人在乡村购置田地是很常见的现象。在此商人家庭前后数年的食品消费中，仅有两次买米记录，而且购的是糯米，一次是两升用去 72 文钱；另一次不知买多少，只知用去 38 文钱。众所周知，糯米并不是主食，而是作为各种糕点的制作原料。除糯米外，副食品中还包括酒、水果、藕粉、糖、腐乳、糕点、鱼肉、冰片等。

尽管副食品消费所占比重较小，但其中鱼肉花费在其中占比重不小。其实，这个商人家庭买荤菜的机会屈指可数，光绪二十二年十二月二十五日买“蹄子”，用去 480 文钱，这可能是这个家庭用来过年的仅有一点肉食。光绪二十三年，同样在十二月二十五日，这个家庭又有了一年中仅有一次买肉记录，“蹄子一对”用去洋 5 角另 30 文钱；到光绪二十五年二月，买“蹄子”用洋 5 角；十二月三十日，这个家庭再次为“蹄子”付了 560 文钱。此外，买黑鱼的机会较买“蹄子”要多，光绪二十年在十月买一次黑鱼，用去 334 文钱；十一月购买三次黑鱼，共用去 490 文钱；光绪二十二年，还是在十一月，买了几次黑鱼，一共用去 778 文钱；光绪二十三年十二月，买黑鱼用去 490 文钱。在中国现存

① 方行《清代江南农民的消费》，载《中国经济史研究》1996 年第 3 期。

最早的药学著作《神农本草经》中就记载了黑鱼可以治疗水肿，而黑鱼具有的药用价值也基本上是一种生活常识，有一些生活经验的人都知道。这样不吝成本地买黑鱼，很可能是因为家中有了病人。同时，黑鱼与“蹄子”这些荤食消费都集中在每年的十一月或十二月，这也有可能是为迎接新春准备的年夜饭。

除了黑鱼和“蹄子”，这个家庭的副食品结构中的荤菜只零星地出现过“虾米”、“羊肉”这样的食品。4 年间，一共为这花样不多的荤菜支付了相当于6012 文钱。如果说这个家庭 4 年间在副食品采购中用去钱 9428 文，另加洋 12.6 元，那么可以折合成副食品总消费约 22028 文。其中，这个家庭的鱼肉消费占副食品消费的 27%。可见，晚清时的徽州人如果要吃鱼食肉，须面临着很大的经济上的压力。

总体上看，当时鱼和肉价格不菲，就连这样比较富足的商人，一年之中也只有极少数的几次机会可以品尝到鱼和肉的美味。这可能还与徽州当地的风俗有关，据康熙《徽州府志 · 风俗》，徽州商人“家居也，为俭啬而务蓄积。贫者日再食，富者三食。食惟饘粥，客至不为黍，家不畜乘马，不畜鹅鹜，其啬日日以甚”。而这种风气早在明代就已经形成，万历《祁门县志 · 风俗》也有类似的记载，说徽州商人“家务蓄积，茹淡操作，日三食饘粥，不畜乘马，不畜鹅鹜。贫窭数月不见鱼肉”。这些明代以来就业已成就的风俗也都在近代万姓商人的陈年流水簿得到印证，万姓商人家庭一年到头，餐桌上只有极少几盘猪蹄加上几块黑鱼。光绪年间，徽州知府刘汝骥观察，当地仍然“肉食用猪，食牛羊者绝少，鳞族羽属亦不多得；寒素家风以蔬豆为常用品，如新洲之萝卜、葛塘之白菜、问政山之笋，皆绝美。市中所制豆腐亦远胜他处，有毛豆腐者乃江浙各属所未有，惟卫生家不取焉；富有者早起喜食盐茶蛋，且用以供客；酒则土酿与购自他省者参半，皆力薄而性烈无深醇者。”[①]这样的观察结果与流水簿中万氏家庭一年中仅有的几次买肉，而且基本上都是买“蹄子”的记载基本吻合。不过，到了光绪年间，这种绝少食肉的饮食风气可能也与苛重的捐税有关，还是徽州知府刘汝骥指出：“肉价层递增涨，肉铺之因捐取诸买户者，每斤决不止二文，代收为难，何如索性不售？放下屠刀立地可以成佛，偶尔大嚼无肉，亦且快意！固不问各户之愿与不愿也。”[②]这种有关肉的苛捐杂税已让“肉食者”感到一种无奈，只好成为素食者。从时间上来看，刘知府当政也正是在光绪、宣统年间，这种状况正与这本流水簿所记，在时间上是完

① 《陶甓公牍》卷十二《法制 · 歙县风俗之习惯 · 饮食》。

② 《陶甓公牍》卷五《批判 · 学科 · 绩溪县学界附生程裕济增生胡恒善等禀批》。

全吻合的，所以，我们不能排除，万姓家庭一年到头以素食为主，其主要原因除了经济能力以及当地节俭的社会风俗以外，也有肉捐繁重的因素。

万姓商人的副食品结构倒是很丰富，尽管很少食鱼肉，但其食品中不乏各式糕点、水果。如糕点类就出现过月饼、藕粉、糕、桃酥、年糕、蛋糕、冰糕、烘糕、麻糕、寸金等10个种类，而水果也有柿、桂圆、梨、杨梅、橘子、黑枣等多种。此外，此万姓商家虽然是烟鬼，经常在水烟上破费些钱财，但却不怎么喝酒。仅有一次买酒的记录还买的是药酒，用去168文。凡此种种，都体现出这个家庭在日常生活消费上特别节俭但又注重生活质量的小康之家的特点。

其次，衣被消费。在表中还可以看出，衣被消费所占的比重最大，占36.3%，是各项消费中占比例最高的一项。其消费名目包括布、钮、染、裁缝工食、袜、肥皂、洗衣费、棉花，弹工费、线等项，在光绪二十三年这一年就请了4次裁缝。可见，作为商人一家，万氏对衣着极其在意，其家庭中应常年有人在外奔波，出入市井与豪门，结交宾客，这就不得不衣着光鲜。就流水簿时断时续的特点，也让我们联想到，其主人应当是常在外经商，有时数月不归。康熙《徽州府志·风俗》中就说，徽州商人们“多雍容雅都，善仪容”，又说“当其出也，治装一月，三十里之外，即设形容，玄新服，饰冠剑”。在衣着上消费一掷千金，也正是许多徽商的共同特点。当然，更能说明问题的是与这本陈年流水簿同时代的记载，当时的徽州知府刘汝骥在《陶甓公牍》卷十二中多次提及晚清徽州的服饰风气，刘知府调查所见，晚清歙县“扃万山，服饰宜约。按之：事寔殊不尽然，通邑以西乡为最华，当年鹾业大盛，扬州靡俗遂渐输入，又与休邑鳞接，自发逆乱平，徽属商务聚于屯溪，一冠履之时趋，一袍袴之新样，其自江浙来者，休首承之，次即及歙之西乡。近少妇好效沪妆，年长者犹戴鬏（扬州旧制）。此今昔习染之大验也。最朴质者为南乡，富家坐拥厚赀，男则冬不裘，夏不葛；女则不珠翠，不脂粉，与西乡适成一反例。”这样看来，歙县的服饰风气有一个演变过程：太平天国战乱之后，当地受到外来风气影响，衣裤帽鞋都追求时尚，而且，年轻女子还学着上海人化妆。不过，就歙县一县来说，西乡与南乡形成鲜明对比，南乡还保留朴素的衣着传统。以上这些只是晚清歙县的服饰风气，那么产生此陈年流水簿的黟县究竟如何？我们不得而知，但同属于徽州府的婺源县与黟县有着更接近的自然条件，还是刘知府在他的调查报告中涉及婺源县的服饰风气，他发现“婺邑二十年前服饰崇朴素，富商大贾往来江淮吴越间，皆穿土布衫，虽茶寮酒肆之中，楚舞吴歌之地，莫不称为婺源朝奉；女亦钗荆裙布，不以金银珠翠为华。近各国通商，多染外洋习气，城中短衣窄裤几于在谷满谷、在坑满坑，女子亦穿长衫，不着下裳，风气大变。又有少年子弟剪发作流海圈，殊非雅尚。东北与城乡相埒，惟西南地邻乐邑，尚多宽袍大袖不达时变之人民。”[①]刘知府发现徽州婺源人在20年前衣着朴素，而现在大不相同了。而造成这种变化的主要原因是对外通商，“多染外洋习气”，是中外交流导致这种服饰风气的变化。但不管是什么原因导致的变化，有一点可以肯定的是，晚清的徽州，人们在衣着上并不追求返朴归真的自然美，而是尽显时尚，为衣饰华美而不惜一掷千金。

晚清徽州人追求服饰之美的风气在各阶层群中也不尽相同，据当时徽州知府刘汝骥的观察，“此风盛于学堂，经商者从而法之矣；绅衿则徧身绮罗，漏卮无算；妇人则竹素花布，年年花样翻新。然亦城市然也，若抱瓮之妻，剪韭之妇，固我行我志矣。”[②]由此看来，在徽州当时各阶层人士当中，最讲究穿着时尚的还是读书人，其次就算是商人了。万氏商人家中的流水簿中，反映出他们年复一年不厌其烦地请来裁缝做衣服，不惜将重金投入到衣着中，这也是当地社会习俗使然。

还有一事值得一提，在光绪二十一年十月，这个家庭还买了一块“包脚布”，用去72文。这笔开支虽然不大，但说明这个家庭中的女人仍然坚守着缠足的旧习。不过，此后不久，徽州知府刘汝骥就就在其工作档案汇编《陶甓公牍》卷一中留下一篇《劝禁缠足示》，认为“中国痼习为环球所诟病者有二：曰吸烟，曰缠足；而缠足之苦、之愚、之不近人情，视吸鸦片烟为尤甚”。由此可见，知府大人对此痼习深恶痛绝。他又接着说：“本府入境以来沿途考察……田家之苦独缠足一事，尚狃于积习而不悟其非，甚至三五岁垂髫稚女无不足曲拳而行跛倚者，本府恻然悯之。”刘知府的考察结果也恰恰与万氏商人流水簿中那一块“包脚布”形成呼应之势，让我们看到，这种由来已久的陋习在晚清时期的徽州仍然顽强地流行着。缠足给女孩子们带来的痛苦让人历历在目，也刺痛了刘知府的心，他决定对这种痼习采取断然措施：“今与士大夫约：务各父劝其子兄、劝其弟夫、劝其妻，呼寐者而使觉，提醒者而使醒，其年老骨折者听其自便，其十五岁内外之女子已缠者速行释放，未缠者万勿自寻苦恼，移此缠足之光阴之功夫使之识书算、读经史，畧知宇宙变迁之大势，较之束缚其筋骸、摧残其肢体、动作需人扶掖者，其优劣奚若此不待智者知也……合特明白晓谕，为此示，仰合属缙绅士庶人等一体知悉，嗣后务各以身作则，婉言劝导，相与除此陋习，以立家庭教育之基础，本府有厚望焉，毋违，切切特示！”刘知府要发动当地“士大夫”们的力量，而且是从这些社会精

① 《陶甓公牍》卷十二《法制·婺源风俗之习惯·服饰》。

② 《陶甓公牍》卷十二《法制·休宁风俗之习惯·服饰》。

英人士自己身边的人开始做起，要展开一场禁缠足的运动。其结果，我们尚不得而知。但如此强令之下，相信此后徽州缠足现象当大大减少。

其三是日常用品消费。家庭日常生活所需物品的购置，在消费中占第二大，仅次于衣被消费。所购置的物品多是日常生活中必需品，如算盘、瓶罐、剪刀等。而且，多次买油纸、桐油、漆之类物品，可见这商人家庭生活还是处于器物齐全的富足状态中。此外，主人还是一个爱抽水烟的烟鬼，一年中买水烟和烟具的花费也不在少数。

其四是通信消费。收发书信和包裹是这个家庭一大开支，这是典型的商人家庭的特点。从流水簿中看出，此商人家庭，在上海等地有着几个固定的联系紧密的书信往来对象，可以推测，这极有可能是这个家庭开设在外地的典当铺行，因为一些生意上的事要交代，或亲情需要联络，所以产生了大量的书信往来。而寄信的方式，主要是把钱用来"付金盛局信力"，"付林永和局信力"，"付协兴局信力"。从这些邮费支付的情况和这些邮局的名称来看，这些都应当属于民间力量筹办的民信局。光绪二十年前后，正是民信局全盛的时期，全国民信局已达数千家，有雄厚实力的则在上海设总店，各地设分店和代办店，各民信局之间虽无隶属关系，但相互协作。在当时的沿江沿海城市里，民信局星罗棋布，是中国邮政的一大特色。[①] 在徽州这样一个商人众多的社会里，民信局的建置应当是完备的，仅万氏一家就常年和数家民信局保持业务联系，可见，此地的民信局数量应该很多。

其五是剃头和剃须的开支。这个家庭每隔半个月左右，就有一笔这样的开支，数年间价格从未变化，都是 40 文钱。这让我们可以判定这个家庭只有一个成年男子。如果说前文已论及此商人家庭注重衣着，不惜重金购置衣妆，那么他每过半月即理发剃须，也是一种看重仪容的表现。

其六是文化消费。在整个流水簿中，我们很少看到这个家庭有文化教育开支，文化消费只占全年消费比重 1.8%。光绪二十三年，这个家庭只买了一本《葬书》，外加两本画报。徽州人早有注重堪舆风水的传统，知府刘汝骥对此也注意到，他发现："堪舆风水之说兴，而孝思转薄，停棺不葬，厝所累累。有力者惑于吉凶，能力者窘于资斧。棺朽骨露，习不为怪。呜呼！谈慈善者捐巨金以建义冢，尚无所吝惜，藉祖宗之骸骨以求子孙富贵，何其傎也！至于纸帛锡箔，焚积如山，岁耗不下十万金，而妇孺迷信之心固结不解，殆佛氏之

① 参见胡婷《民信局的取缔与邮政的近代化》，载《重庆邮电大学学报》（社会科学版）2007 年第 1 期。

说有以中之。”[①]刘知府批评的是徽州人过分看重丧葬中的风水之说，因为重风水，导致许多棺材无法下葬，让人看了心酸。这样风气下，《葬书》在徽州任何一个家庭中出现都不足为奇。

看画报而不读书，是典型的文化素养不高、识字不多的人的阅读习惯。不过，这个家庭在当年的9月，为裱画支付了898文钱，是当年此家庭在文化方面的最大开支。这说明这个不读书的商人家庭，因为有了一些钱，也要做出一些风雅的姿态来，以便在“贾而好儒”的徽商群体中提高地位。

不过，这个家庭在光绪二十年的八月初六日，买了一只考篮，用去310文钱。如果这只考篮是家庭中某个子弟应付八月举行的乡试，倒也是有可能。但这个家庭几年中，只在光绪二十一年买过一次墨，用去不到2元的费用，这一点墨也只够这家的主人用来记流水簿。这样的家庭如果说有子弟参加乡试，这可能性似乎不大。这一现象让我们感觉有些费解，众所周知，徽州有多种史籍都提及当地的风俗有“十户之村，无废诵读”之说，明清时的徽州也确是一个文风鼎盛的地方，科举状元就出了很多。到了晚清，黟县的教育普及程度本来还是不错的，他们的知府大人就在《陶甓公牍》卷十二中专门写下《受学者百分之比例》一段：“黟之能受学者大约百人中有六七十人以上之谱，此科举时代然也。近自改办学堂以来。日日谋教育，讲普及，乡曲贫寒子弟识字者日见其少，吾为此惧。”科举制度废除以后，寒门子弟可能无法看到“书中自有黄金屋”，读书求功名的美梦破灭了，便不再热衷于求学。这样看来，居住在黟县乡村中的万姓商人家庭，缺少读书求学的子弟，就不足为奇了。那么，我们可以推测这只考篮只是买来送给别亲故当中参加科考的子弟作为礼物。

最后，在表中所列的“其他”消费，包括买药、请医生、礼金、捐款、路费等，还有一些我们无法看明白的开支。在其中偶可见祭祀消费，在其中所占比例并不大，但值得我们注意。此流水簿中反映出来的祭祀消费活动较少，基本上是每年腊月二十八日的一次祭灶，每年都用1000文钱。《陶甓公牍》卷十二《岁时》中记：“二十三日，以茶点米粿祀灶，曰‘送灶’，祭举燃烛于釜，以照虚耗。”灶神信仰在中国古代有着极为深厚的群众基础，但徽州人的祭祀更多的是针对自己的祖先。赵吉士《寄园寄所寄》卷十一有一段广为人知的描述：“姓各有宗祠统之，岁时伏腊，一姓村中千丁皆集，祭用朱文公家礼，彬彬合度。”不过，我们在万氏的这份流水簿中并未看到任何一笔用于家族祖先祭祀的开支，这其实也不难理解，徽州的宗族大多有自己的祭田，宗族共有财产很

---

① 《陶甓公牍》卷十二《法制·绩溪县风俗之习惯·丧葬附说》。

发达。宗族的祭祀，其实完全不用家庭单独支付，宗族共有财产自会承担。对此，研究徽州宗族的学者已做出解答。[①]

三

从万姓商人消费内容和支付手段看近代社会变革，会让我们对晚清徽州社会有更多直观的了解。

万姓流水簿记载的晚清徽州商人家庭的消费，明显带有近代社会资本主义经济入侵的色彩。如棉布消费，就处在当地土布与机织棉布——日志中称为"洋布"的交叉消费时期。不仅布有土洋之分，流水簿中还把纽扣叫做"洋纽"。如果统计此家庭光绪二十三年的棉布消费，这一年万姓家庭消费的"洋布"是1044文，而"竹布"或"布"都可能是当地产的土布，共3346文另5角。虽然土布消费仍占大头，但洋布消费已经占到很大的比重。据有的学者研究，19世纪末期，随着对外通商口岸的增加，洋布输入很多，不仅对中国男耕女织的小农经济冲击很大，也对中国城乡人们的衣着方式产生了重大的影响。不用从事体力劳动的城里人喜欢穿着面料细腻的而且染色容易的洋布，而从事体力劳动的农民们仍喜欢耐磨性极优的土布。所以，尽管土布的价格在清后期超过洋布，但仍有一定的市场。而衣着面料上的土洋之别，也就成了乡下人与城市人衣着上的标志性特征。洋布的普及使中国平民百姓中舆服等级观念受到极大的削弱，市民们的衣着消费更加市场化和大众化，并与近代工业联系到一起。这种由洋布流行引起的市民生活的演变，是中国近代化变迁在人们日常生活中的反映。[②]

如果再从万姓徽商人的消费品清单来看，其日常生活中的近代意味就更强烈了。这个徽商家庭不仅平时在穿着上大量地使用洋布，而且，其他日常所用也大量使用带"洋"字开头的物品。如光绪二十年正月二十九日这一天，购"小洋刀六把"、"礼和洋肥(皂)二条"、"洋锁二把"、"洋铁筒一个"、"洋铁畚箕二个"、"洋钉大一百"。就这一天而言，这个家庭所购物品大多数带着"洋"字开头。就连伞这样的带有明显身份标志的用品，也大多数买的是"洋伞"。这些以"洋"字开头的物品要么是从西方直接传入中国，要么是在生产工艺上采用了西方发明的机器制作出来。由此我们可以看到近代社会的普通乡民生活，也深受外国资本主义侵入的影响。此外，这个家庭的消费品中还多次提到来自朝鲜半岛的物品，如光绪二十年三月八日，这天唯一购买的

① 参见赵华富《徽州宗族研究》第五章，安徽大学出版社2004年。

② 参见李长莉《洋布衣在晚清的流行及社会文化意义》，载《河北学刊》2005年第3期。

物品是“高丽手巾一条”，价值40文；而光绪二十二年二月二十九日，一下子用去了380文购“高丽布手巾”。不止一次且大量购买，说明这种高丽手巾在当地市场上很受欢迎，也说明朝鲜半岛上与中国内地之间的经济交往也较为频繁。

关于晚清徽州日常消费的崇洋化趋势，当时的徽州知府刘汝骥也注意到。他在《陶甓公牍》卷十二《法制·婺源民情之习惯·食用好尚之方针》中这样写道：“婺民素质朴，最可嘉者，大腹贾在外开行栈，毛蓝土布长衫，红青土布马褂，双梁阔头粗布鞋，以会客于茶寮酒肆，笙歌罗绮之丛，至今苏松人传为笑话，亦以此重婺商焉。光绪以来，此风寖微，邑人之好尚爰分两种，其守旧者必足不出乡关，戮力于农圃以为生者也，否则寒儒下士，恐欧风之污人者也。此外盖无人不喜洋货，嗜新品矣。昔之婺富而俭，今之婺贫而奢，所出日多，所入日寡，如之何其能继也？”这里讲的是婺源县的情况，但黟县的实际情况也应当与之十分相似。身为知府的刘汝骥对这种服饰消费上表现出来慷慨大方的社会风气所流露出来的担忧是有道理的。再看歙县的情况，也是如此：“歙处万山中，习俭朴，乾嘉之世鹾业盛，富户多稍稍趋奢华，书籍字画、金玉古玩储藏最富，一食用之细日费万钱者有之。粤匪乱后，内容愈瘠，表面愈华，好洋货者多，好土货者少，外强中干，识者忧之。”①这里不仅说明了“好洋货者多”的消费习惯的存在，还说明了这种情形的出现是在太平天国之后。再看本文关注的这份陈年流水簿的出处——黟县，在刘知府的眼中，“黟俗尚俭朴，有古风，称为小桃源。食用一切，土货居多，学商两界喜用洋货，渐有由俭入奢之势”②这样看来，黟县的消费习俗虽然比不上婺源和歙县，但也有“喜用洋货”的变化趋向，这就让我们不奇怪，万姓家庭购买的布匹和别的日用物品中，为什么就有那么多带着“洋”字头的名称。

再从购买支付手段上看，这个万姓商人家庭消费的近代化特点也十分显著。如果从光绪年间的统计来看，万姓家庭在所有的支付中，年均消费用制钱17688.5文，另用洋近36元。如果将洋折合成制钱，那么用洋支付的相当于用钱支付的两倍。从万姓商人数年无数支付事例还可以看出，大笔支付，人们习惯用洋，而小笔支付，人们总是用钱。看来洋与制钱在当时承担着不同的支付功能，这可能也是当时的货币发行面额不尽合理所造成的结果。大多数用洋支付的情形，并未说明是何种洋，但也有几处是明确说明的，无一例外是“英洋”，也就是鹰洋，是一种墨西哥洋。如光绪二十年二月初六日，主人

① 《陶甓公牍》卷十二《法制·歙县民情之习惯·食用好尚之方针》。

② 《陶甓公牍》卷十二《法制·黟县民情之习惯·食用好尚之方针》。

购买一批日用品,“当付英洋一元”。而当时的徽州知府刘汝骥也记载了“英洋”在徽州流通的事实,如前文提及的“鹰洋壹元合钱壹千文”,刘在另一处给祁门县令的批示中说:“开办劝学所又支英洋四元”。[①] 两处提及银元,分别使用了“鹰洋”和“英洋”两种名称,说明这两种名称在当时也能通用。外国银元从明朝就进入中国,长期都是据其含银量,比照银价作为流通货币。到1870年时,墨西哥铸的鹰洋在中国成为最流行的银元,是当时远东地区,包括香港、日本、南洋、朝鲜等地最好的硬通货。不仅如此,清末各种外国货币在华的流通,占中国总货币的30%,[②]而反观万氏商人的日常消费,所用的“洋”或“角”支付也是常见的现象。

① 《陶甓公牍》卷五,《批判·学科·祁门县赵令元熙禀批》。

② 参见张宁《清代后期的外币流通》,载《武汉大学学报》人文社科版,2002年第3期。

我省"徽州文化生态保护试验区"建设怎么推进*

——写在国家级徽州文化生态保护实验区建设"现在进行时"

方利山**

摘　要:"保护非物质文化遗产项目"的工作虽然是文化生态保护实验区建设的主体工作,但两者又不是一回事;保护并不排斥利用,但是只顾眼前功利,过度强调开发利用,不利于文化生态的保护;文化生态保护实验区建设应该是一种"文化特区"建设的新尝试,应有"大胸怀、大视野、大手笔",它是关系中华文化复兴的千秋大任。国家级徽州文化生态保护试验区建设的推进,是我省文化建设的一个重要特色品牌,建设好国家级徽州文化生态保护试验区,意义深远,需要全体安徽人、徽州人共同努力。

关键词:非遗保护;合理利用;文化特区;特色品牌

自2008年元月国家级"徽州文化生态保护实验区"挂牌以来,根据国家"十一五"规划的要求,国家文化部已经先后在我国最具代表性的民族和地域文化生态区域设立了11个国家级文化生态保护试验区。① 各省、市对文化生

* 国家社科基金项目《徽州文化生态研究》(09BZX070)、国家教育部人文社科重点基地重大项目《徽州宗族祠堂的调查研究及保护对策》(2009JJD70002)阶段性成果。

** 作者简介:方利山,黄山学院研究员。

① 这十一个国家级文化生态保护实验区是:2007年6月设立的闽南文化生态保护实验区;2008年元月设立的徽州文化生态保护实验区;2008年8月设立的青海热贡文化生态保护实验区;2008年11月设立的四川羌族文化生态保护实验区;2010年5月设立的广东梅州客家文化生态保护实验区;2010年5月设立的湖南武陵山区(湘西)土家族、苗族文化生态保护实验区;2010年6月设立的浙江(象山)海洋渔文化生态保护实验区;2010年6月设立的山西晋中文化生态保护实验区;2010年11月设立的山东潍水文化生态保护实验区;2010年元月设立的云南大理迪庆文化生态保护实验区;2011年3月设立的黑龙江哈尔滨阿城区文化生态保护实验区。

态整体保护也日益重视，都在争先恐后地积极申报设立国家级文化生态保护试验区，并纷纷进行省、市级文化生态保护区建设的实验。[①] 设立文化生态保护试验区，对文化遗产实行区域性整体保护、创新性保护，是我国对文化遗产保护的创新性实践，是国家文化发展的战略部署，事关中华文化的前途命运，是一项中华文化复兴的系统工程。国家级"徽州文化生态保护实验区"设立时，国家文化部根据徽州文化的特殊性特别要求"徽州文化生态保护试验区"的建设要争取做得扎实，做出"示范"作用。两年多时间过去了，我们的徽州文化生态保护试验区建设状况如何？在新形势下怎样继续向前推进？这些都需要我们的决策者、实施者和所有关心者给予认真关注。

"非遗保护"和"试验区"建设

我省黄山市作为徽州文化的主体地域，在相关职能部门和民众的共同努力之下，近些年来对徽州文化非物质遗产项目的保护，力度不断加大。徽州古民居营造传统技艺作为"中国传统木结构营造技艺"入选"人类非物质文化遗产代表作名录"；徽州三雕技艺、万安罗盘制作技艺等一大批"非遗"项目入选国家级"非遗"名录；国家、省、市、县四级"非遗"保护机制开始形成；确认了国家、省、市、县四级"非遗"传承人；建立了一批"非遗"传承基地和传习所；发掘和整理了部分民间艺术和民间传统技艺；"非遗"的生产性保护和展示性复活取得成效；市文化局编辑出版了《徽州记忆》等"非遗"保护成果；民众"非遗"保护的意识和积极性也不断提高。

在文化生态保护试验区建设中，"非遗"项目的保护的确是其最重要的主体工作。以上徽州文化"非遗"的保护举措和成果，的确是徽州文化生态保护实验区建设中的重要举措和阶段性成果，是对徽州文化生态保护实验区建设的推进，是"保护实验区"建设要做的实事。同时，我们也还要认识到，"非遗"项目保护虽然是"文化生态保护实验区"建设的一个主体内容，但并不是唯一的内容，"非遗项目保护"和"文化生态保护实验区"建设严格地说是两个概念，不能简单地画等号，不能以为只要做好了"非遗项目保护"工作就是做好了"文化生态保护实验区"的建设。我国设立文化生态保护实验区，是旨在对文化遗产实行区域性的整体保护，通过保护各类"非遗"活态文化，并保护其赖以生存的物质载体，保护其生存的空间环境，保护其从历史到现代的传承链，达到保护文化物种多样性、有效实现文化传承

① 如河北省到2009年6月已设立了11个省级文化生态保护实验区；河南省还力推8个省级"文化特区"。杭州市已设立若干个市级文化生态保护实验区，等等。

的目的。因此,文化生态保护实验区建设,除毫无疑问地要着重抓好"非遗"项目保护之外,还必须特别着意于对"非遗"附着的物态载体,对"非遗"生存的生态空间,包括这一特定区域内自然生态环境的整体性保护。简单地说就是不仅要保护实验区内的"非遗",还要保护实验区内的物质文化遗产,保护实验区内的整个生态环境空间,这是一种区域空间建设,而不仅仅只是"非遗"项目的保护。

因此,把"徽州文化生态保护实验区"建设,仅仅看成是徽州文化"非遗"项目保护的工作,可能就是一种误解了。两年多来,在我省,在徽州文化生态保护实验区所在区域的黄山市和绩溪,我们很难看到对徽州文化生态保护实验区建设的报道和宣传,当政者缺少"保护实验区"建设意义上的举措和探索,在黄山市、绩溪范围内,至今尚未划定属于徽州文化生态保护实验区作控制性保护的实验园或试验点。虽也各自设有"保护实验区"领导小组,但基本上还只是一个名目。对"保护实验区"建设如何推进,还在等省里的规划。两省三地"保护实验区"建设的领导机构和协调机制未能建立,具体实施规划尚在未知之中。正由于主事者缺少对国家级"徽州文化生态保护实验区"建设本义的关注,缺少文化生态空间整体保护的思维,缺少对设立国家级徽州文化生态保护实验区重大意义和深远意义的认识,所以两年多来,黄山市、绩溪两地的徽州文化生态保护区的"实验"建设,基本上可说是"乏善可陈"。对于这一得来不易的国家级品牌,全省民众期待强烈,而有关地方政府方面却基本不见动静,耽误了许多宝贵时间。不仅如此,已经在多年的折腾中被破坏得支离破碎、伤痕累累的徽州文化生态空间,继续在"开发利用"、"旧城改造"、"城镇化"、"土地置换、拆村并镇"过程中被蚕食、被重创、被清除。虽然人们都知道,历史悠久、徽州古建文物众多、徽州文化活态"非遗"丰富的徽州古街区、徽州古村落,是硕果仅存的徽州文化生态空间,是"保护实验区"域内亟须要着意保护的无价之宝,但是,房地产商房产暴利的引诱,"土地置换"、"圈地卖钱"的冲动,古民居倒卖的可观利润,都比"保护实验区"建设来得实在。在黄山市,屯溪城区古老的柏树街在"旧城改造"的名义中消失了;古老的黎阳街荡平后成了商品房林立的房地产开发区;古老的阳湖街连"茶叶大王"吴荣寿的老宅"崇正学堂"也将要"异地搬迁";潜口上叶古村已在"土地置换"项目中被"整村推倒";新安江边的千年古村南溪南也在"建设项目"中遭遇生存尴尬,二十多幢明清古民居及古墓遗址正面临拆迁和平毁。如果我们不尽快在我省两块"徽州文化生态保护实验区"域内明确划定需要保护的各种徽州文化生态空间为保护控制区,有效地制止各种对徽州古村落、古街区、古建筑、古遗存的破坏、重创和清除,那么,我省的徽州文化各类"非遗"就会失去赖以生存的土壤和根基，失去复活和传承的环境，我省的“徽州文化生态保护实验区”建设也就根本无从谈起。

开发利用与保护

对于历史文化遗产，坚持“保护为主，抢救第一，合理利用，加强管理”的方针，是因为遗产、文物的不可再生性，它们在现代化进程中都面临着消亡、灭绝的威胁。加强对历史文化遗产的保护，在保护中坚持“原真性、完整性、可读性、可持续性”原则，才能使历史文化遗产在今天发挥更大的作用。对历史文化遗产讲“保护为主”，并不排斥“合理利用”。必须处理好对历史文化遗产保护与利用的关系。

徽州古村落西递、宏村，大量的徽派古民居留存，其维修保护需要巨额的资金投入。20多年前，两个古村落就开始利用古民居建筑群保存相对完好的优势开展乡村文化旅游，在这种旅游开发利用中，获得了一部分古民居保护维修资金，提高了村民保护古村落的自觉性和积极性。在西递、宏村入选世界遗产之后，旅游业的发展进一步促进了古村落严格的规范性保护。这是黄山市对历史文化遗产在利用中保护较成功的例子。当然，现在西递、宏村作为旅游产业进行开发利用后，人们不满门票渐涨，担心利用过度，担心景区商业化，在“合理、适度、科学”方面，西递、宏村还有许多紧迫的事要做，特别是对世界遗产“保护”的承诺如何落到实处，还应引起高度重视。适度利用世界遗产地文化资源发展文化旅游，让世界遗产地百姓得到实惠，主要还应该是为了更好地保护这一文化遗产，使中华传统文化得以传承。西递宏村作为世界文化遗产地，理所当然是国家级徽州文化生态保护实验区建设最重要的示范区块，在思考这一世界遗产地的“保护和利用”时，应该纳入“保护区实验”的思维框架。

按照国家《非物质文化遗产法》规定，对于那些非物质文化遗产和物质文化遗产相对集中、特色鲜明、形式和内涵相对完整的特定区域，实行整体保护。这就是设立文化生态保护实验区。文化部部长蔡武特别指出，这种特定区域的整体保护实验，旨在完整地全面保护历史文化遗产，它和文化旅游区开发不是一回事，和经济开发区建设更不是一回事，要防止只看重眼前功利、只着眼于开发利用的偏颇，要防止把特定区域整体保护变成经济开发区、旅游开发区。[①]

文化生态保护实验区的建设，立足于对文化遗产的整体保护、空间保护，保护过程中可以适度利用，利用是为了更好地保护，目的都在于完美地实现

① 2011年3月1日蔡武讲话。

文化传承；而文化旅游区的开发目的则在于利用文化资源做大文化旅游产业，发展旅游经济；至于经济开发区建设，其目的则全在于壮大经济产业群，增加 GDP。三者之间虽然有联系，都是为了经济和社会的发展，但目的不同，着力点不同，运作方式不同，结果也不相同。黄山市目前实施的“百村千幢”古民居保护利用工程，本意是要保护徽州古村落、古民居，使徽州古民居一类物质文化遗产“凝固住”，使徽州文化“非遗”项目“活起来”，守住古村落、古民居的“筋、骨、肉”，承传徽州文化的“精、气、神”，真正使徽州古村落、古民居流传后世，永续利用。① 工程实施以来，投入了 19.4 亿巨额资金，编制了近百个古村落保护规划，对 101 个徽州古村落、1065 幢徽州古民居、古建筑实施了维修保护，认租、认领、认购了 175 幢徽州古民居。“百村千幢”工程中的这类项目，可以说是国家级徽州文化生态保护实验区建设的内容之一。而且在这些立足保护的具体项目中，也对徽州文化各类遗产如何在利用中保护作了新的探索，符合“保护实验区”建设的新理念，应该加以肯定。但是需要探讨的是，“百村千幢”工程中另一个实施重点，是大力推进“异地搬迁”，辟地重建新的“徽州古村落”这类项目。继去年已建成“湖边古村落”、“秀里古村落”、“黎阳故邸”等 7 个“异地保护点”之后，决定今年还要赶进度，下指标，从徽州各乡村“异地搬迁”大量单体古民居、古祠堂，再凑 6 个新建的“徽州古村落”。象近日大力宣传的歙县南源口对岸“荷岭界”，开发商正计划花 6 个亿“异地搬迁”140 幢到 200 幢徽州古民居，“打造”一个集文化展示、文化产业示范、客栈、餐馆、旅游为一体的“百村千幢迁移保护精品工程”。② 有网民还爆料：“湖边古村落”从各地搬来的 20 幢古民居，仅“亮化”安灯就要化 2000 万元。③ 这类“异地保护”“精品”工程的“打造”，虽然可能是了不得的“亮点”，但其背后，恰恰意味着许多未入“百村千幢”保护范围的徽州域内那些大小古村落，又将面临一次清抄、拆毁、破坏的空前大灾难。目前许多未入“百村千幢”工程保护范围的各种徽州古村落，或因历史上战乱破坏、或因天灾和自然损毁，已部分丧失了原有风貌；或因现代化加速，古民居消失较多，保护任务艰巨，未能挤进“百村千幢”。但是，这其中的许多千年徽州古村落，像篁墩、南溪南等等，虽然徽派古风貌完整性已有损坏，但历史遗存仍很丰富，历史文脉仍很清晰，历史记忆仍很丰厚，一些代表性古建筑仍保存完好。特别是作为徽州古村落的特色村形村貌、水口、街区布局的脉络、遗痕仍然存在，是目前尤其

---

① 王福宏在全国人大会议上的讲话，引自《徽州社会科学》2010 年第四期第 4 页。

② 见 5 月 9 日黄山日报报道。

③ 见黄山市政府网“黄山论坛”之“市民在线”。

需要着意加以整体保护的特色文化生态空间,如果我们现在对这些不入某些领导法眼的“文化弃儿”,不但不加以保护,而且还要继续在这些古村落中,进一步把那些硕果仅存的、有历史文化价值的古民居、古祠堂等古建筑连根拔起,移栽别处,去“打造”什么新的“旅游开发精品工程”,把这类古村落的“文化”彻底消灭,这不仅是断文化根、斩文化脉的蠢事,也是对这类古村落从根本上的破坏。我们在疯狂“开发”“发展”的时候,是不是也应该“吃好祖宗饭,不断子孙粮”,给徽州后世子孙尽量多地留一点生存和发展空间。当年徐某人要在歙县建“西园”,歙县的许多乡村,连各种门罩都遍遭撬挖之灾,至今在这些小山村还留着难看的耻辱疤痕。如果我们搞工程项目,兴趣只在“异地搬迁”移栽单体古民居、古祠堂,“打造”什么新古村落,只顾搞什么“旅游新业态”,只想靠古民居、古祠堂赚钱,而无视徽州之域内更多的徽州古村落是需要努力对单体古民居、古祠堂等物态文化遗产加以原地保护的徽州文化生态空间,那么,这种“打造”可能就违背了“百村千幢”保护工程的初衷,和徽州文化生态保护实验区的建设可能就是“南辕北辙”了。

诚然,目前确有不少散处在徽州偏僻山村的单体古民居、古祠堂,由于或年久失修、或产权问题、或无人居住和管理、或缺少维修资金等等原因,正无可奈何地在倒塌、损毁之中,将其“异地搬迁”保护,在某些特殊情况下也不失为一种抢救办法。但是如果“异地拆建”滥成风潮,让开发商老板盯着倒卖古民居、古祠堂发财可以大行其道的话,徽州文化生态保护实验区建设也就成为一句空话了。

“文化特区”与千秋大任

国家决定在“十一五”期间设立 10 个国家级民族民间文化生态保护区,这不仅是我国对人类文化遗产在整体性保护上的创新,而且也是为了中华文化复兴、事关中华文化前途和命运的战略安排。设立文化生态保护区,对中华文化物质形态和非物质形态实行活态的整体空间的保护,深入探索和实现中华文化体系与现行政治、经济、社会和文化实践的和谐统一,使之拥有最广大的实践主体,以至全面融入当代社会实践体系。在保护区实验中,强调历史和现实的统一,自然和人文的统一,保护和利用的统一,以全新的保护理念,建设中华文化的特色示范区块。因此,在国家级徽州文化生态保护区申报和设立过程中,许多专家学者和有识之士都不约而同地和吕品田先生有一样的体会:应该有更高层面、更加系统的思想解放和意识形态的改革创新。以前瞻的使命和解放思想的胆识、智慧,将文化生态保护实验区作为“文化特区”来建设。[①] 2007年8月温家宝总理连续两次对徽州文化生态保护区问题作出重要批示，人们就意识到徽州文化特区已“呼之欲出”。[②] 笔者在深入分析和思考“徽州文化生态保护实验区”设立的意义和实践之后，2009年元月也专门撰文指出：徽州文化生态保护实验区的建设，就是要依托徽州名山秀水绝佳的自然生态环境，不仅保护徽州文化物态现存，而且更着力保护、发掘、复活、重现作为徽州文化文魂的、强力承传中华民族文脉的丰富徽州非物质活态文化，对徽州文化生态立体空间进行自然和人文相和谐、历史和现代相和融、物态和活态相统一的保护。“徽州文化生态保护区”是以保护为基点的中华文化典型示范区块的建设，其地理范围跨行政区划，其时空概念继承传统、立足现代，“徽州文化生态保护区”建设，强调动态保护，其系统工程涉及许多职能部门。徽州文化生态保护区建设，实际上是打造“文化特区”，像在国外建一百个孔子学院推介中华文化一样。是要在国内建设靓丽展示自然和人文天人合一、历史与现代完美结合、共性和个性特色显著的中华文化展示区。其“历史使命，责任重大”，应该解放思想，大胆实验，把“徽州文化生态保护区”努力建设成徽州文化特区。[③] 稍后又专门为有关方面起草了《关于按“文化特区”模式推进“徽州文化生态保护区”实验的建言》，[④]作为参政议政的重要内容。现在，对于给文化生态保护试验区建设赋予特别的性质和地位，从中华文化复兴使命的高度，将文化生态保护试验区立之为“文化特区”，这已进一步成为人们的共识。2010年11月，吕品田先生在光明日报呼吁《立文化生态保护区为“文化特区”》，建议把文化生态保护试验区作为“推进当代文化建设、探索中华文化复兴之路的突破口和试验田”。[⑤] 保护试验区应有国家法律确认与保护的特别权利，应通过在区域内进行有利于文化建设和相关实践充分展开的体制和机制创新，制定和实施有别于一般的建设目标、方针政策和工作措施，以及相应的评价体系，来体现其法权，为“保护试验区”不辱使命创造条件。吕先生认为立文化生态保护试验区为“文化特区”，有利于进行重大理论的探索和实践，有利于推动马克思主义在文化层面的中国化，有利于中华传统文化智慧和历史经验的现代应用；有利于传统手工技艺的振兴和当代农村民生；有利于吸取中华传统思想智慧促进当代教育改革。不能畏难、得过且过而贻误时机，贻误千秋大任。

---

① 吕品田：《立文化生态保护区为“文化特区”》，载《光明日报》2010年11月24日。

② 吴永泉：《“徽州文化特区”呼之欲出》，载《新安晚报》2007年10月19日。

③ 见《打造“徽州文化特区”势在必行》，载《徽州学散论》（续集）中国戏曲出版社，2009年4月。

④ 载《徽州学散论》（续集）中国戏曲出版社，2009年4月。

⑤ 吕品田：《立文化生态保护区为“文化特区”》，载《光明日报》2010年11月24日。

“国家级徽州文化生态保护试验区”的设立，得来不易。10年前，江泽民同志考察徽州时，就深情地指出：“如此灿烂的文化，如此博大精深的文化，一定要世世代代传下去，让它永远立于世界文化之林”，“要打好徽州文化的世界品牌”。[①] 2008年胡锦涛总书记视察安徽时也高瞻远瞩地指出“安徽文化底蕴深厚”、“中国的文化特别是徽州文化要发扬光大”。[②] 2007年8月温家宝总理对徽州文化生态整体保护和试验区的设立竟连续两次作出重要批示。[③] 2009年元月国务委员刘延东又专门对国家级徽州文化生态保护试验区建设作出指示：“要把徽州文化生态保护试验区建设好，管理好，使用好，使中华文明的这一瑰宝发挥更大的作用。”以胡锦涛为总书记的党中央对于国家级徽州文化生态保护试验区的建设给予了特别的关心和支持。在目前已设立的11个国家级文化生态保护试验区里面，徽州文化以其中华汉民族宋以来民间社会生活实态的标本缩影价值，以其“儒教圣地”的明清时期中华传统文化典型代表的价值，突显出其“文化特区”实验的重大示范意义。徽州又是胡总书记的故乡，抓好国家级徽州文化生态保护试验区的建设，保护好徽州文化这一人类文化瑰宝，既是讲政治的职责所在，也是守护中华民族精神家园的千秋大任。把国家级徽州文化生态保护试验区作为“文化特区”来建设，我们“保护实验区”域内的当事者、实践者和所有关心者，都应意识到机遇的宝贵，责任的重大，情势的紧迫，使命的光荣。如果塞责敷衍，贻误时机，将有负中央和国人的厚望，愧对徽州祖先的厚赐，难以向徽州后人交代。

徽州文化生态保护试验区主体区块黄山市、绩溪县在我们安徽。省里对徽州文化生态保护试验区建设是比较重视的，国家级徽州文化生态保护试验区设立以后，不仅化了一百多万编制“徽州文化生态保护试验区建设总体规划”，而且作了许多创新性基础工作，2009年我省徽州文化生态保护试验区建设获国家文化部文化创新特等奖，2010年徽州文化生态保护试验区建设又被列为国家文化建设十大创新工程之一。安徽省是文化资源大省，历史文化遗产丰富，南北中地域文化异彩纷呈，特色显著，而徽州文化就是我省的一个优势地域文化品牌，国家级徽州文化生态保护试验区建设是我省在新时期文化崛起的新机遇。

根据目前国家级“徽州文化生态保护实验区”建设推进的现状，在“徽州文化生态保护试验区建设总体规划”已正式批准实施（这是目前全国11个国家级

① 陈政：《日破云涛万里红》载《屯溪文史》7、8合辑。

② 见2008年7月7日，新浪网。

③ 见《总理关注徽州文化生态整体保护》，载《徽州文化生态保护文汇》，高等教育出版社2008年9月。

文化生态保护实验区中,第一个国家正式批准实施的文化生态保护试验区建设总体规划)的形势面前,我们省有这些实事实在是需要抓紧做、努力做:

一、努力争取“徽州”的复名,尽快结束没有“徽州”的“徽州文化”这个历史笑话。建立机制,把黄山市、绩溪县统成一块,按总体规划,制定统一的徽州文化生态保护试验区建设实施计划。

二、积极向上争取“文化特区”建设性质的政策支持。

三、行动起来,尽快促成两省三地保护试验区领导机构和推动、协调机制的建立。

四、在徽州文化生态保护试验区域内,切实落实“总体规划”中“两条主轴、九个徽州文化遗产密集区”等设计,设立徽州文化生态保护控制区,设立各类徽州文化遗产保护示范园、示范点、传习基地,在文化生态空间保护上多做实事;最大限度地尽可能多地保护好徽州古村落等特色文化生态空间,杜绝新的伤筋动骨的破坏。

五、建立徽州文化保护试验区专门网站,加强徽州文化生态保护的宣传。

六、着手编辑《徽州文化生态保护知识读本》向各级干部和广大民众普及徽州文化生态保护实验区建设的基本常识。

七、举办“保护试验区”建设专门人才培训,切实抓好“非遗”传承人的保护和培养。

八、和国内各文化生态保护实验区建立经常联络关系,吸取保护区建设的新鲜经验。

历史上的徽州先哲先贤和人民大众,曾以“为天地立心,为人生立命,为往圣继绝学,为万世开太平”的雄心壮志,创造了灿烂的徽州文化,锻造了彪炳千秋的一代中华商魂,为中华民族和人类做出了重大的贡献。和谐社会、和谐世界的构建,其底蕴在于文化。保护好文化生态,以美好的文化凝聚民心、惠益人类,我们当代安徽人、徽州人责无旁贷。陶行知夫子关于“徽州人的新使命”的呼喊,时时激励着我们:保护好徽州文化生态,保护好徽州万年不拔之基,机不可失,时不我待!

论群众文化的创新与发展

刘　浩*

摘　要：群众文化的创新与发展是社会发展的本质属性；活动的创新是在继承传统基础上的创新，建立在本土文化资源上的创新，通过品牌活动带动基层文化活动的繁荣与发展；管理创新促进制度创新，是建立在公共文化服务体系逐步完善基础的创新，要彰显出城市本土特色文化与现代文化多元素的结合。群众文化活动将依托城市经济的发展和公共文化服务体系的不断完备，在形式和内容上不断创新、不断发展，成为引领社会进步、促进生活和谐、展示城市魅力、满足群众基本文化需求的重要方面。

关键词：群众文化；活动创新；管理创新；人才创新

随着我国经济社会的快速发展，广大人民群众的精神文化需求也日趋呈现出多元化和个性化的需求，群众对于社会公共文化服务形式和内容均提出了新的更高的要求，这就需要我们要适应新形势，进一步创新理念，在群众文化多元化与社会化、科学化与制度化、专业化与规范化、系统化与品牌化等方面加强理论研究，以实现群众文化在新形势的科学发展。

第一，创新与发展是事物的本质属性，是社会发展的本质属性。二者关系：只有创新，才有发展；要想发展，必须创新。

如何实现群众文化在新形势的科学发展？首先，要厘清群众文化理论研究在基础理论和应用理论的新发展。在基础理论方面，应区分公共文化、大众文化、非物质文化、民族民间传统文化等文化形态与群众文化之间的关系，研究群众文化的特征和规律，加快建立群众文化理论学科体系；在应用理论方面，应在群众文化的社会实践中研究新课题，以新理论指导实践。

在公益性文明建设日益社会化的今天，建立社会文化规范有效的运作机

* 作者简介：刘浩，合肥市文化馆馆长、研究馆员。

制，逐渐形成政府支持、社会参与的多渠道投入的体制，使群众文化事业的发展实现在政策保证、资金到位的同时，充分发挥和调动群众文化内部自身的潜力和创造力，是公益性文化的必然走向。群众文化的社会化运作主要包括政府的公共文化社会化规划与决策、群众文化事业自身社会化运作模式、社会参与机制和市场运作机制。目的是形成大型公益性文化项目“政府倡导、专家指导、社团组织、民众参与”的主办方针。公益文化活动社会推介是社会化运作的一种重要形式。

在政府作为责任主体的前提下，在公益性原则的定位下，主体多元化是群众文化活动的活力之源。多元主体，一是指每个社会组织都可以成为文化的主体，自办文化。二是指多元主体联合主办。主要表现在投入主体、主办单位和表演主体上积极向社会扩展，除了政府投入、文化部门的组织策划、群众的广泛参与，作为群众文化活动组织机制中的重要方面，社会力量、辖区单位和民间文艺社团、专业文艺院团等从资金、表演等多方面的积极参与，对形成全社会共同参与承办社会公益文化活动的良好局面起着重要作用。

文化馆、文化站作为政府下设的公益性文化事业机构，其职责就是代表政府向群众开展公共文化服务。创新公益性文化服务，主要在阵地文化活动和文艺辅导机制与方式上开创免费服务新形势。

群众文化艺术节以系列活动的形式作为群众文化崭新的活动形式，已突破了过去单一的传统结构模式，走出了一条从随意到规范，从分散到集中，从单质到系列的现代发展之路。这一调整不仅标志着群众文化自身的历史性超越，而且其鲜明的导向性和巨大复合效应对社会政治、经济发展产生了不可估量的作用。20 世纪 90 年代以后，以文化艺术节为主要形式的群众文化系列活动的内涵、特征及其内在规律正被人们逐步认识并加以发展和完善。

群众文化应饱含思想寓教于乐，使人民群众从健康有益、生动活泼、丰富多彩的文化活动中获取精神果实。

群众文化应形式多样不拘一格。真正的群众文化活动不只限于经济方面，要开放视野、开展适应群众需求的多种活动，如科学技术、文化知识、卫生知识、生活技能的宣传普及业余体育活动等，要举办适合各种年龄、各种传统习惯的活动，既要考虑到中年群体的忙碌心态，还要考虑到青少年群体的时尚追逐，同时还得兼顾少数民族、残疾人等特殊群体。

群众文化应博采众长勇于借鉴。群众文化要以人民群众喜闻乐见，易于接受的形式为主。要积极地吸收国外的优秀文化，把国外的新技术、新形式，如网络、时尚、影视、录像、摄像、动画等引入传统的文化形式，从而充实和丰富新颖的群众文化活动。

第二,创新是在继承传统基础上的创新。创新与民族民间文化有着密切联系。

当今公共文化服务体系建设作为一种制度创新,实现了从传统文化事业体制到公共文化服务体系的转换,推动了行政范式到契约范式的整体性转换,有利于打破公共供给部门垄断,提高公共供给效率,为社会力量的参与提供基本的制度保证,推动了群众文化的科学管理。科学管理体制的建立,就是要形成群众文化管理的长效机制,以管理创新促进群众文化的制度建设。

在人才使用上,要树立以用为本的理念,人才发展坚持以用为本,创新人才工作的体制机制,这是一项重要的理论创新。围绕"以用为本"方针改革完善人才管理体制,需要创新人才培养开发、评价发现、选拔任用、流动配置、激励保障等各项机制。同时,需要改革职称制度,建立与学术型对等的应用型职称等级。在群众文化领域,对人才的评价应注重"在行业内取得的公认的业绩"。

目标管理的前提是科学设置群众文化事业机构内部的工作部门,细化每个岗位的岗位职责。在部门设置上,群众文化事业机构目前尚没有统一的部门设置规范,各地根据工作需求要设置部门。文化馆可以围绕群众文化业务体系三大要件,即组织、辅导、研究来确定部门。岗位设置严格按照国家对事业单位的岗位划分和比例规定,即分为管理岗、专业技术岗、工勤岗。制定出切实可行的目标管理办法,按管理办法、明确指标体系,包括工作目标、活动任务、岗位责任、保障措施、考评标准、完成时限等,以目标管理责任制的形式促进各部门强化意识,提高认识,工作按时达标。

加强指标体系建设,建立评估考评机制,保证公共文化服务体系建设的系统性、规范性和可持续性。评估考评机制包括对群众文化事业单位的评估考评和对群众文化事业单位内部工作人员的年度考核。建立评估考评体系,明确各类群众文化事业单位评估考评细则,结合文化部对文化馆的评估定级标准,从硬件和软件两个方面,对群众文化事业单位的公共投入、发展规模、服务方式及条件、体制机制、绩效评估等考评指标进行量化。在考评过程中,成立专家组或理事会,遵循公开、公正、公平的原则,进行客观公正的评价,评价结果要向公共文化服务对象公开公示。对工作人员的年度考核,严格执行事业单位工作人员年度考核制度。根据德、能、勤、绩、廉等要求进行考核和公示。

建立群众文化事业的科学投入机制,坚持以政府投入为主导、鼓励社会资本积极参与,坚持吧投入的重心放在提高公共文化产品供给能力,着力解决人民群众最关心、最直接、最现实的基本文化权益问题,促进城乡、区域文化协调发展，逐步实现公共文化服务均等化，推动文化建设与经济建设、政治建设、社会建设协调发展。财政投入是公益性文化事业单位资金来源的主要渠道，在于保障实施重大公共文化服务工程、基本满足城乡群众享受公共文化服务的需求。根据公益性文化事业发展的特点和规律，合理划分各级财政投入责任，完善财政分级投入新机制。加大财政投入力度，切实提高公益性文化事业经费保障水平。调整和优化公益文化投入结构，提高资源使用效率。建立公益性文化事业投入绩效评估体系，提高公共文化服务水平。通过转移支付，进一步加强对基层公益性文化事业的引导。完善财税政策、积极引导社会力量参与，建立多渠道投入体制和筹资机制。

群众文化设施的覆盖率和运营状况关系到为群众提供公共文化服务的质量和水平。目前，群众文化体系的硬件设施基本得到保障，需要解决的突出问题是如何提高设施使用效益。应积极探讨设施运营机制和模式，提高设施的利用率，让文化设施发挥出最大的效能。在设施利用上，应突出群众文化设施的公共文化服务职能，首先，以发展免费的群众文化活动如公益性文艺培训、展览、演出活动、文艺团队活动等为主。其次，根据社会需求，向社会提供群众文化事业机构主板货承办的演出、展览、培训及各类文化活动。第三，树立“大文化”观，配合宣传、广电、教育、科普、体育等部门展开综合性的文化服务。严格执行《公共文化体育设施调理》、《群众艺术馆、文化馆管理办法》、《乡镇综合文化站管理办法》等法律法规，决不允许公共文化场馆对外出租或变相出租，以及侵占、挪用、联合经营等。

第三，创新是建立在本土文化资源上的创新。创新要立足本土文化。

群众文化是以群众为主体，由群众直接或间接参与的一种社会文化现象。加强群众文化建设管理工作的创新，是推动文化建设健康发展的必由之路。因此研究群众文化建设管理创新路径取向问题具有十分重要的意义。

目前我国的群众文化，近年来由于各级的重视，文化建设力度不断加大，不少地方的群众文化呈现出良好的发展势头，但它仍然远远落后于我国经济的发展，也落后群众日益增长的文化需求，依然存在基础薄弱、结构不和谐等许多问题和困难。

国家以及省、市、县政府对文化投入近几年虽然有所增长，但在整个财政支出中占的比例偏小，文化经费的增长幅度也低于财政增长的幅度，以至许多地方的群众文化缺乏财政支撑，发展缓慢，特别是在我国的中西部及各省市的老少边穷地区。同时，公共文化资源的分配上存在重城市、轻农村的有失公平现象。无论是投入总量还是人均投入数量，农村都远远落后于城市。

“创新是一个民族进步的灵魂，是国家兴旺发达的不竭动力。一个没有创新能力的民族，难以屹立于世界先进民族之林。”所谓“创新”，就是在求异的前提下，发现前所未闻的规律，发明前所未用的技术，实施前所未有的举措，创造前所未见的事物。文化在交流的过程中传播，在继承的基础上发展，都包含着文化创新的意义。文化发展的实质，就在于文化创新。文化创新，是社会实践发展的必然要求，是文化自身发展的内在动力。

目前随着经济发展和社会的进步，居民在物质生活不断改善的同时，对精神生活的追求也有极高的热情。求知、求乐、求美已成为新的社会时尚。群众文化活动的蓬勃开展是促进和谐社会的重要因素，人们需要文化、文化促进和谐。在我们的日常工作当中不难发现，其实群众文化是以群众为主体，由群众直接或间接参与的一种社会文化现象。加强群众文化建设的创新，是推动文化建设健康发展的必由之路，因此研究群众文化创新具有十分重要的意义。近年来由于各级领导的重视，文化建设力度不断加大，不少地方的群众文化呈现出良好的发展势头，但它仍然远远落后于我国经济的发展，也落后群众日益增长的文化需求，依然存在群众文化活动单调、群众参与积极性不高等诸多问题和困难。群艺馆、文化馆是我国现有的国办群众文化主要事业机构，担负着组织广大群众开展群众文化活动和辅导基层文化的重任，因此理应在群众文化中发展主体主导作用。

总之，中国是一个社会主义国家，群众文化工作不仅是一项公共事业，它的发展更是会影响我国的政治稳定、经济发展、社会进步。发展群众文化，不仅是文化工作者的神圣职责，更是一项严肃的政治任务，必须适应我国市场经济发展的需要，开动脑筋，克服困难，运用日益发展的大众传媒和各种文化设施创新内容和载体，开展健康有益、积极向上、生动活泼、形式新颖的文化后动，吸引群众广泛参与，从而为实现社会主义现代化的宏伟目标而奋斗。

贯彻党的十七大报告，一切工作都必须与时俱进、不断创新、不断发展，我们的国家才能永远繁荣兴盛。作为文化工作的重要组成部分，群文工作必须以创新为生命和灵魂，以创新谋发展，以创新促繁荣。在群文创新上我认为，尤以二方面为最重要。一是群文品牌的创新。文化品牌是文化的象征，文化品牌既具有历史文化的积淀性和继承性，又具有发展性和创新性。同样群文品牌的创新，内涵丰富，影响广泛，既有亲和力，又具有品牌性。通过群文品牌的创新，有利于凝聚城市人气，塑造城市形象，扩大城市影响，推动城市发展。

传统文化资源产业化开发的途径和策略

——以安徽省文化资源产业化为例

丁 进*

摘 要：我国的历史文化资源、历史遗迹资源、文学资源、艺术资源、民俗资源、宗教文化资源十分丰富，具有极高的产业化开发价值。开发的途径包括文化旅游产品开发、影像制品开发、游戏软件开发、文化节庆品牌开发、饮食文化品牌开发、纸质产品开发、专门演出平台开发、专利动漫影院开发。主要问题有创意水平不高，科技含量不足，开发深度不足，经营方式单一，外来文化利用率不高，面临外公公司抢占资源的竞争。应当在项目审批中注重创意创新水平，实施提高创意能力的五大措施，追踪科技进步，利用新科技提高产品质量，超越保护与开发的争论，在保护文化遗产前提下两条腿走路，大胆创新，生产出符合消费者期待的文化产品。

关键词：文化资源；产业化；开发

传统文化是中华民族五千年来文明的结晶。由于文化产业的兴起，传统文化从需要花钱保护的民族精神遗存变为可创造财富的产业资源，这种转变意义重大，不但能为人民群众提供优质、高雅的文化消费品，促进就业，改善经济结构，促进经济发展，而且能够弘扬中华文化，加强文化竞争力，提高国家软实力，是一举多得的事情。在我国，传统文化资源产业化开发刚刚起步，取得了一些经验，也出现了一些问题。本文在考察文化资源文化产业化开发实践的基础上，分析开发途径，针对突出的几个问题提出几点应对策略。

---

* 作者简介：丁进（1962—），文学博士，安徽财经大学文学院副教授，副院长，主要研究先秦两汉文学与文化。

一、文化资源的类型

文化资源就其存在形式看,有实体资源和虚体资源之分,通常称为“物质文化遗产”和“非物质文化遗产”;就其占有权形式看,可分为共享性资源和独占性资源。如民间传说、民俗风情、历史事件和思想观念属于虚体资源;而古建筑、古寺庙、古战场、古墓这些历史遗迹则属于实体资源。超过著作权保护期的世界各类著作属于全人类,是共享性资源;而处在保护期的著作属于著作权所有者,是独占性资源,其中虚体资源往往属于共享性资源,独占性资源以实体资源为多。

我国具有悠久的历史,文化资源十分丰富,纸质文献数量十分庞大,民俗、民风、民间艺术丰富多彩,文化遗迹遍地开花。传统文化资源曾经孕育出伟大的中华文明,在文化产业迅速发展的今天,如何开发文化资源,是一个紧迫的课题。

我国的历史文化资源、历史遗迹资源、文学资源、艺术资源、民俗资源、宗教文化资源等十分丰富,具有极高的可开发性。

历史资源包括著名的历史事件、历史名人及其活动。我国历史资源沉积丰厚,从三皇五帝到现代领袖人物,是众多惊心动魄的伟大事件的发动者,黄帝、大禹、姜子牙、秦始皇、汉高祖刘邦、汉武大帝刘彻、魏武帝曹操、隋唐英雄、两宋豪杰、大明英烈……他们留下了众多精彩的故事,是文化产业取之不尽的源泉。

历史遗迹资源一般属于实体资源。历朝故都,名人活动遗踪、古迹、文化遗址等。故都如六朝古都南京、汉唐首都西安,古城洛阳,南、北宋首都杭州、开封。遗址如辽宁牛河梁红山文化遗址,浙江众多的良渚文化遗址,殷墟遗址,三星堆与金沙遗址等。遗迹如历代皇族陵园,如秦始皇陵,汉皇陵,唐高宗与武则天的乾陵,明清皇陵。宗教遗址、遗迹如四大佛教圣地、峨眉山、青城山、齐云山。

文学资源是实体文化资源。我国古典文学资源如《诗经》,《楚辞》,汉赋,《史记》中的纪传,六朝骈文,唐诗、宋词、元杂剧,宋元话本和明人拟话本,明清为数众多的小说和剧本。

艺术资源也是实体文化资源。我国历代艺术家数千年来创造了辉煌的艺术。造型艺术如彩陶图案,商周青铜器,帛画,敦煌莫高窟、龙门石窟以及纸质的绘画作品以及剪纸、雕刻等手工艺作品。演唱表演艺术有多彩的地方戏、民歌、民间歌舞、民间说唱、皮影戏等。

民俗资源是文化资源重要的组成部分。主要有武术、饮食、健身、服饰、节庆等。武术是民俗文化资源，除了闻名遐迩的少林武术、武当武术、太极拳、峨嵋拳之外，我国尚有为数众多的民间武术和少数民族武术，具有健身价值和观赏价值。饮食文化是民俗文化重要部分，内容包括菜谱、酿酒和饮食方式等。养身文化如吐纳法、饮食法、按摩推拿法、躯体运动法、养神养气法等，至于炼丹法、房中术也有一定的合理成分，不必一概否定。服饰方面，我国传统服饰形式多样，民族服饰丰富多彩，造型、图案、色彩独特，具有极高的审美价值。我国各地节庆名目繁多，具有悠久历史的不在少数，除了全国通行的春节、清明节、端午节、中秋节、冬至节之外，各地尚有不可胜数的庙会、集会。

宗教文化资源。四大宗教在中国均有影响，其中佛教影响最大。本土宗教有道教、儒教等，也创造了丰富的文化。儒教中的忠孝文化深刻影响了民族生活；佛教在中土多有发展，至今还有“四大佛教名山”；道教养身功夫也有一定的开发价值。

安徽省文化资源十分丰富。安徽历史名人为数众多，仅仅文化英雄有道家的开创者老子、庄子，西汉淮南学派的刘安君臣，建安文学的杰出代表“三曹”，乾嘉学术的领袖江永、戴震，杰出作家吴敬梓，桐城古文家方苞、姚鼐、刘大櫆，近代启蒙运动的先驱胡适、陈独秀。著名的历史遗址、遗迹就有阜阳北宋文化系列遗迹、遗址，亳州的曹氏家族遗址遗迹，蚌埠市双墩遗址、禹墟和垓下古战场遗址，含山县的凌家滩遗址，淮南市的春申君墓，淮南王遗迹，淝水之战古战场遗址，寿县古城，凤阳县的明皇陵，更不用说皖南古村落了。在文学资源方面，吴敬梓《儒林外史》魅力独特，桐城派古文创作影响深远。艺术资源方面，黄梅戏、徽剧、花鼓灯等歌舞剧种具有国际影响，徽州版画、芜湖铁画、灵璧皮影戏、桐城派古诗文吟诵、九华山佛经吟唱等具有开发价值。民俗资源方面，徽菜具有极大的开发潜力；华佗的医疗健身技术尚未充分开发。

二、产业化开发的途径

文化资源产业化开发在中国已经历了近30年的实践，有成功的经验，也有失败的教训。文化资源产业化开发的途径，主要有文化旅游产品开发、影像制品开发、游戏软件开发、文化节庆品牌开发、饮食文化品牌开发、纸质产品开发、专门演出平台开发、专利动漫影院开发等。

文化旅游产品开发是目前各地的首选方式，包括博物馆、主题公园、影视城、演出平台、动漫影院等形式，目的是将文化资源开发成旅游产品供游客消费。

博物馆。遗址、遗迹资源开发往往采用这种形式。文化古都开发，故宫博物院最为成功。殷墟博物馆、三星堆遗址博物馆、金沙遗址博物馆以及各地的帝王陵园由于具有比较完整的原结构和丰富的出土文物，一般开发都比较成功，收入主要靠门票销售。

主题公园。分成两类，一类是没有任何遗迹作为依托，直接创造一个景点，例如华侨城集团旗下的锦绣中华、世界之窗和欢乐谷等产品，方特集团在安徽省芜湖市建立的方特欢乐世界、方特未来世界；另一类是有所傍依，如开封市的清明上河园，杭州的“宋城”，无锡灵山佛教文化园，西安的大唐芙蓉园。这些主题公园或为故都，或为皇家苑囿，或为寺庙遗迹，目前在建的上海迪斯尼乐园是外来文化移植性质的主题公园，在建的九华山大愿文化园以中土佛教文化为依据。

演出平台。在旅游景点甚至主题公园内专门针对特定的对象设置的演出形式，张艺谋的山水实景剧“印象”系列取得了成功。华清池的《长恨歌》，大唐芙蓉园的《梦回大唐》，清明上河园的《东京梦华录》，无锡灵山的《觉悟之路》也为旅游景点增添了艺术震撼力，有的还作为节目，受邀到各地巡演，例如《梦回大唐》。

专利动漫影院。在旅游景点内设置的专门播放特定内容的动漫片。例如芜湖方特欢乐世界的《海螺湾》；华侨城集团欢乐谷系列的《海底探险》等。

此外尚有影像制品、电子产品、纸质产品、节会品牌等。

影像制品和电子产品。包括影视作品，游戏软件等电子产品。国产动画片《哪吒传奇》取材于古代神话；美国人制作的动画片《花木兰》取材自北朝民歌，《功夫熊猫》采纳了中国功夫等因素，均取得了成功。在游戏软件开发上，日本人利用中国文化资源走在中国人前头，他们开发的三国系列游戏软件推陈出新，层出不穷。

纸质产品。主要包括书籍、漫画和其他印刷品。书籍、漫画是将各种可资利用的资源改编成小说、故事、漫画等产品形式，供大众阅读。这方面成功的例子有于丹、易中天、王立群等学者读《论语》、《三国》、《史记》系列产品，蔡志忠关于传统名著的系列漫画作品。此外，利用传统文化素材设计出各种包装、装潢用制品；也取得了不少成功。

节会品牌。各地政府注意到了利用本地民俗资源的开发，力求通过对现有文化资源的改造和提升，形成有影响力的节会项目。例如淮南市的豆腐文化节，已经连续开办20多届；砀山县的梨花节，影响力也逐渐体现出来；河南电视台的“武林风”节目、中央电视台的“武林大会”在娱乐和经济效益两方面都取得成功。至于黄帝陵的祭祖盛会、山东曲阜孔庙的祭孔大会也在渐成气候。

三、开发实践中存在的问题

创意水平普遍不高。相当数量的文化产品由于创意水平不高，消费者认可度比较差，这类产品往往模仿抄袭，内容单调，缺乏新意，缺乏审美价值。例如在在文化旅游产品模仿严重，各地不少主题公园似曾相识，上世纪一段时间与“西游记”有关的主题公园盛行中华大地，盲目的模仿扰乱了文化旅游市场秩序，造成资源极大的浪费；上世纪末本世纪初，以“嘉年华”命名的主题公园又流行起来，内容上无一不是摩天轮、过山车、摇摆锤，一旦人们对极限运动渐渐失去新鲜感，则不得不改弦更张。动漫影剧院的内容不是海底探险就是太空历险，除了追求惊险、刺激外，没有多少文化内涵。创意水平不高的原因主要是不少开发商为房地产商，不愿意在创意方面多投入精力，只要拿到地皮，将商品房盖起来就能赚钱，至于文化产品项目本身有没有自身造血功能无所谓，买来器械，安装调试完毕就了事。以圈地为目的，以房地产为目的，文化项目最终只是一个摆设，这一类主题公园很难熬过生存周期。

科学技术含量低。有些文化旅游产品开发注重了文化内容的质量，产品大多为静态展示，缺乏吸引力，除了创意水平不高外，就是新技术含量不高，对消费者没有吸引力。文化旅游产品尤其是主题公园，不同于一般的自然风光游和文博游，由于没有真正的“镇馆之宝”，只满足于一些雕塑、画像，是很难吸引游客的。从观光游到体验游再到参与游，我国旅游消费方式发生了三次跳跃，不久的将来游客不仅要求看得见，摸得着，还要求置身其间，物我化一，旅游不是客观地观察什么，旅游本身就是旅游的最高目的，即在旅游这段时间内游客自身融入到产品中。可以预见只有那些满足于新需求的文化旅游产品项目才有生存的空间。例如一些地域文化园，还在走上世纪八十年代的华侨城“锦绣中华”、“世界之窗”的老路，最终也不过办成“锦绣安徽”、“锦绣河南”、“湖北之窗”之类的产品，目前区域内交通十分便利，这样的产品吸引力也就低了。

深度开发不足。在节会品牌创建中，比较急功近利，一个流行语是“文化搭台，经济唱戏”。因为文化这个台往往搭建的是临时台，节会过后，台也就不存在了，整个节会只是开发商和政府官员在唱主角，满足于节会期间签订了多少协议，达成多少合作意向书，文化节会与普通大众无关，因而并没有做到深入人心，其影响力和生命力也就递减了。各地的桃花节、梨花节、石榴节、啤酒节都应当在深度发掘上下工夫，在提高人民群众对于节会的认可度和忠诚度前提下捕捉商机，不然就是“杀鸡取卵”，节会也就难以为继了。

经营的单一化。在文化旅游产品开发上，主要依靠门票收入，过度依赖旅行社吸引客源，在食宿、购买、辅助消费方面没有根本性打开局面。应当针对目前中国游客主要在节假日旅游的特点，深度发掘吃、住、购环节的潜力。中国社会“老年化”即将到来，应当针对老年游客的特点设计相应的营销方式。

异域文化的利用和开发力度偏低。目前我国文化产业化开发对于西方文化资源的关注太少，“自顾不暇，哪有精力管外国的东西”是普遍心理。然而域外文化也是人类共享的文化遗产，用中国人的思维开发外国人的文化资源，产品往往具有独特的魅力，不但为中国人提供新鲜的文化消费品，而且也在潜移默化中吸收了西方优秀的文化因子。然而我们在这方面做得很不够，我们的政府和商人应当有气魄利用专家学者的智力，开发出让国人耳目一新的富于域外文化气息的文化消费品。

国外公司抢占文化资源。多年来我们的邻国日本在吃中国传统文化的饭，我们已经习以为常，但是这些年美国迪斯尼公司、暴雪公司大量利用中国文化资源开发出文化产品，还将他们的产品拿到中国来赚钱，让中国的文化产业界面临尴尬境地。文化资源中很多是共享性资源，是属于全体人类的，我们能用，外国人也能用，无可非议。不过文化资源毕竟是有限度的，被人抢了先机，后面的开发难度加大了，除非你有更高级的创意和技术手段，不然同一题材的资源再度开发，其产品竞争力就难以保证。国外的公司不但抢先开发我们的文化资源，还抢占我们的文化产品消费市场，面对双重压力，国内企业亟须有效应对这些挑战。

四、提高开发质量的对策

项目审批中提高创新创意标准。创意和创新水平应作为项目审批的关键条件。我国失败的文化产业项目以主题公园、文化园等文化旅游项目居多，根本原因是地方政府与开发商利用国家扶持发展文化产业的优惠条件，打着发展文化产业的旗号，干的是房地产开发，抢占宝贵的土地资源，对于文化资源的利用和开发用心不多，导致项目创意水平低下，创新度不足。国家相关部门在项目审批中，设置创意和创新水平评估栏目，在创意质量和创新水平方面严格把关，提高行业准入的创新、创意门槛，杜绝以文化产业为名，行房地产开发之实的行为，把机会留给具有真正研发和开发能力、具有自己的知识产权的企业。

提高创意水平。创意水平不高是制约我国文化资源产业化开发的一个瓶颈，必须将此问题放到战略高度予以重视。

第一，深度发掘文化资源的内涵。创意水平的高低与产品策划者对文化资源理解水平的高低有密切关系，策划、设计和组创人员有必要吸收文化专家的研究成果，深刻感悟文化资源所蕴含的意义，发现开发潜力，捕捉开发契机，深度发掘文化资源的内涵，并与当代和未来大众审美和消费水平结合起来，做到创意的高起点。例如无锡灵山《觉悟之路》的作曲家何训田在接受任务后就曾只身去西藏和印度，寻找《觉悟之路》"这是一条寻根之路，也是每个人的那条路。从此岸到达彼岸，从晦暗走到澄明，从荒原走到净土"的精神定位。①

第二，充分利用文化专家的智力资源。企业应当采用招标等形式，将国内、国际高水平的创意团队吸引过来参与文化产品的创意。任何企业，哪怕是具有强大研发实力的企业，都不可能一手包办文化资源开发，原因是文化资源的独特性和复杂性制约着创意者的视角和境界。"印象"系列的成功关键在于组创人员的专业水平高。

第三，加快文化创意人才的培养。我们高等教育体系中，本科教育阶段目前只有一个"少数试点专业"文化产业管理，属于管理学一级学科之下的二级学科，或者放在艺术一级学科之下。但是创意人才与管理人才毕竟是两码事，也不同于艺术人才。文化创意人才首先是文化方面的人才，而文化是一个比较广的概念，涉及多个学科，因此文化创意人才必须具有比较广泛的文化学知识，同时在一两门文化学科有所专长。其次，文化创意人才是从事"创意"活动的人才，管理活动不是主要活动，也与纯艺术创作也有本质性区别，因此有必要调整高等学校从本科到博士的专业设置，以适应社会需求。

第四，劳动人事部门增设文化创意行业，建立文化创意师职称管理制度。让从业人员职业化，有利于社会分工的细化，有利于从业人员全身心投入到文化创意行业的研发和生产，促进国家文化创意水平的提高。

第五，调整创意思路，整合文化资源，吸收各种多元文化因素，打造具有创新意义的文化产品。文化产品与工业产品有一个明显的区别：工业品可以流水线生产，而文化产品讲求独特性，甚至唯一性，因此跟在别人后面亦步亦趋的模仿不可能造就富有创意的产品。动画片《中华小子》在人物形象设计上一改日本动画人物的暴圆眼，将中华传统人物的绘画的"丹凤眼"纳入其中，又纳入水墨画的艺术效果，即将中华武术元素、中华国画因素、中华侠客

① 李家振：《愿得心净如明月——灵山·梵宫·吉祥颂》，《佛教文化》2009年2期。

情节熔铸在一起。[①] 而无锡灵山梵宫大量采用古印度建筑艺术、音乐舞蹈元素，将外来文化为我所用，也取得了震撼人心的艺术魅力。[②]

追踪技术进步，开展新技术的应用研究，提高文化创意产业生产力。文化旅游产品开发、节会品牌创立、演出平台开发、影视产品生产都离不开新技术。光、声和动感是演出平台与影像产品必备的基本要素，未来更是追求一个“化”字，舞台演出的神话色彩更加浓厚，升降机和吊机完成的人物“飞升”将被人造失重环境所取代，光、影、动感等诸要素的综合使舞台真人的“神变”成为可能，神话传说资源的开发将迎来大机遇。

超越文化遗产保护与开发的矛盾。不少文化人和文化部门领导在民间说唱、歌舞、杂要等文化资源开发在保护还是创新的争论中裹足不前，失去了多个机遇。同是以北朝民歌和民间传说为基础的“花木兰”产品，迪斯尼公司的《花木兰》系列无论在影响力还是门票收入上，国内任何一部“花木兰”戏曲、电影产品都不能与之相提并论。部分传统艺术形式由于时代、地域、语言等方面的隔膜，现代消费者尤其是年轻一代认同度不高。我们不妨“两条腿走路”，在做好文化遗产保护的同时，大胆创新，吸收先进的技术和表现形式，生产出深受消费者广泛欢迎的产品。不仅关注演出平台，还要更多地关注多媒体，针对不同的传播形式开发相应的产品。另外，不是所有的文化资源都能够产业化开发，它受到当代消费倾向的制约，有些资源的开发往往能够与当代消费一拍即合，有些产品虽然精美，但在当代没有受到追捧，也就难以获得良好效益，只能说开发时机还不成熟，这样的资源保护好，等待开发时机。

五、安徽省几个著名文化资源产业化开发问题

安徽省文化遗产十分丰富，首批入选“安徽省非物质文化遗产”的就有102项，[③]第二批又有90项入选，外加第一批的“扩展项目”10项，已达到202项。[④] 物质文化遗产更多。我们在宣纸、歙砚、皖南古民居、古村落等方面的开发等方面颇有成效，不乏成功范例，例如芜湖方特“欢乐世界”主题公园，创造了在三线城市成功兴办特大型主题公园的典范。但是安徽省在传统文化资源开发上要做的事情还很多，具有国际影响的文化资源没有得到有效开发

---

① 丁培卫：《新时期中国民族动漫产业核心竞争力研究》，《社会科学辑刊》2010年4期。

② 李家振：《愿得心净如明月——灵山·梵宫·吉祥颂》，《佛教文化》2009年2期。

③ 安徽省文化厅编：《安徽省首批非物质文化遗产》，黄山书社2008年版。

④ 安徽省人民政府：《公布第二批省级非物质文化遗产名录和第一批省级非物质文化遗产扩展项目名录的通知》，皖政[2008]93号。

或者开发效果不显著的不在少数，例如亳州三国曹氏家族文化，桐城派古文，新安学术，蚌埠的皇明文化，徽菜，淝水之战古战场，花鼓灯艺术等。但笔者不主张所有的这两三百个项目都立即予以产业化开发，笔者认为近期皖北应当集中精力做好曹氏家族文化开发，皖中地区做好明文化开发，沿江地区做好桐城派文化开发，江南当务之急是推出徽菜品牌。

曹氏家族文化无论是是影响力还是文化的内涵，在中国没有哪一个家族可以与之相提并论，然而亳州市在三曹文化产业化开发方面举步维艰，有金饭碗却无饭可盛，非常好的文化旅游资源，游客量却不能如意。亳州应当整合现有文化资源，将中医中药文化、酒文化与曹氏家族文化综合起来开发，消除《三国志》裴松之注所引《曹瞒传》、《三国演义》等对曹操的负面影响，充分发掘曹植的凄美人生蕴含的价值，在演出平台、影像制品和文化旅游产品上多下工夫，提高创意水平和科技含量，尽快形成"三国文化故里"的城市文化符号。

桐城派古文中最具有开发潜力的是古诗文吟诵，目前国内的几位吟诵专家大都与"桐城古诗文吟诵"有渊源关系。"桐城古诗文吟诵"是传统文化传承的一个重要环节，在古诗文学习和审美中占有非常重要的地位，这个传统已经中断近百年，目前还会吟诵的人已经非常少，应尽可能快地抢救"桐城吟诵"技艺，并加以改造，以便今人以普通话学习。应与桐城文风和文化名人资源开发结合起来，着眼于深度开发，桐城吟诵极有可能为我国古诗文阅读方式带来一场变革，而文化一旦与中小学教育结合起来，其经济前景十分广阔。

大明文化与宋、元、清文化相比有自己的特色。目前蚌埠市正在进行"大明文化园"的建设。这个项目一定要注重内容创意，不能满足于搞一点复原，建大明宫殿，大明美食城，游乐一条街，静态的展示，或者"明文化影视城"，生命力不一定强大，应当抓住明文化的灵魂，突出朱元璋的民间传说的神奇色彩，开发商应当与明文化专家打交道，或者委托一个团队，在内容创意上狠下工夫。

徽菜作为我国一大菜系很有名气，但在安徽没有一家徽菜馆能如洛阳的"水席"一样创出品牌，让游客欲罢不能。应当在屯溪扶植一家企业，开发出既保持徽菜基本特色又带有传奇色彩的菜谱，让世人看黄山，吃徽菜，拓展皖南旅游的深度，在门票收入之外，有新的卖点。

苏雪林与中国新文学学科的创建*

丁增武**

摘 要:在"中国新文学"走向学科化的链条中,除了朱自清、杨振声、王瑶、沈从文等人外,苏雪林也是非常重要的一环。她自"1932 年"在武汉大学开始接手沈从文留下的"新文学研究"课程,在诸多困难之下,一直坚持了六年,直至抗战爆发武大迁川。她撰写的《新文学研究》课程讲稿,内容翔实,体例规整,成为自朱自清《中国新文学研究纲要》至王瑶《中国新文学史稿》之间的重要贡献。

关键词:苏雪林;新文学学科;《中国新文学研究纲要》;《中国新文学史稿》;《新文学研究》

"中国新文学"或者说"中国现代文学"学科于新中国建立以后,作为新意识形态建构的重要组成部分,得到政府的大力扶持,从而在 1950 年代以来成为大学中文系引领风骚的主流学科。从学科史的角度看,"中国新文学"这一学科是在民国时期各大学开设的诸多"新文学"课程基础上发展而来的,后者乃是前者的"史前阶段"。民国时期大学新文学课程教学内容与体系建设的成熟度,在某种程度上决定了中国新文学学科起点的高低。从这个意义上说,朱自清的《中国新文学研究纲要》(1929 年,以下简称《纲要》)和作为中国现代文学学科奠基人之一的王瑶的《中国新文学史稿》(1951 年,以下简称《史稿》)两份新文学讲稿,成为五四后中国新文学在迈向"学科"的道路上具有里程碑意义的路标。在这两个路标之间,为数并不算多的在大学从事过新文学课程教学的新文学作家也作出了重要贡献,代表者除了杨振声、沈从文、

* 本文是教育部人文社会科学研究青年项目"苏雪林与中国现代文学"(10YJC751014)的阶段性成果。

** 作者简介:丁增武,合肥学院中文系副教授。

废名等人外，还有苏雪林。在新文学“学科化”的链条中，苏雪林在武汉大学的新文学教学实践是非常重要的一环。苏雪林与中国新文学学科创建之间的重要关联，学界虽有提及，但迄今为止并未给予足够重视和充分的发掘。

一

现有资料表明，中国新文学的“学科化”或者说“学院化”进程应该肇始于1920年代末的清华大学。[①] 1928年8月国民政府改“清华学校”为“国立清华大学”，身为新文学作家的中国文学系主任杨振声希望能够破旧立新，凸显自家面目：“中国文学系的目的，很简单的，就是要创造我们这个时代的新文学。为欲达到此目的，所以我们课程的组织，一方面注重研究我们自己的旧文学，一方面参考国外的新文学。”[②]为落实这一具有开创性的“发展战略”，同为新文学作家的朱自清1929年春走上讲台，在中文系开设“中国新文学研究”课程（选修课），杨振声讲授“当代比较文学”和“新文学习作”，皆为学校年度考试内容。[③] 在大学课堂讲授“新文学”，既是杨振声、朱自清的学术立场，相较于在五四新文化运动中先声夺人且旧学深厚的北京大学等高校来说，也是清华大学后发制人的优势所在。朱自清的课程讲稿《纲要》是一个崭新的起点，关于新文学各体文学研究，是其胜场，尤为关注创作倾向和流派发展及作家个人风格，为新文学的“学科化”提供了一个基本范式。惜乎好景难长，杨振声赴青岛，在清华校内日渐强势的保守学风之压力之下，朱自清于1933年停开“中国新文学研究”，此后该课程虽然在1936—1937年度清华《中国文学系学程一览》还可见到，但“门虽设而常关”。在抗战后的西南联大期间，朱自清主要从事古典文学教学，直到1946年清华复校以后才恢复相关新文学课程教学。1938—1944年间从事“现代中国文学”课程教学的主要是杨振声，沈从文也教了1945—1946两个学年。[④] 废名在北大的“现代文艺”课程（主要讲新

---

① 据张菊香、张铁荣编《周作人年谱》（天津人民出版社2000年版）第198页记载，经胡适介绍，周作人1922年下半年担任燕京大学国文系主任，担任“现代国文”课程的教学。另外，周作人又设立了三门课程，“仿佛是文学通论、习作和讨论”之类，均由周作人自己讲授。这些课程应该属于新文学课程，但目前尚没有发现与之相关的教学材料等刚性史料。

② 杨振声：《中国文学系的目的与课程的组织》，《清华大学一览》（1929—1930年度），参见齐家莹编撰《清华人文学科年谱》，清华大学出版社1999年版，第84页。

③ 参见清华大学“民国十七年至十八年度学年考试时间表”，1929年6月3日《国立清华大学校刊》第76期。

④ 参见“国立西南联合大学各院系各学年新文学课程设置及任课教师”表格，北京大学、清华大学、南开大学、云南师范大学编：《国立西南联合大学史料》第3卷，云南教育出版社1998年版，第148-413页。

诗,留下了《谈新诗》讲稿),只有 1936—1937 一个学年。这期间主要是苏雪林 1932—1937 年在武汉大学的新文学教学,接续了民国时期大学课堂新文学课程教学的学科链条,并留下了内容翔实、体例规整的《新文学研究》课程讲稿。

在新文学"学科化"的链条中,沈从文也是重要的环节。经胡适、徐志摩、杨振声等的推荐,他先后在中国公学、武汉大学、青岛大学、西南联大等从事过新文学课程的教学,主要集中在 1929—1933、1939—1946 两个并不连续的时间段内。1929 年他经徐志摩推荐进入胡适任校长的中国公学讲授"新文学研究"、"小说习作"等课程,但教得很不如意。① 1930 年秋天经胡适介绍去武汉大学文学院讲授"新文学研究",内容主要是新诗。1931 年初即因为营救胡也频离开武大,"新文学研究"这门课此后即由苏雪林接手,一直讲授到 1937 年。同年 8 月他又在徐志摩介绍下去杨振声任校长的青岛大学任教,讲授"高级作文(散文)"。1933 年暑假随杨振声去北平,停止了在大学课堂的教学。直至 1939 年 6 月,经杨振声介绍,他进入西南联大,主要担任了"各体文习作"、"创作实习"、"现代中国文学"的教学,其中"各体文习作"的课程教学占据了他大多数教学时间,一直到 1946 年。综上所述可以看出,沈从文讲授的大多数课程为习作类课程,类似于今天高校中文系的"写作"类课程,虽然他在讲授过程中多以鲁迅、周作人、徐志摩、冰心等同时代的新文学作家之作品以及他自己的新作为例,但毕竟属于"习作"教学的范畴,和一般意义上的新文学课程有质的差别。事实上沈从文自己对这类课程也兴味索然,认为不过是敷衍"好弄笔头"的学生,既培养不出作家,也无法让学生系统明白新文学对中国的意义。② 沈从文留下的讲义比较零散,无论是早期在武大的《新文学研究——新诗发展》,还是收入《沫沫集》中的如《论郭沫若》、《论冯文炳》、《论朱湘的诗》等作家作品论,都带有明显的风格批评的色彩,从学科建设的角度看比较随意且缺乏系统性,更多地从艺术角度着眼,不太关注"新"、"旧"话语之争这类新文学史的理论话题,这跟他的作家身份有关。总之,他的讲义属于典型的"作家之学",和之后苏雪林的系统规整的讲义相比逊色不少。当然,我们并不能因此淡看沈从文在民国时期对大学新文学课程教学的重视与坚持。

① 沈从文在 1930 年 1 月 29 日给王际真的信中说:"新的功课是使我最头疼不过的,因为得耐耐烦烦去看中国的新兴文学的全部,作一总检查,且得提出许多熟人,大约将来说全是好的,不然就说全是坏的,因为通差不多。"参见《沈从文全集》第 18 卷,北岳文艺出版社 2002 年版,第 48 页。

② 沈从文:《关于看不懂》,《沈从文全集》第 17 卷,北岳文艺出版社 2002 年版,第 145-146 页,亦即 1937 年 6 月 18 日沈从文致胡适的关于大学新文学教学的信。

应该说,中国新文学学科的构建努力到了王瑶有了一个收尾。王瑶 1934 年进入清华中国文学系学习,师从朱自清,1946 年被聘为清华大学中文系教员。在 1949 年的教育部教学改革中,"中国新文学"作为新意识形态建构的重要组成部分,得到大力扶持和推广。原本从事中古文学研究的王瑶转向新文学研究,编写并出版了具有承前启后意义的《史稿》。[①] 1949 年以前王瑶并没有从事过新文学课程的教学实践及经验,他的这部体系完整的新文学教材显然建立在诸多前辈新文学作家在大学讲坛辛勤耕耘的基础之上。有学者考察了《史稿》与朱自清的《纲要》之间在思想方法、编写体例和内容上的继承和借鉴关系,多少有从师承的角度出发进行研究的意图。[②] 其实在这两部新文学讲稿之间,尚有众多的创造空间,有苏雪林、沈从文、废名等人的讲稿作为铺垫和延续(杨振声的新文学课程至今讲稿无从考察),其中最具有代表性、体系最完整、成熟的讲稿是苏雪林在武大时期印刷的讲稿《新文学研究》。王瑶的《史稿》秉承了朱自清开创的"严肃"、"谨慎"、"客观"的学者立场,因而也不可能摆脱民国时期他的众多新文学先辈作家的教学实践,实际上这正是一部具有总结旧时代、开启新时代意义的新文学教材,具有中国新文学学科形成标志的意味。可以这么说,"从朱自清、沈从文、苏雪林到王瑶,他们逐步将'中国新文学'发展成一门学科"。[③] 这就是新中国成立后的中国现代文学学科。

二

苏雪林于 1931 年下半年离开安徽大学,至武汉大学文学院任教,被聘为"特约讲师",其职位相当于其他大学的副教授。1932 年,应时任武大文学院院长的陈源之请,苏雪林开始承担沈从文走后留下的"新文学研究"课程。关于苏雪林在武大开始"新文学研究"课程教学的时间,因为苏雪林晚年的回忆录和著作有出入之故,存在两种说法:

第一种说法是 1934 年,其依据是晚年苏雪林根据自己的记忆及著作、相关史料所写的回忆录《浮生九四——雪林回忆录》,该书于 1991 年台湾三民书局初版,1993 年再版。书中第十部分"任教国立武汉大学"中有"民国二十三年下学年,武大文学院长又对我说学生想开一门'新文学研究'的课,……

① 王瑶的《中国新文学史稿》上册于 1951 年 9 月由开明书店出版,下册于 1953 年 8 月由上海新文艺出版社出版。

② 张传敏:《民国时期的大学新文学课程研究》,人民出版社 2010 年版,第 146–152 页。

③ 沈卫威:《新文学进课堂与中国现代文学学科的确立》,《山东社会科学》2005 年 7 期。

便答应了”的叙述。[①] 大陆江苏文艺出版社1996年出版《苏雪林自传》时，完全重复了这段叙述。目前大陆出版的几本苏雪林传记如方维保的《苏雪林：荆棘花冠》、石楠的《另类才女苏雪林》（包括她的《苏雪林年表》）、范震威的《世纪才女：苏雪林传》、左志英的《一个真实的苏雪林》等，都沿用了这一叙述。

第二种说法是1932年，其依据其一是1983年台湾纯文学出版社出版的苏雪林《中国二三十年代作家》一书的序言的这样的叙述：“自民国二十一年起，我曾在国立武汉大学担任新文学这门课程，……”其二是苏雪林在晚年《我的教书生活》一文中有这样的回忆：“到武大的第二年，学校以学生要求讲现代文艺，即所谓新文艺，与我相商，每周加授新文学研究二时。……民国廿一年距离五四运动不过十二三年，一切有关新文学的史料很贫乏，而且也不成系统。”[②]显然，这两则材料关于年代的叙述也是非常清楚明确的。

针对这种史料叙述的出入，笔者查阅了民国时期苏雪林在武大任教时期的日记和讲义，认为基本可以确认上述授课时间为1932年。日记方面：由于社会动荡和各种个人原因，苏雪林虽有长期写日记的良好习惯，但她1948年10月1日以前的日记多已损毁和丢失，难以考察。唯独1934年即民国二十三年的日记保存完好（其中5月21日至7月5日共46日空白未记），现珍藏于武汉大学图书馆特藏部。经查阅此卷日记，发现9月27日有这样的记载：“今年新文学研究选课者仅四人，一人中途又引去，此皆余上年讲演太不精彩之故，今年若不努力，恐明年一人都无矣。”由此可见“新文学研究”一课非1934年开设，上年即1933年就已经开设了。讲义方面：苏雪林的课程讲稿“新文学研究”1934年由武汉大学印刷，内容翔实，体例完整，长达280页。假设如《浮生九四》中所说是民国二十三年下半年接手这门课程，在一面上课一面编讲义的情况下，不可能在短时间内完成如此大的工作量并交付印刷。由此我们可以推知上述授课时间为1932年，基本无疑。

苏雪林当时对古典文学“心向往之”，起初并不愿意接受这门新课程，主要原因如下：首先，新文学发生时间太短，不过十二三年，史料缺乏，不成系统；其次，作家皆为同时代人，作品层出不穷，难以盖棺定论；第三，文学团体及思潮变换极快，捕捉极不容易。还有一个重要原因就是苏雪林对陈源提供给她的先前沈从文的讲义并不满意，认为不够精彩，既然沈从文这样纯粹的新文人尚难以教好，自己这个半新不旧的“半吊子”恐怕难度更大。[③] 后因陈

① 苏雪林：《浮生九四——雪林回忆录》，台湾三民书局股份有限公司1993年版，第110页。

② 苏雪林：《我的教书生活》，《苏雪林文集》第二卷，第88页。

③ 苏雪林：《我的教书生活》，《苏雪林文集》第二卷，第88页。

源强之不允，当时国文系的新文学作家只有苏雪林一人，她只好答应。作为“现代评论派”的代表，陈源之所以“强迫”苏雪林在讲授新文学课程，显然有为新文学在武大争取地位和影响之意。当时武大文学院国文系刘博平、刘永济一干教授较为守旧，复古空气相当浓厚，新文学家出身的院长陈源“除旧布新”的意图明显，后来又引进了叶绍均。至于最终接手该课程，苏雪林在《浮生九四》还有这样稍有出入的回忆：“沈（指沈从文，笔者注）的讲义仅数页，以人为主，我觉得并不精彩，他尚能教，我或者也可以，便答应了。”①也可视为上述叙述的一个补充。

苏雪林的顾虑果然为后来的教学实践所印证。首先是备课难，由于阅读量大、新文坛思潮流派变化快、查找资料困难等原因，苏雪林用在“新文学研究”课程讲义编纂上的时间与劳力要比同时进行的“中国文学史”课程多一倍以上，以至于备课成了她教学中最为头疼的事。如她在民国二十三年的日记中常有类似这样的记载：“下午睡起，想起明日新文学，拟讲凌淑华，而参考材料不够。到消费合作社打电话与黄孝微先生，觅曼殊菲儿小说集，又打电话与杨绯久久始通，云无此书。四时半，亲赴图书馆借此二书不得，只好借巴金作品五本而归，连原有共十一本，看《海行》一本。晚间抄《赵子曰》一段，……”（5 月 9 日）；“昨日昏睡，竟日不能预备功课，故新文学只得请假。……晚间陈焕文君来，云明日放假，余大喜，盖功课正恐预备不出也。”（5 月 15 日）诸如此类，比比皆是。其次是选课学生少。1934 年下半年选课学生只有 4 人，但苏雪林并不推诿责任，她将原因归结为自己授课效果不够精彩之故，见上述 9 月 27 日日记所记。再次即是授课效果欠佳。如日记中所记：“今日为病后第一次上课，精神萎靡，口欲衔枚，期期艾艾，学生无不浑然思睡，自觉惭愧，恨无地洞可钻。”（5 月 1 日）“余今日身体异常疲乏，……功课好无预备，故今日讲得毫无精彩，自上课以来为今日之出丑者，早知如此，今日此刻请假矣”（11 月 29 日）等等。由于苏雪林上课不喜点名，以至于学生在黑板上写道：“若不点名，谁也不愿来上课了。”她在传记中对此并不讳言，实为难得。②

苏雪林不是一个轻言放弃的人，尽管困难重重，她也在日记中自怨自艾，甚至动过辞职离开武大的念头，但她最终坚持了下来。在撰写讲义、新文学研究乃至整个学术研究方面，她对自己要求极为严格。在她的日记中几乎看不到她对自己的作品有满意的时候，多是自嘲、失望和忧虑，但仅从 1934 年她

---

① 苏雪林：《浮生九四——雪林回忆录》，台湾三民书局股份有限公司 1993 年版，第 110 页。

② 苏雪林：《浮生九四——雪林回忆录》，台湾三民书局股份有限公司 1993 年版，第 110 页。

在讲义基础上写就并发表的《阿 Q 正传及鲁迅的创作艺术》、《沈从文论》、《周作人先生研究》等文章来看，无不见解独到，文气充盈。可见她眼光之高，自律之严。所以她能将"新文学研究"课程坚持了 6 年，自 1932 年开始一直到 1937 年抗战爆发，武大迁川，这门课才停了下来。① 苏雪林也因此成为民国期间在大学从事新文学课程教学时间最长的新文学作家之一。

三

民国时期的很多新文学讲义没有保存下来，如杨振声 从事新文学教学多年，但至今未见他的相关讲稿，这和当时的新文学教学比较侧重训练学生的新文学创作能力有直接的关联。在沈从文这样的新文学作家看看来，规范化的讲义能对创作实践有多大的指导作用是很值得怀疑的。他的学生汪曾祺也回忆说，沈从文极不喜欢"小说作法"之类的总结，讲课一向散漫不拘。然而，对新文学创作的发展进行初步研究和历史总结，毕竟是新文学课程教学的应有之义，所以还是有一些比较完整系统的讲义讲稿被保存下来，为今天研究中国新文学的"学科化"进程和发展谱系提供了极珍贵的历史资料。②

苏雪林的现存的新文学讲义《新文学研究》是 1934 年由武汉大学印刷的，保存完好。这份讲稿厚达 280 页，约 20 余万字。讲稿封面有"新文学研究苏雪林述"字样，每页页中有"国立武汉大学印"字样，自 209 页起，每页左侧下有"讲 121 二十三年印"字样。讲稿内容分"总论"和"分论"两部分，其中"分论"又以文体为标准分为"新诗"、"小品文"、"小说"和"戏剧"四个部分，叙述翔实，体例完整。从内容和体例看，除了"文学批评"部分缺少外，和当时武大文学院国文系课程指导书中关于"新文学研究"的"学程内容"规定基本保持了一致，和同时期清华大学中国文学系关于"新文学研究"的课程说明也是基本一致的。[16]这份讲稿的最大特点是关于作家作品的叙述非常充实，论述对象涵盖了当时文坛"左"、"中"、"右"三个领域，包括文本和理论两个方面的引证都比较丰富，不排斥主观的同时能基本保持客观，显示出作者在新文学批评研究方面的独特和深度，苏雪林三四十年代撰写的大量作家作品论都

---

① 苏雪林:《我的教书生活》,《苏雪林文集》第二卷,第 89 页。

② 1935 年武大文学院国文系课程指导书中关于"新文学研究"的"学程内容"中有这样的说明："本学程讲授五四运动后之国语文学。先叙新文学之运动，及文坛派别等等，用以提纲挈领。继分五编，评论新诗、小品文，小说，戏剧，文学批评。"参见《国立武汉大学一览(民国二十四年度)》，台北传记文学出版社 1971 年 10 月影印版。另外 1937 年刊行的《清华大学一览》收录有《中国文学系学程一览》(1936—1937 年度)，对于编号"国 294"的"新文学研究"有这样的"课程说明"："分总论各论两部讲授。总论即新文学之历史与趋势，各论分诗、小说、戏剧、散文、批评五项。"参见清华大学校史研究室编《清华大学史料选编》第二册(上)，清华大学出版社 1991 年版，第 299-311 页。

是在该讲稿的相关章节基础上形成的。这部讲稿后来经过整理扩充，在苏雪林去台湾后最终形成了虽充满政治歧见但很有学术分量的新文学史著作《中国二三十年代作家》。值得一提的是，苏雪林在《我的教书生活》一文中回忆，她经过续写，在抗战之前已将包括“文学批评”在内的“分论”五个部分撰写完整。[①] 但迄今为止，这份应该更为完整的“新文学研究”讲稿尚未在学界出现。

苏雪林的《新文学研究》和朱自清的《纲要》之间在“体例”方面存在明显的继承关系，从学科建设的角度看，这标志着学科的内容开始积累，叙述框架已经形成并得以传承，学科谱系始现雏形。苏雪林显然继承了朱自清的从“总论”到“各论”并在“各论”中按照文体进行分类讲述的框架，在新文学历史只有短短十几年的情况下，这种叙述框架是符合新文学发展的实际的，因为不可能按照历史阶段来进行分类。所不同的是，朱自清的《纲要》因限于“纲要”，所以简略，但涵盖面广，其“总论”部分即有三章，将新文学运动的诞生背景、发展经过及理论来源与流派梳理的非常详尽；“各论”部分有五章，分别叙述“诗”、“小说”、“戏剧”、“散文”和“文学批评”，虽简略但层次分明，思路清晰，极为客观，最后两章内容略显单薄。[②] 相比之下，苏雪林更注重讲义内容的充实具体，她的《新文学研究》是一份近乎于教材性质的讲稿，许多章节更接近于研究性的专论。“总论”部分只有一章，从“新文学运动前文学界之大势”、“五四运动”、“新文学的精神”、“新文学引起的反动”、“现代文坛的派别”及“对今后新文学之希望”几个方面进行了有选择性的概述，特别是最后的“希望”部分表达了她对新文学运动的理解和展望，感性的成分已经开始显现。“各论”部分如前述分为四编，就涵盖的“面”而言，尚不及朱自清“纲要”的宽广，但苏雪林将功夫下在了“点”上，以具体翔实的、不乏主观意味的作家作品论充实了她的讲稿内容，这一点可以视为是在“纲要”基础上的一个发展，将“纲要”发展成“讲稿”，意味着内容的积累，规律的总结学科的骨架开始有了血肉并逐渐丰满起来。和沈从文、废名等人相比，苏雪林的这一努力是不可替代的。无论是沈从文留下的讲义《新文学研究——新诗发展》及一些单独的作家论，或是废名的讲义《谈新诗》，或偏重作家，或偏重文体，体系都不完整，内容也比较单薄，属于专论，史的意味有限。苏雪林在讲稿中的一些观点，包括在讲稿基础上形成的作家作品研究，对后来的新文学史的研究和写作都产生了不小的影响。如她对于《阿 Q 正传》中阿 Q 形象内涵的分析，

---

① 苏雪林：《我的教书生活》，《苏雪林文集》第二卷，第 89 页。

② 朱自清：《中国新文学研究纲要》，《朱自清全集》（朱乔森编）第 8 卷，江苏教育出版社 1996 年版，第 73－122 页。

“从比较原则的角度看，她实际上提供了一个‘分析形象’的模范，在她之后的多数批评没有深度上的明显进步，仅止于铺排规模的扩大。”[①]她的《沈从文论》中的主要观点在王瑶的《史稿》中关于沈从文的部分得到了再次体现，此外1955年丁易的《中国现代文学史略》也借鉴了她关于沈从文的一些评价，而这些观点和评价在苏雪林的这部讲稿中已经形成或初现雏形了。王瑶的《史稿》虽然在体例上首次按照历史阶段的演变来叙述新文学史，突破了从朱自清到苏雪林的先“总论”后按文体“分论”的模式，但在对所有具体历史阶段内新文学成就的叙述方面，仍然遵循了按文体进行“分论”的框架，这就凸显了包括苏雪林在内的新文学课堂讲述传统的影响。苏雪林是新文学中的“右翼”作家，人们似乎更愿意讨论王瑶的《史稿》和朱自清的《纲要》之间的直接关联，但在新文学“学科化”的谱系中，苏雪林的地位与作用是客观存在的，应该予以正视。

在最近关于民国时期大学新文学课程讲义的发掘中，王哲甫的《中国新文学运动史》和周扬的《新文学运动史讲义提纲》也得到了重视和研究。[②]目前，有关中国新文学“学科化”的谱系研究正在走向深入，在这个过程中，苏雪林的讲稿《新文学研究》中所提供的文学史意识、作家作品研究乃至于文体研究，应该也是值得继续探讨的。

---

① 许道明：《中国现代文学批评史新编》，复旦大学出版社2002年版，第234页。

② 王哲甫的《中国新文学运动史》是王哲甫20世纪30年代在山西省立教育学院讲授新文学课程时所用的讲义，曾由北平杰成书局1933年出版；周扬的《新文学运动史讲义提纲》是周扬20世纪三四十年代在延安“鲁艺”讲授新文学课程时所用，《文学批评》1986年第1、2期。

农家书屋:敢问路在何方*

——对研究现状的共词分析

刘 丽**

摘 要:从共词分析的角度,对我国农家书屋研究领域的高频关键词进行研究,并采取多元分析和社会网络分析相结合的技术,运用 SPSS 和 Ucinet 软件,绘制出农家书屋研究领域的可视化图谱,探讨国内农家书屋领域的研究现状与热点。

关键词:农家书屋;共词分析;知识地图;概念网络

一、引 言

农家书屋工程是党中央、国务院确定的公共文化服务体系建设五大工程之一,是由政府统一规划、组织实施的一项惠及农民群众、推动新农村文化建设的基础工程、民心工程。自实施以来,农家书屋工程已如星星之火在神州大地迅速形成燎原之势。从无到有、由点及面,从最初试点到快速发展,农家书屋工程建设开创了新闻出版业走出城市、面向农村、服务社会主义新农村建设的新路子。截至目前,全国已建成农家书屋、社区书屋、职工书屋等 30 余万家。预计 2011 年农家书屋建成数量将达 50 万家左右,农家书屋工程将于 2012 年基本竣工[1]。农家书屋的超速发展无疑将载入史册,面对如此多的农家书屋,也应该考虑,如何使之步入良性循环,走上健康发展的轨道。如何使农家书屋发挥自己的优势,彰显出自己的特色,以人无我有的个性服务聚集人气,求新求变。学界对此进行了思考,也取得了丰硕的成果。本文以 CNKI

* 本文系 2010 年教育部人文社科青年基金项目“农家书屋可持续发展及基层图书馆服务整合机制构建研究”(项目编号:10YJC870021)研究成果之一。

** 作者简介:刘丽,合肥学院图书馆副研究馆员。

数据库中的相关期刊论文为基础，借助 SPSS 和 Ucinet 统计软件，采用共词分析法，对其进行多元统计分析，并绘制出知识图谱，以期在此基础上揭示农家书屋研究的主题结构及其热点问题。

二、研究方法

共词分析法是一种内容分析的方法，主要是通过对能够表达某一学科领域研究主题或研究方向的专业术语共同出现在一篇文献中的现象的分析，判断学科领域中主题间的关系，从而展现该学科的研究内容与结构。其立论的假设条件是：文章的关键词是文章主题内容的浓缩，两篇文章如果有两个以上的相同关键词，则认为这两篇文章在研究主题的概念、理论或方法上是相关的，内容是相似的，共词文章数量越多，表明这类关键词“距离”就越近[2]。利用现代的多元统计技术如因子分析、聚类分析和多维尺度分析等，则可以按这种“距离”将一个学科内的重要关键词加以分类，从而分析出该学科领域的研究现状与内容。就目前文献来看，共词分析法主要是通过关键词或主题词的方法，分析鉴别某一学科或主题的主要知识结构和研究热点[3]。与共被引分析法相比，共词分析法是对当前发表文献的直接统计，所寻找的是目前已有论文集中关注的主题，反映的是在趋势形成之后的焦点，适合寻找新兴学科的范式或共同体；而共被引分析法则是通过分析以往发表论文的被引用情况来探究人们目前关注的焦点，更适合于寻找成熟学科的范式[4]。农家书屋建设 2005 开始，至今也就不到 6 年的时间，因此本文采用共词分析，而不是共被引分析研究。

本文用共词分析法分析国内农家书屋的研究热点，需要通过以下四个步骤完成：第一，确定国内该研究领域主要关键词；第二，建立关键词共词矩阵，并根据统计需要转化矩阵；第三，选取统计软件（SPSS 和 Ucinet）中的统计方法对所建矩阵进行分析；第四，对所获得的数据进行分析。

三、关键词的获取与预处理

（一）关键词的获取

以 CNKI 数据库中期刊论文为基础，检索题名包括“农家书屋”的期刊论文，鉴于农家书屋工程开展于 2005 年，所以时间限制为“2005—2011”，共检索出 622 篇相关论文（检索时间 2011 年 7 月 28 日）。去除报道性及没有关键词的论文，共 204 篇符合要求的论文，得到 660 个关键词，借助 EXCEL 的统计功能进行词频统计，选择频次 5 以上的关键词，从而确定了 16 个高频关键词作为共词分析的基础（见表 1）。

表 1　农家书屋研究论文的高频关键词(频次≥5)

序号	关键词	词频	序号	关键词	词频
1	农家书屋	192	9	对策	9
2	可持续发展	27	10	县级图书馆	7
3	建设	17	11	文化建设	7
4	公共图书馆	17	12	作用	6
5	图书馆	16	13	现状	5
6	管理	10	14	调查	5
7	新农村建设	9	15	农村图书馆	5
8	发展	9	16	管理模式	5

(二)关键词的预处理

由于这些关键词在农家书屋研究论文中出现频率最高,一定程度上代表了当前农家书屋的研究热点。但仅按出现频次对这些词线性排列,还不能全面反映它们之间的关系,需要进行共词分析。对 16 个关键词两两配对,统计它们在 204 条文献中共同出现的频次,形成 16×16 的矩阵,对角线上的值为关键词出现的频次,如表 2 所示。

表 2　共词矩阵(部分)

	农家书屋	可持续发展	建设	公共图书馆	图书馆	管理	新农村建设	发展	对策	县级图书馆	文化建设
农家书屋	192	27	16	16	16	8	9	9	9	7	7
可持续发展	27	27	1	1	2	0	0	0	4	2	0
建设	16	1	17	4	1	2	0	0	0	0	0
公共图书馆	16	1	4	17	0	1	0	0	0	0	0
图书馆	16	2	1	0	16	1	0	0	3	0	1
管理	8	0	2	1	1	10	0	1	0	1	0
新农村建设	9	0	0	0	0	0	9	1	0	0	0
发展	9	0	0	0	0	1	1	9	0	0	0
对策	9	4	0	0	3	0	0	0	9	0	0
县级图书馆	7	2	0	0	0	1	0	0	0	7	0
文化建设	7	0	0	0	1	0	0	0	0	0	7

共词矩阵是一个对称矩阵,两个关键词共同出现频次的多少直接受两个关键词各自词频大小的影响。为了真正揭示关键词之间的共现关系,还需引入表示关键词共现相对强度的指标。在文献计量学中,目前应用较多的就是 Ochiia 系数和 Jaccard 指数[5]。本文选择 Ochiia 系数法将共词矩阵转化为相关矩阵,即将共词矩阵中的每个数字都除以与之相关的两个词总频次开方的乘积,从而消除频次悬殊造成的影响,以揭示关键词的共现关系。其计算公式是:Ochiia 系数=A、B 两词出现的频次/(A 词频次的算术平方根×B 词频次的算术平方根)。两词的对角线上的数据表示某词自身的相关程度,经上式计算均为 1,从而得到相关矩阵(见表 3)。

表 3　Ochiia 相关矩阵(部分)

	农家书屋	可持续发展	建设	公共图书馆	图书馆	管理	新农村建设	发展	对策	县级图书馆	文化建设
农家书屋	1.0000	0.3750	0.2801	0.2801	0.2887	0.1826	0.3750	0.3750	0.3750	0.1909	0.1909
可持续发展	0.3750	1.0000	0.0467	0.0467	0.0962	0.0000	0.0000	0.0000	0.2566	0.1455	0.0000
建设	0.2801	0.0467	1.0000	0.2353	0.0606	0.1534	0.0000	0.0000	0.0000	0.0000	0.0000
公共图书馆	0.2801	0.0467	0.2353	1.0000	0.0000	0.0767	0.0000	0.0000	0.0000	0.0000	0.0000
图书馆	0.2887	0.0962	0.0606	0.0000	1.0000	0.0791	0.0000	0.0000	0.2500	0.0000	0.0945
管理	0.1826	0.0000	0.1534	0.0767	0.0791	1.0000	0.0000	0.1054	0.0000	0.1195	0.0000
新农村建设	0.3750	0.0000	0.0000	0.0000	0.0000	0.0000	1.0000	0.1111	0.0000	0.0000	0.0000
发展	0.3750	0.0000	0.0000	0.0000	0.0000	0.1054	0.1111	1.0000	0.0000	0.0000	0.0000
对策	0.3750	0.2566	0.0000	0.0000	0.2500	0.0000	0.0000	0.0000	1.0000	0.0000	0.0000
县级图书馆	0.1909	0.1455	0.0000	0.0000	0.0000	0.1195	0.0000	0.0000	0.0000	1.0000	0.0000
文化建设	0.1909	0.0000	0.0000	0.0000	0.0945	0.0000	0.0000	0.0000	0.0000	0.0000	1.0000

相关矩阵中的数字为相似数据,数字的大小表明了两个关键词之间的距离远近,数值越大则表明关键词之间的距离越近,相似度越好;反之,数值越小则表明关键词之间的距离越小,相似度越差。由于相关矩阵中,0 值过多,统计时容易造成误差过大,为了方便进一步处理,用"1"与全部矩阵相减,得到表示两词间相异程度的相异矩阵(如表 4)。与相关矩阵不同,相异矩阵中的数据为不相似数据,数值越大则表明关键词之间的距离越远,相似度越差。

表4　Ochiia相异矩阵(部分)

	农家书屋	可持续发展	建设	公共图书馆	图书馆	管理	新农村建设	发展	对策	县级图书馆	文化建设
农家书屋	0.0000	0.6250	0.7199	0.7199	0.7113	0.8174	0.6250	0.6250	0.6250	0.8091	0.8091
可持续发展	0.6250	0.0000	0.9533	0.9533	0.9038	1.0000	1.0000	1.0000	0.7434	0.8545	1.0000
建设	0.7199	0.9533	0.0000	0.7647	0.9394	0.8466	1.0000	1.0000	1.0000	1.0000	1.0000
公共图书馆	0.7199	0.9533	0.7647	0.0000	1.0000	0.9233	1.0000	1.0000	1.0000	1.0000	1.0000
图书馆	0.7113	0.9038	0.9394	1.0000	0.0000	0.9209	1.0000	1.0000	0.7500	1.0000	0.9055
管理	0.8174	1.0000	0.8466	0.9233	0.9209	0.0000	1.0000	0.8946	1.0000	0.8805	1.0000
新农村建设	0.6250	1.0000	1.0000	1.0000	1.0000	1.0000	0.0000	0.8889	1.0000	1.0000	1.0000
发展	0.6250	1.0000	1.0000	1.0000	1.0000	0.8946	0.8889	0.0000	1.0000	1.0000	1.0000
对策	0.6250	0.7434	1.0000	1.0000	0.7500	1.0000	1.0000	1.0000	0.0000	1.0000	1.0000
县级图书馆	0.8091	0.8545	1.0000	1.0000	1.0000	0.8805	1.0000	1.0000	1.0000	0.0000	1.0000
文化建设	0.8091	1.0000	1.0000	1.0000	0.9055	1.0000	1.0000	1.0000	1.0000	1.0000	0.0000

四、研究热点关键词的共词分析

(一)聚类分析

聚类分析(Cluster Analysis)是研究“物以类聚”的一种方法,把没有分类信息的资料按相似程度归类,属于降低维数技术的范畴。它根据事物本身的特性研究个体的分类,原理是同一类中个体有较大的相似性,不同的个体却差异很大,基本的思想是认为研究的变量之间存在着程度不同的相似形(亲疏关系)[6]。于是根据一批研究对象的多个变量指标,具体找出一些能够测度这些变量指标之间相似程度的统计量,以这些统计量为划分依据,把一些相似程度较大的变量聚合为一类,关系密切的聚合到一个小的分类单位,关系疏远的聚合到一个大的分类单位,直到把所有的变量都聚合完毕,把不同的类型一一划出来,形成一个由小到大的分类系统。本文将相异矩阵导入到SPSS中进行聚类分析,采用系统聚类(Hierarchical Cluster),选择离差平方和法(Ward's Method)与离散数据类型(Count)中的斐方(Phi-squareMeasure)方法,得到层次聚类分析凝聚状态表(表5)和聚类分析树形图(图1)。从表5中可以得到,“对策”和“现状”距离最近,首先合并成一类,其次是“公共图书馆”和“作用”、“农家书屋”与“新农村建设”等,以此类推。

表 5　层次聚类分析的凝聚状态表

Stage	Cluster Combined		Coefflclents	Stage Cluster First Appears		Next Stage
	Cluster 1	Cluster 2		Cluster 1	Cluster 2	
1	9	13	.074	0	0	15
2	4	12	.187	0	0	4
3	1	7	.302	0	0	5
4	3	4	.418	0	2	14
5	1	8	.540	3	0	13
6	6	10	.665	0	0	12
7	5	11	.792	0	0	11
8	2	16	.920	0	0	10
9	14	15	1.050	0	0	10
10	2	14	1.181	8	9	11
11	2	5	1.318	10	7	12
12	2	6	1.456	11	5	13
13	1	2	1.808	5	12	14
14	1	3	1.783	13	4	15
15	1	9	2.015	14	1	0

聚类分析树状图展现了聚类分析中的每一次类合并的情况。SPSS 自动将各类间的距离映射到 0～25 之间，并将凝聚过程近似地表现在图上。聚类分析的结果可以反映这些关键词之间的亲疏程度，将“亲缘关系”较近的关键词重新组合起来。图 1 与表 3 凝聚结果相近似。

（二）因子分析

在相关矩阵的基础上，利用主成分法（Principal Components）、协方差矩阵（Covariance Matrix）与平均正交旋转方法（Equamax）进行因子分析（Factor analysis）。一般而言，特征值大于 1 的因子应被保留，特征值小于 1 的因子应被舍弃[7]，那么从图中可直观地判断出应从 16 个关键词中提取 8 个因子；另一方面，所提取的因子应能概括总体信息的 60% 以上[8]，表 6 显示提取 6 个因子可涵盖 64.404% 的信息。结合图 1 的聚类分析结果与表 6 的因子分析结果，笔者认为，提取 4 个因子（即将图 1 中的 16 个关键词聚为 4 类）较为合理。

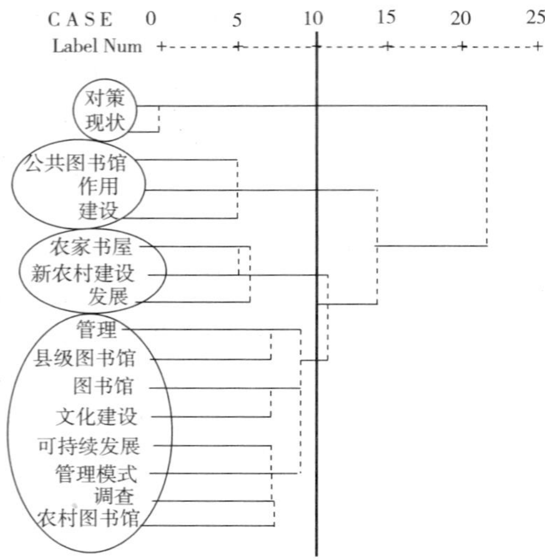

图 1　聚类分析树形图

表 6　因子数与涵盖的信息量

Component	Initial Eigenvalues[3]			Extraction Sums of Squared Loadings		
	Total	% of variance	Cumulative %	Total	% of variance	Cumulative %
Raw 1	.194	18.476	18.476	.194	18.476	18.476
2	.140	13.305	31.780	.140	13.305	31.780
3	.103	9.810	41.590	.103	9.810	41.590
4	.085	8.077	49.667	.085	8.077	49.667
5	.081	7.658	57.325	.081	7.658	57.325
6	.074	7.079	64.404	.074	7.079	64.404
7	.067	6.349	70.753	.067	6.349	70.753
8	.067	6.336	77.090	.067	6.336	77.090
9	.061	5.760	82.850			
10	.051	4.882	87.732			
11	.039	3.715	91.447			
12	.038	3.567	95.014			
13	.028	2.620	97.634			
14	.023	2.170	99.803			
15	.002	.197	100.000			
16	1.67E-017	1.58E-015	100.000			

（三）SPSS 知识地图分析

多维尺度分析（Multidimensional Scale，ALSCAL）是分析研究对象的相似性或差异性的一种多元统计分析方法。运用多维尺度方法的目的是将词汇之间语义距离尽可能利用二维或三维的空间距离加以反映，这样就可以通过直观的视觉距离来找到领域内的客观存在的通用属性[9]。本研究采用ALSCAL 创建多维空间感知图，具体做法是通过 SPSS13.0 中的多维尺度分析，选取平面对称的图形（square symmetric）描述关键词的数据结构，选用 Euclidean 距离，得到该数据压力系数 Stress = 0.25235，判定系数 RSQ = 0.76220，均达到满意的效果。Stress 和 RSQ 是两个多维尺度分析的信度和效度的估计值，Stress 是拟合度量值。结合聚类分析和因子分析的结论，划分结点区域。图中三条较粗的黑色斜线将关键词划分为四大区域，如图 2 所示。

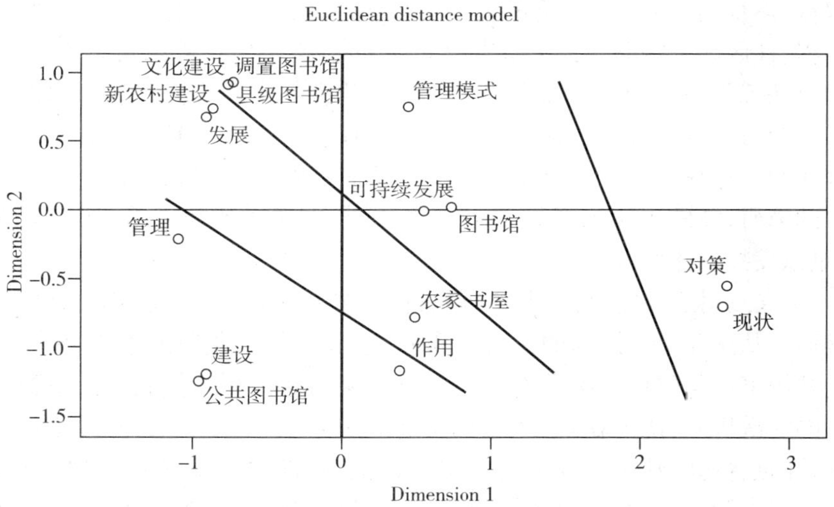

Euclidean distance model

图 2　多维尺度分析结果

SPSS 知识地图显示，国内农家书屋研究热点主要集中于四大区域：①农家书屋建设现状研究；②农家书屋与新农村建设研究；③农家书屋与公共图书馆研究；④农家书屋可持续发展研究。

（1）农家书屋建设现状研究，包括对策、现状两个主要的关键词。这两个关键词处于纵轴的最右方，说明其为农家书屋研究前沿，也是现在大部分作者在关心的问题。结合实际发文情况，这部分研究以个案研究为主，在农家书屋建设与利用现状的调研基础上，对区域性农家书屋的硬件设施、管理、利用效率、经费投入等方面进行阐述，并针对地方性农家书屋存在的问题进行探讨,提出了一些意见和建议,具有明显的地方特色。这部分研究的作者可以划分成两部分:图书馆界人士与新闻出版从业人员。由于所处角度不同,两类作者对待农家书屋现状持不同的态度。图书馆界人士根据农村图书馆建设的经验,对农家书屋的运作表现出担忧,提到农家书屋在建设的过程中重复建设、资源浪费,图书数量少、实用性不强,过于标准化和模式化,服务缺少创新等问题。新闻出版从业者,对农家书屋建设带来的机遇感到欣喜,认为应该充分发挥营销优势,实现“长尾”效应,开拓并最终占领农村出版市场。

(2)农家书屋与新农村建设研究,包括农家书屋、新农村建设及发展等关键词。农家书屋在新农村文化建设中的作用是毋庸置疑的。新闻出版总署也将实施“农家书屋”工程作为新闻出版业服务社会主义新农村建设的一个重要手段在推动。温家宝总理代表国务院在第十届全国人大五次会议上所作的《政府工作报告》中指出,要“着眼于满足人民群众文化需求,保障人民文化权益,逐步建立覆盖全社会的公共文化服务体系。突出抓好广播电视村村通工程、社区和乡镇综合文化站建设工程、全国文化信息资源共享工程、农村电影放映工程、农家书屋工程”[10]。公共文化服务体系是一个完整的体系,需要形成合力。然而目前实施的农家书屋工程现状反映了我国公共文化事业管理体制上存在的条块分割、各自为政、行业壁垒、重复建设的问题。管理体制上的障碍,导致了本已紧缺的公共文化资金、资源难以整合,难以实现共享,难以发挥整体效益[11]。

(3)农家书屋与公共图书馆研究,包括公共图书馆、建设、作用及管理等关键词。从这几个关键词的位置分布看,它处于第三象限的下方,中心位置是公共图书馆与建设。图书馆界一般将农家书屋工程当做农村图书馆事业发展的一次机遇,认为农家书屋建设是形成基层公共图书馆服务体系的良好契机,而且普遍呼吁应该发挥公共图书馆优势,推动农家书屋建设。然而事实上农家书屋不是纳入反而游离于县域公共图书馆体系之外[12],这让图书馆人很是困惑。从目前农家书屋的推广情况来看,沿海发达省市的工作积极性反而不如西部落后省区,原因是目前农家书屋的规划与沿海发达地区的公共图书馆已有布局不尽协调,东部发达省市以乡镇为基本单元的农村文化中心、文化站(公共图书馆)建设已经比较成熟,现在最需要的是完善和发展[13]。农家书屋在原有的公共图书馆服务体系之外,重铺摊子、遍地开花,真的是一个正确的选择吗?种种迹象表明,农家书屋工程获得了各级领导的重视,政府也为此做出了很大的投入,但是实际社会服务效果堪忧[14]。

(4)农家书屋可持续发展研究,此区域包括的关键词最多,分别是可持续发展、图书馆、县级图书馆、农村图书馆、调查及文化建设等。“可持续发展”

与“图书馆”在横轴上，说明这两个关键词的中心地位。县级图书馆、农村图书馆、调查及文化建设密集在中心纵轴附近，结构较为紧凑，说明农家书屋的运作离不开公共图书馆是较为明确的。农家书屋的建设形势大好，各地像追求 GDP 一样的在追求着农家书屋建设的数字。然而农家书屋建设中的最大问题不是开张难，而是维护难。业界也从不同角度探讨了农家书屋可持续发展的难点：①农家书屋的资金解决，按照新闻出版署提出的思路，是以地方政府投入为主导、国家适当补贴、社会各界捐助为辅[15]。而自农业税及附加税取消后，县乡基层政府财政收入捉襟见肘，在此情况下，仅书屋开办所需初始资金投入，落实起来就非常困难，开办后的更新维持运行，根本无力顾及。②图书的配送自上而下，“叫好不叫座”普遍存在。加上藏书量不大，长此以往，如果更新稍不及时，由农家书屋藏书的局限性导致读者群的萎缩现象马上就会凸显。虽有些地方出台了一些相关保障政策，要求确保图书每年更新率不得低于 10%，农家书屋之间要建立图书流动机制，但由于缺乏具体可操作性规程，此种政策仅局限于纸面状态，难以落实。③农家书屋是为了给农民看书，但有知识的、年轻有为的农民都在城市打工。随着大量的知识农民进入城镇，农村的空壳化现象日益突出，许多乡村只剩下妇女、留守儿童和老人（俗称“386199”部队驻守）。大批具体经办人员不了解农民需求，建设中仅凭热情想当然地建设，结果造成书屋建设者与使用者脱节，形成了“只管耕耘不问收获”的现象。④新闻出版部门和当地政府是农家书屋建设的投入者，公共图书馆应是农家书屋规范化管理和可持续发展的关键。各级图书馆了解农民的阅读需求和农村图书馆的管理运作模式与业务流程，却主导不了政府的公共财政支出；作为社会管理者的政府动用公共资源建立农家书屋，却不知如何构建。公共图书馆在人员及图书管理上的经验，目前在农家书屋的建设上还没有得到施展的机会。

（四）概念网络可视化分析

为进一步探讨我国农家书屋研究的各个关键词的联系，我们将表 2 的共词矩阵导入社会网络分析软件 Ucinet，得到 16 个关键词之间的类似社会网络分析的图示（见图 3），可以称为围绕农家书屋的概念网络。从社会网络分析的相关理论可知，围绕中心概念“农家书屋”的最近的一些概念为建设、可持续发展、图书馆，这三个关键词恰好深刻地反映了农家书屋的现状、未来和组织体系。在紧邻的网络层次上，继而有公共图书馆、管理、县级图书馆及农村图书馆等概念，这些都显性地反映了我国农家书屋研究的热点领域和趋势，应该成为我国农家书屋进一步研究的方向。

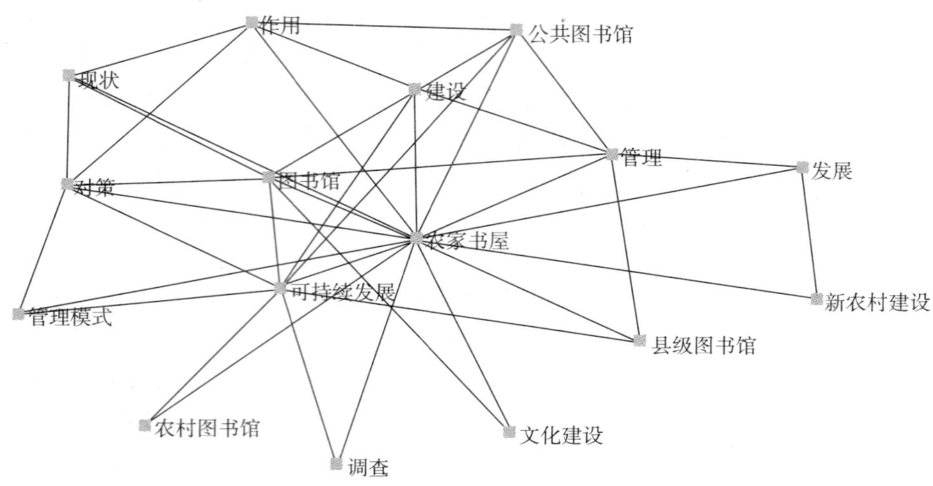

图3　围绕农家书屋的概念网络图

采用 Netdraw 的 principal components layout（主成分显示）展示（见图4），所有的概念排列成为鱼眼图形状，类似解释结构模型的层级状态图，即针对农家书屋这一关键问题，所有其他概念按照对上一层级概念的入度多少依级排列，后一层概念的语义组合构成对前一个概念的解释。我们同样

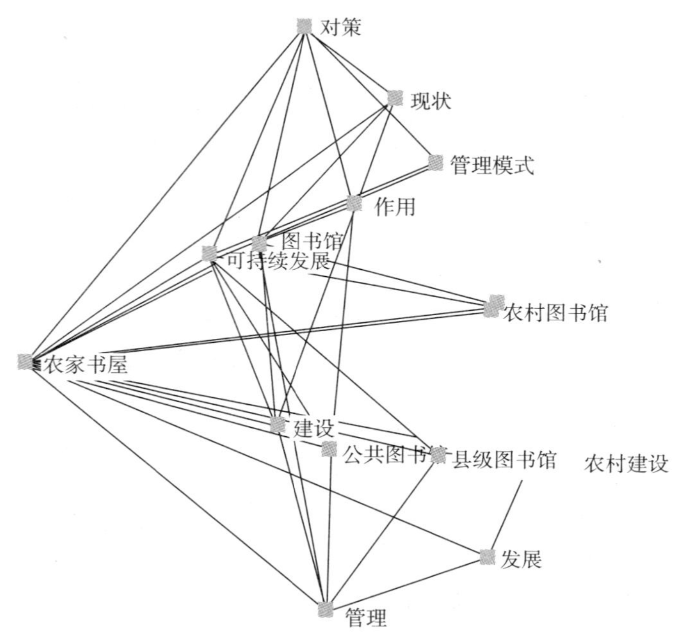

图4　围绕农家书屋的概念网络主成分显示图

可以发现“可持续发展”、“图书馆”及“建设”在网络中处于重要位置。农家书屋的建设,需要可持续发展,可持续发展离不开图书馆行业的推动。乡镇基层公共图书馆和农家书屋是承担新农村公共文化服务使命的公益性组织,处于同一条文化供应链,如何充分实施对接和整合是亟待思考与解决的问题。

五、结　语

本文应用共词分析方法,通过聚类、多维尺度及因子等多元统计方法,并得到相应图谱,以定量与定性结合的方式来进行相应的分析,最后用 Ucinet 软件的 Netdraw 组件进行可视化展示,以知识图谱的形式来进行直观表现,可以较为清晰地得知我国农家书屋研究的一些情况。一方面,虽然目前农家书屋建设如火如荼,然而图书馆界对其可持续发展存在着困惑,研究者众说纷纭,可操作性方案也提出不少,但学术研究左右不了政策的执行。农家书屋是建“乡村图书馆”还是建“乡村书店”? 图书馆界大都说不清楚。希望新闻出版部门对农家书屋工程进行明确定位,从而使项目设计与具体实施上一致。“乡村图书馆”和“乡村书店”都和“书”相关,但二者的设置理念、任务目标、运营规律、管理方式以及政府责任是不同的。农家书屋要走上符合规律的可持续发展之路,需要在明确性质、功能、目标的基础上调整政策,完善机制、优化做法,科学运行[16]。另一方面,中国城市化的进程迅速加快,农民生活方式的变革正在进行。在此情形下,大规模的传统农家书屋或农村图书馆建设模式会不会出现与社会大背景“逆向发展”? 随着手机的普及、网络的覆盖,通过现代化的传媒,及低成本、高效率的科技手段来满足农民阅读需求,既是农民的需要,也是社会发展的必然。因此农家书屋及农村图书馆的数字化建设是需要提上日程的问题,这样不仅有利于其成效的发挥,而且在可持续发展及与其他文化惠民工程资源的整合方面也会明显优越于传统建设形式。学术研究对此理应进行深入思考,从而为实践提供理论依据。最后,笔者认为无论是惠民工程的实施,还是学术研究的开展,如果是针对农村的,请务必深入农村,真正了解他们的需要,千万不能只是座在城市的办公室里“随意揣测”、“人云亦云”,热情与成效不成正比。惠民工程的“架子”、“口号”不重要,如何切实让“民”被“惠”才是重中之重。

本文仅仅是用共词聚类分析对农家书屋研究领域进行初步探索,由于存在选取的数据、检索的精确度,以及 CNKI 的完备性等问题,数据难免出现偏差及在分析结果中存在一些不合理的地方。因此本文所做出的我国农家书屋研究现状的结果并非最终的研究结论,还需要改进和完善。随着数据的完善和方法的改进，其研究将会得到更深的拓展，希望本文对我国农家书屋研究的分析起到一定的借鉴作用。

参考文献：

[1] 柳斌杰．“十二五”是建设新闻出版强国关键五年．[2011-8-12]．http://www.zgnjsw.gov.cn/cms/html/306/2307/201103/712933.html.

[2] 冯璐，冷伏海．共词分析方法理论进展[J]．中国图书馆学报，2006(3)：88-92.

[3][6][9] 张勤，马费成．国外知识管理研究范式——以共词分析为方法[J]．管理科学学报，2007(6)：65-75.

[4] 马费成，宋恩梅，张勤．IRM-KM 范式与情报学发展研究[M]．武汉：武汉大学出版社，2008：24.

[5] 梁立明，谢彩霞．词频分析法用于我国纳米科技研究动向分析[J]．科学学研究，2003(2)：138-142.

[7] 张文彤．SPSS 统计分析教程[M]．北京：北京希望电子出版社，2002：123.

[8] 朱玉安，杨鹤标，孙蕾．数据挖掘技术[M]．南京：东南大学出版社，2006：14-15.

[10] 农家书屋让公共文化服务体系惠及亿万农民．[2011-8-12]．http://www.gmw.cn/content/2008-07/14/content_804496.htm.

[11][12][16] 李国新．“湖南省衡阳市公共图书馆回访”调研报告[J]．图书馆，2010(3)：1-12.

[13] 孔则吾．城市让生活更美好——当前农家书屋建设的误区[J]．出版广角，2011(11)：39-41.

[14] 王宗义．农家书屋建设与图书馆社会服务体系研究——由农家书屋可持续发展问题引发的思考[J]．图书与情报，2010(4)：13-20.

[15] “农家书屋”工程实施意见．[2011-8-12]．http://www.zgnjsw.gov.cn/cms/html/306/2311/200912/693792.html.

图书在版编目(CIP)数据

转型安徽与跨越发展:安徽省社会科学界第六届(2011)学术年会文集/安徽省社会科学界联合会编.—合肥:合肥工业大学出版社,2011.12
(兴皖学术文库;6)
ISBN 978-7-5650-0633-3

Ⅰ.①转… Ⅱ.①安… Ⅲ.①社会主义建设—安徽省—学术会议—文集 Ⅳ.①D675.4-53

中国版本图书馆CIP数据核字(2011)第264711号

转型安徽与跨越发展

——安徽省社会科学界第六届(2011)学术年会文集

安徽省社会科学界联合会 编　　责任编辑 朱移山 霍俊橦 郭娟娟

出　版	合肥工业大学出版社	版　次	2011年12月第1版
地　址	合肥市屯溪路193号	印　次	2011年12月第1次印刷
邮　编	230009	开　本	787毫米×1092毫米　1/16
电　话	总编室:0551-2903038	印　张	39.75
	发行部:0551-2903198	字　数	692千字
网　址	www.hfutpress.com.cn	印　刷	合肥现代印务有限公司
E-mail	hfutpress@163.com	发　行	全国新华书店

ISBN 978-7-5650-0633-3　　定价:68.00元

如果有影响阅读的印装质量问题,请与出版社发行部联系调换。